सुभाष चन्द्र कुशवाहा

सुभाष चन्द्र कुशवाहा का जन्म 26 अप्रैल, 1961 को कुशीनगर, उत्तर प्रदेश में हुआ। उन्होंने एम.एससी. (सांख्यिकी) की डिग्री प्राप्त की।

उनकी प्रकाशित पुस्तकें है—'आशा', 'क़ैद में है ज़िन्दगी', 'गाँव हुए बेगाने अब' (कविता-संग्रह); 'हाकिम सराय का आख़िरी आदमी', 'बूचड़ख़ाना', 'होशियारी खटक रही है', 'लाला हरपाल के जूते और अन्य कहानियाँ', 'लाल बत्ती और गुलेल' (कहानी-संग्रह); 'चौरी चौरा : विद्रोह और स्वाधीनता आन्दोलन', 'अवध का किसान विद्रोह', 'भील विद्रोह : संघर्ष के सवा सौ साल', 'टंट्या भील : द ग्रेट इंडियन मूनलाइटर', 'चौरी चौरा पर औपनिवेशिक न्याय' (इतिहास); 'कबीर हैं कि मरते नहीं' (आलोचना); 'कथा में गाँव', 'जातिदंश की कहानियाँ' (सम्पादन)। 'कथादेश' साहित्यिक पत्रिका के किसान विशेषांक—'किसान जीवन का यथार्थ : एक फोकस' का सम्पादन किया। 'लोकरंग' पत्रिका का 1998 से निरन्तर सम्पादन।

उन्हें 'सृजन सम्मान', 'प्रेमचंद स्मृति कथा सम्मान', 'आचार्य निरंजननाथ सम्मान' सहित कई सम्मान मिले हैं।

ई-मेल : sckushwaha@gmail.com

अवध का किसान विद्रोह

1920 से 1922 ई.

सुभाष चन्द्र कुशवाहा

राजकमल पेपरबैक्स

राजकमल पेपरबैक्स में
पहला संस्करण : 2018
पहली आवृत्ति : 2025

राजकमल पेपरबैक्स : उत्कृष्ट साहित्य के जनसुलभ संस्करण

राजकमल प्रकाशन प्रा.लि.
1-बी, नेताजी सुभाष मार्ग, दरियागंज
नई दिल्ली-110 002
द्वारा प्रकाशित

शाखाएँ : अशोक राजपथ, साइंस कॉलेज के सामने, पटना-800 006
पहली मंजिल, दरबारी बिल्डिंग, महात्मा गांधी मार्ग, प्रयागराज-211 001
1, अनमोल सोराबजी संतुक लेन, धोबी तलाव, मरीन लाइंस, मुम्बई-400 002

वेबसाइट : www.rajkamalprakashan.com
ई-मेल : info@rajkamalprakashan.com

बी.के. ऑफसेट
नवीन शाहदरा, दिल्ली-110 032
द्वारा मुद्रित

मूल्य : ₹399

AWADH KA KISAN VIDROH
by Subhash Chandra Kushwaha

ISBN : 978-93-87462-41-0

"1920–22 में अवध के निम्नवर्गीय कृषक विद्रोहों, कांग्रेस के असहयोग आन्दोलन की कृषक विरोधी जातिपरक विसंगतियों तथा इतिहास के हाशिये में डाल दिए गए कृषक विद्रोहियों पर असाधारण व प्रमाणिक शोध-कार्य।"

—**प्रो. प्रमोद श्रीवास्तव**, इतिहासकार

जो एक दिन में एक बार भोजन कर जीने को तैयार रहे, कर भुगतान न करने की स्थिति में अपनी बीवी और बेटी बेचकर भी जोत का किराया देने में सक्षम हो जाए, बिना कोई सवाल किए, अपने भू-स्वामी द्वारा लादे गए समस्त उप करों को खुशीपूर्वक देता रहे, बिना मज़दूरी माँगे उसके लिए काम करने को तैयार रहे, उसके लिए न्यायालयों में गवाही दे, और कुल मिलाकर उसके कहने पर हर सम्भव चीज़ करे, अवध में वही अच्छा किसान माना जाता है।

—लार्ड इरविन

प्रारम्भ

सदियों से सांगठनिक तौर पर ग़रीब किसानों में एकता का अभाव रहा है। संख्याबल में बहुतायत में होते हुए भी अपने शोषण, उत्पीड़न और बदहाली के विरुद्ध उनकी एकता और संघर्ष, इतिहास के बहुत कम कालखंड में दिखाई-सुनाई देते हैं। हर बार एकता और संघर्ष की शुरुआत को अभिजातवर्गीय समुदाय द्वारा नेस्तनाबूद कर दिया जाता रहा है। यह स्थिति आदि से आज तक बनी हुई है। इसके बावजूद हम किसान विद्रोह को समझना चाहते हैं। जानना चाहते हैं कि अन्नदाता के प्रति कुलीनतावादी समाज का यह रवैया, इतिहास को अन्यायपरक बनाने में कितना सुसंगठित और ताकतवर रहा है। संविधान की न्यायपरकता, अगर अब भी आभासी है तो इसका कारण वहीं ढूँढा जा सकता है। हमारे इतिहास में कुछ ऐसे किसान विद्रोह दर्ज हुए हैं, जिनका बार-बार अध्ययन, छद्म को समझने और भविष्य के संघर्ष की सही दिशा तलाशने में हमारी मदद कर सकते हैं। हमें बता सकते हैं कि वे कौन-सी ताकतें हैं जो औने-पौने दाम पर भूमि अधिग्रहण को बढ़ावा देती हैं और गन्ना किसानों को मिल मालिकों के रहमो-करम पर छोड़ देती हैं।

अवध का किसान विद्रोह, स्वतंत्र भारत के प्रथम प्रधानमंत्री की पहली गँवई पाठशाला थी जिसने उन्हें यहाँ की भूख, ग़रीबी और बदहाली का साक्षात्कार कराया था। उन्हें भारत को समझने और समझाने का अवसर प्रदान किया था। पंडित जवाहरलाल नेहरू ने जितना अवध किसान आन्दोलन को दिया नहीं, उससे कहीं ज़्यादा, अपने लिए ग्रहण किया। अपनी राजनैतिक पकड़ को मज़बूत बनाया और स्वयं को वैचारिक रूप से प्रतिस्थापित प्रधानमंत्री के पद तक ले जाने में सफल हुए। आज भी उसी साक्षात्कार के बल पर रायबरेली लोकसभा क्षेत्र नेहरू खानदान से जुड़ा हुआ है।

प्रथम विश्वयुद्ध में भारत का धन और ख़ून, दोनों बहा था। इस

युद्ध की विभीषिका को नज़रअन्दाज़ कर भारत के राष्ट्रपिता ने युद्ध में औपनिवेशिक ब्रिटिश शासन का पूर्ण सहयोग किया था और देश की जनता से सहयोग करने की अपील की थी। बिना किसी विशेष और पर्याप्त प्रशिक्षण के देश के ग़रीब नौजवानों को फ्रांस और जर्मनी के मोर्चे पर भेजा गया था। जो ज़िन्दा बचे रह गए, उन्हें युद्ध ख़त्म होते ही दूध से मक्खी की तरह सेना से बाहर कर, वापस भेज दिया गया। एक ओर उनकी आजीविका छीनी गई तो दूसरी ओर उनके परिवार वालों से 'लड़ाई चन्दा' के नाम पर तालुक़ेदारों और ज़मींदारों को उनका बचा-खुचा रक्त निचोड़ने के लिए खुला छोड़ दिया गया। प्राकृतिक आपदाएँ तो अपनी जगह पर थी हीं, औपनिवेशिक सत्ता की तालुक़ेदारों के माध्यम से राजस्व वसूली और आम जनता की ज़मीनों से बेदख़ली, घूस सदृश्य 'नज़राना' की बार-बार माँग जैसे दुखों के पहाड़ से दूरी ने कहने-सुनने के सारे दरवाज़े बन्द कर दिए थे। ऐसे समय में वैश्विक स्तर पर रूस में हुई बोल्शेविक क्रान्ति और विदेशी मोर्चों से घर लौटे नौजवानों की समझ ने गँवई हवा को विद्रोही बना दिया। उन्हें लगा कि अब किसानों का ज़माना आ गया है इसलिए अन्याय का प्रतिकार होना ही चाहिए। भूखे मरना है तो लड़कर मरने से क्या गुरेज ?

अवध के तमाम ज़िलों में 1920-22 में एक साथ फूट पड़े स्वतःस्फूर्त किसान विद्रोह ने वर्षों से राख के अन्दर दबी आग को कुरेद दिया। जनता के सूख चुके अरमान धधक उठे। बाज़ार लूटे गए। तालुक़ेदार और ज़मींदारों के घरों पर आक्रमण हुए। थाने फूँके गए और सोवियतों जैसी किसान सभाएँ गठित की गईं।

जिस समय अवध धधक रहा था, उस समय पूरे देश में विद्रोह का ताप महसूस किया गया। मज़दूर, किसान, आदिवासी, हर किसी ने विद्रोह का झंडा उठा लिया। ऐसे समय में तत्कालीन राष्ट्रीय राजनीति ने अपने को अप्रासंगिक होने से बचाने के लिए, मज़बूरीवश स्वयं को जनता के साथ जोड़ने का भ्रम पैदा किया।

संयुक्त प्रान्त में जो किसान विद्रोह भड़का, उसने पूरे देश के सामाजिक, आर्थिक और राजनैतिक परिदृश्य को गहराई से प्रभावित किया। यहाँ के संघर्ष की कमान भूतपूर्व सैनिकों, साधुओं और निम्न जातियों के हाथों में होना एक अभूतपूर्व घटना थी। अभी इस तथ्य का समाजशास्त्रीय विश्लेषण, जन आन्दोलनों की सफलता, असफलता के कारकों के रूप में किए जाने की ज़रूरत है।

अपनी 'चौरी चौरा विद्रोह और स्वाधीनता आन्दोलन' पुस्तक में

मैंने इस तथ्य का उल्लेख किया है कि प्रथम विश्वयुद्ध में संयुक्त प्रान्त के पूर्वी ज़िलों से बहुसंख्यक जवान सेना में भर्ती हुए थे। युद्ध समाप्त होते ही उन्हें सेवा से हटा दिया गया था। चौरी चौरा विद्रोह का भगवान अहीर और करहिया विद्रोह का बृजपाल सिंह व झुनकू सिंह, सेना के जवान रह चुके थे। सूरज प्रसाद उर्फ़ छोटा रामचन्द्र की गिरफ़्तारी के दिन गोसाईंगंज रेलवे स्टेशन पर किसानों का नेतृत्व करने वाला, *पहली ब्राह्मण रेजीमेंट का एक सिपाही, तीन रिबन मेडल लगाए हुए था— 1914-15 का रिबन, जी.एस. रिबन और सहयोगी दलों का रिबन।*

अवध क्षेत्र से सेना में भर्ती का सिलसिला पुराना था। रायबरेली ज़िले का सीताराम पांडेय, 1812 में बंगाल नेटिव आर्मी में भर्ती हुआ और 48 साल की सेवा के बाद सूबेदार के पद से 1860 में सेवानिवृत हुआ। उसकी अवधी भाषा में लिखी आत्मकथा का अनुवाद 'फ्राम सेपाय टू सूबेदार' एक अद्वितीय रचना है। प्रथम विश्वयुद्ध में ऐसे सैकड़ों सैनिकों ने देश और दुनिया का भ्रमण किया था। बाहरी सीख और समझ के आधार पर उन्होंने और उनकी औलादों ने अपने गाँव-गिराँव के अत्याचारों के विरुद्ध जनता को गोलबन्द करने का काम शुरू किया।

इसी प्रकार साधु या फ़कीर वेशधारी **बाबा रामचन्द्र, छोटा रामचन्द्र, देवनारायण, रघुनन्दन साधु, रहमत अली, फ़ारूख अहमद, शाह मुहम्मद नईम अता, रामगुलाम पासी, मदारी पासी, इशरबदी, रघुबीर कलवार, देव पासी, ग़रीब दास पासी और गोसाईंगंज रेलवे स्टेशन पर दिखे बंगाली साधु** की भूमिका भी किसान विद्रोह के अगुओं में दर्ज हुई।

हम देखते हैं कि अवध किसान विद्रोह ने एक ओर तत्कालीन समय की सामाजिक, राजनैतिक और आर्थिक नीतियों की सीवन उधेड़ कर उसकी वास्तविकता को उजागर किया तो दूसरी ओर राष्ट्रवादी सोच और उसके अगुओं के वर्गाधार को स्पष्ट करते हुए, वर्ग और जाति की विकृतियों को भी प्रत्यक्ष किया। सिर्फ़ यही वह आन्दोलन था जिसने तत्कालीन राष्ट्रवादियों के वर्ग चरित्र को नंगा किया। इसने इस देश में सर्वहारा की मुक्ति के लिए ऊँच और नीच जाति के भेद के विरुद्ध संघर्ष करने की अनिवार्यता को भी रेखांकित किया। अवध किसान विद्रोह के तेवर को, अहिंसा और असहयोग आन्दोलन के सिद्धान्त में डुबोकर, राष्ट्रवादी प्रवचनों के सहारे 'स्वराज' की फंतासी में उलझाकर जब नष्ट किया जा रहा था, तब अवध के भूखे किसानों

को राष्ट्रवादियों द्वारा दिखाए जा रहे 'स्वराज' के स्वप्न से कुछ ख़ास लगाव न था। यहाँ तक कि जब रायबरेली, फ़ैज़ाबाद, प्रतापगढ़ और सुल्तानपुर के किसान विद्रोह को लगभग नियंत्रित कर लिया गया था और शहरी कांग्रेसियों की इन क्षेत्रों में चहलक़दमी तेज थी, तब भी एक सभा में, जिसकी अध्यक्षता स्वयं पंडित जवाहरलाल नेहरू कर रहे थे, एक किसान ने खड़ा होकर कहा था—'खाये के मिले, हम स्वराज नाहीं चाहित।' (खाने को मिले, हम स्वराज नहीं चाहते।)

किसान आन्दोलनों के क्रान्तिकारी तेवर को दबाने और कुलीनतावादियों को लाभ पहुँचाने की नीति को तब भी अपनाया गया था और आज़ादी के 69 साल बाद आज भी अपनाया जा रहा है। मगर यह आज़ादी है किसके लिए? इस प्रश्न का उत्तर अवध किसान आन्दोलन में तलाशा जा सकता है। यह विद्रोह, एक तरफ़ राष्ट्रीय राजनीति की सफलता को हमारे सामने रखता है, जबकि दूसरी तरफ़ इस देश में क्रान्ति की वास्तविक असफलता को भी उजागर करता है। यह सामाजिक दोगलापन आज तक जारी है। अब तो किसान आत्महत्याओं का दौर और तेज हुआ है। अवध किसान विद्रोह का असंगत मूल्यांकन और उसके आधार पर जातिवादी, कुलीनतावादी मूल्यों का संवर्द्धन, आज भी वर्ग एवं जाति युद्ध की स्थितियाँ बनाए हुए है।

इसलिए अवध किसान विद्रोह का फिर-फिर मूल्यांकन, हाशिये के समाज की मुक्ति का मार्ग तलाशने के लिए ज़रूरी जान पड़ता है। तमाम असफलताओं के बावजूद अवध किसान विद्रोह ने हमें बहुत कुछ दिया है। बेशक इसके लिए बहुत ज़्यादा कीमत भी वसूली है।

हमें यह नहीं भूलना चाहिए कि इस धरती का राष्ट्रवाद सदा ग़रीब विरोधी रहा है। कभी संगीनों से तो कभी कर्जों से ग़रीबों को मारता रहा है। प्राकृतिक आपदाओं से हिफ़ाज़त की समग्र नीतियाँ इसलिए भी नहीं बनाई गईं कि इससे जाति और वर्ग की खाइयों की गहराई कम हो सकती थी। यहाँ का राष्ट्रवाद सदा इन खाइयों में ही फावड़ा चलाता रहा है। अवध किसान विद्रोह इसलिए भी खेड़ा और चम्पारन जैसे किसान आन्दोलनों से भिन्न है। वैसे तो दक्षिण के मोपिला विद्रोह और राजस्थान के भील विद्रोह का वर्ग चरित्र भिन्न है, तब भी उसके कई तन्तु, अवध किसान विद्रोह में पाए जाते हैं।

अवध किसान विद्रोह पर अनेक लेखकों ने गम्भीरता से काम किया है। उन्होंने किसानों के वर्ग शत्रुओं को भी कमोबेश नेस्तनाबूद

किया है। इसके बावजूद कुल मिलाकर उन्होंने अवध किसान विद्रोह की सारी बागडोर बाबा रामचन्द्र के हाथों में पकड़ाते हुए सम्भ्रान्त शहरी नेताओं तक जाकर अपनी कलम को विराम दे दिया है। जिस विस्तार से सूरज प्रसाद उर्फ़ छोटा रामचन्द्र और मदारी पासी पर ध्यान केन्द्रित किया जाना चाहिए था, वह नहीं किया गया है। ऐसा प्रचारित किया गया है कि ज़मींदारों के अभिन्न मित्र, बाबा रामचन्द्र का ही अवध किसान आन्दोलन पर एकमात्र प्रभाव था। इस तथ्य को समझने के लिए स्वयं बाबा के इस कथन पर ग़ौर किया जाना चाहिए, जो उन्होंने गौहन्ना सभा में कहा था—*'एक साधु, जो स्वयं को रामचन्द्र (सूरज प्रसाद उर्फ़ छोटा रामचन्द्र) कहता है, आप से कहता है कि लगान न दें। सरकार निश्चय ही यह सोच रही है कि यही वह बोलने वाला आदमी है जो सब कुछ करा रहा है। आप लोग इस आदमी के बहकावे में न आएँ और लगान दें (किसानों ने लगान देने का वादा किया)। आप लोग कभी भी किसी सभा में लाठी लेकर न जाएँ।...यह स्थानीय आदमी, आप के ऊपर गोली चलवा रहा है। यह दोगला आदमी स्वराज प्राप्त करने के रास्ते में अवरोध पैदा कर रहा है। अगर आपका दिमाग बदल दिया जाए तो आप एक दिन में स्वराज प्राप्त कर सकते हैं।'*

उपरोक्त कथन से साफ़ है कि किसानों पर बाबा के अलावा दूसरे किसान नेताओं का प्रभाव कम न था। बाबा रामचन्द्र के बजाय, छोटा रामचन्द्र ही सब कुछ करा रहा था, कम से कम फ़ैज़ाबाद और सुल्तानपुर क्षेत्र में।

यह सही है कि अशिक्षित किसानों के बीच फ़कीरों, बाबाओं की पहुँच आसानी से बन जाती है। यह धर्म के विशेषाधिकार एवं स्वीकार्यता के कारण तो है ही, देवता और दानव के निर्माण की कुलीनतावादी दृष्टि की देन भी है। ऐसे आन्दोलनों से लेकर सत्ता नेतृत्व के निर्धारण तक, यही दृष्टि कार्य करती रही है। निम्नजातियों के नायकों को हम 'बदमाश', 'दुष्ट', 'ढोंगी', 'कपटी', 'दोगला' और 'बुरे आचरण' वाला कह कर किनारे लगा देते हैं। चौरी चौरा के क्रान्तिकारियों को गांधी 'हूलीगंस' कहते हैं। गणेश शंकर विद्यार्थी को 'असहयोग आचरण से गिरा हुआ' कहा जाता है। अवध किसान विद्रोह में ऐसी तमाम नीतियों को बहुत चालाकी से स्थापित किया गया था।

ऐसे में मुझे लगा कि डी.एन. धनगरे, एम.एच. सिद्दीकी, कपिल कुमार और सुशील श्रीवास्तव जैसे तमाम लेखकों के अंग्रेजी भाषा में

किए गए महत्त्वपूर्ण कार्यों के साथ-साथ, हिन्दी में कुछ किया जाना चाहिए। हिन्दी भाषी पाठकों के बीच, किसान आन्दोलन में शामिल हाशिये के समाज के बलिदानों को एक बार फिर पाठकों के सामने रखा जाना चाहिए। यह विचार 'चौरी चौरा विद्रोह और स्वाधीनता आन्दोलन' लिखने के बाद ही उमड़-घुमड़ रहा था। हिन्दी भाषा में ब्रिटिशकालीन भारतीय इतिहास का लेखन न के बराबर हुआ है। जहाँ कोई प्रयास हुआ भी है वहाँ कुलीनतावादी या सामन्ती दृष्टि ने हाशिये के समाज के योगदान एवं पीड़ा का सतही मूल्यांकन करने की रस्म निभायी है। ग़रीब और हाशिये के समाज के क्रान्तिकारी किसान नायकों को किनारे किया गया है। 'उत्तर प्रदेश में किसान आन्दोलन', नामक पुस्तक के रूप में डॉ. महेन्द्र प्रताप ने 1988 में हिन्दी में पहला प्रयास किया था मगर यहाँ भी किसानों के वास्तविक नायकों पर प्रकाश नहीं डाला गया। मेरा प्रयास इस उपेक्षा के प्रति एक अपेक्षा के रूप में समझा जाना चाहिए।

इस कार्य के लिए मैं विगत तीन सालों से अभिलेखों और पुस्तकों को जुटाने में लगा रहा। मुम्बई, दिल्ली, तीनमूर्ति भवन और लखनऊ के अभिलेखागारों के अलावा तत्कालीन अख़बारों का परीक्षण किया। ब्रिटिश एवं अमेरिकी अख़बारों में अवध किसान आन्दोलन के बारे में विस्तार से और निरन्तर लिखा गया। ब्रिटिश लाइब्रेरी न्यूज़ पेपर्स आर्काइव्स से सैकड़ों समाचार-पत्रों को पढ़ने और अवध किसान आन्दोलन को समझने में मदद मिली। इस किताब में पहली बार दर्जनों विदेशी अख़बारों में छपे समाचारों को शामिल किया गया है।

रायबरेली के मुंशीगंज गोलीकांड में मारे गए किसानों और स्वतंत्रता सेनानियों के बारे में जो तथ्य उपलब्ध हैं, उनमें बड़ा घालमेल है। मैंने इस घालमेल को कम करने का प्रयास किया है।

रायबरेली जनपद के कुछ स्थानीय लोगों ने किसान विद्रोह पर काम किया था लेकिन उसे स्थानीय और हिन्दी में होने के कारण गम्भीरता से नहीं लिया गया। श्रीराम सिंह का कार्य—**'रायबरेली किसान आन्दोलन की यज्ञ भूमि,'** और मदारी पासी पर सुशीला सरोज का कार्य—**'क्रान्तिवीर मदारी पासी एवं एका आन्दोलन'** भी कम महत्त्वपूर्ण नहीं है। मदनमोहन मिश्र ने **'भूला जनपद : बिखरा इतिहास'** पुस्तक में भी रायबरेली के किसान आन्दोलनों पर विस्तार से चर्चा की है मगर तथ्यात्मक ग़लतियों की वजह से इसको गम्भीरता से नहीं लिया जा सकता। इसी प्रकार उत्तर प्रदेश सूचना

विभाग द्वारा भी एक पुस्तक प्रकाशित की गई है—**स्वतंत्रता संग्राम के सैनिक, ज़िला रायबरेली,** जो तमाम तथ्यात्मक ग़लतियों से भरी पड़ी है। **'क्रान्तिवीर मदारी पासी एवं एका आन्दोलन'** पुस्तिका के रूप में शायद पहली किताब है जो मदारी पासी पर केन्द्रित है लेकिन इसमें भी कई तथ्यात्मक ग़लतियाँ हैं। मदारी पासी पर सामग्री तलाशते समय मुझे ब्रिटेन के दो समाचार-पत्रों में एका आन्दोलन पर महत्त्वपूर्ण समाचार देखने को मिले जिनको इस पुस्तक में स्थान दिया है।

इस पुस्तक को तैयार करते समय तत्कालीन राजनीति, यानी भारतीय राष्ट्रीय कांग्रेस की ढुलमुल नीति की पड़ताल करना भी उद्देश्य रहा। एक ओर कांग्रेस स्वयं को किसानों से जोड़ना चाहती थी तो दूसरी ओर किसानों के विद्रोही तेवर पर लगाम लगाना चाहती थी। यानी कांग्रेस की स्थिति 'गुड़ खाय, गुलगुले से परहेज' जैसी थी। यहाँ तक कि स्वयं कांग्रेस द्वारा शुरू किए गए असहयोग आन्दोलन एवं किसानों के विद्रोह को दबाने के लिए सरकार द्वारा शुरू की गई अमन सभाओं में शुरू-शुरू में सबसे ज़्यादा बढ़-चढ़कर कांग्रेसी सामन्तों ने ही भाग लिया था। लेकिन अमन सभा का कोई ख़ास प्रभाव नहीं पड़ा। लिहाजा नवम्बर 1921 के प्रथम सप्ताह तक आते-आते कांग्रेसी सामन्तों ने उससे किनारा करना शुरू कर दिया।

अवध के गुसाईंगंज रेलवे स्टेशन किसान विद्रोह का सम्बन्ध छोटा रामचन्द्र से है। राष्ट्रीय अभिलेखागार, नई दिल्ली की 1921 की अभिलेखीय सूचियों में पत्रावली संख्या 58-59, पार्ट बी, फरवरी/1921 होम डिपार्टमेंट में 'रिपोर्ट ऑन द डिस्टरबेंस एट गोसाईंगंज' नामक पत्रावली का उल्लेख है। जब इस पत्रावली की माँग की गई तो बताया गया कि यह पत्रावली यहाँ नहीं है। गृह मंत्रालय से यहाँ आई ही नहीं। मैंने सूचना के अधिकार के अन्तर्गत जब गृह मंत्रालय से इस सम्बन्ध में जानना चाहा तो उन्होंने अपने पत्र, संख्या ए-43020/01/2015-आर टी आई दिनांक 12-10-2015 द्वारा एक राजनैतिक जवाब भेजा कि यह सूचना यहाँ उपलब्ध नहीं है तथापि यह राज्य सरकार के पास उपलब्ध हो सकती है। पाठक स्वयं समझ सकते हैं कि जिस पत्रावली पर होम डिपार्टमेंट दर्ज है, वह राज्य सरकार के पास कैसे होगी? बाद में मुझे गुसाईंगंज विद्रोह से सम्बन्धित कुछ ज़रूरी अभिलेख उ.प्र.राज्य अभिलेखगार की पत्रावली संख्या 50/1921 में मिले, मगर होम डिपार्टमेंट की पत्रावली संख्या 58-59, पार्ट बी, फरवरी/1921 अनुपलब्ध ही रही।

इस पुस्तक में पहली बार कुछ भूले-बिसरे किसान नायकों पर विशेष ध्यान दिया गया है। मदारी पासी और छोटा रामचन्द्र पर पर्याप्त सामग्री दी गई है। इस पुस्तक को तैयार करने में सुप्रसिद्ध इतिहासकार प्रो. हरिशंकर श्रीवास्तव, पूर्व विभागाध्यक्ष, गोरखपुर विश्वविद्यालय, गोरखपुर और प्रो. पी.के. श्रीवास्तव, प्रमुख इतिहासकार, पाश्चात्य इतिहास विभाग, लखनऊ विश्वविद्यालय, लखनऊ ने मार्गदर्शन किया। इतिहासकार अजय कुमार मिश्र ने कुछ सन्दर्भ उपलब्ध कराए। वरिष्ठ पत्रकार फ़िरोज़ नकवी और अरविन्द कुमार सिंह, राज्यसभा टीवी, ने भी कुछ सुझाव दिए। इनके अलावा मेरी पत्नी आशा कुशवाहा ने पांडुलिपि को अन्तिम रूप देने में सहयोग प्रदान किया। कुछ पुस्तकों को उपलब्ध कराने में मेरा भतीजा अनुभव कुशवाहा, बेटा अंकित कुशवाहा और बहनोई अनिल मौर्य ने सहयोग किया। ताहिरा हसन ने समय-समय पर हौसला अफ़ज़ाई की। रायबरेली परिवहन कार्यालय के कर्मचारी रवीन्द्र सिंह ने कुछ दस्तावेज़ ढूँढने में मेरी मदद की। इनके अलावा राष्ट्रीय अभिलेखागार, नई दिल्ली, नेहरू स्मारक संग्रहालय एवं पुस्तकालय, तीनमूर्ति भवन, नई दिल्ली, महाराष्ट्र सरकार शासकीय अभिलेखागार, मुम्बई, उ.प्र. शासकीय अभिलेखागार, लखनऊ की डॉ. मीरा देवी, अंजनी सिंह और अमिताभ पांडेय द्वारा जो सहयोग प्रदान किया गया, उसे भुलाया नहीं जा सकता। सेहंगो पश्चिम गाँव के वर्तमान प्रधान श्री विनोद कुमार चौधरी और बछरावाँ के पत्रकार कंचन द्विवेदी को भी भुला नहीं सकता जिन्होंने सेहंगो विद्रोह की सामग्री इकट्ठा करने में मेरा सहयोग किया।

—सुभाष चन्द्र कुशवाहा

सृजन
बी 4/140 विशालखंड,
गोमतीनगर, लखनऊ-226010

अनुक्रम

अध्याय-1

ब्रिटिशकालीन भू-कर व्यवस्था

मुग़ल काल में वित्त प्रशासन सरकार का आन्तरिक हिस्सा था और केन्द्रीय सत्ता द्वारा नियंत्रित होता था। इसका गठन प्राय: विभिन्न हिस्सों में भिन्न-भिन्न प्रकार से किया गया था। जो स्थानीय शासक, मुग़ल सत्ता की सर्वोच्चता स्वीकार कर लेते थे, सम्राट के नाम पर अपने इलाक़े का कर वसूल कर देने को राज़ी होते थे और सामन्ती सेना के व्यय-भार को वहन करते रहते थे, उन्हें केन्द्रीय सत्ता की ताकत और अधिकार मिल जाता था। ऐसे स्थानीय शासकों को ही **ज़मींदार** या **मनसबदार** कहा जाता था। उन्हें वेतन के रूप में या तो करमुक्त ज़मीनें दी जाती थीं या उनके द्वारा वसूले गए राजस्व में से कुछ हिस्सा। इसके अलावा उन्हें कुछ अन्य सुविधाएँ जैसे—सम्मान, न्यायिक अधिकार और राजनैतिक महत्त्व भी मिलता था। यह सब पर्याप्त से ज़्यादा था क्योंकि केन्द्रीय सत्ता की ताकत के कारण ज़मींदारों या मनसबदारों को रैयत से जोर-जबरदस्ती करने का अधिकार स्वत: मिल जाता था। कभी-कभी कुछ बड़े ज़मींदार या मुखिया जाति के अन्य कुलीनों को छोटे (Petty) ज़मींदार का अधिकार भी मिल जाता था लेकिन जहाँ ज़रूरी होता था वहाँ ज़मींदार के नीचे **मक़द्दम** और गाँव स्तर पर कर वसूलने वाले रख लिये जाते थे। इनमें से कुछ को ज़मींदारों की तरह भू-अधिकार तक दे दिया जाता था।[1]

उपरोक्त स्थानीय शासकों-ज़मींदार, मनसबदार, मक़द्दम आदि के बावजूद मुग़लकाल में किसान अपनी ज़मीनों पर पैतृक अधिकार रखते थे। जब तक किसान ज़मीन का निर्धारित कर देते रहते थे, तब तक ज़मीन प्राय: बेची, ख़रीदी, या अन्य वस्तुओं की तरह उपहार, रेहन आदि पर दी जा सकती थी। लगान, नगद या उत्पादन का हिस्सा होता था। ज़मींदारों का अत्याचार तब भी था लेकिन ज़मीन पर उनका स्वामित्व न होना, साथ ही साथ कर की दर या अन्न में हिस्सा निर्धारित होने के कारण, उत्पीड़न की सम्भावना सीमित रहती थी या यों कहें कि मात्र राजस्व

1. डी.एन. धनगरे, पीजेंट मुवमेंट्स इन इंडिया 1920-1950, ऑक्सफोर्ड यूनिवर्सिटी प्रेस, 1983, नई दिल्ली, पृष्ठ 26

अपवंचना तक सीमित रहती थी। केवल राजनैतिक उथल-पुथल के समय ज़मींदार या मनसबदार निरंकुश या स्वतंत्र होने में सफल होते थे।[1]

ईस्ट इंडिया कम्पनी का हस्तक्षेप प्रारम्भ होने के बाद ताल्लुक़ेदारों ने अवध के नवाब की सत्ता की अनदेखी प्रारम्भ की। अठारहवीं सदी के अन्त में तालुक़ेदारों द्वारा पर्याप्त सैन्य ताकत बटोर लेने के कारण अवध का नवाब गाँव के स्वामियों (ज़मींदारों) से सीधे कर वसूलने के प्रयास में असफल रहा। केन्द्रीय मुग़ल सत्ता के कमजोर होने के कारण, कुछ स्थानीय मुखिया, राजस्व देने वाले किसानों और अधिकारियों, रुपयों का लेन-देन करने वाले महाजनों और राजस्व एजेंटों के मेजबानों ने स्वयं तालुक़ेदार की हैसियत बना ली।[2]

इस प्रकार ईस्ट इंडिया कम्पनी के आने एवं औपनिवेशिक शासन की शुरुआत होते ही, मौक़े का फ़ायदा उठाते हुए ज़मींदारों या स्थानीय सामन्तों द्वारा सम्राट के विरुद्ध अपनी स्वतंत्रता की घोषणा की जाने लगी। मसलन, 1669 और 1672 में आगरा और धौलपुर क्षेत्रों में जाटों ने मौक़े का फ़ायदा उठाते हुए विद्रोह कर दिया था। यह अप्रत्याशित था, क्योंकि तब किसान विद्रोह के मामले प्रकाश में नहीं आते थे। मुग़ल काल में ज़मीन बहुतायत में उपलब्ध थी इसलिए किसानों को खेती-किसानी के लिए प्रोत्साहित करना ज़रूरी था। मुग़ल काल में जब शान्ति होती तब सम्राट सेना के बल पर भू-कर में वृद्धि करता था, इससे किसान विद्रोह की सम्भावना नहीं रहती थी।[3]

ब्रिटिश काल में खेतिहरों और ज़मीन नियंत्रक तंत्र के बीच के सम्बन्ध बदल दिए गए। 1765 में बंगाल की दीवानी का अधिकार मिलने के बाद, ईस्ट इंडिया कम्पनी ने पहले तो परम्परागत भू-कर निर्धारण प्रणाली को ही अपनाया लेकिन जल्द ही अपनी कमाई बढ़ाने के लिए समय-समय पर बदलाव किए। 1772 में पहला प्रयोग नीलामी आधारित खेती व्यवस्था लागू कर की।[4] 10 फरवरी, 1790 को कार्नवालिस ने 10 वर्षीय भूमि प्रबन्ध की घोषणा की, जिसे कम्पनी के बोर्ड ऑफ डायरेक्टर्स की अनुमति के बाद स्थायी भूमि प्रबन्ध में परिवर्तित हो जाना था। यह स्वीकृति उसे 1793 में प्राप्त हुई तथा 22 मार्च, 1793 से यह नई व्यवस्था प्रारम्भ हुई जिसके अनुसार भूमि का सालाना कर जमा करने वाले ज़मींदार भूमि के स्थायी स्वामी मान लिए गए।[5] उसके बाद धीरे-धीरे तीन प्रकार की भू-कर

1. डी.एन. धनगरे, पीजेंट मुवमेंट्स इन इंडिया 1920-1950, ऑक्सफोर्ड यूनिवर्सिटी प्रेस, 1983, नई दिल्ली, पृष्ठ 27
2. पेशोटन नासवरवानजी ड्राइवर, प्रॉब्लम्स ऑफ ज़मींदारी एंड लैंड टेन्योरे इन इंडिया, न्यू बुक कम्पनी, बम्बे, 1949, पृष्ठ 169
3. डी.एन. धनगरे, वही, पृष्ठ 27
4. वही, पृष्ठ 31, 32
5. डॉ. महेन्द्र प्रताप, उत्तर प्रदेश में किसान आन्दोलन, वाणी प्रकाशन, दिल्ली, 1988, पृष्ठ 37

निर्धारण व्यवस्था लागू की गई—**ज़मींदारी व्यवस्था, रैयतवाड़ी व्यवस्था** और **महलवारी व्यवस्था।**

बंगाल के स्थायी भूमि बन्दोबस्त के अन्तर्गत ज़मींदारों को ज़मीन का पूर्ण स्वामी मान लिया गया। बिना इस तथ्य पर विचार किए कि पूर्व की शासन व्यवस्था में वे केवल कर वसूलने वाले बिचौलिये थे। देश में तमाम तरह के भू-कर वसूलने के प्रयोग किए गए लेकिन बंगाल की ही तरह ज़मींदारों और स्थानीय शासकों को बिहार, उत्तर-पूर्वी मद्रास प्रेसिडेंसी और नार्थ-वेस्टर्न प्रॉविंसेज (पूर्वी संयुक्त प्रान्त अर्थात् बनारस डिवीजन) के अधिकार दे दिए गए। अब ज़मींदार ज़मीन का स्वामी हो गया। खेतिहरों का खेत से अधिकार समाप्त हो गया। इससे ज़मींदारों ने कम्पनी को 9 से 10 गुना अधिक राजस्व दिया। जिन ज़मींदारों ने ऐसा नहीं किया, उनकी ज़मींदारी नीलाम कर नए ज़मींदारों को दे दी गई। ज़मींदारों को मनमानी करने की छूट मिली और ग़ैर-क़ानूनी करों के वसूलने की शुरुआत हो गई। इस प्रकार स्थायी ज़मींदारी बन्दोबस्त के अन्तर्गत ब्रिटिश भारत का 19 प्रतिशत क्षेत्र आ गया था।[1]

ब्रिटिश सरकार ने भू-राजस्व बन्दोबस्त का नया तरीक़ा मद्रास, बाम्बे (ब्रिटिश गुजरात सहित) और सिन्ध प्रान्त (बेरार क्षेत्र) में प्रारम्भ किया जिसका नाम रैयतवाड़ी रखा। इसमें भू-धारक को रैयत कहा गया और उसे भू-स्वामित्व का पैतृक अधिकार दे दिया गया। रैयत को सीधे राज्य कोषागार में राजस्व जमा करना होता था। बिचौलिये को कोई स्थान नहीं दिया गया। रैयत अपनी ज़मीन बेच, हस्तानान्तरित और बन्धक रख सकती थी या उपहार में दे सकती थी। उसे तब तक बेदख़ल नहीं किया जा सकता जब तक वह भू-कर देती रहे। कर का निर्धारण निश्चित था। बम्बई के रैयतवाड़ी व्यवस्था में भू-कर केवल तीस साल के लिए निश्चित किया गया था और उसके बाद परिवर्तित किया जा सकता था। बम्बई के अनुभव के बाद मद्रास में भी प्रत्येक बन्दोबस्त या पुनः करनिर्धारण के बाद 25 से 60 प्रतिशत तक कर बढ़ाए जाने का निर्णय लिया गया जो ज़मीन की गुणवत्ता, उपज, अतिरिक्त लाभ आदि पर निर्भर करता था। रैयतवाड़ी व्यवस्था, असम और बर्मा में भी लागू की गई। इस व्यवस्था के अन्तर्गत ब्रिटिश भारत का 53 प्रतिशत भू-भाग शामिल था। भू-राजस्व का तीसरा तरीक़ा जो अन्य हिस्सों में शुरू किया गया, वह था महलवारी या मालगुजारी व्यवस्था। इस व्यवस्था में एक गाँव को, कर एवं अवधि के लिए एक इकाई माना गया। यह व्यवस्था ज़्यादातर संयुक्त प्रान्त में (अवध के गाँवों की भू-कर व्यवस्था तालुक़ेदारों या उन बिचौलियों के माध्यम से लागू की गई जिनसे सरकार सीधा सम्बन्ध रखती

1. डी.एन. धनगरे, वही, पृष्ठ 31, 32; फ़ीरोज़ हाई सरवार, ए कम्परेटिव स्टडी ऑफ ज़मींदारी, रैयतवाड़ी एंड महलवारी लैंड रेवेन्यू सेटलमेंट, आई.ओ.एस.आर. जरनल ऑफ ह्यूमैनिटीज एंड सोशल साइंस, आईएसएसएन : 2279-0837, आईएसबीएन: 2279-0845, वाल्यूम 2, इश्यू 4 (सितम्बर-अक्टूबर, 2012), पृष्ठ 16

थी), पंजाब (थोड़े-बहुत अन्तर के साथ), सेंट्रल प्रॉविंस (अब मध्य प्रदेश, बेरार क्षेत्र को छोड़ते हुए) में लागू की गई। महलवारी व्यवस्था को एक जाति के कई गाँवों के निवासियों पर समान अवधि के लिए लागू किया गया। ब्रिटिश भारत में यह व्यवस्था 30 प्रतिशत भू-भाग पर लागू थी। महलवारी व्यवस्था सेंट्रल प्रॉविंस सहित मेरठ, आगरा, रोहिलखंड, इलाहाबाद, बुन्देलखंड, वाराणसी, गोरखपुर, लखनऊ, फ़ैज़ाबाद और कुमाऊँ सहित अनेक मंडलों में लागू थी।[1]

यहाँ स्पष्ट करना होगा कि रैयतवाड़ी व्यवस्था में भी किसान ज़मीन का मालिक नहीं था। उसे केवल भू-स्वामित्व का पैतृक अधिकार दिया गया था। मालिक तो ईस्ट इंडिया कम्पनी बन बैठी थी। उसने बिचौलियों को हटा कर उनकी कमाई भी अपने पास रख ली थी।[2]

इस प्रकार मुग़ल और ब्रिटिश काल में तालुका* या मंडल या तहसील के अन्तर्गत किसानों से कर वसूलने वाले को तालुक़ेदार** कहा जाता था, जो वसूले गए कर का 1/10 या 1/4 भाग अपने पास रख लेता था। ब्रिटिश काल में पूरे अवध क्षेत्र में यह व्यवस्था लागू थी। इन्हें चौधरी भी कहा जाता था। ज़मींदार, जागीर या ज़मीन का स्वामी था और उसके पास किसानों से कर वसूलने से लेकर पुलिस और प्रशासनिक शक्ति भी थी। बड़े ज़मींदार राजा कहे जाते थे तो छोटों को ठाकुर, बाबू, मालिक या सरदार नाम से पुकारा जाता था। ये भी वसूले गए कर का कुछ हिस्सा अपने पास रख सकते थे। ब्रिटिश शासन में ये दोनों ही व्यवस्थाएँ, कहीं-कहीं साथ-साथ तो कहीं भिन्न प्रकार से लागू थीं। दोनों ही व्यवस्थाओं में मात्र ज़मीन के स्वामित्व का ही फ़र्क था और सामान्यतः तालुक़ेदार, ज़मींदार से बड़ा माना जाता था। अवध में ज़मींदार, तालुक़ेदार के अधीन काम करते थे।[3]

अवध क्षेत्र में राजा और तालुक़ेदार शब्दों का प्रयोग एक-दूसरे के सम्बन्ध में किया गया है। कहीं-कहीं तालुक़ेदार और भू-स्वामी शब्द का प्रयोग भी समान अर्थ में किए जाने के कारण भ्रम पैदा हो जाता है। नवाबों के समय, तालुक़ेदार शब्द उनके लिए प्रयुक्त हुआ जो ग्रामीण इलाक़ों में सत्ता संघर्ष में सफल रहे और गाँवों के समूह (तालुका) से कर वसूलने का दावा पेश किया।[4] अवध क्षेत्र के ब्रिटिश साम्राज्य में

---

1. डी.एन. धनगरे, वही, पृष्ठ 32, 33; फ़ीरोज़ हाई सरवार, वही, पृष्ठ 19।
2. जयचन्द्र विद्यालंकार, इतिहास प्रवेश, ग्यारहवाँ प्रकरण, सरस्वती प्रकाशन मन्दिर, इलाहाबाद, 1996, पृष्ठ 529
3. फ़ीरोज़ हाई सरवार, वही, पृष्ठ 19
4. थामस आर. मेटकॉफ, लैंड लॉर्ड्स एंड द ब्रिटिश राज : नॉदर्न इंडिया इन द नाइनटीन्थ सेंचुरी, कैलिफोर्निया यूनिवर्सिटी ऑफ कैलिफोर्निया, 1979, पृष्ठ 187।

* तालुका-कुछ गाँवों का समूह, जो वंशनुसार भू-स्वामियों के क़ब्ज़े में होता था।

** तालुक़ेदार-तालुका का स्वामी।

मिला लेने के बाद तालुक़ेदारों की स्थिति, ब्रिटिश भू-स्वामियों के बराबर हो गई। अवध क्षेत्र में ऐसे भी तालुक़ेदार या राजा थे, जो क्षेत्र विशेष में ताकत बटोर कर ताकतवर हो गए थे मगर भू-स्वामी नहीं बने थे। इसलिए तालुक़ेदार और भू-स्वामी का प्रयोग एक-दूसरे के लिए किया जाना उचित न होगा।[1] अवध रेंट एक्ट 1868 के पूर्व तालुक़ेदार राजा थे और प्रजा के रक्षक कहे जाते थे। रेंट एक्ट 1868 के बाद वे भू-स्वामी की श्रेणी में समझ लिये गए और प्रजा के भक्षक बन गए।

1858 में विक्टोरिया घोषणा-पत्र द्वारा भारत की सत्ता, ईस्ट इंडिया कम्पनी के हाथ से निकल गई और सीधे इंग्लैंड सरकार के अधीन कर दी गई। घोषणा-पत्र में, किसानों के पैतृक ज़मीनों से लगाव को देखते हुए, उनके परम्परागत अधिकारों की रक्षा का आश्वासन दिया गया। यह आश्वासन तभी तक निभाया जाना था जब तक राज्य द्वारा लगाए गए करों का कृषक वर्ग भुगतान करता रहे।[2]

सन् 1857-58 में विप्लव के समय अवध का चीफ कमिश्नर, विंगफील्ड, तालुक़ेदारों का उग्र समर्थक था। इसका कुछ व्यक्तिगत कारण भी था। विप्लव के समय जब वह बहराइच से भागा, तब तालुक़ेदारों ने उसकी रक्षा की थी। विंगफील्ड के विरोध के बावजूद जॉन लारेंस ने कृषकों के समर्थन में कुछ नियम बनाने की सोची, जिसका विरोध प्लांटरों और बंगाल के ज़मींदारों ने किया। भारत सचिव वुड ने भी लारेंस को न्यूनतम समर्थन प्रदान किया। 1866 में विंगफील्ड के चले जाने के बाद लारेंस ने स्ट्रेची को अवध का चीफ कमिश्नर बनाया। स्ट्रेची ने तालुक़ेदारों की सहमति से कुछ समझौता करना उचित समझा और अगस्त, 1866 में तालुक़ेदारों से किए गए समझौते के आधार पर 'अवध रेंट एक्ट 1868' पास किया। इस एक्ट के अनुसार उन कृषकों को, जिन्हें 1856 के पूर्व 30 वर्षों में स्वामित्व का अधिकार प्राप्त था, उन्हें भूमि पर क़ब्ज़े का अधिकार प्रदान कर दिया गया। तालुक़ेदारों ने इस श्रेणी के किसानों से 12.5 प्रतिशत कम लगान लेना स्वीकार किया, लेकिन भविष्य में इन कृषकों को अन्य अधिकार नहीं मिलने थे। इस श्रेणी के किसानों को अपने अधिकार (1856 से पूर्व के) न्यायालय में सिद्ध करने थे। अन्य कृषकों के सम्बन्ध में किसी भी न्यायालय को लगान सम्बन्धी मुक़दमे सुनने का अधिकार नहीं दिया गया। लारेंस और स्ट्रेची को अनुमान था कि इस एक्ट से 20 प्रतिशत किसानों को लाभ होगा लेकिन वास्तव में केवल 1 प्रतिशत को ही लाभ हुआ। शेष 99 प्रतिशत को पूरी तरह से तालुक़ेदारों की कृपा पर छोड़ दिया गया। यह समझौता अवध के किसानों के लिए अत्यन्त घातक सिद्ध हुआ। रेंट एक्ट ने तालुक़ेदारों को कृषकों की बेदख़ली के

1. लीनी बेनेट, द ओरिजिन ऑफ द पीजेंट एजीटेसन इन अवध: द अवेकनिंग ऑफ द पीजेंट्स, ए थिसिस इन द डिपार्टमेंट ऑफ हिस्ट्री, कानकार्डियल यूनिवर्सिटी, मॉंट्रियल, क्यूबेक, कनाडा, पृष्ठ 14
2. एम.एस. जैन, आधुनिक भारत का इतिहास, वाइली इस्टर्न लिमिटेड, दिल्ली, पृष्ठ 225

असीमित अधिकार प्रदान किए। इससे असन्तोष बढ़ा। अवध के किसानों के असन्तोष को दूर करने के लिए 1886 में एक अन्य एक्ट पास किया गया, लेकिन इससे भी स्थिति में कोई विशेष सुधार नहीं हुआ। इसमें कृषकों के किसी भूमि पर 7 वर्षों तक खेती करने के अधिकारों को सुरक्षित रखा गया था। उसके पश्चात् उन्हें 6.25 प्रतिशत लगान वृद्धि के लिए सहमत होना पड़ता था, लेकिन इससे तालुक़ेदारों के अधिकारों पर कोई अंकुश नहीं लगा। बेदख़ली के बदले उन्हें 6 माह का कर, अधिकतम 25 रुपए बेदख़ल किए गए किसान को देने थे। तालुक़ेदारों ने कृषकों से लगान वृद्धि के अतिरिक्त नज़राना लेना आरम्भ किया जिसके बिना किसानों को बेदख़ल कर दिया जाता था। इसी 'अवध रेंट एक्ट' के द्वारा तालुक़ेदारों को निरंकुश अधिकार मिले और अवध प्रान्त के किसानों में अत्यधिक असन्तोष पनपा।[1] किसानों को लूटने में ब्रिटिश सत्ता से कहीं ज़्यादा क्रूर, यहाँ के ज़मींदार हो गए। जैसे कि संयुक्त प्रान्त के ज़मींदार, यहाँ की रैयतों से 21 करोड़ लगान वसूलते थे और ब्रिटिश सरकार को मात्र 7 करोड़ देते थे। इसी प्रकार बिहार में 20–21 करोड़ वसूलते थे और सरकार को महज पौने दो करोड़ देते थे। बंगाल में 16 करोड़ वसूलते थे और सरकार को 4 करोड़ देते थे।[2] इस प्रकार हम देखते हैं कि संयुक्त प्रान्त के ज़मींदारों के खाते में 14 करोड़ चला जाता था जो कुल प्रान्त की आय के बराबर था।[3] इसलिए सरकार की तुलना में तीन से चार गुना निचोड़ने वालों के माथे पर ही ज़ुल्म का आरोप, उतना ही गुना मढ़ा जाना उचित होगा। बिहार किसान सभा की रिपोर्ट के पृष्ठ 23 पर बताया गया है कि ज़मींदारी प्रथा के कारण किसानों के ऊपर दो सरकारें स्थापित हो गई थीं। एक ब्रिटिश सरकार, दूसरा ज़मींदारी सरकार।[4]

---

1. वही, पृष्ठ 235, 236; लीनी बेनेट, वही, पृष्ठ 39
2. बिहार प्रान्तीय किसान सभा की रिपोर्ट (नवम्बर 1929 से नवम्बर 1935 तक), प्रकाशक अवधेश प्रसाद सिंह, मुद्रक, मुरलीमनोहर हर प्रसाद, सर्चलाइट प्रेस, पटना, पृष्ठ 19; पीजेंट मूवमेंट पेपर, क्रम संख्या 190 (LXXXV) पार्ट II, पृष्ठ 423, नेहरू स्मारक संग्रहालय एवं पुस्तकालय, तीन मूर्ति भवन, नई दिल्ली
3. आज, नवम्बर 2, 1920
4. पीजेंट मूवमेंट पेपर, क्रम संख्या 190 (LXXXV) पार्ट II, पृष्ठ 427, वही

अध्याय-2

ब्रिटिशकालीन भारत के किसान और मज़दूर विद्रोह

(क) ईस्ट इंडिया कम्पनी के आगमन के बाद किसान विद्रोह

हमारे सामने किसान आन्दोलनों के सम्बन्ध में जो जानकारी उपलब्ध है उसके अनुसार ईस्ट इंडिया कम्पनी के आगमन के बाद अंग्रेजी शासन द्वारा भू-राजस्व की मात्रा अत्यधिक बढ़ा देने से इसकी शुरुआत होती है। 1767 में पूर्वी सिंहभूमि के ढालभूम क्षेत्र में ढाल राजाओं ने फार्ग्यूसन के विरुद्ध युद्ध किया जिसमें बड़ी संख्या में आदिवासी किसानों ने भाग लिया। यह लड़ाई 1777 तक चली। लगान न देने के कारण पंचेत राज्य को अंग्रेजों ने नीलाम कर दिया, जिसके कारण 1769 से 1805 तक **चुआड़ विद्रोह** हुआ। बाँग्ला शब्दकोश में चुआड़ का अर्थ नीच जाति उल्लिखित है जिसे गाली स्वरूप, आदिवासियों के लिए प्रयुक्त किया गया। कैप्टन कैमेक के विरुद्ध 1770-71 में **चेरो विद्रोह** हुआ जो पुनः 1810 में भी देखने को मिला। इसी वर्ष **भोगता विद्रोह** प्रकाश में आया। 1772-73 में घटवाल और **पहाड़िया विद्रोह** सुनाई दिया। 1782-1807 तक **तमाड़ विद्रोह** और 1793 से 1832 तक **मुंडा विद्रोह** देखने को मिला। पुनः 1819-20 में रुदु कोंता के नेतृत्व में मुंडाओं ने विद्रोह किया। 1793 में तिलक माँझी की अगुवाई में संथालों ने अंग्रेजों के ख़िलाफ़ विद्रोह किया। आदिवासियों की सबसे बड़ी समस्या ज़मीन और लगान की थी। उनका मानना था कि जंगल को साफ़ कर उन्होंने ज़मीन तैयार की है इसलिए ज़मीन पर उनका हक़ है। इसमें अंग्रेजों को दखल देने का अधिकार नहीं है। इन्ही सब मुद्दों पर मानभूमि के भूमिजों ने 1798 में विद्रोह किया। 1820-21 में सिंहभूमि विद्रोह एक बार फिर प्रकाश में आया।[1]

बंगाल के अकाल (1770) के बाद 1772 का **संन्यासी या फ़कीर विद्रोह**, निम्न जाति के फ़कीर किसानों का विद्रोह था। यह विद्रोह उत्तरी बंगाल के मालदा,

1. अनुज कुमार सिन्हा, झारखंड आन्दोलन का दस्तावेज़, 2013, प्रभात प्रकाशन, दिल्ली, पृष्ठ 28; संजय कृष्ण, झारखंड के पर्व, त्योहार, मेले और पर्यटन स्थल, 2013, प्रभात प्रकाशन, दिल्ली, पृष्ठ 17

दीनाजपुर, राजशाही, बोगरा, रंगपुर, कूच बिहार, जलपाईगुड़ी ज़िलों के जंगलों, पूर्वी बंगाल के मैमनसिंह और ढाका में तीन दशकों तक सक्रिय रहा। विद्रोह में शामिल फ़कीर, हिन्दू और मुस्लिम, दोनों समुदायों के थे। मंजू शाह (सूफ़ी सन्त) फ़कीर के नेतृत्व में फ़कीरों ने रंगपुर से ढाका तक ईस्ट इंडिया कम्पनी के सिपाहियों को परास्त किया और एक कमांडर की हत्या तक की जो हिन्दू और मुस्लिम ज़मींदारों के पक्ष में किसान विद्रोह को कुचलने के लिए गोली चला रहा था। फ़कीरों ने कई ज़िलों में समानान्तर सरकारें चलाईं। फरवरी 1773 में खरपाई (मिदनापुर) की ओर बढ़ रहे 6,000 फ़कीरों को रोकने के लिए कलकत्ता से सिपाहियों की 5 कम्पनियाँ भेजी गई। फ़कीर विद्रोह के पीछे स्थानीय ज़मींदारों का ज़ुल्म था। ज़मींदारों ने ईस्ट इंडिया कम्पनी के गवर्नर जनरल वारेन हेस्टिंग्स के निर्देश पर 1768 की तुलना में 1771 में ज़्यादा कर वसूला, क्योंकि अकाल में बंगाल की एक तिहाई जनसंख्या काल के गाल में समा गई थी। ज़्यादा कर नहीं वसूलने पर वसूली की राशि कम पड़ जाती। स्पष्टतः ज़्यादा कर वसूलना ज़ुल्म ढाये बग़ैर सम्भव नहीं था।[1]

वर्ष 1783 में एक बार फिर बंगाल के किसानों ने ईस्ट इंडिया कम्पनी का कर वसूलने वाले निर्दयी ज़मींदार देवी सिंह (रंगपुर के इजारेदार) के ख़िलाफ़ आन्दोलन किया। देवी सिंह के ज़ुल्म के कारण किसान बीवी और बेटी बेचने को बाध्य थे। इस विद्रोह में किसानों ने अपनी समानान्तर सरकार बनाते हुए नवाब, दीवान और बक्शी की तैनाती कर दी। केना सरकार इनका वास्तविक नेता था जिसने दीरजी नरायन को नवाब नियुक्त किया। इस विद्रोह में भी रंगपुर के किसानों का साथ फ़कीर और संन्यासी विद्रोहियों ने दिया था।[2]

1817, 1825, 1831 एवं 1846 में भीलों ने अपने विभिन्न नेताओं की अगुवाई में ब्रिटिश सरकार को चुनौती दी थी।

1825, 1839 और 1844 में कोलियों ने गुजरात में विद्रोह किया। बंगाल का पागलपन्थी विद्रोह 1825, 1827 और 1833 में देखने को मिला। **पागलपन्थी विद्रोह** यद्यपि अर्द्धधार्मिक विद्रोह था जिसमें मुख्यतः हजांग और गारो आदिवासी जातियाँ शामिल थीं, जो मैमनसिंह ज़िले (वर्तमान बांग्लादेश) की थीं। फ़कीर और संन्यासी विद्रोह के नेता मंजू शाह का साथ मिलने से यह ज़मींदारों के विरुद्ध भी रहा। इस पन्थ का निर्माता करम शाह था जिसकी मृत्यु 1813 में हो गई थी। उसके बाद उसके पुत्र टीपू शाह और पत्नी चाँदबीवी ने विद्रोह जारी रखा। टीपू ने आदिवासी किसानों को

---

1. अतीस दासगुप्ता, द फ़कीर एंड संन्यासीज रिबेलियन, सोशल साइंटिस्ट, वाल्यूम 10, नं.1 (जनवरी 1982), पृष्ठ 44, 45, 46, 5
2. धर्म कुमार (सम्पादक), कैम्ब्रिज इकोनामिक हिस्ट्री ऑफ इंडिया, वाल्यूम 2 (1751–1970), 1983, कैम्ब्रिज यूनिवर्सिटी प्रेस, पृष्ठ 126; एलीन हंट बॉटिंग, फेमिली फ्यूड्स, स्टेट यूनिवर्सिटी ऑफ न्यूयॉर्क प्रेस, 2006, पृष्ठ 81; अतीस दासगुप्ता, वही, पृष्ठ 53

तय सीमा से ज़्यादा कर और उप कर देने से रोक दिया। 1825 में उसने अपने हथियारों से शेरपुर के ज़मींदारों के महलों पर धावा बोल दिया। ज़मींदारों ने ब्रिटिश अधिकारियों के यहाँ भाग कर जान बचाई मगर ब्रिटिश अधिकारियों ने टीपू की लोकप्रियता और शक्ति को देखते हुए ज़मींदारों की ओर से जारी दमन को नियंत्रित करने के लिए क़दम उठाए। यह विद्रोह 1835 तक जारी रहा जिसे बाद में सेना ने दबाया।[1]

1828 की रैयतवाड़ी व्यवस्था, जिसने किसानों को तय लगान देने और न देने की स्थिति में खेत छोड़ देने को बाध्य किया था, किसानों के उत्पीड़न में वृद्धि की शुरुआत मानी जाती है।[2] छोटा नागपुर क्षेत्र में सिंगराय-बिन्दराय मानकी और बुद्धु भगत के नेतृत्व में 1831-32 में **कोल विद्रोह** हुआ। ब्रिटिश सरकार ने कोल मुखियाओं (मुण्डाओं) की ज़मीनें बाहरी सिख एवं मुस्लिम ज़मींदारों को दे दी थीं। यह विद्रोह उन्हीं नए मुसलमान और सिख ज़मींदारों के विरुद्ध था जो बेगार कराते थे और अत्यधिक लगान वसूलते थे। सोनपुर के कोलों द्वारा शुरू हुआ यह सशस्त्र विद्रोह राँची, सिंहभूमि, हाजीपुर, मानभूमि के पश्चिमी भाग से लेकर पलामऊ (पलामू) के संथालों तक फैला हुआ था। 1834 में गंगा नारायण की अगुवाई में **भूमिज विद्रोह** एक बार फिर सुनाई दिया।[3]

वर्ष 1836 से 1854 के बीच उत्तरी केरल में पुश्तैनी ज़मींदारों के अत्याचार के विरुद्ध मोपिला के किसानों के 35 बार संघर्ष का इतिहास हमारे सामने है। 9वीं सदी से अरब व्यापारियों के, मद्रास प्रान्त के मालाबार ज़िले के इस क्षेत्र की दलित महिलाओं के संसर्ग में आने से मोपिला प्रजाति का उद्‌भव हुआ। भारत में यही प्रारम्भिक प्रजाति है जो इस्लाम धर्म की अनुयायी बनी। यह जाति बेहद ग़रीबी और अभावों में जीवन बिता रही थी। यहाँ के ज़मींदार नम्बूदरी ब्राह्मण एवं नायर लोग थे जो बेहद निर्दयी थे। उन्होंने ग़रीब मोपिलाओं का हर प्रकार से शोषण किया था। उन्हीं के विरुद्ध मोपिलाओं का प्रारम्भिक विद्रोह था। 1852 में ब्रिटिश शासकों ने मोपिलों के एक नेता, सैयद फ़ज़ल पुक्कोया थंगल को भारत से निर्वासित कर दिया और मोपिला अत्याचार क़ानून बनाया। **मोपिला विद्रोह** का सबसे क्रान्तिकारी और राजनैतिक स्वरूप एक बार फिर 1921 में देखने को मिला जब वे सीधे-सीधे ब्रिटिश सत्ता से भी टकराये।[4]

---

1. वी.के. अग्निहोत्री (सम्पादक), इंडियन हिस्ट्री, एलायड पब्लिशर्स, नई दिल्ली, 2010, पृष्ठ सी-189; आर.के. क्षीरसागर, दलित मूवमेंट्स इन इंडिया एंड इट्स लीडर, एम.डी. पब्लिकेशन, नई दिल्ली, 1994, पृष्ठ 55
2. कथादेश, मई, 2012
3. एस.एन. सेन, हिस्ट्री माडर्न इंडिया, न्यू एज़ इंटरनेशनल पब्लिशर, 2006, पृष्ठ 85; अनुज कुमार सिन्हा, झारखंड आन्दोलन का दस्तावेज़, 2013, प्रभात प्रकाशन, दिल्ली, पृष्ठ 28
4. एम. नईम कुरैशी, पान-इस्लाम इन ब्रिटिश इंडिया पोलिटिक्स: ए स्टडी ऑफ द ख़िलाफ़त मूवमेंट, 1818-1924, ब्रील, 1999, पृष्ठ 445-447; डॉ. महेन्द्र प्रताप, ~~वही,~~ पृष्ठ 46

साहूकारों एवं लगान के विरुद्ध **संथाल विद्रोह** 1855–56 में सुनाई दिया। इसके तहत आरम्भ में सिद्धू और कान्हू के नेतृत्व में कुछ साहूकारों को मार दिया गया। बाद में चाँद–भैरव, मोरगो माझी और वीर सिंह माझी ने भी बाहरी लोगों के विरुद्ध इस विद्रोह का नेतृत्व किया।[1]

बंगाल के 1859 के 'टेनेंसी एक्ट'*, का उद्देश्य तो 12 वर्ष से लगातार खेती करने वाले किसानों को मालिकाना हक़ देने जैसा था, मगर वह एक्ट भी किसानों के विरुद्ध रहा। उस एक्ट ने तालुक़ेदारों को किसानों की बेदख़ली का असीमित अधिकार दे दिया। यही कारण था कि किसान विरोधी क़ानूनों के चलते किसानों ने समय–समय पर विद्रोह करना शुरू किया।

1859–60 के बीच अंग्रेजों द्वारा जबरदस्ती नील की खेती कराने और सस्ते दर पर उसे ख़रीदने के कारण बंगाल के किसानों ने '**नील विद्रोह**' की शुरुआत की थी। 1859 के 'रेंट एक्ट' के विरुद्ध असन्तोष ने 1860 में नील आन्दोलन को और अधिक व्यापक बनाया। बांग्ला लेखक दीनबन्धु मित्र ने किसानों के नील विद्रोह का वर्णन अपने 'नील दर्पण' नाटक (1860) में किया है। 1866–68 में बिहार के चम्पारन और दरभंगा में भी नील उत्पादक किसानों ने विद्रोह का झंडा बुलन्द किया। वर्ष 1873 में पटना में किसानों ने 'रेंट एक्ट' से उपजे ग़ुस्से के प्रतिक्रिया स्वरूप विद्रोह किया और ज़मींदारों को लगान देना बन्द कर दिया। सरकार को विवश होकर 1879 में एक 'रेंट कमीशन' नियुक्त करना पड़ा और उसकी सिफारिश पर 1885 में 'बंगाल टेनेंसी एक्ट' पास करना पड़ा। वर्ष 1873–80 के बीच भी उत्तरी केरल में ऐसे अनेक आन्दोलन देखने को मिले। वर्ष 1872 से 76 के बीच बंगाल के किसानों ने ज़मींदारों द्वारा कर वसूलने के क्रूर तरीक़ों के विरुद्ध आन्दोलन किया तथा उनके गोदामों को लूट लिया बाद में सरकार ने ज़मींदारों का साथ देते हुए उसका दमन किया पर किसान हितों की रक्षा के लिए पहली दफ़ा क़ानून बनाने को बाध्य भी हुई थी।[2]

महाराष्ट्र के पुणे और अहमदनगर में वर्ष 1874–75 में ज़्यादा लगान वसूलने सम्बन्धी समस्याओं को लेकर किसानों के आन्दोलन हुए। किसानों ने साहूकारों और ज़मींदारों का सामाजिक बहिष्कार किया और क़र्ज़ सम्बन्धी काग़ज़ात जला

---

1. अनुज कुमार सिन्हा, झारखंड आन्दोलन का दस्तावेज़, 2013, प्रभात प्रकाशन, दिल्ली, पृष्ठ 28

* इस संग्रह में हम 'किसान' शब्द का उपयोग अंग्रेजी के टेनेंट, कल्टीवेटर या पीजेंट (Tenant, cultivator or Peasant) के रूप में करेंगे। अवध का टेनेंट, ज़मींदारों से पट्टे या लीज पर ज़मीन प्राप्त कर खेती करता रहा। पीजेंट, किसानों का वह सदस्य, जो खेतों में काम कर खेती करता और कल्टीवेटर उसे कह सकते हैं जो ज़मीन को फसलों के उगाने योग्य तैयार करता।

2. कथादेश, मई, 2012

दिए। महाराष्ट्र में मारवाड़ी और गुजराती साहूकार, अधिक ब्याज पर किसानों को क़र्ज़ देते थे और धन न चुकाने पर ज़मीन क़ब्ज़ा कर लेते थे। 1875 में भड़का कुन्बी कृषकों का असन्तोष इतिहास में 'दक्षिण उपद्रव' के नाम से विख्यात् है। दक्षिण विद्रोह मूलतः मारवाड़ियों के विरुद्ध था जिसका नेतृत्व गाँव के पटेल कर रहे थे। यह इस विद्रोह का ही दबाव था कि 1879 में सरकार को विवश होकर 'दक्षिण कृषक अधिनियम' पास करना पड़ा। किसानों से भूमि हस्तानान्तरण की प्रक्रिया रोक दी गई और न्यायालयों को लगान कम करने के अधिकार दे दिए गए। कालान्तर में यह आन्दोलन गुजरात की ओर बढ़ गया।[1]

इतिहासकारों ने किसान आन्दोलन में ज्योतिबा फुले के योगदान को रेखांकित करने की कभी कोशिश नहीं की है। फुले ने 1873 में 'खेतिहरों की चाबुक' नामक किताब लिखी थी और किसानों की तत्कालीन समस्याओं के कारणों के निराकरण पर प्रकाश डाला था। उन्होंने 1884 में पुणे के जुनार तहसील में ग़रीब किसानों पर होने वाले जुल्म के विरोध में सत्याग्रह किया था जो सालभर चला और अन्ततः ज़मींदारों, साहूकारों और सरकारी प्रतिनिधियों को समझौता करना पड़ा था। मि. ओमवेट गेल ने 9-11 जनवरी, 1991 को सूरत के एक सेमिनार में एक पर्चा पढ़ा था—'ज्योतिबा फुले एंड द एनॉलसिस ऑफ पीजेंट एक्सप्लॉयटेसन' और इसमें विस्तार से ज्योतिबा फुले के किसान आन्दोलनों के नेतृत्व का विश्लेषण किया था।

वर्ष 1883 से 1890 के बीच जयसोर (बंगाल) के किसानों ने कई मर्तबा ज़मींदारों के विरुद्ध संघर्ष किया। असम के मैदानी हिस्सों में 1893 से 1894 के बीच लगान की ऊँची दरों के ख़िलाफ़ किसानों ने आन्दोलन किए जो वहाबी, फ़रज़ी और **कूका विद्रोह** के नाम से इतिहास में दर्ज हैं। 1890 के पश्चात् **मुंडा विद्रोह** एक युवा किसान बिरसा के नेतृत्व में लड़ा गया जिसे 1900 में सैनिक बल से कुचल दिया गया।[2] 1906-07 में पंजाब में भू-कर एवं सिंचाई के दामों में वृद्धि किए जाने के कारण किसानों ने ज़मींदारों के विरुद्ध संघर्ष किया। इस किसान संघर्ष के मुख्य कर्ताधर्ता, शहीद भगत सिंह के चाचा सरदार अजीत सिंह थे।[3]

(ख) प्रथम विश्वयुद्ध के बाद भारत के कुछ प्रमुख किसान-मज़दूर विद्रोह

प्रथम विश्वयुद्ध ने भारत की आर्थिक एवं राजनैतिक संरचना को झकझोर दिया था। इसी बीच गुजरात के खेड़ा का किसान विद्रोह, 1919 में प्रारम्भ हुआ। उस वर्ष वर्षा नहीं हुई थी और किसानों की फसल नष्ट हो गई थी। किसान लगान स्थगित करने

1. कथादेश, मई, 2012
2. एम.एस.जैन, वही, पृष्ठ 299, 300, 302
3. डॉ. महेन्द्र प्रताप, वही, पृष्ठ 41

की माँग कर रहे थे। गुजरात कौंसिल ने इस सम्बन्ध में प्रस्ताव पारित किया। लेकिन अधिकारियों ने अपने मूल्यांकन में उत्पादित फसल को चार आने (पच्चीस फीसदी) से अधिक बताया। दरअसल नियम यह था कि प्राकृतिक आपदाओं के कारण चार आने से कम फसल उत्पादन होने पर लगान माफ़ कर दिया जाना चाहिए। इसलिए उत्पादित फसल को चार आने से ज़्यादा बताकर अधिकारी लगान जारी रखना चाहते थे। इस आन्दोलन में महात्मा गांधी, सरदार वल्लभभाई पटेल, इन्दुलाल याज्ञिक, एन.एम. जोशी, शंकरलाल पारिख आदि का योगदान था।[1]

1920 के अन्त तक पूरे भारत में 35,000 मील रेल लाइनों का विस्तार हो चुका था और वह विश्व की चौथी बड़ी रेलवे बन चुकी थी। लन्दन के बाज़ारों में भारत का 3 से 3.5 प्रतिशत पैसा था। तब 1 पैसे में 6 से 8 मील यात्रा सम्भव थी और आधे पैसे में अन्तर्देशीय पत्र भेजे जा सकते थे। संचार की ये सुविधाएँ देश में राष्ट्रीयता की भावना पैदा करने में सहायक हो रही थीं और ऐसे समय में क्रान्तिमार्गी आन्दोलनों की शुरुआत हो चुकी थी। ब्रिटिश परस्त कांग्रेस ने क्रान्तिमार्गी आन्दोलनों में घुसपैठ कर उन पर क़ब्ज़ा ज़माने की नीति शुरू से अपना रखी थी। तब पूरे भारत की प्रान्तीय कमेटियों में कांग्रेस के 25,000 से 30,000 सदस्य थे जो क्रान्तिमार्गी संगठनों में आसानी से क़ब्ज़ा ज़माने में सफल हो रहे थे। दूसरी ओर गांधी और अली बन्धु ठीक इसी समय, जहाँ-जहाँ क्रान्तिमार्गी उभार दिख रहे थे, उन जगहों का लगातार दौरा कर रहे थे। वे उन्हें शान्त कराने में लगे थे। संयुक्त प्रान्त में भी उन्होंने 1920-21 में लगातार दौरा किया। इसके बावजूद रौलेट एक्ट के लागू होने के बाद अमृतसर, दिल्ली, **गुजरनवेल (Gujranwell)** और अहमदाबाद में विद्रोह हुए जो यह सिद्ध करते हैं कि राष्ट्रीयता की भावना तीव्र हो रही थी और क्रान्तिकारी उभारों को रोक पाना सम्भव नहीं हो पा रहा था।[2]

प्रथम विश्वयुद्ध के पश्चात् किसानों का आन्दोलन अधिकांशतः ज़मींदारी शोषण के विरुद्ध हुआ। 1917 में गांधी जी ने चम्पारन के किसानों को संगठित किया था। संघर्ष के परिणाम स्वरूप 'तिनकठिया पद्धति', जिसके अधीन किसानों की उत्तम भूमि छीन ली गई थी, समाप्त की गई। जनवरी, 1921 में बिहार के मुजफ़्फ़रपुर ज़िले में और ओड़िसा में किसान विद्रोह भड़का। ये इलाक़े पहले बंगाल प्रान्त में थे, लेकिन 1912 में अलग प्रान्त में चले गए। लन्दन के एक अख़बार के अनुसार 22 जनवरी, 1921 शनिवार को सूचना मिली कि मुजफ़्फ़रपुर ज़िले के बाज़ारों को लूट लिया गया। स्थिति को सँभालने के लिए सेना भेजनी पड़ी। ठीक इसी समय संयुक्त प्रान्त के रायबरेली ज़िले में किसान बाज़ारों को लूट रहे थे। दोनों ही जगह किसानों की समस्या मुख्यतः बेहद ग़रीबी और उच्च

1. वही, पृष्ठ 44, 45
2. द वेस्टर्न मार्निंग न्यूज़ एंड मरकरी, बुधवार, 12 अक्टूबर, 192

मूल्यवृद्धि थी।[1] लन्दन के अख़बार **'द कुरिअर'** ने 24 जनवरी, 1921 सोमवार को गांधी द्वारा चलाए जा रहे असहयोग आन्दोलन के कारण 'अंग्रेजी वस्त्रों के बायकाट का प्रस्ताव' शीर्षक से समाचार छापते हुए लिखा कि संयुक्त प्रान्त और बिहार में किसान विद्रोह की स्थिति बनी हुई है। किसान बाज़ार लूट रहे हैं। अख़बार स्पष्ट करता है कि इस व्रिदोह का कारण मुख्य रूप से आर्थिक है, क्योंकि खाद्यान्नों के दाम आसमान छू रहे हैं और अवध के ज़मींदारों का निर्दयतापूर्वक व्यवहार विद्रोह का कारण बना है। अख़बार यह भी कहता है कि संयुक्त प्रान्त के किसान विद्रोह के कारण क़ानून-व्यवस्था कायम करने में कठिनाई आ रही है। समस्या के मूल कारणों को हल किए बिना यह विद्रोह शान्त नहीं होने वाला। सरकार जब तक उत्तर भारत के इन ज़मींदारों और किसानों के सम्बन्धों की जाँच-पड़ताल नहीं करती और जब तक 'अवध टेनेंटरी लॉ' में संशोधन नहीं करती, तब तक किसान शान्त नहीं होने वाले।

एक औपनिवेशिक अख़बार की भाषा और सुझाव से उक्त किसान आन्दोलन की गम्भीरता और भयावहता बिलकुल स्पष्ट है। अख़बार, अकाल के परिप्रेक्ष्य में भूख से बिलबिलाते ग़रीबों की दारुण दशा का चित्र प्रस्तुत कर रखा था। उसने औपनिवेशिक सत्ता की ज़मींदारपरस्त नीतियों को बदलने का भी सुझाव दिया। यह और बात है कि यही बात उतनी साफगोई से तत्कालीन राष्ट्रीय आन्दोलन की अगुवाई करने वाली शक्तियाँ नहीं कर रही थीं।

1920 के आसपास किसान, मज़दूर और साम्प्रदायिक विद्रोह एक साथ दिखाई देते हैं। सी.आई.डी. संयुक्त प्रान्त ने संयुक्त प्रान्त में स्वयंसेवकों की गतिविधियों के बारे में 18 दिसम्बर, 1919 और 5 नवम्बर, 1920 को तैयार विवरण को शामिल करते हुए जो रिपोर्ट भेजी, उससे स्पष्ट है कि किसान-मज़दूर विद्रोह के साथ-साथ हिन्दू-मुस्लिम विद्रोह को उभारने का प्रयास जारी था। इस कार्य में तत्कालीन कांग्रेसी भी शामिल थे। नवम्बर, 1920 तक, 26 ज़िलों में हिन्दू स्वयंसेवकों के संगठन बन चुके थे। जबकि आगरा, कानपुर, अलीगढ़, शाहजहाँपुर, पीलीभीत, इटावा, मुरादाबाद, इलाहाबाद, मेरठ, और फ़ैज़ाबाद में मुसलमान स्वयंसेवकों के संगठन भी बन चुके थे। कुछ मुसलमान स्वयंसेवकों द्वारा तलवार का प्रदर्शन किया गया। कुछ अतिवादी सेवा समितियों में भी तलवार का प्रदर्शन किया गया। नवम्बर, 1920 के बाद मुसलमान संगठन में तेजी देखी गई। नवम्बर, 1921 में 41 ज़िलों से प्राप्त रिपोर्ट से पता चला कि 35 ज़िलों में ख़िलाफ़त कमेटी के संगठन कायम थे। पूरे संयुक्त प्रान्त में लगभग 5,000 मुसलमान स्वयंसेवक थे, जिनमें सबसे ज़्यादा 1,423 आजमगढ़ में, 926 सहारनपुर में, 405 गोरखपुर में, 400 मुरादाबाद में, 387 अलीगढ़ में, 258 मुज़फ़्फ़रनगर में, 250 मेरठ में और 200 बदायूँ में थे।

1. द यार्कशायर पोस्ट, सोमवार, 24 जनवरी, 1921

बुलन्दशहर, मैनपुरी, इटावा, बलिया, उन्नाव और गोंडा में भी इनकी संख्या प्रत्येक ज़िले में सौ से ज़्यादा ही थी। संयुक्त प्रान्त की उक्त रिपोर्ट के अनुसार, प्रान्त के 42 ज़िलों में से 36 ज़िलों में हिन्दू स्वयंसेवकों के संगठन खड़े थे। पूरे प्रान्त में लगभग 11,994 हिन्दू स्वयंसेवक थे। कानपुर में सबसे ज़्यादा, 1,748 हिन्दू स्वयंसेवक थे जबकि गोरखपुर में 1,380, आजमगढ़ में 1,138, देहरादून में 475, और मुरादाबाद में 474 हिन्दू स्वयंसेवक थे। छह अन्य ज़िलों में 200 से 300 तक हिन्दू स्वयंसेवक थे। नवम्बर, 1920 से नवम्बर, 1921 के बीच सहारनपुर, बिजनौर, अलीगढ़, मुरादाबाद, इलाहाबाद, लखनऊ, शाहजहाँपुर, मेरठ और बनारस में फ़ौजी कवायद की गतिविधियाँ देखी गईं। कवायद की सबसे ज़्यादा गतिविधियाँ प्रथम तीन ज़िलों में देखने को मिलीं। सितम्बर, 1921 में आगरा में लाठी के बजाय रायफ़ल के प्रदर्शन की सूचना मिली, लेकिन बाद में ऐसा कुछ नहीं देखा गया। भूतपूर्व सेनानियों को फ़ौजी कवायद के लिए सहारनपुर, इलाहाबाद और बिजनौर में तथा सेवानिवृत्त हेड कांस्टेबल और सेवा से निकाले गए कांस्टेबलों को मुरादाबाद और लखनऊ में कवायद का प्रशिक्षण देते देखा गया। इसी समय हथियारों के रूप में भाले तथा तलवारों का प्रदर्शन देखा गया। स्वयंसेवकों द्वारा रैली निकालने, राजनीतिक सभाएँ, प्रदर्शन करने और पंचायत बायकाट की गतिविधियाँ देखी गईं। इलाहाबाद में जनवरी, 1921 में मुसलमानों के बीच ख़िलाफ़त के मुद्दे पर उनकी धार्मिक ज़िम्मेदारियों को बताने का प्रयास किया गया और मई, 1921 में उन्नाव के एक मेले में पुलिस और स्वयंसेवकों के बीच भिड़ंत हुई। अगस्त, 1921 में नौकरियों का बहिष्कार करने का प्रयास किया गया। सहारनपुर और ग़ाज़ीपुर में विवादित मामलों को लोगों द्वारा पुलिस तक पहुँचाने से रोकने का प्रयास किया गया। मार्च, 1921 में सहारनपुर में चुंगी न देने का दबाव बनाया गया। स्वयंसेवकों ने सहारनपुर में मुहर्रम के दौरान पुलिस का काम किया। उन्होंने झंडों और नारों के साथ जुलूस निकाले। फ़र्रूख़ाबाद के कैंट क्षेत्र में स्वयंसेवकों ने प्रदर्शन किया। अलीगढ़ में डाकघर पर ख़िलाफ़त स्वयंसेवकों ने आक्रमण किया। सितम्बर, 1921 में सहारनपुर में एक स्वयंसेवक ने भाले से आक्रमण कर, मौलवी हुसैन अहमद मदनी की गिरफ़्तारी को रोकने का प्रयास किया। 22 नवम्बर, 1921 को क्रिमिनल लॉ एक्ट (एमेंडमेंट), 1908 के लागू होने और स्वयंसेवकों की गतिविधियों को ग़ैर-क़ानूनी घोषित किए जाने के बाद स्थिति बदली, लेकिन कपड़ों और शराब की दुकानों पर धरना और स्कूलों का बहिष्कार जारी रहा। कुछ ज़िलों में यूरोपीय लोगों के साथ बुरा बर्ताव किया गया। प्रिंस ऑफ वेल्स के आगमन पर दिसम्बर, 1921 में लखनऊ, इलाहाबाद और बनारस में तथा फरवरी में आगरा और मार्च में देहरादून में स्वयंसेवकों ने हस्तक्षेप किया। लखनऊ और आगरा में स्वयंसेवकों को सेना द्वारा खदेड़ा गया। स्वयंसेवकों द्वारा समानान्तर सरकार चलाने की व्यवस्था की

गई। इलाहाबाद में दिसम्बर, 1921 में राष्ट्रीय थाना बनाया गया। गोरखपुर, आगरा, बरेली, आजमगढ़, बुलन्दशहर और कुछ अन्य ज़िलों में किसानों द्वारा समानान्तर सरकारें बनाने की कोशिश की गई। न्यायालयों में धरने दिए गए और न्यायिक कार्यों को बरेली, हरदोई, बिजनौर, सीतापुर, प्रतापगढ़, गोरखपुर और आजमगढ़ में प्रभावित करने की कोशिश की गई। अलीगढ़, मेरठ, बस्ती, बाराबंकी और कुछ अन्य जगहों पर पुलिस पर पत्थर फेंके गए या उन्हें अपमानित किया गया। 4 फरवरी को चौरी चौरा की घटना के अलावा, 2 फरवरी, 1922 को बदायूँ के उझैनी में म्युनिसिपल प्रशासन को बन्धक बनाने का प्रयास किया गया। 5 फरवरी को बरेली के टाउनहॉल में म्युनिसिपल ऑफिस को घेर लिया गया और भीषण उपद्रव हुआ। तिलहर, शाहजहाँपुर में भी उसी दिन म्युनिसिपल ऑफिस को घेरा गया। 9 फरवरी को खलीलाबाद में स्वयंसेवकों की भारी भीड़ को हटाने के लिए बल प्रयोग करना पड़ा। दूसरे ज़िलों में भी इस प्रकार की कुछ घटनाएँ हुईं। 46 ज़िलों में कांग्रेसी स्वयंसेवकों की संख्या 90,000 तक पहुँच चुकी थी। ये स्वयंसेवक फ़ौजी कवायद में मुख्यतः गेरुआ वस्त्र पहनते थे।[1]

सोवियत संघ में हुई बोल्शेविक क्रान्ति का भारतीय मज़दूरों के ऊपर ज़बरदस्त प्रभाव पड़ा था। 'सन् 1920 को लीजिए, इसके प्रथम दो महीनों में ही जूट और कपास के कारख़ानों ने 110 हड़तालों का सामना किया। इन हड़तालों में अन्दाज़न 25 लाख मज़दूर शामिल थे। सिर्फ़ अक्टूबर में 38 हड़तालें हुईं। तिस पर मज़ा यह कि ऐसी-वैसी अनेक हड़तालों की तो ख़बर तक नहीं मिली, वे जहाँ की तहाँ शान्त करके दबा दी जातीं।"[2]

"''1919 और 1920 में कपड़े की मिलों में बड़ी हड़तालें हुईं; जिनमें कोई डेढ़ लाख मज़दूर शामिल थे। फिर बम्बई में डाकियों ने 1920-21 में कोई पाँच महीनों तक काम बन्द रखा। रेल कारख़ानों में भी हड़तालें हुईं। अहमदाबाद की मिलों में भी 1920 और 1921 में हड़तालें होती रही हैं। 30,000 से भी अधिक आदमी उनमें शामिल हुए हैं।''"[3]

दुनिया के मज़दूर आन्दोलनों की सुगबुगाहट से भारत अछूता नहीं रहा था। 1921 तक ख़ास बम्बई में मज़दूरों के 48 संघ थे और उनके सदस्यों की संख्या 80 हज़ार के लगभग थी। अहमदाबाद में प्रायः 21 हज़ार सदस्यों की 12 सभाएँ थीं। शेष बम्बई-हाते में 8,250 सदस्यों की 17 यूनियनें कायम थीं।...नार्थ-वेस्टर्न,

---

1. नोट आन द वॉलंटियर मूवमेंट इन यूनाइटेड प्रॉविंसेज बाय टी.ए.एल. स्कॉट ओ'कानर, क्रिमिनल इन्वेस्टिगेटिंग डिपार्टमेंट, यूनाइटेड प्रॉविंसेज, दिनांक मई 27, 1922 उ.प्र. शासकीय अभिलेखागार, लखनऊ
2. 'भारत में मज़दूरों का प्रश्न', माधुरी, 1922, वर्ष-1, खंड-1, संख्या-3, पृष्ठ 227
3. 'भारत में मज़दूर का गठन', वही, संख्या-5

अवध-रूहेलखंड, असम-बंगाल तथा ईस्ट इंडिया रेलों के कर्मचारियों ने क्रमशः बड़ी-बड़ी हड़तालें कीं और जमशेदपुर के कारख़ानों के कुलियों ने काम बन्द कर अपना असन्तोष प्रकट किया। सरकारी छापेखाने वालों ने हड़ताल के ज़रिये अपने दुख की कहानी कह सुनाई; कलकत्ते के ट्राम वालों ने काम बन्द करके अपनी असुविधाओं की ओर जनता का ध्यान आकृष्ट किया।[1]

'माधुरी' से जानकारी मिलती है—'पंजाब के गुरु के बाग़ में अकाली आन्दोलन दिन-दिन जोर पकड़ता जा रहा था।...पाँच-साढ़े पाँच हज़ार मनुष्य गिरफ़्तार हो चुके थे। नित्य 100 गिरफ़्तार हो रहे थे। सज़ाएँ लम्बी और सख़्त दी जा रही थीं; पर आन्दोलन घटने के बदले बढ़ता ही जा रहा था।'[2] ऐसा अनायास नहीं हो रहा था। देश का ज़बरदस्त शोषण हुआ था। हमारे देशी उद्योग नष्ट किए जा रहे थे। 'माधुरी' से हमें जानकारी मिलती है—"कुछ समय से ऐसा हो गया है कि हम अंगोछे तक के लिए परमुखापेक्षी बनकर बढ़िया मलमलें और मखमलें पहनने लगें। देश में बेकारी बढ़ गई; लाखों ग़रीब कारीगर निराश्रय, नष्ट हो गए, भूखे मर गए; पर हमारे कानों में जूँ तक न रेंगी। विदेशी कपड़े की आमद सन् 1920 में 2, 90,00,000 गज़ थी जो 1921 में घटकर 2,10,00,000 गज़ रह गई लेकिन 1922 में यह बढ़कर 4,80,00,000 गज़ हो गई।'[3]

1920 में गुन्तूर ज़िले में असहयोग आन्दोलन में कृषकों ने अधिक संख्या में भाग लिया। 1922 में आन्ध्र में विजाग एजेंसी क्षेत्र में श्रीरामा राजू के नेतृत्व में 'कोया जनजाति आन्दोलन' अपने परम्परागत अधिकारों के लिए हुआ। 1924 में इस आन्दोलन को कुचल दिया गया।[4]

राजस्थान के उदयपुर के पास स्थित सीरोही राज्य में एक बार फिर भील किसान विद्रोह उठ खड़ा हुआ जहाँ 3000 भीलों ने प्रशासन से मुठभेड़ किया। सेना ने भीलों की घेराबन्दी तोड़ने के लिए गोली चलाई जिसमें 11 भील मारे गए।[5] विलकिंसंस राजपूताना एजेंसी रिपोर्ट 1921 ने मेवाड़ के फैले उपद्रव का ज़िक्र किया है।[6]

दक्षिण मालाबार का 'मोपिला विद्रोह' अगस्त 1921 में एक बार फिर प्रारम्भ हुआ। कालीकट के दक्षिण तिरुरंगादी शहर की घटना ने विस्फोटक रूप ले लिया। जब किसान नेताओं को गिरफ़्तार कर 20 अगस्त को तिरुरंगादी लाया गया तब बहुत

1. वही
2. वही, मार्गशीर्ष 299, विविध विषय, पृष्ठ 515
3. वही, 1922, वर्ष-1 खंड-1, सं.-5
4. एम.एस.जैन, वही, पृष्ठ 300, 301
5. द कुरिअर, सोमवार, 8 मई, 1922
6. माडर्न इंडिया 1885-1947, सुमित सरकार, पीयर्सन, पृष्ठ 173

से मोपिला मस्ज़िद में जमा थे। सेना ने मस्ज़िद में घुस कर हमला किया। इसकी प्रतिक्रिया यह हुई कि 5 हज़ार मोपिलाओं ने सेना को घेर लिया। सेना ने मशीनगन चलाई फिर भी मोपिला डटे रहे। कुछ सैनिक तो ज़िला मजिस्ट्रेट के साथ भाग गए परन्तु बाकी मदद आने की आशा में लड़ते रहे। मोपिलाओं ने सड़क पर क़ब्ज़ा कर चौकियाँ स्थापित कर लीं। टेलीग्राफ़ के तार काट दिए। शहर में छिपे अंग्रेजों को मार दिया। एरनाद और बल्लुवानाद के तालुकों पर क़ब्ज़ा कर लिया तथा ख़िलाफ़त की घोषणा कर सत्तर वर्षीय अली मुसालियर को शासक बना दिया। इसमें हिन्दू किसानों ने भी मोपिलाओं का साथ दिया और ब्रिटिश शासकों तथा ज़मींदारों के विरुद्ध संघर्ष किया। मोपिला विद्रोही, हिन्दू और मुस्लिम, दोनों ज़मींदारों पर हमला कर रहे थे लेकिन फूट डालने के लिए इस विद्रोह को साम्प्रदायिक रंग दिया गया। अगस्त के अन्त में सेना तिरुरंगादी पहुँची। फिर मोपिला विद्रोहियों ने मस्ज़िद में मोर्चा सँभाला और तीन दिन तक मुक़ाबला किया। रसद-पानी की कमी के कारण बाद में उन्हें आत्मसमर्पण करना पड़ा। जब विद्रोही नेता अली मुसालियर को पकड़ लिया गया तब विद्रोह का नेतृत्व अहमद हाजी ने सँभाला। हाजी एक विद्रोही पिता के पुत्र थे जिन्हें पहले ही पिता के साथ देश से निर्वासित कर दिया गया था। 1921 में विद्रोह से कुछ पहले वह वापस आ गए थे। पहले उन्हें अपने गाँव में रहने की अनुमति नहीं मिली थी। बाद में अनुमति मिली तो वह गाड़ी चलाकर पेट पालने लगे। ख़िलाफ़त आन्दोलन शुरू होते ही वह उसके नेता बन गए। 8 जनवरी, 1922 को हाजी को गिरफ़्तार कर लिया गया और 20 जनवरी को उन्हें गोली मार दी गई। आरम्भ में मोपिला विद्रोह अंग्रेजों के विरुद्ध था। मोपिलाओं ने गुरिल्ला पद्धति से 6 महीने तक संघर्ष किया। दिसम्बर के दूसरे सप्ताह में मालाबार सीमा के बाहर तक मोपिला विद्रोहियों की धरपकड़ की गई। 13 दिसम्बर, 1921 की रात मोपिला भागकर पानडालूर पहुँच गए। वहाँ उन्होंने एक निरीक्षक सहित तीन पुलिस वालों की हत्या कर दी और पाँच को घायल कर दिया। ज़िलाधिकारी सेना के साथ घटनास्थल की ओर रवाना हुए। पानडालूर पहाड़ी गाँव था जो मालाबार सीमा के बाहर था। सेना ने पहुँचकर 30,000 मोपिलाओं को घेर लिया जिससे वे मालाबार में समर्पण करने को मजबूर हो गए। केवल कट्टर और मुख्य नेता बचे रह गए थे।[1]

अमेरिकन अख़बार **द डेली न्यूज़, माउंट प्लीजेंट** ने 29 अगस्त, 1921 सोमवार को लिखा था कि मोपिला विद्रोहियों और सेना के संघर्ष में 1000 से ज़्यादा लोग मारे गए हैं जिनमें गोरी महिलाएँ एवं बच्चे शामिल हैं। विद्रोहियों का मालाबार के बड़े हिस्से पर क़ब्ज़ा है। सीमान्त चौकियाँ जला कर नष्ट कर दी गई हैं। **द हेलना इंडिपेंडेंट** ने 28 अक्टूबर, 1921 शुक्रवार को लिखा कि मोपिला विद्रोहियों के

1. द यार्कशायर पोस्ट, शुक्रवार, 16 दिसम्बर, 1921; डॉ. महेन्द्र प्रताप, वही, पृष्ठ 46, 47, 48, 49

समर्पण से मना करने पर डोरसेंट रेजीमेंट ने तोपों और आरमोर्ड कारों से गोली चलाकर 248 मोपिलाओं को मार दिया।

1929 में 'मालाबार टेनेंसी एक्ट' पास हुआ जिसमें सम्पन्न कृषकों के हितों की रक्षा की गई और भूमिहीन किसानों की उपेक्षा। 1930 के पश्चात् मोपिलाओं ने मुस्लिम लीग का समर्थन किया और कृषक आन्दोलन से दूर हो गए। मद्रास प्रान्त में अधिकांशत: रैयतवाड़ी प्रथा प्रचलित थी जिससे 20वीं सदी के आरम्भ तक एक सम्पन्न कृषक वर्ग विकसित हो चुका था जो साहूकारी का धन्धा करता था। कुछ क्षेत्रों में ज़मींदारी प्रथा भी प्रचलित थी। आरम्भ में यहाँ कृषक आन्दोलन ज़मींदारी क्षेत्रों तक ही सीमित रहा। 1928 में आन्ध्र प्रदेश रैयत संघ की एन.जी. रंगा के नेतृत्व में स्थापना हुई। इसने ज़मींदारी क्षेत्रों में व्याप्त बुराइयों को सरकार के सामने रखा। विश्वव्यापी मन्दी के कारण नक़दी फसलें बोने वाले बड़े कृषकों को नुक़सान हुआ और उन्होंने सामान्य कृषकों को ऋण देना बन्द कर दिया। बाध्य होकर किसानों ने साहूकारों के विरुद्ध आन्दोलन किया।[1]

1930 के बाद भारत में किसान आन्दोलन को संगठित करने का श्रेय स्वामी सहजानन्द सरस्वती (जन्म 1889 देवा, ग़ाज़ीपुर) को दिया जाता है। उन्होंने बिहार में ज़मींदारों के विरुद्ध आन्दोलन की शुरुआत की। वर्ष 1929 में उन्होंने बिहार प्रान्तीय किसान सभा की स्थापना की और ज़मीन पर रैयतों को मालिकाना हक़ दिलाने के लिए संघर्ष किया। दंडी स्वामी, सहजानन्द ने रोटी को भगवान और किसानों को भगवान से बढ़कर माना।[2] वैसे प्रारम्भ में स्वामी सहजानन्द सरस्वती ने अपनी सामन्ती भूमिहार जाति के गौरव गुणगान में कुछ पुस्तकें भी लिखीं लेकिन बाद में उनका हृदय-परिवर्तन हुआ और वह किसानों के हक़ की लड़ाई में आए लेकिन वर्गाधार के कारण कभी भी उन्होंने विद्रोही तेवर नहीं अपनाया।

1917 के भीषण सूखे के कारण लगान माफ़ी को लेकर गुजरात के खेड़ा और बारदोली में किसान आन्दोलन 1922 में ही प्रारम्भ किया गया था। रैयतवाड़ी कर प्रणाली के कारण दोनों जगहों पर किसान आन्दोलन देशी ज़मींदारों के विरुद्ध न होकर ब्रिटिश सरकार के विरुद्ध था। लगान न देने का आन्दोलन खेड़ा में मोहनलाल पांड्या और शंकरलाल द्वारा तथा बारदोली में कुँवरजी मेहता द्वारा शुरू किया गया। बाद में गांधी जी यहाँ सक्रिय हुए। अगर यहाँ भी देशी ज़मींदारों के विरुद्ध आन्दोलन होता तो गांधी जी सक्रिय न हुए होते। चौरी चौरा कांड के पश्चात् यहाँ भी किसान आन्दोलन स्थगित कर दिया गया। बाद में इस आन्दोलन को 1928 में पुन: सक्रिय किया गया। वल्लभभाई पटेल के नेतृत्व में 'बारदोली सत्याग्रह' किसान आन्दोलन का महत्त्वपूर्ण बिन्दु है जिसने उन्हें सरदार की पदवी से नवाजा था। आन्दोलन का

1. कथादेश, मई, 2012
2. वही

प्रभाव यह रहा कि बाढ़ और अकाल से ग्रसित बारदोली किसानों पर बॉम्बे प्रेसिडेंसी सरकार द्वारा लगान वृद्धि दर 22 प्रतिशत से घटाकर 6.25 प्रतिशत कर दी गई।[1]

राजस्थान के शेखावटी प्रान्त के जाटों द्वारा चलाया गया 'शेखावटी किसान आन्दोलन' की पृष्ठभूमि 1934 के 'जाट प्रजापति महायज्ञ' में ढूँढी जा सकती है। यहीं से जाटों ने ज़ागीरदारों द्वारा वसूले जा रहे अत्यधिक लगान एवं 37 प्रकार के बेगारों और पहली बार ससुराल आई पत्नी को जागीरदार के यहाँ रात बिताने जैसे अपमानजनक अत्याचारों के विरुद्ध संघर्ष की ऊर्जा प्राप्त की। 'सिकार ठिकाना' क़ानून का उल्लंघन करते हुए विजयोत्सव स्वरूप हाथी की सवारी निकाली। बाद में सामन्ती प्रतिरोध के लोकगीतों के माध्यम से जाटों में नई ऊर्जा पैदा हुई। 'जाट-सिकार ठिकाना' समझौता (23 अगस्त, 1934) द्वारा ठिकाना के अधिकारियों ने विभिन्न प्रकार के लगानों को समाप्त किया। इसी वर्ष 'किसान सभा' का गठन हुआ। जमनालाल बजाज और छोटू राम के नेतृत्व में प्रसिद्ध 'सिकार आन्दोलन 1935' चलाया गया। शेखावटी के जाट किसानों ने जागीरदारों के विरुद्ध 'सिकार-जाट किसान पंचायत' के बैनर तले संगठित होकर भूमि उपज का भाग देने से मना कर दिया। 'जयपुर प्रजा-मंडल' ने भी शेखावटी किसान आन्दोलन को समर्थन दिया था। 1922, 1931 और 1932 के 'बिजोरिया-किसान आन्दोलन' से भी शेखावटी किसानों को दिशा मिली थी।[2]

1933 से 1935 के मध्य विभिन्न प्रान्तों में किसान सभाएँ स्थापित हुईं और 1936 में 'अखिल भारतीय किसान सभा' की स्थापना हुई। वह संगठन शुरू से ही समाजवादियों, बुद्धिजीवियों और साम्यवादियों के नियंत्रण में रहा।[3]

1938 में जयनारायण व्यास के नेतृत्व में 'मारवाड़ लोक परिषद्' के बैनर तले किसानों ने जागीरदारों के लगानों, 64 प्रकार के बेगारों और कृषि उपज के भाग वसूलने के विरुद्ध आन्दोलन किया। यह आन्दोलन कांग्रेस समर्थित था और इसकी अपनी सीमाएँ भी थीं। 1940 में मारवाड़ के देहाती किसानों ने 'मारवाड़ किसान सभा' का गठन किया जो राजस्थान के गठन के बाद 'राजस्थान किसान सभा' के नाम से जाना गया।[4]

बीसवीं सदी के पूर्वार्ध में भाकपा ने देश भर में उमड़ रहे किसान विद्रोहों को समाजवादी विचारधारा व सांगठनिक चेतना से लैस करने और उन्हें व्यापक जनसमूह से जोड़ने की पहलक़दमी की। भारत के इतिहास में किसान विद्रोहों की एक लम्बी

1. वही, कपिल कुमार (सम्पादक), कांग्रेस एंड क्लासेस, मनोहर पब्लिकेशन्स, नई दिल्ली, पृष्ठ 233, 234
2. वही
3. वही
4. वही

और अविस्मरणीय कड़ी रही है। बारासात के तितु मीर, सिद्धू-कान्हू (सिदो-कानू) और बिरसा मुंडा के नेतृत्ववाले किसान विद्रोहों से भी बहुत पहले से किसान संघर्षों की एक लम्बी श्रृंखला नक्सलवाड़ी किसान विद्रोहों तक चलती चली आई है। सन् 1947 का किसान विद्रोह इसका सशक्त उदाहरण है। इन किसान विद्रोहों में हमला करने की चेतना ही नहीं बल्कि अपनी समानान्तर सत्ता बनाने की समझ भी बुनियादी तौर पर देखने को मिलती है। यह भी देखने में आता है कि ये सभी संघर्ष स्वतःस्फूर्त ढंग से ही चलते रहे और ख़त्म भी होते रहे, किन्तु इनके बार-बार उठने की श्रृंखला कभी नहीं टूटी।[1]

तेभागा (सितम्बर 1946) और तेलंगाना किसान आन्दोलन (1948 से 1951) भाकपा की पहलक़दमी की सफलता के प्रतिमान हैं। 1946 से लेकर पहले आम चुनाव के बीच चलाए गए तेभागा और तेलंगाना विद्रोह किसान संघर्षों के अविस्मरणीय अध्याय हैं और अवध किसान आन्दोलन से उपजी चेतना की अन्तिम परिणति हैं। खेतिहर क्रान्ति को ध्यान में रखकर चीनी क्रान्ति के अनुभव को आत्मसात् करता हुआ तेभागा आन्दोलन एक पहला प्रयोग था। बँटाईदारों ने भू-स्वामियों से तेभागा अर्थात् कृषि उपज के 2/3 भाग की माँग रखी। उन्हें तब तक 1/2 भाग ही मिलता आया था। इस प्रकार फसल के बँटवारे, लगान चुकाने की प्रक्रिया, फ़ालतू वसूली तथा किसानों और ज़मींदारों के बीच विषमतापूर्ण सम्बन्धों के ख़िलाफ़ बंगाल में चलाया गया तेभागा संघर्ष एक नई तरह की आज़ादी की दिशा में पहला क़दम था। इस आन्दोलन में महिलाओं ने बढ़-चढ़कर हिस्सा लिया था। इसी आन्दोलन के कारण ही बरगदर क़ानून (वेस्ट बंगाल लैंड रीफार्म्स रूल्स, 1956) बना था।[2]

1948 से 1951 के बीच चलाया गया तेलंगाना किसान आन्दोलन तेभागा से बड़ा और व्यापक जनाधारवाला किसान विद्रोह था। आन्ध्रप्रदेश में 'बैठी प्रथा' के ज़रिये दलितों के बर्बर शोषण और ज़मीन के विषमतापूर्ण सम्बन्धों के ख़िलाफ़ इस आन्दोलन ने जोर पकड़ा। इस आन्दोलन का जनाधार दलित और आदिवासियों की बहुसंख्या थी। किसानों के गुरिल्ला दस्तों ने हैदराबाद की निजामशाही के दमन और ज़मींदारों की लूट के ख़िलाफ़ संघर्ष चलाते हुए तीन हज़ार गाँवों को अपने क़ब्ज़े में लेकर वहाँ का प्रशासन ग्राम राज्य कमेटियों को सौंप दिया था। सशस्त्र संघर्ष के रूप में चलाया जानेवाला यह पहला दीर्घकालिक भारतीय किसान विद्रोह था। निजाम की रियासत को भारतीय संघ में मिलाने के लिए हुए समझौते के तहत भारतीय फ़ौजों ने तेलंगाना के वीर दलित और आदिवासी किसानों, ग्राम राज कमेटियों और कम्युनिस्ट पार्टी के नेताओं पर अमानवीय अत्याचार किए, तानाशाही नृशंसता की वापसी की और ज़मींदारी शासन की कुव्यवस्था को पुनर्स्थापित किया।

1. वही
2. वही

दमन और उत्पीड़न से घबरा कर मध्यमार्गियों के दबाव में आन्दोलन उस समय वापस ले लिया गया जब किसानों ने स्थानीय मुद्दों से ऊपर उठ कर राजसत्ता का सवाल उठाना शुरू कर दिया था। बाद में वामपन्थी दलों ने इस प्रकार के किसान आन्दोलन विकसित करने की दिशा में सार्थक काम नहीं किया।[1]

1967 के मार्च महीने में नक्सलबाड़ी (प. बंगाल) इलाक़े के किसानों ने ज़मीनों पर क़ब्ज़ा करना शुरू कर दिया। यह किसान संघर्षों के नए अध्याय का आरम्भ था जिसे 'वसन्त का वज्रनाद' की संज्ञा दी गई। कुछ राजनीतिक विचारकों ने इसे 'उग्र वामपन्थी आन्दोलन और चेतना' की शुरुआत भी माना। धीरे-धीरे यह आन्दोलन दावानल की तरह पूरे देश में फैल गया। नक्सलबाड़ी आन्दोलन की शुरुआत ने भारतीय समाज और राजनीति में व्यापक बदलाव की आकांक्षा को रेखांकित किया। इस आन्दोलन ने पहली बार किसानों की असीमित, अग्रगामी क्रान्तिकारी चेतना और संगठन क्षमता का उद्‌घाटन किया। इस आन्दोलन ने पहली बार दलितों और स्त्रियों की मुक्ति और राज्यों की स्वायत्तता के प्रश्न को परिदृश्य पर पूरे सामाजिक और मानवीय सरोकारों के साथ प्रकट किया और उनके संघर्ष को व्यापक समाज बदलाव का हिस्सा माना। भारतीय समाज और शासक वर्ग की नई व्याख्याएँ प्रस्तुत की गईं और क्रान्तिकारी जनवाद की धारणा सामने आई। ऊपर से देखने में यह आन्दोलन आज बिखरा हुआ और अनेक गुटों में विभाजित दिखता है किन्तु पृष्ठभूमि में यह आज भी भारत का सबसे बड़ा किसान आन्दोलन है जो अपने अनेक रूपों के साथ भारतीय राजनीति के परदे पर मौजूद है।[2]

इन तमाम किसान विद्रोहों की तुलना में संयुक्त प्रान्त (उत्तर प्रदेश) के अवध क्षेत्र में 1920 से 1922 के मध्य जो किसान विद्रोह और 'एका आन्दोलन' प्रारम्भ हुआ, उसने ब्रिटिश सत्ता के संरक्षण में क्रूर हो चुके ज़मींदारों और तालुक़ेदारों के वर्ग चरित्र का पर्दाफ़ाश तो किया ही, समानान्तर सरकार बना लेने का दुस्साहस करने वाले ग़रीब किसानों की क्रान्तिकारी पहल को भी दुनिया के सामने रखा। प्रस्तुत पुस्तक में आगे हम उन्हीं सन्दर्भों पर चर्चा करेंगे।

ब्रिटिश भारत में किसान आन्दोलनों की पृष्ठिभूमि, क्षेत्र विशेष की समस्याएँ, वहाँ के ज़मींदारों, तालुक़ेदारों की जबरिया लगान वसूली, बेदख़ली और बेगारी जैसे ज़ुल्म की इन्तहा, किसानों की चेतना को संगठित करने वालों की वर्ग दृष्टि और तत्कालीन कांग्रेसी राजनीति के कुलीनतावादी वर्ग चरित्र के हितों पर निर्भर रही है। अवध का किसान विद्रोह, देश के दूसरे किसान विद्रोहों से एकदम अलग था। यहाँ के विद्रोह की अगुवाई करने वाली निम्न जातियों के तेवर क्रान्तिकारी थे। यहाँ

1. वही
2. वही

पुरुषों के साथ महिलाओं ने हाथ बँटाया। उनका ग़ुस्सा, ब्रिटिश सरकार के प्रति कम, परन्तु तालुक़ेदारों और उनके अधीन काम करने वाले ज़मींदारों के विरुद्ध ज़्यादा था। यही कारण था कि तालुक़ेदारों और ज़मींदारों के हितों की हिफ़ाज़त करने वाले मुख्य राष्ट्रीय दल ने इसमें रुचि दिखाई। उसने चमत्कारिक व्यक्तित्वों को सामने किया। धर्मभीरु जनता को फाँसने के लिए धार्मिक आभामंडल की सहायता ली। कुछ हद तक उन्होंने किसान हितों की वकालत की। लेकिन यह वकालत उनकी सदाशयता से कहीं ज़्यादा वर्गहितों की हिफ़ाज़त के लिए थी।

यह अकारण नहीं कि लन्दन के अख़बारों में जितना अवध किसान विद्रोह को स्थान मिला, उतना किसी अन्य घटना को नहीं। इस विद्रोह ने कांग्रेसी ज़मींदारों-तालुक़ेदारों और शहरी कांग्रेसियों की उस चाल को भी नंगा किया जो क्रान्तिकारी किसान आन्दोलन को दबाने में ब्रिटिश सरकार की मदद कर रहे थे तो दूसरी ओर किसान आन्दोलनों की बागडोर अपने हाथों में लेकर, किसानों के बीच के क्रान्तिकारी नेतृत्व को किनारे लगा रहे थे।

अध्याय-3

संयुक्त प्रान्त (यू.पी.) के किसान विद्रोह की पृष्ठभूमि

पकरि पकरि बेगार करावत पैसा-कौड़ी देहिं न एक,
छुद्र कर्मचारी ललपग्गा देहिं किसानन कष्ट अनेक।

—'अभ्युदय' साप्ताहिक, 23 मार्च 1918

अवध प्रान्त, 1856 में संयुक्त प्रान्त में सम्मिलित हुआ। उसके पूर्व वह राजशाही के अन्तर्गत था। अवध प्रान्त की ज़मीन मुख्यतः ताकतवर राजपूत वंशों के पास थी। ये राजपूत वंश, कई पीढ़ियों पूर्व, यवन आक्रमणकारियों द्वारा अपनी मूल धरती से भगाए गए थे और उत्तर से भागते हुए, अपने राजाओं के नेतृत्व में दक्षिण की ओर कूच किए थे। उन्होंने गंगा बेसिन के 'भर', 'डोम' या दूसरी जातियों के भूस्वामियों और बाशिन्दों को परास्त किया, जिससे इन आदिवासियों ने अधिकांश अबाधित ज़मीनों से अपना स्वामित्व छोड़ दिया। देश के कई हिस्सों में कई गाँव ऐसे थे जो बिखरे हुए सदस्यों और विभाजित हुए वंशों के थे। इनमें विजेता यवनों और सैनिकों को दिल्ली सम्राट या अवध के नवाब द्वारा इनाम के रूप मिले गाँव भी थे या राजपूतों के पुरोहित ब्राह्मणों को मिले गाँव थे। कुछ गाँव क़ानूनगो का काम करने वाले कायस्थ परिवारों और एकाध गाँव निम्न जातियों यथा कुर्मी, अहीर और लोध के भी पास थे। जैसे कि लखनऊ के परगना महोना में 14वीं सदी में कुर्मी स्टेट था।[1]

गंगा-बेसिन के उत्तर मध्य में स्थित बारह ज़िलों (खीरी, हरदोई, सीतापुर, बहराइच, उन्नाव, लखनऊ, बाराबंकी, गोंडा, रायबरेली, सुल्तानपुर, फ़ैज़ाबाद, और प्रतापगढ़) के अवध प्रान्त का शासन, अंग्रेजों से पूर्व मुग़ल सामाज्य के अन्तर्गत, अवध नवाब के अधीन था। यहाँ की ज़मीनों पर अर्द्ध-सामन्ती नियंत्रण था तथा भूमि आधिपत्य का अधिकार यहाँ की राजनीति को नियंत्रित करता था। ईस्ट इंडिया

1. चार्ल्स जेम्स कोनेल, आवर लैंड रेवेन्यू पॉलिसी इन नार्दन इंडिया, बंगाल सिविल सर्विस, थाकर स्पींक एंड कं. कलकत्ता, 1876, पृष्ठ 3, 4

कम्पनी ने 1775 से 1856 के मध्य यहाँ के सभी ज़िलों पर आधिपत्य जमा लिया था। आगरा और अवध की ज़मीन व्यवस्था भिन्न-भिन्न होने के बावजूद, ब्रिटिश सरकार ने आगरा और अवध प्रान्त को संयुक्त प्रान्त के अन्तर्गत, एक ही प्रशासन के अधीन रखने का निर्णय किया जो सन् 1939 तक जारी रहा।[1]

जैसा कि स्पष्ट किया जा चुका है, संयुक्त प्रान्त की भूमि-बन्दोबस्त, प्रबन्धन और कर-उगाही की व्यवस्था, तालुक़ेदारी व्यवस्था में समाहित थी। अवध क्षेत्र की व्यवस्था तो एकदम अलग थी। अवध के तालुक़ेदार बहुत बड़े भू-स्वामी थे। उनके पास कई गाँवों का स्वामित्व होता था और उनके अधीन ही गाँवों के रैयत (किसान) होते थे। तालुक़ेदारों की हैसियत में भिन्नता होती थी। फ़ैज़ाबाद के सबसे बड़े तालुक़ेदार महाराजा मान सिंह के स्वामित्व में 500 वर्ग मील क्षेत्र था और वह चार लाख रुपए सालाना भू-राजस्व देते थे। लगभग इतनी ही हैसियत बलरामपुर के राजा की थी और वे तीन लाख रुपए सालाना भू-कर देते थे। तालुक़ों के अन्तर्गत गाँवों के स्वामियों को ज़मींदार, पट्टीदार* आदि नामों से जाना जाता था। भारत के कुछ भागों में अवध की तुलना में स्थिति उलटी थी। कटक, मिदनापुर आदि क्षेत्रों में बड़े भू-स्वामी ज़मींदार कहे जाते थे और छोटे, तालुक़ेदार।[2]

अवध के बुद्धिमान नवाब सादतअली ख़ाँ के ज़माने में भू-कर सीधे किसानों से वसूला जाता था जबकि उसके अयोग्य उत्तराधिकारियों ने ईस्ट इंडिया कम्पनी को ज़्यादा कर देने की वजह से विभिन्न ज़िलों का लगान, ज़्यादा बोली लगाने वाले बिचौलियों के माध्यम से वसूलना शुरू कर दिया। ये बिचौलिये ही यहाँ के तालुक़ेदार थे। गोंडा, हरदोई, उन्नाव, प्रतापगढ़, लखनऊ और रायबरेली के तालुक़ेदार बड़े थे।[3]

अवध क्षेत्र को ब्रिटिश उपनिवेश में मिलाने के तुरन्त बाद, अंग्रेजों ने भू-राजस्व कर का निर्धारण तीन साल के लिए किया। राजस्व अधिकारी तालुक़ेदारों के हितों के लिए पूरी तरह फ़िक्रमन्द नहीं थे। कई मामलों में तो उन्होंने तालुक़ेदारों को ब्रिटिश साम्राज्य में मिलाने के पूर्व जो अधिकार प्राप्त थे, उसको भी नज़रअन्दाज़ कर दिया था। स्थानीय ब्रिटिश अधिकारी इस विचार से प्रभावित थे कि यह उनका परम कर्तव्य होगा कि तालुक़ेदारों को बाहर करें और उन्होंने उन्हें पूरी तरह से हटाया भी। इस प्रकार तालुक़ेदारों को बाहर कर भू-राजस्व के लिए सीधे गाँव के

---

1. डी.एन. धनगरे, वही, पृष्ठ 111

* पट्टीदार—एक कुल के एक से अधिक लोगों के पास जब गाँव का स्वामित्व होता था तो उन्हें पट्टीदार और उस व्यवस्था को पट्टीदारी कहा जाता था।

2. एच.आर. लन्दन, रीयल स्टोरी ऑफ द तालुकदार्स एंड टेनेन्ट्स राइट ऑफ आकूपेंसी इन अवध, स्मिथ, एल्डर एंड कं, 65, कार्नहिल, 1865, पृष्ठ 3, 4
3. चार्ल्स जेम्स कोनेल, वही, पृष्ठ 5, 6

स्वामियों से किया गया समझौता, 1857 के विद्रोह में तालुक़ेदारों को नाराज़ करने का कारण बना था।[1]

1857 के पूर्व अवध के तालुक़ेदार अत्यन्त शक्तिशाली और प्रभावशाली थे। प्रशासन की धुरी तो थे ही, लगान वसूली से लेकर स्वतंत्र प्रशासन तक उन्हीं द्वारा चलाया जाता था। पहली बार ब्रिटिश सरकार ने उनके परम्परागत अधिकारों को नियंत्रित करने का प्रयास किया था। चूँकि प्रारम्भ में अंग्रेज समझते थे कि तालुक़ेदार प्रतिक्रियावादी और अत्याचारी हैं। इस धारणा के कारण उन्होंने भूमि बन्दोबस्त नीति ऐसी बनाने को सोची, जिससे तालुक़ेदारों को कमजोर किया जा सके।[2] 1820 के आसपास ब्रिटिश सरकार को इस तथ्य का पता चल गया था कि किराये पर खेती करने वाले कई किसानों का भूमि पर परम्परागत अधिकार न्यायोचित है और उनके परम्परागत दावों को दर्ज किया जाना चाहिए।[3] मगर तालुक़ेदारों को यह स्वीकार्य कैसे होता? अंग्रेजों की इस प्रारम्भिक नीति ने तालुक़ेदारों को नाराज़ कर दिया। 1857 के गदर में इस प्रान्त के ज़्यादातर तालुक़ेदारों का अंग्रेजों के विरुद्ध उतरने का यही प्रमुख कारण था।[4]

1857 के प्रथम स्वतंत्रता आन्दोलन की विफलता के बाद भारतीय राष्ट्रीयता के उभार में जो बुनियादी अन्तर देखने को मिला, वह था देशी ज़मींदारों और रियासतों के वर्ग चरित्र में बदलाव। वैसे तो 1857 के विद्रोह में सिन्धिया, होल्कर और राजपूताने के नरेशों ने अंग्रेजों के विरुद्ध आने की हिम्मत नहीं जुटाई थी और परोक्ष रूप से उनका सहयोग किया था, फिर भी मध्य और उत्तर भारत की तमाम रियासतों और उनके ज़मींदारों ने 1857 के विद्रोह में विद्रोहियों का साथ दिया था। ऐसा करने के पीछे उनकी सदिइच्छा से ज़्यादा मजबूरी थी। ईस्ट इंडिया कम्पनी द्वारा देशी रियासतों को जबरन अंग्रेजी राज में मिलाने की नीति, जो लार्ड डलहौजी के काल में उग्र हो गई थी, के कारण देशी रियासतों का आक्रोश बढ़ा था। विलय के पूर्व की नीतियों से ज़मींदारों को लगा था कि कम्पनी उनकी ज़मींदारी हड़प लेगी। तभी उन्होंने 1857 के विद्रोह में अंग्रेजों के विरुद्ध उतरने का फ़ैसला किया था। वे जनता की दुर्दशा से कदापि व्यथित न थे। दरअसल, वे अपनी दुर्दशा से व्यथित थे। तब उनमें एक राष्ट्रीयता, एक राष्ट्र का भाव भी न था। जनता पर उनके जुल्म, अंग्रेजों के जुल्म से कम न थे! पंजाब, सतारा, नागपुर, झाँसी, सम्बलपुर, जेतपुर, तंजौर, कर्नाटक और मुसलिम रियासतों (यथा हैदराबाद निजाम के बरार का उपजाऊ भाग और अवध राज) के अपहरण के कारण, इनका 1857 के विद्रोह में भाग लेना मजबूरी थी। 'अवध के नवाबों के अधीन बड़े-बड़े ज़मींदार और

1. एच.आर. लन्दन, वही, 1865, पृष्ठ 4, 5
2. डी.एन. धनगरे, वही, पृष्ठ 113
3. लैंड रीफार्म्स इन उत्तर प्रदेश, ई.पी.डब्ल्यू, जुलाई 28, 1956
4. डी.एन. धनगरे, वही, पृष्ठ 113

तालुक़ेदार हिन्दू थे। कम्पनी की सत्ता जमते ही इनमें से अधिकांश की ज़मीनें छीनी जाने लगीं, उनके गाँव ज़ब्त किए जाने लगे और क़िले गिराए जाने लगे। सर जॉन ने लिखा है कि प्राचीन ज़मींदारों के साथ घोर अन्याय (Acruel wrong) किया गया। सारे अवध के अन्दर जबरदस्ती और बर्बादी शुरू हो गई, जिसका नतीजा सन् 1857 के भयंकर विप्लव में दिखाई दिया।'[1]

डलहौजी की नीति को 1857 के विद्रोह का एक कारण माना जाता है। लम्बे अन्तराल के बाद देखें तो हम पाते हैं कि डलहौजी और संयुक्त प्रान्त के राज्यपाल हरकोर्ट बटलर की समझ में बुनियादी अन्तर यह था कि डलहौजी समझता था कि अवध के तालुक़ेदारों का अपनी रियाया पर नियंत्रण नहीं है जबकि बटलर का मानना था कि तालुक़ेदारों का पर्याप्त नियंत्रण है। कहा जाता है कि अगर इन दोनों की सोच उल्टी होती, अर्थात् जैसा बटलर सोचते थे वैसा डलहौजी सोचता और जैसा डलहौजी सोचता था वैसा बटलर, तो भारतीय स्वतंत्रता आन्दोलन की तस्वीर उलट गई होती। दअसल, बटलर की इस सोच के पीछे कारण यह था कि अवध के तालुक़ेदार, बटलर को यह समझाने में सफल रहे कि 'जो भी कर होगा, उसे देने में यहाँ का किसान खुशी महसूस करेगा।'[2]

विलय के पूर्व अवध में कुल 23,543 गाँव तालुक़ेदारों के पास थे। विलय के बाद केवल 11,640 रह गए थे। 1857 के विद्रोह के बाद 1 मई, 1858 से तालुक़ेदारी व्यवस्था का फिर से बदोबस्त किया गया। जिन तालुक़ेदारों ने ब्रिटिश सत्ता की अधीनता स्वीकार कर माफ़ी माँग ली, उन्हें उनके गाँव वापस कर दिए गए। जिन्होंने ऐसा नहीं किया, उनके गाँव स्वामिभक्त ज़मींदारों को सौंप दिया गया था। कपिल कुमार ने अपनी किताब 'पीजेंट इन रिवोल्ट' में इसे 'राजनैतिक सौदेबाजी' करार दिया है।[3] ऐसे ही समझौतों के तहत चौरी चौरा क्षेत्र के डुमरी ख़ास की ज़मींदारी बन्धु सिंह के परिवार से छीनकर पंजाब के मजीठिया परिवार को दे दी गई थी और रायबरेली के एक ठाकुर ज़मींदार की ज़मींदारी छीन कर पंजाब के सरदार वीरपाल सिंह को दे दी गई थी।

1857 के विप्लव को देख अंग्रेज सहम गए थे। 'अंग्रेज समझ गए कि लार्ड डलहौजी की अपहरण नीति, विप्लव का ख़ास कारण थी। उन्हें अपना हित और साम्राज्य की स्थिरता, हिन्दुस्तान की बाक़ी देशी रियासतों को कायम रखने में ही दिखाई देने लगी।'[4] इसका परिणाम यह हुआ कि सन् 1857 के बाद बर्मा को छोड़कर

1. सुन्दरलाल, भारत में अंगरेजी राज, द्वितीय खंड, 2000, प्रकाशन विभाग, नई दिल्ली, पृष्ठ 290
2. थामस आर. मैटकॉफ, वही, पृष्ठ 229
3. पीजेंट इन रिवोल्ट, डिजिटल साउथ एशिया लाइब्रेरी, सोशल साइंटिस्ट वाल्यूम 12, नं. 137 (अक्टूबर 1984), पृष्ठ 69
4. सुन्दरलाल, द्वितीय खंड, वही, पृष्ठ 465

किसी नई देशी रियासत पर क़ब्ज़ा नहीं किया गया। इसमें भी सन्देह नहीं कि जिस नीति का पिछले 70 साल (1859-1929) के अन्दर अंग्रेज शासकों ने देशी नरेशों के साथ व्यवहार किया, उसका नतीजा यह रहा कि हिन्दुस्तान की क़रीब-क़रीब सब देशी रियासतें, विदेशी अंग्रेजी राज की स्थिरता में किसी तरह का ख़तरा होने के बजाय, ब्रिटिश साम्राज्य की ख़ास पोषक बन गईं।[1] 1896 में सर हरकोर्ट बटलर को कहना पड़ा कि अब तालुक़ेदार आगे विद्रोही नहीं समझे जाएँगे बल्कि 'माननीय विरोधी' कहे जाएँगे।[2] इसलिए सेकेंड समरी सेटलमेंट 1858 में, गाँवों पर तालुक़ेदारी की अधीनता स्वीकार कर ली गई।[3] लेकिन अंग्रेज, मुग़ल काल की तरह तालुक़ेदारों को ताकतवर नहीं रखना चाहते थे। इसलिए तालुक़ेदारों को भारी हथियारों से रहित करने का निर्णय लिया गया। जैसे कि रायबरेली के राजा कुर्री सिदौली ने अपनी कई तोपों को छिपाने का प्रयास किया तो उनके राज का बड़ा हिस्सा ज़ब्त कर लिया गया।[4] उनको सैन्य और राजनैतिक ताकत से वंचित कर दिया गया और इस प्रकार ब्रिटिश सत्ता ने तालुक़ेदारों को राजा के बजाय, भू-स्वामी के रूप में ढाल दिया।[5]

सन् 1857 के पूर्व किसानों के ज़्यादातर संघर्ष ज़मींदारों और साहूकारों के विरुद्ध थे। बाद में भी मूलत: किसानों का ग़ुस्सा ज़मींदारों, तालुक़ेदारों के ही विरुद्ध रहा मगर ब्रिटिश हुकूमत के ज़मींदारों/तालुक़ेदारों के संरक्षण में आ जाने के कारण उनसे भी टकराना अवश्यम्भावी हो गया। इसलिए किसानों ने कहीं-कहीं सीधे-सीधे ब्रिटिश हुकुमत के ख़िलाफ़ भी खड़ा होना शुरू कर दिया था।

1857 के विद्रोह से भारतीयों से कहीं ज़्यादा अंग्रेजों ने सीखा था। उन्हें पता चल गया कि गदर में शामिल राजा और तालुक़ेदार ताकतवर लोग हैं। इन्हें खुश रखना ही बेहतर होगा। इसलिए एक बार फिर उन्हें तालुक़ेदार स्वीकार्य हो गए। गवर्नर जनरल ने नियम बनाया और प्रत्येक तालुक़ेदार के तालुक़ा पर स्थायी, वंशानुगत और हस्तान्तरणीय मालिकाना हक़ दे दिया गया। वे अधिकार इस शर्त के साथ दिए गए कि सरकार ऐसे उपाय करेगी जिससे तालुक़ेदारों की अधीनता में गाँव के ज़मींदारों के हितों की रक्षा हो सके और गाँव वालों को जबरन वसूली से बचाया जाए, उन्हें उनकी मिट्टी पर अधिकार मिले।[6]

1861 में लखनऊ का पूरा कैसरबाग़ काम्पलेक्स अवध के तालुक़ेदारों को दे दिया गया और उन्हें 'ब्रिटिश इंडिया एसोसिएशन ऑफ अवध' नामक संगठन गठित

---

1. वही
2. अवध पॉलिसी, सर हरकोर्ट बटलर, इलाहाबाद, 1896, पृष्ठ 46
3. लीनी बेनेट, वही, पृष्ठ 26
4. ज़िला रायबरेली गजेटियर, एच.आर. नेविल, इलाहाबाद, 1905, पृष्ठ 79
5. लीनी बेनेट, वही, पृष्ठ 27
6. एच.आर. लन्दन, वही, पृष्ठ 6

करने को कहा गया। उन्हें सफ़ेद बारादरी, भवन कार्यालय के लिए दे दिया गया। बलरामपुर के राजा दिग्विजय सिंह बहादुर को इस संगठन का पहला अध्यक्ष बनाया गया।[1] ब्रिटिश सरकार ने इसके बाद एक बार फिर तालुक़ेदारों के हाथों में भू-स्वामित्व सौंप दिया। उन्हें अधिकार मिल गया कि वे पुराने किराये के जोतदारों (टेनेन्ट्स) को हटा सकते हैं और नए को ज़मीन दे सकते हैं। यही कारण है कि गदर के बाद ज़्यादातर राजा और तालुक़ेदार, ब्रिटिश साम्राज्य के अन्त तक भक्त बने रहे।[2]

1860 से लेकर 1900 के बीच भूमि बन्दोबस्त के अनेक प्रयास हुए। लेकिन तालुक़ेदारों को उनके आर्थिक प्रभुत्व कायम रखने के लिए निरंकुश छोड़ा जाता रहा। उन्हें किराया (लगान) बढ़ाने, नज़राना, अबवाब या सेस (जबरन अवैध उप कर की वसूली), बेगार (जबरदस्ती बिना मज़दूरी के काम कराना) या बेदख़ल करने से नहीं रोका गया। पहली बार 1901 में संयुक्त प्रान्त लेजिस्लेटिव कौंसिल ने 'टेनेन्सी एक्ट 1901' पास किया गया था, जिसके अनुसार अगर किराये पर खेती करने वाले किसी व्यक्ति के पास एक ज़मीन लगातार बारह वर्ष तक रहती है तो उस पर उसका स्वामित्व दे दिया जाए। इस क़ानून से आगरा प्रान्त के किराये पर खेती करने वाले 90 प्रतिशत लोगों को तो फ़ायदा हुआ मगर अवध के किसानों को इससे कोई फ़ायदा नहीं हुआ, क्योंकि इस प्रान्त में यह क़ानून लागू ही नहीं हुआ। जबकि सर्वाधिक असुरक्षित जीवन यहाँ के किराये पर खेती-किसानी करने वाले किसानों का ही था।[3]

अवध के ग्रामीण इलाक़े में तालुक़ेदारों का साम्राज्यवाद के अन्दर साम्राज्य कायम था। उन्हें क़ानून व्यवस्था कायम करने के लिए अपनी सेना (केवल सामान्य हथियार सहित) रखने जैसे स्वतंत्र अधिकार एवं न्याय करने का अधिकार प्राप्त था। वंशानुगत अधिकार से मिले तालुक़ा के स्वामी, राजा कहे जाते थे जबकि नीलामी आदि से हासिल तालुक़ा के स्वामी, तालुक़ेदार कहे जाते। अवध के रायबरेली, सुल्तानपुर, फ़ैज़ाबाद और प्रतापगढ़ ज़िलों के 70 प्रतिशत गाँवों में तालुक़ेदारी व्यवस्था कायम थी।[4]

अवध के तालुक़ेदारों का व्यवहार, अपनी रैयतों के प्रति हमेशा अमानवीय रहा। वे स्वयं ऊँची जाति के घमंड में इतने मदहोश थे कि यहाँ के खेतिहरों को अस्पृश्य, हेय, नीच और दास समझते थे। राजपूतों के सामने खेतिहर जातियाँ ज़मीन पर बैठती थीं। उन्हें राजपूतों के सामने अपनी चारपाई पर बैठने का अधिकार न था।

---

1. www.btritishindiaassociation.com
2. डी.एन. धनगरे, वही, पृष्ठ 113
3. डी.एन. धनगरे, वही, लैंड रेवेन्यू पालिसी इन युनाइटेड प्राविंसेज, बनारस, 1942, पृष्ठ 122-66
4. रुद्रांशु मुखर्जी, द रिबेलियन इन अवध, 1857-58, ए स्टडी इन पापुलर रेसिस्टेंस, सेंट एडमंड हॉफ, थेसिस, ऑक्सफोर्ड यूनिवर्सिटी, 1980, पृष्ठ, 25, 27, 37

लार्ड इरविन ने टिप्पणी की थी कि अवध में उस किसान को अच्छा कहा जाता है—जो एक दिन में एक बार भोजन कर जीने को तैयार रहे, देशी बोली में कहें, तो कर भुगतान न करने की स्थिति में अपनी बीवी और बेटी बेचकर भी जोत का किराया देने में सक्षम हो जाए, बिना कोई सवाल किए, अपने भू-स्वामी द्वारा लादे गए समस्त उप करों को खुशीपूर्वक देता रहे, बिना मज़दूरी माँगे उसके लिए काम करने को तैयार रहे, उसके लिए न्यायालयों में गवाही दे, और कुल मिलाकर उसके कहने पर वह हर सम्भव चीज़ करे।[1]

ये जुल्मी तालुक़ेदार किसानों के हितों के बारे में कभी सोचते ही न थे। 'यह भारतीय या अवध के विचारों के विपरीत था कि यहाँ के भू-स्वामी अपने किसानों के कल्याण के बारे में रुचि दिखाएँ। भारतीय विचार यह था कि वह अच्छा भू-स्वामी माना जाता है जो अपने किसानों को अकेला छोड़ दे। किसान की आँखों में किराया न बढ़ाने का भाव पढ़ने वाला भू-स्वामी बुरा समझा जाता है।'[2]

अवध के तालुक़ेदार कितने निर्दयी थे इसकी एक बानगी लन्दन के अख़बार के एक समाचार से मिलती है। अवध का शिवगढ़ एक समृद्ध तालुक़ा था। वहाँ के राजा शिवगढ़ समृद्ध तालुक़ेदार थे। उन्होंने एक बार अपने आदमियों की सहायता से एक ब्राह्मण को लाठियों से पीट-पीट कर मरवा दिया। ग़रीब और निम्न जातियों की हत्या तो होती ही रहती थी, मगर ब्राह्मण की हत्या असाधारण थी। इसलिए उनके विरुद्ध सेशन कोर्ट रायबरेली में मुक़दमा चला और उस असाधारण हत्या केस में राजा के 8 आदमियों को पाँच-पाँच साल की कठोर सज़ा हुई जिनमें से तीन माह एकान्त में रहने की सज़ा शामिल थी। राजा शिवगढ़ सज़ा से मुक्त रहे।[3]

'अभ्युदय' साप्ताहिक में 26 जनवरी, 1918 को होतीलाल वर्मा की एक चिट्ठी छपी, जिसमें ज़मींदारों के बारे में कहा गया था कि वे तो केवल अपनी उन्नति चाहते हैं।

लन्दन के अख़बार मानने लगे थे कि अवध क्षेत्र के कई ज़मींदारों का व्यवहार अत्यन्त निर्दयतापूर्ण था (In Oudh the trouble is aggravated by the unsympathetic attitude of many landlords)। वे किसानों की समस्या को वाजिब बता रहे थे और लिख रहे थे कि ऐसा नहीं होना चाहिए कि विद्रोही किसानों की इतनी दुर्दशा कर दी जाए कि वे ज़रूरी सामान ख़रीद पाने की स्थिति में न हों। सरकार जब तक ज़मींदारों और किसानों के बीच सम्बन्धों की जाँच कराकर उचित क़दम नहीं उठाएगी, तब तक कोई हल नहीं निकलने वाला।[4]

1. एस.एच. फ्रेमनटल, रायबरेली सेटलमेंट रिपोर्ट 1897, पृष्ठ 25
2. सेंडर्स, प्रतापगढ़ सेटलमेंट रिपोर्ट, पृष्ठ 61
3. द वेस्टर्न टाइम्स, मंगलवार, 8 सितम्बर, 1908
4. द यार्कशायर पोस्ट, सोमवार, 24 जनवरी, 1921

अकाल और आपदाएँ

ब्रिटिश राज में भू-कर वसूलने में तालुक़ेदारों और ज़मींदारों के ज़ुल्मों के अलावा, अकाल की विभीषिका ने किसानों को तबाह किया।

'उन्नीसवीं सदी के पूर्वार्द्ध में 7 अकाल पड़े और 15 लाख आदमी मारे गए। वहीं उन्नीसवीं सदी के उत्तरार्द्ध में 24 अकाल पड़े और उनमें 2 करोड़ 85 लाख आदमी मारे गए।'[1] उन्नीसवीं सदी के अन्त और 'बीसवीं शताब्दी के प्रारम्भ में भारत में जिस तरह संहारक अकाल पड़े, वैसे भीषण और विस्तृत अकाल प्राचीन अथवा आधुनिक समय में कहीं नहीं पड़े। संवत् 1934 (सन् 1877), 1935 (1878), 1946 (1889), 1949 (1892), 1954 (1897) और 1957 (1900) के अकालों में भारत के कम से कम डेढ़ करोड़ मनुष्य मृत्यु के शिकार बने। अर्थात् विलायत की जनसंख्या के आधे भारतवासी 25 वर्षों के अन्दर केवल अकालों के कारण संसार से कूच कर गए।'[2] संवत् 1953-54 (1896-97) में पड़े अकाल पर एक आल्हा 'हिन्दी प्रदीप' में छपा था जो बड़ा मार्मिक है ('हिन्दी प्रदीप' का प्रकाशन 7 सितम्बर, 1877 से बालकृष्ण भट्ट के सम्पादन में शुरू हुआ था)। उसको यहाँ उद्धृत करना ज़रूरी लगता है—

संवत् उनइस सौ तिरपन माँ पड़ा हिन्द में महा अकाल,
घर-घर फाके होने लागे दर-दर प्रानी फिरैं बेहाल।
गेहूँ चावल सावाँ मकरा सबै अन्न एक भाव बिकाय,
बिन पैसा सब छाती पीटैं अब तो हाय रहा नहिं जाय।
कोई पात पेड़न के चाबै कोई माटी कोई घास चबाय,
कोई बेटवा बिटिया बेचै अब तक भूख सही नहिं जाय।
कोई घर-घर भीखौ माँगैं कोई लूट पाट के खाय,
बहुत लोग जो अन्न देत हैं राम निहोर करैं सवाब।
बहुत लोग देत हैं फाँसी अरु मलिका से चहैं खिताब,
सी.एस.आई., के.एस.आई., रायबहादुर केर खिताब।[3]

इन अकालों के साथ-साथ ज़मींदारों और अंग्रेजों की लूट की वजह से 1875 में 'दकन का किसान विद्रोह' सामने आया और बाद में सरकार को 1878 में 'अकाल कमीशन' की नियुक्ति करनी पड़ी। 'अन्तिम अकाल कमीशन की

1. रजनी पामदत्त, भारत: वर्तमान और भावी, पीपुल्स पब्लिसिंग हाउस, दिल्ली, 2007, पृष्ठ 122
2. केशवदेव सहारिया, ब्रिटिश भारत का आर्थिक इतिहास, श्री काशी ज्ञानमंडल कार्यालय, संवत् 1979 (1922) की प्रस्तावना से, जिसे 1902 में रमेश दत्त ने लिखा था, पृष्ठ ङ
3. रामाज्ञा शशिधर, किसान आन्दोलन की साहित्यिक ज़मीन, अन्तिका प्रकाशन, ग़ाज़ियाबाद, 2012, पृष्ठ 63; मुरली मनोहर प्रसाद सिंह, आधुनिक हिन्दी साहित्य विवाद और विवेचना, स्वराज प्रकाशन, दिल्ली, 2000, पृष्ठ 42

जाँच से प्रकट होता है कि सरकार की मालगुजारी सम्बन्धी सख़्ती के कारण ही कृषकों को बोहरों (एक प्रकार के व्यापारी) का ऋणी और गुलाम बनना पड़ता है।"[1]

यही देखकर एडवर्ड कारपेंटर (प्रसिद्ध कवि और समाजशास्त्री) ने कहा था—"हमारे अधीन देश (हिन्दुस्तान) की दुर्गति और दुर्भाग्य का मूल कारण यह है कि हम लगातार और व्यवस्थित रूप से उसकी सम्पत्ति को अपने यहाँ खींचते जा रहे हैं। न जाने कब से हमारे हाथ उसके गल्ले में पड़े हुए हैं।"[2]

मिर्ज़ापुर में अकाल की स्थिति सबसे खराब थी। ज़मींदारों द्वारा लगान के लिए जबरदस्ती करने के कारण स्थिति और खराब हो गई थी। 'अभ्युदय' के अनुसार इस क्षेत्र के लिए सहायता फंड की माँग, 1920 में की गई थी। अवध क्षेत्र की ज़मींदारी व्यवस्था, दूसरे क्षेत्रों की तुलना में बोझ थी। नए भूमि सुधार क़ानून के अनुसार खेती योग्य ज़मीन, जंगल और सिंचाई के साधन, ज़मींदारों के नियंत्रण में थे। किसान बिना किसी अधिकार के जोतदार थे और साहूकारों की दया पर निर्भर थे। संयुक्त प्रान्त की ग़रीबी, दूसरे प्रान्तों की तुलना में ज़्यादा थी।[3] सखाराम गणेश देउस्कर ने 'देश की बात' में लिखा—"मुझे कहते हुए दुख होता है कि बक्सर के आगे बनारस की ओर हरेक गाँव को मैंने एकदम उजाड़ पाया। मैं बिना कहे नहीं रह सकता कि सिवाय शहर बनारस के समूचे प्रदेश में अराजकता फैली है।"[4]

'लड़ाई चन्दा' या युद्ध-कर

प्रथम विश्वयुद्ध को अवधवासी 'लड़ाई' कहते थे। इस लड़ाई के दौरान 'भरती चन्दा' और लड़ाई की समाप्ति के बाद 'लड़ाई चन्दा' ने बेदख़ली की मार से बेहाल किसानों को तोड़ दिया। प्रथम विश्वयुद्ध में ब्रिटिश सरकार ने भारतीय सेना का आकार 12 लाख तक कर दिया था। कहने को सेना में भर्ती स्वैच्छिक थी मगर हक़ीकत में जबरिया भर्ती की गई थी और नौसिखुओं को भारी अव्यवस्था के बीच पश्चिमी मोर्चे पर मरने के लिए भेज दिया गया। ऐसी भर्तियों से सेना के ख़र्च में 300 प्रतिशत की वृद्धि हुई जिसकी पूर्ति के लिए तमाम कर लगाए और बढ़ाए गए। भू-कर उनमें से एक मुख्य भाग था।[5] भू-स्वामियों ने 'लड़ाई चन्दा' के रूप में

1. केशवदेव सहारिया, वही, पृष्ठ च
2. सिरिक मोड़क, आज़ादी किस कीमत पर, किताब महल, इलाहाबाद, 1945, पृष्ठ 103
3. सुखवीर चन्द्रा, पीजेंट एंड वर्कर्स मूवमेंट्स इन इंडिया, 1905-22, पृष्ठ 76
4. सखाराम गणेश देउस्कर, देश की बात, नेशनल बुक ट्रस्ट, नई दिल्ली, 2006, पृष्ठ 80
5. सुमित सरकार, माडर्न इंडिया, 1885-1947, पीयर्सन, 2016, पृष्ठ 146, 147

किसानों से कर वसूला और उसका कुछ भाग सरकार को दिया और कुछ भाग अपने पास ही रख लिया। अवध के तालुक़ेदारों द्वारा लड़ाई चन्दा के रूप में माँग की गई धनराशि का विवरण परिशिष्ट–2 में दिया गया है।

सेना के ख़र्चे को पूरा करने के लिए मार्च, 1917 में सूती कपड़े के आयात कर को 3.5 प्रतिशत से बढ़ाकर 7.5 प्रतिशत कर दिया गया, लेकिन भारतीय वस्त्रों पर यह कर नहीं बढ़ाया गया।[1] प्रथम विश्वयुद्ध के बाद भारतीय बाज़ारों में कपड़े की कीमत में अत्यधिक उछाल आ गया था। अकाल से पीड़ित भारतीय ग़रीबों में कपड़े की माँग घट गई थी। इसका प्रभाव लन्दन के कपड़ा उत्पादकों पर भी पड़ा था। पूर्वी लंकाशायर के सभी कपड़ा बाज़ार विश्वव्यापी मन्दी से प्रभावित थे। ब्लैकबर्न, विश्व का सबसे बड़ा सूती उत्पादक केन्द्र बेकार हो गया। ग्रेट हारवुड, जो भारतीय व्यापार पर निर्भर था, भीषण दुर्दशा का शिकार हुआ।[2] बाध्य होकर लंकाशायर सूती उद्योग को मन्दी से उबारने के लिए वहाँ के उद्योगपतियों ने भारत का दौरा किया जिसे दिल्ली सरकार ने पूर्ण सहयोग दिया था।[3] ब्रिटेन, अमेरिका और जापान के लिए 1921 तक भारत बड़ा बाज़ार बन चुका था और यहाँ की जनसंख्या 1911 की तुलना में 39 लाख बढ़कर, 1921 के प्रारम्भ में 31 करोड़ नब्बे लाख हो चुकी थी।[4]

प्रथम विश्वयुद्ध के बाद ब्रिटिश भारत की आर्थिक दशा शोचनीय हो गई थी। पाँच साल की लम्बी लड़ाई, उससे उत्पन्न महँगाई और अकाल ने किसानों को मार दिया।[5] प्रथम विश्वययुद्ध के बाद सेना में व्यापक पैमाने पर छँटनी भी हुई थी। कुली सेना के सैनिक बेरोज़गार होकर जब अपने गाँवों में गए तो उन्होंने भी किसान विद्रोह की ज़मीन तैयार की। भारत सरकार ने अपने 40 स्थानीय रेजीमेंटों की संख्या को कम करने की घोषणा की थी जिस पर ब्रिटेन में भी आश्चर्य व्यक्त किया गया था।[6] प्रथम विश्वयुद्ध के बाद स्थानीय आदिवासियों में अलगाव की भावना पैदा हुई थी। सेना से छँटनी ने भी अलगाव की भावना को बढ़ाया। चूँकि भारत की बहुत बड़ी सेना ने विश्वयुद्ध में भाग लिया था, इसलिए सैनिकों की संख्या में कटौती किया जाना असन्तोष को भड़काने वाला साबित हुआ।[7]

---

1. सुमित सरकार, वही, पृष्ठ 144
2. द एवरदीन डेली जरनल, मंगलवार, 21 सितम्बर, 1920
3. द लंकाशायर डेली पोस्ट, बृहस्पतिवार, 11 अगस्त, 1921
4. द जापान एडवरटाइजिंग, टोकियो, शुक्रवार, 23 फरवरी, 1921; द डेली टेलीग्राफ़, ब्लूफिल्ड, शनिवार सुबह, 30 अप्रैल, 1921
5. आज, 18 नवम्बर, 1920
6. द नाटिंघम इवनिंग पोस्ट, बृहस्पतिवार, 20 जनवरी, 1921
7. वेस्टर्न गजेट, शुक्रवार, 28 जनवरी, 1921

बेगार और बिना भुगतान किए सामान ले लेना

ज़मींदार और उसके कारिन्दे मज़दूर-किसानों को बिना मज़दूरी दिए 'बेगार' कराते थे। अवध क्षेत्र की 'सवाक प्रथा' बेगारी के नाम पर गुलामी थी। क़र्ज़े में डूबी निम्न जातियाँ, जैसे—चमार, कोइरी, कुर्मी और लोध, साहूकारों से लिये गए क़र्ज़ की एवज में आजीवन बँधुआ मज़दूर के रूप में जीवन बितातीं।[1] जबरदस्ती 'बेगार' के अलावा हारी (जबरदस्ती हल-बैल की सेवा) बेगारी भी भू-स्वामी लेते थे। सामान्यतया एक साल में 40 दिन बेगार लेने का रिवाज बन चुका था। बेगार में किसानों को मज़दूरी का भुगतान नहीं किया जाता था या बाज़ार भाव से बहुत कम भुगतान होता। सामान्यतः यह भुगतान 2 से 8 पैसा प्रति दिन की दर से होता और ज़्यादातर यह भी भुगतान नहीं किया जाता। भू-स्वामी के कारिन्दे मनमर्जी से किसी को बेगार के लिए घसीट ले जाते थे। ज़्यादातर बेगार खेती-किसानी के मौसम में ही ली जाती थी जिससे किसान अपने खेतों पर काम नहीं कर पाते थे। 'इंडिपेंडेंट' ने एक समाचार छापा कि—''किसानों की आवश्यकता को निर्दयतापूर्वक नज़रअन्दाज़ कर दिया जाता। उनके काम की आवश्यकता के प्रति पूरी तरह से आँखें मूँद ली जातीं। उन सभी किसानों के लिए यह आवश्यक था कि वे...तालुक़ेदारों की मनमानी इच्छा की पूर्ति करें...ऐसा न हो कि वे तालुक़ेदार के कोप का भाजन बनें।''[2] हारी के रूप में एक भू-स्वामी, साल में 12 बार हल-बैल बिना किसी भुगतान के ले सकता था। हारी-बेगारी ब्राह्मण और ठाकुर को छोड़कर सभी को करनी पड़ती। इसके अलावा भूसा, घी और दूध देना ही पड़ता था।

सनई बोने वाले किसानों को अपने ज़मींदार को पगही (जानवरों को बाँधने वाली रस्सी), मुराव जाति के लोगों को सब्जी, अहीर, गद्दी जाति के लोगों को दूध और घी, भेड़, बकरियाँ पालने वाली गड़रिया जाति, जो परती ज़मीन पर जानवरों को चराती थी, उन्हें ख़ास मौक़े पर बकरी, ऊन, कम्बल और खाल, गन्ने की खेती करने वालों को रस, महिया, गुड़ और गन्ने की पतोई तथा अन्य किसानों को लहसुन आदि मुफ़्त में देना पड़ता था। यह सब जोर-जबरदस्ती से ले लिया जाता। 'तेरह कातिक, तीन असाढ़' किसानों के लिए महत्त्वपूर्ण दिन होते थे। इन्हीं दिनों में कारिन्दे किसानों को बेगार के लिए पकड़ ले जाते। बेगार की प्रथा एवं वस्तुओं की माँग रिवाज बना दी गई थी जिसे बाक़ायदा गाँव के अभिलेखों में 'वाजिब उल अर्ज' के नाम दर्ज किया जाता। बेगार जबरदस्ती ली जाती और कई बार किसानों को घसीट कर ले जाया जाता। शालीनता की बात करने पर दंड लगा

---

1. कपिल कुमार, पीजेंट इन रिवोल्ट, मनोहर पब्लिकेशंस, दिल्ली, 1984, पृष्ठ 22
2. इंडिपेंडेंट, 24 सितम्बर, 1920

दिया जाता। दंड लगाने के तमाम बहाने थे। यथा—बेटी का नाम किसी ठाकुर से जोड़ देने, उपजाति में शादी कर देने आदि पर।[1]

बेदख़ली

किसानों को उनकी ज़मीन से बेदख़ल करने के बहाने भू-स्वामी एक साथ तीन निशाने साधते थे—पहला, बेदख़ली की धमकी मात्र से वे किसानों से अवैध वसूली कर लेते थे। दूसरा, बेदख़ली से अपना हिसाब-किताब ठीक कर लेते थे और तीसरा, इसके सहारे वे किसानों को एक निश्चित खेत पर खेती करने के अधिकार से वंचित कर देते थे।[2] ऊपर बताया गया पहला निशाना, यानी लीज अवधि के सात साल के अन्दर, भू-स्वामी वैध रूप से कर बढ़ाने की स्थिति में न थे और लीज अवधि के नवीनीकरण पर प्रति रुपए कर में मात्र 1 आना (6.25 प्रतिशत) से ज़्यादा वृद्धि करने की स्थिति में नहीं थे, जब तक कि किसान सहमत न हो। इसलिए वे किसानों से अवैध वसूली करते थे। इसके लिए बेदख़ली की धमकी सरल उपाय थी। किसानों को न्यायालयों से भी कोई उम्मीद न थी, क्योंकि कई कोर्ट तो तालुक़ेदार के ही अधीन थे। दूसरा निशाना, यानी बेदख़ली की धमकी से तालुक़ेदार हिसाब-किताब ठीक कर लेते और दिखाते कि किसान ने कर नहीं चुकाया है। चूँकि कर देने पर रसीद नहीं दी जाती थी, इसलिए किसान यह सिद्ध करने में असफल होता था कि उसने कर दिया है। इस प्रकार उसे दोबारा या तिबारा कर देने के लिए बाध्य कर दिया जाता। इसे 'बेसी व्यवस्था' कहा जाता था। कर चुकाने के बाद किसान को नज़राना या अन्य अवैध कर देने के लिए बाध्य किया जाता। तीसरा निशाना यानी बेदख़ली, जिससे किसान को सीधे खेत से हटा दिया जाता था, के कई बहाने थे, खेत पर खेती न करना या भू-स्वामी द्वारा ख़ुद उस ज़मीन पर खेती करना इन बहानों में शामिल थे। ज़्यादातर मामलों में नए अनजान किसान से नज़राना लेकर ज़मीन देने के बहाने, पुराने किसान को, बेदख़ल कर दिया जाता, जबकि वह पहले ही कर दे चुका होता था। नए से नज़राना के अलावा ज़्यादा कर लेकर लीज दी जाती। इस प्रकार सात साल की लीज समाप्त होने पर मात्र 6.25 प्रतिशत कर वृद्धि की तुलना में इन छल पूर्ण तरीक़ों से बहुत ज़्यादा कर वसूल लिया जाता।[3]

---

1. मेहता रिपोर्ट, फाइल नं. 753/1920, रेवेन्यू डिपार्टमेंट, उ.प्र. शासकीय अभिलेखागार, लखनऊ; एम.एच. सिद्दीकी, अगरेरियन अनरेस्ट इन नार्थ इंडिया, विकास पब्लिशिंग हाउस प्रा.लि., नई दिल्ली, 1978, पृष्ठ 105, 106, 107, 108, 109
2. मेहता रिपोर्ट, बिन्दु 6, फाइल नं. 753/1920, उ.प्र. शासकीय अभिलेखागार, लखनऊ; लीनी बेनेट, वही, पृष्ठ 42
3. लीनी बेनेट, वही, पृष्ठ 42, 43, 45, 46

ग़रीब निम्न जातियों के किसान करों के बढ़ने, क़र्ज़ में डूबे होने, मूल्य वृद्धि के कारण और प्राकृतिक आपदाओं से तबाह थे।

नज़राना

नज़राना का सबसे पहले प्रयोग अवध के नवाब वाजिद अली शाह के कार्यकाल में हुआ था जब राजस्व वसूलने का अधिकार पाने के लिए सम्बन्धित तालुक़ेदार, ज़मींदार या अन्य, मंत्रियों को नज़राना भेंट करते थे। नज़राना* एक प्रकार का अतिरिक्त किराया किश्त, उपहार या घूस था जो खेती करने वाला, तालुक़ेदारों या ज़मींदारों को देता था। बेदख़ली का ख़ौफ़ दिखा कर ज़्यादा नज़राना वसूलने का चलन था। कुछ किसान इतने तबाह हो जाते कि अपनी बेटियों को बेचकर 'कन्या-विक्रय' से रक़म प्राप्त कर बेदख़ली से बचने के लिए नज़राना चुकाते।[1] प्रतापगढ़ ज़िले में कन्या-विक्रय के मामले परिशिष्ट-1 पर दिए गए हैं। अवध के अख़बारों और साहित्यकारों पर औपनिवेशिक सत्ता एवं तालुक़ेदारों के गुंडों की क्रूर नज़र के बावजूद, उनके आलेखों में किसान वेदना की सघनता का बोध होता है। प्रो. प्राणनाथ विद्यालंकार ने 1921 में बनारस से छपी अपनी पुस्तिका—'किसानों पर अत्याचार' में किसानों से वसूले जाने वाले 142 प्रकार के नज़रानों की सूची छापी है। जैसे कि नज़र दशहरा, नज़र होली, नज़र रानी साहिबा, हथियावन, घुड़ावन, लटियावन, नज़र दरबार, बेगार हुक्काम आदि।

मुर्दाफ़रोशी

यह एक ऐसी कुप्रथा थी जिसमें परिवार के मुखिया की मृत्यु के बाद, उसके उत्तराधिकारियों से नज़राना वसूल किया जाता था। मुर्दाफ़रोशी की कुप्रथा कोर्ट ऑफ वाड्र्स* द्वारा शासित राज में भी प्रचलित थी। वर्ष 1920 में रायबरेली ज़िले में कोर्ट ऑफ वाड्र्स द्वारा शासित राज में मुर्दाफ़रोशी की वजह से करों में 12 से 86 प्रतिशत की वृद्धि देखी गई। इस प्रकार लीज अवधि के नवीनीकरण पर 6.25 प्रतिशत वृद्धि के बजाय, औसत वृद्धि 29 प्रतिशत देखी गई।[2]

---

* नज़राना—कर के अतिरिक्त वह धन/लाभ, जो ज़मीन के लीज के नवीनीकरण पर या प्रतिवर्ष निर्धारित पट्टा राशि के अतिरिक्त, बिना रसीद के ग़ैर-क़ानूनी रूप से लिया जाता था। नवीनीकरण के समय ज़मींदारों को वही किसान नज़र आता, जो नज़राना दे देता था। इसे एक प्रकार की घूस भी कहा जा सकता है।

1. वही, पृष्ठ 47

* कोर्ट ऑफ वाड्र्स—एक सरकारी प्रबन्ध था, जो तालुक़ा में कुप्रबन्ध या तालुक़ेदारों के उत्तराधिकारियों के नाबालिग होने पर वहाँ का प्रबन्ध देखता था।

2. मेहता रिपोर्ट का परिशिष्ट I, फाइल नं. 753/1920, उ.प्र. शासकीय अभिलेखागार, लखनऊ

दर

अवध क्षेत्र में 1858 की तुलना में, 1882 में करों की दर में औसतन 28.6 प्रतिशत की वृद्धि हो चुकी थी जिसमें प्रतापगढ़ में सबसे ज़्यादा 49.4 प्रतिशत एवं गोंडा में सबसे कम 13.9 प्रतिशत की वृद्धि हुई थी।[1] कर बढ़ने के कारण किसान बनिया (महाजन, साहूकार) के चंगुल में फँसते जा रहे थे। वे बीज ख़रीदने या कर देने की स्थिति में न थे। साहूकारी से आय इतनी लाभदायक थी कि परम्परागत बनियों के अलावा नए भू-स्वामी भी साहूकार बन गए थे।[2]

उप कर (Cesses)

बेदख़ली और नज़राना के अलावा भी अवध में तमाम तरह के उप कर किसानों से वसूले जाते थे। कुछ उप कर तो रिवाजी थे और समय-समय पर भू-स्वामियों द्वारा वसूले जाते थे जबकि कुछ तात्कालिक ज़रूरत बताकर, भू-स्वामियों द्वारा वसूल किए जाते थे। रिवाजी उप कर सामान्यत: कर या नज़राना का 10 प्रतिशत होता था। प्रारम्भ में कुल राजस्व का 2.5 प्रतिशत उप कर वसूला जाता जिसमें स्कूल और सड़क के लिए 1-1 प्रतिशत कर शामिल था। ज़िला डाक के लिए 0.25 प्रतिशत और सीमान्त उप कर के रूप में भी 0.25 प्रतिशत वसूला जाता। 1871 में अकाल के लिए 2 प्रतिशत उप कर और जुड़ गया। 1878 में यह उप कर कुल राजस्व का 7 प्रतिशत हो गया। 1889 में 3 प्रतिशत पटवारी उप कर शामिल कर लिया गया। साथ ही साथ पुराने जागीर या कर मुक्त अनुदान के लिए 6 प्रतिशत और उप कर जोड़ दिया गया। इस प्रकार कुल उप कर, कुल राजस्व का 16 प्रतिशत हो गया। रायबरेली जनपद में 1910 में कुल राजस्व रुपए 335,224 पर 33,241 उप कर वसूला गया था। 1922 में प्रतापगढ़ के कुल राजस्व रुपए 1,316,863 पर 139,008 उप कर वसूला गया था जो कुल राजस्व का लगभग 15 प्रतिशत था।[3]

इसके अलावा ग्रामोफोनिक उप कर,[4] घाव के सड़ने पर उप कर, तीर्थयात्रियों के लिए उप कर, 2 से 3 रुपया वार्षिक हथियावन-घोड़ावन जैसे उप कर, पवित्र

---

1. कपिल कुमार, पीजेंट इन रिवोल्ट, वही, पृष्ठ 19
2. लीनी बेनेट, पृष्ठ 57, 58
3. रायबरेली गजेटियर, 1905, पृष्ठ 116, रायबरेली गजेटियर 1915, परिशिष्ट xiii हेबल X; लीनी बेनेट, वही, पृष्ठ 50, 51, 52
4. एच.डी. मालवीय, लैंड रिफार्म्स इन इंडिया, आल इंडिया कांग्रेस कमेटी, 1954, नई दिल्ली, पृष्ठ 104

दिनों पर उप कर, शादी-ब्याह, जन्म और मृत्यु पर उप कर, परती पर घास चराने, जानवरों के व्यावसायिक प्रयोग पर उप कर भी भू-स्वामी वसूलते थे। वी.एन.मेहता, डिप्टी कमिश्नर, प्रतापगढ़ ने अपनी जाँच रिपोर्ट में पाया था कि भू-स्वामी अपने बुड्ढे घोड़ों को किसानों के मत्थे मढ़ने के लिए जबरदस्ती लॉटरी का टिकट बेचते थे जो आठ आने से लेकर दो रुपए तक होता था। हरीपुर राज, प्रतापगढ़ ने एक घोड़ा रुपए 300 में ख़रीदा था। ख़रीदते समय किसानों से घोड़ावन लिया गया था। जब घोड़ा बुड्ढा हो गया तो लॉटरी टिकट से रुपए 500 जुटा कर एक विजेता किसान के मत्थे मढ़ दिया गया। जब विजेता किसान ने उस घोड़े को बेचा तो उसे महज रुपए 75 ही मिले। इसी प्रकार 'मोटरावन' उप कर, तालुक़ेदार द्वारा नई मोटर कार ख़रीदने के लिए वसूला जाता। जब तालुक़ेदार गाँवों का दौरा करता तो जबरदस्ती रुपए 1 से 5, 'नज़र दौरा' उप कर वसूला जाता। खीरी में किसानों के जानवरों के आने-जाने से धूल उड़ने से भू-स्वामी को परेशानी होती और व: 'धूल उड़ाई' उप कर वसूलते थे।[1]

संयुक्त प्रान्त के एक तालुक़ेदार के बच्चों को ग्रामोफोन सुनने का मन किया तो तालुक़ेदार ने उसे ख़रीदने के लिए ग्रामोफोनिंग कर लगा दिया। एक तालुक़ेदार की पत्नी के पैर पर फोड़ा पक गया तो उसने पकावन कर लगा दिया।[2]

महँगाई और मन्दी

1918 में बारिश न होने से खरीफ की फसल मारी गई। संयुक्त प्रान्त के पूर्वी और तराई के ज़िलों में, जहाँ अधिकांश हिस्सों में अच्छी फसल होती थी, सितम्बर में बारिश न होने के कारण धान की देर से पकने वाली किस्में मारी गईं। दोआब और बुन्देलखंड में अगस्त में बारिश न होने से कुछ भी पैदा न हुआ। पूरा साल प्रान्त के लिए विनाशकारी रहा और महँगाई चरम पर पहुँच गई थी। 31 मार्च, 1918 और 1919 में अनाज का मूल्य कितना बढ़ गया था इसे निम्नलिखित तालिका से समझा जा सकता है। मूल्य वृद्धि में प्रथम विश्वयुद्ध का भी प्रभाव था।

1. मेहता रिपोर्ट, फाइल नं. 753/1920, उ.प्र. शासकीय अभिलेखागार, लखनऊ, पृष्ठ 72, 73; लीनी बेनेट, वही, पृष्ठ 52, 53, 54
2. घनश्याम शाह, सोशल मूवमेंट इन इंडिया, सेज पब्लिकेशंस, दिल्ली, 2013, पृष्ठ 50

अनाज	एक रुपए में मिलने वाला अनाज, सेर में (1 सेर = 0.9331 किलोग्राम)	
	31 मार्च, 1918 को	31 मार्च, 1919 को
गेहूँ	7.8	5.7
जौ	12.6	7.3
धान	8.1	5.1
ज्वार	11.9	6.1
बाजरा	10.4	5.7
चना	11.4	6.4
अरहर	9.5	4.7
मक्का	14.2	7.1

यानी विगत वर्ष की तुलना में मार्च 1919 में एक रुपए में मिलने वाले गेहूँ की मात्रा में 27, जौ की मात्रा में 42, धान की मात्रा में 37, चने की मात्रा में 43.8 और अरहर की मात्रा में 50.5 प्रतिशत की कमी आ गई थी। अधिकांश भूमिहीन किसानों के दुखों को समझने के लिए यह काफी है। प्रथम विश्वयुद्ध के बाद संयुक्त प्रान्त में एक किसान की दैनिक मज़दूरी 4 आने थी जबकि पंजाब में यह 12 आने थी।[1]

'द यार्कशायर पोस्ट', के अनुसार 1899-1901 के भीषण-अकाल के बाद 1919 में सबसे ज़्यादा फसलें खराब हुई थीं।[2]

संयुक्त प्रान्त में 1920 में मानसून की शुरुआत ठीक हुई मगर बाद में कमजोर पड़ जाने से विगत वर्ष की तुलना में धान की 4 प्रतिशत पैदावार घट गई। मगर कोर्ट्स ऑफ वार्ड्स के अधीन गाँवों को छोड़कर, राजस्व वसूली विगत वर्ष रुपए 986 लाख की तुलना में 1920-21 में बढ़कर 1,070 लाख हो गई।[3]

कनाडा के अख़बार **'ब्रांडन डेली सन'** ने बुधवार, 7 सितम्बर, 1921 को कीमतों में वृद्धि के कारण मेरठ शहर के प्रत्येक अनाज की दुकानों को किसानों द्वारा लूट लिए जाने का समाचार छापा था।

---

1. डॉ. महेन्द्र प्रताप, उत्तर प्रदेश में किसान आन्दोलन, वाणी प्रकाशन, दिल्ली, 1988, पृष्ठ 56, एनुअल रिपोर्ट ऑन द इनलैंड ट्रेड ऑफ द युनाइटेड प्रॉविंसेज ऑफ आगरा एंड अवध फॉर द इयर इंडिंग 31 मार्च, 1919, फाइल नं. 679/1919, उ.प्र. शासकीय अभिलेखागार, लखनऊ
2. द यार्कशायर पोस्ट, सोमवार, 27 सितम्बर, 1920
3. यूनाइटेड प्रॉविंसेज ऑफ आगरा एंड अवध एडमिनिस्ट्रेटिव रिपोर्ट, 1920-21, इलाहाबाद, 1922, पृष्ठ 3

1920-21 के अकाल ने रही-सही कसर पूरी कर दी। पूरे संयुक्त प्रान्त आगरा और अवध, सेंट्रल और बम्बई प्रॉविंस में सूखा पड़ा हुआ था।[1] ज़िला बनारस एवं आसपास के प्रान्तों के खेतिहरों के भूखे मरने की स्थिति पैदा हो गई थी। खरीफ (भदई) की फसल अतिवृष्टि से मारी गई थी परन्तु धान बच गया था और उम्मीद थी कि इससे आँसू पुँछ जाएँगे, लेकिन एक माह तक बारिश न होने से यह आशा भी मारी गई। हथिया नक्षत्र में बारिश न होने से रबी के लिए खेतों को जोतना मुश्किल हो गया। दुर्भिक्ष पड़ गया।[2] 1918-21 के बीच बढ़ती महँगाई ने वैसे तो सभी को प्रभावित किया लेकिन ग़रीबों को तोड़ दिया, ख़ासकर शहरों के आसपास रहने वालों को।[3]

माजिद हयात सिद्दीकी और कपिल कुमार ने अवध किसान विद्रोह के कारणों का विस्तार से विश्लेषण किया है और विश्वयुद्ध के बाद अनाजों के दामों में हुई अत्यधिक वृद्धि को ग़रीब किसानों और मज़दूरों के विद्रोही होने का मुख्य कारण माना है। हालाँकि कई लेखकों जैसे कि हेनिंघम और सुनील सेन ने अनाजों के दामों में वृद्धि को बहुत महत्त्वपूर्ण कारण नहीं माना है।[4] जो भी हो, अनाजों के दामों में वृद्धि ग़रीबों को उद्वेलित करने में सहायक तो थी ही। इसके साथ ही तालुक़ेदारों के अनाप-शनाप ख़र्च, जिसके लिए वे किसानों पर ग़ैर-क़ानूनी कर लगाते थे, उत्पीड़न को बढ़ाता था।

इस प्रकार घोर अकाल, ज़ुल्म, लूट और तबाही ने किसानों को विद्रोही बना दिया। पूर्वी उत्तर प्रदेश के रायबरेली, फ़ैज़ाबाद और सुल्तानपुर ज़िलों में स्वत:स्फूर्त ढंग से खेतिहर किरायेदार किसानों ने ज़मींदारों और तालुक़ेदारों के विरुद्ध विद्रोह करना शुरू किया। इस विद्रोह ने बहुत जल्द हिंसक स्वरूप अख़्तियार कर लिया। तत्कालीन कांग्रेसी राजनीति ज़मींदारों और तालुक़ेदारों के कन्धों पर थी। ऐसे में स्वाभाविक था कि उनकी पूरी नीति और चालाकी इस बात में थी कि अवध किसान विद्रोह की बागडोर जितनी जल्द हो सके शहरी नेताओं के क़ब्ज़े में आ जाए।

संयुक्त प्रान्त सरकार भी अवध के किसानों के शोषण को समझ रही थी। उसने सम्राट को अवगत कराया था कि अवध क्षेत्र के खेतिहर किसानों की शिकायतें, जो सामाजिक और आर्थिक हैं, दूर किया जाना चाहिए और अवध रेंट एक्ट को बदला जाना चाहिए।[5] अवध के विद्रोही किसानों ने भी अवध रेंट एक्ट में बदलाव की माँग की थी।

---

1. द यार्कशायर पोस्ट, शनिवार, 22 जनवरी, 1921
2. आज, 17 नवम्बर, 1920
3. एडिटेड बॉय डी.ए.लो., कांग्रेस एंड द राज, फैक्ट्स ऑफ द इंडियन स्ट्रगल 1917-47, सेकेंड एडिसन, ऑक्सफोर्ड यूनिवर्सिटी प्रेस, 2004, पृष्ठ 203
4. घनश्याम शाह, वही, पृष्ठ 47
5. होम/पोलिटिकल-बी/1921, नोट्स संख्या 195-216, राष्ट्रीय अभिलेखागार, नई दिल्ली, पृष्ठ 7

इस प्रकार हम देखते हैं कि सन् 1901 से लेकर 1920 तक किराये पर खेती करने वाले ग़रीब किसानों की दशा, ज़मींदारों के जुल्म और उनके द्वारा वसूले जा रहे अवैध करों, ज़मीन की अनिश्चितता, प्राकृतिक प्रकोप, बढ़ती महँगाई और प्रथम विश्वयुद्ध के प्रभाव से बदहाल हो चुकी थी। ऐसे समय में राष्ट्रीय स्वाधीनता आन्दोलन की अगुवाई का दावा करने वाली कांग्रेस को गाँवों की दुर्दशा का ज्ञान न था। उसके नेता गाँवों से पूरी तरह कटे हुए थे। प्रथम विश्वयुद्ध के मध्य में उन्हें जनगोलबन्दी की आवश्यकता महसूस हुई। तब तक सेना से हटाए गए सैनिकों ने अपने बोल्शेविक क्रान्ति के अनुभवों से अवध के गाँवों में विद्रोह का झंडा बुलन्द कर दिया था।[1]

1. डी.एन. धनगरे, वही, पृष्ठ 117

अध्याय-4

किसान सभा, संयुक्त प्रान्त किसान सभा और अवध किसान सभा गठन की पूरी कहानी

1917 के रूसी बोल्शेविक क्रान्ति के साल ही ज़िला प्रतापगढ़, तहसील पट्टी के ग्राम रूरे में दो भू-स्वामियों, झिंगुरी सिंह और सहदेव सिंह ने किसान सभा जैसी छोटी संस्था का गठन किया था। दोनों राजपूत थे। झिंगुरी सिंह को जौनपुर ज़िले की उनकी भू-स्वामित्व से बेदख़ल किया गया था और वह रूरे में एक छोटी-सी भूमि के ग़ैर-वैधानिक स्वामी थे। सहदेव सिंह भी किसी भू-स्वामी के अधीन काम करने वाले किसान थे और उनका स्वामित्व भी समाप्त कर दिया गया था। इस प्रकार दोनों पीड़ितों ने किसान सभा की नींव रखी। रूरे किसान सभा की प्रारम्भिक गतिविधियों के बारे में ठीक-ठीक जानकारी नहीं है। समझा जाता है कि यह केवल छोटे किसानों की समस्याओं को ज़मींदारों के सम्मुख रखता था। उनसे अनुरोध करता था। इस संगठन में जान 1918-19 के बीच तब आई ज़ब धार्मिक व्यक्तित्व के धनी बाबा रामचन्द्र का प्रवेश हुआ।[1]

बाबा रामचन्द्र के बारे में प्रारम्भिक बातें

बाबा रामचन्द्र का असली नाम श्रीधर था (महाराष्ट्र में पिता का नाम जोड़ने की परम्परा के कारण पूरा नाम रामचन्द्र श्रीधर बलवन्त जोधपुरकर कहा जाता है)। वह महाराष्ट्र के दक्षणी ब्राह्मण थे। उनका गाँव, ग्वालियर राज में पड़ता था जहाँ उनका जन्म 28 मार्च, 1863, शनिवार (विक्रमी 1920, चैत्र, शुक्ल पक्ष 9) को हुआ था। वह घर से बचपन में निकल पड़े। रेल की सवारी कर उज्जैन पहुँचे। पाँचवीं पलटन में उर्दू लिखने का काम मिला और वहाँ दो-चार महीने काम किया। उसी समय गंगा नाम की एक मराठा जाति की स्त्री से सम्बन्ध हो गया। कुछ ही दिनों में उसका साथ छोड़कर

1. सुशील श्रीवास्तव, कन्फ्लीक्ट इन एन अगरेरियन सोसायटी : अवध 1922-1939, रिनायसेंस पब्लिशिंग हाउस, नई दिल्ली, 1995, पृष्ठ 258-259

रत्नागिरी पहुँचे। वहाँ नावों पर केला, नारियल, मूँगफली लादकर बाज़ार ले जाते। शाम को आठ आना मज़दूरी मिल जाती। तीन साल वहाँ रहे। फिर बम्बई आए और दगडू गंगाराम सेठ के यहाँ दानाबदर में सात साल काम किया। यहाँ घुड़दौड़ के सट्टे मे भी दाँव लगाया और दो साल घाटे के बाद तीसरे साल रुपए 800 जीत गए। उसमें से रुपए 100 अपने पास रखकर रुपए 700 अपनी माता को भेज दिए। भायखले में स्टेशन पर मराठी श्रीखंड और पूड़ी बेचने का काम किया। दो साल में रुपए 250 बचा पाए। बाद में एक कोयले वाले मराठा ठेकेदार के साथ रुपए 150 की साझी पूँजी में काम किया और दो साल में अपनी माता को रुपए 900 भेजे। छह महीने तक ढाई रुपए रोज़ पर कोयले के जहाज पर रंग लगाने का काम किया और रुपए 400 माता को भेजे। इसके बाद स्थिति बिगड़ी और वह चलते-चलते तीन महीने में मद्रास पहुँच गए। इस प्रकार रत्नागिरी और बम्बई के बीच 13 साल व्यतीत हो गए। 42 वर्ष की उम्र में (सन् 1905 में) मद्रास से पानी के जहाज में बैठकर मज़दूरी करने फीजी गए। वहाँ गिरमिटिया मज़दूरों के आन्दोलन में शामिल हुए तथा गिरफ़्तारी से बचने के लिए 1916 के अन्त में पानी के जहाज में बैठकर कलकत्ता भाग आए। कलकत्ते से अपने फीजी के कुछ साथियों के साथ आजमगढ़ की ओर निकल पड़े। उनके पास लकड़ी का एक बक्सा था, जिस में फीजी में कुलियों के पहनने का सूट, जूता और हैट था। वह वहाँ से कमा कर कुछ नगदी रुपए, हाथ घड़ी और ज़ेब घड़ी लाए थे। फीजी के नारकीय जीवन में उन्हें काम करना पड़ा था। उन्हें फीजी पसन्द न आया। फीजी में मज़दूरों को जिस स्थिति में काम करना पड़ता था, वहाँ ब्राह्मण परिवार में पैदा व्यक्ति नहीं खप सकता था। इसलिए वहाँ कम्पनी वाले ब्राह्मणों को ले जाना पसन्द नहीं करते। रामचन्द्र को भी भर्ती के समय एक दिन निकाल दिया गया था लेकिन साथियों ने फीजी चलने का जोर दिया तो उन्होंने दूसरे दिन नाम पुकारने पर मराठी ब्राह्मण से अलग दिखने के लिए श्रीधर की जगह रामचन्द्र राव और पिता का नाम बलवन्त की जगह लक्ष्मण राव बता दिया। फीजी में उन्होंने पाया कि विदेशी टापुओं पर नर-नारियों की बिक्री के बाज़ार थे। भारत की उच्च जातियों के बच्चों को गोरी औरतों का पेशाब और पाखाना फेंकने और हर प्रकार के पशुओं का मांस पकाने का काम दिया जाता। हंटर, लात-घूँसा आम बात थी। बाबा को फीजी में एक मजिस्ट्रेट के यहाँ खाना बनाने का काम मिला था। समय निकाल कर बाबा वहाँ भी हिन्दुस्तानी मज़दूरों की बस्ती में जाकर सत्यनारायण और रामायण कथा सुनाने लगे और उससे अच्छा पैसा कमा लिया। वहाँ एक दलित स्त्री से शादी भी की।[1]

फीजी में रामचन्द्र का सम्पर्क डॉ. मानीलाल से हुआ जो सी.एफ. एन्ड्रयू के साथ काम कर रहे थे। एन्ड्रयू एक सामाजिक कार्यकर्ता थे और फीजी के बँधुआ

1. बाबा रामचन्द्र पेपर्स, I इंसटालमेंट, III स्पीचेज एंड राइटिंग, फाइल नं. 2ए, नेहरू स्मारक संग्रहालय एवं पुस्तकालय, तीनमूर्ति भवन, नई दिल्ली; लीनी बेनेट, वही, पृष्ठ 73

मज़दूरों की बुरी दशा के विरुद्ध संघर्ष कर रहे थे। रामचन्द्र ने भी उस आन्दोलन में भाग लिया। चूँकि वहाँ वह रामलीला में भाग लेते, धार्मिक कथा सुनाते, इसलिए उनके प्रभाव में मज़दूर आसानी से आ जाते। उन्होंने मज़दूरों की बुरी दशा के बारे में एक लेख भारत भेजा जो कलकत्ता के 'भारत मित्र' अख़बार में प्रकाशित हुआ। फीजी सरकार उसके बाद सतर्क हो गई और पत्र लेखक की तलाश में जुटी। यह देख रामचन्द्र ने वहाँ से भाग लेना उचित समझा। डॉ. मानीलाल का बाबा रामचन्द्र से फीजी में सम्पर्क के कारण ही बाद में अवध आना हुआ और उन्होंने किसानों के दुखों का अध्ययन किया। वह वामपन्थी विचारकों से प्रभावित थे।[1]

आजमगढ़ के एक कबीरपन्थी साधु सरजूदास, जो फीजी में साथ थे और साथ ही लौटे थे, के साथ बाबा रामचन्द्र पाँच-सात दिन तक आजमगढ़ में रहे। मिर्ज़ापुर के साथी मिल गए तो वहाँ से चलकर बनारस आए और कुछ दिन मालवीय जी के घराने में किसी के यहाँ दो-तीन दिन रह कर फीजी के मज़दूरों की दशा पर व्याख्यान दिया। आजमगढ़ ज़िले के पास, ठाकुर वासुदेव सिंह, जो घुरदारे चन्दवक नामक मौजे के रईस थे, से मिले। सन् 1917 के प्रारम्भ में जौनपुर होते हुए बनारस पहुँचे और नगवा में हनुमान जी के मन्दिर में रामायण सुनाने लगे। उससे काम न चला तो गंगा किनारे रहने वाले स्कूल इंस्पेक्टर, श्री ज्ञानेन्द्रिय चक्रवर्ती के यहाँ चौकीदार का काम किया। 15 जुलाई, 1917 तक सिपाही का काम मिल गया। वहाँ रुपए 7 मासिक वेतन था तथा फी मास्टर रुपया 1 नज़र (एक प्रकार की घूस) मिलती थी। मगर मन वहाँ भी न रमा। कुछ दिन बाद नौकरी छोड़ दी और तनख्वाह लेकर जौनपुर आ गए। वहाँ से अयोध्या गए। अयोध्या से चलकर कोइरीपुर (जौनपुर की सीमा पर) के शिवाले पर पहुँचे। रामायण के सत्संग से लोगों से प्रेम बढ़ा। कोइरीपुर बाज़ार के पोस्टमास्टर हुबदार सिंह ज़मींदार से मिले। रामायणी होने के कारण और कई महाजनों से मुलाक़ात हुई। कसईपुर के महाजन महादेव बन्दवार, कट्टर आर्य समाजी के यहाँ रहे। ज़मींदार ठाकुर प्रतापनारायण सिंह, ठाकुर हनुमानबक्ष सिंह के यहाँ रहे। फिर अयोध्या का मेला करने गए। उसके बाद कसईपुर, जो सुल्तानपुर ज़िले की सीमा पर था, लौट आए। घुमन्तू जीवन जीते बाबा रामचन्द्र तीनों ज़िलों की सीमा के पास कुछ दिन रुके। कसईपुर, ज़िला सुल्तानपुर की सीमा; कोइरीपुर, जौनपुर की सीमा और आहूपुर, प्रतापगढ़ की सीमा पर रहते हुए वहीं से बड़े-बड़े ज़मींदारों, तालुक़ेदारों के यहाँ आने-जाने लगे। बाबा रामचन्द्र का ठाकुर प्रताप नारायण सिंह, ठाकुर नीवर सिंह (मूसेपुर), पंडित रामदास (पटखौली), कालू सिंह (आहूपुर), हुबदार सिंह (मानापुर, ज़िला प्रतापगढ़), अम्बिका प्रसाद व जयश्री गुसाईं (कसईपुर), ठाकुर हरभजन सिंह (दरबरपुर), पंडित रामसन्मुख (विजेथुवा),

---

1. कपिल कुमार, पीजेंट बिट्रेड, मनोहर पब्लिशर, दिल्ली, 2011, पृष्ठ 24, 25; कपिल कुमार, पीजेंट इन रिवोल्ट, वही, पृष्ठ 83

पंडित रामपदारथ (कोइरीपुर) और खदेरन कसेरा (ज़िला जौनपुर) से निकटता हुई। फिर मानशाही, 36 मौजे के ज़मींदार जंत्री सिंह, देवरखा के बेधी माधो सिंह, ढकवा के ठाकुर गोविन्द सिंह ने लोगों को दर्शन देने के लिए बाबा से आग्रह किया। इस प्रकार कसईपुर से ढकवा आने-जाने, कथा बाँचने और सम्मान पाने से बाबा को परमानन्द की प्राप्ति होने लगी। कसईपुर में बाबा चार बजे सुबह उठ जाते। गीता, रामायण (तुलसी कृत 'रामचरित मानस' को ही बाबा रामायण कहा करते) का पाठ करते। कलेवा कर, गीता, रामायण की पुस्तकों को पीठ पर बाँधे गाँव-गाँव जाते। रास्ते में जोर से 'सीताराम' कहते तो लोग भी 'सीताराम' का उच्चारण करते। ढकवा में 'अमरलोक हंस धाम' नाम की सभा संचालित होने लगी थी। कुछ ब्राह्मणों और ठाकुर हरभजन सिंह ने प्रवचन की व्यवस्था कर दी थी। मानशाही रियासत के पास सिन्धरामऊ, अमरगढ़, रामगंज जैसी छोटी रियासतें थीं जो किसानों पर ज़ुल्म ढाती थीं। बाबा इसी मानशाही में गोमती तट पर महडोरा मौजे के प्राचीन शिव मन्दिर में बैठ कर पंचायती फ़ैसले करने लगे। इसी अवसर पर अचानक ठाकुरदीन सिंह (परहत वाले), जो राजा बाज़ार रियासत के हक़दारों में से रईस थे और रियासत के किसी महकमे में काम करते थे, उनका रियासत के मैनेजर राजा जनक से मनमुटाव हो गया था। उसके बाद ठाकुरदीन सिंह ने बग़ावत कर दी। किसानों के झुंड के साथ महाजनी पेशा वालों के पास जमा अनाजों को उधार लिखवा कर किसानों को दिलाने का काम शुरू किया। इससे तालुक़ेदारों में तहलका मच गया। सरकारी पुलिस जाँच में आई। ठाकुरदीन को भाग-दौड़ और ख़र्च करना पड़ा। वी.एन. मेहता, डिप्टी कमिश्नर प्रतापगढ़ भी अमरगढ़ आए। मानशाही के लोगों द्वारा ठाकुरदीन को पकड़ने के लिए इनाम घोषित किया गया। ठाकुरदीन, उनके सहायक सूरज बल्ली सिंह और महाबीर सिंह को, जनक ज़िलेदार के हुक्म से गिरफ़्तार कर लिया गया।[1]

एम.एच. सिद्दीकी ने अपनी किताब में इंटेलीजेंस ब्यूरो के हवाले से बाबा रामचन्द्र के बारे में जो कुछ दिया है वह बिल्कुल भिन्न कहानी प्रस्तुत करता है। वह यह कि सन् 1875 में झीरन, ज़िला—नीमुच, बॉम्बे प्रेसिडेंसी में मराठा ब्राह्मण, पिता—लक्ष्मण राव के यहाँ रामचन्द्र राव का जन्म हुआ। रामचन्द्र 13 साल की उम्र में घुमक्कड़ी पर निकल गए और फीजी चले गए। 1904 में लौटे और पाँच साल की घुमक्कड़ी के बाद 1909 में अयोध्या में आकर साधु बन गए। उसके बाद 1919 में अपना नाम रामचन्द्र शर्मा रख, प्रतापगढ़ में बस जाने का ज़िक्र मिलता है।[2] सिद्दीकी द्वारा दिया कथन सही नहीं है।

1. बाबा रामचन्द्र पेपर्स, I इंसटालमेंट, III, वही; लीनी बेनेट, पृष्ठ 73
2. एम.एच. सिद्दीकी, अगरेरियन अनरेस्ट इन नार्थ इंडिया, विकास पब्लिशिंग हाउस प्रा.लि., नई दिल्ली, 1978, पृष्ठ 104

इस प्रकार रूरे किसान सभा से बाबा के जुड़ते ही नारा बना—

राज समाज विराजे रूरे
रामचन्द्र सहदेव झींगूरे[1]

इस नारे की पहली पंक्ति 'रामचरित मानस' की है तो दूसरी पंक्ति की रचना रामचरित मानस का पाठ करने वाले बाबा रामचन्द्र ने की होगी।

रूरे किसान सभा के गठन एवं प्रथम विश्वयुद्ध के बाद राजनैतिक वर्चस्व स्थापित करने के लिए सम्भ्रान्त शहरी कांग्रेसियों द्वारा किसान आन्दोलन की उपयोगिता समझ में आने लगी थी। पहली बार उन्हें लगा कि अब शहरों से गाँव की ओर रुख करने तथा राष्ट्रीय आन्दोलन में किसानों को दीवार बनाने की ज़रूरत है।[2] वैश्विक स्तर पर रूस में हुए बोल्शेविक क्रान्ति का भारत में जबदस्त प्रभाव पड़ा था। यह प्रभाव सेना में शामिल भारतीय सैनिकों के माध्यम से गाँव-गाँव पहुँचा था।

रूरे किसान सभा के अलावा लगभग उसी समय एक और किसान सभा की शुरुआत हुई थी। मदनमोहन मालवीय के विश्वासपात्रों में से एक थे इन्द्रनारायण द्विवेदी, जो होमरूल लीग के सदस्य थे। साथ ही साथ वह सनातन धर्म सभा के सक्रिय कार्यकर्ता भी थे और हिन्दी के प्रचार में लगे हुए थे। मालवीय जी के सहयोग से उन्होंने 1917 में प्रयाग में एक किसान सभा की शुरुआत की।[3] बाद में इस सभा का विस्तार किया गया। होमरूल लीग ने इस किसान सभा के लिए रुपए 4,000 अग्रिम दिए। गौरीशंकर मिश्र के सहयोग से 11 फरवरी, 1918 को प्रयाग में इस सभा की पहली बैठक, त्रिवेणी घाट पर हुई जिसका आयोजन भारतीय सनातन धर्म सभा ने किया था। इसमें मदनमोहन मालवीय, कृष्णकान्त मालवीय और गौरीशंकर मिश्र ने भाग लिया था। यहीं से ज़मींदारों और कांग्रेसियों द्वारा किसानों के अन्दर पनप रहे विद्रोही तेवर को शान्त करने के लिए, कांग्रेसी आन्दोलन की परिधि में खींच ले जाने और कुछ सुधारवादी नीतियों को सामने रख, कांग्रेस का साथ निभाने की रणनीति प्रारम्भ की गई। मदनमोहन मालवीय और पुरुषोत्तमदास टंडन जैसे लोगों का अभिजातवर्गीय और साम्प्रदायिक एजेंडा था। वास्तव में उनकी कोशिश यह थी कि संयुक्त प्रान्त के उर्दूभाषी कुलीनों के विरुद्ध हिन्दी समर्थकों का एक नेटवर्क तैयार किया जाए और उसे ब्राह्मणवादी नज़रिये से संचालित किया जाए। दूसरी ओर कौंसिल चुनाव के लिए किसानों की उपयोगिता समझ में आने लगी थी। इन्हीं नीतियों के तहत उन्होंने किसान आन्दोलन को आधार बनाना ज़रूरी समझा था।[4] इस

1. कपिल कुमार, पीजेंट इन रिवोल्ट, वही, पृष्ठ 73
2. एडिटेड बॉय डी.ए.लो, कांग्रेस एंड द राज, फैक्ट्स ऑफ द इंडियन स्ट्रगल 1917-47, वही, पृष्ठ 199
3. सुमित सरकार, माडर्न इंडिया, 1885-1947, पीयर्सन, पृष्ठ 135
4. एडिटेड बॉय डी.ए.लो., कांग्रेस एंड द राज, फैक्ट्स ऑफ द इंडियन स्ट्रगल 1917-47, वही, पृष्ठ 21

किसान सभा का नाम 'यूनाइटेड प्रॉविन्स पीजेंट्स एसोशिएसन' या 'संयुक्त प्रान्त किसान सभा' रखा गया[1] तथा पुरुषोत्तमदास टंडन को अध्यक्ष और इंद्रनारायण द्विवेदी को मंत्री/सचिव चुना गया।[2] गौरीशंकर मिश्र, टीकाराम और देवीदत्त, जो सभी इलाहाबाद के थे, उपाध्यक्ष चुने गए थे। स्पष्ट है कि इस 'संयुक्त प्रान्त किसान सभा' के गठन में होमरूल लीग का पैसा लगा तथा कौंसिल चुनाव में सफलता प्राप्त करने के उद्देश्य से ही किसानों के बीच आधार बनाने के लिए इस पहल को अंजाम दिया गया था।[3] इस सभा में शामिल सभी लोग सम्भ्रान्त शहरी थे। इन्द्रनारायण स्वयं इलाहाबाद के ज़मींदार थे। मदनमोहन मालवीय की रुचि, केवल होमरूल लीग में सर्वेसर्वा होने के लिए किसान नेतृत्व को एक अतिरिक्त उपलब्धि के रूप में भुनाना मात्र था। मालवीय द्वारा किसान आन्दोलन की शुरुआत के पीछे गांधी द्वारा राजनैतिक गोलबन्दी और जन सामान्य से जुड़ने की नीति से आगे निकलने की मानसिकता भी थी।[4] इस प्रकार संयुक्त प्रान्त किसान सभा का गठन, ज़मींदारों के विरुद्ध संघर्ष करने की किसी नीति के तहत नहीं किया गया था।[5]

'अभ्युदय' में छपी एक कविता को ध्यान में रखें तो होमरूल लीग समर्थक किसान संगठन का मक़सद ब्रिटिश कौंसिल में ज़मींदार प्रतिनिधियों की तरह ही स्थान प्राप्त करना था।

ज़मींदार प्रतिनिधि कौंसिलमहँ
आवत जौन नीति-आधार,
कृषक समाजनहु के प्रतिनिधि
उहैं भाँति आवहिं सरकार।[6]

दिसम्बर, 1918 में आयोजित दिल्ली कांग्रेस के चौंतीसवें अधिवेशन की अध्यक्षता पंडित मदनमोहन मालवीय को ही करनी थी। दिल्ली कांग्रेस अधिवेशन में 'ऑल इंडिया पीजेंट्स कांग्रेस' का प्रस्ताव रखने का विचार था। इसलिए किसान प्रतिनिधियों की भागीदारी के लिए बहुत प्रचार किया गया। यहाँ किसान प्रतिनिधियों का मतलब आम किसानों के बजाय भू-स्वामियों से था। कहा गया कि

1. फाइल नं. 450/1919, सर्कुलर नं. 2, पुलिस विभाग, उ.प्र. शासकीय अभिलेखागार, लखनऊ, पृष्ठ 1, 2, 3; पोलिटिकल साइंस, प्रवीण कुमार झा, प्रकाशक-पीयर्सन एजूकेशन इंडिया, 2012, पृष्ठ 145
2. डॉ. महेन्द्र प्रताप, वही, पृष्ठ 55
3. सुमित सरकार, वही, पृष्ठ 145
4. डी.एन. धनगरे, वही, पृष्ठ 117; डब्ल्यू.एफ. क्रावले, किसान सभा एंड एगरेरियन रिवोल्ट इन द यूनाइटेड प्रॉविंसेज 1920-21, माडर्न एशियन स्टडीज, वाल्यूम-5, नं. 2 (1971), पृष्ठ 96-97
5. सुशील श्रीवास्तव, वही, पृष्ठ 260
6. 'अभ्युदय साप्ताहिक, कृष्णकान्त मालवीय, 23 मार्च, 1918, पृष्ठ 5

सभी को दिल्ली की मुफ़्त यात्रा और आसपास के तीर्थ स्थलों के भ्रमण का लाभ दिया जाएगा। अधिवेशन में एक जगह प्रतिनिधियों के लिए 500 कम्बल और 300 सोफा उपलब्ध कराए गए थे। कांग्रेस समर्थक 'द लीडर' अख़बार ने 13 दिसम्बर, 1918 को मदनमोहन मालवीय के एक टेलीग्राम को प्रकाशित किया था जिसे उन्होंने मद्रास, मिसेज बीसेंट और रामास्वामी अय्यर को भेजा था और प्रत्येक तालुक़ा से किसान प्रतिनिधियों को लाने को कहा था। दिल्ली अधिवेशन में पैसा देने वाले प्रतिधिनियों को दुख हुआ और पंडित गोकरननाथ मिश्र (जनरल सेक्रेटरी) ने सख़्ती से विरोध किया कि भविष्य में प्रति तहसील केवल दो किसान प्रतिनिधि आएँगे। अन्तत: कुल 950 किसान प्रतिनिधियों में से 700 को पैसा देना पड़ा और उन्हें 'पेड डेलीगेट्स' कहा गया। कहा जाता है कि एक कुख्यात अलगाववादी श्री सुन्दरलाल, जो इलाहाबाद से सम्बन्धित थे, ने कहा कि अधिवेशन में पंजाब के 200 किसान प्रतिनिधियों को नि:शुल्क शामिल किया गया। बहरहाल, कहने को दिल्ली अधिवेशन में किसान प्रतिनिधियों ने भाग लिया जिस पर लखनऊ से निकलने वाले अख़बार 'अवधवासी' ने 19 फरवरी, 1919 के अंक में लिखा कि 'नौकरशाही के झूठे दिखावे का खंडन करते हुए किसान प्रतिनिधियों ने कांग्रेस में एक अलग व्यक्तित्व के साथ प्रवेश किया है।' अगले वर्ष दिसम्बर 1919 के अमृतसर कांग्रेस अधिवेशन में गौरीशंकर मिश्र ने कुछ अन्य प्रतिनिधियों के साथ भाग लिया था। उस वर्ष के अधिवेशन में कुल 400 किसान प्रतिनिधियों को मुफ़्त प्रवेश मिला था।[1]

संयुक्त प्रान्त किसान सभा के प्रारम्भिक आठ उद्देश्य थे—

1. ज़मींदारों और किसानों के बीच की असमानता को नियंत्रित करना तथा उनके बीच सौहार्दपूर्ण वातावरण पैदा करना।
2. किसानों को सामाजिक और राजनैतिक अधिकारों के सम्बन्ध में शिक्षित करना।
3. ऐसा क़ानून तैयार करना जो किसानों के लिए लाभदायक हो। ऐसे क़ानूनों को बदलना जो उनके हितों के प्रतिकूल हों।
4. किसानों की, हर प्रकार के ग़ैर-क़ानूनी कृत्यों से रक्षा करना।
5. किसानों के बीच ऐसी शिक्षा का प्रचार-प्रसार करना जो उनके लिए लाभदायक हो।
6. ग्राम पंचायतों की किसानों द्वारा स्थापना, जो उनकी उन्नति के विभिन्न तरीक़ों को सुझाए।
7. शासक और शासित के बीच आपसी विश्वास और मधुर सम्बन्ध कायम करना।

---

1. फाइल नं. 450/1919, सर्कुलर नं. 2, पुलिस विभाग, उ.प्र. शासकीय अभिलेखागार, लखनऊ, पृष्ठ 1-3

8. ऐसा अन्य संवैधानिक उपाय करना जो खेती-किसानी के कल्याण के लिए काम करे।

उक्त उद्देश्य आदर्शवादी थे। इनमें से किसी से भी किसान प्रभावित नहीं होने वाले थे।

बाद में अगस्त, 1919 में एक सर्कुलर प्रकाशित कर संयुक्त प्रान्त किसान सभा के उद्देश्यों को घटाकर चार कर दिया गया—

1. पंचायतों का गठन करना जो खेती-किसानी का काम करने वालों के सभी झगड़ों को निपटाए।
2. ऐसे तरीक़ों को लागू करना जो किसानों के बीच प्रत्येक प्रकार की उन्नति को बढ़ाए।
3. खेती-किसानी करने वालों के लाभ के लिए क़ानून बने और हानिकारक क़ानूनों को समाप्त किया जाए।
4. खेती-किसानी करने वालों को सभी प्रकार के क़ानूनी या अन्य दमनों से बचाया जाए।[1]

1919 के अमृतसर कांग्रेस अधिवेशन की अध्यक्षता मोतीलाल नेहरू कर रहे थे। अधिवेशन में फिर अखिल भारतीय किसान कांग्रेस आयोजित करने की मंशा व्यक्त की गई, मगर अधिवेशन में किसान मुद्दों से सम्बन्धित केवल एक प्रस्ताव पास हो सका। वह था—'लगान वसूली के विभिन्न प्रकारों और किसानों की दशा की जाँच अखिल भारतीय कांग्रेस कमेटी करेगी।' वहाँ 1,800 किसान डेलीगेट्स की वजह से अव्यवस्था हुई, जिससे मोतीलाल नेहरू ने किसानों के व्यवहार को ठीक नहीं माना। यही कारण था कि 1920 के नागपुर कांग्रेस अधिवेशन में शामिल होने के लिए किसानों को मुफ़्त पास न मिला। सम्मेलन में आयोजकों ने जनवरी, 1919 में फ़तेहपुर ज़िले में किसान सभा के गठन की सूचना दी। 1 फरवरी, 1919 को गौरीशंकर मिश्र ने एक सर्कुलर के ज़रिये किसानों को राजनैतिक रूप से जागरूक करने के लिए 25,000 रुपए का फंड जमा करने के लिए कहा और बताया कि संयुक्त प्रान्त की 217 तहसीलों में से 173 में किसान सभा की इकाइयाँ गठित हो चुकी हैं। इस कार्य में 2,000 रुपए का व्यय दिखाया गया था। दूसरे प्रान्तों में भी किसान सभा की इकाइयों का गठन कर, अखिल भारतीय स्वरूप देने का प्रयास किया गया। जून, 1919 में मदनमोहन मालवीय ने इसी प्रकार के अपने सर्कुलर द्वारा बताया कि विगत 9 माहों में बिहार, उड़ीसा, पंजाब और संयुक्त प्रान्त के गाँवों, तहसीलों और ज़िलों में किसान सभा की 450 शाखाएँ स्थापित की गई हैं, जिनमें 3,500 सदस्य बने हैं। मदनमोहन मालवीय के सर्कुलर के पीछे इन्द्रनारायण द्विवेदी द्वारा किसान संगठन को सक्षम बनाने और 'किसान' अख़बार निकालने के लिए

1. वही

10,000 रुपए फंड इकट्ठा करने का उद्देश्य था। खेद का विषय यह रहा कि इन अभिजातवर्गीय चोंचलों के बावजूद उस अख़बार का कहीं अस्तित्व नहीं देखा गया जबकि राधाकान्त मालवीय ने दावा किया था कि केवल कलकत्ता से 2,000 रुपए जमा हो चुके थे और 1,000 रुपए मिलने का वादा मिला था।[1]

1919 के प्रारम्भ में, माघ मेले के दौरान इलाहाबाद में किसान सभा की बैठक रखी गई। देवीदत्त नामक स्थानीय आन्दोलनकारी ने 'आर्म्स एक्ट' के अन्तर्गत जाँच के विरोध में उग्र भाषण दिया। पुरुषोत्तमदास टंडन ने 'टेनेन्सी एक्ट' के विरोध में बात रखी। देवनारायण पांडेय ने कहा कि किसानों की माँगें नहीं मानी जातीं तो क़ानून की अवहेलना की जाए। 9 फरवरी, 1919 को दारानगर, इलाहाबाद में आयोजित सभा में मुंशी ईश्वर सरन, सचिव, होमरूल लीग ने अध्यक्षता की और हिन्दू-मुस्लिम तथा किसान-ज़मींदार एकता की वकालत की। किसान सभा की बैठकों में मुख्यतः ज़मींदार भाग लेते थे। यहाँ भी एक ज़मींदार खड़ा हुआ और एकता की अपील का विरोध करते हुए कहा कि किसान और ज़मींदारों के बीच तब तक सम्बन्ध ठीक थे जब तक उनके बीच वकील नहीं आए थे। वकीलों ने ही कलह को उभारा है।[2] कहने का आशय यह था कि इलाहाबादी कांग्रेसी नेताओं, जो पेशे से वकील थे, के किसान सभाओं में आने और ज़मींदारों के ज़ुल्म, बेदख़ली आदि के ख़िलाफ़ न्यायालयों में जाने से ही सम्बन्ध खराब होने लगे हैं।

27 फरवरी, 1919 को कानपुर में किसान सभा की बैठक हुई जिसकी अध्यक्षता स्थानीय क्रान्तिकारी गणेशशंकर विद्यार्थी ने की थी। जुलाई 1919 में गाँव कुर्सी, कानपुर में किसान सभा के गठन की सूचना मिली। 17-18 मार्च, 1919 को मैनपुरी के गाँव तिलयानी में किसान सभा का गठन हुआ। 19 अगस्त, 1919 को बनारस के किसान सभा की बैठक में टीकाराम, इलाहाबाद ने भड़काऊ भाषण दिया। उन्होंने अनाज के निर्यात की निन्दा की और कहा कि इससे लोग भूखे रहने को बाध्य हो रहे हैं। उन्होंने कहा कि अधिकारियों की वजह से महारानी की घोषणाओं का पालन नहीं हो रहा। अगस्त, 1919 में पुलिस अधीक्षक, इलाहाबाद ने विभिन्न ज़िलों में काम कर रहे 11 किसान सभा के संगठनों का उल्लेख किया है जिनके भ्रमण और वेतन पर प्रति माह 200 रुपए व्यय हो रहा था। इन्द्रनारायण द्विवेदी ने कहा था कि उन्होंने कलकत्ता से किसान सभा के लिए 7,000 रुपए इकट्ठा किए थे। किसान सभा ने एक परिपत्र जारी किया था, जिसका शीर्षक था—'अवध के किसानों पर नवाबी'। उस समय इलाहाबाद के बाहर बलिया और रायबरेली में किसान सभा की समय-समय पर

1. फाइल नं. 450/1919, सर्कुलर नं. 2, पुलिस विभाग, उ.प्र. शासकीय अभिलेखागार, लखनऊ, पृष्ठ 3-4; लीनी बेनेट, वही, पृष्ठ 76
2. फाइल नं. 450/1919, सर्कुलर नं. 2, पुलिस विभाग, उ.प्र. शासकीय अभिलेखागार, लखनऊ, पृष्ठ 3-4; लीनी बेनेट, वही, पृष्ठ 76

सभाएँ हो रही थीं। एक सभा मेजा में 31 अगस्त को हुई थी, जिसमें देवनारायण पांडेय, टीकाराम और सुन्दरलाल ने मुख्य रूप से हिन्दू-मुस्लिम एकता और स्वदेशी पर भाषण दिया था। 9 सितम्बर, 1919 को जालौन ज़िले के अटा में किसान सभा की बैठक हुई थी। अक्टूबर, 1919 में पुलिस अधीक्षक, बलिया ने सूचित किया कि किसान सभा के प्रतिनिधि थानाक्षेत्र रसड़ा में सक्रिय हैं। बलिया में किसानों और ज़मींदारों के बीच पूर्व प्रचलित मान्यताओं को तोड़ने को कहा जा रहा था। नियम-क़ानून की अवहेलना की बात की जा रही थी। ज़मींदारों के प्रभाव में न रहने, अपने विवाद पंचायतों के माध्यम से दूर करने और क़ानूनी बेदख़ली पर भी ज़मीन न छोड़ने को कहा जा रहा था। डिप्टी कलेक्टर के अनुसार बलिया के रसड़ा क्षेत्र में एक बवाल, किसान सभा के दो प्रतिनिधियों की वजह से हुआ था। वे दोनों स्थानीय थे। उनमें से एक अत्यधिक ग़रीब था और उसका भोजन किसान सभा पर निर्भर था। डिप्टी कलेक्टर के अनुसार ये बेशर्म प्रतिनिधि किसानों के बीच किसान सभा के शक्तिशाली होने का प्रचार कर रहे थे और कह रहे थे कि क़ानूनी प्रक्रिया से किए गए बदलाव को भी किसान सभा पूर्ववत् कर सकती है। दोनों प्रतिनिधियों को क्रिमिनल प्रोसीजर कोड 106 के अन्तर्गत एक साल के लिए पाबन्द भी किया गया था।[1]

दिसम्बर, 1919 में गोरखपुर में भी शाकिर अली और कुछ दूसरे प्रभावी राजनीतिज्ञों ने किसान सभा की शाखा खोली। इसी माह इटावा में एक राजनैतिक बैठक में कुछ आपत्तिजनक बातें कही गईं। बैठक में मौजूद इलाहाबाद के गौरीशंकर मिश्र, उपाध्यक्ष, संयुक्त प्रान्त किसान सभा, ने किसानों की दुखद स्थिति पर बात की तथा स्थानीय स्तर पर किसान सभा की इकाई खोलने का प्रस्ताव रखा जिसे स्वीकार कर लिया गया और चार स्थानीय गर्म-मिज़ाज लोगों को कार्यालय का काम देखने के लिए अधिकृत किया गया। किसानों को अमृतसर कांग्रेस अधिवेशन में चलने को कहा गया जिसका रेलभाड़ा जनता से चन्दा लेकर चुकाना था।[2] यहाँ के भी सभी किसान ज़मींदार थे।

मार्च, 1919 में दरभंगा ज़िले में किसान सभा की सामग्री देखी गई थी। जून, 1919 में मदनमोहन मालवीय द्वारा जारी अपील में कहा गया था कि बिहार, उड़ीसा और पंजाब में भी किसान सभा की शाखाएँ खोली गई हैं। अक्टूबर, 1919 में एक स्वामी विद्यानन्द, जो बनारस के रहने वाले थे, बनारस के ही अपने दो चेलों-मंगलानन्द और तारानन्द के साथ, बिहार और उड़ीसा में किसान सभा की सामग्री बाँटते रहे। उनके द्वारा किसानों के अधिकारों के बारे में बताया जाता और संयुक्त प्रान्त की तरह वहाँ भी किसान सभा के गठन का प्रयास किया गया। विद्यानन्द ने

1. फाइल नं. 450/1919, सर्कुलर नं. 2, पुलिस विभाग, उ.प्र. शासकीय अभिलेखागार, लखनऊ, पृष्ठ 4
2. वही, पृष्ठ 5

दरभंगा राज के विरुद्ध, पर्चा छपवाकर किसानों के बीच वितरित किया था। उन्होंने किसानों के बच्चों को पढ़ाने के लिए स्कूल खोलने के लिए चन्दा भी माँगा था। यद्यपि ये सारे प्रयास कारगर नहीं हुए। न तो स्कूल खुला और न इन प्रान्तों में किसान सभा की इकाइयाँ कार्यरूप में आ पाईं। भू-स्वामियों और किसानों, दोनों ने कोई रुचि न दिखाई। स्वामी ने चन्दा के रूप में जो 1,000 रुपए इकट्ठा किए थे उसका क्या हुआ, पता नहीं। उन्होंने तिरहुत (मिथिलांचल) के किसानों पर भू-स्वामियों के अत्याचार के विरोध में एक पर्चा निकाला था। इस प्रकार इन क्षेत्रों में मदनमोहन मालवीय और सैयद रज़ा अली जैसे बड़े नेताओं द्वारा शुरू किया गया किसान सभा आन्दोलन असफल रहा। इस किसान आन्दोलन से इलाहाबाद के पुरुषोत्तमदास टंडन (अध्यक्ष), इन्द्रनारायण द्विवेदी (सचिव), गौरीशंकर मिश्र, टीकाराम, देवीदत्त (तीनों उपाध्यक्ष), देवनारायण पांडेय, और सुन्दरलाल जुड़े रहे। आम किसानों से दूरी के कारण यह आन्दोलन अभिजातवर्गीय आन्दोलन की छवि से मुक्त न हो पाया। पुलिस अधीक्षक इलाहाबाद ने सी.आई.डी. इलाहाबाद को किसान सभा के नेताओं पर नज़र रखने को लगा रखा था।[1]

30-31 जनवरी, 1919 को संयुक्त प्रान्त किसान सभा का दूसरा वार्षिक सम्मेलन गंगाघाट, प्रयाग में जौनपुर के किसान कार्यकर्ता रामनाथ त्रिपाठी की अध्यक्षता में हुआ। पुरुषोत्तमदास टंडन पुनः अध्यक्ष चुने गए। उपाध्यक्षों में एक पंडित गोविन्दवल्लभ पन्त का नाम भी जुड़ गया। इस सम्मेलन में सीधे संघर्ष की बात नहीं कही गई थी। इस सभा का तीसरा सम्मेलन प्रयाग में 21 जनवरी, 1920 को हुआ और चौथा सम्मेलन (7 फरवरी, 1921) को प्रयाग में ही हुआ। कांग्रेस के असहयोग प्रस्ताव तथा अन्य मामलों में टंडन और नेहरू से इन्द्रनारायण द्विवेदी का मतभेद हो गया था जिससे किसान सभा में फूट पड़ गई।[2]

तहसील करछना, बरौन राज्य के अन्तर्गत था। तहसील किसान सभा, करछना के सचिव थे जगदम्बाबख्श सिंह। उन्होंने 8 फरवरी, 1920 को आयोजित किसान सभा के लिए प्रचार-प्रसार किया था। स्कूली अध्यापकों, स्कूली बच्चों और पटवारियों के बीच पर्चे बाँटे गए थे। इलाहाबाद से आने वाले अतिथियों का रेलवे स्टेशन पर स्वागत किया गया था। अध्यापकों और स्कूली बच्चों ने स्टेशन पर फूल बरसाए थे। सभा की अध्यक्षता इलाहाबाद से आए कृष्णकान्त मालवीय ने की थी। बरौन के राजा, अपने सचिव सहित शामिल हुए थे। दस रुपए चन्दा भी दिया था तथा अपने भाषण में गौरीशंकर मिश्र और कपिलदेव मालवीय के वक्तव्यों का विरोध किया था। जिनमें उन्होंने सुधारों को अपर्याप्त बताया था। यहीं तय किया गया था कि किसान सभा की बैठक 28-29 फरवरी, 1920 को इलाहाबाद में होगी। यहाँ पर द्वितीय वार्षिक

1. वही
2. डॉ. महेन्द्र प्रताप, वही, पृष्ठ 55

अधिवेशन की पुस्तिका वितरित की गई थी। इस सभा में लगभग 100 लोग शामिल हुए थे। वक्ताओं में मथुरा प्रसाद सिंह, टीकाराम, कपिलदेव मालवीय, गौरीशंकर, संगमलाल, बाबू रामप्रसाद, शीतला दीन, बाबू नन्द, छात्र राम अधार और बृजपाल सहित, राजा और उनके सचिव शामिल थे। बाद में राजा बरौन ने शिकायत की कि वहाँ चरमपन्थियों ने बोल्शेविज्म के बारे में बात रखी। इस शिकायत पर मि. एम. कीन, मुख्य सचिव, संयुक्त प्रान्त ने मि. एफ. वाई. पर्ट, कमिश्नर, इलाहाबाद मंडल को अपने डी.ओ. पत्र संख्या 313-एफ, 11 फरवरी, 1920 द्वारा सभा में स्कूली अध्यापकों, विद्यार्थियों और पटवारियों के शामिल होने पर जल्द रिपोर्ट प्रस्तुत करने को कहा था। कमिश्नर, इलाहाबाद मंडल ने अपने डी.ओ. पत्र संख्या 110, दिनांक 24 फरवरी द्वारा अवगत कराया था कि वह मि. के.एन. नॉक्स, कलेक्टर इलाहाबाद के मूल डी.ओ. पत्र संख्या शून्य, दिनांक 23 फरवरी को संलग्न करते हुए भेज रहे हैं जिसमें कलेक्टर ने स्पष्ट किया है कि सभा में बोल्शेविज्म के बारे में कोई बात नहीं हुई है। स्कूली अध्यापक, बच्चों और पटवारियों को हिदायत दे दी गई है कि वे किसी राजनैतिक समारोह में भाग न लें। उन्होंने फरवरी 11 की सी.आई.डी. रिपोर्ट और कृष्णकान्त मालवीय के भाषण का अनुवाद भी संलग्न किया था।[1] 1920 के अन्त तक किसान सभा या संयुक्त प्रान्त किसान सभा की तमाम इकाइयाँ रायबरेली, फ़ैज़ाबाद और सुल्तानपुर सहित अवध क्षेत्र में खुल चुकी थीं। प्रतापगढ़ में 'नाई-धोबी बन्द' आन्दोलन शुरू हो गया था जिसमें नाई और धोबी का काम करने वाले किसानों ने ज़मींदारों और तालुक़ेदारों को सेवा देना बन्द कर परेशानी पैदा कर दी।[2]

ऐसे अन्दोलनों के बावजूद किसान विद्रोह का उद्देश्य कांग्रेसियों के लिए स्वराज्य था और किसानों के लिए अपनी परम्परागत पैतृक ज़मीनों पर स्वामित्व की माँग। यानी दोनों के एक मंच पर आ जाने के बावजूद, दोनों के उद्देश्य भिन्न-भिन्न बने रहे।[3] संयुक्त प्रान्त किसान सभा आन्दोलन का स्वरूप किसानों से जुड़ने, उन्हें अपने हितों के लिए इस्तेमाल करने तक सीमित था। कभी भी इस संगठन ने अपनी माँगों को कार्यरूप में लाने का गम्भीर प्रयास नहीं किया। इस संगठन के द्वारा किसानों में भ्रम पैदा किया जाता रहा और ज़मींदारों के हितों की हिफ़ाज़त की जाती रही। अमृतसर कांग्रेस अधिवेशन में जो प्रस्ताव रखे गए थे उनमें किसान जिस खेत पर खेती करें, उसका वे स्वामी माने जाएँ, सरकार जो लगान वसूले, उसे उस ज़मीन का कर समझा जाए तथा ज़मीन का स्वामित्व किसानों को दिया जाए, जैसे मुख्य मुद्दे थे। 1920 में संयुक्त प्रान्त किसान सभा, प्रयाग ने 13 पृष्ठ की एक पुस्तिका 'ज़मींदारों को चेतावनी'

---

1. फाइल नं. 450/1919 , सर्कुलर नं. 2, पुलिस विभाग, उ.प्र. शासकीय अभिलेखागार, लखनऊ।
2. लीनी बेनेट, वही, पृष्ठ 76
3. वही, पृष्ठ 3

पं. नारायण रामचन्द्र गुंठे के प्रबन्ध से बालकृष्ण प्रेस दारागंज, प्रयाग से प्रकाशित कर वितरित की थी। पुस्तिका में कई महत्त्वपूर्ण बातों का उल्लेख था। जैसे पृष्ठ 1 पर कहा गया था, ''किसानों के साथ ज़मींदार कैसा व्यवहार करते हैं, इस बात का स्मरण करके हृदय में दुख और घृणा उत्पन्न हुए बिना नहीं रहती।'' पृष्ठ 8 पर लिखा गया था, ''आप अपनी सभा का नाम चाहें महापति महामंडल रखें और चाहें चक्रवर्ती महामंडल, किन्तु सच तो यह है कि आप न राजा हैं न आपके राजा के अधिकार हैं।' पृष्ठ 9, 10 पर उल्लेख किया गया था, ''ज़मींदार भाइयों, आप बुरा न मानें, न्याय के साथ आप बतलावें आप जो कुछ हम किसानों से हारी, बेगारी, नज़राना, मड़वाना, सेरी और हथियाना आदि बेक़ानूनी कर लेते हैं, उनको जाने दीजिए, क्योंकि क़ानून होते हुए भी लूट-मार, डाका-चोरी, बदमाशी भी होती रहती है किन्तु उनके न देने का हमें पूरा अधिकार है।' पृष्ठ 10 पर ज़मींदारों द्वारा लगान की दर से ज़्यादा वसूलने और सरकार को देने से कहीं अधिक अपने पास रख लेने का उल्लेख है, ''सीर, सायर की आमदनी के अतिरिक्त, माल की मालगुजारी ही आप आधे से अधिक सरकार को नहीं देते। आधी रक़म लेकर सरकार हमारे लिए पुलिस, न्यायालय, स्कूल, कॉलेज, अस्पताल, सड़क, पुल, अनाथालय आदि बनवाती और उसी में सब व्यय करती है।...आप ज़मींदार साहबान जो आधा लगान हजम कर जाते हैं, उसको हमारे लिए क्यों नहीं ख़र्च करते। आपसे हमारे नेता लोग कहें या न कहें किन्तु हम कहते हैं और जोरों के साथ कहते हैं कि हमारे रक्त से सींचे हुए अन्न की कीमत अधिकांश आप हमसे लेते हैं, उसका आप न हमारे, न देश के लिए ख़र्च करते हैं।'' पृष्ठ 11 पर किसानों की पीड़ा का इस प्रकार उल्लेख किया गया है, ''बेदख़ली, सरसरौ, इज़ाफ़ा लगान, ख़िलाफ़वर्जी (अवज्ञा) और नहीं मालूम कितने प्रकार की नालिशें हम पर की जाती हैं।'' प्रथम विश्वयुद्ध के बाद भारतीयों पर थोपे गए 'युद्ध कर' की पीड़ा का ज़िक्र भी इस पुस्तिका में मिलता है, ''जिस समय कर्जा जंग का ज़माना था, हमारे ज़मींदार भाइयों ने जो कुछ दिया वह तो हमारा था ही किन्तु उसके अतिरिक्त ज़मींदारों ने हमको चार आना, प्रति रुपया लगान के हिसाब से क़र्ज़े में देने के लिए विवश किया और हम लोगों ने बड़े-बड़े सूदों पर क़र्ज़ लेकर या स्त्रियों के बचे-खुचे गहने गिरवी रखकर या थाली-लोटा और बैल-गोरू बेचकर लड़ाई के क़र्ज़े में दिया।''

इस प्रकार हम देखते हैं कि प्रथम विश्वयुद्ध के बाद भारतीयों पर थोपे गए युद्धकर, अकाल, महामारी, बेदख़ली और लगान की सख़्ती से वसूली के कारण वर्ष 1919 से भारत में अशान्ति की शुरुआत तेज हो गई थी।[1]

एक ओर शहरी अभिजातवर्गीय कांग्रेसियों द्वारा किसान सभाओं के गठन की राजनीति जारी थी तो दूसरी ओर 1919 के प्रारम्भ में ही अवध प्रान्त में स्वत:स्फूर्त ढंग से किसान विद्रोह प्रारम्भ हो चुका था। गांधी द्वारा असहयोग आन्दोलन शुरू होने

1. फाइल नं. 450/1919, सर्कुलर नं. 2, पुलिस विभाग, उ.प्र. शासकीय अभिलेखागार, लखनऊ

के साथ ही शहरी कांग्रेसियों ने किसान आन्दोलन को अपने पाले में खींचने का

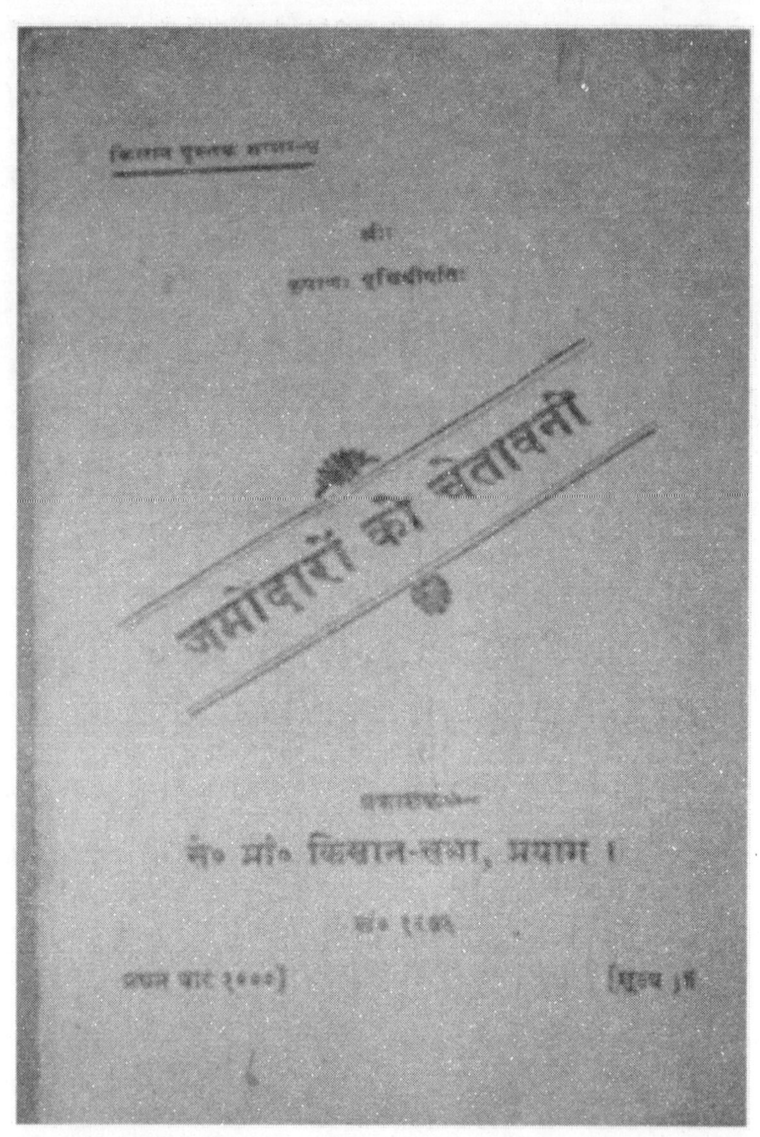
जमींदारों को चेतावनी

सं० प्रां० किसान-सभा, प्रयाग ।

प्रयास किया। उन्होंने गांधी के अहिंसा के सिद्धान्तों को बताने के साथ-साथ गांधी जी के विचारों को अपनाने से स्वराज्य मिलने और स्वराज्य मिलते ही सभी समस्याओं को दूर करने का प्रचार किया। गांधी जी के चमत्कारिक व्यक्तित्व का जोर-शोर

से प्रचार-प्रसार किया गया था। गांधी के स्वराज्य की एक नई व्याख्या ग़रीब जातियों के बीच की जा चुकी थी। जनता यह विश्वास कर चुकी थी कि गांधी राज आने वाला है जहाँ किसानों के दुख-दर्द दूर हो जाएँगे। गांधी के अहिंसा सम्बन्धी विचार की किसानों ने स्वत: व्याख्याएँ भी कर ली थीं।

एक ब्रिटिश अख़बार ने *'भारत दंगाई क्यों?'* शीर्षक से एक समाचार छापा कि *"आए दिन भारत से गम्भीर सूचनाएँ प्राप्त हो रही हैं जो ब्रिटिश सरकार के लिए धमकी भरी हैं। ये सूचनाएँ युद्धकाल में भारत की शानदार स्वामिभक्ति पर सन्देह पैदा करती हैं। यद्यपि अभी भी ज़्यादातर भारतीय स्वामिभक्ति रखते हैं लेकिन वहाँ की एक प्रतिशत जनसंख्या स्वामिभक्ति नहीं रखती। युद्ध के बाद स्वामिभक्ति न रखने वालों की संख्या बढ़ी है। रोलैट रिपोर्ट के अनुसार लूट, हत्या और डकैती की घटनाएँ बढ़ी हैं। नरम दलीय भारतीय राजनीतिज्ञ, क्रान्तिकारियों से मिलते जा रहे हैं। चेम्सफोर्ड मांटेग्यू रिपोर्ट के आधार पर प्रस्तावित 'द होम रूल' का एंग्लो भारतीय और वहाँ की निम्न जातियों के प्रतिनिधि विरोध कर रहे हैं। उनका कहना है कि उन्हें, उनके वंशानुगत उत्पीड़क ब्राह्मणों की दया पर छोड़ दिया गया है।"*[1]

संयुक्त प्रान्त किसान सभा के नेता एवं 'अभ्युदय' साप्ताहिक के सम्पादक, कृष्णकान्त मालवीय (मदनमोहन मालवीय के भतीजे) ने किसानों को जागरूक करने के लिए 'अभ्युदय' के 15 फरवरी, 1920 के अंक में लिखा, *"आप इस बात के लिए भी प्रयत्न कीजिए कि ज़मींदार के प्यादे, सरकारी मुलाजिम, तहसील और पुलिस के चपरासी आपको सताकर आपसे पैसा न लें। आप ज़मीन की उपज और लगान के प्रश्नों पर भी विचार कीजिए। किसान-सभाएँ स्थापित कराइए। गाँव-गाँव घूमकर अन्याय और भ्रष्टाचार की जाँच करिए और चीत्कार करिए कि यह अन्याय है। सम्राट को और समस्त संसार को अपनी दुखगाथा से हिला दीजिए।"*

अवध के प्रतापगढ़ के रूरे में गठित किसान सभा से 1920 तक अखिल भारतीय कांग्रेस कमेटी का कोई सम्बन्ध न था। यहाँ तक कि तब तक संयुक्त प्रान्त किसान सभा के गठन के बारे में रूरे किसान सभा को जानकारी न थी। रूरे किसान सभा द्वारा जून 1920 में पहली बार कांग्रेस से सम्पर्क साधा गया।[2]

1920 में रूरे किसान सभा की गतिविधियों में तेजी आ चुकी थी। जून 1920 में इलाहाबाद में सप्तमी का गंगा नहान था। इसी बहाने रामचन्द्र ने जौनपुर और प्रतापगढ़ के लगभग 500 किसानों को साथ लिया और इलाहाबाद पहुँचे। उन्हें उम्मीद थी कि अखिल भारतीय कांग्रेस कमेटी की बनारस में हो रही सभा के बाद गांधी जी इलाहाबाद लौटेंगे मगर गांधी जी नहीं आए। रामचन्द्र ने इलाहाबाद के दूसरे कांग्रेसी नेताओं से आनन्द भवन में सम्पर्क किया। उन्होंने पूरे दिन शहरी

1. द पीपुल्स जरनल, शनिवार, 19 अप्रैल, 1919
2. लीनी बेनेट, वही, पृष्ठ 72, 73

नेताओं से किसानों के दुखों का वर्णन किया। अन्त में शाम को बलुआ घाट पर किसानों की सभा पी.डी. टंडन (अध्यक्ष, संयुक्त प्रान्त किसान सभा) की अध्यक्षता में 7 जून को हुई जिसमें पंडित जवाहरलाल नेहरू और गौरीशंकर मिश्र ने भी भाग लिया और उन्हें किसानों की बुरी दशा से अवगत कराया गया। उन शहरी कांग्रेसियों से कहा गया कि वे चाहें तो संयुक्त प्रान्त किसान सभा या कांग्रेस कमेटी की ओर से जौनपुर और प्रतापगढ़ आकर किसानों की बुरी दशा को देख लें और ज़मींदारों के ज़ुल्म से बचाएँ। कांग्रेसी नेताओं ने मदद का भरोसा दिया।[1] शाम को किसानों को रुकने की व्यवस्था संयुक्त प्रान्त किसान सभा द्वारा की गई।[2] उसके अगले दिन किसान लौट गए। बाद में उक्त शहरी नेता प्रतापगढ़ आए और रूरे और अमरगढ़ की किसान सभा को ठीक से व्यवस्थित किया। जवाहरलाल नेहरू और गौरीशंकर मिश्र के आने के बाद यहाँ की किसान सभा को बल मिला।[3] यही वह बिन्दु था जहाँ संयुक्त प्रान्त किसान सभा और रूरे किसान सभा के प्रतिनिधि एक दूसरे के सम्पर्क में आए[4] और बाबा रामचन्द्र ने किसान आन्दोलन को राष्ट्रीय राजनीति की अगुवाई करने वाली कांग्रेस से जोड़ दिया।[5]

सितम्बर, 1920 में कांग्रेस के विशेष अधिवेशन में ही इस तथ्य का आभास कांग्रेसियों को हो चला था कि "हम लोग क्रान्तिकारी ज़माने से गुज़र रहे हैं...और परम्परा से क्रान्तिकारियों के ख़िलाफ़ हैं।"[6] ऐसे में कांग्रेस नेतृत्व के सामने यह समस्या आ खड़ी हुई थी कि अब केवल सुधारों की माँग के सहारे ज़िन्दा नहीं रहा जा सकता है। उन्हें डर हो चला था कि अब चूके तो स्वतंत्रता आन्दोलन का नेतृत्व किसान-मज़दूर समर्थक क्रान्तिकारियों के हाथों में चला जाएगा।" इन परिस्थितियों में गांधी जी और कांग्रेस के अन्य प्रमुख नेताओं ने अपना मोर्चा एकदम बदल लेने का फ़ैसला किया। 1920 में उन्होंने सुधारों से सहयोग करने की बात छोड़ दी और बढ़ते हुए जन आन्दोलनों की बागडोर अपने हाथ में लेने का फ़ैसला किया। इसके लिए उन्होंने 'अहिंसात्मक असहयोग' का तरीक़ा निकाला। यहाँ से जन आन्दोलनों का नेतृत्व कांग्रेस करने लगती है, मगर इसके लिए देश को यह कीमत देनी पड़ती है कि संघर्ष सदा 'अहिंसात्मक' रहेगा।[7]

1. मेहता जाँच रिपोर्ट, फाइल नं. 753/1920, रेवेन्यू डिपार्टमेंट, उ.प्र. शासकीय अभिलेखागार, लखनऊ, पृष्ठ 3
2. कपिल कुमार, पीजेंट बिट्रेड, वही, पृष्ठ 29
3. मेहता जाँच रिपोर्ट, फाइल नं. 753/1920, रेवेन्यू डिपार्टमेंट, उ.प्र. शासकीय अभिलेखागार, लखनऊ, पृष्ठ 3
4. लीनी बेनेट, वही, पृष्ठ 77
5. कपिल कुमार, पीजेंट बिट्रेड, वही, पृष्ठ 29।
6. कांग्रेस अध्यक्ष लाला लाजपत राय के अध्यक्षीय भाषण से
7. रजनी पामदत्त, वही, पृष्ठ 148

जून 1920 के बाद नेहरू ने कई बार इन क्षेत्रों का दौरा किया और इलाहाबाद से निकलने वाले कांग्रेसी अख़बार '**इंडिपेंडेंट**' में किसान समस्याओं पर लेख लिखे। वैसे वे लेख ग़रीब किसानों की मूल समस्याओं से दूर थे। गौरीशंकर मिश्र ने प्रयास किया कि 'संयुक्त प्रान्त किसान सभा' और 'रूरे किसान सभा' के बीच सामंजस्य स्थापित किया जाए। अक्टूबर 1920 तक रूरे किसान सभा की सदस्यता 20 हज़ार तक जा पहुँची थी।[1]

27 अक्टूबर, 1920 को माताबदल कोइरी के आमंत्रण पर बाबा रामचन्द्र, प्रतापगढ़ ज़िले की सीमा पर स्थित रायबरेली जनपद के रसूलपुर गाँव पहुँचे। रसूलपुर स्टेट के गाँव कलकलियापुर में 28 अक्टूबर को एक सभा को सम्बोधित किया और किसान सभा का गठन किया। रसूलपुर स्टेट के तालुक़ेदार के प्रति किसानों का ज़बरदस्त आक्रोश था। तालुक़ेदार का प्रबन्धक महराज बख्श, वसूले गए कर में से कुछ हिस्सा स्वयं हड़प लेता था। माताबदल कोइरी से वह 30 रुपए, प्रतिवर्ष उनकी लगभग ढाई एकड़ ज़मीन का कर वसूलता और रजिस्टर में मात्र 22 रुपए दर्शाता था। जब तालुक़ेदार को यह पता चला तो बजाय महराज बख्श के विरुद्ध कार्यवाही करने के, माताबदल के विरुद्ध 75 रुपए बकाया कर की माँग कर दी। बाध्य होकर माताबदल ने सब डिवीजनल अफसर के यहाँ अपील की। फलस्वरूप तालुक़ेदार को 75 रुपए वापस करने पड़े और क्षतिपूर्ति की एवज में 35 रुपए और देने पड़े। मगर जैसे ही अगले वर्ष लीज अवधि समाप्त हुई, माताबदल और उनके परिवार को ज़मीन से बेदख़ल कर दिया गया। इसी कारण माताबदल ने बाबा रामचन्द्र को अपने गाँव में आमंत्रित किया था। 29 अक्टूबर को भी बाबा ने रसूलपुर और कलकलियापुर में भाषण दिया था।[2]

नवम्बर-दिसम्बर, 1920 में रायबरेली में निम्नलिखित स्थानों पर बाबा रामचन्द्र ने किसानों को सम्बोधित कर किसान सभाओं का गठन कराया था। 5 नवम्बर को मुस्तफ़ाबाद में, 24 नवम्बर को बछरावाँ में, 25 नवम्बर को सेहंगो पश्चिम गाँव में, 3 दिसम्बर को अरखा में, 5 दिसम्बर को जलालपुरधई में, 6 दिसम्बर को लालगंज में, 7 दिसम्बर को डलमऊ में, 8 दिसम्बर को सरेनी में और 12 दिसम्बर को रसूलपुर में। रसूलपुर पहले सलोन तहसील का हिस्सा था।[3] और इस प्रकार अवध किसान सभा का फैलाव सुल्तानपुर तथा फ़ैज़ाबाद ज़िलों में हो गया था।[4]

1. पायनियर, 8 जुलाई, 1931; अखिल भारतीय कांग्रेस कमेटी पेपर्स, नेहरू मेमोरियल म्यूज़ियम और लाइब्रेरी, तीन मूर्ति भवन, नई दिल्ली, सुशील श्रीवास्तव, वही, पृष्ठ 261
2. कपिल कुमार, पीजेंट बिट्रेड, वही, पृष्ठ 36; फाइल नं. 50 /1921 सामान्य शाखा, उ.प्र. शासकीय अभिलेखागार, लखनऊ, पृष्ठ 57, 61; कपिल कुमार, पीजेंट इन रिवोल्ट, वही पृष्ठ 107, 108, 109, 220
3. श्रीराम सिंह, रायबरेली किसान आन्दोलन की यज्ञ भूमि, पृष्ठ 21, 22
4. एम.एच. सिद्दीकी, वही, पृष्ठ 145

इसी बीच कौंसिल चुनाव में शामिल होने या बहिष्कार करने के प्रश्न पर कांग्रेस में फूट पड़ गई। जहाँ मालवीय जी चुनाव के पक्ष में थे वहीं नेहरू ग्रुप उसके बहिष्कार में। इसी कारण नेहरू ग्रुप ने प्रतापगढ़ और रायबरेली ज़िले में झिंगुरी सिंह और बाद में बाबा रामचन्द्र द्वारा शुरू किए रूरे किसान सभा आन्दोलन को जल्द से जल्द अपने पाले में लाने की कोशिश शुरू की थी। किसानों के बीच पैठ बनाने के पीछे मोतीलाल नेहरू की मंशा यह थी कि अपने बेटे, जवाहरलाल नेहरू को आने वाले चुनाव में प्रभावशाली बनाएँ, यद्यपि बाद में उनके गुट द्वारा चुनाव बॉयकाट का निर्णय लिया गया।[1] इसी बीच अफ़वाह फैलाई गई कि झिंगुरी सिंह को रूरे का राजा घोषित कर दिया गया है। इसके बाद किसानों ने कुछ ज़मींदारों के आम के बाग़ों को लूट लिया।[2]

विभिन्न गाँवों में गठित किसान सभाओं को संगठित कर गौरीशंकर मिश्र, नेहरू, माताबदल पांडेय और रामचन्द्र ने 17 अक्टूबर, 1920 को रूरे किसान सभा का नाम 'अवध किसान सभा' कर दिया। इसमें किसान सभा वाले पाँच गाँवों के पाँच पंचों ने भाग लिया। इस एकता के गवाह प्रतापगढ़ के डिप्टी कमिश्नर मेहता भी थे। इस प्रकार अवध किसान सभा का गठन, मदनमोहन मालवीय के संयुक्त प्रान्त किसान सभा के विरोध में किया गया था। मदनमोहन मालवीय 'असहयोग आन्दोलन' का विरोध कर रहे थे, इसलिए मोतीलाल नेहरू, मालवीय को पछाड़ने के लिए सक्रिय थे।[3] वास्तव में असहयोग आन्दोलनकारी अक्टूबर, 1920 से कोशिश कर रहे थे कि संयुक्त प्रान्त किसान सभा, असहयोग आन्दोलन की एक इकाई के रूप में कार्य करे, लेकिन उन्हें सफलता नहीं मिल रही थी।[4] असहयोग आन्दोलन के प्रश्न पर उपजा आपसी विरोध ही संयुक्त प्रान्त किसान सभा से अलग अवध किसान सभा के गठन का कारण बना। 24 अक्टूबर, 1921 को हुए संयुक्त प्रान्त किसान सभा की कार्यकारिणी की बैठक में असहयोग आन्दोलन में शामिल होने, न होने की नीति के सम्बन्ध में निरपेक्ष रहने की बात की गई। कारण यह था कि कुछ सदस्यों का विचार असहयोग आन्दोलन में शामिल होने का था तो कुछ का नहीं था। टंडन की सहानुभूति असहयोग आन्दोलन की ओर थी।[5] इस प्रकार 1918 में जहाँ संयुक्त प्रान्त में पुरुषोत्तमदास की अध्यक्षता में मालवीय जी ने 'संयुक्त प्रान्त किसान सभा' का गठन किया था वहीं पंडित जवाहरलाल नेहरू ने 1920 में 'अवध किसान सभा' का गठन करा कर

---

1. सुमित सरकार, वही, पृष्ठ 145, 146, 175
2. फाइल नं. 753/1920, रेवेन्यू डिपार्टमेंट, मेहता जाँच रिपोर्ट, पृष्ठ 3, उ.प्र. शासकीय अभिलेखागार, लखनऊ
3. कपिल कुमार, पीजेंट इन रिवोल्ट, वही, पृष्ठ 105, 106; एम.एच. सिद्दीकी, वही, पृष्ठ 142
4. द लीडर, 21 फरवरी, 1921
5. द लीडर, 28 अक्टूबर, 1920

प्रतिद्वन्द्विता उजागर कर दी। प्रारम्भ में गौरीशंकर मिश्र की सहानुभूति दोनों किसान संगठनों से थी।

अयोध्या किसान कांग्रेस

विद्रोही स्वभाव के देवनारायण पांडेय के अवध किसान सभा से जुड़ने के बाद, 20-21 दिसम्बर, 1920 को 'अवध किसान कांग्रेस' का आयोजन फ़ैज़ाबाद ज़िले के अयोध्या में सरयू के तट पर करने का निर्णय हुआ। पहले देवनारायण और केदारनाथ मालवीय गुट से सम्बन्धित थे मगर दिसम्बर में अवध किसान सभा से जुड़ गए थे।[1]

'अयोध्या किसान कांग्रेस' का विचार गौरीशंकर मिश्र का था। वह इसके माध्यम से अपने प्रतिद्वन्द्वी गुट—'संयुक्त प्रान्त किसान सभा' को अपनी ताकत दिखाना चाहते थे। इसलिए सुल्तानपुर, रायबरेली और फ़ैज़ाबाद में व्यापक प्रचार-प्रसार किया गया। सरयू तट पर आयोजित किसान कांग्रेस के कर्ता-धर्ता मुख्य रूप से रसूलपुर सभा, रायबरेली के माताबदल कोइरी, फ़ैज़ाबाद के केदारनाथ और सुल्तानपुर के देवनारायण पांडेय थे। इन्होंने बाबा रामचन्द्र और झिंगुरी सिंह के निर्देश पर काम किया था। इस सभा में नेहरू नहीं आए थे मगर वह प्रतापगढ़ के वकील माताबदल पांडेय के माध्यम से बाबा रामचन्द्र के सम्पर्क में थे। कहा जाता है कि किसान कांग्रेस में अस्सी हज़ार से लेकर एक लाख तक किसान आए। संख्या को लेकर विवाद भी है। 23 दिसम्बर के **'द लीडर'** अख़बार ने 2,000 किसानों का अनुमान लगाया था जबकि **'द इंडिपेंडेंट'** ने 25 दिसम्बर को लगभग अस्सी हज़ार की संख्या का अनुमान लगाया। माताबदल पांडेय और बाबा रामचन्द्र ने एक लाख का अनुमान लगाया था।[2] सम्भव है बाबा का अनुमान अतिरंजित हो और भीड़ का आकार तीस-चालीस हज़ार से ज़्यादा न हो।

जाड़े का महीना (पूस) होने के कारण ठंड थी और किसानों ने अयोध्या के मन्दिरों और मस्जिदों में शरण ली थी। बाबा किसान कांग्रेस की व्यवस्था देखने के लिए कुछ दिन पहले ही आ गए थे। पुलिस की नज़र बाबा पर थी और बाबा केदारनाथ के घर में छिपे थे। लल्लन जी और केदारनाथ व्यवस्था देखने में सक्रिय थे। तालुक़ेदारों, ज़मींदारों और सरकार के अधिकारियों ने किसानों को अयोध्या किसान कांग्रेस में पहुँचने से रोकने का असफल प्रयास किया था। उधर मंच पर सीता देवी और दूसरे किसान नेता बाबा की प्रतीक्षा कर रहे थे। बाबा चुपके से मोटरकार में बैठकर मंच पर पहुँचे थे। उन्होंने रस्सी से अपने शरीर को बाँध रखा था। इससे यह दिखाने का प्रयास किया गया था कि किसान किस प्रकार

1. एम.एच. सिद्दीकी, वही, पृष्ठ 145, 146; कपिल कुमार, पीजेंट इन रिवोल्ट, वही, पृष्ठ 110
2. वही, पृष्ठ 145, 146, 147

भू-स्वामियों के ज़ुल्मों एवं दुखों से बँधा हुआ है। बाबा ने यहीं पर अपने भाषण में किसानों की 14 सूत्री माँगों को रखा था। यहाँ किसानों के दुखों को व्यक्त करने वाला गीत भी गाया गया था। इस आयोजन में सेठ, साहूकार और ज़मींदार भी आए थे। देवनारायण ने गौरीशंकर से अध्यक्षता का प्रस्ताव रखा, जिसे उन्होंने स्वीकार कर लिया। गौरीशंकर ने नज़राना, बेगार, असहयोग आन्दोलन और स्वदेशी पर केन्द्रित भाषण दिया था। अन्य वक्ताओं ने यह भी कहा कि इस सभा के कारण आगे बेदख़ली रुक जाएगी, इसलिए बाबा को अब शरीर में बँधी रस्सी खोल देनी चाहिए। बाबा ने किसान सभा के कार्यक्रम को लागू करने एवं हिन्दू-मुस्लिम एकता का वचन लेने के बाद रस्सी खोल दी थी।[1] महिलाओं की किसान आन्दोलन में भागीदारी के लिए सीता देवी ने भाषण दिया था और नागपुर अधिवेशन में दो महिला प्रतिनिधियों को भेजने की बात कही थी।[2]

किसान कांग्रेस से लौटते समय किसानों के पास राह ख़र्च के लिए कुछ न होने और बाबा रामचन्द्र द्वारा माताबदल कोइरी से कुछ करने का अनुरोध करने पर माताबदल कोइरी ने कोइरी बिरादरी से 6,000 रुपए इकट्ठा कर बाबा को दिए थे, लेकिन बाबा की लापरवाही से वह किसानों के हाथों में नहीं पहुँच पाया। किसान रेलवे पटरी पर बैठ गए और जबरदस्ती बिना टिकट यात्रा कर अपने-अपने घरों को गए। बाबा की यह लापरवाही आश्चर्यजनक लगती है। बाबा का कहना था कि जैसे ही उन्हें माताबदल कोइरी ने 6000 रुपए दिए वह आश्चर्यचकित होकर खिड़की पर चढ़ गए और वहाँ से पैसे नीचे फेंकने लगे। सी.आई.डी. वाले और महाजनों के नौकर जो किसान भेष में थे, हाथ फैलाकर पैसे माँगने लगे। बाबा का कहना था कि वह लगातार पैसे फेंकते रहे और इस प्रकार सारे पैसे बेकार चले गए।[3] बाबा की यह बात न केवल हास्यास्पद लगती है अपितु उन पर सन्देह भी पैदा करती है। माताबदल कोइरी ने ग़रीब कोइरी बिरादरी से पैसे इकट्ठे किए थे। जब बाबा प्रत्येक किसान को राह ख़र्च के लिए एक रुपया देना चाहते थे तो खिड़की पर चढ़कर पैसे फेंक कर सभी को पैसे कैसे दे सकते थे ? यह भी सम्भव नहीं कि सारे सिक्के एक रुपए के हों ? एक आना से लेकर आठ आना तक चन्दा में मिला होगा। आखिर सी.आई.डी. और महाजनों के कितने नौकर वहाँ आ गए थे कि 6,000 रुपए जैसी बड़ी राशि बेकार चली गई ? वास्तव में बाबा की बात विश्वसनीय नहीं लगती।

इस सभा से लौटने के बाद ज़्यादातर किसानों ने मान लिया कि अब भू-स्वामियों की सत्ता, उत्पीड़न, नज़राना और बेदख़ली के दिन लद गए। इस उत्साह

1. वही, पृष्ठ, 147, 148, 149; फाइल नं. 358/1920, पुलिस विभाग, उ.प्र. शासकीय अभिलेखागार, लखनऊ
2. द लीडर, 23 दिसम्बर, 1920
3. एम.एच. सिद्दीकी, वही, पृष्ठ 149

के साथ उन्होंने जनवरी, 1921 के प्रारम्भ में अवध के विभिन्न ज़िलों में भू-स्वामियों के विरुद्ध हल्ला बोल दिया। उन्होंने बढ़ी हुई महँगाई के विरुद्ध कपड़ा व्यापारियों को भी निशाना बनाया। स्पष्टत: रायबरेली सहित पूरे अवध का किसान आन्दोलन विद्रोही शक्ल अख़्तियार कर चुका था।

अयोध्या से लौटते समय बाबा रामचन्द्र, बाराबंकी के काशी प्रसाद के निमंत्रण पर, जो अयोध्या किसान कांग्रेस में भाग लेने आए थे, बाराबंकी की ओर चल पड़े थे। बाराबंकी शहर में बाबा का भव्य स्वागत हुआ। डरे हुए भू-स्वामियों ने उदारता बरतने का संकेत दिया। भयारा के ज़मींदार ने 26 दिसम्बर, 1920 को बाबा के साथ बैठक के बाद अवैध करों को न वसूलने की बात की। चौधरी मोहम्मद अली ने भी नज़राना और बेगार न लेने की घोषणा की। गदिया, शाहपुर और बकर हुसैन राज ने बाबा रामचन्द्र को अपने यहाँ बुलाया। तालुक़ेदारों से अच्छे सम्बन्ध बनाने के बाद बाबा ने रुदौली में 29 दिसम्बर को सभा की और सरकारी अफ़सरों एवं पुलिस ज़ुल्म की बात की। अब बाबा पूरी तरह से कांग्रेसी राजनीति के अनुसार चलने लगे थे। उन्होंने तालुक़ेदारों के ज़ुल्म का उल्लेख नहीं किया। उन्होंने स्वदेशी और सूती कपड़े के इस्तेमाल की बात की तथा पंडित सूरज प्रसाद की अध्यक्षता में ज़िला किसान सभा का गठन कराया।[1] बाराबंकी के कुछ छोटे ज़मींदार, जो असहयोग आन्दोलन से जुड़े थे, उन्होंने बाबा रामचन्द्र का सहयोग किया था। राष्ट्रीय स्कूल खोलने के विचार का समर्थन मलिक मोहम्मद अफ़ज़ल, ज़मींदार पारा कामरू, थाना सफदरगंज ने किया था। उन्होंने ज़मीन भी दान दी थी। बाबा रामचन्द्र ने स्कूल के लिए धन जमा करने के कई तरीक़े अपनाए। अपनी धोती का टुकड़ा 450 रुपए में नीलाम किया। अपने एक रुपए के नोट को, जो उन्होंने स्कूल के लिए दान में दिया था, उसे नीलाम कर रुपए 500 जमा किया। साथ ही साथ तब तक उपवास रखा जब तक कि नवाबगंज के स्कूली बच्चों ने 15,000 रुपए इकट्ठा नहीं कर लिए।[2]

बाबा ने बाराबंकी के नागेश्वरनाथ मन्दिर में 8 और 11 जनवरी को क्रमश: 3,000 और 1,500 की भीड़ को सम्बोधित किया। सी.आई.डी. रिपोर्ट में बाराबंकी भाषण के अंश इस प्रकार हैं—*'12 जनवरी, 1921 को भनकू तालाब के पास रामचन्द्र ने गालीपूर्ण भाषण दिया। सरकार को बराबर 'फूफा' कहकर सम्बोधित किया। गवर्नर को क्रोधित होकर लाट साहब की जगह 'झाँट साहब' कहा। सम्राट के लिए कहा कि बदजात काफ़िर को सम्राट नहीं मानना चाहिए। आशा है कि इस मामले को राज्यपाल के समक्ष रखकर इस व्यक्ति को तत्काल दंडित किया जाएगा। यह बहुत ही बुरा है कि इस जनपद में ऐसा व्यक्ति खुलेआम डेढ़-दो हज़ार की सभा में ऐसी भाषा का प्रयोग करे।'* जब बाबा बाराबंकी में थे तभी रायबरेली में भीषण

1. कपिल कुमार, पीजेंट बिट्रेड, वही, पृष्ठ 38, 39
2. एम.एच. सिद्दीकी, वही, पृष्ठ 183, फुटनोट

किसान विद्रोह चल रहा था। बाबा रामचन्द्र को ख़िलाफ़त आन्दोलन के मौलवी अब्दुल बारी ने लखनऊ बुला लिया। लखनऊ आने के बाद उन्हें मुंशीगंज गोली कांड की जानकारी मिली। वह वहाँ जाना चाहते थे। मगर ख़िलाफ़त आन्दोलन के मौलवी अब्दुल बारी ने अपने आदमियों के सहयोग से बाबा को लखनऊ रोके रखा। उन्हें कहीं आने-जाने नहीं दिया गया। बारी ने सोचा कि बाबा के वहाँ जाने से विद्रोह और भड़केगा। इसलिए उन्होंने ख़िलाफ़त नेता शौकत अली को बम्बई तार भेजा कि वह गांधी को बताएँ कि बाबा रामचन्द्र का वहाँ जाना ठीक न होगा। उन्होंने राय माँगी कि क्या वह बाबा रामचन्द्र को यहीं रोके रखें? उन्हें उस तार का जवाब मिला कि बाबा को पहले ही सूचना दे दी गई है और वह अहिंसा के सिद्धान्तों का अनुसरण करेंगे। इस प्रकार बाबा लखनऊ में रोक लिए गए थे। अयोध्या कांग्रेस में ही 15 जनवरी को रायबरेली के डलमऊ में किसान सभा की तिथि तय की गई थी और बताया गया था कि उसमें नागपुर कांग्रेस अधिवेशन के प्रस्तावों की जानकारी दी जाएगी। हम डलमऊ किसान सभा प्रसंग पर आगे चर्चा करेंगे।[1]

15 जनवरी, 1921 को आयोजित डलमऊ किसान सभा में बाबा रामचन्द्र नहीं जा पाए। डलमऊ किसान सभा में आए किसानों को राष्ट्रीय नेताओं ने किनारे कर डलमऊ सभा स्थगित कर दी थी। अब्दुल बारी और जंगीलाल चौरसिया ने डलमऊ जाने के लिए लखनऊ रेलवे स्टेशन पर पहुँचे किसानों को वापस घरों को भेज दिया था।[2]

आगे यह स्पष्ट जायेगा कि उसके बाद ही मोतीलाल नेहरू के कहने पर बाबा को लखनऊ से आनन्द भवन पहुँचा दिया गया था। यह कार्य 20 जनवरी, 1921 के पूर्व हो चुका था, क्योंकि 20 जनवरी, 1921 के **'द लीडर'** में बाबा के विरुद्ध छपे एक समाचार के बारे में प्रतिक्रिया देते हुए नेहरू ने लिखा था कि इस समय बाबा आनन्द भवन में ठहरे हुए हैं। जब बाबा आनन्द भवन में रोक लिए गए थे तभी राष्ट्रीय किसान सभा या नया संयुक्त प्रान्त किसान सभा का अध्यक्ष मोतीलाल नेहरू को बना दिया गया। मोतीलाल नेहरू और मदनमोहन मालवीय के सम्बन्ध अच्छे न थे। असहयोग आन्दोलन प्रारम्भ होने के पूर्व मोतीलाल नेहरू, मालवीय के संगठन को पसन्द न करते थे। उधर झिंगुरी सिंह, माताबदल कोइरी और अन्य को पता चला कि बाबा रामचन्द्र को आनन्द भवन में रखा गया है तो वे वहाँ पहुँचे और बाबा को लेकर

---

1. श्रीराम सिंह, वही, पृष्ठ 5 पर उद्धृत, जो फाइल नं 50, पुलिस अधीक्षक बाराबंकी की 15 जनवरी की आख्या, सामान्य प्रशासन विभाग, उ.प्र. शासकीय अभिलेखागार, लखनऊ; एम.एच सिद्दीकी, वही, पृष्ठ 41
2. श्रीराम सिंह, वही, पृष्ठ 5 पर उद्धृत, जो फाइल नं 50, पुलिस अधीक्षक बाराबंकी की 15 जनवरी की आख्या, सामान्य प्रशासन विभाग, उ.प्र. शासकीय अभिलेखागार, लखनऊ; एम.एच. सिद्दीकी, वही, पृष्ठ 180, 181; कपिल कुमार, पीजेंट बिट्रेड, वही, पृष्ठ 41

पैदल ही प्रतापगढ़ वापस आ गए। यह घटना 26 जनवरी के पूर्व की होगी, क्योंकि 27 जनवरी की गौहन्ना सभा में बाबा मौजूद थे। बाद में गौरीशंकर मिश्र के आमंत्रण पर बाबा काशी विद्यापीठ के उद्घाटन समारोह में 10 फरवरी, 1921 को पहुँचे थे।[1]

बाराबंकी में उपरोक्त 12 जनवरी को दिए भाषण के कारण ही बाबा रामचन्द्र को 10 फरवरी, 1921 को बनारस से गिरफ़्तार कर लिया गया था। उन पर मुक़दमा चला और दो माह तक सुनवाई हुई। अप्रैल 1921 के प्रथम सप्ताह में फ़ैसला सुनाया गया और दो साल की सश्रम कारावास की सज़ा हुई। फ़ैसले की प्रति **'द लीडर'** के अप्रैल 8, 1921 के अंक में प्रकाशित हुई थी। इंटेलीजेंस ब्यूरो के अभिलेखानुसार बाबा का मुक़दमा 4 मार्च 1921 को बाराबंकी स्थानान्तरित कर दिया गया था जहाँ उनकी हिम्मत पस्त हो गई थी। वह कोर्ट में रो पड़े थे।[2]

संयुक्त प्रान्त किसान सभा की एक मीटिंग 7 फरवरी, 1921 को इलाहाबाद में तय थी। यू.पी. कांग्रेस कमेटी चाहती थी कि इस सभा के किसान उनकी राय मानें। जब किसानों ने उनकी राय नहीं मानी तो असहयोग आन्दोलनकारियों ने सेवा समिति परिसर में आयोजित संयुक्त प्रान्त किसान सभा बैठक में व्यवधान डाला। संयुक्त प्रान्त किसान सभा के सचिव इन्द्रनारायण द्विवेदी को महात्मा गांधी के बताए रास्ते से उलटा चलने वाला बताया जाने लगा। मीटिंग स्थल, सेवा समिति परिसर में इन्द्रनारायण द्विवेदी के पहुँचने के पूर्व ही गौरीशंकर मिश्र और उनके समर्थक पहुँच गए। उन्होंने वहाँ ताने गए शामियाने को हटाने का प्रयास किया, लेकिन संयुक्त प्रान्त किसान सभा के कार्यकर्ताओं ने ऐसा करने से रोका। व्यवधान डालने वाले जब चले गए तब द्विवेदी पहुँचे। द्विवेदी ने परिस्थितियों को देखते हुए संयुक्त प्रान्त किसान सभा स्थल बदलने की घोषणा की। तभी सेवा समिति स्थल पर गौरीशंकर मिश्र, नेहरू, पुरुषोत्तमदास टंडन आदि एक बार फिर पहुँच गए और मीटिंग करने पर जोर डालने लगे। इस पर टंडन और द्विवेदी में बहस हुई, लेकिन द्विवेदी ने मीटिंग स्थल बदलकर उसी दिन शाम को संयुक्त प्रान्त किसान सभा कार्यालय, बहादुरगंज कर दिया। टंडन और गौरीशंकर मिश्र गुट ने अपनी बैठक सेवा समिति स्थल, त्रिवेणी घाट पर जारी रखी। वहाँ मोतीलाल नेहरू को संयुक्त प्रान्त किसान सभा का अध्यक्ष घोषित किया गया। जैसा कि पहले बताया जा चुका है कि 20 से 26 जनवरी के बीच आनन्द भवन में मोतीलाल नेहरू को राष्ट्रीय किसान सभा या नए संयुक्त प्रान्त किसान सभा का अध्यक्ष बना दिया गया था मगर उसकी औपचारिक घोषणा 7 फरवरी को ही की गई। इस विवाद और सभा को देखने के लिए हज़ारों तीर्थ यात्री जमा हो गए थे।[3] इन्द्रनारायण द्विवेदी ने शाम को अपनी मीटिंग संयुक्त प्रान्त

1. कपिल कुमार, पीजेंट इन रिवोल्ट, वही, पृष्ठ 155, 157
2. एम.एच सिद्दीकी, वही, फुटनोट, पृष्ठ 181
3. द लीडर, 21 फरवरी, 1921; कपिल कुमार, पीजेंट इन रिवोल्ट, वही, पृष्ठ 155

किसान सभा कार्यालय, बहादुरगंज में की जहाँ राधाकान्त मालवीय अध्यक्ष, कुंजरू उपाध्यक्ष, चुने गए। द्विवेदी सचिव पद पर बरकरार रहे। उसी दिन द्विवेदी ने सुना कि मोतीलाल नेहरू की अध्यक्षता में एक अलग किसान सभा का गठन किया गया है।[1] टंडन चाहते थे कि द्विवेदी नए किसान सभा को अपना चार्ज सौंप दें, लेकिन द्विवेदी ने इनकार कर दिया। इस प्रकार शहरी कांग्रेसी नेताओं ने किसान सभा को दो भागों में तोड़ने में सफलता पाई। एक को स्वराजिस्ट (असहयोग आन्दोलनकारी) और दूसरे को असहयोग आन्दोलन का विरोधी कहा गया। असहयोग आन्दोलन विरोधी धड़ा क़ानूनी और संवैधानिक तरीक़े से किसानों की लड़ाई लड़ना चाहता था जबकि स्वराजिस्ट धड़ा, स्वराज के लिए किसानों को गोलबन्द करना चाहता था। दोनों के बीच केवल एक बिन्दु पर सहमति थी कि किसी तरीक़े से किसान आन्दोलन क्रान्तिकारी रास्ते पर न जाने पाए। कांग्रेसी नेता किसानों के साथ बैठक करने, उनके संगठन पर नियंत्रण करने में लग गए। मोतीलाल नेहरू ने अब्दुल बारी को पूरी गोपनीयता बरतते हुए बाबा रामचन्द्र को आनन्द भवन भेजने के लिए पत्र लिखा। अब्दुल बारी ने लखनऊ से अपने दो सशस्त्र अंगरक्षकों के साथ बाबा को बुर्का पहनाकर इलाहाबाद भेजा। बाबा सीधे आनन्द भवन लाए गए। मोतीलाल की अध्यक्षता में ही आनन्द भवन में आयोजित एक बैठक में नई किसान सभा का गठन किया गया और उसका नाम राष्ट्रीय किसान सभा रखा गया। उसके बाद संयुक्त प्रान्त किसान सभा की 700 शाखाओं में विभाजन हो गया। यद्यपि उसके बाद भी उसके तीन वार्षिक अधिवेशन हुए मगर मालवीय के नेतृत्व वाली संयुक्त प्रान्त किसान सभा लगभग मृतप्राय होती गई और उसके बाद, राष्ट्रीय किसान सभा का मतलब संयुक्त प्रान्त किसान सभा ही रह गया। बाद में माताबदल कोइरी और झिंगुरी सिंह को जानकारी मिली कि बाबा रामचन्द्र को इलाहाबाद के आनन्द भवन में क़ैद कर रखा गया है तो वे उन्हें मुक्त कराने के लिए इलाहाबाद पहुँचे।[2]

सरकार, बाबा रामचन्द्र को गिरफ़्तार करने के मामले में परेशान थी जो कई बार समन की अवहेलना कर चुके थे। उन पर जनवरी के शुरू में बाराबंकी ज़िले में भड़काऊ भाषण देने का अभियोग था जिससे भू-स्वामियों और किसानों के बीच दुश्मनी बढ़ गई थी।[3] 'अयोध्या किसान कांग्रेस' में बाबा रामचन्द्र ने अपनी अलग पहचान बना ली थी। तब तक बाबा सरकार की आँखों में गड़ गए थे। सरकार उन्हें घेरना चाहती थी।

कमिश्नर फ़ैज़ाबाद के 27 जनवरी, 1921 के पत्र से, जो मुख्य सचिव को लिखा गया था, स्पष्ट है कि रामचन्द्र के एक जमानतदार ने इच्छा व्यक्त की है कि

1. वही, 11 फरवरी, 1921
2. एम.एच. सिद्दीकी, वही, पृष्ठ 177; कपिल कुमार, पीजेंट बिट्रेड, वही, पृष्ठ 42, 43
3. द इंडिपेंडेंट फरवरी 16, 1921, इंटेलीजेंस ब्यूरो रिपोर्ट

वह अपनी जमानत इसलिए वापस लेना चाहता है, क्योंकि रामचन्द्र, लगातार जनपद से बाहर हैं और इसलिए वह उनके आचरण के लिए उत्तरदायी न होगा। श्रीराम सिंह ने अपनी पुस्तक '**रायबरेली किसान आन्दोलन की यज्ञ भूमि**', में भी इसका उल्लेख किया है। कमिश्नर फ़ैज़ाबाद ने यह भी बताया था कि 3 फरवरी को बाबा रामचन्द्र को मि. विवियन, डिप्टी कमिश्नर (ज़िलाधिकारी), प्रतापगढ़ के कोर्ट में हाजिर होकर जमानत लेनी है। सम्भव है कि वह वहाँ भारी भीड़ के साथ जाकर मजिस्ट्रेट को चुनौती दे। या यह भी सम्भव है कि वह समन की उपेक्षा कर दे। कमिश्नर ने स्कॉट ओ कॉनर (पुलिस अधीक्षक, प्रतापगढ़) को सतर्क कर दिया था तथा प्रतापगढ़ में अधिक संख्या में फोर्स भेजने को कहा था। सी.आई.डी. रिपोर्ट बताती है कि अधिकारी उन्हें गिरफ़्तार करने से घबराते थे। विवियन उन्हें गिरफ़्तार कर प्रतापगढ़ रखने के पक्ष में नहीं थे। वह बरेली जैसी किसी केन्द्रीय जेल में भेजने के पक्ष में थे। यदि बाराबंकी में दिए गए भाषण पर दंडित करने के लिए बाराबंकी में अभियोग चलाया जाए तो सारी स्थितियाँ बदल जाएँगी, ऐसा कमिश्नर फ़ैज़ाबाद का मानना था।[1] 1 फरवरी, 1921 को मुख्य सचिव ने विवियन को पत्र लिखकर अवगत करा दिया था कि 3 फरवरी को बाबा रामचन्द्र की गिरफ़्तारी होती है तो इस बात का ख़्याल रखा जाए कि उसे जमानतदार प्रस्तुत करने का अवसर न मिले और तार से मेरी अनुमति लेकर, तत्काल उसे अन्य जेल में भेज दिया जाए। उस पर बाराबंकी में दिए भाषण का ही अभियोग लगाया जाए।[2]

3 फरवरी को बाबा मजिस्ट्रेट के कोर्ट में उपस्थित नहीं हुए। उनकी गिरफ़्तारी गांधी की उपस्थिति में काशी विद्यापीठ के उद्घाटन के तुरन्त बाद सभी मुख्य कांग्रेसियों की उपस्थिति में 10 फरवरी, 1921 को हुई। ऐसा कहा जाता है कि किसान सभा पर अपनी पूरी पकड़ बनाने के लिए ही मोतीलाल नेहरू ने बाबा को काशी विद्यापीठ बुलाकर गिरफ़्तार करा दिया था। गिरफ़्तारी के बाद उन्हें गांधी के कमरे में बैठाया गया और उसके बाद बनारस सेंट्रल जेल ले जाकर पागल कुत्ते की भाँति डाल दिया गया। बाद में पूरी सुरक्षा के साथ उन्हें लखनऊ जेल में स्थानान्तरित कर दिया गया। यहाँ तक कि रेलवे कर्मचारियों को तब तक प्लेटफॉर्म पर जाने की इजाज़त नहीं दी गई जब तक कि बनारस से विशेष ट्रेन चल नहीं पड़ी।[3] उन पर केवल धारा 110 सी.पी.सी. के अन्तर्गत कार्यवाही की गई थी। यह बात मुख्य

1. श्रीराम सिंह, वही, पृष्ठ 6, 7; फाइल नं. 50/1921, सामान्य प्रशासन, उ.प्र. शासकीय अभिलेखागार, लखनऊ
2. श्रीराम सिंह, वही, पृष्ठ 6, 7, 8; फाइल नं. 50/1921, सामान्य प्रशासन, उ.प्र. शासकीय अभिलेखागार, लखनऊ
3. डी.एन. धनगरे, वही, पृष्ठ 117, कपिल कुमार, पीजेंट इन रिवोल्ट, वही, पृष्ठ 155; कपिल कुमार, पीजेंट बिट्रेड, वही, पृष्ठ 45; इंडिपेंडेंट 13 फरवरी, 1921

सचिव को ठीक नहीं लगी थी। उन्होंने फ़ैज़ाबाद कमिश्नर, जिनके अधिकार क्षेत्र में बाराबंकी जनपद था, को लिखा कि उसके विरुद्ध पर्याप्त सामग्री है। इसलिए गम्भीर और ठोस अभियोग, जो न्यायालय में प्रमाणित हो सके, वैसा किया जाए। बाद में 3 मार्च, 1921 को भी मुख्य सचिव ने कमिश्नर फ़ैज़ाबाद को लिखा कि अगर वह धारा 110 सी.पी.सी. के अन्तर्गत जमानत पा जाता है तो प्रयास यह हो कि उस पर गम्भीर और विशिष्ट आरोप लगाया जाए।[1] फ़ैज़ाबाद कमिश्नर द्वारा जी.बी. मूर को 14 जनवरी को लिखे पत्र से स्पष्ट है कि बाबा की गिरफ़्तारी एक प्रकार से चुनौतीपूर्ण थी और प्रतिहिंसा की सम्भावना थी, इसलिए राज्यपाल द्वारा संकेत मिलने के बाद ही ऐसा किया गया था।[2]

रामचन्द्र को परिदृश्य से हटाकर और क्षेत्र के किसान नेताओं को गिरफ़्तार कर असहयोग आन्दोलनकारियों को स्वतंत्र छोड़ दिया गया ताकि वे किसानों के बीच अपना आधार स्थापित कर सकें। विश्वासी किसानों ने विश्वास कर लिया कि कांग्रेस उनकी समस्याओं को हल करने के लिए आगे आएगी लेकिन कांग्रेस के प्लेटफॉर्म से कहीं से भी किसान हितों की कोई आवाज़ नहीं सुनाई दी।[3]

यह कम आश्चर्य का विषय नहीं है कि गांधी जी की उपस्थिति में बाबा रामचन्द्र की गिरफ़्तारी हुई थी। बिना गांधी जी की रज़ामन्दी के ऐसा सम्भव न था कि सरकार बाबा के विरुद्ध कार्यवाही करती। यह गिरफ़्तारी उनके बाराबंकी में दिए गए सरकार विरोधी भाषणों की वजह से हुई थी। बाबा रामचन्द्र की गिरफ़्तारी का समाचार जैसे ही बाराबंकी पहुँचा, दुकानदारों ने 12 फरवरी को हड़ताल कर दी। मुस्तफ़ा दुकानदार और काशी प्रसाद ने बाबा को मुक्त कराने के लिए सभा की मगर कांग्रेसी नेता खुश नज़र आए।[4]

पुरुषोत्मदास टंडन और नेहरू ने बाबा की गिरफ़्तारी के बाद बाराबंकी को अशान्त होता देख, वहाँ तुरन्त पहुँच कर किसानों को समझाया था। किसानों को शान्ति बहाल रखने को कहा था।[5] संयुक्त प्रान्त किसान सभा ने मोतीलाल नेहरू, अध्यक्ष और गौरीशंकर मिश्र, उपाध्यक्ष के हस्ताक्षर से एक पर्चा वितरित कराया था जिसमें किसानों से बाबा रामचन्द्र के गिरफ़्तार होने पर उत्तेजित न होने को कहा गया था। पर्चे की भाषा थी—"शान्ति, धैर्य, असहयोग और बाबा रामचन्द्र की आज़ादी।

1. डी.ओ. नं. 495, लखनऊ, फरवरी 18, 1921, मुख्य सचिव, हेलेय को, फाइल नं 50/1921, सामान्य शाखा उ.प्र. शासकीय अभिलेखागार, लखनऊ, श्रीराम सिंह, वही, पृष्ठ 9
2. फाइल नं. 50/1921, सामान्य शाखा, उ.प्र. राजकीय अभिलेखागार, लखनऊ
3. द लीडर, 21 फरवरी, 1921
4. द इंडिपेंडेंट 16 फरवरी, 1921, इंटेलीजेंस ब्यूरो रिपोर्ट
5. द इंडिपेंडेंट 16 फरवरी, 1921

10 फरवरी, मंगलवार को काशी विद्यापीठ का महात्मा गांधी द्वारा उद्घाटन के बाद बाबा रामचन्द्र गिरफ़्तार कर लिये गए हैं। महात्मा गांधी हमेशा कहते हैं कि हम विदेशी शासन में हैं जो कि ग़ुलामी है। स्वतंत्रता की प्राप्ति केवल जेल जाने से ही मिलेगी। इसलिए क्यों बाबा रामचन्द्र आज ही आज़ाद हो जाएँ? यह उनका पवित्र त्याग राष्ट्र के लिए किया गया है। हमें निश्चय ही इससे दुखी नहीं होना चाहिए और न उन्हें मुक्त कराने का प्रयास करना चाहिए। सबसे अच्छा तरीक़ा उनको छुड़ाने का यह होगा कि आप सब असहयोग शान्तिपूर्वक करें। आपका और अधिक शान्तिपूर्वक किया गया असहयोग, जल्द से जल्द स्वराज दिलाएगा। स्वराज से ही बाबा रामचन्द्र मुक्त होंगे और उनकी चाह पूरी होगी। इसलिए तब तक बोली, भाषा, आचरण और सोच से शान्ति भंग नहीं होनी चाहिए। उन्हें जेल में देखने जाने की कोशिश नहीं करनी चाहिए। इससे शान्ति भंग होगी और स्वराज आने में विलम्ब होगा और उनको मुक्त होने में देरी होगी।'' यही कारण था कि बाबा की गिरफ़्तारी के बाद बाराबंकी में जिन किसानों ने अन्दोलन किया, वे गिरफ़्तार कर लिये गए और उसके बाद धीरे–धीरे किसान आन्दोलन को असहयोग आन्दोलन में मिला लिया गया।[1] उपरोक्त पर्चे की भाषा, अशिक्षित किसानों को छलने, उन्हें विद्रोही होने से रोकने की नीति से तैयार की गई थी।

इस प्रकार फ़ैज़ाबाद, सुल्तानपुर में सक्रिय दूसरे विद्रोही किसान नेताओं यथा सूरज प्रसाद उर्फ़ छोटा रामचन्द्र, देवनारायण, केदारनाथ आदि को गिरफ़्तार करा देने एवं अवध के किसान आन्दोलन पर अपना नियंत्रण बना लेने के बाद कांग्रेसियों ने बाबा को अपनी सहमति के आधार पर ही गिरफ़्तार कराया था। कांग्रेसी समर्थक तालुक़ेदारों का कौंसिल में बहुमत था और वे राज्यपाल हरकोर्ट बटलर के क़रीबी थे। इसलिए यह विश्वसनीय लगता है कि सख़्त कार्यवाही करने हेतु राज्यपाल द्वारा, मुख्य सचिव को निर्देश दिए गए होंगे।

अब तक अवध किसानों के सभी वास्तविक नेता, छोटा रामचन्द्र, देवनारायण, केदारनाथ, रघुनन्दन साधु और बाबा रामचन्द्र आदि जेल भेजे जा चुके थे। शहरी कांग्रेसियों के लिए मैदान साफ़ हो चुका था। अप्रैल, 1921 के अन्त में मोतीलाल नेहरू ने 'किसानों को सन्देश' नामक पर्चा बँटवाया। यह पर्चा असहयोग आन्दोलन और गांधीवादी तरीक़े से आन्दोलन करने का पाठ पढ़ा रहा था। छह छात्रों, वंशनारायण सिंह, राधारमण, ज्वाला प्रसाद, रामहरख सिंह, मुरलीधर और मंगल प्रसाद ने प्रतापगढ़ शहर में पर्चा बाँटा। वे सभी 17 से 22 वर्ष की उम्र के थे, उन्हें 28 अप्रैल, 1921 को आपत्तिजनक सामग्री बाँटने के अभियोग में गिरफ़्तार कर लिया गया। उन्हें सज़ा हुई मगर पर्चे के लेखक मोतीलाल नेहरू को छुआ तक नहीं गया। वही पर्चे जवाहरलाल नेहरू ने कचहरी और बाज़ार में बाँटे थे मगर उन्हें भी

---

1. एम.एच. सिद्दीकी, वही, पृष्ठ 184

गिरफ़्तार नहीं किया गया। कृष्णकान्त मालवीय ने नौजवानों की गिरफ़्तारी को लेकर सरकार से विरोध दर्ज कराया। उन्होंने कहा कि सरकार कि यह नीति है कि छोटे लोगों को गिरफ़्तार किया जाए जिससे वे किसान आन्दोलन के नेताओं की बात न सुनें।[1]

नेहरू और टंडन शुरू से चाहते थे कि किसान, अलग से आन्दोलन न करें। वे असहयोग आन्दोलन में शामिल हों और स्वराज के लिए लड़ें। किसान समस्या स्वराज मिलते ही हल हो जाएगी। कांग्रेस के साथ किसानों की नज़दीकी बनाने को लेकर कांग्रेस के दोनों धड़ों में खींचतान जारी थी। इन्द्रनारायण द्विवेदी ने अपने एक लेख में किसानों की समस्याओं को उठाते हुए स्पष्ट किया कि 'संयुक्त प्रान्त किसान सभा' (जिसके अध्यक्ष मोतीलाल नेहरू हो चुके थे) का अवध के ग़रीब किसानों की समस्याओं से कोई लेना-देना नहीं है। इस सभा ने कोई किसान आन्दोलन विकसित भी नहीं होने दिया।[2]

किसान विद्रोह के सम्बन्ध में गांधी जी की भूमिका पूरी तरह संदिग्ध रही, क्योंकि जब बाबा रामचन्द्र गिरफ़्तार किए गए तब वहाँ गांधी मौजूद थे लेकिन उन्होंने गिरफ़्तारी का विरोध नहीं किया। गांधी जी ने लगातार अवध किसान आन्दोलन के सीधे सम्पर्क में आने से ख़ुद को बचाया था जबकि वे 1920-21 में इस क्षेत्र के दौरे पर रहे।[3]

दरअसल गांधी जी किसान आन्दोलन को असहयोग आन्दोलन के अन्तर्गत चाहते थे और पूरी तरह से असहयोग के तरीक़े से चलाना चाहते थे। जबकि किसानों ने किसान आन्दोलन की बागडोर अपने हाथों में ले रखी थी। गांधी जी लगान या ज़मींदारों को दी जाने वाली सेवाओं को रोकने के पक्ष में नहीं थे। वह ज़मींदारों को असहयोग आन्दोलन का मुख्य आधार स्तम्भ मानते थे। वह चाहते थे कि किसान नेहरू की राय मानें। सभी सरकारी आदेशों को मानें। किसान नेताओं को गिरफ़्तार किए जाने पर पुलिस कार्य में व्यवधान न डालें।

केवल रायबरेली में किसान आन्दोलन से जुड़े कांग्रेसियों की गतिविधियों को देखें तो जनवरी 1921 से फरवरी 1921 तक पूरे जनपद में व्यापक दौरे किए गए और किसान आन्दोलन के क्रान्तिकारी पक्ष को नष्ट करने एवं उसे असहयोग आन्दोलन के अन्तर्गत समाहित करने का सफल प्रयास किया गया। रायबरेली कोतवाली थाना क्षेत्र में 25 जनवरी को पं. उमाशंकर ने कानपुर से छपने वाले 'प्रताप' अख़बार के दो बंडल लाए। गणेशशंकर विद्यार्थी के सम्पादन में निकलने

1. अभ्युदय, 14 मई, 1921 और आज, मई 1, 1921
2. अभ्युदय, 13, 20, 27 अगस्त और 3 सितम्बर, 1921
3. फाइल नं. 1/ फरवरी, 1921, होम डिपार्टमेंट, पोलिटिकल ब्रांच, राष्ट्रीय अभिलेखागार, नई दिल्ली

वाले इस अख़बार का रुख ज़मींदारों के विरुद्ध था मगर उसके प्रचारक ज़्यादातर अभिजातवर्गीय मानसिकता वाले ही थे। 27 जनवरी को पं. जगन्नाथ ने रुस्तमपुर बाज़ार में सभा की, जहाँ 5 जनवरी को विद्रोह हुआ था। 28 जनवरी को उन्होंने लुधवारी बाज़ार में भाषण दिया कि किसानों को असहयोग आन्दोलन के अन्तर्गत अपनी बात कहनी चाहिए। 29 जनवरी को पं. विशम्भरनाथ ने रायबरेली में मार्तण्ड वैद्य के घर भाषण दिया और पंचायतों के माध्यम से किसानों को अपनी समस्या का हल करने तथा सेना कैम्प को रसद न देने का अनुरोध किया। 31 जनवरी को एन.सी. बनर्जी ने रायबरेली में मुन्ना कपड़ा व्यापारी की दुकान पर सभा की। 2 फरवरी को पं. जगन्नाथ ने रूपामऊ गाँव में सभा की। 3 फरवरी को किसान सभा का कार्यालय लुधवारी गाँव में खुला। 17-18 फरवरी को छात्रों ने असहयोग आन्दोलन में भाग लिया। 19 फरवरी को छात्र नेता विष्णुदत्त के नेतृत्व में हड़ताल की गई और देवीदत्त ने भाषण दिया।[1]

नसीराबाद थाना क्षेत्र में 26 जनवरी को उदित नारायण और मंगल प्रसाद ने डीह गाँव में भाषण दिया। 27 जनवरी को पं. विशम्भरनाथ और एन.सी. बनर्जी ने भी डीह में सभा की। 2 फरवरी को पं. गौरीशंकर, विशम्भरनाथ, पं. जगन्नाथ प्रसाद, और मुश्तकीम नामक एक स्थानीय व्यक्ति ने किसान आन्दोलन में गिरफ़्तार लोगों के घर जाकर सहानुभूति दर्शाने का प्रयास किया। 13 जनवरी को पं. गौरीशंकर मिश्र ने गाँवों में भ्रमण किया। 30 जनवरी को गोपालपुर बाज़ार लूटे जाने की अफ़वाह में बन्द रहा। 10 फरवरी को अभिजातवर्गीय किसान नेता इधर-उधर भाषण देते घूम रहे थे। डलमऊ थाना क्षेत्र में 2 जनवरी को बद्रीप्रसाद पड़ियावाँ ने लालगंज (प्रतापगढ़) में असहयोग आन्दोलन के लिए भाषण दिया। जगतपुर थाना क्षेत्र में 2 फरवरी को डॉ. अवन्तिका प्रसाद ने असहयोग आन्दोलन का प्रचार किया। थाना क्षेत्र महराजगंज में 23 जनवरी को पं. जगन्नाथ प्रसाद ने बाला गाँव में किसान सभा की बैठक में भाग लिया। इसमें स्थानीय ख़िलाफ़त कार्यकर्ता अमीद सैयद ने भी असहयोग आन्दोलन को सफल बनाने की अपील की। 27 जनवरी को सलेथू गाँव में किसान सभा की बैठक हुई जिसमें इलाहाबाद के कांग्रेसी पं. गौरीशंकर मिश्र तथा टीकाराम और स्थानीय ख़िलाफ़त कमेटी के अध्यक्ष मौलवी रियासत हुसैन ने असहयोग आन्दोलन की वकालत की। 2 फरवरी को किसान सभा की बैठक महराजगंज में हुई। 4,000 लोग जमा हुए। अमीद सैयद, श्रीनाथ (पूर्व छात्र इलाहाबाद), मौलवी रियासत हुसैन और पं. गौरीशंकर ने भाषण दिया। पं. विशम्भरनाथ ने कहा कि एक दिन आएगा कि पूरे विश्व पर किसान शासन करेंगे। इस प्रकार असहयोग आन्दोलनकारियों द्वारा किसान आन्दोलन पर क़ब्ज़ा कर लिया गया।

1. फाइल नं. 50/1921, सामान्य शाखा, उ.प्र. शासकीय अभिलेखागार, लखनऊ, पृष्ठ 537, 539, 541, 543

उनके द्वारा किसान आन्दोलन पर क़ब्ज़ा करने के बाद असहयोग आन्दोलन, ख़िलाफ़त आन्दोलन और किसान आन्दोलन में फ़र्क समाप्त हो गया।[1]

किसानों में स्वत:स्फूर्त ढंग से पनपी हिंसक प्रवृत्तियों को रोकने के लिए सरकार और ज़मींदारों ने किसानों और ज़मींदारों का संयुक्त संगठन 'हितकारी सभा' का गठन किया। वैसे इस संगठन में किसान कम और ज़मींदार ज़्यादा थे। प्रयास यह था कि किसानों और ज़मींदारों में मेल-मिलाप पैदा किया जाए मगर इस सभा से किसानों पर कोई प्रभाव नहीं पड़ा अपितु किसानों की हिंसक गतिविधियाँ और बढ़ गईं।[2]

किसानों में बढ़ती क्रान्तिकारी प्रवृत्ति कांग्रेसी नेताओं को परेशान कर रही थी। उन्हें किसानों का हिंसक व्यवहार पसन्द न था। मगर किसान कांग्रेस के असहयोग आन्दोलन को पसन्द नहीं कर रहे थे। कई बार जब कांग्रेसी उन्हें असहयोगी आन्दोलन के बारे में समझाने की कोशिश करते तो किसान उन्हें सुनने से मना कर देते।[3] 1921 के प्रारम्भ में मुज़फ़्फ़रपुर, दरभंगा, रायबरेली और फ़ैज़ाबाद में गांधी जी के नाम पर बाज़ार लूटने की घटनाओं की बाढ़ आ गई। इससे स्पष्ट था कि ग़रीब जनता गांधी के सन्देशों की भिन्न प्रकार से, स्वतंत्र रूप से व्याख्या कर रही थी।[4] किसानों ने अपने आन्दोलनों में बेशक 'गांधी जी की जय' के नारे लगाए मगर इससे यह भ्रम नहीं पालना चाहिए कि किसान आन्दोलन कांग्रेसी झंडे के नीचे संचालित था। 'गांधी जी की जय' के नारे के बावजूद किसानों ने अपने विद्रोह को स्वतंत्रतापूर्वक चलाया था। असहयोग आन्दोलन की अनगूँज चारों ओर हवा में व्याप्त होने के बावजूद किसान विद्रोह उससे अलग था। वह मुख्य रूप से आर्थिक समस्याओं से टकरा रहा था। स्वयं नेहरू ने इसे स्वीकार करते हुए लिखा है—'असहयोग तथा किसान आन्दोलन, दोनों अलग-अलग थे। यद्यपि दोनों ने एक-दूसरे पर बड़ा प्रभाव डाला था। स्वराज एक ऐसा व्यापक शब्द था जिसमें सभी का समावेश था।'[5] हितकारी सभा का प्रयास असफल होने के बाद किसानों ने नज़राना और बेदख़ली को मुद्दा बनाना प्रारम्भ किया था।[6] अवध

1. वही
2. सुशील श्रीवास्तव, वही, पृष्ठ 261
3. कमिश्नर, लखनऊ टू चीफ सेक्रेटरी टू द गर्व. ऑफ यू.पी., फाइल नं. 50/1921 सामान्य/ उ.प्र. शासकीय अभिलेखागार, लखनऊ, कपिल कुमार, पीजेंट इन रिवोल्ट, वही, पृष्ठ 155
4. रंजीत गुहा और गायत्री चक्रवर्ती स्पीवक, सेलेक्टेड सबाल्टर्न स्टडीज, न्यूयॉर्क ऑक्सफोर्ड, ऑक्सफोर्ड यूनिवर्सिटी प्रेस, 1988, पृष्ठ 294
5. डॉ. महेन्द्र प्रताप, वही, पृष्ठ 60
6. 'रायबरेली सत्याग्रह समाचार', फाइल नं. जी-59/1930 , लेटर ऑफ द सेक्रेटरी, यू.पी.पी.सी.सी. टू शीतला शाही, जुलाई 2, 1931, ऑल इंडिया कांग्रेस कमेटी पेपर्स, नेहरू मेमोरियल म्यूजियम और लाइब्रेरी, तीनमूर्ति भवन, नई दिल्ली; सुशील श्रीवास्तव, वही, पृष्ठ 264

किसान सभा, संयुक्त प्रान्त किसान सभा की तुलना में संयुक्त प्रान्त में ज़्यादा विद्रोही इसलिए रहा कि तमाम सक्रिय किसान नेता, बिना अवध किसान सभा की अनुमति के ही, स्वयं को उससे जोड़ लेते थे। सूरज प्रसाद, देवनारायण, केदारनाथ और रघुनन्दन साधु, इसी प्रकार के विद्रोही किसान नेता थे जो स्वयं को 'अवध किसान सभा' का मानते थे।[1]

---

1. एम.एच. सिद्दीकी, पृष्ठ 145

अध्याय-5

प्रतापगढ़ का किसान विद्रोह

प्रतापगढ़ जनपद कुर्मी बहुल जनपद था। सन् 1901 में यहाँ की कुल जनसंख्या 9,12,848 थी, जिसमें से सर्वाधिक, 1,12,000 कुर्मी थे। ब्राह्मणों की जनसंख्या 1,11,000 होने के कारण उनका दूसरा स्थान था। अहीर 1,02,000 और राजपूत 70,000 थे।[1] अवध के किसान आन्दोलन की शुरुआत प्रतापगढ़ से हुई थी, यद्यपि वहाँ कोई बड़ी विद्रोही घटना देखने को नहीं मिलती, सिवाय इसके कि एक बार किसानों ने भीड़ जुटा कर बाबा रामचन्द्र को जेल से मुक्त कराने में सफलता प्राप्त कर ली थी।

प्रतापगढ़ जनपद में औसत प्रति एकड़ प्रति वर्ष लगान की दर ब्राह्मण से 6.4, रुपए, ठाकुर से 6.3 रुपए और अन्य से 7.9 रुपए थी। सबसे अधिक लगान निम्न जातियों से वसूला जाता था। गाँव-गाँव में इन दरों में अन्तर भी था। जैसे कि पट्टी तहसील के 6.9 प्रतिशत ब्राह्मण, 4.8 प्रतिशत ठाकुर और 19 प्रतिशत अन्य जातियों से 10 प्रति रुपए एकड़ से ज़्यादा लगान देना पड़ता था। चूँकि खेती करने वाली मज़बूत जाति कुर्मी को सबसे ज़्यादा कर देना पड़ता था, इसलिए करों में अन्तर, प्रतापगढ़ में कुर्मी जाति के संगठित हो जाने का कारण बना। एच.एम. माजिद सिद्दीकी ने इस तथ्य को स्वीकार किया है कि जब एक जाति को दूसरी जाति की तुलना में ज़्यादा कर देना पड़ता तो यह उसके संगठित होने का ठोस आधार बनता।[2]

हमने अध्याय चार में रूरे किसान सभा के गठन की प्रारम्भिक कहानी का ज़िक्र किया है। जून, 1920 के आसपास अमरगढ़ राज में किसान सभा की गतिविधियाँ देखी गईं जिनमें रूरे के झिंगुरी सिंह ने किसानों को सम्बोधित किया था। बाबा रामचन्द्र के प्रतापगढ़ आने के पहले झिंगुरी सिंह ने 22 से 25 किसान सभाओं का गठन कर लिया था। एक अन्य किसान कार्यकर्ता थे दुर्गपाल सिंह, जिन्हें रामचन्द्र 'आन्दोलन की जान' कहा करते। इनके बारे में और जानकारी उपलब्ध नहीं है।[3]

1. इम्पेरिअल गजेटियर, वाल्यूम XX, पृष्ठ 17
2. एम.एच. सिद्दीकी, वही, पृष्ठ 109, 110
3. बाबा रामचन्द्र पेपर्स I, इंसटालमेंट VIII व XI, स्पीचेज एंड राइटिंग, फाइल नं. 2ए, वही

प्रतापगढ़ के किसान आन्दोलन पर बाबा रामचन्द्र का प्रभाव चमत्कारी पुरुष की तरह छा गया। वह 1920-21 में चरम पर पहुँचा। उसके बाद बाबा की गिरफ़्तारी के बाद शान्त होता गया। कहा जा सकता है कि जिस तरह भारतीय राजनीति पर गांधी के चमत्कारी व्यक्तित्व की छाप चढ़ी, उसी प्रकार अवध किसान आन्दोलन पर बाबा रामचन्द्र की। जब भारत में क्रान्तिकारी आन्दोलनों ने पैर पसारने शुरू कर दिए थे तभी गांधी दक्षिण अफ्रीका से पधारते हैं और अपने चामत्कारिक व्यक्तित्व से भारतीय जनमानस को मोह लेते हैं। ठीक उसी प्रकार जिस समय ज़मीन से बेदख़ली और नज़राना जैसे अवैध करों से आजिज़ आकर अवध के किसान स्वत: उद्वेलित होकर विद्रोह का बिगुल बजाने निकल पड़े थे, फीजी से लौट कर आए बाबा रामचन्द्र उनके बीच एक चामत्कारिक पुरुष के रूप में अवतरित हुए। वह देश-दुनिया को देखे हुए थे। पढ़े-लिखे होने के साथ-साथ रामायण (रामचरितमानस) कथा-वाचक होने के कारण जल्द ही किसानों के तारक बन गए। उन्होंने अंग्रेजी शासन को शैतान या रावणराज और स्वराज को रामराज्य की गांधी जैसी परिकल्पना कर 'रामचरितमानस' की चौपाइयों से जनता को मोहा। उनके ज़मींदारों से जो प्रगाढ़ सम्बन्ध थे, वे आड़े नहीं आए। सुमित सरकार ने भी इस तथ्य को स्वीकारा है कि 1921 के आसपास तक बाबा रामचन्द्र कांग्रेसियों के इशारे पर काम करते रहे।[1] किसान सभा में आने के पूर्व जौनपुर, सुल्तानपुर और प्रतापगढ़ की सीमा पर रहते हुए रामचन्द्र ने स्थानीय बोली, वहाँ के ज़मींदार मित्रों से सीखी थी। ज़मींदार मित्रों के सहयोग से ही उन्होंने मन्दिर बनवाए और भंडारे का आयोजन किया। यहीं वह झिंगुरी सिंह और सहदेव के सम्पर्क में आने के बाद किसानों के दुखों से जुड़ते गए।[2]

मेहता ने अपनी रिपोर्ट में ज़िक्र किया है कि किसान सभा से जुड़ने के पूर्व रामचन्द्र उन गाँवों के प्रोपराइटर्स ठाकुरों से जुड़े थे, जो जौनपुर और सुल्तानपुर में पड़ते थे। इन ठाकुरों ने एक संगठन बना रखा था जो गाँव वालों के बीच सद्भावना पैदा करने का काम करता। उनकी आर्थिक दशा सुधारने की बात करता। उन्हीं गाँवों के किसानों के बीच रामचन्द्र ने तय तिथि से 15 दिन पूर्व लगान देने की प्रथा से किसानों को मना किया। उन्होंने परती ज़मीन आरक्षित करने, कुएँ, तालाब खुदवाने, बाग़ लगाने, आधी ज़मीन में अन्न, आधी में कपास उगाने, प्रत्येक तीन कोस पर बीज और अन्न भंडार बनाने, स्त्री शिक्षा को बढ़ाने, ज़मींदार-किसान-मज़दूर संगठन बनाने की बात की। इसे कुछ ज़मींदारों ने पसन्द किया, कुछ ने नापसन्द। कुछ ने बाबा को धमकाया। बाबा किन कारणों से ज़मींदारों से अलग होकर रूरे आए, स्पष्ट नहीं है। वैसे परहत राज से उनके सम्बन्ध अन्त तक बने रहे। वह किन कारणों से रूरे झिंगुरी सिंह के घर आए, यह भी स्पष्ट नहीं है। मेहता ने इस बात की ओर संकेत किया है कि रूरे के किसानों

1. सुमित सरकार, माडर्न इंडिया 1886-1947, पीयर्सन एजूकेशन इंडिया, 1989, पृष्ठ 192
2. बाबा रामचन्द्र पेपर्स I, इंसटालमेंट, XI, वही

की दशा अन्य गाँवों के किसानों की तुलना में ज़्यादा खराब नहीं थी फिर भी किसान मुद्दे पर संघर्ष करने की नीयत रूरे आने का कारण स्पष्ट नहीं होता। मेहता ने तुलसी दास की पंक्ति—'राज समाज विराजे रूरे', रूरे अर्थात् अति सुन्दर और धार्मिक वजहों को कारण बताते हुए कहा है कि इन्हीं वजहों से रामचन्द्र रूरे आए होंगे। सिद्दीकी और पाणिग्रही ने भी इसी कारण को स्वीकारा है, मगर कपिल कुमार इससे सहमत नहीं हैं। मेरा भी मानना है कि रूरे में पहले से ही गठित किसान सभा और अंडर प्रोपराइटर्स गाँव होने के कारण वहाँ तालुक़ेदारों का दमन कम था। इसलिए सुरक्षित स्थान देखते हुए ही रूरे को किसान आन्दोलन का केन्द्र बनाया गया होगा। रूरे के प्रारम्भिक किसान नेता क्षत्रिय थे। रूरे के क्षत्रिय किसान 6 रुपए प्रति एकड़ लगान देते थे, जबकि अन्य जातियों के किसान 10.5 रुपए प्रति एकड़।[1]

प्रारम्भ में रूरे किसान सभा कार्यालय ने आसपास के ज़िलों के किसानों की शिकायतें दर्ज करने का काम शुरू किया। उन्हें इसके लिए एक आना फीस देनी पड़ती थी। इस प्रकार एक लाख किसानों ने अपनी शिकायत दर्ज कराई थी। अक्टूबर, 1920 के अन्त में रसूलपुर और अरखा (रायबरेली) में किसान सभा का कार्यालय खुला। रूरे की तरह अरखा भी अंडर प्रोपराइटर्स वाला गाँव था।[2]

मई, 1920 में रूरे किसान सभा सक्रिय हुई। प्रारम्भ में किसान सभा में आने वाली शिकायतों को भू-स्वामियों तक पहुँचाया तो गया मगर उससे कोई हल न निकला। बाबा रामचन्द्र ने अपने धार्मिक आभामंडल से जिन छोटे ज़मींदारों या अंडर प्रोपराइटर्स को अपना भक्त बना रखा था, उन्हें भी रूरे किसान सभा से जोड़ दिया। बाबा ने अपने प्रवचनों के सहारे रूरे किसान सभा को ज़मींदार, किसान और मज़दूरों का एक संयुक्त प्लेटफॉर्म बना दिया, लेकिन जल्द ही ज़मींदारों और उनके अधीन भू-स्वामियों को लगा कि यह सभा उनके हितों के लिए नहीं है तो वे अलग हो गए। बाबा को भी लगा कि ऐसे संगठनों को ज़मींदारों का सहयोग नहीं मिलेगा और न वे किसानों की तकलीफ़ों को दूर करेंगे तो उन्होंने संगठन को सक्रिय रखने के लिए अधिकारियों तक अपनी बात पहुँचाने का प्रयास किया। डिप्टी कमिश्नर प्रतापगढ़ ने भी बाबा को किसानों की शिकायतें उन तक पहुँचाने को कहा। बाबा ने झिंगुरी सिंह और सहदेव सिंह को एक हज़ार मरद-मेहरारू जमा करके डिप्टी कमिश्नर के यहाँ धरना देने तथा उन तक लिखित शिकायत पहुँचाने के लिए चलने को कहा। जब किसान डिप्टी कमिश्नर के यहाँ जा रहे थे, बाबा ने डिप्टी कमिश्नर के कहने पर किसानों को बीच रास्ते से लौटा दिया। वह स्वयं डिप्टी कमिश्नर को

1. बाबा रामचन्द्र पेपर्स I, इंसटालमेंट, XI, वही; एम.एच. सिद्दीकी, वही, पृष्ठ 114-117; कपिल कुमार, पीजेंट बिट्रेड, वही, पृष्ठ 26
2. बाबा रामचन्द्र पेपर्स I, इंसटालमेंट XI, वही; एम.एच. सिद्दीकी, वही, पृष्ठ 114-117; कपिल कुमार, पीजेंट बिट्रेड, वही, पृष्ठ 26

किसानों की समस्याओं से अवगत कराने गए, लेकिन उसका कोई ठोस परिणाम नहीं निकला। जून 1920 तक बाबा ने प्रतापगढ़ में किसान सभा की 50 शाखाएँ खोल दी थीं। बाबा रामचन्द्र, गांधी जी से प्रभावित थे। उसी समय उन्हें ख़बर मिली कि गांधी जी इलाहाबाद पहुँचने वाले हैं। हमने पिछले अध्याय में इस घटना का ज़िक्र किया है कि बाबा ने 500 किसानों को साथ लिया और 70 किलोमीटर की यात्रा पैदल तय करते हुए इलाहाबाद जा पहुँचे थे।[1]

देखा जाए तो तत्कालीन किसान चेतना में ज़मींदारी प्रथा या तालुक़ेदारी प्रथा को उखाड़ फेंकने की बात नहीं थी, फिर भी 1918-22 में हिन्दी प्रदेश में किसानों की सामन्तवाद विरोधी चेतना का विकास हो रहा था। किसान अपनी कमजोरियों से ऊपर उठ रहे थे। 1920 में किसान सभा की प्रतिज्ञाएँ तय करने से पहले बाबा रामचन्द्र और झिंगुरी सिंह ने आठ सूत्री कार्यक्रम बनाया था, जिसमें किसानों और ज़मींदारों की एकता की बात कही गई थी। बाबा ने किसानों के साथ ज़मींदारों को भी संगठित करने का कार्यक्रम बनाया था।[2] ये प्रतिज्ञाएँ किसानों के पक्ष में कदापि न थीं। यही कारण है कि आगे चलकर 'प्रताप' में कुछ बदली हुई प्रतिज्ञाएँ प्रकाशित हुईं जो नीचे दी जा रही हैं।

किसान सभा का सदस्य बनने के लिए निम्नलिखित प्रतिज्ञाएँ लेनी पड़ती थीं—

किसान प्रतिज्ञा

1. हम किसान सच बोलब, झूठ न बोलब, दुख के बात सच-सच कहब।
2. हम केहू के मार, गारी न सहब। हम केहू पर हाथ न छोड़ब, लेकिन जब केहू ज़िलेदार वा सिपाही मारे बढ़े हाथ उठाई उन कर दस--पाँच जने मिल केहू हाथ पकड़ लेब। जब केहू गारी देई हम सभन मिलकर मना करब अगर न मनिहैं तो पकरि के अपने ठकुरे के पास ले जाब।
3. खेत के लगान बख्त पर भुगतान करब, लगान के रसीद ज़रूर लेब, आपन गाँव भर मिलके ठकुरे इहां जायके लगान देब।
4. हथियावन, घोड़ावन, मोटरावन, ग़ैर-क़ानूनी टिक्स न देब। बेगार बिना मज़दूरी के न करब। अगर कौनों किसान के तालुक़ेदार के सिपाही पकड़िहैं वो के गाँव भर मिलके छोड़ाय के भोजन करब, पहिले नहीं। उपरि पतई, भूसाइ बाज़ार भाव से थोड़ा कम भाव पर बेचब, रुपया लेब तबै देब।
5. आपस में झगड़ा न करब और कबौ अब झगड़ा होय जाई, पंचायत में तय कय लेब। हर गाँव या दुई-दुई, चार-चार मिलके पंचायत बनाउब और जौन कुछ झगड़ा तकरार होई बोही में तय कय लेब।

---

1. सुशील श्रीवास्तव, वही, पृष्ठ 258-259; कपिल कुमार, पीजेंट बिट्रेड, वही, पृष्ठ 27, 28
2. वीर भारत तलवार, किसान राष्ट्रीय आन्दोलन और प्रेमचन्द :1918-22, नार्दन बुक सेंटर, नई दिल्ली, 1990, पृष्ठ 156

6. अपने गाँव में अगर कौनों किसान खाये-पिये के तकलीफ़ मा और कौनों प्रकार की तकलीफ़ में होई ओकर हम मदद करब। सब किसान के दुख-सुख आपन समझब।
7. सरकारी सिपाहिन से डरब न और ऊ अगर जुलुम करिहैं उन्हें हम रोकब। केहू के जुलुम हम न सहब।
8. ईश्वर में विश्वास रखब और साहस और धीरज से आपन दुख मिटावै के कोशिश करब। बेदख़ली के क़ानून तोरवावै बढ़े मने से कोशिश करब।[1]

'प्रताप' में छपी प्रतिज्ञाएँ किसान आन्दोलन की दृष्टि से बेहद कमजोर थीं और किसान नेताओं को लगा कि इनसे काम नहीं चलने वाला है। बाबा रामचन्द्र की पांडुलिपि में आन्दोलन के दौरान छपे पम्फलेट में चौदह प्रतिज्ञाएँ हैं और उनमें फ़र्क देखा जा सकता है। 'प्रताप' वाली प्रतिज्ञा में भूसा, उपरि, पतई आदि बाज़ार भाव से कुछ कम पर मालिक को देने की बात है, लेकिन पांडुलिपि में पूरे दाम पर। 'प्रताप' में मालिक के ज़िलेदार या सिपाही से झगड़ा होने पर न्याय के लिए ठाकुर (ज़मींदार या तालुक़ेदार) के पास जाने की बात है जबकि पांडुलिपि वाली प्रतिज्ञा में यह नहीं है। प्रताप वाली प्रतिज्ञा में 'नज़राना' का उल्लेख नहीं है जबकि पांडुलिपि वाली प्रतिज्ञा में नज़राना न देने की बात है। इसी प्रकार बेदख़ल ज़मीन पर कोई किसान खेती न करे, जैसी पांडुलिपि की प्रतिज्ञा, 'प्रताप' में छपी प्रतिज्ञा में नहीं देखी जा सकती। वैसे बाबा रामचन्द्र की पांडुलिपि की प्रतिज्ञाएँ उनकी हस्तलिपि में पृष्ठ 22, 23 और 24 पर दर्ज हैं जो बहुत बाद की हैं। कहा नहीं जा सकता कि ये प्रतिज्ञाएँ कभी व्यवहार में आई भी। पाठक पूरी प्रतिज्ञा को परिशिष्ट-3 में देख सकते हैं और मनन कर सकते हैं कि ये प्रतिज्ञाएँ कितनी क्रान्तिकारी थीं या किसानों को क़ानून पालन करने और ईश्वर पर विश्वास रखने की फंतासियों में उलझाकर उनके विद्रोही तेवर की हत्या कर रही थीं।

प्रतापगढ़ के किसानों का दुख क्या था, वे किस हालत में थे, यह बयाँ न करने के लिए हम एक किसान राम सम्मुख का एक पत्र यहाँ दे रहे हैं जो 3 अगस्त, 1920 को उन्होंने संयुक्त प्रान्त के राज्यपाल हरकोर्ट बटलर को लिखा था।

'श्री हरकोर्ट बटलर के नाम खुला पत्र

जुल्म की पराकाष्ठा

हमें बचाइए! हमें बचाइए!!

वे हमें दिन-दहाड़े लूट रहे हैं। ऐसे जीवन से मर जाना अच्छा है। नील बाग़ान मालिकों के ज़ुल्म को पार कर गए हैं।

जाँच होनी ही चाहिए।

---

1. प्रताप, 28 जून, 1920

आदरणीय लेफ्टिनेंट गवर्नर,

आज मैं आपके आराम में खलल डालने की आज़ादी ले रहा हूँ क्योंकि हम इस आशा में जी रहे हैं कि कुछ दिनों में आपकी दयादृष्टि हम ग़रीब किसानों की ओर होगी। बहुत दिन बीत गए मगर कोई परिणाम नहीं निकला। आप मुझे क्षमा करें कि 'द पायनियर' (अख़बार) ने आप को 'अवध का नवाब' उपाधि दी। यह सही नहीं भी हो सकता है, लेकिन इसमें कोई सन्देह नहीं कि आप अवध के नवाब हैं और नवाब के भाई के रूप में तालुक़ेदार और ज़मींदार हैं। आपका स्थायी निवास लखनऊ में होने की वजह से आप ग़रीब किसानों की समस्याओं से अनभिज्ञ हैं और अपने दायित्वों से भी कि उनकी सुरक्षा का दायित्व आप पर है और आप पर इनके सुख-दुख की ज़िम्मेदारी है। आप नैनीताल जाते हैं, आप बड़े शहरों को देखते हैं मगर क्या कभी आपने हमारे गाँवों में आने का कष्ट किया? क्या कभी आपने अपने प्रिय तालुक़ेदारों की ज़्यादतियों की जाँच कराने की कोशिश की? क्या आप जानते हैं कि आपके तालुक़ेदारों और ज़मींदारों की आँखों में किसान उनके बैलों से भी बदतर हैं। आपको दुनिया-जहान की जानकारी है पर क्या आपने कभी सुना या देखा है कि रहट, बैलों के बजाय आदमी खींचते हैं? संसार के किसी भी हिस्से में खेतों की सिंचाई ऐसे नहीं होती पर अपनी आवश्यकता के लिए आपके सूबे में ऐसा रोज़ होता है। ग़रीब किसान बेवजह सताये जाते हैं और मुश्किल से उन्हें दो पैसा मिलता है। वे पूरे दिन पानी खींचते हैं और ज़मींदारों के खेतों को सींचते हैं। जबकि ये काम बैलों से कराया जाना चाहिए। ऐसा नहीं है कि ज़मींदार के पास बैल नहीं हैं पर वे कठिन काम करा कर बैलों को असमय नहीं मारना चाहते हैं। इसलिए वे इस कठिन काम को बैलों के बजाय ग़रीब किसानों से करवाते हैं। उन्हें (किसानों को) केवल एक बार ही नहीं बल्कि उसी खेत को सींचने के लिए दो से तीन बार सुस्ताना पड़ता है। हम ग़रीब किसान ऐसा कर के भी उनके एहसानमन्द हैं वरना हम कहाँ जाएँ? हम ज़मींदारों को कुछ नहीं कह सकते वरना वे हमें बेदख़ल कर देंगे। कुछ समय पहले, विगत कुछ सालों में कोई भी लेफ्टिनेंट गवर्नर यहाँ नहीं आए जो हमारी भलाई के लिए क़ानून बनाते। प्रतापगढ़ और अवध के ज़िलों में अत्याचार चरम पर है। आप यह सुनकर चकित होंगे कि नज़राना हमसे लिया जाता है और ज़मीन किसी और को दे दी जाती है। इस प्रकार हमारा धन हमसे छीन लिया जाता है। कभी-कभी तो नज़राना हमसे लिया जाता है, पट्टा तैयार किया जाता है, लेकिन उसे हमें नहीं दिया जाता। कुछ लोगों से दो या तीन साल नज़राना लेने के बाद, उसी ज़मीन को किसी और के नाम कर दिया जाता है और हम व्यर्थ में रोते रह जाते हैं।

आज कोई नज़राना देकर पट्टा या लीज पाता है और कल मर जाता है तो ज़मीन उसके बच्चे से लेकर दूसरे को दे दी जाती है। यह प्रचलन यहाँ 'मुर्दाफ़रोशी'

(लाश बेचना) के नाम से जाना जाता है। आप ख़ुद इस ज्यादती की कल्पना कर सकते हैं। हमारे ख़ून-पसीने की कमाई से ये तालुक़ेदार आपको गाड़ियाँ देते हैं। दावतें देते हैं। आपसे हाथ मिलाते हैं और अधिकारियों, तहसील के चपरासियों को ख़ुश कर अपना जीवन बिताते हैं। हम भूख से मर जाते हैं। हमारे बच्चों को एक पैसा नहीं मिलता। हम उन्हें शिक्षा, बीमारी में दवा और साफ़ कपड़े तक नहीं दे पाते। अब हम इसे झेल पाने की स्थिति में नहीं हैं।

भगवान आपको गवर्नर, गवर्नर जनरल, वॉयसराय और भारत सचिव बनाए। जिस दिन से आप लेफ्टिनेंट गवर्नर बने हैं, आपके प्रान्त में शान्ति है। अधिकारी किसी भी प्रकार का अन्याय करने से डरते हैं। इसी अवधि में दूसरे प्रान्तों में अनेक घटनाएँ हुई हैं। पंजाब में श्री माइकल ओ'डायर पगला गए। दिल्ली, कलकत्ता, बम्बई, अहमदाबाद, सभी जगहों पर परेशानियाँ खड़ी हुईं, लेकिन आपके प्रान्त में आपकी सही नीति के चलते 'न कुत्ता भौंका, न चौकीदार जागा'। लेकिन आपके जो तालुक़ेदार, ज़मींदार और ठाकुर हैं, हमें ज़िन्दा नोच-खा रहे हैं। कृपया हमें इनसे बचाएँ। आपके आने से इनके ज़ुल म कुछ बढ़ से गए हैं। ये विश्वास कर रहे हैं कि 'सैंया भये कोतवाल अब डर काहे का?' कृपया इन्हें ठीक रखें और इनकी ज़्यादतियों की जाँच कराएँ। इसलिए आप एक बार आकर अपने नागरिकों और ग़रीब किसानों का हाल जानें कि ये कैसे पिस रहे हैं।

ये सब अवध में हो रहा है जिसकी राजधानी लखनऊ है, जहाँ आप रहते हैं, जो यहाँ से ज़्यादा दूर नहीं है। कृपया जौनपुर के ठाकुर हरपाल सिंह की रियासत और दूसरे बड़े ज़मींदारों के मामले को देखें। जहाँ भू-व्यवस्था की नीति अलग है, वहाँ किसान क़ब्ज़ाधारी किरायेदार हैं। लेकिन फिर भी वे बिना लगान बकाया के बेदख़ल किए जा रहे हैं। हम जल्द ही जौनपुर के मामले को अवगत कराएँगे। हम आप को कितना अन्याय की कहानी बताएँ, इसके अन्त की सीमा नहीं और दूसरे हज़ारों ऐसे मामले हैं जिनके सम्बन्ध में कोई साक्ष्य उपलब्ध नहीं। हम फ़ौजदार को उन मामलों का क्या सबूत दें जो ज़मींदार के नौकर हमें धमका कर वसूलते हैं। ज़मींदार और ठाकुर की शह पर वे भी महान् जज बन जाते हैं। इसलिए कौन उनके ख़िलाफ़ होंठ खोले। फ़ौजदार और सिपाही हमें रोज़ डराते हैं। अब वे हमारे आचरण को संज्ञान में लेंगे। हम आप पर विश्वास करते हैं। कृपया एक बार आएँ और हमें होंठ खोलने की स्वतंत्रता दें और फिर सुनें कि आप के रहते हमारे साथ क्या हो रहा है। अगर आप भी हमारी मदद नहीं करेंगे तो कृपया हमें आदेश दें, हम अपना घर त्यागकर कहीं और चले जाएँ। अब हम और बर्दाश्त नहीं करेंगे। अगर आप हम पर दया नहीं करेंगे तो हम सत्याग्रह करेंगे। बहुत समय से ज़ुल्म सह रहे हैं, अब नहीं सहेंगे। अब ज़मींदारों का मुक्का अपनी पीठ पर बर्दाश्त नहीं करेंगे। अब उनके सामने अपना सीना करेंगे और अन्याय का विरोध करते हुए मर जाएँगे। हम स्वयं

कोई ग़ैर-क़ानूनी कार्य नहीं करेंगे और लेकिन उसी समय छोटा-सा अन्याय भी बर्दाश्त नहीं करेंगे।

आपका नगरिक
राम सम्मुख[1]
03/08/1920

उपरोक्त पत्र में अवध के किसानों के दुखों की झलक दिखाई देती है। इन्हीं दुखों की पराकाष्ठा ने किसानों को विद्रोही बना दिया था। ऐसे समय में उनके बीच बाबा रामचन्द्र का आना, गांधी जी के आने की तरह लगा था, जिनके बारे में उन्होंने तमाम चामत्कारिक बातें सुन रखी थीं।

बाबा रामचन्द्र ने गाँवों में भ्रमण के समय 'सीताराम' अभिवादन को मंत्र की तरह इस्तेमाल किया था। वह प्रत्येक पर्चे या पत्र के ऊपर पहले 'सीताराम' लिखते थे। तीनमूर्ति भवन स्थित संग्रहालय में रखे बाबा रामचन्द्र के 1939 तक के अभिलेखों को देखने से स्पष्ट है कि उन्होंने कभी अपने नाम के साथ 'किसान सेवक अवध' तो कभी 'किसान सेवक अवध कलंकी' का इस्तेमाल किया है मगर 'सीताराम' का प्रयोग जारी रहा है। वह 'रामचरितमानस' के दोहों और चौपाइयों को सामन्ती प्रवृत्तियों के विरुद्ध जनता को जोड़ने में इस्तेमाल करते।

अवध किसान आन्दोलन के दौरान किसान एक लोकगीत गाते थे, वह था— *'बाबा रामचन्द्र के रजवा परजा मज़ा उड़ावे ना।'*[2]

2 सितम्बर, 1920 को पुलिस अधीक्षक प्रतापगढ़ ने वहाँ के पूर्व पुलिस अधीक्षक मि. स्कॉट ओ'कॉनर (Scott O'Connor) को एक पत्र भेजा, जो उस समय आजमगढ़ में तैनात थे। अभिप्राय यह था कि जब कॉनर प्रतापगढ़ में थे तब कुछ किसानों पर धारा 379 आई.पी.सी. के अन्तर्गत वाद दर्ज हुआ था। उन किसानों का सम्बन्ध किसान सभा से था और उन्होंने प्रतापगढ़ के एक तालुक़ेदार के फल के बाग़ को लूट लिया था। उन पर चले मुक़दमे के दौरान किसानों द्वारा रामायण-पाठ का शोर किया गया। बाद में डिप्टी कमिश्नर ने भविष्य में शान्तिपूर्वक व्यवहार करने की चेतावनी देते हुए उक्त वाद को समाप्त कर दिया था। इसलिए तत्कालीन पुलिस अधीक्षक, पूर्व पुलिस अधीक्षक को बताना चाहते थे कि वह निर्णय उचित नहीं था। मि. स्कॉट ने 4 सितम्बर को मि. एल.एम. केय (L.M. Kaye), आई.जी. पुलिस, संयुक्त प्रान्त को पुलिस अधीक्षक प्रतापगढ़ के अर्द्धशासकीय पत्र से सहमति

1. फाइल नं. 358/1920, पुलिस डिपार्टमेंट, किसान रायट एट प्रतापगढ़, पृष्ठ 51, 53, 55, 57, 59, 61, 63, उ.प्र. शासकीय अभिलेखागार, लखनऊ
2. वीर भारत तलवार, वही, पृष्ठ 159

जाहिर करते हुए उनके अध्ययन हेतु वह पत्र भेजा था। परिणाम यह हुआ कि उसके बाद प्रतापगढ़ के असपुर थाना क्षेत्र में किसानों के उपद्रव की अनेक घटनाएँ हुईं। बाध्य होकर पुलिस ने सी.पी.सी. की धारा 107 के अन्तर्गत 5 मुख्य रिंग लीडरों के विरुद्ध कार्यवाही की। एक वाद 107 क्रिमिनल प्रॉसिजर कोड और धारा 379, इंडियन पीनल कोड का भी दर्ज हुआ। रामचन्द्र एवं झिंगुरी सिंह सहित 32 किसानों पर तालुक़ेदार छबिराज कुँवर के कारिन्दों ने चोरी का झूठा मुक़दमा लिखवा दिया था। छबिराज कुँवर पर 5 लाख का क़र्ज़ था। उसे चुकाने के लिए बाबा रामचन्द्र ने लखरावाँ बाग़ में 80 हज़ार किसानों को बुला लिया था लेकिन तालुक़ेदार ने पुलिस बुलाकर किसानों को भगाया और बाबा सहित 32 किसानों को गिरफ़्तार करा दिया। यद्यपि कि उस समय अवकाश पर चल रहे डिप्टी कमिश्नर वी.एन. मेहता ने बाबा की प्रसिद्धि को देखते हुए उन्हें गिरफ़्तार करने से मना किया था। उनके निर्देश के बावजूद बाबा गिरफ़्तार कर लिए गए थे। न्यायालय ने अभियोग निर्धारित करते हुए जमानत से इनकार कर दिया था जिससे सभी 32 अभियुक्तों को 28 अगस्त, 1920 को जेल भेज दिया गया था। इसी घटना ने बाबा को किसान नायक बना दिया। इसके बाद इस वाद की पैरवी के लिए इलाहाबाद के दो वकीलों, जवाहरलाल नेहरू और गौरीशंकर मिश्र का प्रतापगढ़ आना शुरू हुआ। तब प्रतापगढ़ के कार्यवाहक डिप्टी कमिश्नर बृजलाल थे। 29 अगस्त को जवाहरलाल नेहरू और गौरीशंकर मिश्र इलाहाबाद से आए और पट्टी तहसील के कुछ गाँवों में सभा की। उन्होंने कुर्मियों से कहा कि समूह में सदर जाकर प्रशासन से रामचन्द्र को छोड़ने को कहें या उनसे कहें कि हमें भी जेल में डाल दें। उन्होंने किसानों से यह भी कहा कि गांधी जी प्रतापगढ़ आने वाले हैं। 1 सितम्बर को सदर कचहरी में मामले की सुनवाई होनी थी। परिणाम यह हुआ कि 1 सितम्बर को 4,000 से 5,000 किसानों की भीड़ शहर में जमा हुई और अपने दोनों मुख्य नेताओं को देखने सदर कचहरी आ पहुँची। किसान आक्रोशित थे और उनकी भीड़ बढ़ती जा रही थी। इसलिए कार्यवाहक डिप्टी कमिश्नर ने तय किया कि अभियुक्तों को जेल से बाहर नहीं लाया जाएगा और जेल में ही सुनवाई होगी। यह देख भीड़ 5 बजे शाम को जेल के पास जमा हो गई और माँग करने लगी कि हमारे दोनों नेताओं को दिखाओ अन्यथा हमें भी जेल में डाल दो। उनसे कहा गया कि अगले दिन कुछ लोग आएँ तो उन्हें अभियुक्तों को देखने का अवसर दिया जाएगा। किसान नेताओं द्वारा हिन्दी और उर्दू में हाथ से लिखे पर्चे बाँटे गए और किसानों को प्रतापगढ़ पहुँचने को कहा गया। सिविल सर्जन और पुलिस अधीक्षक मोटरगाड़ी से भीड़ के पास गए और उन्हें समझाया। भीड़ कह रही थी कि वह अपने नेताओं के लिए मर जाना चाहेगी। अन्त में जाकर भीड़ छँटी। पंडित नेहरू और गौरीशंकर ने किसानों से कहा कि रामचन्द्र और अन्य के जेल जाने से वे हतोत्साह न हों। अगली सुनवाई 4 सितम्बर को होनी थी। पुलिस अधीक्षक

ने डी.आई.जी. रेंज को सूचना भेजते हुए आशंका जाहिर की थी उस दिन ज़्यादा भीड़ आ सकती है।[1]

10 सितम्बर को बेचैन किसानों की भारी भीड़ प्रतापगढ़ जेल के बाहर जमा हो गई और एक बार फिर अपने नेताओं को छुड़ाने के प्रयास में जुड़ गई। जमा भीड़ के बारे में कई तरह के अनुमान थे। '**द लीडर**' और '**इंडिपेंडेंट**' ने 20,000 का अनुमान लगाया था जबकि बाबा रामचन्द्र ने अपने प्रपत्रों में 40,000 से 50,000 की भीड़ के बारे में लिखा है। बाबा द्वारा लगाया गया अनुमान वास्तव में बहुत ज़्यादा था। एक बार फिर अफ़वाह उड़ाई गई कि रामचन्द्र को मुक्त करने की सरकार से अपील करने के लिए गांधी जी प्रतापगढ़ जेल आने वाले हैं।[2] पुलिस ने मोर्चा सँभाल लिया मगर भारी भीड़ को देखते हुए गोली चलाने के बजाय संगीनों से भीड़ को हटाने का प्रयास किया जाने लगा।[3] अधिकारियों ने भीड़ को वापस जाने का अनुरोध किया जिसे अनसुना कर दिया गया। अन्त में स्थानीय वकील माताबदल पांडेय ने किसानों से कहा कि कल सुबह यानी 11 सितम्बर की सुबह बाबा रामचन्द्र को छोड़ दिया जाएगा।[4] अधिकारी इस बात से परेशान थे कि अगर बाबा रामचन्द्र को तत्काल छोड़ा नहीं गया तो किसान आगामी तिथि को परेशानी खड़ी कर सकते हैं। 10 सितम्बर की रात किसान सई नदी के किनारे रुक गए थे। गांधी जी को तुरन्त प्रतापगढ़ पहुँचने के लिए टेलीग्राम कर दिया गया था।[5] इसके बाद कार्यवाहक डिप्टी कमिश्नर, जेल सुपरिटेंडेंट, माताबदल पांडेय और परमेश्वर दयाल जेल में रामचन्द्र से जाकर मिले और उनसे भीड़ को हटाने के लिए सहयोग करने को कहा। रामचन्द्र ने सभी को छोड़ने और किसानों को प्रतापगढ़ आने-जाने का व्यय देने को कहा। किसानों की भीड़ को बढ़ते देखकर अधिकारी तनाव में थे। उन्होंने बाबा रामचन्द्र को छोड़ने का मन बना लिया था। इसलिए विचार-विमर्श के बाद 500 रुपए के व्यक्तिगत बांड और 500-500 रुपए के तीन जमानत और भविष्य में शान्तिपूर्वक व्यवहार करने की चेतावनी देकर मामले को समाप्त कर दिया था। ये तीनों बांड लाला नन्दकुमार, भरतू सिंह और पं. रामभरोसे ने दिए थे। उसके बाद अगले दिन अर्थात् 11 सितम्बर, 1920 को कार में बैठाकर बाबा को एक गन्ने के खेत में ले जाकर छोड़ दिया गया। जहाँ उस दिन सुगहीबाग़ के सेना शिविर मैदान में बाबा को देखने के लिए

1. फाइल नं. 358/1920, वही, उ.प्र. शासकीय अभिलेखागार, लखनऊ; सी.आई.डी. मेमो संख्या 7473, नैनीताल, सितम्बर 4, 1920, पृष्ठ 21, 65, 75, उ.प्र. शासकीय अभिलेखागार, लखनऊ। बाबा रामचन्द्र पेपर्स, इंसटालमेंट, XI, वही; एम.एच. सिद्दीकी, वही, पृष्ठ 130
2. द लीडर, 23 सितम्बर, 1920
3. फाइल नं. 358/1920, डी.आई.जी. ओ'कानर टू आई.जी. केय, 12 सितम्बर, 1920, पुलिस, उ.प्र. शासकीय अभिलेखागार, लखनऊ
4. द लीडर, 23 सितम्बर, 1920
5. इंडिपेंडेंट 14 सितम्बर, 1920

लगभग 60 हज़ार की भीड़ जमा हो गई थी। वहाँ शाम को बाबा ने पेड़ पर चढ़कर लोगों को दर्शन दिए थे। बाबा ने झिंगुरी सिंह और अन्य के मुक़दमे में वकीलों द्वारा पैसा माँगने का ज़िक्र किया जो भीड़ ने काफी पैसा जमा कर दिया, मगर बाबा ने कुल धनराशि केवल 100 रुपए बताई थी। इस प्रकार पहली बार औपनिवेशिक सत्ता को पीछे हटने के लिए किसानों ने मजबूर कर दिया था जबकि इलाहाबादी शहरी कांग्रेसी 10 सितम्बर से 11 सितम्बर तक, 38 घंटे के इस लम्बे घेराव में दूरी बनाए रहे।[1]

इस सम्बन्ध में पूर्व में ही कमिश्नर फ़ैज़ाबाद द्वारा मुख्य सचिव मि. कीन को लिखे पत्र से स्पष्ट है कि भीड़ द्वारा दबाव बनाकर बाबा रामचन्द्र और झिंगुरी सिंह को मुक्त कराने की कोशिश के बारे में 8 सितम्बर को सरकार को सूचित कर दिया गया था।[2]

भीड़ द्वारा सुनवाई के दौरान 1 या 4 सितम्बर को दबाव बना कर बाबा रामचन्द्र को जेल से मुक्त कराने के प्रयास की ख़बर '**द इंडिपेंडेंट**' ने 5 सितम्बर को पृष्ठ चार पर 'टेरेरिज्म इन प्रतापगढ़' शीर्षक से छापा था जिस पर मुख्य सचिव ने अपने डी.ओ. नं. 1042-एस, सितम्बर 5 द्वारा मि. एच.आर.सी. हेलेय (H.R.C. Hailey), कमिश्नर फ़ैज़ाबाद से वस्तुस्थिति स्पष्ट करने को कहा था। कमिश्नर फ़ैज़ाबाद ने अपने 5 सितम्बर के पत्र द्वारा मुख्य सचिव को जवाब दिया था। उन्हें 28 अगस्त को रामचन्द्र और गौरीशंकर मिश्र की गिरफ़्तारी की जानकारी न थी। 5 सितम्बर को वह नैनीताल में थे।

आदरणीय कीन (Keane),

मैंने बृजलाल (मेहता की अवकाश अवधि में प्रतापगढ़ का कार्यवाहक डिप्टी कमिश्नर) से कुछ भी नहीं सुना है। यद्यपि वह आमतौर पर विस्तार से लिखता है। मैंने उससे पूछने के लिए लिखा है कि क्या हुआ? भेजे गए कुल 6 मामलों को कुछ समय के लिए लम्बित कर दिया गया है। उनमें से चार शिकायतें हैं और दो चालान हैं (जैसा कि मैं स्मरण कर पा रहा हूँ)। यदि कही गई बात ('द इंडिपेंडेंट' के समाचार के बारे में) सही है तो यह निश्चय ही आश्चर्यजनक है। जिसके बारे में मैंने फ़ैज़ाबाद छोड़ते समय नहीं सुना जैसी कि घटना 28 अगस्त की बताई जा रही है। मैंने आपको सामान्य तथ्यों के बारे में बताया था। रामचन्द्र किसानों से अनुरोध कर रहा है कि उन ज़मीनों को छुएँ नहीं जो दूसरों की बेदख़ली से खाली हों। इसलिए भू-स्वामी स्वयं उन ज़मीनों को खेती के लिए अपने पास रख रहे हैं। एक मामले में गाँव वालों ने भू-स्वामियों के नौकरों के साथ मार-पीट की और उन्हें बन्दी बनाकर रामचन्द्र के पास ले गए। उसके (रामचन्द्र) ख़िलाफ़ मज़बूत आधार बनता था, लिहाजा उकसाने का मामला दर्ज किया गया। सामान्य मामलों के सम्बन्ध में कुशलता से न निपटने के कारण

1. लीनी बेनेट, वही, पृष्ठ 79; एम.एच. सिद्दीकी, वही, पृष्ठ 133, कपिल कुमार, पीजेंट बिट्रेड, वही, पृष्ठ 34, 35 और कपिल कुमार, पीजेट इन रिवोल्ट, वही, पृष्ठ 102
2. फाइल संख्या 358/1920, वही, उ.प्र. शासकीय अभिलेखागार, लखनऊ, पृष्ठ 21-33

मेरे द्वारा (अधिकारियों को) चेतावनी दी गई है और इलाहाबाद के राजनीतिज्ञों ने भी (किसानों को) हिंसा से बचने को कहा है। जब भी उन्होंने हिंसा की, हम कार्यवाही को बाध्य हुए। मैं जल्द पूरी रिपोर्ट भेजूँगा। मैं बृजलाल से जवाब माँग रहा हूँ। वैसे बृजलाल अनुभवी और सक्षम आदमी है। इंडिपेंडेंट में जो तथ्य छपा है, उस पर विश्वास करना कठिन है।

भवदीय

हेलेय, कमिश्नर फ़ैज़ाबाद, नैनीताल।[1]

इस पत्र से इलाहाबाद के राजनीतिज्ञों यानी कांग्रेसियों की नीति का संकेत भी मिलता है। 11 सितम्बर, 1920 को बाबा रामचन्द्र को मुक्त करा लेने की घटना को प्रशासन ने चुनौती के रूप में लिया था। वह उस घटना की पुनरावृत्ति नहीं चाहता था। प्रशासन उपयुक्त समय के इन्तज़ार में था जब बाबा रामचन्द्र को गिरफ़्तार किया जा सके। उसे वह अवसर 10 फरवरी, 1921 को गांधी एवं अन्य मुख्य इलाहाबादी कांग्रेसियों की उपस्थिति में मिला था।

बाबा की 28 अगस्त, 1920 की गिरफ़्तारी के आसपास ही प्रतापगढ़ के किसी ज़मींदार या तालुक़ेदार ने छद्म नाम से वायसराय के पास एक पेटीशन भेजी थी जिसमें तालुक़ेदारों और ज़मींदारों पर बेइन्तहा ज़ुल्मों का ज़िक्र किया था। उस पेटीशन पर मुख्य सचिव, संयुक्त प्रान्त से जाँच रिपोर्ट माँगी गई थी। मुख्य सचिव ने कमिश्नर फ़ैज़ाबाद को अपने अर्द्ध शासकीय पत्र संख्या 1851/VIII-358 दिनांक अक्टूबर 26, 1920 द्वारा रिपोर्ट चाही थी।

पेटीशन इस प्रकार था—

महामहिम वायसराय,
भारत सरकार

मैं आदर के साथ कुछ तथ्यों से आप को अवगत कराना चाहता हूँ। रामचन्द्र शर्मा, जो एम. के. गांधी का अनुयायी है, पिछले तीन साल से तहसील पट्टी, ज़िला प्रतापगढ़ में रह कर वहाँ के ज़मींदारों को प्रभावित करने का प्रयास कर रहा था। जब वह इसमें विफल रहा तो हिस्सा में आकर रहने लगा। जहाँ तालुक़ेदार की विधवा, सम्पत्ति की मालिक है। वह वहाँ रह कर सभाएँ करने लगा। वह सभाओं में किसानों को क़ानूनी तरीक़ों से हट कर मामलों को आपस में सुलझाने की सलाह देने लगा, जैसे रूस और आयरलैंड में होता है। तालुक़ेदार और उनके नौकरों ने इन सभाओं का बहिष्कार किया। अपने कारिन्दों को भी इससे दूर रहने की सलाह दी। तालुक़ेदारों

1. वही, पृष्ठ 21. 33

ने इन सभाओं की सूचना डिप्टी कमिश्नर प्रतापगढ़ को दी। डिप्टी कमिश्नर ने सभाएँ बन्द करने का आदेश पारित किया। डिप्टी कमिश्नर के इस आदेश के बाद वह रूरे के ठाकुरों की मदद से किसानों को उकसाने लगा कि तुम हमारी बात मानो तो हम तुम्हें बेदख़ली क़ानून में बदलाव करा कर दिखाएँगे। वह 400 किसानों को प्रभावित कर इलाहाबाद ले गया। वहाँ पर पंडित जवाहरलाल नेहरू, कृष्णकान्त मालवीय, पुरुषोत्तमदास टंडन, गौरीशंकर मिश्र, रामरख सैगल, मंज़र अली, सोखिता आदि किसान सभा के नेताओं से मिला। एक सभा बलुवा घाट पर आयोजित की। इस सभा के दो-तीन दिन बाद जवाहरलाल नेहरू प्रतापगढ़ के डिप्टी कमिश्नर वी. एन. मेहता से मिले और मौज़ा रूरे, अमरगढ़ आदि में सभाएँ करने की अनुमति ले ली। यहाँ पर सभाएँ करके किसानों को ज़मींदारों और तालुक़ेदारों के विरुद्ध उकसाया। इसके कारण गहरा प्रभाव पड़ा है और लगभग 12,000 लोग इन सभाओ में आने लगे हैं। इन्होंने ज़मींदारों के विरुद्ध विद्रोह शुरू कर दिया है, तालुक़ेदारों का काम बन्द करा दिया है और उन्हें गाली देते हैं। डर या किसी अन्य कारणवश अधिकारी ज़रूरी क़दम नहीं उठा रहे है। कोई कार्यवाही न होने के कारण ये लोग कुछ तालुक़ेदारों को मारने एवं प्रताड़ित करने लगे है। काफी मशक्कतों के बाद इनमें से कुछ पर केस दर्ज किए गए हैं। रामचन्द्र शर्मा और झिंगुरी सिंह को हिरासत में लिया गया है। इनकी हिरासत की सूचना मिलने के पश्चात् जवाहरलाल नेहरू और गौरीशंकर यहाँ आए और किसानों को उकसा कर बड़ी संख्या में इकट्ठा होने का आह्वान किया। 8 सितम्बर, 1920 को एकत्रित होकर इन लोगों ने जेल और अदालत का घेराव किया। महात्मा गांधी की जय और बाबा रामचन्द्र की जय के नारे लगाए। वे तालुक़ेदारों पर सभा में शामिल होने का अनुचित दबाव बना रहे हैं और कह रहे हैं कि जो लोग अभी भी सभा के विरोध में हैं, उनको न तो लगान मिलेगा, न वे अपने सर (सीर ज़मीन) पर खेती कर सकेंगे। न उनको काम करने के लिए मज़दूर मिलेंगे। ऐसा प्रतीत होता है जैसे सारे क़ानून ध्वस्त हो गए हैं। मुझे नहीं पता कि यह उच्च अधिकारियों का कुशासन है या हिन्दुस्तानी अधिकारियों की अक्षमता। हम तालुक़ेदार इस दयालु सरकार के वफ़ादार हैं और प्रचुर सुख, शान्ति पाते रहे हैं। इसलिए हम सभा का हिस्सा नहीं बनना चाहते। लेकिन अगर हमें सहायता और साथ नहीं मिला तो मजबूरन इस दल को ज्वाइन करना पड़ेगा। अगर अभी भी आप यहाँ कोई यूरोपियन डिप्टी कमिश्नर और पुलिस अधीक्षक नहीं भेजते हैं तो यहाँ पर 1857 जैसी स्थिति होने की सम्भावना है जिसमें हज़ारों जानें जा सकती हैं। बड़े ज़मींदारों की उनकी जान-माल और प्रतिष्ठा जाने की पूरी सम्भावना है। वे लोगों को बोल्शेविक विचारों की ओर मोड़ रहे हैं। खुले तौर पर बता रहे हैं कि उनके असंगठित होने के कारण ही चन्द यूरोपियन उन पर हुकूमत कर रहे हैं। यहाँ के सारे भारतीय अधिकारी किसी कारणवश स्थिति को सँभाल नहीं पा रहे हैं और सरकार में दिक्कत आना तय है। इसी कारण मैंने आप

को सूचित कर दिया है और अब सारा कुछ आप पर निर्भर करता है। आशा है इन मामलों पर आप उचित ध्यान देंगे।

सदैव आपका आज्ञाकारी
रामगोपाल सिंह[1]

कमिश्नर फ़ैज़ाबाद ने जाँच करा कर मुख्य सचिव को अवगत कराया : 'यह पेटीशन फ़र्ज़ी है। रामगोपाल नाम का कोई भी तालुक़ेदार या ज़मींदार जनपद में नहीं है। यह पेटीशन इसलिए भेजा गया है कि जब रामचन्द्र और झिंगुरी सिंह के ख़िलाफ़ कार्यवाही हुई तो भारी मात्रा में किसान उन्हें छुड़ाने के लिए जेल पर इकट्ठा हो गए थे। आक्रमण की परिस्थितियाँ बन गई थीं। इस सम्बन्ध में सितम्बर 8 को अवगत भी कराया गया था। रामचन्द्र और झिंगुरी सिंह, दोनों को शान्तिपूर्वक रहने को पाबन्द किया जा चुका है। वर्तमान में कोई परेशानी नहीं है। रामचन्द्र किसी पार्टी का नहीं लगता। वह रेंट एक्ट में बदलाव चाहता है। किसानों की माँग है कि नज़राना और दूसरे ग़ैर-क़ानूनी करों को समाप्त किया जाए जो निश्चय ही बहुत ज़्यादा हैं। किसान नेताओं का मानना है कि जब तक बेदख़ली नहीं रोकी जाएगी तब तक नज़राना को नहीं रोका जा सकता। इसलिए वे बेदख़ली रोकने पर ज़्यादा जोर दे रहे हैं। अगर ज़मींदार उनकी सभा में जाते हैं तो सम्भव है बेदख़ली न करने पर सहमत हो जाएँ। यह भी सम्भव है कि यह कार्यवाही, कर न देने का हिस्सा बन जाए। यही उचित होगा कि किसानों से कहा जाए कि कम से कम बेदख़ली होगी। इस समय किसान खरीफ की फसल के तबाह हो जाने से प्रभावित हैं। इस आन्दोलन का नेतृत्व कुर्मी जाति के किसान कर रहे हैं। ये सबसे ज़्यादा मेहनती और उत्पादन करने वाले किसान हैं। ये समय पर लगान देते हैं। यह जाति क्रान्तिकारी रास्ते पर जाने वाली नहीं है। सभा ने ऐसे कुर्मियों को जोड़ लिया है जिनकी बेदख़ली हुई है। ऐसे मज़दूरों को भी जोड़ लिया है जो कुर्मी की तुलना में ज़्यादा हिंसक हैं। वे अपने जोत पर अपना अधिकार चाहते हैं। यही कारण है कि उच्च जाति के भू-स्वामी, जिनके पास ज़्यादातर ज़मीनों का मालिकाना हक़ है, सभा का विरोध कर रहे हैं। यह स्पष्ट करना है कि प्रतापगढ़ में किसान आन्दोलन की ताकत प्रशासन की कमजोरी का परिणाम नहीं है बल्कि आर्थिक कारणों और कुछ ज़िले की समस्याओं की वजह से है। जनसंख्या ज़्यादा है और ज़मीन की माँग बढ़ी है। ज़िले के बहुत सारे मज़दूर बाहर काम करते हैं और वे प्रवासी मज़दूर बहुत सारा पैसा मनीऑर्डर से प्रतापगढ़ में भेजते हैं। प्रतापगढ़ के भू-स्वामी सात साल की लीज समाप्त होते ही ज़मीन को दूसरों को दे देते हैं। नज़राना बहुत ज़्यादा लेते हैं। ऐसे ममाले प्रकाश में आए हैं कि बहुत छोटे टुकड़े के लिए, जो गाँव में रहने के लिए घर बनाने के लिए था, बहुत ज़्यादा नज़राना लिया गया। इसी प्रकार यहाँ बेगार कराने का दबाव बनाया जाता है। बहराइच में ऐसी

1. वही, पृष्ठ 27, 29, 31, 33

बेदख़ली की समस्या नहीं है जैसी प्रतापगढ़ में है। इसलिए बहराइच में नगद किराया का आन्दोलन चला। वहाँ बहुत ज़्यादा ज़मीन भी उपलब्ध है। ज़िला प्रशासन ने स्पष्ट कर दिया है कि जब तक शिकायतों की सुनवाई होगी, वह दखल न देगा और क़ानून के उल्लंघन को सख़्ती से निबटेगा।'[1]

रामगोपाल के पेटीशन पर कमिश्नर फ़ैज़ाबाद की उक्त रिपोर्ट से यह भी स्पष्ट है कि प्रतापगढ़ का किसान विद्रोह मुख्यतः निम्न जातियों का विद्रोह था। ज़्यादातर ज़मीन उच्च जातियों के पास थी और वे किसान सभा गठन के पक्ष में नहीं थे। कुर्मी जाति ही आन्दोलन चला रही थी। चूँकि स्थानीय प्रशासन में ज़्यादातर उच्च जाति के लोग थे इसलिए पेटीशनर ने यूरोपीय मजिस्ट्रेट और पुलिस अधीक्षक से जाँच कराने का अनुरोध किया था।

वी.एन. मेहता 15 सितम्बर, 1920 को छुट्टी से लौटे तब बाबा रामचन्द्र एवं किसानों पर से वाद हटा। रामचन्द्र ने मेहता को आगे सहयोग करने का वचन दिया। इसी घटना ने डिप्टी कमिश्नर मि. मेहता को बाध्य किया कि वह किसानों की दशा जानने के लिए जाँच शुरू करें। मेहता ने गर्वनर को पत्र लिखा कि यदि अनुमति हो तो बाबा रामचन्द्र और झिंगुरी सिंह से किसानों और भू-स्वामियों के बीच सरकारी मध्यस्थ के रूप में कार्य लिया जाए मगर उन्हें ऐसा करने की अनुमति न मिली। बाबा रामचन्द्र ने कई बार तालुक़ेदारों के साथ बैठक कर नज़राना, बेदख़ली और उप करों के बारे में बातचीत की। अक्टूबर 1920 के दूसरे सप्ताह में डिप्टी कमिश्नर के बँगले पर भी एक बैठक हुई। तालुक़ेदारों के प्रतिनिधियों ने बेगारी, हारी आदि अवैध करों को बन्द करने का आश्वासन दिया। तालुक़ेदारों से मात्र अपील की गई कि वे बेदख़ली के सम्बन्ध में नरम रुख अपनाएँ। इस बैठक के प्रस्तावों की कोई क़ानूनी बाध्यता न थी इसलिए इससे किसानों को कोई लाभ न हुआ।[2]

मोतीलाल नेहरू और मदनमोहन मालवीय के नेतृत्व में जो किसान सभाएँ बनीं थीं वे किसानों की समस्याओं के लिए क्रान्तिकारी संघर्ष के लिए नहीं बनी थीं। उनका उद्देश्य समय-समय पर सरकार के सामने कुछ माँग-पत्र प्रस्तुत करते रहना था जिससे कि लेजिस्लेटिव कौंसिल के चुनावों के लिए माहौल बनाया जा सके। इसी क्रम में गौरीशंकर मिश्र ने डिप्टी कमिश्नर के पास तार भेजा जिसको '**आज**' अख़बार ने '**प्रतापगढ़ में किसान, लाट साहब को तार**' शीर्षक से छापते हुए लिखा कि आपने डिप्टी कमिश्नर के पास तार भेजकर किसानों के प्रति जो सहानुभूति प्रदर्शित की है उसके लिए मैं प्रतापगढ़ के किसानों की ओर से हार्दिक धन्यवाद देता हूँ। नज़राना, बेगारी और बेकायदा बेदख़ली, अनुचित कर और तालुक़ेदारों के कारिन्दों के जुल्म ने अवध के किसानों की दशा बहुत ही

1. वही, पृष्ठ 21, 23, 25
2. लीनी बेनेट, वही, पृष्ठ 80; कपिल कुमार, पीजेंट बिट्रेड, वही, पृष्ठ 35 और कपिल कुमार, पीजेंट इन रिवोल्ट, वही, पृष्ठ 102

शोचनीय बना दी है। किसानों की परिस्थितियों की जाँच के लिए एक जाँच कमीशन शीघ्र नियुक्त होना चाहिए। जिसमें किसानों के पर्याप्त प्रतिनिधि हों।"[1]

मूल तार नीचे दिया जा रहा है जो सितम्बर 16 को भेजा गया था—

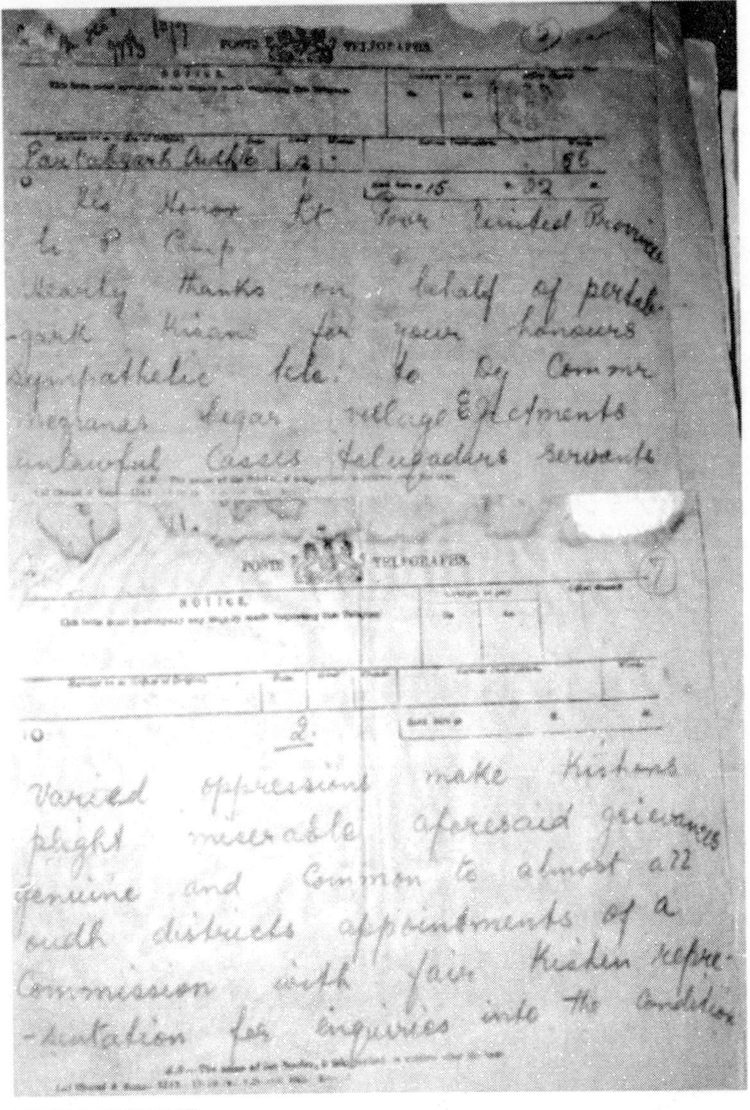
POSTS & TELEGRAPHS

NOTICE

Partabgarh Oudh 12 . 96

15 . 32

His Honor Lt Govr United Provinces L P Camp

Hearty thanks on behalf of Partab-garh Kisans for your honours sympathetic tele. to Dy Commr regarding begar village ejectments unlawful cases talukdars servants

POSTS & TELEGRAPHS

NOTICE

2.

Varied oppressions make Kisans plight miserable aforesaid grievances genuine and common to almost all oudh districts appointments of a Commission with fair Kisan repre-sentation for enquiries into the condition

---

1. आज, रविवार, 19 सितम्बर, 1920

23 सितम्बर, 1920 को ग्राम मवैया, तहसील शिवपुर में स्वयं ज़मींदारों ने ही पहल कर किसानों की सभा की। गाँव के ज़मींदार मुंशी बैजनाथ प्रसाद ने सभापति का आसन ग्रहण किया।[1] सारे प्रयास ग़रीब किसानों को दिग्भ्रमित करने के पाखंड मात्र थे। दैनिक 'आज' के 1 अक्टूबर, 1920 के अंक में हरिहरनाथ ने अपने लेख में इस पाखंड को स्पष्ट करते हुए लिखा कि 'आज कई महीनों से देहातों में सभाएँ हो रही हैं जिनमें छोटे लाट साहब (डिप्टी कमिशनर) की सभा में जाने वाले महाशय आप लोगों (किसानों) से वोट माँगते फिरते हैं।' गांधी गुट और मालवीय गुट, किसानों को अपनी ओर जिन उद्देश्यों से करने में लगे थे, उनमें किसान हित तो नहीं ही था। 20 अक्टूबर, 1920 को दैनिक 'आज' ने इन दोनों गुटों की खींचतान को 'संयुक्त प्रान्त किसान सभा' शीर्षक से सत्यदेव शाही, मंत्री, किसान सभा, बनारस के मत को इस प्रकार प्रकाशित किया था— *''इधर कुछ दिनों से हमारे देश में भी राजनैतिक आन्दोलनों की हवा चल रही है। कोई मुलायम मीठी और लुभाने वाली बातें कहता है तो कोई डपट और कड़क कर अपने अधिकारों की माँग करता है। कहीं साहुकारिता की काना-फुसकी होती है तो कहीं असहकारिता का डंका बज रहा है। कल ही की बात है कि देश के सर्व पूज्य महात्मा गांधी ने आदेश किया है कि किसी को वोट मत दो। देश के अधिक भक्तों ने कांग्रेस के निर्णयानुसार कौंसिल में जाने से इस्तीफा भी दे दिया और सरकार से पूर्ण असहकारिता रखने का कार्यक्रम भी बन रहा है। दूसरी ओर माननीय मालवीय जी, कौंसिल में जाने के लिए प्रस्तुत हैं। आप कौंसिल में जाने से ही देश का उद्धार होना सम्भव मानते हैं। अब हम बड़ी दुविधा में पड़े हैं। प्रतीक्षा कर ही रहे थे कि देखें हमारी संयुक्त प्रान्तीय किसान सभा के मंत्री जी क्या सलाह देते हैं कि गत 25 सितम्बर के 'अभ्युदय' में आपका 'किसान भाइयों को सूचना' शीर्षक पत्र प्रकाशित हो ही गया।...'आपने देश की वर्तमान स्थिति को दिखाते हुए कहा है कि सब दल तथा मत वाले किसानों को अपनी-अपनी ओर मिलाने की कोशिश कर रहे हैं। किसानों को राजनीतिक आन्दोलनों से अलग रहना चाहिए और इनके भुलावे में न आना चाहिए। जिन उपदेश देने वालों के पास किसान सभा प्रयाग की सनद न हो उनकी बातों से दूर रहो और यदि आप उस किसान सभा के अनुयायी हो जिसे किसानों के परम शुभचिन्तक माननीय मालवीय जी ने स्थापित कराया है तो दूसरों की बातों से अलग रहो।'' मुझे तो यह बड़ी गोल-मोल सूचना मालूम पड़ती है। किसानों को समझाने के लिए बहुत साफ़-साफ़ लिखना चाहिए। हमारी समझ में तो शासन में पर्याप्त काट-छाँट किए बिना किसानों की या किसी भी हिन्दोस्तानी की दशा नहीं सुधर सकती। फिर भी किसानों को आप अलग रहने की सलाह देते हैं। कम से कम चुनाव के प्रश्न से*

1. आज, बुधवार, 29 सितम्बर, 1920

तो किसानों का पूरा सम्बन्ध है। कृपया बताइए इस बारे में क्या किया जाए? कांग्रेस द्वारा स्वीकृत मा. गांधी के असहकारिता के कार्यक्रम के अनुसार काम करें कि सं.प्रा. किसान सभा के जन्मदाता मा. मालवीय जी के पीछे चलें"...सत्यदेव शाही, मंत्री किसान सभा, बनारस।[1]

अपने सम्पादकीय में 'आज' अख़बार लिखता है कि–आगरा में ज़मींदारों की रक्षा के लिए जो नया विधान बना है, उसके सम्बन्ध में क्या कहें। जब संसार भर के भूपतियों को राष्ट्रीय बनाने का प्रयत्न किया जा रहा है उसी समय भारत वर्ष में भूपतियों का अधिकार और भी बढ़ाया जा रहा है।[2]

दैनिक 'आज' में एक और समाचार देखने को मिलता है— *शुक्रवार, 8 अक्टूबर, 1920 को प्रतापगढ़ के तालुक़ेदारों की एक सभा डिप्टी कमिश्नर के बँगले के सामने हुई। गौरीशंकर मिश्र जो मुरादाबाद प्रान्तीय कान्फ्रेंस में (ट्रेन से) जा रहे थे, प्रतापगढ़ के एक तालुक़ेदार के कहने पर उतर गए। कहा गया था कि तालुक़ेदार सभा के बाद किसानों और तालुक़दारों में झगड़ा कम करने के लिए वार्तालाप किया जाएगा। मिश्र ने 8 बजे रात तक प्रतीक्षा कि मगर तालुक़ेदारों ने बुलाया ही नहीं। वार्ता में काम की बातें नहीं हुईं। डिप्टी कमिश्नर मि. मेहता महाशय ने कोशिश की कि बेदख़ल किसानों से एक आना पेशी लेकर खेत दे दिए जाएँ। तालुक़ेदारों ने इसका विरोध किया। अब मेहता साहब को किसानों के ऊपर उनके आपदोद्धार का भार छोड़ देना चाहिए। किसान अपने पैरों पर खड़े हो रहे हैं और वे आन्दोलन करेंगे। उनकी जय हो— एक किसान।*[3] इस प्रकार देखें, तो चाहें सरकारी पक्ष के मेहता हों या किसानों के रहनुमा बने मालवीय या मोतीलाल नेहरू, ये सभी संयुक्त प्रान्त के ग़रीब किसानों के आँसू पोंछने का दिखावा मात्र कर रहे थे।

दैनिक 'आज' ने 17 अक्टूबर, 1920 को समाचार का शीर्षक दिया 'प्रतापगढ़ के किसानों का दुख, नेताओं ने सान्त्वना दी'। अख़बार लिखता है कि *'इलाहाबाद 16 अक्टूबर, प्रयाग ज़िले में मान्यवर पं. मदनमोहन मालवीय तथा पंडित मोतीलाल नेहरू ने रेलवे स्टेशन पर ठहर कर किसानों से अनुरोध किया कि उनको सब्र करना चाहिए और कोई भी अनुचित कार्य न करना चाहिए। साथ ही साथ उनको चाहिए कि ज़मींदार तथा तालुक़ेदार के विधान विरुद्ध कार्यों को कभी न मानें। उन्होंने किसानों से वादा किया कि उनके साथ न्याय किया जाएगा और उन्हें ज़मींदारों को केवल लगान देना चाहिए। उन्होंने यह भी कहा कि मिस्टर मेहता, डिप्टी कमिश्नर बड़ी दयालुता से दुखों की जाँच करते हैं।'* इसी तिथि को अख़बार ने 'प्रतापगढ़ के किसान' शीर्षक से एक दूसरा समाचार छापा। उसमें लिखा था— *'किसानों की गिरी*

1. आज, 12 अक्टूबर, 1920
2. आज, 12 अक्टूबर, 1920
3. आज, 16 अक्टूबर, 1920

हुई दशा की जाँच प्रारम्भ हो गई है। डिप्टी इशरत हुसैन साहब ख़ास इसी कार्य के लिए नियुक्त किए गए हैं। प्रतापगढ़ के भिन्न-भिन्न स्थान जाँच के लिए निश्चित कर लिए गए हैं। तारीख 6 अक्टूबर को डिप्टी कमिश्नर मेहता और डिप्टी इशरत हुसैन साहब इसी काम से गए थे। क़रीब 3,000 किसान भिन्न-भिन्न रियासतों के उपस्थित थे। किन्तु किसानों से कहा गया कि रियासत उडैय्या डीह और हरीपुर के किसानों से केवल पूछताँछ होगी। इसलिए अक्टूबर 7, 1920 को केवल 1,200 किसान रहे। किसानों से नज़राना, अन्दर मियाद पट्टे से बेदख़ली, कुपाग टिकस, हथियावन, घोड़ावन इत्यादि, तामिरानम करन, पेड़ी इत्यादि सम्बन्धी प्रश्न किए गए थे। सभी किसानों से कहा गया कि अनवत के दिन एक रुपए में 14 छटाँक घी और 15 सेर भूसा दो। एक-आध किसान चुपचाप बैठे रहे। जाँच में किसान सभा का बहिष्कार किया गया। अच्छा होता कि सभी से एक या दो प्रतिनिधि बुला लिए जाते। अस्तु, किसानों से भूसा और घी दिलवाने की प्रतिज्ञा कराना ठीक नहीं। किसान इन अन्यायपूर्ण टिकसों के सामने कदापि अपना सिर न झुकाएँ। —एक कृषक हृदय।

पहली बात तो यह समाचार, जाँच करने वालों के वर्ग चरित्र को साफ़ करता है जो स्वयं किसानों से घी और भूसा दिलाने की बात कर रहे थे। दूसरा यह कि अख़बार ने इस समाचार को महज डर के कारण ही एक कृषक हृदय की ओर से छापा था।

संयुक्त प्रान्त किसान सभा, प्रयाग की कार्यकारिणी की बैठक 24 अक्टूबर, 1920 को अपराह्न 4 बजे पुरुषोत्तमदास टंडन के सभापतित्व में हुई। प्रस्ताव पास हुआ कि "संयुक्त प्रान्त किसान सभा का मुख्य उद्देश्य, किसानों की दशा सुधारना है। इस सभा में देश के सभी मत के लोग सम्मिलित हैं। अतएव कांग्रेस के असहयोग प्रस्ताव पर इस सभा का निश्चय है कि उसे तटस्थ रहना चाहिए जिससे सब मत के लोग सभा में काम कर सकें। ऐसी दशा में संयुक्त प्रान्तीय किसान सभा और उसकी सम्बद्ध सभाएँ कौंसिलों के चुनाव विषय में किसी मत तथा व्यक्ति की सहायता न दें। व्यक्तिगत रूप से किसान सभा के प्रत्येक सभासद को स्वतंत्रता है कि वह अपने मत के अनुसार काम करे। आशा है हमारी समस्त शाखा सभाएँ इस प्रस्ताव की ओर ध्यान देंगी और अपने अधिवेशनों में किसानों को असहयोग में सहयोग करने का उपदेश न देंगी। निवेदक—इन्द्रनारायण द्विवेदी, प्रधानमंत्री।"[1]

बाबा रामचन्द्र और गौरीशंकर मिश्र के सम्बन्ध बड़े विचित्र थे। एक ओर बाबा यह मानते थे कि प्रतापगढ़ किसान आन्दोलन गौरीशंकर के बिना नहीं चल सकता था, तो दूसरी ओर वह यह कहते थे कि गौरीशंकर मिश्र अपने आलेखों में उन्हें किसान नेता के रूप में प्रचारित नहीं करते। साथ ही साथ पम्फलेटों की बिक्री से प्राप्त धनराशि की जानकारी नहीं देते।[2]

---

1. आज, 28 अक्टूबर, 1920
2. बाबा रामचन्द्र पेपर्स I, इंसटालमेंट, XI, वही

मेहता कमेटी की रिपोर्ट की मुख्य बातें[1]

प्रतापगढ़ के किसान विद्रोह के कारणों का पता लगाने के लिए ब्रिटिश सरकार ने मेहता कमेटी का गठन 18 सितम्बर, 1920 को किया था। बी.एन. मेहता उस समय प्रतापगढ़ ज़िले के डिप्टी कमिश्नर थे। उन्होंने जाँच के लिए प्रतापगढ़ की पट्टी तहसील को चुना। 1,700 गवाहों की राय ली, 6 केन्द्रों पर गए और नवम्बर के पहले हफ़्ते में काम पूरा कर दिया। उन्होंने मूल किसान सभा, रूरे और तत्कालीन अवध किसान सभा, प्रतापगढ़ के प्रार्थना–पत्रों पर विचार किया था। मूल किसान सभा रूरे के प्रार्थना–पत्र को रामचन्द्र शर्मा ने तैयार किया था। मि. एच.आर.सी. हेलेय, कमिश्नर फ़ैज़ाबाद ने मुख्य सचिव संयुक्त प्रान्त को भेजे अपने पत्र संख्या 734 दिनांक नवम्बर 25, 1920 में मेहता कमेटी की जाँच रिपोर्ट का पूरा विवरण प्रेषित किया था। इसे समझने से कई तथ्य साफ़ हो जाते हैं। पहला तो यही कि किसानों का दुख असीमित और बर्दाश्त की सीमा को पार गया था। दूसरा यह कि उन दुखों की आड़ में अभिजातवर्गीय राजनीति द्वारा, कुछ रियायतों में उलझा कर किसान संगठन को अपने पाले में रखते हुए कौंसिल में जाने का रास्ता अख़्तियार करने की नीति पर काम किया जा रहा था।

मेहता कमेटी रिपोर्ट में किसानों के दुखों के कारणों के बारे में तथा उनके ज़मींदारों के ख़िलाफ़ विद्रोही होने के मुख्य कारणों के बारे में आसानी से जाना जा सकता है। मैंने मेहता कमेटी की रिपोर्ट की कुछ बातों का अध्याय 3 में ज़िक्र किया हैं। यहाँ विस्तार में कुछ तथ्यों का उल्लेख किया जा रहा है—

प्रतापगढ़ की स्थिति समीप के अन्य ज़िलों से भिन्न थी। यहाँ जनसंख्या का घनत्व सर्वाधिक था। प्रति एकड़ खेती में जनसंख्या का घनत्व, फ़ैज़ाबाद में 1.68, सुल्तानपुर में 1.70 तथा प्रतापगढ़ में 1.82 था। प्रतापगढ़ ज़िले की सर्वाधिक ज़मीन ऊसर थी जिस पर खेती नहीं हो सकती थी। यहाँ कुल ज़मीन का केवल 53.3 प्रतिशत खेती योग्य था जबकि सुल्तानपुर में 55.9 और फ़ैज़ाबाद में यह आँकड़ा 61.8 प्रतिशत था। यहाँ जनसंख्या भी ख़ास तरह की थी। कुल ज़िले की आबादी का सर्वाधिक अर्थात् 11.3 प्रतिशत कुर्मी जाति थी जो खेती में मेहनती और किसी काल में भू–स्वामित्व वाली थी।[2]

सुल्तानपुर और फ़ैज़ाबाद में कुर्मी जाति का प्रतिशत, उच्च जातियों की तुलना में कम था। प्रतापगढ़ की कुर्मी जाति सांगठनिक रूप से एकताबद्ध थी। तहसील पट्टी के कुछ गाँव तो मुख्यत: कुर्मियों के ही थे। कुर्मियों की जातीय एकता के

1. फाइल नं. 753/1920, रेवेन्यू डिपार्टमेंट, उ.प्र. शासकीय अभिलेखागार, लखनऊ
2. मि. एच.आर.सी. हेलेय, कमिश्नर फ़ैज़ाबाद द्वारा मुख्य सचिव संयुक्त प्रान्त को भेजे गए पत्र संख्या 734 दिनांक 25 नवम्बर, 1920, फाइल नं. 753/1920, रेवेन्यू डिपार्टमेंट, उ.प्र. शासकीय अभिलेखागार, लखनऊ, पृष्ठ 1

कारण सूदखोर जो मुख्यत: ज़मींदार ही थे, 'रक़म सवाई'* नहीं वसूल पाते थे या सीमित संख्या में ऐसा हो पाता था। इस खुन्दक के कारण ज़मींदार उनसे कठोरता से उप करों की वसूली (Levy of cesses) करते थे। दूसरे ज़िलों में थोड़ी कम कठोरता देखने को मिली थी। प्रतापगढ़ में किसानों के पास मालिकाना हक़ वाली ज़मीनें, फ़ैज़ाबाद ज़िले की तुलना में नाममात्र को थीं और काफी हद तक कुछ ख़ास रियासतों तक सीमित थीं। सुल्तानपुर में असाधारण रूप से उच्च जातियों का वर्चस्व था। इनमें से अधिकांश एक ही कुल या गोत्र की थीं। इनमें से कुछ के पास मालिकाना हक़ भले न था, उनके कुल या, परिवार द्वारा उनके हितों की हिफ़ाज़त की जाती थी। यहाँ यह तथ्य महत्त्वपूर्ण है कि क्यों सुल्तानपुर एवं फ़ैज़ाबाद में ऊँची जातियों वालों ने अपने गाँवों में सभा (किसान सभा) के निर्माण का विरोध किया।

11वीं राजपूत रेजीमेंट फ़ैज़ाबाद में थी और उसके सैनिकों की भर्ती मुख्यत: सुल्तानपुर ज़िले से हो रही थी। सुल्तानपुर के राजपूत किसी भी दशा में बेदख़ली के अधिकार को खोना नहीं चाहते थे। वे किसान सभा कार्यालय अपने गाँवों में नहीं खोलने देना चाहते थे। जैसा कि पहले ही बताया जा चुका है कि कुर्मियों ने अपने सारे अधिकार 1857 विद्रोह के काफी पहले खो दिए थे, इसलिए प्रथम बन्दोबस्त में उन्हें कोई मालिकाना हक़ नहीं मिला। प्रतापगढ़ में बिना मालिकाना हक़ वाली ज़मीनों पर निम्न जातियों का वर्चस्व था और ऊँची जातियों के लोग पूर्व स्थिति बनाए रखने के लिए भू-स्वामियों की मदद कर रहे थे। प्रतापगढ़ से सटे दो ज़िले, जौनपुर और इलाहाबाद, आगरा प्रान्त में पड़ते थे जहाँ प्रतापगढ़ के किसानों की रिश्तेदारियाँ थीं। आगरा प्रान्त में क़ब्ज़ाधारी किसानों (मालिकाना हक़ वाले किसानों) की संख्या ज़्यादा थी यानी ज़मीनों पर किसानों का क़ब्ज़ा था। इसलिए प्रतापगढ़ के किसान अपने दुखों को उनसे कहते थे। आगरा प्रान्त के किसान अपनी बेटियों को प्रतापगढ़ ज़िले में ब्याहने से इसलिए कतराते थे कि बेटी को ज़मींदार के यहाँ बेगार करना पड़ेगा। इस प्रकार पड़ोसी ज़िलों के प्रभाव से भी प्रतापगढ़ में ज़मीन पर क़ब्ज़ा अधिकार की माँग उठी। इलाहाबादी नेता राजनैतिक रूप से सक्रिय थे और उन्होंने भी प्रतापगढ़ में इलाहाबाद की तरह मालिकाना हक़ की माँग का समर्थन किया।[1]

प्रतापगढ़ के ज़मींदारों का चरित्र भी अवध के अन्य ज़िलों से भिन्न था। वहाँ के छोटे और क़र्ज़दार तालुक़ेदारों ने रेंट एक्ट की कमजोरियों का पूरा फ़ायदा उठाते हुए ज़मीनों को ऊँची बोली लगाने वाले किसानों को लीज पर दे दिया। प्रतापगढ़ के इन्हीं अपार दुखों के कारण यहाँ किसान आन्दोलन की ज़मीन तैयार हुई।

* रक़म सवाई—एक प्रकार से अतिरिक्त (सवा गुना) किराये की माँग जो नक़द, वस्तु के रूप में या मज़दूरी के रूप में वसूल की जाती थी।

1. वही, पृष्ठ 2

अन्यथा रामचन्द्र ने तीन साल पहले जब सुल्तानपुर और जौनपुर में उपदेश देना शुरू किया था, तब उन्हें कोई सफलता नहीं मिली थी। जबकि प्रतापगढ़ में (इलाहाबाद के राजनैतिक नेताओं की वजह से भी) उन्हें तुरन्त किसान नेता के रूप में मान्यता मिल गई। इस प्रकार मेहता कमेटी ने किसान आन्दोलन के तात्कालिक कारणों में मूल्यवृद्धि से उत्पन्न आर्थिक अशान्ति, रामचन्द्र का प्रभावी व्यक्तित्व और इलाहाबाद के राजनीतिज्ञों द्वारा रामचन्द्र को सहयोग प्रदान कर संगठन बनाकर आन्दोलन करने की नीति को प्रमुख माना। अगर ऐसा नहीं होता तो या तो यह आन्दोलन बिना विरोध प्रदर्शन किए दम तोड़ चुका होता या बाद में यह ज़मींदारों या उनके आदमियों के ख़िलाफ़ हिंसक कृत्यों में बदल गया होता। देखा जाए तो इलाहाबाद के राजनीतिज्ञों ने पूरी ताकत लगाकर आन्दोलन को हिंसक होने से रोका और अन्ततः ज़मींदारों के हितों की हिफ़ाज़त की।

यहाँ एक और कारण की ओर मेहता ने ध्यान खींचा है। वह यह कि लेबर कार्प्स में शामिल कुली सैनिक जो ऊँचे वेतन पर सेना में शामिल हुए, शहरों की ओर गए और विश्वयुद्ध समाप्ति पर जब ज़िले में लौटे तो रूसी अनुभव की कहानियाँ उनके साथ आई थीं। यहाँ आकर वे किसानों के हक़ की लड़ाई में शामिल हुए। इस महत्त्वपूर्ण तथ्य की ओर मैंने अपनी किताब 'चौरी चौरा विद्रोह और स्वाधीनता आन्दोलन' में भी इशारा किया है जहाँ लेबर कार्प्स का भगवान अहीर, चौरी चौरा विद्रोह के अगुवों में से एक रहा था। मूल्यवृद्धि भी किसानों को भूखा रखने का कारण बनी। इसके अलावा घी, भूसा आदि के रूप में उनसे जो उप कर लिए जाते थे या बिना मज़दूरी दिए जो बेगार कराई जाती थी, इन कारणों ने भी किसान असन्तोष को बढ़ाया था। किसानों को ज़मीन लीज पर प्राप्त करने के लिए या दूसरी ज़मीन प्राप्त करने के लिए भारी धनराशि देनी पड़ती थी। जबकि व्यवस्था यह थी कि सात साल के बाद लीज समाप्त होने पर नवीनीकरण के समय 1 आना प्रति रुपयः मामूली वृद्धि के साथ धनराशि देनी थी। अवध की विभिन्न रियासतों द्वारा सात साल की लीज समाप्त होने पर नवीनीकरण के लिए बहुत ज़्यादा नज़राना लिया जाता था या बेदख़ल कर ऊँची बोली लगाने वालों को दे दिया जाता था। रेंट एक्ट की धारा 55 के अन्तर्गत बेदख़ली के मामले गत वर्ष 1655 से बढ़कर 1919-20 में 2593 हो गए थे। ऐसे कई मामले देखे गए कि लापरवाही से बेदख़ल किए जाने से किसानों के परिवार पूर्ण अभाव में डूब गए। किसान आन्दोलन की शुरुआत अवैध करों की वसूली को लेकर हुई, लेकिन किसानों का प्रतिनिधिमंडल जब इलाहाबाद के कांग्रेसी नेताओं के पाले में आया तब उनका मक़सद संगठित होकर अपने प्रतिनिधियों को कौंसिल में भेजने का हो गया।[1] उनके स्वर नरम पड़ गए। चुनाव में उतरने से

1. वही, पृष्ठ 3

केवल शहरी कुलीन राजनीतिज्ञों को ही फ़ायदा होना था। बाद में जब असहयोग आन्दोलन के अन्तर्गत कौंसिल के बहिष्कार का निर्णय लिया गया तब किसानों को वोट न देने को कहा गया। किसानों से जो भूसा, घी आदि मुफ़्त में ज़मींदार के आदमी वसूलते थे या अपने खेतों में बेगार कराते थे, मूल्यवृद्धि के कारण अब किसानों को वह खलने लगा था।

जैसा कि पहले उल्लेख किया जा चुका है कि एक बार अफ़वाह उड़ी कि इलाहाबाद में गांधी जी आने वाले हैं तो बाबा रामचन्द्र किसानों के समूह के साथ, उनकी परेशानियों की सूची तैयार कर वहाँ पहुँच गए। जब वहाँ गांधी जी नहीं मिले तो उन्होंने वहीं एक सभा की और नज़राना वसूलने की निन्दा की। उनकी इस मीटिंग ने इलाहाबाद के राजनीतिज्ञों का ध्यान खींचा। उसके बाद ही वे प्रतापगढ़ की ओर आने लगे और किसान सभा की इकाई खोलने का अनुरोध किया। उससे पूर्व रामचन्द्र किसानों की समस्याओं को अकेले उठाते थे। वे कुर्मी किसानों से चन्दा लेते। तब उनकी माँगों में बेदख़ली समस्या नहीं थी। वह अवैध करों, जैसे—घोड़ावन, मोटरावन, हथियावन, बेगार आदि के ख़िलाफ़ बोलते थे।

कुर्मियों के एकताबद्ध होने के कारण ही पुलिस या ज़मींदारों के नौकरों के ख़िलाफ़ आक्रमण हुए। एक गुज़ारादार के नौकर के विरुद्ध गम्भीर आक्रमण हुआ जब उसने किसान की बेदख़ल ज़मीन पर खेती करने का प्रयास किया। इलाहाबादी नेता गौरीशंकर मिश्र को किसानों की समस्याओं की जानकारी रामचन्द्र या किसानों से मिलती थी। वह अवध की किसान समस्याओं से अनजान थे, लेकिन पहली बार प्रतिज्ञा पत्र तैयार कर उन्होंने किसानों को ग्राम सभा, ज़िला सभा, पूरे अवध के लिए अवध सभा या पूरे देश के लिए केन्द्रीय सभा का गठन कराया।[1]

शहरी कुलीन कांग्रेसी किसान नेता गौरीशंकर मिश्र, किसानों और ज़मींदरों के बीच मध्यस्थ की भूमिका में रहते थे। वह किसानों की माँग व्यावहारिक ढंग से रखते थे जिससे लगे कि वह किसानों के लिए चिन्तित हैं मगर उनकी माँग से ज़मींदारों पर बहुत प्रभाव नहीं पड़ना था। जैसे कि उनकी माँग होती—

1. बेदख़ली में नियंत्रण हो। यानी बेदख़ली का विरोध वह नहीं करते।
2. लीज अवधि 14 साल की हो। यह माँग तब शामिल की गई थी जब राजा प्रताप बहादुर ने स्वयं अपनी रियासत में लीज अवधि 14 साल कर दी थी। इससे किसानों को कोई फ़ायदा नहीं हुआ क्योंकि नज़राना के रूप में प्रतिवर्ष वृद्धि जारी रही।
3. उप कर केवल प्रचलित दरों पर लिया जाए।
4. बेगार पर नियंत्रण रखा जाए। यहाँ भी बेगार रोकने की माँग नहीं थी।

1. वही, पृष्ठ 4

5. आर्थिक दंड को रोका जाए।
6. ज़मींदारों के कुओं, तालाबों आदि का निःशुल्क उपयोग हो।

बाद में जब किसानों को लगने लगा कि इन माँगों से उनका कोई भला नहीं होने वाला है तब उन्होंने सीधे बेदख़ली रोकने की लड़ाई शुरू की। उन्हें समझ में आ गया कि बेदख़ली रुक गई तो बाक़ी समस्याएँ समाप्त हो जाएँगी। 28 अगस्त, 1920 को गिरफ़्तार रामचन्द्र को मुक्त कराने के लिए 10 सितम्बर, 1920 को प्रतापगढ़ जेल के बाहर किसानों की भारी भीड़ में इलाहाबाद के राजनीतिज्ञों के आने से किसान आन्दोलन को ताकत तो मिली लेकिन यहाँ भी सुसंगत तरीक़े से किसानों की अस्पष्ट माँगों को ही रखा गया। गौरीशंकर मिश्र किसानों को हिंसा से दूर रहने को कहते रहे। वह ज़मींदारों और किसानों के बीच की समस्याओं को सरकारी दखल से सुलझाना चाहते थे। वह महज कुछ समझौतों से छोटे-मोटे लाभ प्राप्त करना चाहते थे। जबकि मूल प्रश्न यह था कि जब बेदख़ली शुरू हो जाए तो कैसे सहमति से समस्या को सुलझाएँ और नज़राना से कैसे बचें ?[1] तत्कालीन अवध में बेदख़ली की जितनी नोटिसें जारी होती थीं, उनका 1/3 वास्तव में लागू होता था। अर्थात् हरेक तीन में से एक मामले में बेदख़ली हो जाती थी बाक़ी मामलों में नज़राना की मोटी रक़म वसूल कर बरकरार रखा जाता। इस प्रकार बेदख़ली का इस्तेमाल नज़राना को लागू करने के लिए किया जाता। किसान नज़राना देने के लिए उधार लेते। जबकि कोर्ट ऑफ वाड्र्स के अधीन रियासतों में वास्तव में उन्हें बेदख़ल किया जाता था जो लगान/कर नहीं दे पाते थे और उन्हें कर/लगान देने वाला दूसरा किसान मिल जाता। कहीं-कहीं तो नज़राना ज़मीन के कर का दूना होता था। किसान परिवार के जो लोग फैक्टरियों या सेना में काम करते थे, वे परिवार की ज़मीन की बेदख़ली रोकने के लिए रुपए भेजते थे। खेती की उपज से नज़राना दे पाना लगभग असम्भव था।[2]

किसानों को ज़मींदार या उनके नौकरों को नज़राना के अलावा भी तमाम प्रकार की चीज़ें मुफ़्त में देनी पड़ती थीं जिनका उल्लेख पहले ही किया जा चुका है। घर पर कर, झोपड़ी की मरम्मत के लिए कर, पेड़ लगाने के लिए कर, नज़राने के भिन्न रूप थे। कुछ रियासतों में दंड लगाने का रिवाज था जब कि कुछ दूसरी रियासतों में जबरदस्ती मज़दूरी कराई जाती थी। 1919-20 में किसानों द्वारा विद्रोह शुरू कर देने के बाद ही ज़मींदार बेदख़ली कम करने पर सहमत हुए थे, लेकिन इसका पालन नहीं किया गया। दूसरी ओर 1919-20 के किसान विद्रोह को दबाने के सम्बन्ध में सरकार का प्रयास मात्र इतना रहा कि कुछ तात्कालिक लाभ दिखा कर किसानों को शान्त कर दिया जाए।[3]

---

1. वही, पृष्ठ 5
2. वही, पृष्ठ 6
3. वही, पृष्ठ 7

मेहता ने भू-स्वामियों को कुछ निश्चित कारण होने पर ही बेदख़ली करने को कहा, जैसे—कर न देना, उप किरायेदारी न देना, ज़मीन का ठीक से रख-रखाव न करना या उस पर खेती न करना। सड़क या नहर आदि के लिए, कुछ दशाओं में ज़मींदार को वांछित सम्मान न देना या न्यायालय द्वारा निर्धारित कर न देना भी इन कारणों में शामिल थे। लेकिन ज़मींदारों द्वारा नज़राना बन्द नहीं किया गया। उनका तर्क था कि इससे उनके ख़र्चे पूरे नहीं हो पाएँगे, वे क़र्ज़दार हो जाएँगे। कहा गया कि एक निश्चित अवधि के बाद ज़मींदार 25 प्रतिशत तक लगान बढ़ा सकते हैं। उससे अधिक की वृद्धि कोर्ट तय करेगी। किराया वृद्धि का एक कारण जो मेहता को दिखाई दे रहा था, वह यह कि शारदा नहर अवध से होकर गुज़रने वाली थी। इससे उनका अनुमान था कि ज़मीनों की माँग और बढ़ेगी और कर बढ़ाने की माँग उठेगी। उन्होंने वर्तमान रेंट एक्ट को ग़ैर-ज़रूरी और उसमें संशोधन की आवश्यकता बताया था।[1]

मेहता ने अपनी जाँच रिपोर्ट के 'समरी ऑफ फाइडिंग्स एंड रिकमेंडेशन्स' भाग में कुछ ज़रूरी बातें रखी। उन्होंने बेदख़ली के आँकड़ों को रखते हुए स्पष्ट किया कि मात्र 1916-17 की तुलना में 1919-20 में बेदख़ल की गई ज़मीन का क्षेत्रफल दूना हो चुका था।

वर्ष	बेदख़ली के आवेदन	उनमें शामिल भूमि (एकड़ में)
1906-07	936	1, 791
1911-12	1, 238	2, 364
1916-17	1, 403	2, 474
1919-20	2, 593	5, 315

मेहता के अनुसार बेदख़ली हेतु तामील नोटिसों पर निम्न अनुपात में कार्यवाही हुई थी—

जितने भू-भाग की बेदख़ल के लिए नोटिस दिया गया था, उनमें से जितने भाग का वास्तव में निर्णय हुआ—

तालुक़ेदारी रियासतों में—

1918-19 31 प्रतिशत

1919-20 29 प्रतिशत

मफ़रीद ज़मींदारी रियासतों में—

1918-19 22 प्रतिशत

1919-20 20 प्रतिशत

1. वही, पृष्ठ 8

स्पष्ट है कि तालुक़ेदारी रियासतों में नज़राना वसूली के लिए बेदख़ली पर ज़्यादा कार्यवाही हुई।

किसानों को ज़मीन की स्थायी लीज के लिए तब 500 रुपए प्रति बीघा कर देना पड़ता था। नज़राना की धनराशि कई बार लीज कर का दूना हो जाती थी। नज़राने को चुकाने का स्रोत थी ज़िले की मनीऑर्डर अर्थव्यवस्था। जैसा कि पहले बताया जा चुका है कि ज़िले के ज़्यादातर मज़दूर बाहर काम पर जाते ये और कमा कर मनीऑर्डर भेजते थे।[1]

ज़िले में मनीऑर्डर की आय, कुल भू-कर का दूना था। मनीऑर्डर की धनराशि नज़राना देने और अपने पुश्तैनी ज़मीन से बेदख़ल रोकने में प्रयुक्त होती थी। खेती की आय से नज़राना दे पाना असम्भव था। नए किसानों से मई-जून में धान की बोआई से पहले नज़राना लिया जाता था इसलिए मई माह में सबसे ज़्यादा मनी-ऑर्डर पहुँचता।

मेहता ने नज़राना देने के लिए क़र्ज़ लेने और कुछ न बचने पर भी खेती करने की प्रवृत्ति पर तुलसीदास का एक दोहा लिखा है—'तुलसी रामहीं यूँ भजो ज्यों किसान की रीति। दाम चौगुनो रिण घनो तोहूँ खेत से प्रीति।'

नज़राना वसूलने के कई अमानवीय तरीक़े थे। कई बार खेत को दो भागों में विभक्त कर दो किसानों से नज़राना वसूल लिया जाता। कई बार मूल किसान से आंशिक नज़राना लेने के बाद, दूसरे से ज़्यादा नज़राना लेकर उसे खेत दे दिया जाता। मूल किसान का लिया गया आंशिक नज़राना कभी लौटाया जाता तो कभी नहीं लौटाया जाता। कभी-कभी तो उम्मीदवार किसान को मझधार में छोड़ दिया जाता। पट्टे का क़ब्ज़ा देने के लिए उम्मीदवार किसान से बहुत सारा नज़राना लेने के बाद क़ाबिज़ किसान के साथ मुक़दमा शुरू कर दिया जाता, जो पहले ही निचोड़ा जा चुका होता था।

सात साल की पट्टा अवधि में दो या तीन साल पर नज़राना वसूल लिया जाता था। यानी नज़राना कई-कई बार लिया जाता था। उच्च जातियों के साथ विशेष रियायत थी। भू-किराये की दर, निम्न जातियों की तुलना में उच्च जातियों के किसानों के लिए 25 से 50 प्रतिशत कम थी। यानी सारा बोझ निम्न जातियों पर डाल कर उन्हें मरने के लिए मजबूर किया जाता था। अच्छे-बुरे के रूप में किसानों का विभाजन कर, उन्हे एकजुट होने से रोका जाता। यहाँ मेहता ने इन बुराइयों को कम करने के लिए इलाहाबाद के राजनीतिज्ञों से विचार-विमर्श कर ज़मींदारों और किसानों के एक बोर्ड जैसा 'किसान हितकारिणी सभा' का गठन किया था। इसका परिणाम भी बहुत सन्तोषजनक न रहा।

1. 'समरी ऑफ फाइडिंग्स एंड रिकमेंडेशंस', मेहता जाँच रिपोर्ट, फाइल नं. 753/1920, रेवेन्यू डिपार्टमेंट, उ.प्र. शासकीय अभिलेखागार, लखनऊ, पृष्ठ 1

इस प्रकार भू-पट्टे की प्रक्रिया को दूध दूहने वाला, दरिद्रता और प्रवंचना बढ़ाने वाला बना दिया गया था। मेहता ने अपनी राय में इसे जल्द से जल्द रोकने को कहा था, जिसके कारण, ऐसे जनपद में जहाँ कोई उद्योग न होने पर किसानों को बेदख़ल कर, सड़क पर ला खड़ा किया जाता। इसके अपराधी अर्थलिप्सा युक्त भू-स्वामी ही थे। वे ही चाहते थे कि रेंट एक्ट में कोई बदलाव न हो। किसानों की हालत यह थी कि भिन्न बन्दोबस्त वाले जौनपुर ज़िले के किसान, जहाँ दक्खिनी बन्दोबस्त लागू था, अपने ज़िले की सीमा के बाहर अपनी बेटियों को प्रतापगढ़ वालों के यहाँ नहीं ब्याहते थे। वे जानते थे कि बेदख़ली से बचने के लिए उनकी बेटियाँ तक बेच दी जाएँगी। बेदख़ली की इस बुराई ने सब कुछ लुटा कर ज़मीन हासिल कर लेने के लिए बाप को बेटे के विरुद्ध और भाई को भाई के विरुद्ध खड़ा कर दिया था। इस प्रकार भूमिधारक की ज़मीन का मूल्य विगत 30 सालों में 250 से 300 प्रतिशत तक बढ़ गया था। किसानों के लिए ज़मीन का पट्टा मात्र चूसने और उसमें से रस न निकलने जैसा था। प्रति सात साल के बाद पट्टे का मूल्य प्रति रुपया एक आना बढ़ाए जाने से भू-स्वामी सन्तुष्ट न थे। वे चाहते थे कि किराया बढ़ाने का क़ानून बने या नज़राना जैसी सुविधाओं के रूप में किराया बढ़ा दिया जाए। मेहता ने जाँच रिपोर्ट में 'भू-स्वामी' शब्द का ही प्रयोग किया है जिसके अन्तर्गत उन्होंने तालुक़ेदार, मफ़रीद ज़मींदार और ज़मींदारों के अन्तर्गत काम करने वाले भू-स्वामी (अंडर प्रोपराइटर्स) शामिल किए थे।[1] मेहता ने किसानों की समस्याओं को सुनते हुए ज़मींदारों और किसानों को मिलाकर जिस 'किसान हितकारिणी सभा' का निर्माण कराया था, उसने किसानों और ज़मींदारों में समझौता कराने के असफल प्रयास किए।

प्रतापगढ़ के ठाकुर रामरखा सिंह ने पूरे इलाक़े का दौरा कर किसानों को समझाया कि अगर किसान क़ानून के ख़िलाफ़ कार्य करेंगे तो उन्हें इलाहाबाद के कांग्रेसी नेताओं का सहयोग न मिलेगा।[2] इससे इलाहाबादी कांग्रेस नेताओं के मूल मक़सद का आभास हो जाता है।

हम देखते हैं कि अवध के ज़मींदारों और तालुक़ेदारों ने रियाया के लिए कुछ भी न छोड़ने की नीति बना ली थी। बंगाल के रेंट लॉ कमिश्नर ने अपनी रिपोर्ट में 1880 में कहा था—"खेती करने वालों के लिए कम से कम इतनी मात्रा में हिस्सा छोड़ देना चाहिए, जिससे वे खेती करने के लिए सक्षम बने रहें। वे उचित तरीक़े और आराम से जीवन जी सकें और उचित ढंग से एक सीमा तक अपनी मातृभूमि की उन्नति में योगदान दे सकें।" अवध में इसके ठीक उल्टा था। यहाँ कि भू-व्यवस्था का स्वरूप ज़मींदारों और तालुक़ेदारों ने इतना आततायी बना दिया था कि किसान मरने को मजबूर थे।[3]

1. वही, पृष्ठ 2
2. वही, पृष्ठ 4
3. वही, पृष्ठ 6

रामचन्द्र ने शुरू में किसानों से वसूले जा रहे अनाप-शनाप उप करों को न देने की नीति को नकारा नहीं था। जैसे उन्होंने माँग रखी थी कि किसान प्रति हल, 15 सेर भूसा, एक बोझा पुआल, एक बोझा करबी, एक जग गन्ने का रस, ज़मींदार को देंगे। बाद में उन्होंने इन उप करों को नकारते हुए केवल कर देने की बात की। मेहता ने भी पट्टी तहसील के किसानों की बातें सुनकर पट्टा और क़बूलियत का निर्धारित फार्म तय करने की राय दी जिससे भू-स्वामी उसी के अनुसार आचरण करने को बाध्य हों। उन्हें रक़म सवाई का अधिकार न हो और किसान को अधिकतम प्रति हल 12 सेर भूसा, 12 सेर वजन का एक बोझा करबी, 12 सेर वजन का एक बोझा पुआल, होली और दशहरा पर एक-एक रुपए भेंट देना हो।

इन सब के बावजूद रियासतों की लूट जारी थी। कुछ रियासतें लाटरी का टिकट बेच कर अवैध कमाई करती थीं। कुछ मोटर ख़रीदने के लिए किसानों से धन वसूलती थीं जिन्हें मोटरावन कहा जाता था। इसी तरह हाथी ख़रीदने के लिए हथिआवन, नाच देखने के लिए नचावन या बेटे-बेटी की शादी के समय भी किसानों से वसूली होती थी। इसके अलावा कभी-कभी ज़मींदार सार्वजनिक तालाबों से सिंचाई करने या परती ज़मीनों पर जानवरों को चराने को भी नियंत्रित करते थे।[1]

प्रान्त के राज्यपाल महोदय को मेहता रिपोर्ट पसन्द नहीं आई थी। उन्होंने 9 जनवरी, 1921 को मि. हेलेय को लिखे पत्र में कहा था कि ऐसा लगता है कि मेहता, अवध के विरोधाभाषों से अनजान हैं। उनके अनुसार नज़राना पर रोक लगाने का मतलब होगा क़ि जे.आर रीड की राय पर सेंडर्स द्वारा उच्च किराया तय करने वाले भू-बन्दोबस्त का गला घोंट देना। अगर मेरी याददाश्त सही है तो पट्टी तहसील का कर पहले ही तीन बार कम किया जा चुका है।[2]

संयुक्त प्रान्त के राज्यपाल हरकोर्ट बटलर की तालुक़ेदारों से दोस्ती की चर्चा ब्रिटिश प्रशासन में भी होती थी। 'प्रताप' में गणेशशंकर विद्यार्थी ने 13 जनवरी के आलेख में टिप्पणी की थी :

सर हरकोर्ट बटलर शासन के काम में कैसे ही पटु क्यों न हों, परन्तु उनका हृदय ग़रीबों के साथ कदापि नहीं है। वे सदा अमीरों और तालुक़ेदारों के प्रेमी रहे और उन्हीं में मिले-जुले रहे। अवध के तालुक़ेदारों के तो वे अपने आदमी हैं। और आज से नहीं, बहुत पहले से। लार्ड चेम्सफोर्ड जब लखनऊ गए थे तब उन्होंने गर्वनर को तालुक़ेदार के नाम से ही सम्बोधित किया था। वे तालुक़ेदारों की सभा के मेम्बर हैं। उन्होंने तालुक़ेदारों (राजा महमूदाबाद) को अपनी कार्यकारिणी समिति का मेम्बर बना कर अपना दाहिना हाथ बना लिया है। तालुक़ेदार भी उन्हें

1. वही, पृष्ठ 8, 9, 10
2. फाइल नं. 50/1921, सामान्य शाखा, उ.प्र. शासकीय अभिलेखागार, लखनऊ, पृष्ठ 183

ख़ूब मानते हैं। उनका यशगान करते-करते नहीं अघाते। उनकी पूजा-अभ्यर्थना करते नहीं थकते। इस काम में वे अपनी मूर्खता की पराकाष्ठा तक दिखा देते हैं। अभी एक सप्ताह की ही बात है, राजा महमूदाबाद ने गर्वनर महोदय के आदर करने की भावना में तल्लीन होकर प्रान्त के सामने गर्वनर महोदय का एक स्मारक बनाने का प्रस्ताव पेश किया था। उनका प्रस्ताव है कि गर्वनर की एक मूर्ति बने।'[1]

कांग्रेसियों की मज़बूत लॉबी इस दिशा में प्रयासरत थी कि किसी भी तरह प्रतापगढ़ के किसान आन्दोलन के तीखे तेवर को नरम कर दिया जाए। उसे अहिंसा और असहयोग के साँचे में ढाल कर कांग्रेसी नेतृत्व प्रदान कर दिया जाए। इसके लिए राम कथा-वाचक बाबा रामचन्द्र सबसे उपयुक्त करिश्माई व्यक्ति थे। वी.एन. मेहता के बाद आए प्रतापगढ़ के डिप्टी कमिश्नर जी.आई. विवियन ने 16 जनवरी, 1921 को कमिश्नर फ़ैज़ाबाद को 23 जनवरी को आयोजित होने वाले ज़िला प्रतापगढ़ की किसान सभा की बैठक का एजेंडा भेजा था जो इस प्रकार था—'भाषण, अध्यक्ष का चुनाव, अयोध्या सभा के प्रस्तावों को लागू करने पर विचार, किसान पाठशालाओं को खोलने पर विचार, रसीद लेकर कर देने की वकालत और कांग्रेस अधिवेशन के प्रस्तावों पर विचार।' कांग्रेसी नीति को कमिश्नर फ़ैज़ाबाद के 18 जनवरी, 1921 के पत्र से भली भाँति जाना जा सकता है जो उन्होंने मुख्य सचिव को लिखा था। उन्होंने किसान सभा की उक्त बैठक पर रोक लगाने की ज़रूरत नहीं समझी थी, क्योंकि उनका मानना था कि यह सभा, खेतिहरों में फैली उत्तेजना को दूर करने के लिए पर्याप्त होगी, क्योंकि किसान अब भी इस बात में सन्देह कर रहे हैं कि उनके नेता किराया न देने की राय देंगे या किराया देने की राय देंगे। चूँकि इस माह में तीनों ज़िलों में प्रतापगढ़ सबसे शान्त रहा है इसलिए सभा पर रोक लगाने की ज़रूरत नहीं है। मोहम्मद तकी ने अतिरिक्त पुलिस बल प्राप्त करने के बाद रेहवा लालगंज बाज़ार लूट से सम्बन्धित जिन 38 लोगों को गिरफ़्तार किया है और जिसके फलस्वरूप क्षेत्र में शान्ति स्थापित हुई है, वह सभा पर रोक लगाने से भंग होगी। कमिश्नर ने विवियन को कहा कि जब तक कोई अन्य आदेश न दिया जाए, माताबदल पांडेय को सूचित कर दिया जाए कि सभा पर कोई रोक नहीं है बल्कि माताबदल से कहें कि अन्य ज़िलों की हिंसा को देखते हुए भाषण का स्वर उदार रखने का प्रयास किया जाए।[2]

इससे साफ़ स्पष्ट है कि माताबदल पांडेय जैसे कांग्रेसी किसान नेता, सरकार के इशारे पर कार्य कर रहे थे। जैसा कि पहले ही बताया जा चुका है कि 10 फरवरी, 1921 को बाबा रामचन्द्र को गिरफ़्तार करा कर कांग्रेसियों ने जेल में डलवा दिया था। बाबा रामचन्द्र जेल में थे और प्रतापगढ़ शान्त था। भू-स्वामी, ज़मींदारों के

1. प्रताप, जनवरी 13, 1921
2. फाइल नं. 50/3/1921, सामान्य शाखा, उ.प्र. शासकीय अभिलेखागार, लखनऊ

कारिन्दे, पुलिस और प्रशासन के सहयोग से पूरे इलाक़े में आतंक मचा दिया था। किसानों के घर जलाए गए। औरतों की इज़्ज़त लूटी गई। उन्हें मारा-पीटा गया। जोतदारों की सम्पत्ति लूट ली गई, मगर कहीं भी कांग्रेसी नेताओं का दिल नहीं पसीजा। प्रतापगढ़ में 65 मामलों में 307 लोगों को निरुद्ध किया जा चुका था जिनमें से 50 मामले केवल किसानों के विरुद्ध थे।[1]

प्रतापगढ़ के डिप्टी कमिश्नर वी.एन. मेहता की छवि उदार प्रशासक की थी। उन्होंने अवध किसान सभा के गठन की तिथि 17 अक्टूबर, 1920 को उद्घाटन भाषण भी दिया था।

अयोध्या कांग्रेस, 20-21, दिसम्बर 1920 का निर्णय, किसान आन्दोलन को गति देने की दिशा में एक बड़ा क़दम था। हम इसके बारे में चर्चा कर चुके हैं।

अयोध्या किसान कांग्रेस के बाद इलाहाबादी कांग्रेसी बाबा रामचन्द्र के पर कतरने की ताक में थे। कांग्रेसियों की यह चाल तब स्पष्ट हो गई जब मदनमोहन मालवीय द्वारा स्थापित अख़बार **'द लीडर'** जनवरी 1921 के मध्य से ही बाबा रामचन्द्र को किनारे लगाने के लिए उनके ख़िलाफ़ माहौल बनाने में जुट गया। यहाँ तक कि इस अख़बार ने मुंशीगंज गोली कांड के लिए मुख्य रूप से ज़िम्मेदार तालुक़ेदार वीरपाल (अभिलेखों में बीरपाल लिखा गया है) सिंह का एक साक्षात्कार प्रकाशित किया, जिसमें वीरपाल सिंह कहता है—'धार्मिक तथा राजनीतिक गुरुओं की शिक्षाएँ, किसानों के कष्ट का कारण बन गई थीं, जो कि अपने को बाबा और महात्मा गांधी का अनुयायी कहते थे...उनके कार्य करने की पद्धति यह थी कि वे किसी गाँव में जाकर रहने लगते थे, गेरुआ वस्त्र धारण करते थे। प्रारम्भ में कुछ दिनों अथवा बहुत दिनों तक उपवास करते थे। ग्रामवासी यह समझते थे कि उनका संरक्षक आ गया है।'[2] अख़बार ने उस साक्षात्कार के साथ बाबा रामचन्द्र के साथ रहने वाली ठकुराइन के प्रकरण को प्रकाशित कर चारित्रिक कीचड़ उछालने का काम भी किया। नेहरू ने उसे पढ़ कर स्पष्ट करने की कोशिश की थी कि वर्तमान में बाबा आनन्द भवन में हैं न कि ठकुराइन के साथ कहीं भागे हुए हैं। उन्होंने कहा था कि बाबा रामचन्द के कहने पर ही सूखे और बाढ़ से प्रभावित होने के बावजूद किसानों ने लगान चुकाया है। ऐसे में संवाददाता को बाबा पर कीचड़ नहीं उछालना चाहिए।[3]

---

1. द लीडर 15 मई, 1921
2. द लीडर, 20 जनवरी, 1921
3. श्रीराम सिंह, वही, 1985, पृष्ठ 18, 19

अध्याय-6

रायबरेली का किसान विद्रोह

1921 में रायबरेली संयुक्त प्रान्त का एक छोटा ज़िला था जिसका क्षेत्रफल 1,748 वर्ग मील था। खेती प्रधान इस ज़िले की जनसंख्या लगभग 10 लाख थी, जिसमें 90 प्रतिशत हिन्दू थे। रायबरेली शहर की जनसंख्या अठारह हज़ार के लगभग थी। इस ज़िले के ज़्यादातर भू-स्वामी राजपूत या क्षत्रिय वर्ग के थे, जो कुल जनसंख्या का मामूली हिस्सा थे, उनका यहाँ की ज़मीन के दो तिहाई हिस्से (कुल ज़मीन का 66 प्रतिशत) पर क़ब्ज़ा था। यानी अधिकांश जनसंख्या के पास कोई ज़मीन नहीं थी। क़ेवल परगना डलमऊ के तालुक़ेदारों के पास ज़िले के कुल 395 महल* में से 228 महल थे और बाक़ी महल शेष व्यक्तिगत ज़मींदारों के पास थे। सबसे बड़ी तालुक़ेदारी परगना खजूरगाँव की थी, जिसमें 88 महल थे। यहाँ की धान प्रमुख फसल थी मगर पूरे संयुक्त प्रान्त की तुलना में अफीम सर्वाधिक बोई जाती थी।[1]

रायबरेली एक भिन्न प्रकार का ज़िला था। यहाँ के तालुक़ेदारों का वर्ग चरित्र दूसरे प्रान्तों या ज़िलों की तुलना में अत्यन्त घिनौना और क्रूर था। वे बेहद बदनाम थे। एक समय तो वे डकैतों को पालते थे और उनकी लूट से धन कमाते थे। ब्रिटिश सरकार ने 13 जून, 1913 को अपने आदेश संख्या 153 में उनके इस कृत्य का उल्लेख किया था और कहा था कि ख़ीरी के तालुक़ेदार, जहाँ सरकार को सहयोग कर डकैतों को पकड़वाते हैं, वहीं रायबरेली के तालुक़ेदार, डकैतों से धन कमाने के कारण कोई सहयोग नहीं करते।[2]

* महल—महलवारी व्यवस्था के अन्तर्गत, किसानों का समूह भूमि का स्वामी होता था। इसमें भूमि किसी एक व्यक्ति की नहीं बल्कि महल की होती थी। महल में शामिल सभी किसान सम्मिलित रूप से खेती करते थे तथा होने वाली आय को बाँट लेते थे। इस व्यवस्था में महल सम्मिलित रूप से लगान चुकाता था।

1. द नाटिंघम इवनिंग पोस्ट, सोमवार, 12 जनवरी, 1921; एडिटेड बॉय डी.ए.लो., कांग्रेस एंड द राज, फैक्ट्स ऑफ द इंडियन स्ट्रगल 1917-47, वही, पृष्ठ 200
2. फाइल नं. 50/1921, सामान्य शाखा, उ.प्र. शासकीय अभिलेखागार, लखनऊ; एडिटेड बॉय डी.ए.लो., कांग्रेस एंड द राज, फैक्ट्स ऑफ द इंडियन स्ट्रगल 1917-47, वही, पृष्ठ 200

रायबरेली के निम्नवर्गीय किसानों का उत्पीड़न चरम पर था। ज़मींदारों के जुल्म से आजिज आकर यहाँ की खेती करने वाली अनपढ़ कुर्मी, कोइरी, भर, पासी आदि जातियों ने किसान विद्रोह में बढ़-चढ़कर हिस्सा लिया।

1921 में यह विद्रोह व्यापक क्षेत्र में फैला। यह विद्रोह इतना संगठित था कि दो सौ मील के दायरे में अंग्रेजों, उनके सहयोगी अधिकारियों और अंग्रेज भक्त ज़मींदारों को कोई पानी नहीं देता था।[1]

दैनिक '**वर्तमान**', कानुपर ने 12 जनवरी, 1921 को छापा कि :

"ज़िला रायबरेली के किसान जाग्रत अवस्था में हैं। उन पर तालुक़ेदारों का भीषण अत्याचार होता रहा है। घोर असन्तोष फैला हुआ है। इधर-उधर कुछ लूट-पाट भी हो गई है। किसानों का आमतौर पर यह कहना है कि लूटमार, तालुक़ेदार के लोग अपने गुंडों से करवाते हैं, वह हमें भीषण षड्यंत्र में फँसाना चाहते हैं। यहाँ के किसान, तालुक़ेदारों के विरुद्ध अनेक तहसीलों में आन्दोलन कर रहे हैं। तालुक़ेदार इसे देखकर डर और सहम गए हैं। तरह-तरह की अफ़वाहें फैलाकर अधिकारियों के कान फूँक रहे हैं।"

रायबरेली का किसान विद्रोह स्वतःस्फूर्त ढंग से प्रारम्भ हुआ था। कांग्रेसियों ने इसकी सघनता, व्यापकता और जनसमर्थन को देखते हुए बाद में हस्तक्षेप किया। प्रान्त में कौंसिल का चुनाव होना था। दूसरी ओर असहयोग आन्दोलन का बिगुल भी बज चुका था। ऐसे समय में किसान विद्रोह में हस्तक्षेप किए बिना, कांग्रेस किसी किनारे नहीं पहुँचने वाली थी। कांग्रेस का हस्तक्षेप किसानों की मूल समस्याओं की दृष्टि से नहीं किया गया। तत्कालीन शहरी कांग्रेसी, किसान विद्रोह को अपने पाले में समेटने की नीति पर कार्य कर रहे थे। यह और बात है कि किसानों की असहयोग आन्दोलन में कोई रुचि नहीं थी। इसके प्रमाण मौजूद हैं। कमिश्नर लखनऊ, मि. फॉउनथार्प ने 14 जनवरी, 1921 को मुख्य सचिव, संयुक्त प्रान्त को लिखे पत्र में कहा था—

'किसान, असहयोग आन्दोलन में कोई रुचि नहीं ले रहे थे। जैसा कि कई मौकों पर यह तथ्य देखने को मिला कि जब वक्ताओं ने उन्हें असहयोग आन्दोलन के बारे में बताने की कोशिश कि तो उन्होंने सुनने से मना कर दिया। किसानों की रुचि केवल उनकी अपनी समस्याओं में, विशेषकर नज़राना और बेदख़ली में थी।"
जे.सी. फॉउनथार्प, कमिश्नर, लखनऊ मंडल।[2]

1. जयचन्द्र विद्यालंकार, भारतीय क्रान्तिमार्गी राष्ट्रीय विचारधारा सन् 1921 के बाद, श्री नटनागर शोध संस्थान, सीतामऊ, मन्दसौर, पृष्ठ 58
2. होम/पोलिटिकल-बी/1921, नोट्स संख्या 195-216ए, प्रोसीडिंग ऑफ द होम डिपार्टमेंट, फरवरी 1921, राष्ट्रीय अभिलेखागार, नई दिल्ली, पृष्ठ 27

जवाहरलाल नेहरू के सामने किसानों ने कहा था—'**खाये के मिले, हम स्वराज नाहीं चाहित।**'[1]

उपरोक्त पत्र में कमिश्नर ने आगे लिखा है कि 'किसान असहयोग आन्दोलन की उतनी ही कम परवाह करते थे जितना कि शौक़त अली (रामपुर) अपने आन्दोलन में किसान हितों की परवाह करते थे।' किसानों का ग़ुस्सा तालुक़ेदारों या ज़मींदारों के विरुद्ध इतना था कि उनका गाँवों में जाना सुरक्षित न था। किसानों का बैर, सरकारी कर्मचारियों के विरुद्ध नहीं था। तालुक़ेदारों का दमन इतना ज़्यादा था कि सरकारी कर्मचारियों की सहानुभूति किसानों के प्रति हो जाती थी मगर यह सरकारी पक्ष की बात थी। स्वयं कमिश्नर लखनऊ के निर्देश पर जिस तरह मुंशीगंज कांड में किसानों पर गोलियाँ चलाई गई थीं, उससे स्पष्ट था कि हाथी के दाँत खाने के अलग और दिखाने के अलग थे।

सरकार, किसानों के विद्रोही तेवर देख इस स्थिति में आ गई थी कि वह जल्द से जल्द अवध रेंट एक्ट में बदलाव चाहने लगी थी। वह विद्रोह से हो रहे दूरगामी नुक़सान को रोकने के लिए किसानों की ज़मीन से बेदख़ली और लगान वसूली की मनमानी नियंत्रित करना चाहती थी। कमिश्नर लखनऊ, मि. फॉउनथार्प ने अपने उपरोक्त पत्र में मुख्य सचिव को यह भी लिखा था कि अवध रेंट एक्ट में सुधार करते समय मुख्यत: दो बातों का ख़्याल रखा जाए—

1. भू-स्वामियों को वसूली के लिए ज़रूरी सुविधाओं सहित एक निश्चित लगान का आश्वासन दे दिया जाए, और
2. किसानों द्वारा निश्चित लगान चुकाने की एवज में एक निश्चित ज़मीन लीज अवधि का अवश्वासन दे दिया जाए। कमिश्नर ने अपनी राय के अनुसार लीज अवधि 14 साल करने का सुझाव भी दिया था।

सबसे पहले रायबरेली का दक्षिणी क्षेत्र, किसान अशान्ति से प्रभावित हुआ था। कमिश्नर ने अपने 14 जनवरी के पत्र में मुख्य सचिव को यह भी अवगत कराया था कि दक्षिणी रायबरेली के तालुक़ेदारों की शिकायतें हैं कि लगान वसूली की स्थिति में कठिनाई आ रही है। जैसे कि खजूरगाँव के राणा की, परन्तु रायबरेली के ठाकुर जगन्नाथ बख़्श सिंह के राज का प्रबन्ध सबसे उत्तम है।[2]

भूखे और ज़मीनों से बेदख़ल हुए किसानों की नज़रों में उनकी ही श्रम से लहलहा रही तालुक़ेदारों की फसल चुभी हुई थी। सरकारी रिपोर्ट के अनुसार 1920 की शरद ऋतु के बाद अर्थात् फरवरी 1920 के बाद से ही रायबरेली के दक्षिणी हिस्से में खेती-किसानी करने वालों द्वारा इधर-उधर घूम कर तालुक़ेदारों के विरुद्ध

---

1. द लीडर, 24 जनवरी, 1921
2. होम/पोलिटिकल-बी/1921, नोट्स संख्या 195-216ए, प्रोसीडिंग ऑफ द होम डिपार्टमेंट, फरवरी 1921, राष्ट्रीय अभिलेखागार, नई दिल्ली, पृष्ठ 27

भाषण देने की घटनाएँ सुनाई देने लगी थीं परन्तु किसान विद्रोह की पहली हिंसक घटना 2 जनवरी, 1921 को उड़वा (Undeva), थाना क्षेत्र जगतपुर, में हुई जिसमें तालुक़ेदार सरदार निहाल सिंह (भीरा गोविन्दपुर, खुरेटी के तालुक़ेदार) की गन्ना, गेहूँ और आलू की खड़ी फसल को किसानों की भारी भीड़ ने नष्ट कर दिया। नष्ट फसल का मूल्य आकलन नहीं किया जा सका। इसके बाद तो किसानों का ग़ुस्सा तेजी से फैला और फैलता गया तथा पूरे दक्षिणी अवध को अपनी गिरफ़्त में ले लिया। 2 जनवरी को ऐसी ही कई घटनाएँ प्रकाश में आईं। डलमऊ तहसील की एक बड़ी रियासत से दूसरी बड़ी रियासत की ओर किसानों की भारी भीड़ सर या सीर लैंड* की फसलों को नष्ट करने लगी। भीड़ 2,000 से 4,000 तक की थी जो पूरब, जगतपुर के निकट से पश्चिम, डलमऊ के निकट तक बढ़ रही थी। 3 जनवरी, 1921 को तालुक़ेदार ठाकुर रामप्रताप सिंह (नरेन्दरपुर चरहर/चौड़ीहार के तालुक़ेदार) की ग्राम-चिचौली स्थित सर लैंड की फसल नष्ट कर दी गई। नष्ट फसल का मूल्य 8,000 रुपए आँका गया। उनके हाते में स्थित ज़िलेदार के डेरे को नुक़सान पहुँचाया गया। 3 और 4 जनवरी को सलोन थानाक्षेत्र के तहसील परिसर में लगभग 3,000 किसान जमा हुए और उन्होंने बेदख़ली से मुक्ति की माँग की। 4 जनवरी को पुलिस अधीक्षक द्वारा किसी घटना का उल्लेख नहीं किया गया, मगर ठाकुर रामप्रताप सिंह ने सूचना दी कि वह उस दिन लखनऊ में थे तो चिचौली के उनके एक फॉर्म को पूरी तरह नष्ट कर दिया गया और जबरदस्ती उनके गोदाम को खुलवाकर उसमें रखा माल लूट लिया गया। लूटे गए माल की कीमत 5,000 रुपए बताई गई। टीकर अगाचीपुर, दीनशाह गौरा और धूता में भू-स्वामियों या उनके एजेंटों के माथे पर मारने की सूचना मिली थी। बताया गया था कि यहाँ के किसानों ने बेदख़ली न करने का आवेदन किया था। उन्होंने 10 से 75 रुपए तक भू-स्वामियों को दिए भी थे। डिप्टी कमिश्नर ने कमिश्नर लखनऊ को बताया था कि वे 5 जनवरी को नरेन्द्रपुर चौड़ीहार और चन्दरिका जा रहे हैं। मेयर (पुलिस अधीक्षक) वहाँ हैं। हमने 20 सशस्त्र पुलिसबल, मोटर बस से भेज दिया है। अब्दुल सामी मेरे साथ हैं। अगर फोर्स की ज़रूरत पड़ती है तो पाँच मील दूर चन्दरिका में आर्म्ड पुलिस है।[1]

एक ब्रिटिश अख़बार ने भी लिखा कि 4 जनवरी, 1921 को डलमऊ तहसील के दीनशाह गौरा और धूता में भी किसान विद्रोह देखने को मिला। डलमऊ तहसील में हज़ारों की संख्या में किसान जमा हुए। उन्होंने तालुक़ेदारों की खड़ी फसलों को

---

* सर या सीर लैंड (seer land)—तालुक़ेदार की निजी खेती करने योग्य ज़मीन जिस पर उनके आदमी स्वयं खेती कराते थे।

1. वही, पृष्ठ 11, 27; फाइल नं. 50/1921, सामान्य शाखा, ए.जी. शिरेफ, डिप्टी कमिश्नर, रायबरेली का 5 जनवरी, 1921 का डी.ओ. पत्र, जे.सी. फॉउनथार्प, कमिश्नर, लखनऊ को, उ.प्र. शासकीय अभिलेखागार, लखनऊ; ब्रिटिश इंडिया एसोसिएशन.कॉम

नष्ट किया। तहसील सीलवन के प्रांगण में, 300 से ज़्यादा किसान इकट्ठा हो गए और तालुक़ेदारों द्वारा की जा रही बेदख़ली से मुक्ति दिलाने की माँग की।[1] एक अन्य ब्रिटिश अख़बार ने 'भारत में किसान दंगा/राजनैतिक आन्दोलन का परिणाम' शीर्षक से समाचार छापा और कहा कि विगत 4 जनवरी से रायबरेली ज़िले में किसानों की भारी भीड़ घूम-घूम कर ज़मींदारों की फसलों को नष्ट कर रही है और उनके घरों पर आक्रमण कर रही है।[2]

जहाँ-जहाँ किसान विद्रोह हो रहा था, किसान ज़मींदारों के अन्न गोदामों के अलावा, कपड़ा बनियों की दुकानें भी लूट रहे थे। कपड़े की बढ़ी हुई कीमतें किसानों के लिए मुसीबत बन चुकी थीं। फ़ैज़ाबाद, रायबरेली, हरदोई या अवध प्रान्त की अन्य जगहों पर, जहाँ-जहाँ जोतदार किसानों ने विद्रोह किया था, हर कहीं चार आना* प्रति गज़ की दर से कपड़ा बेचने की माँग की गई थी। जाहिर है हर कहीं एक ही दर पर कपड़ा बेचने की माँग रखने की एक सुनियोजित नीति तैयार की गई होगी।

डीह बाज़ार की लूट

5 जनवरी को रामगुलाम पासी के नेतृत्व में किसानों ने तिलोई रियासत के डीह बाज़ार में प्रवेश किया और दुकानदारों को 4 आना प्रति गज़ की दर से कपड़ा बेचने को बाध्य किया। जब बदरी बनिया ने उनकी बात मानने से मना किया तो उसकी दुकान का कपड़ा लूट लिया।[3] आगे उल्लेख किया गया है कि यह घटना 5 के बजाय 6 जनवरी को घटित हुई थी। डीह में राजा तिलोई का जिल्ला (डेरा) था जहाँ उनके कारिन्दे रहते थे। **'द इंडिपेंडेंट'** अख़बार के अनुसार लगभग 40 किसानों का समूह साधु भेष में बाज़ार में प्रवेश किया था। किसी भी तालुक़ेदार के आदमी को नुक़सान नहीं पहुँचाया गया था। ज़िलेदार ने लूट के कारण क्षति को बढ़ा-चढ़ा कर बताया है जबकि व्यापारियों का कहना था कि नाममात्र को क्षति हुई है। पुलिस वाले रसद के लिए जनता को परेशान कर रहे हैं।[4]

रुस्तमपुर की लूट

5 जनवरी को ही रायबरेली से पूरब, थाना कोतवाली क्षेत्र में रुस्तमपुर रेलवे स्टेशन से सटे रुस्तमपुर बाज़ार के कपड़ा व्यापारी रूप सिंह की दुकान को लगभग 1,000

1. वेस्टर्न डेली प्रेस, ब्रिस्टल, बुधवार, जनवरी 19, 1921
2. नादर्न डेली मेल, सोमवार, 10 जनवरी, 1921; होम/पोलिटिकल-बी/1921, नोट्स संख्या 195-216ए, राष्ट्रीय अभिलेखागार, नई दिल्ली, पृष्ठ 7

* आना-रुपए का सोलहवाँ भाग या 6 पैसे का एक आना।

3. अभ्युदय, 14 जनवरी, 1921
4. द इंडिपेंडेंट, 14 जनवरी, 1921

किसानों की भीड़ ने लूट लिया, लेकिन उसे कोई नुक़सान नहीं पहुँचाया। रूप सिंह की दुकान ठकुराइन शिवराज कुँवर के घर के आँगन में, एक किराये के कमरे में थी। भीड़ ने उसके कमरे का दरवाज़ा तोड़ कर अन्य वस्तुओं को भी लूट लिया जिनमें उसकी बन्दूक़ भी शामिल थी। भीड़ की वजह से रेलवे स्टेशन को ख़तरा पैदा हो गया। स्टेशन मास्टर ने डिस्ट्रिक्ट ट्रैफिक सुपरिटेंडेंट, लखनऊ को 7 जनवरी को सूचित किया कि हम डरे हुए हैं। उन्होंने आगे कहा कि रायबरेली और प्रतापगढ़ के बीच सावधानी से ट्रेनों को चलाया जा रहा है और कुछ रेलवे कांस्टेबल तैनात करने की माँग की।[1] लेकिन कुछ अख़बारों के समाचार से ऐसा लगता है कि लूटपाट की बात झूठी थी। जैसे कि रूप सिंह बजाज का सामान तो तालुक़ेदार के घर में बन्द था।[2] '**द लीडर**', अख़बार के अनुसार, 'छोटी-छोटी आठ दुकानें लूटी गईं। रुस्तमपुर की ड्योढ़ी तथा उनके सेवकों के आवासों पर न आक्रमण हुआ, न लूटे गए। चार बोरा रद्दी, फटे काग़ज़, जो बही खाते के टुकड़े थे, रूप सिंह की दुकान में पाए गए। दो लकड़ी की आलमारियाँ तथा एक लोहे की तिजोरी सही पाई गई। ऐसा आभास होता कि भीड़ का अभिप्राय, लाभान्वित होना नहीं था। वहाँ के निवासियों का अभिमत है कि निकटस्थ जवार के कुछ गुंडों ने कुछ ग्रामीणों को बहकाया। कुछ तो राग-द्वेष से भी उत्प्रेरित थे। रुस्तमपुर की पुलिस धमका रही है कि वे गवाहियाँ दें। उनसे रसद व सब्जी-भाजी नि:शुल्क ली जा रही है।'[3] मामला तालुक़ेदार से सम्बन्धित था, इसलिए तुरन्त गौरीशंकर मिश्र, विश्वम्भरनाथ वाजपेयी तथा समिति के अन्य सदस्य रुस्तमपुर गए। गाँव वालों ने शिकायत की कि पुलिस उन्हें इस बात के लिए धमका रही है कि वे कहें कि मुराइयों से सब्जी और रसद का सामान बिना पैसा दिए, जबरदस्ती लिया गया है।[4]

रुस्तमपुर का उपद्रव, ज़मींदार के लोगों द्वारा प्रायोजित लग रहा था। लखनऊ के समाजसेवी जगन्नाथ प्रसाद, सूर्यप्रसाद तथा बालमुकुन्द जाँच के लिए गए। बाद में शंकरबख़्श सिंह, रामशरण पांडेय, मथुरा प्रसाद एवं अयोध्या बख़्श के बयानों से सनसनी फैलाने वाले तथ्य प्रकाशित हुए—11 जनवरी, 1921 को थानेदार अब्दुल रहमान और सिपाही सालिगराम हमारे गाँव पहुँचे और ठाकुर महादेव सिंह, छत्रपाल सिंह, शंभू मिश्र, बका ढफाली, रामलाल पासी, सत्यनारायण पांडेय, बिलेसर पासी और मालवा पासी को पकड़ ले गए। जिस समय रुस्तमपुर बाज़ार लूटी जा रही थी

1. होम/पोलिटिकल-बी/1921, नोट्स संख्या 195-216ए, प्रोसीडिंग ऑफ द होम डिपार्टमेंट, फरवरी 1921, राष्ट्रीय अभिलेखागार, नई दिल्ली, पृष्ठ 11; फाइल नं. 50/1921, सामान्य शाखा, उ.प्र. शासकीय अभिलेखागार, लखनऊ
2. प्रताप, कानपुर, 21 जनवरी, 1921
3. द लीडर, 13 जनवरी, 1921
4. द इंडिपेंडेंट, 13 जनवरी, 1921

उसी समय महादेव सिंह के लड़के के कफ़न-दफ़न में छत्रपाल सिंह, महावीर और महादेव सिंह मौजूद थे। शंभू सिंह तो उस दिन तहसील में थे। सरदार तालुक़ेदार इसलिए नाराज़ थे, क्योंकि कौंसिल चुनाव में उन्होंने वोट नहीं दिया था।[1] कोन्सा गाँव में यद्यपि कोई विद्रोहात्मक घटना नहीं हुई थी मगर 5 जनवरी को यहाँ किसानों की एक सभा हुई थी जिसमें कुछ कांग्रेसी नेता जैसे कालिका प्रसाद और माता प्रसाद मिश्र शामिल हुए थे।[2]

चन्दनिहां की घटना

5 जनवरी, 1921 को थाना क्षेत्र जगतपुर, तहसील डलमऊ से 16 किलोमीटर दूर चन्दनिहां में घटित घटना काफी गम्भीर थी और उसका दूरगामी परिणाम निकला। चन्दनिहां का तालुक़ेदार, ठाकुर त्रिभुवन बहादुर सिंह, अपनी क्रूरता, दमन और अमानवीय कृत्यों के लिए बदनाम था। उसकी एक प्रेमिका थी जिसका नाम अच्छीजान था। किसान उसे वेश्या या रंडी कहते। तालुक़ेदार अपनी प्रेमिका से प्रभावित था। उसे अपना लिया था और विवाहित रानी को त्याग दिया था जो आलमपुर में रहने लगी थी। अच्छीजान में प्रशासनिक योग्यताएँ भी थीं। वह राजा की उदासीनता के कारण स्वयं राजकाज चलाने लगी थी। चन्दनिहां के ठाकुरों को वह पसन्द न थी। ठाकुरों के विरोध के कारण उसने अपने कारिन्दों के माध्यम से कुछ ठाकुरों को दंडित किया था। इस प्रकार अच्छीजान के विरोध में ठाकुरों का होना भी चन्दनिहां घटना का एक कारण था। बाबा जानकी दास के नेतृत्व में 3,000 के लगभग ग़रीब किसानों की भीड़ नरेन्दरपुर की ओर जा रही थी। रास्ते में, चरहर में उन्हें अमोल या अनमोल शर्मा नामक एक किसान मिला, जिसे त्रिभुवन बहादुर सिंह ने ज़मीन से बेदख़ल कर दिया था। वे लोग त्रिभुवन सिंह की कोठी पर लगभग 1 बजे अपराह्न अमोल शर्मा की फ़रियाद लेकर पहुँचे। इस घटना के सम्बन्ध में दूसरी बात यह बताई जाती है कि किसानों की भीड़ को देखकर त्रिभुवन सिंह ने स्वयं उनकी शिकायत सुनने के लिए बुलाया। साथ ही साथ स्थानीय प्रशासन को यह कह कर सूचित कर दिया कि किसान उग्र हैं और मार-पीट करने को आमादा हैं। डिप्टी कमिश्नर को पहले से ही चन्दनिहां की ओर बढ़ती उग्र भीड़ के बारे में जानकारी थी और उसने रात में ही सशस्त्र पुलिस बल भेज दिया था। किसानों की माँग थी कि त्रिभुवन सिंह अपनी प्रेमिका अच्छीजान को हटाएँ जो जालिम प्रवृत्ति की है। साथ ही साथ वास्तविक तालुक़ेदार की विधवा पत्नी ठकुराइन शिवराज कुँवर को रानी के पद पर बहाल करें।

1. प्रताप, 19 जनवरी, 1921
2. मदनमोहन मिश्र, भूला जनपद : बिखरा इतिहास, रायबरेली स्वतंत्रता सेनानी इतिहास प्रकाशन समिति, 1984, पृष्ठ 118

किसान, तालुक़ेदार द्वारा नज़राना वसूलने और बेदख़ली से मुक्ति चाहते थे। बाद में किसानों पर तालुक़ेदार की कुछ सोने की अंगूठियों और सिक्कों के लूटने का भी आरोप लगा, जो किसानों को फँसाने के लिए प्रायोजित जान पड़ता है।[1]

कहा जाता है कि तालुक़ेदार का महल घेरने वाले किसानों ने अच्छीजान के विरुद्ध अशिष्ट टिप्पणियाँ भी कीं। नारे लगे—'राज बहादुर बाहर आएँ, रंडी को दफ़नाया जाए, रानी को बुलाया जाए। हारी-बेगारी बन्द हो। नोच-खसोट अब नहीं चलेगी। रंडीबाजी नहीं चलेगी।' बाबा जानकी दास ने तालुक़ेदार का हाथ पकड़ लिया था, इसलिए उन पर अँगूठी छीनने का आरोप लगा दिया गया।[2]

अमोल शर्मा और बाबा जानकी दास, दोनों कांग्रेसी थे और प्रतापगढ़ में गठित 'अवध किसान सभा' में भाग ले चुके थे। वे बाबा रामचन्द्र के क़रीबी भी थे। उन्होंने पहले ही चन्दनिहां में किसान आन्दोलन तेज करने के लिए बाबा रामचन्द्र को पत्र लिख कर बुलाया था मगर बाबा रामचन्द्र नहीं आए थे।[3]

किसानों की पहली माँग यह सिद्ध करती है कि महिला की राज्य प्रबन्धन में भागीदारी थी। जब तालुक़ेदार ने किसानों की माँग नहीं मानी तो उन्होंने तालुक़ेदार के महल को चारों ओर से घेर लिया। ठीक उसी समय डिप्टी कमिश्नर शीरेफ (Shirreff) और पुलिस अधीक्षक, स्थानीय तालुक़ेदार सरदार निहाल सिंह की गाड़ी में बैठकर, तालुक़ेदार की मदद के लिए घटनास्थल पर पहुँच गए और तालुक़ेदार को बचाया। डिप्टी कमिश्नर ने अपने बयान में कहा था कि 5 जनवरी की सुबह उन्होंने सरदार निहाल सिंह से कहा कि वह उन्हें अपने गाँव उड़वा (Undeva) ले चलने के बजाय, मुंशी मोहम्मद अब्दुल सामी, सब डिविजनल आफ़िसर, डलमऊ को अपनी मोटर में बैठाकर बढ़ती उग्र भीड़ की ओर लेकर चलें। उन्होंने नरेन्दरपुर चरहर के ठाकुर राम प्रताप सिंह को भी अपनी मोटरकार लेकर चलने को कहा। डिप्टी कमिश्नर दोनों मोटरकार लेकर नरेन्दरपुर गए जहाँ उन्होंने पाया कि भीड़, नरेन्दरपुर में बिना कुछ किए चन्दनिहां की ओर बढ़ गई थी। चन्दनिहां जाने पर पाया कि कचहरी परिसर (तालुक़ेदार का आवासीय परिसर का हिस्सा) में लगभग 3,000 की भीड़ जमा थी और बाबा जानकी दास बरामदे में खड़े होकर भाषण दे रहे थे। भयभीत तालुक़ेदार वहीं खड़ा था। तब तक सशस्त्र पुलिस बल नहीं पहुँचा था। डिप्टी कमिश्नर ने अपर्याप्त पुलिस बल के कारण कोई हस्तक्षेप नहीं किया। जब सशस्त्र

1. द लीडर, 14 जनवरी, 1921; होम/पोलिटिकल-बी/1921, नोट्स संख्या 195-216ए, प्रोसेडिंग ऑफ द होम डिपार्टमेंट, फरवरी 1921, राष्ट्रीय अभिलेखागार, नई दिल्ली, पृष्ठ 11, 28, श्रीराम सिंह, वही, पृष्ठ 36, 37
2. श्रीराम सिंह, वही, पृष्ठ 37
3. सूचना विभाग, स्वतंत्रता संग्राम के सैनिक, ज़िला रायबरेली, उत्तर प्रदेश, प्रेम प्रेस, आगरा, 1969, पृष्ठ च और छ

पुलिस बल पहुँचा तब किसान नेताओं बाबा जानकी दास, अमोल शर्मा और बद्री नारायण को गिरफ़्तार किया गया। इन नेताओं की गिरफ़्तारी के बाद कुछ भीड़ छँटी, मगर अब भी 2,000 से 3,000 की भीड़ बाहर के बाग़ीचे में जमा थी। अपने नेताओं की गिरफ़्तारी से किसान भड़क उठे और रास्ता अवरुद्ध कर ज़मीन पर लेट गए। जमा भीड़ जानकी दास और अन्य रिंग लीडरों के मुक्त कराए बिना वहाँ से हटने को तैयार न थी। उस समय डिप्टी कमिश्नर के पास 27 सशस्त्र पुलिस बल 240 राउंड गोलियाँ थीं। ज़िलाधिकारी रायबरेली ने कमिश्नर को 5 जनवरी को भेजे अपने टेलीग्राम में कहा था कि हम भीड़ पर तब तक गोली नहीं चलाएँगे जब तक कि (महल के घेरे खड़ी) भीड़ हम पर आक्रमण नहीं करती। हम शान्तिपूर्वक कोशिश कर रहे हैं कि सुबह होते ही तीनों गिरफ़्तार किसान नेताओं को महल से लेकर निकलें। सुबह गिरफ़्तार नेताओं को एक मोटरकार में बैठाकर महल से बाहर निकाला गया। दूसरी मोटरकार, जिसमें डिप्टी कमिश्नर थे, साथ चल रही थी। रास्ते में बाबा जानकी दास को भीड़ से बात करने का मौका मिल गया। उन्होंने किसानों से कहा कि सभी लोग अरखा (Arkha), जहाँ किसान सभा का कार्यालय था, जाएँ और किसानों को लेकर रायबरेली पहुँचें। डिप्टी कमिश्नर का अनुमान था कि ऐसा बाबा ने अपने को मुक्त कराने के उद्देश्य से ही कहा था। उसके बाद चन्दनिहां में जमा हुए किसान पैदल ही रायबरेली जेल की ओर चल दिए।[1]

जब डिप्टी कमिश्नर 6 जनवरी की सुबह तीनों किसान नेताओं को लेकर रायबरेली की ओर आ रहे थे तो उन्हे डलमऊ में, रुस्तमपुर में हुए 5 जनवरी के उपद्रव की सूचना मिली थी। उन्हें यह भी सूचना मिली थी कि किसानों द्वारा फ़ुर्सतगंज और मुंशीगंज बाज़ार को आज के दिन लूटने का कार्यक्रम बनाया गया है।[2]

इस प्रकार चन्दनिहां में जमा हुए 80 से 90 प्रतिशत किसान अपने तीनों गिरफ़्तार नेताओं को देखने और उनके सम्मान में पैदल ही रायबरेली की ओर चल दिए। 660 किसानों का पहला जत्था रायबरेली ज़िला जेल पहुँचा। उन्होंने यह सोचा कि बाबा रामचन्द्र को क़ैदी बनाया गया है और वे उन्हें प्रतापगढ़ की ही तरह मुक्त करा लेंगे।[3]

1. द पायनियर, 12 जनवरी, 1921; होम/पोलिटिकल–बी/1921, नोट्स संख्या 195–216ए, प्रोसीडिंग ऑफ द होम डिपार्टमेंट, फरवरी 1921, राष्ट्रीय अभिलेखागार, नई दिल्ली, पृष्ठ 11; जे.सी. फॉउनथार्प, कमिश्नर, लखनऊ को ज़िलाधिकारी रायबरेली (डिप्टी कमिश्नर) का 5 जनवरी, 1921 का टेलीग्राम, फाइल नं. 50/1921, सामान्य शाखा, उ.प्र. शासकीय अभिलेखागार, लखनऊ, पृष्ठ 5
2. डिप्टी कमिश्नर का बयान, फाइल नं. 50/1921, सामान्य शाखा, उ.प्र. शासकीय अभिलेखागार, लखनऊ
3. फाइल नं. 50/1921, सामान्य शाखा, ज़िलाधिकारी, रायबरेली का टेलीग्राम, 5 जनवरी, 1921 को जे.सी. फॉउनथार्प, कमिश्नर, लखनऊ को तथा डिप्टी कमिश्नर का बयान, उ.प्र. शासकीय अभिलेखागार, लखनऊ

एक बार किसानों ने भारी भीड़ के साथ, इससे पहले ज़िला प्रतापगढ़ में बाबा रामचन्द्र को जेल से छुड़ाने में सफलता पाई थी। रायबरेली के किसानों ने भी उसी घटना की पुनरावृत्ति करने की ठानी। जबकि प्रशासनिक अधिकारी किसी भी हालत में प्रतापगढ़ की घटना की पुनरावृत्ति नहीं होने देना चाहते थे। उन्होंने लखनऊ से फ़ौज बुलाई और मुंशीगंज के पूर्वी हिस्से पर घेराबन्दी कर ली।[1]

किसानों को यह पक्का पता ही न था कि चन्दनिहां में कौन-कौन किसान नेता गिरफ़्तार हुए हैं। कुछ का विश्वास था कि रामचन्द्र गिरफ़्तार हुए हैं और कुछ का विश्वास यह था कि महात्मा गांधी गिरफ़्तार हुए हैं।[2]

फॉरनन ने लिखा है—*'गाँव-गाँव से शोर सुनाई दे रहा था और प्रचारित किया जा रहा था कि बाबाजी गिरफ़्तार हो गए हैं। इसलिए प्रत्येक घर से एक आदमी गिरफ़्तारी देने के लिए भेजें। दूसरी बात यह सुनाई दी कि कहा जा रहा था कि जिस घर से कोई नहीं जाएगा, उसका सामाजिक बहिष्कार किया जाएगा। किसान गिरफ़्तारी देने के लिए आते गए। उनका पहला जत्था जेल भेज दिया गया। कुछ समय के बाद एक फ़कीर, रहमत अली शाह आगे बढ़े और उनके नेतृत्व में किसानों का जत्था जेल पहुँचा और अधिकारियों से बाबाजी के दर्शन करने, साथ ही साथ तालुक़ेदारी दमन को ख़त्म करने की माँग की। डिप्टी कमिश्नर शीरेफ ने रायबरेली जेल के पास फ़कीर के नेतृत्व में इकट्ठा किसानों को चले जाने को कहा और 5 जनवरी को गिरफ़्तार किए गए तीन नेताओं को मुक्त करने की माँग को किसी भी दशा में मानने योग्य नहीं बताया। लेकिन किसानों की भीड़ बढ़ती गई।*

6 जनवरी को पहुँचे 660 किसानों को गिरफ़्तार कर लिया गया था। उन्हें जेलों में रखने की समस्या को देखते हुए मुख्य सचिव ने डिप्टी कमिश्नर को 6 जनवरी को टेलीग्राम भेजते हुए सलाह दी कि आई.जी. जेल से बात कर दूसरी जेलों में ट्रांसफर के बारे में सोचें। उन्होंने इसकी जानकारी जे.डब्ल्यू. वुले, आई.जी. जेल, लखनऊ को भी दी थी। लेकिन बाद में इन गिरफ़्तार किसानों को चेतावनी देकर और आगे से अच्छा व्यवहार करने का आश्वासन लेकर मुक्त कर दिया गया। 6 जनवरी को डिप्टी कमिश्नर, रायबरेली ने अपने अपराह्न 1.30 के तार द्वारा कमिश्नर लखनऊ को अवगत कराया कि यद्यपि जेल के पास जमा भीड़ को तितर-बितर कर दिया गया है तब भी जेल के बाहर प्रदर्शन हो रहा है। कृपया इन तीनों किसान नेताओं को दूसरी जेल में भेजने की व्यवस्था करें।'[3] 6 जनवरी को मुख्य

1. सूचना विभाग, स्वतंत्रता संग्राम के सैनिक, ज़िला रायबरेली, उत्तर प्रदेश, प्रेम प्रेस, आगरा, 1969, पृष्ठ छ
2. फाइल नं. 50/1921, सामान्य शाखा ज़िलाधिकारी , रायबरेली का टेलीग्राम, 5 जनवरी, 1921 को जे.सी. फॉउनथार्प, कमिश्नर, लखनऊ को तथा डिप्टी कमिश्नर का बयान, उ.प्र. शासकीय अभिलेखागार, लखनऊ
3. फाइल नं. 50/1921, सामान्य शाखा, उ.प्र. शासकीय अभिलेखागार, लखनऊ

सचिव ने डिप्टी कमिश्नर को सूचित कर दिया था कि जानकी दास, अमोल शर्मा और बद्री नारायण सिंह को लखनऊ जेल में ट्रांसफर करने की अनुमति दे दी गई है। तीनों किसान नेताओं को रायबरेली जेल से लखनऊ जेल भेज दिया गया।[1] तीनों गिरफ़्तार नेताओं को रायबरेली जेल में होने के कारण ही यह अफ़वाह भी फैलाई गई थी कि अच्छीजान ने पुलिस को रिश्वत देकर नेताओं की हत्या करा दी है।[2]

इस प्रकार रायबरेली पूरी तरह सुलग चुका था।

ब्रिटिश अख़बार '**वेस्टर्न डेली प्रेस**', **बिस्टल,** ने मंगलवार, 11 जनवरी, 1921 को उपरोक्त तीन किसान नेताओं की गिरफ़्तारी का समाचार छापते हुए लिखा— 'रायबरेली में हज़ारों की संख्या में किसान ज़मींदारों के घरों पर आक्रमण कर रहे हैं। उनकी फसलों को नष्ट कर रहे हैं और घरों को लूट रहे हैं। 12 जनवरी को इसी अख़बार ने लार्ड रीडिंग को भारत का वायसराय बनाए जाने पर बधाई देते हुए लिखा कि 'संयुक्त प्रान्त की अशान्ति से निबटने के लिए वह सक्षम व्यक्ति हैं।' विदित हो कि 8 जनवरी, 1921 की रात में ही ब्रिटिश साम्राज्य द्वारा अप्रैल में सेवानिवृत्त हो रहे चेम्सफोर्ड, वायसराय और भारत के गवर्नर जनरल की जगह नियुक्ति की अधिकारिक घोषणा कर दी गई थी।[3]

6 जनवरी को रायबरेली में जारी उपद्रव को देखते हुए मुख्य सचिव जी.बी लम्बर्ट ने पुलिस मुख्यालय, इलाहाबाद को तार भेजते हुए डी.आई.जी. को तुरन्त रायबरेली पहुँचने को कहा था।[4] चन्दनिहां में तीन किसान नेताओं की गिरफ़्तारी का समाचार आग की तरह चारों ओर फैल गया था। इस समय दक्षिणी रायबरेली ज़िला बहुत ही अशान्त था। वहाँ तेजी से अराजकता की स्थिति बन गई थी। गम्भीर अपराध और लूट की घटनाएँ अत्यधिक बढ़ गई थीं।

6 जनवरी को निम्नलिखित घटनाएँ हुईं—

1. सरदार निहाल सिंह का अंटी (Anti) स्थित गोदाम (11 मील दक्षिण-पश्चिम) और ज़िलेदार ऑफिस को लगभग 100 किसानों की भीड़ ने सुबह 11 बजे के लगभग नष्ट कर दिया। यह स्थान नसीराबाद थानाक्षेत्र में पड़ता था।
2. नसीराबाद थानाक्षेत्र में लगभग 150 किसानों की भीड़ ने मऊ बाज़ार

---

1. द पायनियर, 12 जनवरी, 1921; होम/पोलिटिकल-बी/1921, नोट्स संख्या 195-216ए, प्रोसीडिंग ऑफ द होम डिपार्टमेंट, फरवरी 1921, राष्ट्रीय अभिलेखागार, नई दिल्ली, पृष्ठ 11; फाइल नं. 50/1921, सामान्य शाखा, ज़िलाधिकारी, रायबरेली का टेलीग्राम, 5 जनवरी, 1921 को जे.सी. फॉउनथार्प, कमिश्नर, लखनऊ को, उ.प्र. शासकीय अभिलेखागार, लखनऊ
2. श्रीराम सिंह, वही, पृष्ठ 40
3. द वेस्टर्न टाइम्स, मंगलवार, 11 जनवरी, 1921
4. फाइल नं. 50/1921, सामान्य शाखा उ.प्र. शासकीय अभिलेखागार, लखनऊ

(4 मील दक्षिण-पश्चिम) को और तिलोई राजा की सम्पत्ति सुबह 4 बजे के लगभग लूट ली।

3. सरदार बीरपाल सिंह के खुरहटी या खुरेंटी स्थित गोदाम (12 मील दक्षिण-पश्चिम) को लगभग 500 की भीड़ ने भोर में लगभग 3 बजे लूट लिया।
4. जैसा कि उल्लेख किया जा चुका है कि तिलोई रियासत के डीह नामक स्थान पर स्थित बदरी बनिया का घर और दुरजिया की मुसमात (विधवा) के घर को लगभग 200 लोगों ने दोपहर बाद लूट लिया। 'अभ्युदय' ने इस घटना को 5 जनवरी को घटित बताया है, जबकि सरकारी रिपोर्ट के अनुसार यह घटना 6 जनवरी को घटित हुई।
5. सुबह सात बजे, नसीराबाद थानाक्षेत्र में सरजू बनिया का घर और जगदीशपुर की मुसमात सधनी के घर को लगभग 200 लोगों की भीड़ ने लूट लिया।[1]

नसीराबाद बाज़ार लूट की घटना में 80 लोगों को गिरफ़्तार किया गया। बेलाखारा में भी किसान विद्रोह सुनाई दिया। इन दोनों स्थानों के बारे में 'प्रताप' में समाचार छपा—सलोन की पुलिस, गाँववालों पर दबाव डाल रही है तथा धमका रही है। कल लगभग 24 लोग मौज़ा बेलाखारा में और लगभग 80 नसीराबाद में गिरफ़्तार किए गए। उनके अपराध अभी नहीं बताए गए हैं। पंच और किसान सभाओं को व्यर्थ में घसीट लिया गया है। ताजा कोई उपद्रव नहीं हुआ। 4 और घायलों को अस्पताल पहुँचाया गया है। उनमें से एक मर भी गया। लखनऊ से सलोन और नसीराबाद में पं. बालमुकुन्द, पं. शिवबिहारी लाल, पं. कृष्णकान्त, तथा पं. जगन्नाथ प्रसाद पहुँच गए हैं। पं. देवीदत्त भी आज प्रात:काल आ गए।[2] बेलाखारा में रेल कुलियों ने छोटे व्यापारियों को लूटा। ग़ायब सामग्री में से कुछ बरामद हो गई है। पास-पड़ोस के बदमाशों ने यह अफ़वाह फैला दी है कि किसान सभा की ओर से लूटपाट की जा रही है जिससे किसान आन्दोलन बदनाम हो जाए।[3] 6 जनवरी 06 को लक्ष्मणपुर रेलवे स्टेशन के तार बाड़े के पास स्थित लक्ष्मणपुर बाज़ार को दो गैंगों के लगभग 300 किसानों ने लूट लिया था। इसकी जानकारी अवध और रूहेलखंड रेलवे के ट्रैफिक मैनेजर ऑफिस ने अपने पत्र संख्या जी-9/109 दिनांक, 7 जनवरी द्वारा दी थी।[4]

1. होम/पोलिटिकल-बी/1921, नोट्स संख्या 195-216ए, प्रोसीडिंग ऑफ द होम डिपार्टमेंट, फरवरी 1921, राष्ट्रीय अभिलेखागार, नई दिल्ली, पृष्ठ 11; फाइल नं. 50/1921, सामान्य शाखा, उ.प्र. शासकीय अभिलेखागार, लखनऊ
2. प्रताप, 13 जनवरी, 1921; द इंडिपेंडेंट, 13 जनवरी, 1921
3. द इंडिपेंडेंट, 14 जनवरी, 1921
4. फाइल नं. 50/1921, सामान्य शाखा, उ.प्र. शासकीय अभिलेखागार, लखनऊ

फ़ुर्सतगंज और मुंशीगंज बाज़ार की घटना

चन्दनिहां से चलकर 6 जनवरी को सुबह 10 बजे डिप्टी कमिश्नर रायबरेली पहुँच गए थे। जैसा कि पहले उल्लेख किया जा चुका है कि जब वे डलमऊ में थे तभी उन्हें इस बात की जानकारी मिल चुकी थी कि किसानों द्वारा उस दिन फ़ुर्सतगंज और मुंशीगंज बाज़ार लूटने का कार्यक्रम बनाया गया है। उन्होंने मुंशीगंज पुल और सई नदी के किनारे सशस्त्र पुलिस बल तैनात कर दिए तथा मुंशी (डिप्टी मजिस्ट्रेट) नसरुल्ला के साथ सशस्त्र बल, फ़ुर्सतगंज भेज दिया।[1]

6 जनवरी, 1921 को रायबरेली से दो मील दूर, थाना कोतवाली क्षेत्र में मुंशीगंज बाज़ार और 10 मील दूर, थाना नसीराबाद क्षेत्र में फ़ुर्सतगंज बाज़ार में, जो फ़ुर्सतगंज रेलवे स्टेशन के पास था, किसानों की भारी भीड़ ने धावा बोल दिया। उन्होंने बाज़ार को लूट लिया। मुंशीगंज बाज़ार की पुलिस सुरक्षा नहीं कर पाई।[2]

6 जनवरी को दोपहर बाद सरकार को सूचना मिली कि मुंशीगंज बाज़ार के पास भीड़ इकट्ठा हो रही है जो बाज़ार को लूटेगी। सिविल पुलिस ने कुछ सन्देहप्रद लोगों को गिरफ़्तार किया और सशस्त्र पुलिस मौक़े पर भेजी गई लेकिन उनके पहुँचने के पहले ही भीड़ तितर-बितर हो गई।[3]

एक दूसरी सरकारी रिपोर्ट के अनुसार, 6 जनवरी को 4,000 के लगभग किसानों की भीड़, जिन्हें ब्रिटिश सरकार बुरे आचरण करने वाली बता रही थी, ने फ़ुर्सतगंज बाज़ार पर धावा बोल दिया। किसान, बाबा रामचन्द्र की जय, महात्मा गांधी की जय, शौकत अली की जय और मोहम्मद अली की जय बोल रहे थे। वे तालुक़ेदारों के ज़ुल्मों के साथ-साथ, अनाज और कपड़ों की ऊँची कीमतों से भी परेशान थे। जब उन्होंने अनाज और कपड़ों की दुकानों को लूटना शुरू किया तो मजिस्ट्रेट ने भीड़ को रायबरेली जाकर अपनी शिकायतों के सम्बन्ध में प्रार्थना-पत्र देने को कहा।[4] बाज़ार में भीड़ बढ़ती जा रही थी। देखते ही देखते 8,000 से 10,000 की भीड़ हो गई। भीड़ ने बनियों से कहा कि या तो 4 आना प्रति गज़ की दर से कपड़ा बेचें या लूट-पाट झेलने को तैयार रहें। पुलिस ने किसानों की भीड़ पर पहले

1. डिप्टी कमिश्नर का 25 जनवरी, 1921 का बयान, फाइल नं. 50/1921, सामान्य शाखा, उ.प्र. शासकीय अभिलेखागार, लखनऊ
2. होम/पोलिटिकल-बी/1921, नोट्स संख्या 195-216ए, राष्ट्रीय अभिलेखागार, नई दिल्ली, पृष्ठ 8; द नाटिंघम इवनिंग पोस्ट, बुधवार, 12 जनवरी, 1921
3. होम/पोलिटिकल-बी/1921, नोट्स संख्या 195-216ए, मुख्य सचिव, संयुक्त प्रान्त जी.बी. लम्बर्ट द्वारा सचिव, भारत सरकार को दी गई सूचना, राष्ट्रीय अभिलेखागार, नई दिल्ली, पृष्ठ 10
4. होम/पोलिटिकल-बी/1921, नोट्स संख्या 195-216ए, राष्ट्रीय अभिलेखागार, नई दिल्ली, पृष्ठ 7, 22

हवा में गोली चलाई। भीड़ पर हवा में गोली चलाने का कोई असर न हुआ। किसान समझ रहे थे कि भीड़ बहुत ज़्यादा है और थोड़ी-सी पुलिस उनका कुछ बिगाड़ नहीं सकती। जैसे ही भीड़ ने दुकानों के सामान बाहर निकालना प्रारम्भ किया पुलिस को भीड़ पर गोली चलाने का आदेश दे दिया गया। 6 किसान मारे गए और 24 को पुलिस ने गिरफ़्तार कर लिया।[1] 15 से 20 मिनट तक गोलियाँ चलती रहीं। 59 शॉट दागे गए। एस.डी.एम. ने अपनी रिपोर्ट में कहा था कि उग्र भीड़ का उद्देश्य बाज़ार को लूटना था, जिसे किसी भी दशा में न्यायोचित नहीं कहा जा सकता, लेकिन उन्होंने लूटे गए सामान के नाम पर केवल कुछ तम्बाकू बरामद दर्शाया था।[2]

एक अन्य साक्ष्य के अनुसार 190 गोलियाँ दागी गई थीं। 10 लोग मारे गए थे और 50 से अधिक गम्भीर रूप से घायल हुए थे। ज़िला अस्पताल में 14 को भर्ती कराया गया था। किसानों का आरोप था कि लूटमार का कार्य आमतौर पर ख़ुद तालुक़ेदार के गुंडे कर रहे थे, जिससे किसानों को फँसाया जाए।[3]

भीड़ द्वारा लूटपाट करने का, झूठा आरोप लगाया गया था। सरकारी रिपोर्ट के अनुसार 6 जनवरी को फ़ुर्सतगंज बाज़ार की सुरक्षा के लिए डिप्टी मजिस्ट्रेट शेख नसरुल्ला, 12 सशस्त्र पुलिस और दो सिविल पुलिस की छोटी टुकड़ी के साथ तैनात था। सरकारी रिपोर्ट में शेख नसरुल्ला की बहादुरी की तारीफ़ की गई और कहा गया कि जैसे ही भीड़ ने दुकानों को लूटना शुरू किया, डिप्टी मजिस्ट्रेट ने पहले हवा में गोली चलवाई। बाद में उग्र भीड़ ने सीधे गोली चलाने को मजबूर किया जिससे चार लोग मारे गए और दो घायल हुए। घायलों में से एक ने बाद में दम तोड़ दिया। जाहिर है कि मारे गए और घायल किसानों की संख्या में यहाँ अन्तर है।[4]

फ़ुर्सतगंज बाज़ार की घटना को देखते हुए 6 जनवरी की शाम को 81 आर्म्ड पुलिस और घुड़सवार सेना के 27 जवान लखनऊ से भेजे गए[5] और लेबर कार्प्स की जगह पुलिस तैनात कर दी गई।[6] 7 जनवरी को मुंशीगंज के अलावा नसीराबाद थाना क्षेत्र में पाँच मील दूर बावनपुर में 50-60 किसानों की भीड़ ने शाम पाँच बजे कपड़ा व्यापारियों को लूटा। तिलोई रियासत के अन्तर्गत बिमियाँव में लगभग 300 किसानों की भीड़

1. द इंडिपेंडेंट, जनवरी 11, 1921
2. होम/पोलिटिकल-बी/1921, नोट्स संख्या 195-216ए, राष्ट्रीय अभिलेखागार, नई दिल्ली, पृष्ठ 24
3. श्रीराम सिंह, वही, पृष्ठ 45, 46
4. होम/पोलिटिकल-बी/1921, नोट्स संख्या 195-216ए, राष्ट्रीय अभिलेखागार, नई दिल्ली, पृष्ठ 7, 11
5. द नाटिंघम इवनिंग पोस्ट, बुधवार, 12 जनवरी, 1921; फाइल नं. 50/1921, सामान्य शाखा उ.प्र. शासकीय अभिलेखागार, लखनऊ
6. फाइल नं. 50/1921, सामान्य शाखा, उ.प्र. शासकीय अभिलेखागार, लखनऊ

ने शाम पाँच बजे स्वयंभर सिंह और लालता प्रसाद का घर लूट लिया। कुछ अन्य गैंग ने थाना मोहनगंज क्षेत्र में सात मील उत्तर स्थित ठगवाँ गाँव के उन जुलाहों के कपड़ों को शाम पाँच बजे लूट लिया, जिन्होंने कम दाम पर कपड़ा बेचने से मना किया। जगतपुर थाना क्षेत्र के आठ मील पश्चिम में बेलाखेड़ा में राय उमानाथ बख्श सिंह की रियासत में रमेश्वर नामक कपड़ा व्यापारी को बाज़ार जाते समय अपराह्न चार बजे के लगभग रास्ते में 12–13 लोगों द्वारा लूट लिया गया। सरकार का कहना था कि यह सूची पूरी नहीं है और कई अन्य जगहों पर भी लूटपाट हुई है।[1]

रायबरेली के किसान विद्रोह, मुंशीगंज और फ़ुर्सतगंज बाज़ार की घटना के सम्बन्ध में संयुक्त प्रान्त के मुख्य सचिव ने सचिव, भारत सरकार, गृह विभाग को 7 जनवरी को निम्न टेलीग्राम भेजा—

टेलीग्राम संख्या 21–एफ

दिनांक : लखनऊ, जनवरी 7, 1921

निम्नलिखित प्रेस विज्ञप्ति जारी की गई।

प्रारम्भ—आन्दोलनकारियों के प्रयास के परिणामस्वरूप, रायबरेली ज़िले के दक्षिणी भाग में, तालुक़ेदारों के तालुकों में जोतदारों की सरगर्मी, किसान अशान्ति के रूप में देखी जा रही है। डिप्टी कमिश्नर को सूचना मिली है कि गाँव वालों की भारी भीड़ जो कई हज़ार की संख्या में है, डलमऊ तहसील में एक रियासत से दूसरी रियासत में घूम-घूम कर तालुक़ेदारों की 'सर लैंड' की खड़ी फसलों को नष्ट कर रही है। एक स्थानीय तालुक़ेदार-सरदार निहाल सिंह, पुलिस अधीक्षक और 27 सशस्त्र पुलिस बल के साथ 5 जनवरी को मौक़े पर गया और भीड़ के तीन रिंग लीडरों को गिरफ़्तार कर लिया जो उस समय एक ज़मींदार के घर को घेरे हुए थे। यह कार्य बिना सशस्त्र पुलिस के गोली चलाए हो गया। एक अन्य घटना के 6 जनवरी को घटित होने की सूचना प्राप्त हुई है जहाँ भारी भीड़, जो सम्भवत: स्थानीय बुरे आचरण वालों की थी, मुंशीगंज बाज़ार (रायबरेली से दो मील दक्षिण) और फ़ुर्सतगंज रायबरेली से 10 मील पूरब (रेलवे स्टेशन है) बाज़ार को लूटने की तैयारी में थी। मुंशीगंज बाज़ार में लूट को रोका न जा सका, क्योंकि वहाँ की गश्त के लिए डिप्टी कमिश्नर और पुलिस अधीक्षक के देख-रेख में कुछ सशस्त्र बल के जवानों को, निहत्थे स्थानीय लेबर कार्प्स के सहयोग से तैनात किया गया था। फ़ुर्सतगंज बाज़ार में किसानों की भारी भीड़ ने धावा बोला जहाँ सब-डिवीजनल आफ़िसर (डिप्टी मजिस्ट्रेट), शेख नसरुल्ला, 14 सशस्त्र जवानों के साथ तैनात थे।

---

1. होम/पोलिटिकल–बी/1921, नोट्स संख्या 195–216ए, राष्ट्रीय अभिलेखागार, नई दिल्ली, पृष्ठ 11; फाइल नं. 50/1921, सामान्य शाखा, उ.प्र. शासकीय अभिलेखागार, लखनऊ

उन्हें भीड़ द्वारा गोली चलाने के लिए बाध्य किया गया जिससे चार लोगों के मारे जाने और दो के घायल होने की सूचना है अतिरिक्त सशस्त्र पुलिस बल और घुड़सवार पुलिस को 6 जनवरी की शाम वाली ट्रेन से भेज दिया गया है। कई गिरफ़्तारियाँ हुई हैं। कमिश्नर, मि. फॉउनथार्प घटनास्थल की ओर रवाना हो गए हैं—समाप्त। भारत सरकार को सूचित किया जाता रहेगा। बोर्ड ऑफ़ रेवेन्यू से अवध रेंट एक्ट में संशोधन के बारे में सुझाव माँगा गया है।*[1]

फ़ुर्सतगंज बाज़ार का विद्रोह सब डिविजनल मजिस्ट्रेट, तहसील सलोन, के इलाक़े का था और उसको रोकने की ज़िम्मेदारी स्वयं उन्हीं की थी। इसलिए उनका नज़रिया जानना भी ज़रूरी है जिससे हम समझ सकें कि औपनिवेशिक सत्ता किस तरह अपने कुकृत्यों को न्यायसंगत बनाने में जुटी थी। सब डिविजिनल मजिस्ट्रेट ने निम्नलिखित रिपोर्ट डिप्टी कमिश्नर को भेजी थी—

"आज (6 जनवरी, 1921) मैं दोपहर के 12 बजे हेड कांस्टेबल मि. फ़ारूक अहमद द्वारा डिप्टी कमिश्नर का एक आदेश प्राप्त किया कि ऐसी अफ़वाह है कि आज फ़ुर्सतगंज बाज़ार को लूटा जा सकता है। इसलिए वहाँ सशस्त्र पुलिस बल भेजा जाए और मैं ख़ुद मौक़े पर जाऊँ और ज़रूरी इन्तज़ाम करूँ। आदेश प्राप्त करने के बाद मैं डिप्टी कमिश्नर के पास गया, उनसे कुछ बातचीत किया और ज़रूरी निर्देश प्राप्त कर अपने न्यायालय के लिपिक रामसूरत, चपरासी हशमत और एक निजी नौकर अब्दुल घनी को साथ लेकर, एक किराये की मोटरगाड़ी से लगभग दो बजे अपराह्न फ़ुर्सतगंज बाज़ार पहुँच गया। वहाँ पहुँचकर मैंने पाया कि मेरे पहुँचने के कुछ समय पहले ही सशस्त्र पुलिस दल, जिसमें एक उप-निरीक्षक, एक हेड कांस्टेबल और दस सशस्त्र पुलिस बल थे, पहुँच चुके थे और वे बाज़ार के मध्य में तैनात थे। मैं भी बाज़ार में पहुँच गया और पाया कि कुछ दुकानें खुली थीं और दूसरी खुलने की प्रक्रिया में थीं। मैंने पाया कि 300 से लेकर 400 तक की भीड़, जिसके हाथों में लाठियाँ, कुछ के हाथों में बरछे और कुछ के हाथों में कुल्हाड़ियाँ थीं, बाज़ार में स्थित क्रासिंग (रेलवे क्रासिंग) पर खड़ी थी। मैंने सोचा कि यह उचित होगा कि दुकानें बन्द करा दी जाएँ जिससे यह देखकर कि बाज़ार बन्द है, लोग अपने घरों को लौट जाएँगे। मैंने ऐसा दुकानदारों को बताया और दुकानें बन्द हो गईं। लेकिन लाठियों से लैस भीड़ अपने स्थान पर खड़ी रही और महात्मा गांधी की जय, रामचन्द्र महराज की जय, शौकत अली, मुहम्मद अली की जय के नारे

---

* कमिश्नर, लखनऊ की अन्तिम रिपोर्ट में घायलों की संख्या 24 बताई गई है तथा एक और घायल किसान की मृत्यु का उल्लेख है। देखें होम/पोलिटिकल-बी/1921, नोट्स संख्या 195-216ए। राष्ट्रीय अभिलेखागार, नई दिल्ली, पृष्ठ 28

1. होम/पोलिटिकल-बी/1921, नोट्स संख्या 195-216ए। राष्ट्रीय अभिलेखागार, नई दिल्ली, पृष्ठ 8

लगाने लगी। भीड़ ने धीरे-धीरे बाज़ार से जाने का निर्णय लिया लेकिन आने वालों के कारण भीड़ बढ़ती जा रही थी। जब मैं उनसे बात कर रहा था तब भीड़ दक्षिणी दिशा की ओर, जहाँ आबादी ख़त्म हो रही थी, अग्रसर हो रही थी। वहाँ जाकर वे सभी आगे जाने से टाल-मटोल करने लगे। भीड़ एक दिशा से लौटती दिखी और फिर से दूसरी ओर से बाज़ार में प्रवेश कर गई। भीड़ के कुछ नेताओं ने मुझसे सम्पर्क किया और बहस की। जैसा कि उन्होंने मुझे बताया, उनके नाम थे—गाँव पोतनी के राम औतार और रामनारायण। गाँव कतवार मऊ के केदार ब्राह्मण, गाँव पूरा कालू के काली गूजर और गाँव पोतनी के अवसान ब्राह्मण। उन्होंने अन्न और कपड़ों की ऊँची कीमतों, तालुक़ेदारों और ज़मींदारों के घमंडी होने की शिकायत की। उन्होंने इन समस्याओं का निराकरण करने को कहा और कहा कि जब तक उनको सन्तुष्ट नहीं किया जाता वे यहाँ से अपने घर नहीं जाएँगे और अपनी पूरी ताकत से जो करना होगा, करेंगे। क़ानून और शान्ति-व्यवस्था बनाए रखने के लिए उन्हें रायबरेली जाने और ऊपर के अधिकारियों को प्रार्थना-पत्र देने का सुझाव दिया गया, जिससे जल्द इस सम्बन्ध में कार्यवाही की जा सके और जिससे मैं भी डिप्टी कमिश्नर को अपनी संस्तुति दे सकूँ। इसलिए उन्हें यहाँ से चला जाना चाहिए और कोई अपराध नहीं करना चाहिए। नेताओं ने चले जाने का आश्वासन दिया। उसके बाद जब कुछ भीड़ जाने लगी तो हज़ारों आदमियों की दूसरी भीड़, जो आस-पास के क्षेत्रों में कहीं छिपी हुई थी (डिप्टी कमिश्नर के 25 जनवरी के बयान के अनुसार बाज़ार के पूरब में स्थित बड़ी घास के पीछे छिपी थी), एकाएक मौक़े पर आ गई और जा रही भीड़ से बात करने लगी। उसके बाद सभी चिल्लाते हुए और 'जय... जय... ' बोलते हुए बाज़ार की ओर दौड़ पड़े। यह भीड़ लगातार बढ़ रही थी और सभी दिशाओं से बाज़ार में आती जा रही थी। वहाँ तैनात सिपाहियों से पर्याप्त दूरी पर जमा भीड़ को मैंने भी लाठियों से लैस देखा। मैं और कुछ दूसरे आदमी, जिनके नाम थे—गाँव के ज़िलेदार महादेव प्रसाद, गोकरन ब्राह्मण, गुलशेर सिंह ब्राह्मण, बिन्दा प्रसाद तरोना, विशेषर सिंह तरोना, महाबीर सिंह ब्राह्मण, कामता गुसाईं, हमारे नौकरों और कुछ दूसरे लोगों के साथ लगातार भीड़ को समझा-बुझा रहे थे कि बाज़ार में क़ानून व्यवस्था बनाए रखें और यहाँ से चले जाएँ। लेकिन वे इतने उत्साह से जबरदस्ती कर रहे थे कि किसी ने हमारी बातों पर ध्यान नहीं दिया। कभी वे कहते कि बनिया बहुत ज़्यादा मुनाफ़ा कमा रहे हैं। हम उनसे बदला लेंगे। कभी कहते कि अनाज और कपड़ों के दाम बहुत बढ़ा दिए गए हैं और कहते कि सभी दुकानदारों को तत्काल आदेश दिया जाना चाहिए कि वे चार आना प्रति गज़ की दर से कपड़ा बेचें और एक रुपए का आठ सेर आटा। अन्यथा वे शान्त न होंगे और दुकानों को लूट लेंगे, घरों को जला देंगे। मैं, कुछ अन्य लोगों के साथ, लगातार दो घंटे तक भीड़ से बातचीत करता रहा, लेकिन उनकी उत्तेजना और संख्या बढ़ती

जा रही थी। मेरे विचार से 8,000 से 10,000 तक की भीड़ बढ़ गई थी जो कुछ दुकानों और घरों की ओर दौड़ पड़ी। उन्होंने दुकानों में लगे तालों को तोड़ दिया और माल लूटने लगे, दंगा करने लगे। उन्हें लूटपाट और दंगा करने से रोकने के लिए मैं और गार्ड तुरन्त दुकानों के क़रीब पहुँच गए। लेकिन जैसे ही हम वहाँ पहुँचे, भीड़ 'जय...जय करती हुई दौड़ी और चिल्लाने लगी-इन्हें मार दो, जला दो और इनकी बन्दूकें छीन लो। उस गाँव के कुछ लोग और दूसरे गाँवों के कुछ लोग (सभी ज़मींदार या उनके आदमी) जो हमारे साथ थे, उन्होंने भीड़ को समझाने का प्रयास किया मगर उन पर भी आक्रमण किया गया। उन्होंने हम पर ईंट-पत्थरों, लाठियों, बरछों और कुल्हाड़ियों से आक्रमण किया और मारपीट करने लगे। हमारी ओर सभी ओर से ईंट-पत्थर और लाठियाँ फेंकी गईं। उनमें से एक ने मेरी ओर एक लकड़ी का टुकड़ा फेंका जो मेरे सिर में लगने से बचा, लेकिन सीने पर लगा। अन्यथा मैं गम्भीर रूप से घायल हो गया होता। वे कुछ और घरों को लूटने में लग गए। ख़ुद की, अपने हथियारों की सुरक्षा के लिए और भीड़ को आतंकित करने के लिए मैंने जवानों को आदेश किया कि वे अपने बन्दूक़ के अग्रभाग पर चाकू लगा लें और गोलियों के डिब्बों को खोल लें। इससे भीड़ पर कोई प्रभाव न पड़ा। उल्टे वे और हमारा मज़ाक़ उड़ाने लगे। अन्ततः मैंने जवानों को हवा में गोली दागने का हुक्म दिया कि शायद इससे भीड़ छँटे। लेकिन भीड़ चिल्लाने लगी—'इनकी बन्दूकें छीन लो। वे बहुत थोड़े हैं और हमारा कुछ नहीं बिगाड़ सकते।'

इसी समय एक लुटेरे ने अपनी कुल्हाड़ी मेरी ओर तानी, जिसे मैंने उसके हाथों से खींच लिया। यह वह समय था जब हम न तो भाग सकते थे और न छिप सकते थे। न तो भीड़ के अपराधी तत्वों के व्यवहार और उत्तेजना का प्रभाव कम हो रहा था। अन्त में मैंने गोली चलाने का आदेश किया जिससे कुछ घायल हुए और गिर पड़े। जैसा कि चारों ओर से आक्रमण हो रहा था, उसी तरह चारों ओर गोलीबारी की जा रही थी चारों ओर लोग घायल हो रहे थे और गिर रहे थे। लोगों का गिरना देख भीड़ तितर-बितर होने लगी और दूर भागने लगी। कुछ घरों और दुकानों से लूटे हुए माल के साथ दंगाई निकले। तुरन्त गोली चलाना रोक दिया गया और भीड़ को दूर भगाने के लिए कुछ और खाली शॉट दागे गए। अब भीड़ गाँव से बाहर जा चुकी थी, लेकिन अभी भी बाज़ार के चारों ओर थी। वे जय...जय...चिल्ला रहे थे। लूटने और आग लगाने की धमकी दे रहे थे। भीड़ को बाज़ार से बाहर करने के बाद पाया गया कि चार दंगाई मारे गए थे और तीन घायल हुए थे।[1]

पुलिस ने तीन अन्य को गिरफ़्तार किया जिनके पास से लूटा हुआ खाने का तम्बाकू बरामद किया और कुछ लाठियाँ और कुल्हाड़ियों को छीन लिया। वे सभी जो मारे गए थे या घायल थे, उन्हें एक कमरे में रख दिया गया जिससे भीड़ उन्हें ले

1. वही, पृष्ठ 28

जाकर फिर से उपद्रव न कर सके। मैं (किराये पर ली गई) मोटरगाड़ी के माध्यम से डिप्टी कमिश्नर को सूचित करना चाहता था और सुरक्षा व्यवस्था मज़बूत करना चाहता था, लेकिन पाया कि मोटर चालक पर भी आक्रमण हुआ था और वह अपनी जान बचाने के लिए रायबरेली की ओर भाग गया था। उसके बाद हमने तार देने को सोचा लेकिन भीड़ ने फ़ुर्सतगंज रेलवे स्टेशन की ओर जाने वाले हर निकास को बन्द कर रखा था। इस काम के लिए गाँव के ज़िलेदार को एक वृत्ताकार रास्ते से भेजा और वह किसी तरह से वहाँ पहुँचने में सफल रहा। टेलीग्राम में उसने जल्दी से संक्षेप में डिप्टी कमिश्नर को घटना की जानकारी दी और अतिरिक्त सुरक्षा बल भेजने को कहा। गाँव के लोग (फ़ुर्सतगंज गाँव के), दंगाइयों के डर से बाहर नहीं निकल रहे थे। डिप्टी कमिश्नर और पुलिस अधीक्षक लगभग साढ़े पाँच बजे अपराह्न पहुँचे। उन्होंने तथ्यों की जानकारी ली और मौक़े का मुआयना किया। उन्होंने मारे गए, घायलों, दंगाइयों और आक्रमण हेतु चलाए गए ईंट-पत्थर, कुल्हाड़ियों को देखा। गाँव के सभी निवासी और दूसरे वे लोग जिन्होंने हमारी सहायता की थी, घटना के बारे में बताया। फलस्वरूप डिप्टी कमिश्नर और पुलिस अधीक्षक ने घायलों और अन्य को मोटरगाड़ी से रायबरेली भेजा और आगे की सुरक्षा के लिए मुझे निर्देश दिए। पुलिस अधीक्षक ने मुझे आदेश किया कि जगतपुर के सर्किल इंस्पेक्टर को तार भेज कर बुला लूँ जिससे वह आकर मामले की जाँच करे। काफी मुश्किल से टेलीग्राम भेजा जा सका। मुझे मौक़े पर बने रहने और निर्देशानुसार आवश्यक व्यवस्था करने का निर्देश मिला। पूरा गाँव घबराहट और अशान्ति की दशा में था। कई प्रकार की अफ़वाहें फैल रही थीं कि दंगाई फिर से गाँव पर आक्रमण करने के लिए बढ़ रहे हैं। पुलिस ज़िम्मेदारी से अपनी ड्यूटी निभा रही थी। सभी दिशाओं में समुचित सुरक्षा व्यवस्था की गई। मैं स्वयं पूरी सुरक्षा व्यवस्था और क़ानून व्यस्था बनाए रखने में लगा था। अन्त में मैं इस टिप्पणी से कोई मदद नहीं लेना चाहता कि हमने दंगाइयों की उस भारी भीड़ द्वारा उत्पन्न मृत्यु के ख़तरे से फ़ुर्सतगंज गाँव के लोगों और सरकारी कर्मचारियों को बचा लिया। अन्यथा सभी सेवक मारे जाते और पूरा गाँव लूट लिया गया होता, जला दिया गया होता और अत्यधिक जन-धन की हानि हुई होती। भीड़ का रवैया दर्शा रहा था कि इतनी भारी भीड़ के आने का मतलब यही था कि वे अपराध करने के लिए पूरी तैयारी से आए थे। गाँव के लोगों से यह भी पता चला कि उन्हें ख़बर मिली थी कि दंगाई एक दिन पहले ही, जिस दिन रुस्तमपुर बाज़ार को लूटा गया था, फ़ुर्सतगंज बाज़ार को लूटने के दृढ़संकल्प के साथ आने वाले थे। हमने यह भी सुना कि दंगाई निम्नलिखित गाँवों बटूरा, अहल, खालिसपुर, पिरी, गोंडूवरू, मछाडा, रतनसीपुर, केसरिया, सलीमपुर, कोलतई, नसीराबाद, पूरा कालू मिसिर इत्यादि के भी निवासी थे और डलमऊ, सलोन, नसीराबाद कोतवाली इलाक़े के तथा प्रतापगढ़ ज़िले के भी लोग थे। हमारे लोग, कर्मचारी और मैंने, भीड़ से घंटों बातचीत

की। वे सभी आसानी से देखकर पूरी तरह पहचाने जा सकते हैं। इनमें से बहुतों को कुछ लोग पहले से जानते हैं। मुख्य बात यह कहनी है कि फ़ुर्सतगंज बाज़ार का रामजीवन पासी कैसे दंगाइयों से मिल गया और उसके हाथों में घाव भी पाया गया। यह भी देखा गया कि कुछ और लोग भी घायल हुए थे जिन्हें भीड़ अपने साथ लेती गई थी। इस भीड़ में मुख्यत: अपराधी आदिवासी थे।[1]

सब डिविजनल ऑफिसर ने अपनी रिपोर्ट में अपने कृत्यों को सही साबित करने के लिए जो कुछ कहा है वह सामान्य विश्लेषण से ख़ारिज हो जाता है। भीड़ की संख्या 10,000 तक बताई जा रही है और उन्हें उत्तेजित तथा बरछे और कुल्हाड़ी से लैस बताया जा रहा था मगर, किसी भी ज़मींदार या सिपाही के शरीर पर बरछे या कुल्हाड़ी के घाव के प्रमाण प्रस्तुत नहीं किए गए। उतनी भारी भीड़ अगर हिंसक होती तो मुट्‌ठी भर सिपाहियों का बच निकलना असम्भव था। दूसरी ओर रिपोर्ट में कहा जा रहा है कि गोली चलाने पर लोग घायल हुए और गिरने लगे। 10,000 की भीड़ में से घायलों की संख्या महज तीन बताई गई है जो हास्यास्पद लगती है। इस रिपोर्ट में 'अपराधी आदिवासी' का आशय निम्न जातियों के किसानों से ही है।

कमिश्नर लखनऊ की अन्तिम रिपोर्ट बताती है कि फ़ुर्सतगंज बाज़ार में ही पहली बार फायर आर्म्स का प्रयोग किया गया था।[2]

फ़ुर्सतगंज से रायबरेली लौटने के बाद डिप्टी कमिश्नर और पुलिस अधीक्षक ने स्टेशन की ओर जाने वाली सड़क पर पुलिस बल तैनात किया। वे लोग एक बार फिर रात में फ़ुर्सतगंज बाज़ार गए, जहाँ पुन: लूटने की सूचना थी मगर वहाँ शान्ति पाई गई। सुबह तीन बजे (7 जनवरी) वे लोग मुंशीगंज के बाहर निकले तो देखा कि सड़क के दोनों ओर किसानों की भारी भीड़ सो रही है। डिप्टी कमिश्नर ने लेबर कार्प्स के एक भारतीय अधिकारी के साथ पुलिस अधीक्षक द्वारा उपलब्ध कराई गई घुड़सवार पुलिस और बिना हथियार के कुली कार्प्स के जवानों को सो रही भीड़ पर नज़र रखने के लिए तैनात कर दिया।[3]

सरकारी रिकॉर्ड के अनुसार चार मृतकों में से तीन के पते अज्ञात हैं। चौथा, बाबा पुत्र इसरी था, जो खालिसपुर, नसीराबाद का रहने वाला था। इसका बाप, घायलों की सूची में था। फ़ुर्सतगंज बाज़ार की फायरिंग में जिन घायलों का मेडिकल रिपोर्ट तैयार हुआ था वे थे—इसरी पुत्र बख्तावर पासी (खालिसपुर, नसीराबाद), पनडोही पासी (दोनों 6 जनवरी को अस्पताल में भर्ती हुए थे), सरजू मुराई पुत्र पंचम (ग्राम-अमीरपुर, भरनी, नसीराबाद, जनवरी 7 को भर्ती), धुनई चमार, औतार पासी, सरजू मुराई

1. वही, पृष्ठ 22-24
2. वही, पृष्ठ 28
3. डिप्टी कमिश्नर का 25 जनवरी, 1921 का बयान, फाइल नं. 50/1921, सामान्य शाखा, उ.प्र. शासकीय अभिलेखागार, लखनऊ

(द्वितीय) और बुधई कुर्मी (सभी 11 जनवरी को भर्ती), सूचित पासी, साधु मुराई, और रामनाथ अहीर (12 जनवरी को भर्ती), महेश्वर मुराई, मंगल गड़रिया, औसान गुसांई, छंगा कोरी, मनगे पासी और बुधई कोरी (सभी 13 जनवरी को भर्ती), महावीर मुराई, चिन्तन भुजी और हूबा चमार (14 जनवरी को भर्ती), नन्हा पासी और बिशेसर पासी (सभी 17 जनवरी को भर्ती), रामचरन ब्राह्मण, काली पासी और रामजीवन पासी भी अस्पताल में भर्ती हुए थे। निश्चय ही घायलों की संख्या ज़्यादा होगी, मगर डर कर घायल किसान अस्पताल नहीं आए होंगे। फिर भी उपरोक्त 24 घायलों की सूची इस तथ्य को बताने को पर्याप्त है कि किसान विद्रोह में मुख्यत: निम्न जातियाँ- मुराई, पासी, चमार, कुर्मी, कोरी, भुर्जी आदि शामिल थीं।[1]

मुंशीगंज पुल की घटना

6 जनवरी को चन्दनिहां में गिरफ़्तार कर रायबरेली जेल लाए गए तीन किसान नेताओं को मुक्त कराने के लिए भीड़ मुंशीगंज बाज़ार से जेल तक जमा हो चुकी थी। 7 जनवरी को एक बार फिर दिन में मुंशीगंज और रायबरेली शहर मार्ग के बीच लगभग 3,000 किसानों की भीड़ इकट्ठा हो गई। उस भीड़ को सड़क मार्ग से हट जाने के लिए डिप्टी कमिश्नर और कुछ अन्य लोगों ने भी सम्बोधित किया। बड़ी मुश्किल से भीड़ मुंशीगंज पुल के दूसरी तरफ़ गई। ये सभी किसान अपने साथ झोला, उसमें चने का भूजा, लोटा-डोरी और हाथ में लाठी लेकर आए थे। 10 बजे तक किसानों की भीड़ सई नदी के पुल के दूसरी ओर नदी के किनारे-किनारे फैल चुकी थी। घुड़सवार उन्हें पीछे हटाते मगर भीड़ का रेला फिर अपनी जगह पर लौट आता। पुलिस अधीक्षक मि. एस.आर. मेयर्स परेशान नज़र आ रहे थे।[2]

एक बार लेबर कार्प्स के सैनिकों द्वारा भीड़ को मुंशीगंज पुल के दूसरी ओर खदेड़ दिया गया, लेकिन पुल के दूसरी ओर किसानों का नया जत्था आ पहुँचा। देखते-देखते भीड़ 7,000 से 10,000 तक जा पहुँची थी। इतनी भीड़ को नियंत्रित कर पाना सम्भव न था। डिप्टी कमिश्नर और पुलिस अधीक्षक के प्रयास से और कुछ दूसरे कारणों से भी भीड़ कुछ कम हुई। 11 बजे के आसपास डिप्टी कमिश्नर शीरेफ ने भगवती प्रसाद को छोड़ने का संकेत किया। वीरपाल (अभिलेखों में बीरपाल) सिंह ने अपनी कार में मुंसिफ़ कमिश्नर को लिया और भगवती प्रसाद को मुक्त करने के लिए जेल गए। भगवती प्रसाद का अपराध इतना ही था कि वह भीड़ को हटाने में बाधा पहुँचा रहे थे। पुल के पास जमा किसान खाना पका रहे थे। उनसे कहा गया कि वे अपनी लाठी जमा कर दें। मगर किसानों ने लाठी जमा नहीं की।

1. फाइल नं. 50/1921, सामान्य शाखा, उ.प्र. शासकीय अभिलेखागार, लखनऊ, पृष्ठ 691
2. श्रीराम सिंह, पृष्ठ 52, 53

सरकार का कहना था कि अधिकारियों ने किसानों को समझाने और वापस लौटने का अनुरोध किया मगर भीड़ वापस जाने के बजाय पुलिस बल पर कंकड़-पत्थर फेंकने लगी। लाठियों से भी आक्रमण किया गया। घुड़सवार सेना को भी चोटें लगीं। दो सैनिकों को चोट लगने के कारण घोड़ों से हटाया गया। इसके बाद पुलिस के लिए गोली चलाना आवश्यक बताया गया। जब सभी तरीक़े असफल हो गए तो 200 से 300 गज़ की दूरी से किसानों पर गोली चलवा दी गई। अपने कृत्य के बचाव में प्रान्तीय सरकार का कहना था कि यदि गोली चलाने का सहारा नहीं लिया गया होता या पुलिस ने जबरदस्ती न की होती तो भीड़ शहर में घुस जाती और उसका परिणाम वही होता जो दूसरी जगहों पर हुआ था।[1]

पुल पर रात में ही भीड़ इकट्ठा हो गई थी। नेताओं को छोड़ने के लिए गगन-भेदी नारे लगाए जा रहे थे। शहर के लोग सशंकित थे कि भीड़ न जाने क्या उत्पात करे। जनता से जाने के लिए लगातार कहा जा रहा था, लेकिन वह टस से मस नहीं हो रही थी। कांग्रेसी कार्यकर्ताओं ने भयावह स्थिति देखकर मोतीलाल नेहरू को तार भेजकर सूचना दी। तार मिला जवाहरलाल नेहरू को। वह तार मिलते ही तुरन्त पंजाब मेल से रायबरेली के लिए रवाना हो गए।[2]

दोपहर बाद 1.30 बजे, जब डिप्टी कमिश्नर पुल के पास थे, वकील जे.एन. केर ने उन्हें बताया कि जवाहरलाल नेहरू ने कुछ लोगों को रायबरेली शहर भेजा है और वह ख़ुद दो बजे अपराह्न की मेल ट्रेन से पहुँचने वाले हैं। शीरेफ को जैसे ही पता चला कि नेहरू आ गए हैं। उसने एक पेंसिल नोट नेहरू के पास लिखकर भेजा। जिसमें लिखा था—"पं. जवाहरलाल नेहरू, आप को सूचित किया जाता है कि आपकी इस ज़िले में उपस्थिति वांछित नहीं है। आपको निर्देशित किया जाता है कि आप अगली ट्रेन से ज़िला छोड़ दें।" (Pt. Jawahar Lal Nehru, You are hereby informed that your presence in this district is not desired–you are directed to leave by the next train)। नेहरू ने शीरेफ के नोट के पीछे लिख कर उत्तर भेजा कि मैं जानना चाहूँगा कि यह औपचारिक आदेश है या मात्र एक अनुरोध। अगर यह पहले वाला है तो औपचारिक तरीक़े से धाराओं आदि का उल्लेख करते हुए तैयार किया जाना चाहिए। जब तक ऐसा आदेश मुझे नहीं दे दिया जाता, मैं यहीं बना रहूँगा। (I should like to know if this is a formal order or a mere request. If it is the former then it should be drawn up in a formal manner mentioning the Section etc. Until such an order is served on me I Propose to remain here)।[3]

---

1. होम/पोलिटिकल-बी/1921, नोट्स संख्या 195-216ए, राष्ट्रीय अभिलेखागार, नई दिल्ली, पृष्ठ 11; एस. गोपाल, जे.एल. नेहरू-ए पोलिटिकल बायोग्राफी वाल्यूम 1, बॉम्बे, 1975, पृष्ठ 51
2. सूचना विभाग, स्वतंत्रता-संग्राम के सैनिक, ज़िला रायबरेली, वही, पृष्ठ छ
3. डिप्टी कमिश्नर का 25 जनवरी, 1921 का बयान, फाइल नं. 50/1921, सामान्य शाखा, उ.प्र. शासकीय अभिलेखागार, लखनऊ

नेहरू ने रायबरेली के कुछ कांग्रेसियों को साथ लिया और पैदल ही मुंशीगंज पुल की ओर चल पड़े। नेहरू को, जहाँ से सेना गोली चला रही थी, उसके निकट जाने से रोक दिया गया। नेहरू ने वहाँ 3,000 से 4,000 किसानों को सम्बोधित किया और कोशिश की कि भीड़ शान्ति बनाए रखे। उन्होंने पहले की तरह किसानों से स्वराज के लिए संघर्ष करने के लिए असहयोग आन्दोलन के साथ आने को कहा। उन्होंने कहा कि स्वराज मिलते ही उनकी सभी समस्याओं का निराकरण हो सकता है।[1] जब डिप्टी कमिश्नर वापस पुल पर आए तो सूचना मिली कि पं. जवाहरलाल पुल से शहर की ओर जाने वाली सड़क के किनारे एक सभा को सम्बोधित कर रहे हैं। शीरेफ ने सरदार वीरपाल सिंह की मोटरगाड़ी से पुल पार किया और पाया कि लगभग 1,000 लोग नेहरू का भाषण सुन रहे हैं। ये वही किसान थे जिन्हें उन्होंने और पुलिस अधीक्षक ने 11 बजे तितर-बितर किया था परन्तु वे पूरे दिन जेल के आसपास मँडराते रहे। शीरेफ सभा से लगभग 50 गज़ की दूरी पर खड़े हो गए और नेहरू को कहलाया कि वह बात करना चाहते हैं। नेहरू उनकी गाड़ी के पास आए। डिप्टी कमिश्नर ने सभा करने पर रोक होने की बात बताई और कहा कि उनके आदेश का हर हाल में पालन होना चाहिए। इस पर नेहरू मान गए और वापस जाने के बाद लगभग 15 मिनट में सभा समाप्त कर लोगों को चले जाने को कहा। उसके बाद वह स्वयं शीरेफ के साथ गाड़ी में बैठकर उनके बँगले पर चले गए।[2] डिप्टी कमिश्नर द्वारा जवाहर लाल नेहरू को अपने बँगले में ले जाने का अर्थ भीड़ ने यह निकाला कि शायद नेहरू को गिरफ़्तार कर लिया गया है। यह सोच एक बार फिर भीड़ डिप्टी कमिश्नर के बँगले पर जमा होने लगी लेकिन नेहरू ने भीड़ को समझा-बुझा कर वापस कर दिया।[3] विदित हो कि जब पंडित जगतनारायण ने 29 जनवरी को डिप्टी कमिश्नर ए.जी. शीरेफ से बहस की थी और पूछा था कि आप पुल पार कर जब नेहरू से मिले थे तब या तो घोड़े पर सवार थे या पैदल तो शीरेफ ने 'हाँ' कहा था। शीरेफ का यह कथन वीरपाल सिंह की मोटरगाड़ी के उपयोग को नकारता है।[4]

जब नेहरू स्टेशन से मुंशीगंज पुल की ओर पैदल बढ़े थे तब आबकारी के मोड़ तक पहुचते ही उन्हें गोली चलने की आवाज़ सुनाई दी थी। यहीं पर दारोग़ा ने शीरेफ का पेंसिल नोट थमाया था। जब नेहरू उसके बाद भी आगे बढ़े और पुल के पश्चिमी किनारे पर कच्ची मिट्टी के चबूतरे से भीड़ को सम्बोधित करने लगे थे तब शीरेफ

1. द इंडिपेंडेंट, 11 जनवरी, 1921 (according to S.Gopal, Nehru was urging the Kisans to be quite and peaceful)
2. डिप्टी कमिश्नर का 25 जनवरी, 1921 का बयान, फाइल नं. 50/1921, सामान्य शाखा, उ.प्र. शासकीय अभिलेखागार, लखनऊ
3. स्वतंत्रता-संग्राम के सैनिक, ज़िला रायबरेली, वही, पृष्ठ ञ
4. फाइल नं. 50/1921, सामान्य शाखा, उ.प्र. शासकीय अभिलेखागार, लखनऊ

और वीरपाल सिंह ने शहर के कुछ और लोगों के साथ उस भीड़ को जाने को कहा था। सूचना विभाग की पुस्तक में एक अप्रमाणित तथ्य यह दिया हुआ है कि इसी बीच वीरपाल सिंह ने भीड़ में सबसे आगे खड़े अपनी रियाया शिवबालक को देखकर गाली दे दी थी। शिवबालक ने वीरपाल को जवाब दे दिया था जिस पर ग़ुस्सा हो कर वीरपाल ने अपनी पिस्लौल से गोली चलानी शुरू कर दी थी। देखते ही देखते अगली पंक्ति में खड़े शिवबालक समेत कई किसान मारे गए, जिनमें पंचम पासी, नन्हू नाऊ तथा सुक्खी और दुक्खी दो सगे भाई शामिल थे। वीरपाल सिंह द्वारा गोली चलाने के बाद घुड़सवार सैनिकों ने समझा कि डिप्टी कमिश्नर के आदेश पर गोली चलनी शुरू हुई है। उसके बाद तो भीषण रक्तपात हुआ। बगल में बहने वाली सई नदी में तमाम लाशें फेंक दी गईं।[1]

7 जनवरी के बाद रायबरेली में भारी पुलिस बल तैनात कर दिया गया। आई.जी. संयुक्त प्रान्त ने जनवरी 8 को मुख्य सचिव को अर्द्ध शासकीय पत्र संख्या 23 लिखते हुए जानकारी दी—'कमिश्नर लखनऊ का जनवरी 7 का तार मुझे 3 बजे अपराह्न में मिला था। तार मिलते ही मैंने पुलिस अधीक्षक इलाहाबाद, प्रतापगढ़, सुल्तानपुर, हरदोई, उन्नाव, सीतापुर, बाराबंकी, फ़ैज़ाबाद, बरेली और कानपुर को आदेश दिया कि सुरक्षा बल भेजे जाएँ। अपराह्न 4.15 पर आपका भी तार मिला। मैंने मि. रेयनॉर, कार्यालय अधीक्षक को विशेष ट्रेन की व्यवस्था करने को कहा। मैं स्वयं पुलिस लाइंस गया। वहाँ 112 सशस्त्र पुलिस बल की व्यवस्था की और शाम 19.57 पर विशेष ट्रेन से भेज दिया। इलाहाबाद के अलावा अन्य ज़िलों से 80 सशस्त्र पुलिस बल और 50 घुड़सवार सेना की व्यवस्था हो पाई। उन्हें भी रायबरेली पहुँचने को कहा गया है। हेड कांस्टेबलों सहित कुल लगभग 300 सशस्त्र पुलिस बल रायबरेली भेजे गए। इलाहाबाद में घुड़सवार (Sowars) उपलब्ध न होने के कारण कोई घुड़सवार नहीं भेजा जा सका। यहाँ की ज़्यादातर घुड़सवार पुलिस (Mounted) मिलिटरी कैम्प मिर्ज़ापुर गई हुई है। गार्डन ने 20 घुड़सवार पुलिस भेजी है। फ़ैज़ाबाद, कानपुर और बरेली से 50 घुड़सवार पुलिस को पहुँचने को कहा है जो 8 जनवरी को पहुँच रहे हैं। डी.आई.जी. रायबरेली पहुँच रहे हैं। 7 जनवरी की रात 11 बजे मि. मेयर, पुलिस अधीक्षक रायबरेली का तार मिला कि बाबू जानकी दास को गिरफ़्तार करने से 7 की सुबह स्थिति ख़तरनाक हो गई। उन्हें रात में ही लखनऊ भेज दिया गया था। 7 जनवरी को दिन में 2 बजे तक भीड़ से बातचीत जारी रही। बाद में बाध्य किए जाने पर 55 राउंड गोली चलाई गई। घुड़सवार पुलिस द्वारा तीन लोग मारे गए और सात घायल हुए हैं।'[2] एक अन्य अभिलेख के अनुसार मुंशीगंज पुल पर 7 जनवरी को अनियंत्रित भीड़ पर गोली चलानी पड़ी, जो आक्रमण को तैयार थी। गोली चलाने से चार लोग मारे गए और पाँच

1. स्वतंत्रता-संग्राम के सैनिक, ज़िला रायबरेली, वही, पृष्ठ ज और झ
2. फाइल नं. 50/1921, सामान्य शाखा, उ.प्र. शासकीय अभिलेखागार, लखनऊ

घायल हुए। इस प्रकार देखें तो सरकारी सूचना के अनुसार ही 6 और 7 जनवरी को कुल नौ लोग मारे गए थे और छह घायल हुए थे।[1]

मुंशीगंज की गोलीबारी पर डिप्टी कमिश्नर, रायबरेली का बयान—

7 जनवरी को लगभग आठ बजे सुबह मैं घोड़े पर जेल से पशु चिकित्सालय की ओर जा रहा था। सड़क के किनारे और आसपास के खेतों में, थोड़ी दूर तक पर्याप्त संख्या में किसान लाठियों से लैस जमा थे। मैंने उन्हें चले जाने और लाठियों को रख देने को कहा। कुछ समूह तितर-बितर हो गया और मैंने कुछ लाठियों को जमा कराया। मैं लगभग सुबह के 9.15 पर घर वापस आ गया। सुबह के लगभग 10 बजे आर. अफ़जल साइकिल से मुंशीगंज पुल से होकर आया और समाचार दिया कि आदमियों का समूह पुल पार कर रहा है। मैं निकलने ही वाला था कि सरदार बीरपाल सिंह अपनी गाड़ी से आ गए और बताया कि एक भारी भीड़, जेल की ओर बढ़ रही है। मैं उनके साथ चल दिया और जेल से कुछ दूरी पर, सरदार बीरपाल सिंह के घर के दूसरी ओर, भीड़ से मिला। उन्हें वहीं रोक दिया गया था, जैसा कि मैंने बाद में रायबहादुर मुन्ना लाल से जाना। मुख्य नेता जो सामने आया, रहमत अली शाह नामक फ़कीर था, जो स्वयं को भीड़ को पीछे हटाने में मददगार होने का दिखावा कर रहा था, लेकिन वास्तव में वह उन्हें रोके हुए था। मैंने ध्यान दिया कि दूसरे अन्य लोग जो ऐसा ही कर रहे हैं, उनमें पंडित भगौती प्रसाद, म्युनिसिपल कमिश्नर भी थे। भीड़ बाबा को देखने की माँग कर रही थी और तालुक़ेदारों के विरुद्ध अपनी पीड़ा व्यक्त कर रही थी। सभी किसान लाठियों से लैस थे। केवल फ़कीर अपवाद था, जिसके पास बेंत की छड़ी थी। उस समय मेरे साथ जो कई प्रतिष्ठित लोग थे उनमें रायबरेली के डॉ. मुन्ना लाल, डिस्ट्रिक्ट बोर्ड के सचिव, ख़ान साहिब मुहम्मद उस्मान, रायबरेली के तहसीलदार, आबकारी निरीक्षक, मि. बी.एन. घोषाल थे। हम सभी भीड़ को समझा कर पीछे हटा रहे थे। मौक़े पर लेबर कार्प्स की छोटी टुकड़ी थी। हमने उन्हें कहा कि सड़क के आर-पार और साथ के खेतों में पंक्ति बनाकर भीड़ को चलते रहने को कहें। उसके तुरन्त बाद घुड़सवार पुलिस आई और उस काम में मदद करने लगी। मैंने भीड़ को समझाया कि बाबा रायबरेली जेल में नहीं हैं (वह पहले ही लखनऊ जेल भेजे जा चुके थे), उन्हें किसी भी दशा में नहीं छोड़ा जा सकता, क्योंकि वह भगोड़े अपराधी थे। लोगों को भीड़ में आकर अपनी पीड़ा का प्रदर्शन नहीं करना चाहिए तथा ऐसी माँग नहीं करनी चाहिए जिसको मानना असम्भव चीज़ हो। इसके बाद भीड़ चलने लगी और हम आसानी से पुल तक पहुँच गए। उस समय लगभग 1,000 से 2,000 की भीड़ रही होगी। जब

1. होम/पोलिटिकल-बी/1921, नोट्स संख्या 195-216ए, राष्ट्रीय अभिलेखागार, नई दिल्ली, पृष्ठ 7, 11

उन पर पुल पार करने का दबाव डाला गया तब उनकी संख्या अचानक बढ़ गई, क्योंकि एक भारी भीड़ पहले से ही नदी के दूसरी ओर मौजूद थी और जैसा कि मैंने अनुमान लगाया कि पूरे दिन मुंशीगंज सड़क से भीड़ नीचे आती जा रही थी। पुल से दूर एक किनारे पर भीड़ रुक गई और पीछे हटने से मना कर दिया। यह सुबह, लगभग 10.30 का समय था। इस समय और नदी के दूर किनारे तक लगभग 5,000 से कम भीड़ नहीं रही होगी। बाद में दिन में अनुमान लगाया गया कि भीड़ 7,000 से 10,000 तक रही होगी। अपराह्न दो बजे तक भीड़ को शान्तिपूर्वक वापस जाने के लिए हर प्रयास किया गया और समझाया गया। पुलिस अधीक्षक, मैं और बड़ी संख्या में दूसरे सम्भ्रान्त लोगों ने भीड़ से बातचीत जारी रखी। इनमें से थे—कैप्टन एंडरसन और लेबर कार्प्स के मि. गैट्टर्स (जो 1.15 तक वहाँ थे), पंडित शिवदुलारे (न्यायिक कार्य करने वाले और सचिव, डिस्ट्रिक्ट बोर्ड), रायबरेली के तहसीलदार बाबू अमृत राय (न्यायिक कार्य करने वाले) और सरदार वीरपाल सिंह (तालुक़ेदार)। बाद में कुछ आधा दर्जन किसानों को मनाने में सफलता मिली और वे स्वयं चले गए। इस अपवाद के अलावा भीड़ अभी भी हठी बनी हुई थी और तथ्य यह था कि लगातार आगे बढ़ने का दबाव बना रही थी। लगभग 11 बजे सुबह, मैं स्वयं अकेले भीड़ से पंडित भगवती प्रसाद को पकड़ कर बाहर लाया जो अच्छा काम करने के बजाय नुक़सान कर रहा था। उसे सरदार वीरपाल की गाड़ी में बैठाकर जेल ले गया और बन्दी बना लिया। केवल सरदार वीरपाल के पास ही मोटरकार थी जो पेट्रोल की थी। मैंने बाद में ऐसा ही फ़कीर रहमत अली के साथ करने की कोशिश की मगर वह पकड़े जाने से बच निकला। मैंने उसे प्रार्थना का ढोंग करते देखा जिसमें वह कह रहा था कि वह नदी को सुखा देगा। बाद में वह पुनः भीड़ में शामिल हो गया। हमने सरदार वीरपाल सिंह के घर तक भारी भीड़ को इकट्ठा देखा। उन्होंने (वीरपाल सिंह ने) भीड़ को सम्बोधित किया, उन्हें मनाने की कोशिश की और कुछ समय के लिए तितर-बितर हो जाने को कहा। वहाँ 300 की मज़बूत भीड़ भी। जब मैं दोपहर 12 बजे पुल के पास गाड़ी लाया तब मेरी राय में, भीड़ अत्यधिक उत्तेजित अवस्था में थी। मुझे एक आदमी के बारे में बताया गया था जो साधु था, उसने कैप्टन एल्डरसन पर हमला करने की धमकी दी थी। कैप्टन एल्डरसन ने उसके हमले से बचने के लिए अपना रिवॉल्वर दिखाया। साधु के हाथ में भाला था और वह भीड़ को उत्तेजित कर रहा था। कैप्टन एल्डरसन को भीड़ द्वारा दो बार, दौड़ कर पुल पर आक्रमण करने से रोकने हेतु खासी परेशानी का सामना करना पड़ा था। भीड़ को केवल घुड़सवार पुलिस द्वारा ही रोका जा सका, जिसने अपने नस्तर के नीचे के हिस्से से भीड़ को पीछे हटाया। केवल 20 लाठियों को उन आदमियों से बटोरा जा सका जो पुल के इस ओर बाँध पर खाना बना रहे थे। जिन्हें इस शर्त पर इधर रहने दिया गया था कि वे अपनी लाठियाँ सौंप दें। हम लगातार भीड़ से संवाद कर रहे थे।

अन्तिम प्रयास के तौर पर बाबू किस्मत राय को, जो वकील थे और किसान हितों के खातिर कौंसिल की सदस्यता के लिए खड़े हुए थे, भेजा गया कि जाकर भीड़ को सम्बोधित करें। इसे उन्होंने बड़ी कुशलता से किया और मुझे एक समय यह विश्वास हो गया था कि उनका भाषण भीड़ को छँटने के लिए सहमत कर देगा, लेकिन भीड़ के वे सदस्य जो ज़्यादा प्रभावकारी थे (जो भिन्न-भिन्न रंग की पगड़ियों की वजह से पहचाने जा रहे थे), जाने को तैयार न थे। अन्त में, अपराह्न 2 बजे, पुलिस अधीक्षक और मैंने तय किया कि घुड़सवार सेना को पुल के उस पार भेजा जाए जिससे मुंशीगंज मार्ग से भीड़ हटाई जा सके। (1921-22 की ब्रिटिश घुड़सवार सेना को चित्र में देखा जा सकता है।)

MACHINE GUNNERS MOBILIZED TO QUELL INDIAN RIOTS

Machine gunners marching to quell Indian riots.

With India a seething caldron of unrest and with riots [illegible] in many parts of that country the vast native army, which, it is feared, might revolt if ordered to fight against the Gandhi rebels, has been mobilized. Here you see the crack Fifty-first Light Horse Artillery battery marching through Rawalpindi ready for possible savage fighting in the event the outfit is called upon to quell riots. The regiment is equipped with rapid-fire guns and would be able to quickly disperse rebel gatherings.

New Castle News, Saturday, March18, 1922

इस मोड़ पर स्थिति निम्नलिखित प्रकार से थी—पुल के दूसरी ओर निश्चय ही लगभग 10,000 की भीड़ थी जो लाठियों से लैस थी। वह जिद्दी और कुछ करने की तय मानसिकता में दिख रही थी। देखा गया कि यह भीड़ कुछ समय के लिए और कुछ घंटे के लिए बहरी हो गई। उसने किसी भी तर्क-वितर्क को सुनने और क़ानूनी संस्था द्वारा तितर-बितर होने के लिए कहने पर मना कर दिया। दूसरी ओर (पुल के उस ओर जिधर शहर था और भीड़ नहीं थी) डिप्टी कमिश्नर, पुलिस

अधीक्षक, लेफ्टिनेंट ग्रीमंड और लेबर कार्प्स के सूबेदार हाकिम सिंह, एक उपनिरीक्षक, तीन दफ़ादार, घुड़सवार सेना के 20 घुड़सवार और 10 जवान द्वितीय राजपूत सेना के रायफ़लों सहित, 50 लेबर कार्प्स के आदमी अपने मारने वाले हथियार के साथ थे। द्वितीय राजपूत सेना की एक टुकड़ी रेलवे पुल के पास थी।

पुल पार करने के बाद घुड़सवार सेना एक पंक्ति में फैल गई और सड़क के दोनों ओर तथा नदी के किनारों पर कई जगहों पर जमा भीड़ को पीछे हटाने लगी। भारी संख्या में और हठी होने वाली भीड़ के पीछे हटने की प्रगति धीमी थी। पुलिस ताकत का इस्तेमाल करने से परहेज कर रही थी। उसने फिर से विभिन्न समूहों की भीड़ से प्रतिवाद और तर्क करना प्रारम्भ किया। सक्रिय विरोधी, विभिन्न जगहों पर अनुभवी थे और पुलिस को स्वतंत्ररूप से लाठियों से धमका रहे थे। विरोधियों की संख्या एवं सड़क के दोनों ओर नदी के कारण ज़मीन के टूटे होने से पुलिस बल बिखर गया और स्थिति अस्त-व्यस्त हो गई। जब लगभग एक घंटा गुज़र गया तो भीड़, जिसे ताकत से दूर किया गया था, 200 से 300 गज़ दूरी पर रह गई थी। भीड़ का एक बड़ा हिस्सा रेलवे पटरी के किनारे था जहाँ घुड़सवार सैनिक तार की बाड़ेबन्दी के कारण पहुँच नहीं पा रहे थे। इस प्रकरण में यह वह मोड़ था जहाँ पहली गोली दागी गई थी। घुड़सवार सैनिकों के लिए रेलवे के तार, सड़क के बाईं ओर की टूटी ज़मीन, पेड़ों, नाले और दाईं ओर के टूटे इलाक़े की वजह से बाधा खड़ी हो गई। घुड़सवार सैनिक कठिनाइयों में थे और बाईं ओर भीड़ का एक बड़ा हिस्सा उसकी पहुँच से बाहर था। इस भाग की भीड़ ने रेलवे लाइन पर बिछे कंकड़ों को फेंकना शुरू कर पुलिस के मौकों को बन्द कर दिया। मैं इस बात का समर्थन करता हूँ कि पहली गोली तभी चलाई गई जब भीड़ द्वारा भारी कंकड़बाजी की जा रही थी और कई घुड़सवारों को पीछे हटने को मजबूर किया जा चुका था। लेबर कार्प्स का सूबेदार हाकिम सिंह जो पैदल ही घुड़सवार सेना के साथ आगे था, इस क्षण हमले के लिए निकटतम लक्ष्य पर था (रेलवे की बाड़ेबन्दी के अन्दर घुसे होने के कारण)। उसे ख़ुद की सुरक्षा के लिए अपने रिवॉल्वर से तीन या चार शॉट चलाते देखा गया। इसकी काफी सम्भावना है कि उसने किसी ख़ास व्यक्ति को लक्ष्य कर गोली नहीं चलाई थी। किसी भी कीमत पर कोई मारा नहीं गया था, लेकिन उसका यह कहना कि रिवॉल्वर तीन बार दुर्घटनावश चल गया, किसी भी दशा में स्वीकार नहीं किया जा सकता। यह वही था जिसने पहली बार गोली चलाई थी और जो लांस-दफ़ादार प्रेम सिंह, घुड़सवार अल्ताफ़ बेग और गनेश सिंह के शपथ पत्र में दिए बयान से प्रमाणित होता है। बिल्कुल यही तथ्य लांस-दफ़ादार नियाज़ हुसैन, घुड़सवार सिद्धी सिंह, मुंशी सिंह, जफ़र हुसैन, जोर सिंह, मंगल सिंह और शिवबरन सिंह के कथनों से भी प्रमाणित होता है। ऊपर की घटनाओं के साथ व्यावहारिक रूप से निर्धारित आक्रमण पुलिस के ऊपर सड़क और बाईं ओर से

किया गया था। पत्थरों की बौछार ने पुलिस को घायल किया जो सुधार करते हुए पास से हट गए थे। आक्रमण लगातार जारी था और पुलिस जिधर जा रही थी, आगे बढ़ कर गोली चला रही थी। मैं ख़ुद इस मोड़ पर इस स्थिति में नहीं था कि देख सकूँ कि सड़क के बाईं ओर क्या हो रहा था। गोलीबारी प्रारम्भ होने के थोड़ी देर पहले ही मैं सड़क पर था। मैंने कई घुड़सवारों को सड़क पर गिरते देखा और कारण जानने के लिए आगे बढ़ा।

जैसे ही मैं बाग़ में स्थित कुएँ के दूसरी ओर आया, देखा कि बाईं ओर से गोलीबारी शुरू होते ही पत्थरों की बरसात शुरू हो गई थी। मेरे दाहिने हाथ की अँगुली में पत्थर लगा और मैंने स्वचालित पिस्टल से उस आदमी पर गोली चलाई जो पत्थर फेंक रहा था। मैंने सावधानी से निशाना नहीं लगाया था और मैं उस आदमी को मार न सका। मैंने दूसरी गोली उस आदमी पर चेतावनी देकर चलाई जो मेरी ओर निशाना लगा के पत्थर फेंक रहा था। हममें से किसी ने किसी को मारा नहीं, यद्यपि कि दो या तीन घुड़सवार जो स्वयं उत्तेजित थे और बाग़ में हाथापाई कर रहे थे, बाग़ के पास स्थित पुलिस अधीक्षक से गोली चलाने का आदेश माँगा। उन्हें आदेश किया गया कि वे अपने कार्बाइनों को लोड कर लें (उन्होंने अभी तक गोली नहीं चलाई थी) और पुन: आक्रमण होने पर गोली चलाएँ। जब तीन मिनट तक गोली चलती रही, मैंने देखा कि भीड़ छँट गई। केवल रेलवे लाइन के किनारे से, जहाँ तब घुड़सवार सेना का पहुँचना सम्भव नही था, वहाँ से फिर पत्थरबाजी शुरू हो गई। मैंने घुड़सवारों को गोली चलाना बन्द करने का आदेश किया। सड़क से बकशॉट से गोली चलाई जा रही थी। जो लोग रेलवे लाइन पर थे, सम्भवत: उन तक शॉट नहीं पहुँच रहा था और जो पास थे वे घायल हो रहे थे। अब उन्हें केवल दूर भगाने का कार्य किया गया। (इसलिए मैं सोचता हूँ, यही वह कारण था जिससे बहुत ज़्यादा लोगों को पीछे से जख़्म लगे। जैसे ही सीधी गोली चलनी शुरू हुई, जो लोग घुड़सवार सेना के पास थे, भागने की कोशिश की जबकि दूर वाले पत्थरों से निशाना साध रहे थे। घुड़सवार सैनिक घोड़ों के पीछे से गोली चला रहे थे। चूँकि कार्बाइन सही निशाना साधने में असफल रहने वाला कुख्यात हथियार है, इसलिए कई पीछे लगे घाव सामने के सक्रिय लड़ाकों द्वारा लगाए गए लग रहे थे)। इस समय दाहिने पक्ष ने बाग़ीचे के बाद, आगे बढ़ने में अच्छा प्रयास किया था और रेलवे लाइन से फेंके जा रहे पत्थरों को रोका था। मैं घोड़े से पुलिस अधीक्षक के पास पहुँचा जो बाएँ पक्ष के सम्पर्क में थे और उनसे पूछा कि कुछ लोगों को रेलवे बाँध तक भेजूँ जिससे भीड़ को वहाँ से हटाया जा सके। इस समय तक मि. डरहम, रिजर्व इंस्पेक्टर, जिन्हें पूर्व में रिजर्व में रखे गए सभी उपलब्ध सशस्त्र जवानों को लेकर पहुँचने का समन जारी किया गया था, एक हेड कांस्टेबल और 9 सशस्त्र पुलिस बल के कांस्टेबलों को लेकर आ चुके थे। इन लोगों को रेलवे लाइन पार बढ़ाया गया और जो भीड़ समूह वापस जा चुके थे

और फिर अतिक्रमण कर रहे थे उन्हें उसी दिशा में वापस भेजने को कहा। मैं घोड़े से ही घुड़सवार सेना के पास लौटा, जो उस समय तक सड़क पर रेलवे क्रांसिंग तक बढ़ चुकी थी और पाया कि अभी भी बाएँ से उत्तर-पश्चिम तक, सड़क और नदी के बीच भीड़ काफी थी, मगर बिखरी हुई थी। मैंने इस ओर घुड़सवार सेना को लेकर बाग़ीचे में एक प्रदर्शन किया और अर्द्ध वृत्ताकार रूप में वापस सड़क पर आया। इस दिशा से भीड़ को साफ़-साफ़ देखा जा सकता था।

जैसे ही मैं सड़क पर लौटा, मैंने रिसालेदार और घुड़सवारों से, जो मेरे साथ थे, पता लगाने की कोशिश की कि किसके आदेश से गोली चलाने की शुरुआत हुई? वे नहीं जानते थे और उस क्षण मैंने इस पर अपनी नाराज़गी दर्शाई। मेरी टिप्पणी सम्भवतः सड़क पर खड़े दूसरे लोगों ने भी सुनी और यह निःसन्देह समाचार-पत्रों में कुछ विकृतियों को जन्म दिया। मैंने जल्द यह महसूस किया कि यह ऐसा मामला नहीं था जिसमें ये घुड़सवार सैनिक गोली चलाने का कोई निश्चित आदेश प्राप्त कर सकते थे। बाईं ओर से आक्रमण प्रारम्भ हुआ और बाईं ओर से गोली चलाने के बाद आक्रमण दाईं ओर भी फैल गया। दाईं ओर के घुड़सवार सैनिक पूरी तरह से गोली चलाने की ठीक अवस्था में भी थे। जैसा कि मैंने इंगित किया है, जब मुझ पर आक्रमण हुआ तो मैंने स्वयं गोली चलाई। गोलीबारी जितनी ज़रूरी हो गई थी, उससे ज़्यादा समय तक नहीं चली और मारे गए लोगों की संख्या, भारी जिद्दी भीड़ के बावजूद बहुत कम रही। तीन आदमी मारे गए। एक अस्पताल में मरा और 14 घायल हुए। उनमें से ज़्यादातर को हल्की चोटें लगी थीं और वे स्वयं चलकर अस्पतालों में पहुँचे और वहाँ से अवमुक्त हो गए। आज की तिथि में केवल दो या तीन अस्पताल में हैं। सभी चोटें बकशॉट की वजह से थीं। गोलीबारी पाँच मिनट से ज़्यादा नहीं चली। लांस दफ़ादार नियाज़ हुसैन ने 10 शॉट दागे, लांस दफ़ादार निवाज़ खान ने दो शॉट दागे, मंगल सिंह ने चार, सन्ताल सिंह ने दो, शिवबरन ने नौ और गनेश सिंह ने तीन शॉट दागे। जिस समय मैंने पुल को पार किया तब तक गोलीबारी बन्द हो चुकी थी। मैं मोटरगाड़ी में नहीं था। मैं या तो घोड़े पर था या पैदल।[1]

इस प्रकार हम देखते हैं कि चन्दनिहां घटना के बाद किसानों के जेल का घेराव करने और रायबरेली के मुंशीगंज पुल के पास 7 जनवरी को निहत्थे किसानों की भीड़ पर पुलिस द्वारा गोली चलाने के कारण किसानों का क्रोध चरम पर पहुँच गया था। यहाँ जवाहरलाल नेहरू आए। किसानों के एक हिस्से को सम्बोधित किया और डिप्टी कमिश्नर की कार में बैठ कर उनके बँगले पर चले गए। कार में वीरपाल सिंह भी था। बँगले पर क्या बात हुई, किसानों को नहीं पता चला। उनके दुखों पर कांग्रेस की गम्भीरता क्या थी? लाशों की प्रतिक्रिया में वह सड़क पर उतरने की मानसिकता में भी न दिखी। व्यक्तिगत तौर पर नेहरू या मालवीय के आने से क्या कुछ हासिल

1. वही, पृष्ठ 24-27

हो रहा था, यह प्रश्न अशिक्षित जनता स्वयं पूछने की स्थिति में न थी। एक बार फिर शहरी कांग्रेसी नेताओं ने ग़रीब किसानों के विद्रोह को शान्त करने, उन्हें अपने पाले में खींचने और औपनिवेशिक सत्ता से साँठ-गाँठ बनाए रखना ही मुनासिब समझा। इस घटना में हज़ारों किसान जेल भेजे गए। गोली चलाने का आदेश किसका था? यह प्रश्न भी हवा-हवाई बना रहा। डिप्टी कमिश्नर और पुलिस अधीक्षक ने यह स्वीकार करने से मना कर दिया कि उन्होंने गोली चलाने का आदेश किया था। प्रशासन का मात्र यह कहना था कि लेबर कार्प्स के हाकिम सिंह, सूबेदार ने आत्म-सुरक्षा में गोली चला दी थी।[1] अधिकारियों द्वारा यह कहानी गढ़ ली गई थी कि भीड़ ने भारी पथराव किया और वह शहर में प्रवेश करना चाहती थी। इसी आपाधापी में गोली चल गई। यानी दुर्घटनावश गोली चल गई। आत्मरक्षा और दुर्घटनावश का घालमेल साफ़ न हो सका। जबकि यह नंगी आँखों का सच था जिसे स्वयं नेहरू ने भी देखा था कि सेना अन्धाधुन्ध गोली चला रही थी। भीड़ न तो हिंसक थी और न पथराव कर रही थी। उसका एक मात्र अपराध यह था कि वह वापस जाने से मना कर रही थी। धरना देना चाहती थी। मुंशीगंज पुल के पास सेना ही नहीं, तालुक़ेदार सरदार वीरपाल सिंह स्वयं गोली चलाता देखा गया था। कानपुर से प्रकाशित होने वाले 'प्रताप' अख़बार के प्रति दायर अवमानना वाद में कई गवाहों ने कहा था कि सरदार ने गोली चलाई थी।[2] चूँकि गणेशशंकर विद्यार्थी ने वीरपाल सिंह द्वारा गोली चलाने की घटना को फ़ोटो सहित अपने अख़बार—'प्रताप' में प्रकाशित कर दिया था और किसानों का समर्थन किया था इसलिए ज़मींदार वीरपाल सिंह ने गणेशशंकर विद्यार्थी पर मानहानि का मुक़दमा दायर कर दिया। गणेश जी ने अदालत में 'क़ानूनी आत्म-रक्षा' का प्रयास किया जिस पर कांग्रेसियों ने उन्हें असहयोग आदर्श से गिरा हुआ कह कर बदनाम करने का प्रयत्न किया। कांग्रेसियों ने किसान आन्दोलनकारियों को किसी भी प्रकार का संरक्षण या सहायता नहीं दी। उलटे जवाहरलाल नेहरू ने यह घोषित कर कि 'हम देश में वर्ग संघर्ष नहीं चाहते' अपने को अंग्रेजी शासन की नाराज़गी से बचाया और अंग्रेजों को आन्दोलनकारियों का खुला दमन करने को प्रोत्साहित किया।[3]

कांग्रेस चाहती तो इस मुद्दे पर एक बड़ा आन्दोलन विकसित कर सकती थी। मगर इसके लिए उसे अपने पूरे वर्ग चरित्र को बदलना पड़ता। भू-स्वामियों को छोड़, आम किसानों से जुड़ना पड़ता। जबकि कांग्रेस की बुनियाद भू-स्वामियों के कन्धों पर थी। इसलिए ऐसा करना, उसकी विचारधारा के सम्पूर्ण परिवर्तन का

1. अभ्युदय, 12 जनवरी, 1921, यू.पी.एल.सी.पी. 1921 वाल्यूम I, पृष्ठ 682
2. द लीडर, 12 जनवरी, 1921
3. भारतीय क्रान्तिमार्गी राष्ट्रीय विचारधारा सन् 1921 के बाद, जयचन्द्र विद्यालंकार, श्री नटनागर शोध संस्थान, सीतामऊ, मन्दसौर, पृष्ठ 58

सवाल था। वह तब तक ऐसा नहीं कर सकती थी जब तक गांधी की छत्रछाया से मुक्त न होती। इस प्रकार सरकार, भू-स्वामी और कांग्रेस, तीनों के वर्गहित किसानों को शान्त रखने में पूरे हो रहे थे। क्रान्तिकारी जयचन्द्र विद्यालंकार लिखते हैं कि 1921 में जब वह कलकत्ता जा रहे थे तब इलाहाबाद के आनन्द भवन में डॉ. भगवानदास की अध्यक्षता में अखिल भारतीय कांग्रेस कमेटी की बैठक चल रही थी। गणेशशंकर विद्यार्थी को ज़मींदार वीरपाल सिंह द्वारा गोली चलाए जाने की घटना को 'प्रताप' में प्रकाशित करने के कारण ही कांग्रेस कमेटी का चुनाव लड़ने से रोक दिया गया था। जयचन्द्र विद्यालंकार आगे कहते हैं कि तभी से अँगुली कटा कर शहीद बनने वाले इन कांग्रेसियों से उन्हें नफ़रत हो गई थी।[1]

कांग्रेसी नेताओं द्वारा कोई ख़ास प्रतिक्रिया न हुई। रायबरेली के बारे में कमिश्नर ने सरकार को रिपोर्ट भेजी कि अब स्थिति नियंत्रण में है। किसान बड़े झुंड में चलना बन्द कर चुके हैं इसलिए वह लखनऊ लौट रहे हैं। उन्होंने यह भी रिपोर्ट दी कि वह उन तालुक़ेदारों के साथ जेल देखने गए जिनकी सम्पत्ति को हाल के उपद्रव में नुक़सान पहुँचा है। उनकी (तालुक़ेदारों की) स्वीकृति से जेल भेजे गए 660 लोगों को मुक्त कर दिया गया है। लोगों को वहाँ सीमित रूप से समझाया गया कि जेल एक संस्था है न कि पागलख़ाना। उन्हें कुशल वक्ताओं द्वारा चेताया गया। किसानों ने भविष्य में अच्छा व्यवहार करने का वचन दिया। कमिश्नर को विश्वास था कि वे छोटे-छोटे समूहों में अपने घरों को चले गए।[2]

जे. सी. फॉउनथार्प, कमिश्नर, लखनऊ ने अपनी अन्तिम रिपोर्ट में मुंशीगंज पुल की गोलीबारी के सम्बन्ध में लिखा था कि इस गोलीबारी की जाँच में विलम्ब इसलिए हुआ क्योंकि सबसे महत्त्वपूर्ण गवाह, अमृतसर का रहने वाला, लेबर कार्प्स का सूबेदार हाकिम सिंह, जिसने घुड़सवार सैनिकों के अनुसार सबसे पहले गोली चलाई थी, पंजाब ट्रांसफर हो चुका था। इसलिए उसका बयान 17 जनवरी, 1921 को लिया जा सका।[3] जबकि सच्चाई यह थी कि विलम्ब का कारण, तथ्यों को छिपाने, अपने हितों के मुताबिक कहानी में फेर-बदल करने की रणनीति से हुआ था। इस घटना के तुरन्त बाद सूबेदार हाकिम सिंह को कमांडिंग ऑफिसर के आदेश पर मारी सिन्धु में फील्ड ड्यूटी पर भेज दिया गया था। ऐसा तब किया गया था जब लेबर कार्प्स के मेडिकल ऑफिसर कैप्टन गुप्ता ने उसे ड्यूटी हेतु अयोग्य घोषित कर दिया था।[4]

---

1. वही, पृष्ठ 59
2. होम/पोलिटिकल-बी/1921, नोट्स संख्या 195-216ए, राष्ट्रीय अभिलेखागार, नई दिल्ली, पृष्ठ 9
3. फाइल नं. 50/1921, सामान्य शाखा, उ.प्र. शासकीय अभिलेखागार, लखनऊ
4. डिप्टी कमिश्नर द्वारा 25 जनवरी को दिया गया बयान, फाइल नं. 50/1921 सामान्य, उ.प्र. शासकीय अभिलेखागार, लखनऊ

इस सम्बन्ध में जब हाकिम सिंह से बयान लिया गया था तो उसने कहा था कि उसके पिस्टल से गोली दुर्घटनावश चल गई थी।[1] कांग्रेसी नेताओं ने मौका मुआयना की रस्मअदायगी पूरी की। जनवरी 14 को मदनमोहन मालवीय, जवाहरलाल नेहरू आदि दो बजे की मेल ट्रेन से पधारे और मुंशीगंज पुल पर गए जहाँ किसानों का ख़ून बहाया गया था। वहाँ बड़े-बड़े चार गड्ढे देखे गए जिनमें किसानों की लाशें गाड़ी गई थीं। ज़मीन पर तड़प-तड़प कर मरने के निशान मौजूद थे। सूखे ख़ून के धब्बे, उनकी लाशों के निशान, फटे कपड़े और पुआल देखे गए। 84 जगहों पर ख़ून के धब्बे पाए गए। नेहरू स्थल का मुआयना करने के बाद मार्तण्ड वैद्य के घर बेलीगंज में ठहरे। खुरेहटी के किसान जो वीरपाल के गाँव में रहते थे, नेहरू को अपना दुख सुनाने आए। उन्होंने बताया कि वीरपाल सिंह के डेरे खुरेहटी में चार दिन से नौ किसानों को पकड़ कर बैठा लिया गया है। उन्हें भूखा-प्यासा रखा गया है। मारा-पीटा जा रहा है। भेला और ननकू के मुँह से तो ख़ून बह रहा है। धोतियों में पाखाना कर दिए हैं। स्त्रियों को घरों में घुसकर बेइज़्ज़त किया जा रहा है। ज़िले के किसानों को डाकू कहा जा रहा है। रोज़ बीसियों काश्तकारों को जेल भेजा जा रहा है। लाला कालिका प्रसाद जैसे अनेक सज्जन जेल की हवा खा रहे हैं।[2]

18 जनवरी को कमिश्नर ने डिप्टी कमिश्नर से पूछा कि जब आप और मदनमोहन मालवीय 15 जनवरी को रायबरेली अस्पताल गए थे तो दो लोगों ने कहा था कि उन्हें वीरपाल सिंह ने गोली मारी। जब मैं वहाँ जाँच के लिए गया तो पाया कि 10 घायल सदर हॉस्पिटल में मौजूद थे। घायलों ने बताया कि वीरपाल द्वारा दागी गई गोली या तो उनके पिस्तौल की थी या बड़ी बन्दूक़ की, जो उनके मोटरकार में रखी हुई थी। पुलिस द्वारा चलाए गए बकशॉट के अवशेषों और घायलों में पाए गए गोली के अवशेषों के मिलान से पाया गया कि वे शॉट, बकशॉट के ही थे। इससे सिद्ध होता कि डिप्टी कमिश्नर और मदनमोहन मालवीय के सामने घायलों और प्यारेलाल ने जो बयान दिए थे, वे झूठे थे। कमिश्नर ने डिप्टी कमिश्नर को इस सम्बन्ध में विशेष जाँच करने को कहा।[3] यानी साफ़-साफ़ यह कहा कि विशेष जाँच कर बता दिया जाए कि वीरपाल सिंह ने कोई गोली नहीं चलाई।

पाठक इस घटना के तथ्यों से वस्तुस्थिति को समझ सकते हैं कि उक्त बयान का कोई मतलब नहीं है। यह केवल दुनिया के सामने अपनी बर्बरता छिपाने का खेल था। डिप्टी कमिश्नर, सरदार वीरपाल की मोटरगाड़ी का प्रयोग कर रहे थे, लेकिन बयान में कह रहे हैं कि वह मोटरगाड़ी में नहीं थे। गोलीबारी का जो विवरण दिया

---

1. द लीडर, 4 मई, 1921; हाकिम का 17 जनवरी, 1921 का बयान, फाइल नं. 50/1921 सामान्य, उ.प्र. शासकीय अभिलेखागार, लखनऊ
2. दैनिक प्रताप, 19 जनवरी, 1921
3. फाइल नं. 50/1921, सामान्य शाखा, उ.प्र. शासकीय अभिलेखागार, लखनऊ

हुआ है उससे सहज अनुमान लगाया जा सकता है कि वह आधे घंटे से अधिक समय तक चली होगी, लेकिन बताया जा रहा है कि मात्र पाँच मिनट गोलीबारी हुई। मारे गए लोगों की संख्या तो औपनिवेशिक सत्ता द्वारा हमेशा चार-पाँच बताने की रही है। डिप्टी कमिश्नर अपनी पिस्तौल से गोली चला रहे थे मगर कह रहे थे कि किसी को गोली नहीं लगी। ऐसे में उन्हें बिना प्रशिक्षण के पिस्तौल पकड़ा दिया गया था? बात हास्यास्पद लगती है।

लाशों को ठिकाने लगाने का काम

मुंशीगंज गोली कांड में सरकारी रिकार्ड के अनुसार केवल छह लोग मारे गए थे और 18 घायल हुए थे। घायलों में अधिकांश के पते फ़र्ज़ी पाए गए। (देखें **परिशिष्ट-5**)। लेकिन ज़िला स्वतंत्रता सेनानी प्रकोष्ठ, रायबरेली ने मुंशीगंज स्मारक पर कुल 21 शहीदों के नाम दर्ज किए हैं। यद्यपि इन 21 नामों में से कुछ विवादित हैं और कहा जाता है कि इनमें से कई लोग जीवित थे। देखें **परिशिष्ट-6**।

7 जनवरी की शाम, लखनऊ से पहुँचते ही, रायबरेली स्टेशन से कमिश्नर लखनऊ, कर्नल फॉउनथार्प, डिप्टी कमिश्नर, पुलिस अधीक्षक और सरदार वीरपाल सिंह के साथ सीधे सई नदी तट पर पहुँचे थे जहाँ अब भी घायल किसान ज़मीन पर पड़े-पड़े कराह रहे थे।[1] नगर से पुल तक सन्नाटा पसरा था। घायलों का इलाज कराने में, गोली वर्षा की भयावता का विश्वव्यापी प्रचार होने की आशंका थी, इसी से सहम कर कमिश्नर ने घायलों को गोली मारकर मार डालने का आदेश किया। इस प्रकार नदी की लम्बी रेती से लेकर चुनौटा कुआँ तक, जितने भी घायल मिले उन्हें गोली मार दी गई। अस्पताल में जिन्हें भर्ती दिखाया गया था वे घटनास्थल से भाग गए थे और बाद में अस्पताल लाए गए थे।[2]

लाशों को ठिकाने लगाने के लिए पुलिस लाइंस इन्स्पेक्टर मि. डरसन ने लारी में लाशों को लादने का काम शुरू किया। लाशों को लादने के लिए चार आने भत्ता की जगह आठ आने भत्ता तथा इनाम देने की घोषणा कर इस काम को शीघ्र कराने की नीति अपनाई। लाशों को डलमऊ के पास गंगा में फेंकने के लिए ताँगे बुलवाए गए। उन्हें एक रुपया प्रति लाश ढोने का लालच दिया गया। फिर भी सुबह होते-होते ताँगे वाले मात्र एक चक्कर लगा सके। जो लाशें बची रह गईं उन्हें पुल के पास चार गड्ढे खोद कर गाड़ दिया गया। जब तक लाशें ठिकानें नहीं लगा दी गईं तब तक फॉउनथार्प नदी किनारे कैम्प में ठहरा रहा। उसे लग गया कि अभी बहुत से

1. कमिश्नर लखनऊ का मुख्य सचिव को 311 शब्दों का तार, फाइल नं 50/1921, उ.प्र. शासकीय अभिलेखागार, लखनऊ
2. श्रीराम सिंह, वही, पृष्ठ 87

घायल भाग भी गए होंगे। इसीलिए उसने रात में तार भेजकर लखनऊ से छह फोर्ड कारें, सिपाहियों सहित मँगा लीं और अधिक मात्रा में पेट्रोल भेजने को कहा, जिससे सिपाही घायलों की तलाश कर सकें और उन्हें धमका कर गवाही न देने को तैयार कर सकें। तालुक़ेदारों के कारिन्दों ने इन सिपाहियों के साथ जनपद में घूम-घूम कर किसानों की पिटाई की। 21 जनवरी को प्रकाशित एक सरकारी विज्ञप्ति में कहा गया था कि वह पुलिस, जो तालुक़ेदारों की सुरक्षा में तैनात की गई थी, उससे गाँव वाले बुरी तरह त्रस्त हैं।[1]

कमिश्नर की मौक़े पर जमे रहने के कुछ कारण थे। डिप्टी कमिश्नर मि. शीरेफ थोड़ा शान्त स्वभाव का था और ज़्यादा क्रूरता का पक्षधर नहीं था। कमिश्नर लखनऊ ज़्यादा क्रूर था। इसलिए कुछ अधिकारी शीरेफ को अयोग्य मानते थे। वह कमिश्नर लखनऊ का विरोध करने की स्थिति में न था, इसलिए कमिश्नर की निगाह में वह ठीक था। प्रदेश के वित्त सचिव, मि. पोर्टर भी उससे असन्तुष्ट रहते थे। कमिश्नर लखनऊ ने अपने 11 अप्रैल, 1921 के एक पत्र में पोर्टर को अवगत कराया था कि 'मि. शीरेफ की पाक्षिक रिपोर्ट के अर्द्धशासकीय पत्र के कुछ अंश अग्रसारित कर रहा हूँ। जैसा कि मैंने आपको प्राय: बताया है, मि. शीरेफ उतने मूर्ख नहीं हैं, जितने लगते हैं।' इस पर मि. पोर्टर ने टिप्पणी की—'आई स्टील डाउट।'[2] मि. शीरेफ से मुख्य सचिव भी खुश नहीं जान पड़ते थे। उन्होंने राज्यपाल को लिखा था कि 3 जनवरी की घटना के बाद, निहाल सिंह के बताए अनुसार चार लोगों पर केस नहीं चलाया गया।[3]

मुंशीगंज पुल की घटना को जालियांवाला बाग़ की तरह का नरसंहार माना गया। 13 जनवरी, 1921 को '**प्रताप**' में गणेशशंकर विद्यार्थी ने लिखा कि—'*डायर ने जो कुछ किया था उससे रायबरेली के डिस्ट्रिक्ट मजिस्ट्रेट (डिप्टी कमिश्नर) ने क्या कम किया? निहत्थों और निर्दोषों पर उसने गोलियाँ चलवाईं और यही काम यहाँ रायबरेली में किया गया। अन्तर भी था और वह यह कि वहाँ मशीनगन थी, यहाँ बन्दूक़ें थीं: वहाँ घिरा हुआ बाग़ था और यहाँ नदी का किनारा। परन्तु निर्दयता और पशुता की मात्रा में किसी प्रकार की कमी नहीं थी। मरने वाले लोगों के लिए मुंशीगंज की गोलियाँ वैसी ही कातिल थीं, जैसी कि जालियांवाला बाग़ की गोलियाँ! क्रूरता की क्रिया भी उतना ही जघन्य रूप धारण किए थी।*'

मुंशीगंज गोलीकांड से पूरे संयुक्त प्रान्त के किसानों में ज़बरदस्त आक्रोश फैला। कानपुर में इस गोलीबारी के विरोध में सभा हुई।[4] राष्ट्रीय अख़बारों में भी

1. कमिश्नर लखनऊ का मुख्य सचिव को 311 शब्दों का तार, फाइल नं. 50/1921, उ.प्र. शासकीय अभिलेखागार, लखनऊ
2. फाइल नं 50/1921, उ.प्र. शासकीय अभिलेखागार, लखनऊ
3. वही
4. द लीडर, 2 फरवरी, 1921

इस घटना की निन्दा की गई मगर संयुक्त प्रान्त के गवर्नर स्पेंसर हरकोर्ट बटलर ने रायबरेली प्रशासन की तारीफ़ की। विशेष तौर पर सरदार वीरपाल सिंह, तालुक़ेदार और पुलिस की, जिन्होंने क़ानून व्यवस्था स्थापित करने में पूरी लगन से काम किया।[1]

कमिश्नर, लखनऊ ने अपने 14 जनवरी, 1921 के पत्र में मुख्य सचिव को यह भी बताया था कि सरदार तालुक़ेदार वीरपाल के प्रति लोगों में नफ़रत बाहरी होने के कारण भी थी। साथ ही साथ 1857 के विद्रोह के बाद जिस ठाकुर तालुक़ेदार के खानदान की ज़मींदारी को छीन कर उन्हें दे दिया गया था, वह भी वीरपाल सिंह के विरुद्ध कुप्रचार में सक्रिय था।[2]

प्रताप के अपने 13 जनवरी के आलेख में गणेश जी ने आगे लिखा कि—'*सर हरकोर्ट बटलर, सर माइकेल ओ'डायर का काम कर रहे हैं। डायर जब बेगुनाहों के ख़ून से हाथ रंग चुका, तब उसके खूंखार काम पर सर माइकेल ने अपनी अनुमति का तार भेजा था। हमारा विशेष संवाददाता कहता है कि रायबरेली के अधिकारियों को, और हत्यारे सरदार वीरपाल सिंह की पीठ ठोंकते हुए एक तार इस प्रान्त के गर्वनर सर हरकोर्ट बटलर ने रायबरेली भेजा है।*'

तत्कालीन स्वास्थ्य तथा स्वायत्त शासन विभाग के मंत्री जगतनारायण मुल्ला को मुंशीगंज पुल कांड की जाँच समिति का अध्यक्ष नियुक्त किया। मुल्ला ने रायबरेली आकर मदनमोहन मालवीय की उपस्थिति में डिप्टी कमिश्नर, पुलिस अधीक्षक एवं कमिश्नर के बयान लिये। लखनऊ जाकर उन्होंने मुख्य सचिव को जो सुझाव दिया वह काफी महत्त्वपूर्ण है। उन्होंने 31 जनवरी, 1921 को मुख्य सचिव को लिखते हुए सुझाया कि—'मुझे अपने आवास पर गोपनीय पत्रावली प्राप्त हुई है। मेरा निम्नलिखित सुझाव है। राज्यपाल महोदय स्वीकृति दें तो पत्रावली में निम्नलिखित परिवर्तन कर दिया जाए।

1. कथन से प्रथम अनुच्छेद हटा दें।
2. उपयुक्त स्थल की कहानी में निम्नलिखित जोड़ दें—
   (क) पुल पार करने के समय से फायरिंग की समाप्ति तक मैं (डिप्टी कमिश्नर) मोटरकार में नहीं था। मैं या तो घोड़े पर था या पैदल।
   (ख) 12 बजे के लगभग भीड़ में अत्यधिक उत्तेजना थी। साधु वेश में एक व्यक्ति, जिसने कैप्टन एल्डरसन को मारने को धमकाया था, हाथ में भाला लेकर भीड़ को उत्तेजित कर रहा था।
   (ग) यह निश्चित है कि प्रथम गोली भीड़ की भीषण पत्थर-वर्षा के बाद चली, जब बहुतेरे सवार घोड़ों से गिरा कर खदेड़ दिए गए।

---

1. द पायनियर, जनवरी 13, 1921 और बटलर टेलीग्राम टू रायबरेली, दिनांक 9 जनवरी, 1921, उ.प्र. शासकीय अभिलेखागार, फाइल नं. 50/1921
2. फाइल नं. 50/1921, सामान्य शाखा, उ.प्र. शासकीय अभिलेखागार, लखनऊ

(घ) वीरपाल सिंह की ही कार ऐसी थी जिसमें पेट्रोल था...घटना का शीर्षक 'मुंशीगंज गोलीकांड' दें।

3. इसके अतिरिक्त कमिश्नर लखनऊ के बयान के उस अनुच्छेद को, जो लाल स्याही से रेखांकित है, को भी हटा दें, क्योंकि इसमें वास्तविक घटना का वर्णन अनावश्यक और व्यर्थ है। यदि राज्यपाल इससे सहमत न हों तो कम से कम वह स्थल जिसमें 'अ' बना है, अवश्य हटा दें।'

हस्ताक्षर
जगत नारायण[1]

उपरोक्त सभी सुझाव पूरी तरह स्वीकार किए गए और जाँच करने वाले ने ही वास्तविक तथ्यों को बदलवाकर ऐसी सरकारी रिपोर्ट तैयार करा दी जो अकारण गोली चलाए जाने को न्यायसंगत बनाने के साथ-साथ प्रशासन को बचाने के लिए ज़रूरी थी। इन संशोधनों के बाद ही यह विशेष गजट में प्रकाशित किया गया और कमिश्नर के नाम के पहले लेफ्टिनेंट कर्नल हटाकर मात्र मि. फॉउनथार्प ही रखा गया जिससे पूर्व सैन्य अधिकारी होने का प्रचार न हो और उसकी क्रूर प्रवृति का बोध न हो।[2]

रायबरेली किसान विद्रोह और उसके बहाने वहाँ सेना की तैनाती, उसे गोली चलाने का असाधारण अधिकार देकर ब्रिटिश सरकार ने आतंक का वातावरण तैयार किया था। उस सम्बन्ध में **'द इंडिपेंडेंट'** अख़बार ने 11 और 12 जनवरी, 1921 को सम्पादकीय और आलेख में जो कुछ छापा, उनमें से कुछ आलेखों से केन्द्रीय सरकार नाराज़ हुई। मि. एस.पी. ओ.डोनेल, सचिव भारत सरकार ने मि. जी.बी. लम्बर्ट, मुख्य सचिव, संयुक्त प्रान्त को लिखा कि निःसन्देह प्रदेश सरकार इन आलेखों के ख़िलाफ़ कार्यवाही करेगी। उन आलेखों में कथन थे—'सैनिकों को उनकी शूटिंग क्षमता का अच्छी तरह से प्रदर्शन करने के कार्य के लिए रायबरेली में तैनात किया गया है।'...'निहत्थे किसानों को मारने की सज़ा भयावह होगी'...'लापरवाही के लिए हिंसा की सज़ा पूरी तरह अनावश्यक है।'...और '190 शॉट दागे गए।'

'द इंडिपेंडेंट' के सम्पादक सी.एस.रंगा अय्यर ने अपने 11 जनवरी के आलेख को जिस विशेष संवाददाता की सूचना के आधार पर लिखा था, वह जवाहरलाल नेहरू ही थे। आलेख की कुछ पंक्तियाँ थीं—"New Era in Rae Bareli' said "Rae Bareli, which is distinguished for Taluqdar tyranny as many other districts in Oudhh, has been given a taste of military violence! From the facts that have reached us from our Special Correspondent on the spot, we cannot

1. वही
2. वही

see the slightest justification for the exhibition of `strength'. A few superflous Kisan lives never matter to the unscrupulous men clothed in authority." 12 जनवरी को छपे सम्पादकीय पर नाराज़ होकर मुख्य सचिव लम्बर्ट ने कहा था—"Directly or indirectly inciting to violence or calculated to create an atmopshere or readiness for violence."[1]

मुंशीगंज घटना के समाचार ब्रिटिश अख़बारों में छाये रहे। **'द नाटिंघम इवनिंग पोस्ट'**, सोमवार, 10 जनवरी, मंगलवार, 18 जनवरी, 1921 और **'वेस्टर्न डेली प्रेस, ब्रिस्टल'**, बुधवार, 19 जनवरी, 1921 के अनुसार 7 जनवरी को किसानों की भारी भीड़ रायबरेली जेल के बाहर इकट्ठा हो गई थी। अख़बार बताते हैं कि भीड़ ने पुलिस पर आक्रमण किया। जवाब में घुड़सवार सेना ने गोली चलाई, जिसमें चार किसान मारे गए और पाँच घायल हुए। इस पूरे घटनाचक्र में कुल मारे गए किसानों की संख्या नौ और घायलों की संख्या लगभग आधा दर्जन बताई गई। 'द नाटिंघम इवनिंग पोस्ट', बुधवार, 12 जनवरी के अनुसार जेल के बाहर जमा भीड़ लगभग 10,000 के आसपास थी। भीड़ ने जेल को घेर लिया था। सशस्त्र पुलिस ने घेरा तोड़ने के लिए गोली चलाई थी जिसके कारण तीन किसान मारे गए और तीन घायल हुए। अख़बार ने 660 किसानों के गिरफ़्तार किए जाने का समाचार भी छापा था।

संयुक्त प्रान्त लिबरल एसोसिएशन ने मुंशीगंज फायरिंग की निन्दा की। बाबू किस्मत राय फायरिंग के समय मौजूद थे। उन्होंने घटनाक्रम को आँखों देखा था। एक प्रस्ताव पास किया गया और सरकार से अनुरोध किया गया कि वह इसके लिए ज़िम्मेदार अधिकारियों को दंडित करें। इसी प्रकार एक प्रस्ताव लेजिस्लेटिव कौंसिल में सैयद अली नबी द्वारा लाया गया, मगर सरकार ने ज़िला प्रशासन के विरुद्ध कुछ भी सुनने से इनकार कर दिया।[2] राज्यपाल ने कहा—'अशान्त पानी में अपने जहाज के मद्देनज़र सहकर्मियों, अपने चश्मे की दूर दृष्टि बढ़ाइए और आगे बढ़िए।' (Peer into the trouble waters in the wake of your ship, lengthen more the focus of your glasses and go ahead)[3] जब लिबरल अशान्त पानी को देखने लगे तब उन्हें परेशानियाँ ही परेशानियाँ नज़र आईं। अवध रेंट बिल जल्द ही पेश किया जाना था और सरकार तालुक़ेदारों से राय लेने में जुटी थी। हबीबुल्लाह और सैदनपुर, बाराबंकी के तालुक़ेदार किसानों को ज़मीन पर कोई अधिकार देने के पक्ष में नहीं थे। गदिया के सैयद हुसैन, का कहना था कि ऐसे ही लूटमार जारी रही तो

1. होम/पोलिटिकल–बी/1921, नोट्स संख्या 195–216ए, राष्ट्रीय अभिलेखागार, नई दिल्ली, पृष्ठ 1, 89, गृह विभाग का अर्द्ध शासकीय पत्र संख्या 76–पोलिटिकल, दिल्ली, जनवरी 14, 1921; http://www.thehindu.com/todays-paper/tp-national/tp-kerala/unsung-hero-of-the-freedom-struggle/article1809704.ece
2. द लीडर, फरवरी 13, 16, 1921
3. लेजिस्लेटिव कौंसिल I, पृष्ठ 6; एम.एच. सिद्दीकी, वही, पृष्ठ 187

तालुक़ेदार टुकड़ों पर पलने लगेंगे। लेकिन बाद में तालुक़ेदारों को यह बात समझ में आ गई कि उनके परम मित्र राज्यपाल बटलर के रहते अवध रेंट एक्ट में संशोधन से उनके हितों पर कोई प्रभाव नहीं पड़ने वाला है।

मुख्य सचिव, संयुक्त प्रान्त ने भारत सरकार को एक रिपोर्ट भेजी कि रायबरेली के दक्षिणी भाग में डकैती की घटनाएँ बढ़ गई हैं। ज़िले के कुछ दक्षिणी भाग के बाज़ारों को लूटने की योजना का समय पर पता चल जाने के कारण प्रशासन सतर्क हो गया था। जैसे कि कापरगंज और कुछ अन्य बाज़ारों को 8 जनवरी को लूटने का कार्यक्रम बनाया गया, समय पर ज़िला प्रशासन द्वारा बाज़ारों की सुरक्षा का बेहतर प्रबन्ध कर दिया गया था। समय पर सशस्त्र पुलिस पहुँच जाने से उपद्रव रोक दिए गए। कुछ बाज़ारों में लूट के विचार से भीड़ इकट्ठा हुई थी मगर आसानी से, बिना गोली चलाए तितर-बितर कर दी गई। डिप्टी मजिस्ट्रेट नसरुल्ला ने कई बाज़ारों से ऐसी ही भीड़ को तितर-बितर किया। कमिश्नर लखनऊ का रायबरेली ज़िले के बारे में व्यक्तिगत अनुभव भी था। वह वहाँ डिप्टी कमिश्नर रह चुके थे। वह 7 जनवरी को अपराह्न रायबरेली पहुँच चुके थे जब स्थिति विस्फोटक बनी हुई थी। प्रशासन का मानना था कि इधर-उधर घूम रहे अज्ञानी किसानों को न केवल यह समझाया गया था कि तालुक़ेदारों से साथ ही साथ, ब्रिटिश राज से भी मुक्ति मिल जाएगी बल्कि गांधी का रामराज्य आ जाएगा। उन्हें चार आना प्रति गज़ कपड़ा मिलेगा। कम पैसे में गुज़ारा हो जाएगा। कमिश्नर ने जो दक्षिणी रायबरेली ज़िले के किसान उपद्रव की रिपोर्ट भेजी है, उसमें स्पष्ट किया कि फ़ुर्सतगंज और मुंशीगंज बाज़ार में सशस्त्र बल प्रयोग करने तक पूरा दक्षिणी रायबरेली, अराजक राज्य हो चुका था। अगर 7 जनवरी को मुंशीगंज पुल पर जमी भीड़ को खदेड़ा न गया होता और भीड़ शहर में प्रवेश कर गई होती तो विनाशकारी परिणाम हो सकते थे। कमिश्नर, लखनऊ ने मुंशीगंज और फ़ुर्सतगंज में गोली चलाने को ज़रूरी बताया। उनके अनुसार, 'गोली चलाना अपरिहार्य हो चुका था। ज़िला प्रशासन द्वारा धैर्य और सावधानी बरतने के कारण ही बहुत कम जानें गईं। गम्भीर रूप से घायलों को तुरन्त अस्पताल पहुँचाया गया था। कुछ घायलों की तलाश की जा रही है जो भागे हुए हैं। कुछ घायलों को उनके मित्रों द्वारा सरकारी अस्पताल लाया गया है। इससे यह सिद्ध होता है कि अभी भी उपद्रवी किसानों का सरकारी संस्थानों में विश्वास बना हुआ है। इस उपद्रव की बहुत ही भयावह स्थिति यह थी कि भीड़ में काफी संख्या में पासी और दूसरे अपराधी तत्व घुस आए थे। फ़ुर्सतगंज में मारे गए दो व्यक्ति पंजीकृत अपराधी थे।' अपनी 10 जनवरी की रिपोर्ट में कमिश्नर ने डिप्टी कमिश्नर और पुलिस अधीक्षक के बारे में निम्नलिखित टिप्पणी की—'अन्त में मैं फिर आप के संज्ञान में लाना चाहूँगा कि मि. शीरेफ (Shirreff), डिप्टी कमिश्नर और मि. मेयर्स, पुलिस अधीक्षक ने बहुत ही अच्छा काम किया है। यह

अपनी चरम कुशलता के लिए नहीं किया गया है, बल्कि उनके द्वारा धैर्य और सहन का परिचय न दिया गया होता तो हताहतों की संख्या बहुत अधिक होती। यह उनके ज़िले के मातहतों द्वारा कुशल ढंग से नियंत्रित करने का परिणाम था जिससे और भी खराब स्थिति नहीं हुई।"[1]

ऊपर दिए गए मुख्य सचिव, संयुक्त प्रान्त की रिपोर्ट, जो भारत सरकार को भेजी गई थी, में उस तथ्य को छिपा दिया गया था कि कहीं भी किसानों ने पुलिस पर पहले कंकड़-पत्थर नहीं फेंके थे और न लाठियाँ चलाई थीं। वे तो केवल थाने या सड़क पर जमा होकर अपने गिरफ़्तार साथियों को मुक्त करने की माँग कर रहे थे। निहत्थों पर गोली चलाने को न्यायसंगत बताने के लिए कहानी गढ़ने का प्रचलन औपनिवेशिक सत्ता ने ऐसा शुरू किया कि आज़ाद भारत में आज तक कायम है।

किसानों के पास लाठियों का होना सामान्य बात थी। उन्होंने शायद ही कभी किसी सभा में अपनी ओर से लाठी मारने की शुरुआत की हो। जहाँ तक लाठी का सवाल है तो उसको तो औपनिवेशिक सत्ता 'नेशनल विपन्स ऑफ इंडिया' कहा करती थी और यह भी कहती थी कि इस हथियार को चलाने के लिए किसी ख़ास प्रशिक्षण की ज़रूरत नहीं होती। उसके लिए लाठी भी एक ख़तरनाक हथियार था।[2]

ले.एफ.डब्ल्यू. मैथ्यूज (F.W. Mathews), सिविल सर्जन, रायबरेली ने 12 जनवरी को कमिश्नर को बयान दिया था कि नसीराबाद पुलिस ने जिन्हें इलाज के लिए सौंपा था, उनमें दो पासी, एक चमार, एक मुराऊ और एक कुर्मी थे। कुल 21 लोग जो बकशॉट से घायल थे, इलाज के लिए आए थे। इनमें फ़ुर्सतगंज बाज़ार का चौकीदार भी था। 11 जनवरी को एक घायल आदमी इलाज के लिए आया था और कह रहा था कि उसे वीरपाल सिंह ने गोली मारी थी, लेकिन सिविल सर्जन ने बयान में कहा कि उसे लगे पाँच चोट बकशॉट के थे न कि रिवॉल्वर के।[3] यहाँ भी वीरपाल का बचाव किया गया। घायलों की जाति से सहज अनुमान लगाया जा सकता था कि रायबरेली का किसान विद्रोह भी मूलतः निम्न जातियों का विद्रोह था।

ब्रिटिश अख़बार '**वेस्टर्न डेली प्रेस**', बिस्टल ने बुधवार, 12 जनवरी, 1921 को रायबरेली के दंगों के कारणों को इस प्रकार परिभाषित किया—'रायबरेली में ख़ूनी संघर्ष, किसानों द्वारा गठित सोवियतों का ज़मींदारों द्वारा दबाने के कारण हो रहा है। ज़मींदारों द्वारा किसानों की ज़मीनों के कार्यकाल की गारंटी नहीं दी जाती है। उनसे अवैध वसूली की जाती है जिसके कारण किसान विद्रोही हो गए हैं।'

---

1. होम/पोलिटिकल-बी/1921, नोट्स संख्या 195-216ए, राष्ट्रीय अभिलेखागार, नई दिल्ली, पृष्ठ 12
2. सर थियोडोर पिगॉट, आउट्लॉज आई हैव नोन एंड अदर रेमिनिसेंसेस ऑफ एन इंडियन जज, विलियम ब्लैकवुड एंड संस लि. एडनवर्ग एंड लन्दन, 1930, पृष्ठ 253
3. फाइल नं. 50/1921, सामान्य शाखा, उ.प्र. शासकीय अभिलेखागार, लखनऊ, पृष्ठ 485

रायबरेली का किसान विद्रोह, अंग्रेजी अख़बारों के अनुसार 11–12 जनवरी, 1921 तक नियंत्रण में आ चुका था। पूरे जनपद में सशस्त्र पुलिस तैनात कर दी गई थी। सभी प्रकार की आम सभाओं और लोगों को एक स्थान पर इकट्ठा होने पर रोक लगा दी गई थी। पूरे राज्य में 600 किसानों को गिरफ़्तार भी किया गया था। यह विद्रोह सावधानी और योजनाबद्ध तरीक़े से प्रारम्भ किया गया था। गाँवों में सोवियतें गठित कर ली गई थीं और उसके माध्यम से किरायेदार किसान भू-स्वामियों को जवाब दे रहे थे।[1] **'द यार्कशायर इवनिंग पोस्ट'**, बुधवार, 12 जनवरी के अनुसार संयुक्त प्रान्त की यह स्थिति मोंटेग्यू के बड़बोलेपन और दूरदृष्टि के अभाव के कारण पैदा हुई थी।

किसानों के अन्दर की खदबदाहट पर सरकार की नज़र थी। वह इस तथ्य को समझने में लगी थी कि ग़रीब किसानों के हितों पर चुप्पी ठीक न होगी। 13 जनवरी, 1921 को वायसराय ने कहा कि टेनेन्सी एक्ट में सुधार की ज़रूरत है क्योंकि यह ज़मींदारों के पक्ष में है। सरकार ने अधिकारियों की इस रिपोर्ट को स्वीकार कर लिया कि किसानों की दशा राजनैतिक कारणों के बजाय, आर्थिक कारणों से खराब है। भारत सरकार को मानना पड़ा कि संयुक्त प्रान्त के ज़मींदार, ग़रीब किसानों को बाध्य कर बेगार कराते थे।[2] 13 जनवरी, 1921 को ही ब्रिटेन के एक महत्त्वपूर्ण अख़बार ने 'भारत में प्रकोप' शीर्षक से जो समाचार छापा, वह रायबरेली के किसान विद्रोह के कारणों को साफ़ करता है। अख़बार ने लिखा— *''भारत में औपनिवेशिक लेजिस्लेटिव कौंसिल के उद्घाटन की पूर्व सन्ध्या पर सेना और किसानों के बीच एक और हिंसक घटना हुई। यह हिंसक घटना, देश के दूसरे हिंसक घटनाओं से एकदम भिन्न है। पंजाब के दंगाई लगभग सभी मुसलमान थे, वहीं रायबरेली हिंसक घटना में शामिल किसान हिन्दू हैं जो वहाँ की आबादी का 90 प्रतिशत हैं। ऐसा अनुमान करने का कोई न्यायसंगत कारण नहीं है जिसके आधार पर कहा जाए कि रायबरेली की हिंसक घटना का सम्बन्ध देश के दूसरे हिस्सों की अशान्ति से है। यह उपद्रव पूरी तरह से किसानों का है। यह विरोध उन स्थानीय किसानों का है जो पूरी तरह अहिंसक प्रवृत्ति के रहे हैं। कहा जा रहा है कि यहाँ के किसानों ने आपस में मिलकर रूस मॉडल की तरह सोवियतें गठित कर ली हैं। भू-स्वामी अपने हितों के लिए इस सोवियतों को भंग करना चाहते हैं। कहा जा रहा है कि छोटे किसान अपनी जोत से बेदख़ल कर दिए जाने के कारण विरोध प्रदर्शन कर रहे हैं और सोवियत व्यवस्था बनाकर अपने को बचाना चाहते हैं। वे प्रान्तीय कौंसिल सरकार का विनाश चाहते हैं। रायबरेली का किसान-उपद्रव ग़लती*

1. द यार्कशायर इवनिंग पोस्ट, मंगलवार, 11 जनवरी, बुधवार 12 जनवरी, 1921, द नाटिंघम इवनिंग पोस्ट, बुधवार, 12 जनवरी, 1921
2. किसान स्पीक, एन.जी. राना, किसान पब्लिकेशन, पृष्ठ 151

से नहीं शुरू हुआ है। वास्तविकता यह है कि जो लोग इस विद्रोह में शामिल हैं वे भारी दुखों से गुज़र रहे हैं और उसी कारण से हिंसा करने को मजबूर हैं। अब यह व्यग्रता सभी की होगी कि रायबरेली में क्या हुआ? क्या यह आने वाले दिनों के उथल-पुथल का संकेत है? सटे बिहार में ऐसी अशान्ति की ज़मीन पहले से तैयार रही है। कुछ वर्ष पहले आम के पेड़ों पर रहस्यमय तरीक़े से चिह्न लगे देखे गए थे। इसे कोई गुप्त रहस्य समझ कर मन आशंकित हुआ था कि यह संगठित विद्रोह करने की कोई रणनीति तो नहीं है? मगर तब ऐसी कोई घटना उस सीमा तक कारगर नहीं हुई जिससे प्रशासन को ध्यान देना पड़ता। रायबरेली की घटना भयावह है और इसके समाधान का अभी कोई हल नहीं निकल पाया है। इस घटना से निपटने के लिए लखनऊ से दुर्जेय सेना भेजी गई। सेना ने हज़ारों की संख्या में जमा किसानों पर गोली चलाई। मारे गए लोगों की संख्या केवल तीन बताई गई जो विश्वसनीय नहीं लगती। ज़िले की 10 लाख जनसंख्या का समर्थन इन किसानों को प्राप्त दिखता है। सेना के माध्यम से जन-विद्रोहों को कुचलने का प्रयोग हमेशा बहस का मुद्दा रहा है। लेकिन कहा जाता है कि भारत के लिए केवल सेना ही प्रभावी इलाज समझा जाता है और इसके कृत्यों को आसानी से माफ़ कर दिया जाता है (The employment of military for the suppression of civil tumult has always been a debatable expedient, but in India, where force is supposed to be the only efficient remedy, it is more readily condoned) I...जो पूरे आशा और विश्वास के साथ स्वशासी सरकार के गठन को बढ़ावा दे रहे हैं, वे जो नई व्यवस्था तैयार कर रहे हैं, वे विनाशकारी कार्य कर रहे हैं। इसका मुक़ाबला किया जाएगा। सम्भव है ऐसी आशा (स्वशासन या सोवियतों के गठन का) लम्बे समय में पूर्ण हो मगर रायबरेली जैसी अकस्मात् और हिंसक घटना से तो हरगिज पूर्ण नहीं हो सकती। इस घटना की जाँच की जानी चाहिए। सबसे महत्त्वपूर्ण बात तो यह है कि भारत के हिन्दू और मुसलमान जो सदा धार्मिक मामले में एक-दूसरे के विरुद्ध रहे हैं, वे केन्द्रीय सरकार के विरुद्ध एकज़ुट हो रहे हैं। यह वह गम्भीर समस्या है जिस पर भारत के वायसराय पद पर जल्द सुशोभित होने वाले लार्ड रीपिन को ध्यान देना होगा। यद्यपि उनके नेतृत्व को लेकर अभी से कड़ुवाहट देखी जा रही है।''[1] इसी सन्दर्भ में ब्रिटिश अख़बार '**द कुरियर**' ने बुधवार 12 जनवरी, 1921 को समाचार प्रकाशित किया कि 'भारत में गम्भीर उपद्रव हो रहे हैं। किसानों द्वारा घर जलाए जा रहे हैं। पुलिस शक्तिहीन हो चुकी है। लखनऊ से सेना भेजी गई है। ज़मींदार, किसानों द्वारा सोवियतों के गठन को दबाना चाहते हैं जिससे यह संघर्ष हो रहा है।' किसान विद्रोह के सुल्तानपुर ज़िले में फैलने और 600 लोगों की गिरफ़्तारी की भी जानकारी दी गई है।

1. वेस्टर्न डेली प्रेस, ब्रिस्टल, बृहस्पतिवार, 13 जनवरी, 1921

सचिव, भारत राज्य, लन्दन के अख़बारों में 'सोवियत' गठित कर लेने के समाचार से व्यथित थे और वायसराय से इस सम्बन्ध में साफ़-साफ़ जानकारी न मिलने के कारण अपने टेलीग्राम नं. 390, लन्दन, दिनांक 18 (प्राप्त 19 जनवरी, 1921) जनवरी, 1921 द्वारा नाराज़गी जता चुके थे।

एस.पी. ओ डोनेल, सचिव, भारत सरकार, गृह विभाग ने 20 जनवरी, 1921 को टेलीग्राम भेजकर सचिव भारत राज्य को सूचित किया था कि रायबरेली किसान उपद्रव के बारे में पायनियर में छपे रूस मॉडल की सोवियतें स्थापित कर लेने का समाचार, निराधार है और मिथ्या प्रचार है।[1] वायसराय, गृह विभाग, भारत सरकार ने अपने टेलीग्राम संख्या 69, दिनांक 21 जनवरी, 1921 द्वारा भी सचिव, भारत राज्य, लन्दन को स्पष्ट किया था कि किसान सभा के गठन को ही, ग़ैर-ज़िम्मेदार अख़बार ने 'सोवियत' गठन की सूचना प्रकाशित कर दी थी। उसने सभा को 'सोवियत' समझ लिया। इस देश में कहीं भी सोवियत* जैसी चीज़ नहीं है।[2]

रायबरेली में कोइरी, कुर्मी, अहीर, पासी आदि जातियों ने भी बढ़-चढ़कर किसान विद्रोह में भाग लिया था। डीह और मऊ के किसान उपद्रवों में (तिलोई राज) इन्हीं जातियों ने भाग लिया था। डीह गाँव का रक़बा 2,517 एकड़ था और मऊ का 3, 681 एकड़। दोनों ही गाँवों की खेती-किसानी का काम पासी जाति के ही लोग करते थे। महराजगंज तहसील में भी पासी बहुतायत थे। सलोन में 1091 में अहीरों की संख्या 31,000 और पासियों की 28,000 थी।[3] इस प्रकार हम देखते हैं कि रायबरेली का विद्रोह सबसे ज़्यादा विस्तृत क्षेत्र में फैला था। 2 जनवरी से 8 के बीच 37 स्थानों पर छोटे-बड़े किसान विद्रोह के समाचार मिले थे, जिनमें 1,024 लोग गिरफ़्तार किए गए थे, जिनमें से 108 को छोड़कर बाक़ी को मुक्त कर दिया गया था।[4]

'प्रताप' समाचार-पत्र पर मुक़दमा

सरदार वीरपाल सिंह ने 13 जनवरी के अंक में प्रकाशित समाचार के विरुद्ध **'द इंडिपेंडेंट'** और 'प्रताप' के सम्पादक गणेशशंकर विद्यार्थी और प्रकाशक शिवनारायण मिश्र को अवमानना की नोटिस भिजवाई। 'द इंडिपेंडेंट' के सम्पादक

1. होम/पोलिटिकल-बी/1921, नोट्स संख्या 195-216ए, राष्ट्रीय अभिलेखागार, नई दिल्ली, पृष्ठ 3-4

* रूस की तरह किसानों की सरकार

3. वही, पृष्ठ 14-15
4. एम.एच. सिद्दीकी, वही, पृष्ठ 159
5. यूनाइटेड प्रॉविन्सेज ऑफ आगरा एंड अवध एडमिनिस्ट्रेटिव रिपोर्ट, 1920-21, इलाहाबाद, 1922, पृष्ठ xxii

सी.एस. रंगा अय्यर ने खेद व्यक्त कर मामला समाप्त करा लिया मगर विद्यार्थी जी ने नोटिस के जवाब में कहा था कि—"आपकी नोटिस कि हम आपसे क्षमा-याचना करें, उसे वापस लें, के सम्बन्ध में सूचित करना है कि हम न्याय-पथ पर हैं। हमारे पास अपने कथ्य की पुष्टि में पर्याप्त साक्ष्य हैं। हम आपसे कहेंगे कि मेरे सम्पादकीय को फिर पढ़ें। पूरी सामग्री हम आपके वकील के हाथ में न्यायालय में दे देंगे।'

बाद में सरदार वीरपाल सिंह (एम.एल.सी.) ने मुहम्मद अफ़ज़ल ख़ाँ वकील के माध्यम से मुक़दमा संख्या 499/900, 5 फरवरी 1921 को सर्किट मजिस्ट्रेट के यहाँ दायर कर दिया। मुख्य आरोप बिन्दु तीन पर यह लिखा गया था कि 13 जनवरी, 1921 के 'प्रताप' में छपे आलेख में कहा गया था—*'पता नहीं डायर ने जालियांवाला में अपने हाथ से गोलियाँ चलाई थीं अथवा नहीं परन्तु यहाँ डायर का एक भाई मौजूद था। रंग और रूप में नहीं, धर्म और जाति में नहीं, परन्तु हृदय की क्रूरता में ठीक डायर का-ही-सा ! देश के दुर्भाग्य से यह आदमी है एक भारतीय और उसका नाम है—वीरपाल सिंह। वह तालुक़ेदार है। किसानों का कहना है कि उसने सबसे अधिक गोलियाँ चलाईं। वह इनकार करता है। किन्तु उसका यह इनकार हज़ारों आदमियों की आँख में धूल नहीं झोंक सकता।'*

वृन्दावनलाल वर्मा ने झाँसी से चलकर 22 मार्च, 1921 को रायबरेली आकर वकालतनामा पर हस्ताक्षर कर इस मुक़दमे को गणेशशंकर विद्यार्थी की ओर से लड़ा था। उन्होंने अपने संस्मरण में लिखा है—*'जब विद्यार्थी जी पर रायबरेली में दफ़ा 500 का मुक़दमा था, मैं भी पैरवी के लिए जाया करता था। एक दिन देखा तो द्विवेदी जी (महावीरप्रसाद द्विवेदी) कानपुर स्टेशन पर गाड़ी चलने के पहले आ गए। विद्यार्थी जी भी साथ थे। उन्हें द्विवेदी जी बहुत प्यार करते थे। मुझसे कहा-भइया वर्मा जी, गणेश जी की पैरवी अच्छी तरह करना। आगे कुछ कह न सके। उनका गला भर आया और आँखें छलक आईं।'"*[1]

प्रताप मुक़दमे की सुनवाई सी.के. देसाई की अदालत में होनी थी मगर सरकार ने मुक़दमे के राजनैतिक पक्ष को देखते हुए अपने मनमाफ़िक जज, मक़सूद अली ख़ाँ को लगाया। मक़सूद अली ख़ाँ 1912 से 1914 तक रायबरेली में रह चुके थे और सरदार वीरपाल सिंह के अच्छे मित्रों में तो थे ही, सरकार के भी वफ़ादार थे।

इस मुक़दमे में 24 जून को जवाहरलाल नेहरू का बयान हुआ। उनके बयान का सार यह है कि वह नागपुर कांग्रेस से लौटे थे कि कुछ किसान 5 जनवरी को रायबरेली से इलाहाबाद बुलाने आ गए। 6 जनवरी को मार्तण्ड वैद्य का पत्र मिला कि हालात खराब हैं, फ़ौरन आइए। नेहरू ने कहा, *"मैंने सूचना दी कि 7 को आ रहा हूँ। दो-तीन दर्जन आदमी स्टेशन पर मिलने चाहिए। स्टेशन से मुझे डॉ. अवन्तिका प्रसाद के मकान पर ले जाया गया। वहाँ मुझे फ़ुर्सतगंज का वाकया बताया गया*

1. भाषा त्रैमासिक, द्विवेदी स्मृति अंक, 1964, पृष्ठ 26

जो एक रोज़ पूर्व का था। मुंशीगंज में जमा भीड़ के बारे में बताया गया। मैं अवन्तिका प्रसाद के यहाँ से गाड़ी से मुंशीगंज की ओर निकलना ही चाहता था कि दो सौ लोगों ने मेरी गाड़ी को घेर लिया। मैं खड़ा हो गया और चन्द मिनट भाषण दिया। लोगों को समझाया कि तुम्हें अपने घरों को चले जाना चाहिए। मुझे नाजुक हालात की जानकारी न थी। रास्ते में मुझे डिप्टी कमिश्नर साहब की छोटी-सी पर्ची मिली कि रायबरेली से दूसरी ट्रेन से चला जाऊँ। मैं आगे बढ़ा। पुल से 150-200 गज़ की दूरी पर कुछ लोग दौड़ते हुए मेरी ओर आए। वे घबराए हुए थे। उन्होंने बताया कि दूसरी तरफ़ गोली चल रही है। मैं गाड़ी से उतर कर पैदल पुल की ओर चला। पुल के किनारे चन्द सन्तरियों ने रोक लिया। एक यूरोपियन अफसर ने मुझसे कहा कि किसी को पुल के पार नहीं जाने दे सकता, क्योंकि फायरिंग हो रही है। मैं सड़क के दाहिनी तरफ़ गया। वहाँ 2,000 लोग जमा हो गए। मैंने उनसे कहा कि तुम्हारी आजमाइश का वक़्त आ गया है। तुम्हें नामुनासिब बर्ताव नहीं करना चाहिए। मेरी स्पीच में दखल दिया गया। इससे जाहिर था कि पुल पार की फायरिंग ने किसानों पर असर किया था। एक आदमी ने आकर कहा कि डिप्टी कमिश्नर बुला रहे हैं। मैं उनके पास गया जो मोटरकार में थे। कार में सरदार वीरपाल भी थे। डिप्टी कमिश्नर का हाथ ख़ून से सना था। मैं उनके साथ कार में बैठकर बँगले पर चला गया। रात में किस्मत राय के यहाँ रुका। सुबह पुल पार देखने गया। पुल पार से दो जख़्मी आदमी बैलगाड़ी से रायबरेली आते दिखे। उन्होंने बताया कि सरदार वीरपाल सिंह ने उन पर फायर किया था। पास के कुछ गाँवों में गया जहाँ हर ओर लोग फायरिंग का दुखड़ा रोते दिखे। लौटते समय पुल के पास एक ताँगे पर चन्द लाशें देखीं। ताँगा बग़ैर घोड़े के मुंशीगंज पुल के पास खड़ा था। लाशें कपड़े से ढँकी थीं मगर पैर बाहर निकले थे। मेरा ख़्याल है कि दर्जन भर टाँगें होंगी। मैंने 8 तारीख को एक ख़त मोतीलाल नेहरू के पास भेजा।''

प्रताप मामले में मोतीलाल नेहरू का बयान 11 जुलाई को हुआ। बयान का सार इस प्रकार है—*''मेरे बेटे ने मुंशीगंज फायरिंग के अगले दिन एक आदमी के द्वारा इलाहाबाद खत भेजा। मैं दो घंटे के अन्दर ही मोटरकार से रायबरेली के लिए रवाना हो गया। रात 11 बजे रायबरेली पहुँचा। किस्मत राय के मकान पर मौजूद लोगों ने हालात की जानकारी दी। अगले दिन मैं अस्पताल गया। जहाँ लोगों ने बताया कि वीरपाल सिंह ने गोली मारी। दोपहर बाद फ़ुर्सतगंज बाज़ार गया और 3 बजे अपराह्न को लौटा। शाम 5-6 बजे नेहरू रायबरेली से लौट गए। आम लोगों की राय यह थी कि सरदार वीरपाल सिंह न होते तो यह फायरिंग न होती।'*

मदनमोहन मालवीय का बयान 5 जुलाई को हुआ। उन्होंने भी कोर्ट को अवगत कराया कि ऊँचाहार से लौटकर जब वह अस्पताल पहुँचे थे तो एक साँवले रंग के ज़ख़्मी आदमी ने बताया था कि उसे पंजाबी राजा ने मारा है। वीरपाल की ओर से

डिप्टी कमिश्नर और वीरपाल सिंह के बयान हुए। 5 फरवरी से लेकर 30 जुलाई तक यह मुक़दमा चलता रहा। 'प्रताप' की ओर से बहुत सारे गवाह प्रस्तुत किए गए थे जिन्हें स्वीकार करना अदालत के वश में न था। केवल 65 गवाहों को स्वीकार किया गया था जिनकी सूची अदालती दस्तावेज़ों की मिसिल संख्या 1, पृष्ठ 345 के अनुसार 'प्रताप' की ओर से दी गई थी। (देखें परिशिष्ट संख्या-3) दो महिलाओं-जनकिया विधवा (कांटीहार) और बसन्ता (बेलागुसीसी) ने वीरपाल के विरुद्ध गवाही दी थी। कहा जाता है कि घटना के दिन बसन्ता घास काटने पुल के पास गई हुई थी। अन्य सभी गवाहों ने भी सरदार वीरपाल के ख़िलाफ़ गवाही दी थी मगर मजिस्ट्रेट मक़सूद अली ख़ान ने समस्त प्रमाणों को ताक पर रख, 30 जुलाई, 1921 को जो निर्णय सुनाया, वह ब्रिटिश औपनिवेशिक न्याय व्यवस्था का मज़ाक़ था। अपने 71 पृष्ठों के फ़ैसले में मजिस्ट्रेट ने लिखा कि—'दोनों मुल्जिम, गणेशशंकर विद्यार्थी व शिवनारायण, सम्पादक व प्रिंटर 'प्रताप' को तीन-तीन मास का साधारण कारावास का दंड तथा पाँच-पाँच सौ रुपए प्रत्येक जुर्म में (धारा 491 व 500 आई.पी.सी.) जुर्माना देने का आदेश देता हूँ। जुर्माना न देने पर तीन माह का अतिरिक्त साधारण कारावास भुगतना होगा। दोनों सज़ाएँ साथ-साथ चलेंगी। जुर्माना अदा हो जाने पर उक्त धन, वादी को उसकी मानहानि के मुआवज़े के बतौर दिया जाए।' मुक़दमे का निर्णय सुनने अप्रत्याशित भीड़ जमा थी। निर्णय की घोषणा के बाद अभियुक्तों को बाहर निकलने में दो घंटे का समय लगा। एक भारतीय न्यायाधीश नानावती, जमानत स्वीकार करने के लिए अभियुक्तों की प्रतीक्षा कर रहे थे। अभियुक्तों को पहुँचने में हो रही विलम्ब को देख स्वयं जज नानावती ने अपने अर्दली को डॉ. वृन्दालाल वर्मा के पास भेजा। वर्मा जी ने तत्परता से जमानत तैयार किया जिसे नानावती ने स्वीकर करते हुए रिहाई का आदेश जेल भिजवा दिया।[1] बाद में उसी दिन वकील शिवनारायण मिश्र ने इस निर्णय के ख़िलाफ़ सत्र न्यायधीश ए.बी. शेरिंग, लखनऊ की अदालत में अपील दायर की जो ख़ारिज हो गई। गणेशशंकर विद्यार्थी ने 22 अगस्त, 1921 को ट्रेजरी चालान द्वारा अर्थदंड चुका दिया। कहा जाता है कि विद्यार्थी जी का जुर्माना सेठ कन्धईलाल अग्रवाल ने भरा था।[2]

वीरपाल सिंह द्वारा गोली चलाने के बारे में दूसरे साक्ष्य भी थे। सूबेदार हाकिम सिंह के अर्दली, प्यारेलाल ने अपने बयान में कहा था कि वह अपने साहब यानी हाकिम सिंह को खाना देने जा रहा था तो देखा कि सरदार वीरपाल सिंह दाहिनी ओर से गोली चला रहा था। दो शॉट बाईं ओर भी चलाया।[3] मगर डिप्टी कमिश्नर

---

1. श्रीराम सिंह, वही, पृष्ठ 131, 132। मदनमोहन मिश्र, भूला जनपद : बिखरा इतिहास, 1984, पृष्ठ 143
2. श्रीराम सिंह, वही पृष्ठ 133; मदनमोहन मिश्र, वही, पृष्ठ 144
3. द लीडर, 23 जून और 9 जुलाई, 1921

से जब 29 जनवरी को पं. जगत नारायण ने बहस की थी तो उन्होंने प्यारेलाल के बयान को झूठा बताया था। उनका कहना था कि वह तो मौक़े पर था ही नहीं।[1]

औपनिवेशिक सत्ता किस प्रकार सत्य पर पर्दा डालने का काम कर रही थी, इसकी एक बानगी यह है कि दूसरे दिन लाल पगड़ी वाला सरकारी चपरासी, ढोल पीटते हुए शहर में घोषणा कर रहा था कि सरदार वीरपाल सिंह ने कोई गोली नहीं चलाई। वह किसी भी किसान को मारने के ज़िम्मेदार नहीं हैं।[2] दूसरी ओर कमिश्नर, लखनऊ ने वीरपाल सिंह को प्रशासन को सहयोग देने के लिए शाबाशी दी और कहा कि 'उनके द्वारा गोली चलाने की बात झूठी है। सरदार वीरपाल सिंह ने इस उपद्रव में क़ानून-व्यवस्था बनाए रखने के लिए ज़िले भर के अधिकारियों की। अथक सहायता की और अपने व्यक्तिगत ख़तरे के प्रति उदासीनता बरतते हुए, सबसे अच्छे सिख परम्पराओं का निर्वाह किया। यह बयान कि उन्होंने गोली चलाने में नेतृत्व किया, पूरी तरह से ग़लत है। उन्होंने पिस्टल निकाल कर केवल एक गोली तब दागी जब उन पर लाठी और कंकड़-पत्थरों से आक्रमण किया गया।'[3]

अब यह प्रश्न उठना लाजिमी है कि जब सरदार वीरपाल सिंह ने गोली नहीं चलाई तब उसने प्रशासन को किस प्रकार का सहयोग दिया था? सरकारी आँकड़ों के अनुसार मुंशीगंज पुल के पास की घटना में मारे जाने वालों की संख्या चार और घायलों की संख्या मात्र 14 बताई गई लेकिन स्थानीय लोगों का कहना था कि 100 से ज़्यादा किसान मारे गए थे। किसानों की लाशें लारी में लाद कर रातों-रात डलमऊ के पास गंगा में फेंक दी गई थीं।[4]

बाद के दिनों में रायबरेली में सैकड़ों गिरफ़्तारियाँ हुईं। कालका प्रसाद और एक अन्य किसान कार्यकर्ता को गिरफ़्तार किया गया तथा उनसे 5,000 रुपए का बांड भरने को कहा गया। पंडित मार्तण्डय वैद, उपाध्यक्ष, किसान सभा को 16 किसानों सहित गिरफ़्तार कर लिया गया। दोनों उग्र विचारों वाले कांग्रेसी नेता थे। वैद का अपराध यह था कि उन्होंने जवाहरलाल नेहरू को रायबरेली आकर हालात देखने को कहा था। पड़ोसी ज़िलों की पुलिस और सेना को सतर्क कर दिया गया था। 'पायनियर' संवाददाता के अनुसार रायबरेली में किसानों ने सोवियतें गठित कर ली थीं। उसने लन्दन प्रेस को ख़बर भेजी कि पूरे रायबरेली में विद्रोहियों ने 'सोवियतें' स्थापित कर ली हैं।[5] सचिव, भारत सरकार ने इस पर नाराज़गी जताई

1. फाइल नं. 50/1921, सामान्य शाखा, उ.प्र. शासकीय अभिलेखागार, लखनऊ
2. द लीडर, 12 जनवरी, 1921
3. होम/पोलिटिकल-बी/1921, नोट्स संख्या 195-216ए, राष्ट्रीय अभिलेखागार, नई दिल्ली, पृष्ठ 8, 9
4. अभ्युदय, 12 जनवरी, 1921
5. द पायनियर, 30 दिसम्बर, 1921

थी और कहा था कि गवर्नर जनरल सोवियतों के गठन के लिए ज़िम्मेदार हैं। जबकि भारत सरकार ने स्पष्ट किया था कि सोवियत जैसी कोई घटना नहीं घटी है। यह सब महात्मा गांधी के असहयोग आन्दोलन का ही हिस्सा है।[1] स्पष्ट है कि सरकार को असहयोग आन्दोलन से कोई ख़ास समस्या नहीं थी। 'सोवियतों' का गठन उसके लिए गम्भीर समस्या थी, क्योंकि वह एक प्रकार का समानान्तर सरकार चलाने जैसा था।

शाह मुहम्मद नईम अता, सलोन का स्वघोषित राजा

वर्ष 1920–21 में अवध क्षेत्र में कपड़ों की ऊँची कीमतें, ग़रीब किसानों के लिए समस्या बन चुकी थी। वे इस हालत में नहीं थे कि कपड़ा ख़रीद कर तन ढँक सकें। वैसे यह समस्या स्थानीय दुकानदारों की वजह से नहीं थी फिर भी जनता का ग़ुस्सा दुकानदारों के प्रति प्रकट हो रहा था और वे कपड़ों की दुकानों को लूट रहे थे। इस कृत्य को ब्रिटिश प्रशासन डकैती बता रहा था। सरकार मुख्य किसान नेताओं के दमन की नीति पर चल रही थी। सालोन में 8 जनवरी को आठ लोगों को गिरफ़्तार किया गया था जो विभिन्न पंचायतों के पंच थे। ये वे पंचायतें थीं, जो सरकार की नीतियों के विरुद्ध गठित की गई थीं।[2] इनमें से एक दरगाह का मुखिया शाह मुहम्मद नईम अता को भी 8 जनवरी को गिरफ़्तार कर लिया गया था। उसने स्वयं को सलोन का राजा घोषित कर रखा था। वह दृढ़ विचारों का नहीं जान पड़ता था। जमानत के लिए वह डिप्टी कमिश्नर, रायबरेली के पास 11 जनवरी को इक्का में बैठकर माफ़ी माँगने गया था। गिरफ़्तारी के बाद उस पर दबाव डाला गया तो उसने कहा कि वह दबाव में सरकार के विरुद्ध चला गया था। आगे से वह सरकार का सहयोग करेगा। उसके बाद वह सरकार के पक्ष में चला गया।[3]

स्लीमैन ने अपने अवध-यात्रा वर्णन में बताया है कि सलोन में शाह पूना अता नाम का एक फ़कीर था जिसके हिन्दू और मुसलमान दोनों उस पर पवित्र गुणों के कारण बहुत श्रद्धा रखते थे। उसके पूर्वजों द्वारा पगड़ीनुमा धार्मिक मुकुट पहना जाता था। अवध के नवाब ने उसे लगानमुक्त 12 गाँव दे रखे थे। पूना अता को उन गाँवों से सालाना 25,000 लगान मिल जाता था जिसका वह धार्मिक उपयोग करता था। शाह नईम अता उसी खानदान का उत्तराधिकारी था। बीसवीं सदी के प्रारम्भ में

---

1. होम/पोलिटिकल-बी/1921, नोट्स संख्या 195-216ए, राष्ट्रीय अभिलेखागार, नई दिल्ली, पृष्ठ 3
2. द लीडर, 12 जनवरी, 1921
3. द लीडर, 15 जनवरी, 1921; द पायनियर, 30 दिसम्बर, 1921; एम.एच. सिद्दीकी, वही, पृष्ठ 155

धीरे-धीरे उसकी ज़मीनों को दरगाह के ट्रस्टियों ने हड़पना शुरू किया। शाह अता उस दरगाह का गद्दीनशीन था मगर ट्रस्टियों की वजह से दरगाह के सुनहरे दिन नष्ट हो गए। इस प्रकार हम देखते हैं कि अवध किसान विद्रोह में फ़कीर, साधु और बाबाओं ने भी बढ़-चढ़कर भाग लिया था।[1]

ऊँचाहार सभा

नागपुर कांग्रेस अधिवेशन (दिसम्बर, 1920) में किसान हितों के लिए कोई बात नहीं की गई थी। इस अधिवेशन में कोई किसान नेता शामिल भी नहीं हुआ था। इसके बावजूद नागपुर कांग्रेस अधिवेशन के सन्देशों को किसानों तक पहुँचाने के लिए ऊँचाहार में 15 जनवरी, 1921 को एक सभा आयोजित की गई। ऊँचाहार सभा में किसानों को भाग लेने के लिए बहुत प्रचार-प्रसार किया गया था। योजना यह भी थी कि उसी समय किसानों द्वारा कर न देने की समस्या को भी बाबा रामचन्द्र के साथ राय-मशविरा कर निदान निकाला जाए।[2] कमिश्नर, लखनऊ ने 14 जनवरी, 1921 के अपने पत्र में मुख्य सचिव को यह सूचित किया था कि अवध रेंट एक्ट में संशोधन किया जाने वाला है। इस प्रचार के बावजूद किसान उपद्रव शान्त नहीं हुआ था। इसलिए उन्होंने 13 जनवरी को रायबरेली ज़िला प्रशासन से बातचीत कर आसपास ज़िलों के सभी डिप्टी कमिश्नर को सूचित कर दिया था कि ऊँचाहार सभा को होने दिया जाए।[3] दरअसल, प्रशासन को पता था कि इलाहाबादी कांग्रेसी अन्ततोगत्वा किसान आक्रोश को शान्त करने का ही काम करेंगे।

कांग्रेस इस मत से सहमत नहीं थी कि लगान न देने का मामला, असहयोग आन्दोलन का हिस्सा बने। शहरी कांग्रेसियों की नीति किसी भी तरह से ग़रीब किसानों के नेतृत्व को हथियाना और तालुक़ेदारों के हितों की रक्षा करना था। इसलिए कांग्रेस कर न देने की माँग को असहयोग आन्दोलन का हिस्सा नहीं बनाना चाहती थी। इस सभा में भाग लेने के लिए भारी संख्या में किसान आए। किसान सभा द्वारा प्रचारित कर दिया गया था कि सभा में शामिल होने के लिए गांधी का आदेश है। इसलिए आप सभी आएँ। वहाँ गांधी के नाम पर खाना मिलेगा। आने-जाने के लिए रेल का टिकट भी नहीं लेना पड़ेगा। सरकार ने अवध के अशान्त ज़िलों में सभा करने पर रोक लगा रखी थी, मगर ऊँचाहार सभा के लिए सरकार ने अनुमति दे दी। सभा में भारी भीड़ आने का समाचार मिलते ही राष्ट्रीय नेताओं ने तय किया कि सभा को

---

1. एम.एच. सिद्दीकी, वही, पृष्ठ 155, 160
2. फाइल नं. 50/1921, सामान्य शाखा, कमिश्नर फ़ैज़ाबाद का मुख्य सचिव, संयुक्त प्रान्त को दिनांक 14 जनवरी, 921 को लिखा पत्र, उ.प्र. राजकीय अभिलेखागार, लखनऊ
3. वही

स्थगित कर दिया जाए। उन्होंने समीप के ज़िलों में इसकी ख़बर भेजवा दी। मगर किसानों ने समझा कि सभा स्थगन का प्रचार तालुक़ेदारों और ज़मींदारों की रणनीति का हिस्सा है, जिससे भीड़ न आने पाए। यही सोच कर किसानों की भीड़ आती गई। लखनऊ रेलवे स्टेशन से शहरी कांग्रेसी नेताओं द्वारा भारी संख्या में किसानों को वापस भेजा गया।[1]

'प्रताप' ने 19 जनवरी, 1921 को लिखा—

"ऊँचाहार में किसान आन्दोलन होने की सूचना महीनों पहले अवध के किसानों को मिल चुकी थी कि 15 जनवरी, 1921 को ऊँचाहार में किसान सम्मेलन होगा। अस्तु, अवध के किसान प्रत्येक ज़िले से झुंड के झुंड सहस्त्रों की संख्या में रेल द्वारा और पैदल चले आ रहे हैं। हमारी पार्टी ने उनको रोकने का बहुत प्रयत्न किया, परन्तु तब भी किसान लोग बिना लाठी-डंडा के सहस्त्रों की संख्या में, हिन्दू और मुसलमान गांधी महाराज, अलीबन्धुओं तथा भारत माता की जय बोलते हुए आ रहे हैं। रोकने पर वे कहते हैं—जहाँ हमारे भाइयों का ख़ून गिरा है, वहीं हम भी मर जाएँगे। किसानों की दशा विचित्र हो चुकी है। उनको रोकने के अभिप्राय से एक डिप्टी कलेक्टर तथा मिलिटरी फोर्स वहाँ भेजा गया है। वहाँ भी गोली चल जाने का भय है। श्रीमान् पं. मदनमोहन मालवीय, पं. वेंकटेश नारायण तिवारी तथा कितने भद्र पुरुषों को ऊँचाहार भेज दिया है कि वहाँ जाकर सभा को बन्द करा देवें। इससे पहले भी श्री जगन्नाथ शुक्ल, पं. कृष्णकान्त तथा मंगला प्रसाद ऊँचाहार भेजे जा चुके हैं।'

सारी घोषणाओं के बावजूद भारी संख्या में किसान ऊँचाहार पहुँच चुके थे। 13 जनवरी को 500 किसान मज़दूर ऊँचाहार सभा में आने के लिए सुल्तानपुर रेलवे स्टेशन पर ट्रेन में बैठ गए थे जिन्हें पुलिस ने पीटा था। ऊँचाहार में जवाहरलाल नेहरू, मदनमोहन मालवीय और गौरीशंकर मिश्र ने किसानों से घर वापस जाने का अनुरोध किया। कांग्रेस के इस निर्णय से किसानों को बड़ा दुख हुआ। वे दूर-दूर से चल कर आए थे। भूखे और प्यासे आए थे। उनमें इस निर्णय के ख़िलाफ़ ज़बरदस्त आक्रोश था।[2]

कर्नल डब्ल्यू.डी.वाघर्न, एम.एल.ए. द्वारा सर जॉर्ज बर्न्स, मेम्बर ऑफ विक्टोरियाज कौंसिल, दिल्ली के 14 जनवरी, 1921 के अर्द्धशासकीय पत्र से स्पष्ट है कि ऊँचाहार की सभा 15 जनवरी को बुलाई गई थी जिसमें पहले से ही आशंका व्यक्त की गई थी कि सभा पर रोक लगाए जाने के बाद भी भारी संख्या में किसान बिना टिकट रेल से आएँगे और परेशानी पैदा करेंगे।[3]

---

1. बाबा रामचन्द्र पेपर पार्ट I, एस.डब्ल्यू. फाइल नं. 2 सी, वही
2. द पायनियर, जनवरी 27, 1921; कपिल कुमार, पीजेंट इन रिवोल्ट, वही, पृष्ठ 138।
3. होम/पोलिटिकल-बी/1921, नोट्स संख्या 195-216ए, राष्ट्रीय अभिलेखागार, नई दिल्ली, पृष्ठ 2

कमिश्नर लखनऊ की 18 जनवरी, 1921 की अन्तिम रिपोर्ट, 15 जनवरी को आयोजित ऊँचाहार सभा के बारे में दूसरी ही कहानी कहती है। स्थिति पूरी तरह से नियंत्रण में आ जाने के कारण सरकार की ओर से बाक़ायदा इस सभा के लिए अनुमति दी गई थी। एक बड़ी सभा करने के लिए आयोजकों द्वारा रायबरेली ही नहीं आसपास के ज़िलों में पर्चे बाँट कर व्यापक प्रचार-प्रसार किया गया था। फिर भी इस सभा में पर्याप्त संख्या में खेती-किसानी करने वाले नहीं आए। इस सभा का आयोजन कांग्रेस के बड़े नेताओं द्वारा हाल की घटनाओं के बारे में किसानों के ग़ुस्से को शान्त करने, उन्हें असहयोग आन्दोलन में खींच लाने और सरकार की परेशानियों को कम करने के लिए किया गया था। 15 जनवरी की सभा न होने के बाद, 16 जनवरी को डिप्टी कमिश्नर ने रायबरेली के तीन तहसीलों में सभा करने के प्रतिबन्ध सम्बन्धी आदेश को निरस्त कर दिया था।[1]

कपिल कुमार ने अपनी किताब 'पीजेंट बिट्रेड' में सरकार द्वारा सभा को प्रतिबन्धित कर दिए जाने की बात की है।[2] सरकार ने पहले सभा को प्रतिबन्धित करने का निर्णय लिया था, मगर जैसा कि ऊपर उल्लेख किया जा चुका है कि बाद में ऊँचाहार सभा के लिए अनुमति दे दी गई थी।

अब प्रश्न उठता है कि ऐसा कौन-सा कारण था, जिससे कांग्रेस के बड़े नेताओं ने पूर्व नियोजित ऊँचाहार सभा को एकाएक निरस्त कर दिया? अगर सावधानीपूर्वक विश्लेषण किया जाए तो इसके निम्नलिखित ठोस कारण दिखाई देते हैं—

1. अयोध्या किसान कांग्रेस में जब ऊँचाहार सभा आयोजित करने की घोषणा की गई थी तब यह कहा गया था कि नागपुर अधिवेशन के प्रस्तावों के बारे में किसानों को जानकारी दी जाएगी। चूँकि नागपुर कांग्रेस अधिवेशन में किसान हितों से सम्बन्धित, ख़ासकर लगान न देने से सम्बन्धित कोई प्रस्ताव पास नहीं हुआ था, जिसे कांग्रेसी किसानों को बता पाते।
2. अयोध्या किसान कांग्रेस के नायक बाबा रामचन्द्र थे और उन्हीं की उपस्थिति में ऊँचाहार सभा का प्रस्ताव पास हुआ था। अब चूँकि बाबा रामचन्द्र को लखनऊ में एक प्रकार से कांग्रेसियों ने बन्धक बना रखा था, इसलिए उन्होंने ऊँचाहार सभा को स्थगित करना ही श्रेयष्कर समझा। अगर बाबा बन्धक न होते तो ऐसा कर पाना सम्भव न होता।
3. जब ऊँचाहार सभा की घोषणा की गई थी तब अवध की स्थिति विस्फोटक नहीं हुई थी। मुंशीगंज गोली कांड के बाद तो पूरा रायबरेली और फ़ैज़ाबाद

1. वही, पृष्ठ 30
2. कपिल कुमार, 'पीजेंट बिट्रेड', वही, पृष्ठ 41

उबाल पर था। ऐसे में कांग्रेसियों के लिए किसानों को शान्त रखना आसान न था।

4. बाबा रामचन्द्र के ऊँचाहार सभा से अनुपस्थित कर दिए जाने और छोटा रामचन्द्र के ऊँचाहार सभा के लिए प्रस्थान कर जाने से भी शहरी कांग्रेसी घबराए हुए थे। फ़ैज़ाबाद कमिश्नर ने 16 जनवरी, 1921 को मुख्य सचिव को पत्र लिख कर स्पष्ट किया था कि रामचन्द्र और अन्य किसान नेता फ़ैज़ाबाद से ऊँचाहार गए हुए हैं। उनकी वापसी में प्रयास करूँगा कि कुछ पकड़े जाएँ। श्रीराम सिंह ने ग़लती से अपनी किताब में उक्त पत्र का सन्दर्भ, छोटा रामचन्द्र के बजाय, बाबा रामचन्द्र से जोड़ लिया है। उन्होंने इस तथ्य को ध्यान में नहीं रखा कि बाबा रामचन्द्र अब्दुल बारी के यहाँ लखनऊ में रोक लिए गए थे और दूसरा यह कि फ़ैज़ाबाद से आने वाला और वापस जाने वाला छोटा रामचन्द्र ही हो सकता था न कि बाबा रामचन्द्र।[1]

रायबरेली किसान विद्रोह से जुड़े रामगुलाम पासी को कमिश्नर लखनऊ ने अपनी रिपोर्ट में बुरे आचरण वाला कहा है। कमिश्नर का मानना था कि किसानों की भीड़ की अगुवाई करने वाला तथा कथित बाबा के भेष में रहने वाला रामगुलाम पासी पंजीकृत अपराधी था। उनका कहना था कि किसान आन्दोलन की आड़ में कुछ बुरे आचरण वाले भी भीड़ में शामिल हो गए थे। इसी रिपोर्ट में कहा गया है कि 16 और 17 जनवरी, 1921 को रायबरेली के किसान विद्रोह के क्रम में कुल गिरफ़्तार 330 लोगों में से 174 को छोड़ दिया गया था। इस समय ज़िला पूरी तरह शान्त हो चुका है और दूसरे ज़िलों से आए 75 सशस्त्र पुलिस बलों को वापस भेज दिया गया है। कमिश्नर ने किसान विद्रोह के दौरान सशस्त्र पुलिस बलों की और ज़िला प्रशासन की तारीफ़ करते हुए उनके व्यवहार को पूरी तरह न्यायसंगत बताया था।[2]

कमिश्नर लखनऊ के मेमोरंडम से स्पष्ट है कि वह डिप्टी कमिश्नर के साथ 17 जनवरी की सुबह जेल गए और कालका प्रसाद को छोड़ने का आदेश किया। जो बाबू किस्मत राय वकील के चुनाव प्रतिनिधि थे और धारा 107 के अन्तर्गत जेल में बन्द थे, उन्होंने जेल में लगभग 300 किसान बन्दी थे जिनमें से लगभग 200 को तुरन्त छोड़ने का आदेश दिया। 16 जनवरी को जब वह लखनऊ मार्ग से आ रहे थे, एक कुर्मी किसान को देखा जिसकी कलाई में गोली का घाव होने के कारण गिरफ़्तार कर ले जाया जा रहा था। उन्होंने उसे मुक्त करने का आदेश किया।

1. फाइल नं. 50/1921, सामान्य शाखा, उ.प्र. शासकीय अभिलेखागार, लखनऊ; श्रीरामसिंह, वही, पृष्ठ 20।
2. होम/पोलिटिकल-बी/1921, नोट्स संख्या 195-216ए, राष्ट्रीय अभिलेखागार, नई दिल्ली, पृष्ठ 30

16 जनवरी को लखनऊ में मदनमोहन मालवीय ने कमिश्नर को बताया था कि जो सशस्त्र पुलिस रायबरेली में तालुक़ेदारों के घरों की हिफ़ाज़त के लिए भेजी गई है, उनके साथ तालुक़ेदारों के आदमी, किसानों पर ज़ुल्म कर रहे हैं। इस शिकायत के सम्बन्ध में पुलिस अधीक्षक को आगाह कर दिया गया था।[1]

17 जनवरी को अपने टेलीग्राम संख्या 90–एफ द्वारा संयुक्त प्रान्त के मुख्य सचिव ने सचिव, भारत सरकार को सूचित किया कि अवध में कृषि समस्या अभी भी पूर्ववत् बनी हुई है। अवध रेंट ऐक्ट में जल्द सुधार की ज़रूरत है। बोर्ड ऑफ रेवेन्यू द्वारा कार्यवाही अपेक्षित है। स्थिति को अभी तक बिना बाहरी सेना की मदद के नियंत्रण में रखा गया है। सभी प्रश्नों की जल्द ही समीक्षा की जाएगी।[2]

किसानों के उग्र विद्रोह का परिणाम था कि सरकार द्वारा सभी ज़िला प्रशासकों को बेदख़ली के मामलों को रोकने के निर्देश दिए गए। 22 जनवरी, 1921 को यू.पी. लेजिस्लेटिव कौंसिल में कहा गया कि जल्द ही अवध रेंट एक्ट की उन धाराओं में बदलाव किया जाएगा। जिनके द्वारा बेदख़ली और ज़मीन लीज पर देने का प्राविधान है, लेकिन सरकार ने आश्वासन देने के बावजूद दोहरा चरित्र अख़्तियार किया और तालुक़ेदारों के दबाव में राज्यपाल हरकोर्ट बटलर ने, जिनसे उनके घनिष्ठ सम्बन्ध थे, बदलाव करने में अनावश्यक विलम्ब किया। तालुक़ेदारों का कौंसिल में बहुमत था और उन्होंने स्पष्ट कर दिया कि बिना उनकी मर्जी के रेंट एक्ट में कोई बदलाव न होगा। उलटे किसानों का दमन तेज कर दिया गया। भू–स्वामियों ने सरकार को इस बात के लिए सहमत कर लिया कि किसान आन्दोलन राजनैतिक मक़सद के लिए किया जा रहा है और बोल्शेविक और कांग्रेसी इसे प्रोत्साहित कर रहे हैं। ये ही किसानों को विद्रोही बना रहे हैं इसलिए सरकार को सख़्त क़दम उठाने चाहिए।[3] सरकार अब भी यही सोच रही थी कि किसान आन्दोलन को उसके समानान्तर कोई संगठन खड़ा करके समाप्त किया जा सकता है। इसी प्रयास में पहले उसने 'हितकारी सभा' का गठन किया था और उसके असफल होने पर 'अमन सभा' का गठन किया। 'अमन सभा' में तालुक़ेदारों और ज़मींदारों ने भागीदारी दी और डिप्टी कमिश्नर के निर्देशन में जगह–जगह प्रशासन ने अमन सभाओं का आयोजन कराया।[4] स्वयं हरकोर्ट बटलर ने 17 दिसम्बर, 1921 को लखनऊ में एवं 7 जनवरी, 1922

1. मेमोरंडम, 17 जनवरी, 1921, फाइल नं. 50/1921, सामान्य शाखा, उ.प्र. शासकीय अभिलेखागर, लखनऊ, पृष्ठ 283, 285
2. होम/पोलिटिकल–बी/1921, नोट्स संख्या 195–216ए, राष्ट्रीय अभिलेखागार, नई दिल्ली, पृष्ठ 12, 13
3. 'रायबरेली सत्याग्रह समाचार', फाइल नं. जी– 59/291/1931, फाइल नं जी–25/293/1931, ए.आई.सी.सी. पेपर्स, नेहरू मेमोरियल म्यूजियम और लायब्रेरी, तीनमूर्ति भवन, नई दिल्ली, सुशील श्रीवास्तव, वही, पृष्ठ 264
4. सुशील श्रीवास्तव, वही, पृष्ठ 264

को आगरा में दरबार आयोजित कर अमन सभा बनाने की नीति के सम्बन्ध में तालुक़ेदारों और ज़मींदारों को सम्बोधित किया।[1] अमन सभा के गठन के बाद, कांग्रेस ने किसानों में पनपी हिंसा की प्रवृत्ति को ध्यान में रख कर स्वयं को कुछ वर्षों के लिए किसान आन्दोलन से अलग कर लिया।[2]

सेहगोंपच्छिम गाँव की घटना

रायबरेली जनपद के सेहगों की ख्याति ज़िले के सबसे अशान्त गाँव के रूप में थी। वहाँ की छोटी तालुक़ेदारी गौरीशंकर कुर्मी के पास थी। उनके पास तीन गाँव थे और एक पट्टी, परगना कुम्हरावाँ में थी। पहले यहाँ की तालुक़ेदारी कुर्मी साझेदारी में थी जो बाद में गौरीशंकर कुर्मी के एकल स्वामित्व में गई। उन्होंने साझेदारों की 'सीर' ज़मीनें भी क़ब्ज़ा कर लीं। इससे साझेदार कुर्मियों को धक्का लगा। इसी कारण से तालुक़ा से विवाद की शुरुआत गदर पूर्व से ही प्रारम्भ हो चुकी थी। उन्हीं में से एक साझेदार (सालिगराम) की नाक 1908 में तालुक़ेदार के आदेश से काट ली गई थी।[3]

रायबरेली जनपद की एकमात्र कुर्मी तालुक़ेदारी की कहानी इस प्रकार है। अकबर ने विनायकराम कुर्मी को अवध भेजा था जो आकर पश्चिम गाँव में बस गए थे। विनायकराम के पुत्र गजन सिंह ने विनायकपुर और पलिया में क़िले बनाए। गजन सिंह के वंशजों ने खानपुर और पूरबगाँव को अपनी रियासत में जोड़ा। कई पीढ़ियों के बाद रियासत के स्वामियों को यहाँ के कुर्मी किसानों ने बेदख़ल कर दिया। इसके बाद रियासत के उत्तराधिकारियों ने दिल्ली दरबार में गुहार लगाई और प्रार्थना की कि उनकी रियासत पुनः बहाल करा दी जाए। इसके बाद कुर्मी रियासत एक बार फिर विनायकराम के उत्तराधिकारियों के पास आ गई, लेकिन 1857 में इस रियासत ने ब्रिटिश सरकार के विरुद्ध बग़ावत की। गजन सिंह के खानदान से जुड़े, एक थे ठाकुर सिंह। 1857 में जब विद्रोहियों ने रेजीडेंसी, लखनऊ को घेर लिया था, तब अंग्रेजों की मदद के लिए तमाम तालुक़ेदार या उनके रिश्तेदार आगे आए थे। ठाकुर सिंह भी उन्हीं में एक थे। ठाकुर सिंह की स्वामिभक्ति के एवज में सेहगों के तीन गाँव–पच्छिम गाँव, पलिया और विनायकपुर उन्हें दे दिए गए। इस प्रकार ठाकुर सिंह

1. सुभाषचन्द्र कुशवाहा, चौरी चौरा विद्रोह और स्वाधीनता आन्दोलन, पेंगुइन बुक्स, पृष्ठ 54, 57
2. सुशील श्रीवास्तव, पृष्ठ 265
3. एक्स्ट्रैक्ट फ्रॉम ए डीओ फ्रॉम डिप्टी कमिश्नर, रायबरेली, डेटेड 24 जनवरी, 1921, टू मि. फानथॉर्प, कमिश्नर लखनऊ डिविजन, फाइल नं. 50/1921, सामान्य शाखा, उ.प्र. शासकीय अभिलेखागर, लखनऊ; ज़िला गजेटियर, रायबरेली, पृष्ठ 95, 329, 341, 343; एम.एच. सिद्दीकी, वही, पृष्ठ 161

की तालुक़ेदारी स्थापित हुई। आगे, ठाकुर सिंह का पुत्र सीताराम और सीताराम का पुत्र बाबू गौरीशंकर तालुक़ा का स्वामी बना। 1905 में रियासत में कई बँटवारे हुए। उसके बाद इस तालुक़ेदारी रियासत का प्रबन्ध कुर्मी साझेदारी (भाईचारा होल्डिंग) के अन्तर्गत आ गया।[1] बाद में गौरीशंकर ने शेष भाईचारा होल्डिंग वालों को हड़प कर एकल स्वामित्व वाली तालुक़ेदारी स्थापित कर ली थी। गौरीशंकर से रामअवतार एवं सालिगराम परिवार की दुश्मनी के बीज यहीं से अंकुरित हुए थे।

रामअवतार पुत्र शिवरतन चौधरी और सालिगराम दोनों कुर्मी जाति के थे। सालिगराम के पिता के बारे में कुछ ख़ास जानकारी नहीं मिली। रामअवतार और सालिगराम, दोनों पहलवान थे और साथ-साथ कुश्ती लड़ते थे। रामअवतार की शादी तो हुई थी मगर सालिगराम कुँवारे थे। जैसाकि ऊपर उल्लेख किया गया है कि सेहगों पश्चिम गाँव का तालुक़ेदार गौरीशंकर चौधरी भी कुर्मी बिरादरी का था और पहले उसका स्टेट, दो किलोमीटर दूर, बिनायकपुर में था जहाँ से स्थानांतरित होकर सेहगों पश्चिम गाँव में तालुक़ा स्थापित किया था। रामअवतार और सालिगराम से तालुक़ेदार के सम्बन्ध एक-डेढ़ दशक से खराब थे। इन्हें तालुक़ेदार का प्रतिद्वन्द्वी कहा जाता था। यह प्रतिद्वन्द्विता उन दोनों के पिता के समय से थी जो तालुक़ेदारी में साझेदार थे। शिवरतन चौधरी के पाँच बेटों में से रामअवतार एक थे। बचपन में ही उनके पिता की मृत्यु हो गई। उसके बाद रामअवतार के पिताजी की सारी जायदाद तालुक़ेदार ने छल से अपने नाम करा ली। शिवरतन की विधवा पत्नी रामबिलासा में मन में तभी से आक्रोश व्याप्त था। रामअवतार के परिवार से तालुक़ेदार परिवार की दुश्मनी की शुरुआत का यही मूल कारण था। ब्रिटिश अभिलेखों में सेहगोंपच्छिम गाँव के किसान उपद्रव में महिलाओं के भाग लेने के जो साक्ष्य मिलते हैं वह रामअवतार की दबंग माँ के कारण ही था। रामबिलासा बहुत मज़बूत महिला थी। वह पूरे गाँव को नियंत्रित करती थी। उसने महिलाओं को भी संगठित किया था। उसके इसी गुण के कारण गाँव वालों ने उसे 'कलेक्टर' की उपाधि दी थी। गाँव के सारे विवाद, तालुक़ेदार के हाते में होने के बजाय 'कलेक्टर' की चौपाल में होते। यही कारण था कि तालुक़ेदार से दुश्मनी बढ़ती जा रही थी। रामअवतार के बलशाली होने के कारण लोग उसे भीम कहा करते। रामबिलासा को अपने इस पुत्र पर गर्व था और वह तालुक़ेदार की गतिविधियों पर नजर रखने के लिए उसकी कचहरी में बेटे को भेजा करती थी।[2]

सेहगों में तालुक़ेदार का दूसरा प्रतिद्वन्द्वी परिवार सालिगराम का था। पहले सेहगों के मालिक सालिगराम के पिता ही थे। वही लगान वसूलते थे। उनके पास अच्छे घोड़े थे। इस प्रकार सालिगराम भी गाँव के ख्याति प्राप्त व्यक्ति थे। सालिगराम

1. सुशील श्रीवास्तव, वही, पृष्ठ 83
2. श्रीराम सिंह, वही, पृष्ठ 137, 138

के पास कुछ लठैत भी थे। सालिगराम के पिता की मृत्यु के बाद तालुक़ेदार ने उनकी भी ज़मीन हड़प ली थी।

रामअवतार और सालिगराम की मित्रता और तालुक़ेदार के विरुद्ध एकजुटता का यही कारण था।

इन दोनों से तालुक़ेदार की दुश्मनी बढ़ने के कुछ और कारण भी ये पहला यह कि तालुक़ेदार की ज़मीन पर लगने वाली बाज़ार को 'कलेक्टर', रामअवतार और सालिगराम ने हटवा कर सार्वजनिक ज़मीन पर कर दिया और उसका प्रबन्ध वे ख़ुद करने लगे। इससे तालुक़ेदार को आर्थिक क्षति तो हुई ही, उसके सम्मान को भी ठेस पहुँची। इस घटना के सम्बन्ध में इलाहाबाद से छपने वाले अंग्रेजी अख़बार '**द लीडर**' में लिखा था—प्राकृतिक आपदा के कारण गाँव का बाज़ार कुछ साल पूर्व अपने मूल स्थान से हटाकर तालुक़ेदार के हाते में स्थानान्तरित कर दिया गया था। तालुक़ेदार उसकी एवज में कर वसूलता था। बाद में पुन: बाज़ार को तालुक़ेदार के हाते से हटा कर मूल स्थान पर स्थानान्तरित कर दिया गया था। इससे चुंगी के रूप में होने वाली कमाई से तालुक़ेदार को हाथ धोना पड़ गया था। वह नाराज़ था। 23 जनवरी, 1921 को तालुक़ेदार के आदमियों ने गाँव वालों को बाज़ार स्थानान्तरित करने के लिए धमकाया। इसका गाँव वालों ने विरोध किया। इसी विरोध को दबाने के लिए पुलिस ने गोली चलाई जिससे बारह किसान घायल हो गए। किसानों के घायल होने के कारण जनता उत्तेजित हो गई और पुलिस दल पर आक्रमण कर दिया।[1]

दूसरी घटना यह घटी कि तालुक़ेदार के मुख़्तार पं. हरिनारायण ने एक दिन कचहरी में कहा कि सेहगों के तीनों पाए- सेहगों खानपुर, सेहगों पश्चिम गाँव और सेहगों पूरब गाँव जब तक हैं, तालुक़ेदार का कोई बाल बाँका नहीं कर सकता। इसे सुनकर रामअवतार और सालिगराम और नाराज़ हो गए। उसी रात को जब मुख़्तार अपने गाँव तमनपुर जा रहा था, रामअवतार के आदमियों ने उसे बहुत मारा-पीटा।

तीसरी घटना यह घटी कि रामअवतार ने अपने ही एक आदमी का हाथ तोड़ दिया और 'हथटूटी' का मुक़दमा मुख़्तार के ऊपर दायर कर दिया। मगर मुख़्तार इस मामले में किसी तरह बच गया। इस घटना के सम्बन्ध में ब्रिटिश अभिलेख में उल्लेख किया गया है—'हाल के वर्षों में अनेक आपराधिक मामले दर्ज हुए थे। इनमें से एक में तालुक़ेदार गम्भीर चोट का दोषी पाया गया था लेकिन अपील के बाद अपराध मुक्त हो गया था।'[2]

---

1. द लीडर, 29 जनवरी, 1921
2. एक्स्ट्रैक्ट फ्राम ए डीओ फ्राम डिप्टी कमिश्नर, रायबरेली, डेटेड 24 जनवरी, 1921, टू मि. फानथॉर्प, कमिश्नर लखनऊ डिविजन, फाइल नं. 50/1921, सामान्य शाखा, उ.प्र. शासकीय अभिलेखागर, लखनऊ, पृष्ठ 329, 435, 437

प्रतिशोध की चौथी घटना यह घटी कि रामअवतार और सालिगराम ने तालुक़ेदार के लगभग 100 जानवरों को खोलकर उसके गन्ने के खेत में हाँक दिया था।

पूरा गाँव तालुक़ेदार के विरुद्ध था। इसी कारण तालुक़ेदार गौरीशंकर चौधरी, रामअवतार और सालिगराम से ख़ौफ़ खाता था और हमेशा अपने महल का दरवाज़ा बन्द रखवाता था। कोठी की रक्षा के लिए 45 नौकर थे। फिर भी गौरीशंकर अपनी सुरक्षा के लिए पुलिस को पैसा देता और अपने विरोधियों के बारे में पुलिस को सूचना भेजता रहता। 23 जनवरी, 1921 को पहले से ही पाँच सिपाही आ चुके थे। वे जब तालुक़ेदार के यहाँ पहुँचे थे तो पिछले 15 दिनों से फाटक बन्द था। पुलिसवालों ने अपना परिचय देकर फाटक खुलवाया था। पुलिस के आने के बाद तालुक़ेदार की हिम्मत बढ़ी और उसने बाज़ार में पुलिस भेजकर रामअवतार और सालिगराम के विरुद्ध कार्यवाही करने को उकसाया।[1]

बाज़ार में पुलिसबल और तालुक़ेदार के पहुँचने की बात सुनते ही 'कलेक्टर' अपने बेटे रामअवतार और सालिगराम के साथ पहुँच गई थी। रामअवतार और सालिगराम के पहुँचते ही बाज़ार की भीड़ में उत्तेजना फैल गई। रामअवतार ने पहुँचते ही एक सिपाही को जोरदार तमाचा जड़ दिया। उसकी बन्दूक़ छीन ली और उसी से उसके सिर पर प्रहार कर दिया। रामअवतार ने उसी बन्दूक़ से एक दूसरे सिपाही पर भी प्रहार किया जो थोड़ी दूर भाग कर गिर पड़ा और मर गया। हेडकांस्टेबल और एक सिपाही गोली दागते रहे और अन्त में भीड़ ने उन्हें भी गम्भीर रूप से घायल कर मरा समझ कर छोड़ दिया था। एक सिपाही भागने और बछरावाँ थाने को सूचित करने में सफल रहा। सिपाहियों की हत्या के बाद बाज़ार उठ गया और गाँव के लोग अपनी सुरक्षा के लिए इधर-उधर छिप गए।[2]

इस प्रकार 23 जनवरी, 1921, रविवार को दोपहर में रायबरेली में जिस किसान विद्रोह की गूँज सुनाई दी वह पुरानी दुश्मनी, तालुक़ेदार की खराब छवि एवं गाँव में उसके सहयोगियों के न होने के कारण घटी थी। बछरावाँ पुलिस स्टेशन के अन्तर्गत पड़ने वाले सेहगों पच्छिम गाँव (बछरावाँ से तब 6 मील उत्तर, अब एन.एच 24 बी होते हुए 13 किलोमीटर उत्तर में) के किसानों ने मुंशीगंज पुल की घटना में मारे गए किसानों का बदला लेने के लिए 23 जनवरी को लाठियों से एक कांस्टेबल को मार गिराया और दो को घायल कर दिया। सरकारी कथनानुसार, उन कांस्टेबलों को क़ानून व्यवस्था बनाए रखने के लिए भेजा गया था। मि. जी.बी. लम्बर्ट, मुख्य सचिव, संयुक्त प्रान्त के टेलीग्राम संख्या 174-एफ के अनुसार किसानों ने तालुक़ेदारों के जानवरों को खोल कर उनके गन्ने के खेतों में छोड़ दिया था। इस ख़बर के बाद ही प्रशासन ने पड़ोसी गाँव में तैनात एक पुलिस

1. श्रीराम सिंह, वही, पृष्ठ 139, 140, 141
2. वही, पृष्ठ 141

दल को गाँव में भेजा, दल में एक हेड कांस्टेबल और चार कांस्टेबल थे, इसका उल्लेख ऊपर किया जा चुका है। उस दिन गाँव में बाज़ार का दिन था और भारी भीड़ (लगभग 2,000 की) पहले से ही उग्र रूप में उपस्थित थी। रामअवतार और सालिगराम ने वहाँ भाषण दिया और उन दोनों का ज़मींदार से खड़े-खड़े लम्बे समय तक वाद-विवाद होता रहा। उन्होंने पुलिस से भी अपनी बुरी आजीविका के लिए बहस की। भीड़ को उकसाया। इन दोनों की शह पर उनके साथ मौजूद लगभग 200 की भीड़ ने लाठी और भालों से पुलिस दल पर आक्रमण कर दिया। एक कांस्टेबल को पीछे खोपड़ी पर लाठी लगी और वह मर गया। बाक़ी पुलिस 200 से 300 गज़ की दूरी से गोली चलाने लगी, मगर वह प्रभावी न रही। सरकारी रिपोर्ट के अनुसार परिणाम के बारे में कोई जानकारी नहीं मिली और न किसी किसान को गम्भीर चोट की ख़बर बताई गई। अन्त में भीड़ ने हेड कांस्टेबल और एक कांस्टेबल को पीट कर मरने के लिए छोड़ दिया। उनके सिर और शरीर के दूसरी जगहों पर चोटें थीं। तीसरा सिपाही भाग खड़ा हुआ और ग़ायब हुआ पाया गया। मध्य रात में जब डिप्टी कमिश्नर और पुलिस अधीक्षक मौक़े पर पहुँचे तो पाया कि चौथा कांस्टेबल पुलिस दल के साथ तब से नहीं था, जब से उपद्रव प्रारम्भ हुआ था। घटना का समाचार पाकर मौक़े पर तुरन्त अकेले पहुँचे उप-निरीक्षक ने रिंग लीडरों और एक अन्य व्यक्ति को गिरफ़्तार कर लिया था।[1] सेहगों पच्छिम गाँव की पूरी घटना को मि. मेयर्स, पुलिस अधीक्षक, रायबरेली के 24 जनवरी को लिखे पत्र से समझा जा सकता है जो उन्होंने मि. केय, आई.जी. को लिखा था—

प्रिय मि. केय

मेरे द्वारा भेजे गए तार के क्रम में निम्नलिखित घटनाक्रम को सूचित कर रहा हूँ—

कल (23 जनवरी) शाम 4.30 बजे बछरावाँ के थानाध्यक्ष का टेलीग्राम मिला कि सेहगों बाज़ार में भेजे गए सशस्त्र पुलिस का हेड कांस्टेबल मार दिया गया, दो गार्ड मोटर से भेजें। डिप्टी कमिश्नर और मैं, सशस्त्र पुलिस के उप-निरीक्षक के साथ तुरन्त बछरावाँ के लिए कार से निकल पड़े। मैंने आदेश किया कि सशस्त्र बल के दो हेड कांस्टेबल, आठ कांस्टेबल के साथ शाम 6.30 बजे वाली ट्रेन से बछरावाँ पहुँचें। बछरावाँ थाने पर पहुँचने पर हमने सुना कि

1. होम/पोलिटिकल-बी/1921, नोट्स संख्या 195-216ए। राष्ट्रीय अभिलेखागार, नई दिल्ली, पृष्ठ 7, 16, 17; द पायनियर, जनवरी 27, 1921; डिप्टी कमिश्नर, रायबरेली का 24 जनवरी का पत्र, मुख्य सचिव, संयुक्त प्रान्त को, फाइल नं. 50 /1921, सामान्य शाखा, उ.प्र. शासकीय अभिलेखागार, लखनऊ, पृष्ठ 435, 437

22 जनवरी को एक रिपोर्ट तैयार की गई थी कि सेहगों पश्चिम गाँव और कुछ दूसरे गाँवों में उपद्रव हुए थे। किसानों ने अपने जानवरों को ज़मींदारों की फसलों को चरने के लिए खोल दिया था।

सशस्त्र बल का एक हेड कांस्टेबल और चार कांस्टेबल दो माह पूर्व से बछरावाँ क्षेत्र में हो रही डकैती की घटनाओं को रोकने के लिए तैनात थे। 23 जनवरी की सुबह वे थाने पर लौटे तो उन्हें सेहगों पश्चिम गाँव में क़ानून व्यवस्था बनाए रखने के लिए रवाना कर दिया गया था। 23 जनवरी को लगभग दोपहर में थाने पर सूचना पहुँची कि सेहगों में उपद्रव भड़क गया है और सशस्त्र पुलिस वाले मारे गए हैं। सूचना मिलते ही थानाध्यक्ष घटनास्थल के लिए रवाना हो गए थे। हम लोगों के थाने पहुँचने तक कोई और सूचना नहीं मिली थी। हम लोग बछरावाँ से छह मील दूर सेहगों के लिए पैदल ही चल पड़े, क्योंकि वहाँ तक जाने के लिए सड़क मार्ग न था और अधिकांश क्षेत्र पानी से घिरा हुआ था। हम लोग सेहगों रात 8 बजे पहुँचे। पहुँचने पर पता चला कि 23 जनवरी को बाज़ार का दिन था। तालुक़ेदार विरोधी गुट ने जबरदस्ती दुकानदारों को अपनी दुकानों को गाँव से दूसरी ओर, एक मील की दूरी पर नए स्थान पर ले जाने को बाध्य किया था। सशस्त्र गार्ड के पहुँचने पर पता चला कि दो स्थानीय बुरे आचरण वाले, जो तालुक़ेदार के विरोधी थे, भीड़ को भड़का रहे थे कि नया ज़माना आ गया है। अब किसान तालुक़ेदारों की ज़मीन पर क़ब्ज़ा कर लेंगे। दूसरे प्रकार की उत्तेजनात्मक बातें भी कही गईं जिससे भीड़ हिंसक हो गई। हेड कांस्टेबल ने जाहिर तौर पर इसका विरोध किया जिससे भीड़ ने सशस्त्र बलों पर आक्रमण कर दिया। उस समय मौक़े पर केवल एक हेड कांस्टेबल और तीन कांस्टेबल ही थे। भीड़ ने उन्हें लाठियों से पीटना शुरू कर दिया और पत्थर चलाने लगी। सशस्त्र बल के जवान, तालुक़ेदार के आवास की ओर पीछे हटने लगे। तालुक़ेदार का आवास वहाँ से चौथाई मील दूर था। पीछे हटते हुए सशस्त्र बलों ने गोली दागी जो ज़्यादातर हवा में चली। कुछ गज़ पीछे हटने के बाद कांस्टेबल हरदत्त के सिर पर एक साथ कई लाठियाँ पड़ीं और वह वहीं गिर पड़ा तथा उसकी मृत्यु हो गई। शेष एक हेड कांस्टेबल और दो कांस्टेबल लगातार पीछे हटते चले गए। जब तालुक़ेदार का आवास लगभग 100 गज़ दूर रह गया था, भीड़ ने उन पर आक्रमण जारी रखा था। उस समय भीड़ लगभग 2,000 के आसपास थी, जिनमें से लगभग 200 लोग पूरी तरह से पुलिस बल पर आक्रमण करने में सक्रिय थे। हेड कांस्टेबल गौहर खान और कांस्टेबल शिव बालक की रायफ़ल छीन ली गई और उनके सिरे के चाकू और बट से उन्हें पीट कर ज़मीन पर गिरा दिया गया। कांस्टेबल लियाकत हुसैन अकेले बच गया था। उसने दो शॉट गोली दागी थी जो निशाने पर नहीं लगी थी और वह भाग गया था। उसके बाद भीड़ अपने घरों को लौट गई। भीड़ में

ज़्यादातर गाँव के पुरुष थे। बताया गया कि कुछ औरतें भी अपने घरों की छतों से ईंट-पत्थर चला रही थीं। थानाध्यक्ष लगभग 3.30 बजे अपराह्न मौक़े पर पहुँचा था और घटना की जाँच में जुट गया था। हमारे पहुँचने के पहले ही उसने तीन रिंग लीडरों को गिरफ़्तार कर लिया था जिनके नाम थे—रामअवतार, सालिगराम और... ? (पत्र में तीसरा नाम खाली है और प्रश्नचिह्न लगा है। दरअसल, तीसरा नाम रामअवतार की माँ 'कलेक्टर' का लिखा जाना था, लेकिन महिला होने के नाते छोड़ दिया गया था)। पहले दो वे ही थे जिन्होंने बाज़ार में भीड़ को उकसाया था। दो घायलों और एक लाश को भेजने के बाद, हमने घटनास्थल का मुआयना किया और कुछ जाँच की। गिरफ़्तार लोगों को सशस्त्र बल को सौंप दिया गया और अन्य लोगों का पता लगाने का काम शुरू किया गया जो उस दंगे में शामिल थे। सशस्त्र गार्ड, सब इंस्पेक्टर के साथ घटनास्थल से रवाना हुआ। ज़रूरी निर्देश देने के बाद हम ज़िला मुख्यालय के लिए रवाना हुए और सुबह तीन बजे पहुँचे। दो घायलों को पुलिस रायबरेली लाई जहाँ उनकी हालत में सुधार पाया गया। यह ज़िले के उत्तरी क्षेत्र की पहली घटना है जो रामअवतार और तालुक़ेदार के बीच पुराने झगड़े की वजह से हुआ। यह गाँव बड़ा है और ज़्यादातर कुर्मी जाति के लोग ही रहते हैं। इसलिए जाँच ज़्यादा उलझाऊ है, क्योंकि किसानी समस्या को लेकर यहाँ लम्बे समय से विवाद बना हुआ है।[1]

यह घटना, मुख्यतः तालुक़ेदारों के दमन के प्रतिकार में ग़रीब किसानों का विद्रोह था। इस विद्रोह के नायकों, सालिगराम और रामअवतार को, जिन्हें बाद में गिरफ़्तार कर लिया गया था, के पक्ष में आसपास की जनता ने पूरा सहयोग दिया था। महिलाएँ अपने घर की छतों से ईंट-पत्थर उठा-उठा कर पुलिस पर फेंक रही थीं।[2] यह विद्रोह स्थानीय कारणों से तो हुआ ही लेकिन चुनाव के पूर्व इस गाँव में कालका प्रसाद विद्रोही नाम के एक व्यक्ति ने उग्र भाषण दिया था और गाँव वालों ने 'गांधी जी की जय' के नारे लगाए थे।[3]

लोक समाज भी जनक्रान्तियों को अपने गीतों में सुरक्षित रखता आया है। सेहगों पश्चिम गाँव के वर्तमान प्रधान श्री विनोद कुमार चौधरी ने एक फाग उपलब्ध कराया है जिसमें सेहगों पश्चिम गाँव के विद्रोह का उल्लेख किया गया है। इस गीत को घटना के शुरुआती वर्षों में किसी दुलारे नामक गीतकार ने लिखा था—

1. पुलिस अधीक्षक, रायबरेली द्वारा दिनांक 24 जनवरी को लिखा, मि. केय को पत्र, फाइल नं. 50/1921, सामान्य शाखा, उ.प्र. शासकीय अभिलेखागर, लखनऊ, पृष्ठ 349, 351, 353
2. द लीडर, 28 जनवरी, 1921
3. डिप्टी कमिश्नर, रायबरेली का 24 जनवरी का पत्र, मुख्य सचिव, संयुक्त प्रान्त को, फाइल नं. 50 /1921, सामान्य शाखा, उ.प्र. शासकीय अभिलेखागार, लखनऊ, पृष्ठ 341

कहत कथा सेहगों बाज़ार की, सुनो सबै चित लाई,
मुखिया सरजू प्रसाद ने फिर डंका दीन बजाई।

बड़े-बड़े सौदागर आये, दीन बाज़ार सजाई,
हँसी-खुशी से सौदा बेचौ, है निशंक मन माही।

यह गति देखि तालुक़ेदार ने सभा क लीन बोलाई,
फाटक पर भेजि फिरंगी, दंगा दीन कराई।

दंगा सुनि कै आई कलेक्टर छाती पीट घोराई,
जै सुत हमरा दूध पियो तुम, दियौ फिरंगी गिराई।

इतना सुनि रामअवतार उठि धायो कुंदा लीन छिनाई,
वही कुंदा से मारि फिरंगी, धरती दीन गिराई।

हाहाकार भयो बाज़ार मा, कोउ कुछ समझ न पाई,
तीन फिरंगी गिरे बाज़ार मा, सालिकराम बताई।

एक सिपाही थाने भागो, सारी ख़बर बताई,
सुनकै ख़बर वीर सेहगों की थाना गा थर्राई।

हरिशंकर सिंह रहा दरोगा, झटपट सेहगों आई,
देखि लाश सब राजपूतन की, सोचि-सोचि रह जाई।

लगी सभा मुखिया के द्वारे कहा दरोगा आई,
तुरत बोलाई रामअवतार को पकरि लीन बिठाई।

ता पाछे कप्तान आ गयो, सारी जाँच कराई,
सालिकराम, अवतार बँधायो, दीन्ह हथकड़ी डराई।

एक बरस तक चला मुक़दमा फाँसी हुकुम होइ जाई,
कहें दुलारे सुनौ सब भाई, अन्तिम कथा सुनाई॥

(यहाँ चौथे पद में रामअवतार की माँ 'कलेक्टर' का उल्लेख है।)

लन्दन के **'द वेस्टर्न टाइम्स'** ने 26 जनवरी, 1921 को इस घटना का समाचार प्रकाशित करते हुए लिखा कि रविवार, 23 जनवरी, 1921 को रायबरेली में पुन:

किसान उपद्रव हुए। इस उपद्रव में एक सिपाही मारा गया और दो घायल हुए। रिंग लीडर को गिरफ़्तार कर लिया गया।

ऊसर और रेह भरे मार्ग से होते, साथ ही साथ सेहगों के चारों ओर पानी होने के कारण देर शाम को डिप्टी कमिश्नर मि. शीरेफ और पुलिस अधीक्षक मि. मेयर्स पुलिस बल के साथ घोड़ों पर चलकर पहुँचे थे। गाँव वालों के पलायन कर जाने के बावजूद रामअवतार और सालिगराम गाँव में ही थे। पुलिस ने बिना हथकड़ी लगाए 'कलेक्टर', सालिगराम, रामअवतार, मोहनलाल, लछिमन, रामनिधि, महाबली, रामरतन, लीला पासी, पराग टीकाधारी, शीतल, भगवानदीन, द्वारिका, विसेसर, पहाड़ी, रामसिंह टिकैत और जगमोहन को गिरफ़्तार कर तालुक़ेदार की कचहरी में बन्द कर दिया। आठ दिन तक सशस्त्र पुलिस बल गाँव में पड़ा रहा। बछरावाँ के थानेदार हरिशंकर ने पचासों गिरफ़्तारियाँ कीं। तालुक़ेदार की कोठी पर पाँच-छह माह तक पुलिस तैनात रही। इस मामले में 25 लोगों पर मुक़दमा चला। गाँव के दो लोग, लछिमन और रामअवतार कैराती सरकारी गवाह बने और सरकार के पक्ष में गवाही दी। रामअवतार ने अपना जुर्म स्वीकार किया था, इसलिए एक वर्ष तक चले मुक़दमे के बाद रामअवतार और सालिगराम को फाँसी की सज़ा हुई और अन्य लोगों को कारावास की सज़ाएँ।[1] इस घटना का रिंग लीडर सालिगराम आसानी से पहचान लिया गया था क्योंकि उसकी नाक, 13 साल पूर्व तालुक़ेदार ने कटवा दी थी।[2]

जिस दिन सेहगों पच्छिम गाँव की घटना घटी थी, उसके एक दिन पूर्व यानी 22 जनवरी, 1921 को संयुक्त प्रान्त लेजिस्लेटिव कौंसिल का अधिवेशन शुरू हुआ। 22 जनवरी को प्रमुख सचिव, संयुक्त प्रान्त ने सचिव, भारत सरकार, को टेलीग्राम संख्या 131-एफ, भेजते हुए अवगत कराया कि राज्यपाल (हरकोर्ट बटलर) अवध के किसान उपद्रव पर लेजिस्लेटिव कौंसिल की शुरुआत में अवध के किसानों की स्थिति के बारे में निम्नलिखित सन्दर्भ प्रस्तुत कर रहे हैं— *"हम अतिरंजना नहीं चाहेंगे, लेकिन हाल की घटनाओं को छोड़ भी नहीं सकते। जनता सरल है, लेकिन अनजान है और जल्द ही नियंत्रण से बाहर हो जाने वाली है। उपद्रव जल्द गुज़र जाएगा। (यह गुज़र चुका है)। जनसुरक्षा को कोई भी सरकार, सहन करने की सीमा तक ही न्यायसंगत बताती है। उपद्रव का परिणाम अन्ततोगत्वा मासूमों और अपराधियों पर समान रूप से गिरता है। सरकार उपद्रवी ताकतों को दबाने का काम करती है। लेकिन यह नकारात्मक काम है। सकारात्मक काम जनता के सहयोग और समर्थन से सम्भव है। मुझे पता है कि जनता की राय ठीक है, लेकिन उसे साफ़ तौर पर साहसपूर्वक व्यक्त*

---

1. श्रीराम सिंह, वही, पृष्ठ 141, 142
2. एक्स्ट्रैक्ट फ्राम ए डीओ फ्राम डिप्टी कमिश्नर, रायबरेली, डेटेड 24 जनवरी, 1921, टू मि. फानथॉर्प, कमिश्नर लखनऊ डिविजन, फाइल नं. 50/1921, सामान्य शाखा, उ.प्र. शासकीय अभिलेखागर, लखनऊ

करने के लिए आगे आना चाहिए। इसलिए एक बड़ी ज़िम्मेदारी आप सब पर है। याद कीजिए कि प्रान्त किस तरह कई झटकों के बाद भी खड़ा है। मैं आप महानुभावों पर बहुत विश्वास रखता हूँ। मैं आप से पूछना चाहता हूँ कि अवध रेंट एक्ट में संशोधन के प्रस्ताव का आप इन्तज़ार करें। अब 34 साल पुराने इस अधिनियम में संशोधन का विचार कुछ समय के लिए किया गया है। लेकिन जैसा कि आगरा प्रान्त के किरायेदारी अधिनियम (टेनेन्सी एक्ट) में संशोधन के मामले में तय किया गया था कि जब तक युद्ध (प्रथम विश्वयुद्ध) समाप्त नहीं हो जाता और जब तक कि नई सरकार का गठन नहीं हो जाता, तब तक संशोधन स्थगित रखा गया। यह निर्णय शायद ही अपरिहार्य था, लेकिन मुझे लगता है कि मेरी राय कभी भी छुपाई नहीं गई कि अवध रेंट एक्ट में संशोधन, सरकार द्वारा जल्द से जल्द होना चाहिए।

विगत 20 दिसम्बर को मैंने पं. मदनमोहन मालवीय से, जो जन-प्रतिनिधि हैं और जो किसान उपद्रव में शामिल नहीं रहे हैं, से आग्रह किया कि अवध के किरायेदारों के बीच अफ़वाह फैलाने को नियंत्रित करें, क्योंकि इससे अज्ञानी किरायेदारों (किसानों) का दुख कम नहीं होगा। ख़ून-खराबा सम्भव है। मैंने उनसे कहा कि पहला सवाल तो यह है कि नई सरकार ही अवध रेंट एक्ट में संशोधन पर जितनी जल्द हो सके, विचार करेगी। इससे जोतदारों में व्यापक रूप से हड़कम्प मच गया। अशान्ति के समय अपराधी तत्वों ने फ़ायदा उठाया जिससे जान-माल की क्षति हुई। रायबरेली अशान्ति के बारे में जल्द पूरी रिपोर्ट प्रकाशित होगी। भाग्यवश शान्ति की स्थापना बिना बाहरी सेना की मदद से सम्भव हो गया। इसके लिए मैंने स्थानीय प्रशासन और अन्य लोगों को बधाई दी। जहाँ तक निहायत गुमराह करने वाले सभी कथनों का सवाल है, मैं कहना चाहूँगा कि रायबरेली और फ़ैज़ाबाद की सभी रिपोर्ट संकेत करती हैं कि जोतदारों की, सरकार या यूरोपियनों के प्रति किसी प्रकार की दुश्मनी नहीं है। आन्दोलनकारियों ने प्रयास किया है कि दुश्मनी की हलचल पैदा की जाए, लेकिन जोतदारों की रुचि केवल ज़मींदारों के विरुद्ध, अपने दुखों के निवारण के लिए था। मि. जे.ए.सेंट, जॉन फारनन, सहायक अफीम एजेंट, जो रायबरेली के प्रभावित क्षेत्रों में भ्रमण पर रहे, कमिश्नर को आश्वस्त किया कि यूरोपियन शान्ति और सुरक्षा से रह रहे हैं। कुछ भू-स्वामियों की सुरक्षा करने की ज़रूरत है, लेकिन मैं महसूस करता हूँ कि यह दौर जल्द गुज़र जाएगा। यह सभी जानने लगे हैं कि जल्द ही अवध रेंट एक्ट में संशोधन कर दिया जाएगा और हमने पूरे प्रान्त में सूचना भेज दी है कि भू-स्वामियों और जोतदारों का एक पुराना मित्र (राज्यपाल, बटलर), उनसे हर प्रकार की ऐसी गतिविधियाँ, जो शान्ति व्यवस्था को भंग करती हों, से बचने को कहता है और सरकार से उम्मीद रखने को कहता है कि वह न्याय करेगी। समस्या की जड़ सामाजिक और आर्थिक है, न कि राजनैतिक।

जनसंख्या वृद्धि के कारण ज़मीन की माँग बढ़ी। अत्यधिक मूल्य वृद्धि के कारण जोतदारों पर भारी बोझ बढ़ गया। वर्तमान क़ानून की कठोरता के कारण ज़मींदारों और निम्न जातियों के जोतदारों के बीच गालियाँ बढ़ गई थीं। अवध के समृद्ध भू-स्वामी, सदा उच्च प्रतिष्ठित, उदार समझे जाते हैं। यद्यपि उनके स्थानीय एजेंटों द्वारा कुछ दमन की घटनाएँ कभी-कभी देखी जाती हैं। यह विचार कि अवध अत्याचारी, समृद्ध और बाहरी तालुक़ेदार समूहों द्वारा शासित होता है, पूरी तरह ग़लत है। आधे से कुछ अधिक प्रान्त ही तालुक़ेदारों द्वारा शासित होता है। अवध के 271 तालुक़ेदारों में से 100 ही, एक लाख तक सलाना भू-कर अदा करते हैं। केवल 22, एक लाख से अधिक कर अदा करते हैं। 80 के लगभग तालुक़ेदार, 50 हज़ार और एक लाख के बीच कर जमा करते हैं। बहुत भारी संख्या ऐसे तालुक़ेदारों की है जो अपनी रियासत में रहते हैं। किसानी की समस्या अवध को विरासत में मिली है। आप देख सकते हैं कि क़ानून में बदलाव, सामान्य प्रक्रिया नहीं है। हम इस दिशा में सावधानी से बढ़ेंगे। लेकिन मैं आपको आश्वस्त करता हूँ कि कौंसिल के समक्ष इस मामले को लाने में कोई परहेज, कोई देरी नहीं होगी। हाल के उपद्रव के मामले में केवल मुख्य नेताओं और जो वास्तव में अपराध में शामिल हैं, उन पर अभियोग चलाने का आदेश कर दिया गया है। आर्थिक रूप से राहत पहुँचाने और किसानों को जो अब संकट में हैं, जो उपद्रवियों की बोली-प्रक्रिया से डर कर छिप गए थे, उसके घर लौटने की व्यवस्था की गई है। मैं आग्रहपूर्वक उम्मीद करता हूँ कि जो उपाय किए जा रहे हैं, उससे यह शरारती आन्दोलन बन्द हो जाएगा। मुझसे अधिक किसी को भी पछतावा न होगा अगर अपराधी और निरपराधी पर समान रूप से कठोर क़दम उठा लिये गए। मगर सरकार अपना कर्तव्य निभाएगी और सरकार का पहला कर्तव्य यही है कि वह हर कीमत पर क़ानून व्यवस्था बनाए रखे। मैं भू-स्वामियों से अपील करता हूँ कि अपने जोतदारों से जितना सम्भव हो सके, सीधे मित्रवत् सम्बन्ध बनाना प्रारम्भ करें, जिससे वे बिना भेदभाव के सरकार और इस कौंसिल में विश्वास कर सकें। आज और दूसरे उपद्रवी समय में हमें बहुत साहस के साथ काम करना चाहिए जिससे हम महारानी ड्यूक ऑफ कनॉट के, जिनका नाम पूरे भारत के घरों में लिया जाता है, के उदार शब्दों से प्रोत्साहन पा सकें।''[1]

रायबरेली के किसान उपद्रव पर संयुक्त प्रान्त के मुख्य सचिव ने, सचिव भारत सरकार, गृह विभाग को असाधारण प्रस्ताव संख्या 193-III, दिनांक 2 फरवरी, 1921 भेजा था जो इस प्रकार था—

शेख नसर-उल्लाह, सब डिविजनल आफ़िसर, तहसील सलोन, ज़िला-रायबरेली की रिपोर्ट, डिप्टी कमिश्नर, रायबरेली का कथन और कमिश्नर, लखनऊ मंडल की

1. होम/पोलिटिकल-बी/1921, नोट्स संख्या 195-216ए, राष्ट्रीय अभिलेखागार, नई दिल्ली, पृष्ठ 15-16

रिपोर्ट, जो हाल के रायबरेली ज़िले के उपद्रव पर है, पढ़ें।

अवलोकन—

1. कमिश्नर, लखनऊ मंडल की रिपोर्ट, ज़िला रायबरेली के हाल के उपद्रव के मुख्य बिन्दुओं का ज़िक्र कर चुकी है। अब घटनाएँ किसी के लिए अपरिचित नहीं हैं। राजनैतिक आन्दोलनकारियों ने जोतदारों के वैध शिकायतों का शोषण किया है जिससे उन्होंने क़ानून को अपने हाथों में लेने का प्रयास किया। अपराधी तत्वों को मौका मिल गया और उन्होंने लूट प्रारम्भ कर दी। जिससे गोली चलाना आवश्यक हो गया और खेदजनक रूप से जानमाल की हानि हुई।
2. यह अनावश्यक होगा कि कमिश्नर द्वारा बताए गए तथ्यों की पुनः पड़ताल की जाए। जो कुछ अराजकता की हद तक हुआ, उस पर कोई सवाल नहीं किया जा सकता और न इस बात पर कोई सवाल किया जा सकता है कि आन्दोलनकारी उपद्रव को राजनैतिक स्वरूप प्रदान करने का प्रयास कर रहे हैं। यह प्रचार किया गया था कि ब्रिटिश राज का अन्त होने वाला है। प्रत्येक अवसर पर गांधी का नाम लिया जा रहा था। एक किसी मौलवी ने घोषणा कर दी कि गांधी राज आने पर वह सलोन का राजा बनेगा। वह पछतावा कर रहा था (गांधी राज न बनने पर) और वह इक्के में बैठकर डिप्टी कमिश्नर से मिलने मुख्यालय गया और कहा कि उसने जो कुछ भी कहा, किया था, दबाव में आकर किया था। वास्तविक उपद्रव, हालाँकि एक राजनैतिक रंग नहीं ले पाया।
3. फ़ुर्सतगंज में हुई गोलीबारी के बारे में, जहाँ भीड़ स्पष्ट तौर पर अपराधी थी और गोली चलाने के आदेश देने के पूर्व ही लूट-पाट में संलिप्त हो गई थी, आम जनता में कोई आलोचना नहीं हो रही। मुंशीगंज में हुई गोलीबारी के बारे में आम जनता में आलोचना हो रही है और घटनाओं के सही क्रम का अनुमान लगाना, बेहद मुश्किल काम है। डिप्टी कमिश्नर बहुत परेशान थे। उन्होंने एक साथ कई जगहों पर एकाएक उठ खड़े हुए उपद्रव से सामना किया। निस्सन्देह भीड़ काबू से बाहर थी। पुलिस बल आधा मील तक, नदी के पास की गीली ज़मीन पर अव्यवस्थित ढंग से छितराया हुआ था। यह सबको पता था कि फ़ुर्सतगंज में गम्भीर दंगा चल रहा है। भीड़ ने दो बार दौड़ कर पुल पर क़ब्ज़ा करने की कोशिश की थी। उनका उद्देश्य मुख्यालय को लूटना नहीं था। वे डिप्टी कमिश्नर और पुलिस अधीक्षक पर आक्रमण कर रहे थे। उन्होंने घुड़सवार सेना के दो सैनिकों को घोड़ों से उतार दिया। न तो डिप्टी कमिश्नर और न पुलिस अधीक्षक ने गोली चलाने का आदेश किया। लेकिन एक या दो पिस्टल

शॉट दागे गए थे, बिना किसी प्रभाव के-जैसा कि मारे गए और घायलों पर कोई भी गोली के घाव नहीं पाए गए थे, लेकिन केवल बकशॉट के घाव थे। सबसे सम्भावित कथन यह है कि पहला शॉट लेबर कार्प्स के सूबेदार द्वारा लाइन की बाईं ओर से दागे गए थे। इस शॉट की आवाज़ सुन कर घुड़सवार पुलिस लाइन के नीचे उतर गई जिससे उस पर कंकड़ों और पत्थरों की बरसात कर आक्रमण कर दिया गया। पुलिस अलग-थलग पड़ गई। डिप्टी कमिश्नर सड़क के किनारे टेढ़ी-मेढ़ी ज़मीन के मध्य में थे। पुलिस अधीक्षक लाइन के दाईं ओर थे। गोलीबारी बाएँ से हो रही थी, डिप्टी कमिश्नर को पत्थर लगा। उन्होंने ऑटोमैटिक पिस्टल से दो गोली, बिना प्रभाव के दागी। दो घुड़सवार सैनिक, जिन्हें भीड़ ने घोड़ों से उतार दिया था, उन्होंने पुलिस अधीक्षक से आदेश माँगा। तब तक गोलीबारी ख़त्म हो गई थी। पुलिस अधीक्षक ने आदेश दिया कि अगर उन पर आक्रमण होता है तो वे गोली चलाएँ।

4. राज्यपाल ने लेजिस्लेटिव कौंसिल में इस पर विचार किया कि क्या पुनः जाँच कराई जानी चाहिए? वह इस निष्कर्ष पर पहुँचे कि इससे लाभप्रद उद्देश्य की पूर्ति नहीं होगी। जैसा कि उपद्रव की उत्पत्ति का सवाल है, इसमें कोई शक नहीं कि खेती-किसानी करने वालों के कष्टों के कारण ही यह आन्दोलन भड़का। जहाँ तक घटनाओं का सम्बन्ध है, ऐसा कोई सुझाव नहीं आया कि कोई नए तथ्य को जानना ज़रूरी हो। यह बिल्कुल साफ़ है कि सही तथ्य प्रस्तुत किए गए हैं। यह भी बिल्कुल साफ़ है कि घाव, बकशॉट के थे न कि बुलेट के। यहाँ कोई असहिष्णुता का सवाल ही नहीं उठता। बिना आदेश के लोगों ने (पुलिस ने) जो गोली चलाई, वह ख़ुद की सुरक्षा में चलाई। इसके लिए दोषारोपण नहीं किया जाना चाहिए। भविष्य के लिए साफ़ और स्पष्ट तौर पर सशस्त्र सैनिकों को निर्देश दिए जाने चाहिए कि जब तक उनके अधिकारी आदेश नहीं देते वे गोली नहीं चलाएँगे या अगर वे घिर जाते हैं तो अपनी सुरक्षा के लिए गोली चलाएँगे।
5. इस उपद्रव के अन्तर्गत ज़िले (रायबरेली) के विभिन्न हिस्सों से कुल 1,024 लोगों को गिरफ़्तार किया गया है। इनमें से ज़्यादातर को छोड़ दिया गया है। केवल 108 को विभिन्न 16 मामलों में गिरफ़्तार रखा गया है। इनमें से ज़्यादातर फ़ुर्सतगंज उप्रदव से सम्बन्धित हैं। सरकार की नीति केवल रिंग लीडरों और अपराधियों को दंडित करने की है, निर्दोष लोगों या साधारण अपराध करने वालों, जो कुछ क्षण के लिए आन्दोलनकारियों के बहकावे में आ गए, को नहीं। राज्यपाल ने लेजिस्लेटिव कौंसिल में

मारे गए लोगों के लिए खेद प्रकट किया है और कहा है कि ऐसा अपरिहार्य परिस्थितियों के कारण किया गया। बहुत अधिक तो नहीं, उन्होंने धन्यवाद दिया कि यह सन्तोष का विषय है कि बिना बाहरी सेना की मदद से क़ानून व्यवस्था बहाल कर दी गई।

6. *ज़िले में शान्ति पूरी तरह स्थापित नहीं हो पाई है। 23 जनवरी को भीड़ ने पुलिस पर आक्रमण किया। एक कांस्टेबल मारा गया। हेड कांस्टेबल और एक कांस्टेबल लाठी की मार से घायल हो गए। यह स्थानीय लोगों का कृत्य था (सेहगों पश्चिम गाँव की घटना)। पड़ोसी ज़िले फ़ैज़ाबाद में भी व्यापक पैमाने पर उपद्रव हुआ है। जिसके बारे में जब जानकारी मिलेगी तब अलग से रिपोर्ट प्रकाशित की जाएगी। 29 जनवरी को एक भीड़ ने अपने गिरफ़्तार नेताओं को छुड़ाने के लिए ट्रेन को रोक दिया। इस अवसर पर भी सशस्त्र पुलिस ने स्वयं की सुरक्षा के लिए गोली चलाई। जिससे एक आदमी घायल हुआ (गोसाईगंज रेलवे स्टेशन की घटना)। सरकार कौंसिल में किसानों की दशा सुधारने के लिए क़ानून लाने वाली है। राज्यपाल ने कौंसिल को विश्वास दिलाया है कि यह अवध के किसानों और ज़मींदारों के बीच सामान्य रिश्ते कायम करने में सहायक होगा। सभी विश्वासपात्र लोगों का यह कर्तव्य है कि वर्तमान स्थितियों में प्रशासन का सहयोग करें और जिन्होंने क़ानून को अपने हाथों में लिया है या दूसरों को उकसाया है, उन्हें हर प्रकार से हतोत्साहित करें।*

...राज्यपाल द्वारा कौंसिल में दिए आदेश के द्वारा, जी.बी. लम्बर्ट, मुख्य सचिव, संयुक्त प्रान्त सरकार।[1]

अन्त में रायबरेली किसान विद्रोह के कारणों पर सी.आई.डी. ने 19 जनवरी, 1921 को जो जाँच रिपोर्ट, डिप्टी कमिश्नर, रायबरेली को भेजी थी, उसका उल्लेख करना भी ज़रूरी लगता है। रिपोर्ट में कहा गया है कि 'सामान्यत: रायबरेली किसान विद्रोह के दो कारण बताए जाते हैं—1. यह मूल रूप से किसान आन्दोलन था जो बोल्शेविक विचारधारा से प्रभावित था। 2. इस आन्दोलन को तालुक़ेदारों ने बदनाम करने के लिए भाड़े के बदमाशों को लगाया था और किसान सभा को बदनाम कर कमजोर करने की कोशिश की।' सी.आई.डी रिपोर्ट उपरोक्त दोनों कारणों को नकारती है। अगर यह विद्रोह बोल्शेविक विचारधारा से प्रभावित होता तो रसूलपुर और अरखा में किसान आन्दोलन ज़्यादा तेज हुआ होता, जहाँ किसान सभा की इकाइयाँ थीं। इन दोनों स्थानों पर प्रारम्भ से ही किसान सक्रिय और संगठित थे। वहाँ के तालुक़ेदारों के प्रति नाराज़गी, दूसरी जगहों की तुलना में ज़्यादा थी। एक

1. वही, पृष्ठ 20, 22

और कारण विश्वास करने लायक यह है कि यहाँ की स्थानीय पंचायतों ने बाज़ारों से लूटे सामान वापस कराए थे और उस अपराध के लिए जुर्माना भी लगाया था। सी.आई.डी. रिपोर्ट कहती है कि 'दूसरा आरोप चन्दनिहाँ की घटना से ख़ारिज हो जाता है जहाँ तालुक़ेदार अपने जीवन के डर से काँप रहा था और जहाँ रैयत की भारी भीड़ जमा हो गई थी। रायबरेली जेल से भी गिरफ़्तार किसान नेता को मुक्त कराने को भारी भीड़ जमा हो गई थी। उड़वा और अन्य स्थानों पर जिस तरह खड़ी फसलों को नुक़सान पहुँचाया गया, उससे साफ़ प्रतीत होता है कि किसान नई शराब के (किसान आन्दोलन के) नशे में थे। हाल के स्थानीय कौंसिल चुनावों के कारण तालुक़ेदारों के पक्ष या विपक्ष में प्रत्याशी बँटे। इसी मानसिकता में अक्टूबर, 1920 के अन्त में रसूलपुर में किसान सभा का गठन हुआ था। उसके बाद बाबा रामचन्द्र द्वारा ऊँचाहार और अरखा में दिसम्बर, 1920 के प्रारम्भ में सभा आयोजित की गई थी। उसके बाद 20 अक्टूबर, 1920 को अयोध्या में अवध के किसानों की एक बड़ी सभा हुई थी जहाँ उन्होंने अपने ग़लत और सही नेतृत्व को पहचान लिया था। उसके बाद ही लगभग हर गाँव में ग्राम पंचायतें गठित हुईं। इतिहास में पहली बार किसानों ने एकता की शक्ति को पहचाना था। उन्होंने उसके बाद ही जबरन बेदख़ली और नज़राना के विरुद्ध बोलना शुरू कर दिया था। राजनैतिक शिक्षा प्रारम्भ हो चुकी थी और इसका फैलाव होने लगा था। बूंदवा में आलू और गन्ने के खेतों को नष्ट करना या मेजरगंज में आम के बगीचे को लूटना, उनके लिए साहस का काम हो गया। रिपोर्ट के अनुसार चन्दनिहाँ की घटना यह बताती है कि कोई भी व्यक्ति गांधी जी की जय बोलकर भीड़ बटोर सकता था। चन्दनिहाँ में बाबा जानकी की गिरफ़्तारी को किसानों ने बाबा रामचन्द्र की गिरफ़्तारी समझा और भारी भीड़ के साथ जमा हो गए थे। रायबरेली जेल पर जमा 80 प्रतिशत भीड़ यही समझ रही थी बाबा रामचन्द्र गिरफ़्तार हुए हैं। चूँकि प्रतापगढ़ में एक बार किसानों ने बाबा रामचन्द्र को मुक्त करा लिया था इसलिए उन्होंने सोचा कि यहाँ भी वे ऐसा ही कर लेंगे। कुछ किसानों को यह भ्रम था कि महात्मा गांधी गिरफ़्तार हुए हैं। वहाँ की भीड़ किसान सभा के बुलावे पर नहीं आई थी अपितु गाँव-गाँव में लोग चिल्लाते हुए कह रहे थे कि बाबा को गिरफ़्तार कर रायबरेली जेल में डाल दिया गया है इसलिए प्रत्येक घर से एक आदमी को उनको मुक्त कराने के लिए ज़रूर चलना चाहिए। नसीराबाद और सलोन थाना क्षेत्र में अनियंत्रित पासी जाति के लोगों ने बाज़ारों को लूटने में भेदभाव बरता। इनमें से कुछ किसान सभा से जुड़े होंगे मगर इसका कोई प्रमाण नहीं है। कहा जाता है कि तालुक़ेदारों के संगठन के भाड़े के बदमाशों ने सलोन में लूटपाट कराकर सरकार की नज़रों में किसान सभा को बदनाम करने का काम किया। इस क्षेत्र के किसान, सरकार के बजाय तालुक़ेदारों से नाराज़ थे और उनका विद्रोह पूरी तरह आर्थिक कारणों से उत्पन्न हुआ था।

रिपोर्ट में इस बात से सरकार को आगाह किया गया था कि 'पं. मोतीलाल नेहरू के प्रयास से असहयोग आन्दालन और किसान आन्दोलन के एक में मिल जाने की सम्भवना दिख रही है। इसलिए गाँवों के स्कूलों में थोड़ा-बहुत बायकॉट देखा जा रहा है लेकिन किसानों में भूस्वामियों के विरुद्ध पर्याप्त ग़ुस्सा बना हुआ है। अवध के किसानों के दुखों का पता लगाने के लिए गठित आयोग समय लेगा इसलिए मैं यह राय देने की अनुमति चाहता हूँ कि एक विशेष राजस्व अधिकारी की तुरन्त नियुक्ति होनी चाहिए जो अवध रेंट एक्ट के बारे में जानकार हो और किसानों के दमन के मामलों को देखे। निश्चय ही बहुत-सी बेकार किस्म की शिकायतें होंगी लेकिन जैसा कि मैं महसूस कर रहा हूँ, बहुत सारे किसानों की समस्याएँ वास्तविक होंगी और इस प्रकार जाँच कर सरकार क़ानून व्यवस्था को बहाल कर सकती है।'[1]

रायबरेली और आसपास में छिटफुट घटनाएँ जारी थीं। वहाँ किसान आन्दोलन समाप्त नहीं हुआ था। फरवरी 1921 में डलमऊ के हज़ारों किसानों ने स्थानीय तालुक़ेदारों की फसलों को नष्ट कर दिया था।[2] किसान सभा की गतिविधियों से निबटने के लिए रायबरेली के तालुक़ेदारों की एक बैठक सलोन में हुई।[3]

मुख्य सचिव, संयुक्त प्रान्त ने, सचिव, भारत सरकार को अपने टेलीग्राम पी. संख्या 290, दिनांक 4 फरवरी, 1921 द्वारा रायबरेली और फ़ैज़ाबाद के किसान विद्रोह के बारे में निम्नलिखित सूचना प्रेषित की—'*क्लीयर द लाइन-रायबरेली में क़ानून व्यवस्था बहाल कर दी गई है। अब तक के ज्ञात तथ्यों के आधार पर आगे की कार्यवाही की जा रही है। नागपुर से लौटने के बाद (दिसम्बर, 1920 में आयोजित नागपुर में कांग्रेस अधिवेशन) फ़ैज़ाबाद के स्थानीय मज़दूरों (कुलियों) की गतिविधियों में वृद्धि हुई है। अध्यापक, चौकीदार, छात्रों में से पहले दो वर्गों में बेचैनी के लक्षण देखे जा रहे हैं जो आर्थिक रूप से परेशान हैं। दूसरी घटनाओं में छात्र, कठपुतली की तरह यानी दूसरों के इशारे पर आन्दोलन कर रहे हैं।*[4]

---

1. फाइल नं. 50/1921, सामान्य शाख, उ.प्र. शासकीय अभिलेखागार, लखनऊ, पृष्ठ 655, 657, 659, 661, 663
2. होम/पोलिटिकल-बी/1921, नोट्स संख्या 195-216ए, राष्ट्रीय अभिलेखागार, नई दिल्ली, फरवरी
3. फारनेन टू डिप्टी कमिश्नर, रायबरेली, फाइल नं. 50/192, जनरल, उ.प्र. राजकीय अभिलेखागार, पृष्ठ 661
4. होम/पोलिटिकल-बी/1921, नोट्स संख्या 195-216ए, राष्ट्रीय अभिलेखागार, नई दिल्ली, पृष्ठ 19-20

करहिया का किसान विद्रोह

''यह सम्पूर्ण प्रदर्शन जन-मानस में यह विश्वास पैदा करने के लिए किया गया था कि ब्रिटिश शासन समाप्त हो चुका है।''

—मुहम्मद अब्दुल शमी, सहायक मजिस्ट्रेट, करहिया केस में 25 अप्रैल, 1921 को दिए अपने फ़ैसले में।

15 जनवरी, 1921 को ऊँचाहार सभा को स्थगित कर किसानों को असमंजस की स्थिति में छोड़ देने वाले कांग्रेसियों को लगा होगा कि आगे अवध किसान आन्दोलन के विद्रोही तेवर को वे शान्त कर देंगे और उसे असहयोग आन्दोलन के नियंत्रण में कर लेंगे। ग़रीब किसान, अहिंसा के बन्धन में बँध कर स्वराज्य के लिए काम आएँगे। मगर ऐसा नहीं हुआ। 23 जनवरी को सेहगों में हुए किसान उपद्रव ने उनकी मंशा पर पानी फेर दिया। दूसरी भयंकर विद्रोही ज्वाला करहिया में धधकी जिसकी हम यहाँ चर्चा करने जा रहे हैं।

अवध किसान विद्रोह के इतिहास में करहिया विद्रोह का अलग महत्त्व है। ब्रिटिश सेना का एक भारतीय जवान, बृजपाल सिंह, जब साढ़े तीन माह की छुट्टी पर रायबरेली ज़िले के अपने सीमावर्ती गाँव मेढ़ावाँ (Mardiawan), थाना—लालगंज, ज़िला—प्रतापगढ़ आया तो किसानों के दुखों को चरम पर पाकर झंडा उठा लिया। कहने को उसका झंडा 'गांधी झंडा' ही था मगर कृत्य क्रान्तिकारी था। उसका साथ निभाने वाले दूसरे किसान झुनकू सिंह थे जो ग्राम-जौदहा, थाना-सलोन, रायबरेली के रहने वाले थे (पहले वह नसीरपुर, राजापुर, प्रतापगढ़ के रहने वाले थे, बाद में जौदहा आकर बसे थे। वह ठकुराइन यदुनाथ कुँअरि के ससुर की बहन के लड़के थे)।[1] वह भी सेना में रह चुके थे। मेढ़ावाँ के दूसरे साथी थे—सूरजपाल सिंह और गंगादीन। इस प्रकार चार किसान नेताओं में से तीन प्रतापगढ़ ज़िले से सम्बन्धित थे और एक रायबरेली ज़िले से। बृजपाल सिंह नौवीं भोपाल इन्फेंट्री का जवान था। वह प्रथम विश्वयुद्ध में फ्रांस में तैनात था और जर्मनी के विरुद्ध मोर्चे पर था। जर्मन सेना द्वारा गिरफ़्तार हुआ और चार माह जर्मन जेल में रहा। जब वह छुट्टी पर गाँव आया तो इसी बीच अपने गाँव में किसान सभा का गठन किया।[2]

मैंने अपनी किताब—'चौरी चौरा विद्रोह और स्वाधीनता आन्दोलन' में इस तथ्य का उल्लेख किया है कि प्रथम विश्वयुद्ध में संयुक्त प्रान्त के तमाम सैनिकों ने भाग लिया था और युद्ध समाप्ति के बाद, उन्हें छुट्टी देकर या सेवा से हटाकर वापस घर भेज दिया गया था। वे सैनिक रूसी किसान क्रान्ति को क़रीब से देख-सुन कर

---

1. श्रीरामसिंह, पृष्ठ 151, 152
2. फाइल नं. 50/2/1921, सामान्य शाखा, उ.प्र. शासकीय अभिलेखागार, लखनऊ, पृष्ठ 209, 211, 213

आए थे। जब वे अपने गाँवों में लौटे तो यहाँ के ज़मींदारों के ज़ुल्म देख, बग़ावत का नेतृत्व सँभाल लिया था।

सम्भव है बृजपाल भी बोल्शेविक क्रान्ति से प्रभावित होकर लौटा हो। उसका गाँव ठकुराइन यदुनाथ कुँअरि, तालुक़ेदार करहिया, नरूद्दीनपुर रियासत में पड़ता था। रियासत का मैनेजर बृजबिहारी लाल बड़ा क्रूर और ज़ुल्मी था। किसान उससे त्रस्त थे। बृजपाल सिंह ने 14 मार्च, 1921 को करहिया से दो मील दूर, झुनकू सिंह के गाँव जौदहा (श्रवकीं) में किसानों की सभा बुलाई। सभा में उसने तीन मुख्य बातों पर जोर दिया–पहला, किसान सभा के निर्देशों को, जिसे वह या झुनकू सिंह देंगे, के अनुसार चलें अन्यथा दंड लगेगा। दूसरा, उसने पूर्व के एक सेंधमारी के मुक़दमे—'सम्राट बनाम जगतपाल सिंह' में छानबीन करने, कार्यवाही करने की माँग की तथा तीसरा, रियासत के मैनेजर बृजबिहारी को ठकुराइन हटाएँ। जिसके विरुद्ध तमाम किसानों की शिकायतें हैं, बृजपाल सिंह और झुनकू सिंह ने आदेश दे रखा था कि जिस दिन सभा हो, उस दिन किसान काम न करें, सभा में आएँ। जौदहा सभा के दिन हूबलाल का भतीजा कृष्ण कुमार पानी के मिल पर काम करता पाया गया तो उसे दंडित किया गया। करहिया मुक़दमे में तो कहा गया है कि कृष्ण कुमार को पकड़ कर हाथ बाँधा गया और धूप में खड़ा रहने का दंड सुनाया गया। मगर बृजपाल ने इस आरोप को ख़ारिज किया था।[1]

करहिया केस के गवाह हूबलाल ने बताया था कि 14 मार्च की सभा में चार पासी कल्लू, दातादीन, भोला और सुखई बृजपाल के बुलाने पर आए। कल्लू तथा दातादीन की झुनकू ने थप्पड़ों से पिटाई की। उनके हाथ बाँध कर पेड़ पर लटकाया। फिर प्रयाग नाई को बुलाया गया। उसने दोनों पासियों को नीचे उतार कर आधा सिर, आधी मूँछ और आधी दाढ़ी साफ़ कर दी। दातादीन पर 10 रुपया दंड लगा, जिसे उसने बृजपाल तथा झुनकू के पास जमा कर दिया। कल्लू पर पाँच रुपया दंड लगा और जमानत देने पर उसे छोड़ा गया। बृजपाल सिंह ने स्वीकार किया था कि उसने घरों की तलाशी ली थी। शारीरिक दंड भी दिया था मगर बाल मुड़ाने और पेड़ पर लटकाने की बात स्वीकार नहीं की थी। कालू के विरुद्ध आर्थिक दंड लगाया गया था। किसानों से प्रति व्यक्ति एक आना चन्दा देने को भी कहा गया था, मगर यह सबके लिए अनिवार्य न था। उसने 20 मार्च को करहिया बाज़ार में आने और सभा करने की घोषणा की और कहा कि अगर तब तक ठकुराइन अपने मैनेजर को हटाती नहीं तो वह उसका मुँह काला कर, गदहे पर बैठाकर रियासत से बाहर करेगा तथा रियासत के मैनेजर का काम स्वयं करेगा। ठकुराइन ने उसकी धमकी को गम्भीरता से लिया और 16 मार्च को थाने में दरख़ास्त दी जिसकी पुष्टि उप-निरीक्षक शिवनाथ सिंह ने की थी। बृजपाल सिंह ने किसानों की एक सभा 17 मार्च को रखी जिसको

1. वही, पृष्ठ 209, 211, 213, 215

असफल करने के लिए ठकुराइन ने अपने मैनेजर को राय दी कि वह भी उसी दिन किसानों की एक सभा बुलाए। ठकुराइन की सभा सुबह 10 बजे थी जिसमें बहुत थोड़े किसान आए जबकि बृजपाल सिंह की सभा अपराह्न तीन–चार बजे थी और उसमें ज़्यादा किसान आए। ठकुराइन ने आरोप लगाया कि बृजपाल ने किसानों को उनकी सभा में आने से रोक दिया। ठकुराइन ने किसानों से बृजपाल सिंह का सामाजिक बहिष्कार करने को कहा मगर किसानों की संख्या नाममात्र होने के कारण अप्रभावी रहा। बृजपाल सिंह की शाम की सभा में, ठकुराइन के प्रस्ताव की प्रतिक्रिया में भारी संख्या में किसान आए। उसी दिन बृजपाल ने ठकुराइन के मैनेजर को पद से हटाने की घोषणा कर दी। उसके बाद वह और झुनकू सिंह एक बार फिर करहिया बाज़ार गए और 20 मार्च को पुनः आने की बात कही। जैसे ही बृजपाल सिंह और झुनकू द्वारा 20 मार्च को करहिया में सभा करने की सूचना डिप्टी कमिश्नर ए.जी. शीरेफ (जिन्हें अभिलेख में ज़िला मजिस्ट्रेट भी कहा गया है) को मिली, उन्होंने 18 मार्च को ही बाज़ार में धारा 144 लगा दी और सभा करने पर रोक लगा दी। करहिया बाज़ार, रायबरेली के सलोन तहसील में पड़ता था। उन्होंने 107 सी.पी.सी. के अन्तर्गत सलोन थानाध्यक्ष रज़ी अहमद को आदेश दिया कि अगर बृजपाल सिंह, झुनकू सिंह, सूरजपाल सिंह और गंगादीन 20 मार्च को करहिया पहुँचते हैं तो उन्हें गिरफ़्तार कर लिया जाए।[1]

आदेश प्राप्त होने के बाद 20 मार्च को सुबह ही थानाध्यक्ष सलोन (उपनिरीक्षक रज़ी अहमद), करहिया पहुँच गया था। दोपहर बाद दो बजे बृजपाल सिंह और झुनकू सिंह करहिया पहुँचे और पीपल के एक पेड़ के नीचे अपने समर्थकों के साथ बैठ गए। थानाध्यक्ष (उपनिरीक्षक) रज़ी अहमद के साथ सशस्त्र बल के उप निरीक्षक शिवनाथ सिंह, हेड कांस्टेबल राधेलाल और तीन अन्य कांस्टेबल थे। दो कांस्टेबल, महावीर राम और नन्दू राम, सादे कपड़ों में थे। पीपल पेड़ के पास भीड़ 100 से 125 लोगों की भीड़ जमा हो चुकी थी। ज़्यादातर के हाथों में लाठी थी। झुनकू सिंह के हाथ में तलवार थी। रज़ी अहमद ने बृजपाल सिंह और झुनकू सिंह को गिरफ्तारी के आदेश की जानकारी दी और रज़ी ने बृजपाल का और महावीर ने झुनकू का हाथ पकड़ लिया। झुनकू के हाथ में जो तलवार थी उसे थानाध्यक्ष ने ज़ब्त कर ली। उन्हें गिरफ़्तार कर पुराने कोट (तालुक़ेदारिन का कच्चा मकान) की ओर ले जाया जाने लगा जो रायबरेली–प्रतापगढ़ मार्ग के दूसरी ओर महज 50 क़दम दूर था। पुलिस द्वारा बताया गया था कि रास्ते में किसानों ने ईंट–पत्थर फेंके। मगर यह बात सही होती तो महज सात लोग उन्हें गिरफ़्तार कर ले नहीं जा सकते थे और न थानाध्यक्ष, बिना विरोध के झुनकू सिंह से तलवार छीन सकता था। सच्चाई यह थी कि जब किसान नेताओं को पुराने कोट ले जाया जा रहा था तब भीड़ पीछे–पीछे विरोध करती जा

1. वही, पृष्ठ 209, 211, 213, 215

रही थी। किसानों ने ईंट-पत्थर बाद में तब चलाया जब पुलिस पुराने कोट में जा चुकी थी। इस तथ्य को लोअर कोर्ट ने भी माना था। समस्या तब उत्पन्न हुई जब थानाध्यक्ष ने बृजपाल के हाथ बाँध दिए। बृजपाल ने कहा कि वह चार साल तक जर्मनी में युद्धबन्दी रहा मगर वहाँ भी उसके हाथ नहीं बाँधे गए थे। उसने कहा कि उसे जहाँ ले चलना हो वहाँ ले चलें मगर हाथ न बाँधे। इस पर उपनिरीक्षक ने उसे 'साला' गाली दी। यह सुन बृजपाल सिंह खड़ा हो गया और उपनिरीक्षक को ज़बान सँभाल कर बात करने को कहा। उसने कहा कि वह जिसका अपमान कर रहा है वह सम्राट और महामहिम वायसराय से हाथ मिला चुका है।[1]

रास्ते में बृजपाल सिंह ने अपने समर्थकों को सभा में लिये गए व्रत की याद दिलाई और कहा कि अगर मुट्ठी भर सिपाही उसे गिरफ़्तार कर ले जा सकें तो किसानों का जीना बेकार होगा। रविवार का बाज़ार दिन होने के कारण तब तक भारी भीड़ जमा हो चुकी थी। किसान 'महात्मा गांधी की जय', 'शौक़त अली की जय' के नारे लगा रहे थे। रजी अहमद के अनुसार उस समय 600 से 700 की भीड़ थी। पुराने कोट में प्रवेश कर पुलिस वालों ने लोहे का गेट बन्द करने का प्रयास किया मगर असफल रहे। भीड़ और उत्तेजित हो गई और उन सिपाहियों की ओर दौड़ी जिन्होंने दोनों किसान नेताओं को गिरफ़्तार कर रखा था। उसी समय भीड़ ने ईंट-पत्थर चलाना शुरू किया और ठीक उसी समय, लगभग अपराह्न 4.30 बजे उपनिरीक्षक रज़ी अहमद ने पहली बार पिस्टल से गोली दागी। भीड़ और उत्तेजित हो गई और दोनों गिरफ़्तार किसान नेताओं को मुक्त करा लिया। गोली लगने से जगमोहन ब्राह्मण मारा गया और कुछ अन्य लोग घायल हो गए। मुक्त हुए दोनों किसान नेताओं सहित भीड़ उपनिरीक्षक को मारने के लिए दौड़ी। पुलिस दालान की ओर खिसक गई। तब तक भीड़ में 1,000 से 1,500 लोग हो चुके थे। अपराह्न लगभग 4.45 बजे, उपनिरीक्षक ने दूसरी बार हवा में गोली दागी और उसके बाद भीड़ पर गोली चला दी। इस गोलीबारी में ठकुराइन का नौकर रामगुलाम, ग़लती से मारा गया। थानाध्यक्ष रज़ी अहमद भारी भीड़ की वजह से मुश्किल में था। उसने कांस्टेबल महावीर को, जो सादी वर्दी में था, भीड़ से अपनी पहचान छिपाते हुए थाने जाने और तहसीलदार को सूचित करने को भेजा। पुराने कोट के पीछे से एक दरवाज़ा था जो नए कोट में जाता था। मगर वह दरवाज़ा पुराने कोट के गेट से दिखाई नहीं देता था। इसलिए पुलिस पीछे के दरवाज़े से नए कोट (पक्का मकान) की ओर बढ़ गई। नए कोट का दरवाज़ा बन्द था। जब पुराने कोट में पहली बार गोली दागी गई थी तभी से ठकुराइन अपनी सास, महाराज कुँवरि के साथ दरवाज़े पर खड़ी होकर रो रही थीं। जब ठकुराइन को विश्वास हो गया कि दरवाज़ा खोलने को कहने वाले पुलिस वाले हैं, तब उन्होंने दरवाज़ा खुलवाया और अपने आदमियों,

1. वही, पृष्ठ 5, 7 , 9, 11, 13

देवीदयाल और अन्य को पुनः दरवाज़ा न खोलने की हिदायत दी। ठकुराइन और पुलिस वाले सीढ़ियों से ऊपरी मंज़िल पर पहुँच गए। भीड़ लगातार बढ़ रही थी और पुलिस वालों को मारने के लिए चिल्ला रही थी। भीड़ दरवाज़ा तोड़ने का प्रयास कर रही थी। यह देख थानाध्यक्ष रज़ी अहमद ने भीड़ को दरवाज़ा तोड़ने से बचाने के लिए छत से दरवाज़े पर गोली दागी जिससे भीड़ छँट गई। पुलिस लगातार गोली चला रही थी। अँधेरा होने लगा तो सुरक्षा की दृष्टि से भीड़ ने ठकुराइन के हाते से बाहर निकल जाना सुरक्षित समझा। उधर ठकुराइन का दरवाज़ा तब तक बन्द रहा जब तक कि डिप्टी कमिश्नर मि. ए. जी. शीरेफ, पुलिस अधीक्षक मेयर्स, मि. ब्रायन (सहायक अफीम एजेंट) और लेबर कार्प्स के मि. कार्रियस सहित 28 सशस्त्र गार्ड लेकर मोटर बस से पहुँच नहीं गए। उन्होंने रास्ते से सलोन के तहसीलदार को भी ले लिया था। यह दल लगभग आधी रात को करहिया पहुँचा। इन अधिकारियों ने पूरी रात भीड़ को समझाने का प्रयास किया। उन्हें चले जाने को कहते रहे। मगर बृजपाल सिंह और अन्य नेता कहते रहे कि जब तक उनके साथ न्याय न होगा वे नहीं जाएँगे। इन नेताओं ने इक्के पर तीन लोगों को आसपास के गाँवों से भीड़ जुटाने के लिए लगाया था। इसलिए रात भर में भीड़ और बढ़ गई। 21 मार्च की सुबह भीड़ 2,000 से 3,000 लोग हो गए थे। बृजपाल ने डिप्टी कमिश्नर को बताया कि पुलिस ने 20 निर्दोष लोगों को मार गिराया है और 15 लाशों को कुएँ में फेंक दिया है। बृजपाल ने डिप्टी कमिश्नर से यह भी कहा कि अगर आप नहीं आए होते तो हम कोट को गिरा देते और पुलिस निरीक्षक को मार डालते। डिप्टी कमिश्नर ने देखा कि भीड़ का व्यवहार ख़तरनाक है। बृजपाल ने तालुक़ेदारिनी के ज़ुल्म की शिकायत की। कहा कि वह सैनिक रहा है। फ्रांस में नौकरी कर चुका है। इसलिए मशीनगन से भी नहीं डरता। उसने अधिकारियों को धमकी दी कि 10 मील तक भीड़ ने घेरा डाल रखा है। कभी-कभी बृजपाल पुलिस को अपना भाई कहता और कहता कि वे मेरे साथ हैं। जब भीड़ छँटने का मन बनाती तो वह कहता कि सुबह 11 बजे गांधी जी आएँगे।[1]

21 मार्च की सुबह चार बजे जब अधिकारी थक गए तो वे कोट हाते के अन्दर चले गए और अपनी मोटरकार में जाकर बैठ गए। बृजपाल सिंह ने अपने सैन्य प्रशिक्षण के अनुभव का बखूबी इस्तेमाल किया और कोट के गेट के अन्दर अधिकारियों के जाते ही उसने गेट को इक्का और बैलगाड़ी से बन्द कर दिया। बैलगाड़ी पर एक छोटे बच्चे को खड़ा कर दिया। इस पाठ को उसने जर्मनी से अन्तिम युद्ध में सीखा था। सुबह छह बजे भीड़ दो लाशों को और चार-पाँच घायलों को चारपाई पर लेकर आई

1. लोअर कोर्ट का फ़ैसला, फाइल नं. 50/2/1921, सामान्य शाखा, उ.प्र. शासकीय अभिलेखागार, लखनऊ, पृष्ठ 5, 7, 9, 11, 13, 15, 17, 19, 21, 23, 25, 27, 29, 31, 33, 35, 37, 39

और उसे भी गेट पर रख दिया। घायलों को सलोन अस्पताल ले जाने से भीड़ ने मना कर दिया। सलोन से उप-सहायक सर्जन बुलाए गए। उनके आने पर वहीं घायलों का इलाज शुरू हो सका। जिन घायलों को अस्पताल ले जाना ज़रूरी था, उनके लिए बृजपाल ने कहा कि डॉक्टर उसके साथ चलें, वह स्वयं रास्ता बताएगा। इसी अवसर का लाभ उठाकर बिना किसी ख़ून-खराबे के बृजपाल को सुबह लगभग सात बजे गिरफ़्तार कर लिया गया। बृजपाल, मि. कार्रियस और मि. ब्रायन के साथ कार में बैठ गया। उसे तुरन्त रायबरेली जेल भेज दिया गया। सुबह सात बजे दफ़ादार और 10 घुड़सवार सैनिक सदर से आ गए थे मगर सड़क मार्ग पर धरना देने वालों ने उन्हें रोक लिया था। काफी प्रयास के बाद घुड़सवार सैनिकों ने अन्ततः धरना देने वाले किसानों को हटाने में सफलता पाई और तालुक़ेदारिनी के घर पहुँचे, जहाँ डिप्टी कमिश्नर और उनकी पूरी टीम शरण लिए हुए थी। उसके बाद गाँव के चारों ओर की भीड़ को घुड़सवार सेना और पैदल पुलिस वालों की मदद से भगाने का प्रयास किया गया। भीड़ बृजपाल सिंह की गिरफ़्तारी की आशंका से बेचैन थी। मृतकों में से एक के रिश्तेदार (ब्राह्मण) ने यह कहकर भीड़ को उकसाया कि वह शपथपूर्वक कहता है कि अपने रिश्तेदार की लाश को तालुक़ेदारिनी के ठीक दरवाज़े पर ही दफ़नाएगा। घुड़सवारों ने आते ही महल के चारों ओर जमा भीड़ को खदेड़ दिया था मगर झुनकू सिंह ने पुनः भीड़ को इकट्ठा कर लिया। अधिकारियों ने भीड़ को बताया कि उनका नेता गिरफ़्तार कर लिया गया है, इसलिए वे चले जाएँ। स्वयं डिप्टी कमिश्नर झुनकू सिंह को गिरफ़्तार करने को बढ़े। पुलिस अधीक्षक ने उन्हें सहयोग दिया। झुनकू सिंह अधिकारियों से उलझ गया। भीड़ ईंट-पत्थर और लाठी चलाने लगी। अधिकारियों को ख़तरे में देखकर कांस्टेबल हरनाम सिंह ने पहली गोली दाग दी। उसने कहा कि ज़िला मजिस्ट्रेट का आदेश था। हरनाम ने चतुराई से काम लिया। चूँकि दोनों अधिकारी झुनकू सिंह से उलझे हुए थे इसलिए उन्हें आदेश देने का समय न था। अन्ततः झुनकू को गिरफ़्तार कर उपनिरीक्षक आलमगीर ख़ान को सौंप दिया गया, मगर उसी समय किसी ने आलमगीर पर ईंट से वार कर दिया। भीड़ के आक्रमण के कारण वह झुनकू को कैद में न रख सका और झुनकू भाग गया। डिप्टी कमिश्नर ने उसे फिर गिरफ़्तार करने का आदेश किया। पुलिस घुड़सवारों ने अन्ततः घायल अवस्था में झुनकू को गिरफ़्तार कर लिया। इस प्रक्रिया में उसका एक हाथ टूट गया। गोलीबारी लगातार जारी थी और भीड़ छँटने लगी थी और इस प्रकार ब्रिटिश सत्ता ने ज़ुल्मी तालुल्क़ेदारिनी सहित करहिया को बचा लिया।[1] कहा जाता है कि इस कांड में अनेक लाशों को दवा कराने के बहाने मोटरकार में डालकर ग़ायब कर दिया गया।[2]

1. फाइल नं. 50/2/1921, सामान्य शाखा, उ.प्र. शासकीय अभिलेखागार, लखनऊ, पृष्ठ 21, 23, 25, 27, 29, 31, 33, 35, 37, 39; वेस्टर्न डेली प्रेस, ब्रिस्टल, सोमवार, 28 मार्च, 1921
2. श्रीराम सिंह, वही, पृष्ठ 157

सूचना विभाग, उत्तर प्रदेश द्वारा प्रकाशित पुस्तक—'स्वतंत्रता संग्राम के सैनिक, ज़िला रायबरेली' के पृष्ठ ट' पर उल्लेख किया गया है कि सलोन का दारोग़ा जब झंडा छीनने के लिए आगे बढ़ा तो झुनकू सिंह उससे लिपट गए। इसी बीच एक बूढ़ी औरत आकर झंडे से लिपट गई। दारोग़ा ने किसी तरह अपने को छुड़ाकर गोली चलाई जिससे झुनकू सिंह वहीं शहीद हो गए। बूढ़ी औरत को झंडे के बाँस से अलग करने की पुलिस ने बहुत कोशिश की, लेकिन मरते दम तक वह झंडे से अलग नहीं हुई। करहिया गाँव की रहने वाली उस औरत को लोग भगतिन कहा करते थे। सरकारी अभिलेखों के अनुसार उपरोक्त किताब में झुनकू सिंह के गोली लगने से मौक़े पर मारे जाने की बात असत्य है। भगतिन के बारे में ब्रिटिश अभिलेख मौन हैं। मगर उपरोक्त पुस्तक के अलावा इसका ज़िक्र 'भूला जनपद : बिसरा इतिहास', लेखक : मदनमोहन मिश्र, में पृष्ठ 146 पर भी दिया गया है। सम्भव है इसमें कुछ अतिरंजना हो।

करहिया कांड की भी मनमाफ़िक जाँच रिपोर्ट तैयार की जानी थी। सरकार यहाँ भी सतर्क थी। डिप्टी कमिश्नर मि. शीरेफ के बजाय मुख्य सचिव ने रायबरेली के सहायक मजिस्ट्रेट अब्दुल शमी को लखनऊ बुलाया और निर्देशित किया कि किस प्रकार की रिपोर्ट संयुक्त प्रान्त सरकार को भेजनी है। इसके तुरन्त बाद कमिश्नर लखनऊ ने मुख्य सचिव से निर्देश प्राप्त कर दिनांक 24 मार्च, 1921 को डिप्टी कमिश्नर शीरेफ से भी कुछ बिन्दुओं पर सरकार की इच्छानुसार टिप्पणियाँ माँगीं। उन्होंने बताया कि क़ानून के जानकार जगतनारायण ने 22 एवं 23 तारीख को भेजी गई टिप्पणियों के कुछ अन्य बिन्दुओं पर परिवर्तन करने का सुझाव दिया है जिससे सरकार को आलोचना न झेलनी पड़े। यह साफ़-साफ़ बताया जाए कि भीड़ ने कौन-कौन से ऐसे ग़ैर-क़ानूनी कार्य किए जिससे फायरिंग अनिवार्य हो गई। 21 तारीख़ की फायरिंग, जो बिना किसी के आदेश से हुई थी, उसके किए जाने के औचित्य को बताया जाए। स्पष्ट करने की कोशिश की जाए कि डिप्टी कमिश्नर और कप्तान फायरिंग का आदेश देने की स्थिति में न थे। सावधानी बरती जाए कि मामले को अनावश्यक तूल न दिया जाए। जो बयान ख़ान बहादुर अब्दुल शमी द्वारा लिये जाएँ, उनकी जानकारी जनता को न हो। राज्यपाल महोदय शीघ्र प्रेस विज्ञप्ति निकालना चाहते हैं इसलिए शीघ्रता की जाए तथा माननीय गृह सदस्य चाहते हैं कि रियासत हुसैन, मुस्तकीम घड़ीसाज, माताबदल, कन्धई और मार्तण्ड वैद्य के विरुद्ध कार्यवाही की जाए।[1]

करहिया क़स्बे में उपद्रव के सम्बन्ध में लन्दन के अख़बारों में विस्तार से समाचार छपा था। **वेस्टर्न डेली प्रेस, ब्रिस्टल** ने सोमवार, 28 मार्च, 1921 को शीर्षक दिया—

1. फाइल नं. 50/2/1921, सामान्य शाखा, उ.प्र. शासकीय अभिलेखागार, लखनऊ, पृष्ठ 61, 63, 65, 243

'भारत में दंगा। पुलिस ने घेरा डाला। भीड़ पर गोली चलाई।' प्रारम्भ में हर बार की तरह इस बार भी मारे गए लोगों की संख्या छिपा दी गई थी और केवल एक किसान के मारे जाने, एक के घायल अवस्था में मरने और सात अन्य के घायल होने की सूचना दी गई थी। हर घटना की तरह यह भी सरकारी शब्दों में—'बुरे चरित्र वाली भारी भीड़ थी और अनुशासित पुलिस का व्यवहार बहुत अच्छा रहा। क़ानून बहाल कर दिया गया। तब तक कमिश्नर लखनऊ घटना स्थल की ओर प्रस्थान कर गए थे।'[1]

बाद में सिविल सर्जन, रायबरेली के मुताबिक कुल मारे गए और घायलों की संख्या 24 थी, जिनमें चार मारे गए थे और 20 घायल हुए थे। झुनकू सिंह घायल अवस्था में गिरफ़्तार हुए थे और जेल अस्पताल में मरे। 20 मार्च को दोनों उपनिरीक्षकों ने कुल 10 राउंड बक शॉट दागे थे। पुलिस वालों ने आठ गोलियाँ दागी थीं। पुलिस अधीक्षक के अनुसार 21 मार्च की सुबह कुल 68 राउंड गोली दागी गई थी। कुल 19 पुलिसकर्मी घायल बताए गए थे। फ़ैज़ाबाद और सुल्तानपुर में सेना के मार्च का सफल परिणाम देखते हुए रायबरेली में भी सेना का मार्च कराने का निर्णय लिया गया। 19वीं इंडियन इंफैन्ट्री बटालियन, दिलकुशा, संयुक्त प्रान्त, लखनऊ के मुख्यालय के 29 मार्च, 1921 के पत्र से, स्पष्ट है कि प्रशासन करहिया विद्रोह से भयभीत हो चुका था और उसने सेना बुलाने की पूरी तैयारी कर रखी थी मगर ख़र्चे को देखते हुए 30 मार्च को राज्यपाल को सूचित करते हुए निर्णय लिया गया कि कोई यूरोपियन सेना की ज़रूरत नहीं है, केवल द्वितीय राजपूत बटालियन और स्क्वाड्रन ऑफ कॉवलरी ही पर्याप्त होगी। यह पत्र मुख्य सचिव को लिखा गया था।[2]

हेडक्वाटर, 19वीं इंडियन इंफैन्ट्री बटालियन, दिलकुशा, संयुक्त प्रान्त, लखनऊ के 5 अप्रैल, 1921 के पत्र में बताया गया कि एक स्क्वाड्रन ऑफ नेटिव कॉवलरी और एक कम्पनी इंडियन इंफैन्ट्री रायबरेली में अस्थायी रूप से तैनात करना पर्याप्त होगा। एक स्क्वाड्रन ऑफ 28 वीं कॉवलरी और एक कम्पनी 11वीं राजपूत इंफैन्ट्री, आगामी 6 और 28 अप्रैल को रेल से प्रस्थान करेंगी।[3]

करहिया विद्रोह का मुक़दमा

20 मार्च, 1921 की घटना पर पुलिस ने धारा 147, 334, 224, 225 और 452 आई.पी.सी. में बृजपाल सिंह सहित 23 किसानों को आरोपित किया। इनमें से

1. वेस्टर्न डेली प्रेस, ब्रिस्टल, सोमवार, 28 मार्च, 1921
2. फाइल नं. 50/2/1921, सामान्य शाखा, उ.प्र. शासकीय अभिलेखागार, लखनऊ, पृष्ठ 25, 281, 283, 285
3. वही, पृष्ठ 299, 301

अधीन चमार को मुक्त कर दिया गया। झुनकू सिंह मर चुके थे। सूरजदीन गम्भीर रूप से घायल हो गए थे, इसलिए उन्हें वाद से अलग कर दिया गया। इस प्रकार बृजपाल सिंह पर धारा 147, 225 बी और 506 तथा 19 अन्य पर धारा 147 आई.पी.सी. में मुक़दमा कायम हुआ।[1]

करहिया कांड में सरकार ने गोली चलाने का औचित्य सिद्ध करने के लिए 14 सिपाहियों के घायल होने की सूची जारी की। ग़ौर से देखा जाए तो यह सूची केवल पेशबन्दी के लिए तैयार की गई थी। अधिकांश के शरीर पर इंच के छठे हिस्से से लेकर आधे इंच तक का नीला निशान या खरोंच दिखाई गई जो मेडिकल रिपोर्ट तैयार करने वाले के लिए सामान्य बात है। ऐसे निशानों को 12 से 24 घंटे बाद प्रमाणित करने की आवश्यकता नहीं रहती।

मुहम्मद हयात, उम्र 45, चपरासी के बाएँ हाथ की प्रथम अँगुली में 21 मार्च को नीला निशान दिखाया गया, जिसे 21 मार्च को पड़ा बताया गया है। शेष सिपाहियों को 22 मार्च को घायल बताया गया तथा सरदार सिंह, हेड कांस्टेबल नं. 19, उम्र 50 वर्ष, के हाथ और टखने में खरोंच और नीला निशान; चोखे सिंह, सशस्त्र पुलिस नं. 20, उम्र 28 वर्ष और जयपाल सिपाही नं. 23, सशस्त्र बल के शरीर पर खरोंच। विजयपाल सिंह, सिपाही सशस्त्र बल नं. 124, उम्र 24 वर्ष की जाँघ पर नीला निशान। मुहम्मद बख़्श, सिपाही नं. 24, सशस्त्र बल, उम्र 30 वर्ष के दाहिने घुटने के नीचे खरोंच। रामसिंह सिपाही नं. 108, सशस्त्र बल, उम्र 25 वर्ष के दाहिने हाथ की अँगुली में खरोंच। भगवान सिंह दफ़ादार नं. 4, घुड़सवार पुलिस, उम्र 45 वर्ष के कन्धे के नीचे नीला निशान। राधेलाल हेड कांस्टेबल नं. 8, उम्र 45 वर्ष के दाहिनी कनिष्ठ उँगली में नीला निशान। जगदेव तिवारी, सिपाही नं. 3, उम्र 43 वर्ष के बाएँ पैर में खरोंच। माधोराम, सिपाही नं. 275, उम्र 30 की बाईं भुजा पर नीला निशान। सत्यनारायण, सिपाही नं. 14, उम्र 40 वर्ष की बाईं उँगली पर नीला निशान। महावीर, सिपाही नं. 230, सिविल पुलिस, सलोन थाना, उम्र 28 वर्ष की दाहिनी कलाई पर खरोंच। शिवनाथ सिंह, दारोग़ा, उम्र 35 वर्ष , खीरी, स्पेशल ड्यूटी के बाएँ घुटने पर नीला निशान और रज़ा अहमद थानाध्यक्ष, सलोन की दाहिनी जाँघ पर नीला निशान।[2]

करहिया मामले का मुक़दमा क्रिमिनल वाद संख्या 69, सम्राट बनाम बृजपाल सिंह एवं अन्य (करहिया केस), ख़ान बहादुर मो. अब्दुल शमी, मजिस्ट्रेट, प्रथम श्रेणी, रायबरेली के यहाँ दायर हुआ। इस मुक़दमे में बाहरी जनपदों, जैसे कि बांदा, बुलन्दशहर, मैनपुरी, एटा आदि से स्पेशल ड्यूटी पर बुलाए गए नौजवान सिपाहियों के बयान हुए जो करहिया में तैनात थे। करहिया के बनियों के एवं रायबरेली के

1. वही, पृष्ठ 5
2. नियाज़ हुसैन एस.ए.एस. सलोन डिस्पेंसरी की 27 मार्च, 1921 की रिपोर्ट, फाइल नं. 50/2/1921, सामान्य शाखा, उ.प्र. शासकीय अभिलेखागार, लखनऊ, पृष्ठ 57, 59

अधिकारियों एवं कुछ सिपाहियों के बयान हुए। लोअर कोर्ट ने 25 अप्रैल, 1921 को 18 पृष्ठों का फ़ैसला सुनाया। करहिया विद्रोह का नायक बृजपाल सिंह, सैन्य प्रशिक्षण पाए होने के कारण सबसे ख़तरनाक था। उसने स्वयं को फ्रांस के युद्ध क्षेत्र जैसा करहिया में पाया। उसे आई.पी.सी. की धारा 506 के अन्तर्गत दो साल सश्रम कारावास (दो माह के एकान्त कारावास सहित) की सज़ा सुनाई गई। आई.पी.सी. की धारा 147 के अन्तर्गत डेढ़ साल का सश्रम कारावास (एक माह के एकान्त कारावास सहित) की सज़ा सुनाई गई और आई.पी.सी. की धारा 225 के अन्तर्गत छह माह की सश्रम कारावास सज़ा सुनाई गई। ये सारी सज़ाएँ, एक के बाद दूसरी और दूसरी के बाद तीसरी पूरी की जानी थीं। इसके अलावा जेल की सज़ा पूरी होने के बाद उसे 100 रुपए का बांड भरना था कि ज़मींदार के प्रति एक साल तक शान्ति बनाए रखेगा। अगर ऐसा नहीं करता तो एक साल की जेल या तब तक, जब तक कि वह बांड नहीं भर देता, भोगनी होगी।

दरयायू सिंह, तजामूल शाह और बच्चू, जिन्होंने एक्का से गाँवों से भीड़ जुटाने का अपराध किया था, उन्हें डेढ़ साल सश्रम कारावास (एक माह के एकान्त कारावास सहित) की सज़ा सुनाई गई।

लल्ला सिंह, गौरीशंकर, हुल्ला, गंगादीन, सूरजपाल सिंह, मंगल सिंह, पतई, लक्ष्मण, चन्द्रभूखन और सत्यनारायण को छह माह सश्रम कारावास (एक हफ़्ते के एकान्त कारावास सहित) की सज़ा सुनाई गई। बूढ़े होने के कारण लक्ष्मण कुर्मी, राम सिंह, शिवदयाल, बोधी, बच्चा नाई, और रामाधीन को तीन माह सश्रम कारावास की सज़ा दी गई।

जेल सज़ा पूरी करने के बाद, तजामूल शाह, पतई, बोधी, बच्चा नाई, बच्चू कुर्मी, लक्ष्मण चमार, रामाधीन और सत्यनारायण को 25 रुपए का बांड भरना था कि वे एक साल तक शान्ति बनाए रखेंगे। इसी प्रकार दरयायू सिंह, लल्ला सिंह, गौरीशंकर, हुल्ला, गंगादीन, सूरजपाल सिंह, लक्ष्मण कुर्मी, सीताराम सिंह, शिवदयाल, चन्द्रभूखन, और मंगल सिंह को 50 रुपए का बांड भरना था।

इस फ़ैसले के विरुद्ध तीन अभियुक्तों–सीताराम सिंह, श्रीदयाल ब्राह्मण और रामअधीन कुर्मी ने 21 मई, 1921 को ज़िला जज के यहाँ क्रिमिनल जेल अपील संख्या 140/1921 दायर की। लेकिन सेशन जज बी. अप्रकाश चन्द्रबोस ने 10 जून, 1921 को बृजपाल सिंह और 16 अन्य बनाम सम्राट के मामले में लोअर कोर्ट के फ़ैसले को उचित मानते हुए यह अपील ख़ारिज कर दी थी।[1]

इस विद्रोह में जेल भेजे गए किसानों में 18 साल से लेकर 50 साल तक के व्यक्ति शामिल थे। केवल एक मामला ऐसा था जिसमें तालुक़ेदारी से सम्बन्ध रखने

1. फाइल नं. 50/2/1921, सामान्य शाखा, उ.प्र. शासकीय अभिलेखागार, लखनऊ, पृष्ठ 5, 7, 9, 11, 13, 15, 17, 19, 21, 23, 25, 27, 29, 31, 33, 35, 37, 39, 341

वाले एक दलाल को उसकी क्रूरता के लिए तीन माह की सज़ा सुनाई गई थी।[1] ऐसा लगता है कि करहिया मामले में सज़ा देते समय बृजपाल सिंह का भूतपूर्व सैनिक होना तथा जर्मनी की जेल में रहना काम आया। अन्यथा औपनिवेशिक न्याय व्यवस्था द्वारा फाँसी की सज़ा तक सम्भव थी।

तमाम दमन के बावजूद ज़िले की स्थिति नाजुक बनी हुई थी। पुलिस अधीक्षक एस.आर. मेयर्स ने 24 जनवरी, 1921 को आइ.जी. पुलिस मि. एल.एम. केय को लिखे पत्र में यह भी स्पष्ट कर दिया था कि मुझे आशंका है कि आगे समय-समय पर और भी ऐसे कांड होते रहेंगे। जब तक ज़मींदार तथा किसानों के बीच मधुर सम्बन्ध नहीं बनते तब तक सरकार विरोधी विद्रोह भी समाप्त न होगा।[2] ब्रिटिश अख़बार भी अवध किसानों की दुर्दशा और भू-स्वामियों के उत्पीड़न से परिचित थे। ब्रिटिश अख़बार, **'द कूरिअर'** ने सोमवार, 24 जनवरी, 1921 को लिखा—

MARKET RIOTING IN INDIA
PROPOSED BOYCOTT OF ENGLISH GOODS

The most important feature of the present situation in India is the beginning of aggrarian trouble in the United Provinces and in Bihar, which is taking the form of rioting in the markets (says a Reuter Delhi message). The trouble is mainly economic in origin and is due to high prices, while in Oudh the trouble is aggravated by the unsympathetic attitude of many landlords. So far there is little difficulty in restoring order, but the root of the trouble will neverdisappear unless the Government undertakes a careful and systematic investigation into the relation between landlords and tenants in Northern India and a revision of the Oudh Tenantry Laws. The grievances of the latter are real, and afford material of which the political agitators do not fail to make use.

इसी समाचार को **'द एबर्दीन डेली जनरल'** ने भी सोमवार, 24 जनवरी, 1921 को प्रकाशित किया था।

---

1. द लीडर 23 अप्रैल, 1921
2. फाइल नं. 50/1921, सामान्य प्रशासन, उ.प्र. शासकीय अभिलेखागार लखनऊ, पृष्ठ 353

अध्याय-7

फ़ैज़ाबाद का किसान विद्रोह

सन् 1760 से 1780 तक फ़ैज़ाबाद अवध प्रान्त की राजधानी थी। 1921 में इस शहर की कुल जनसंख्या 78,921 और जनपद की 11,71,930 थी।[1] इस प्रकार आपदाओं के कारण 1901 की कुल जनसंख्या 12,25,374 की तुलना में 1921 में जनसंख्या में कमी आई थी।[2] यहाँ भूमि का स्वामित्व और लीज अवधि का स्वरूप अवध के अन्य ज़िलों की तुलना में भिन्न प्रकार का था। यहाँ बड़ी संख्या में मौजूद पुख़्तादारों और मातहतदारों के बीच विभिन्नता थी। यहाँ लगभग सभी 'उप प्रोपराइटर्स (Sub proprietors)' ब्राह्मण या ठाकुर थे जबकि प्रतापगढ़ में सभी जाति के किसान थे।[3] 1921 के आसपास फ़ैज़ाबाद की आर्थिक दशा चरमरा गई थी। अवध के बाक़ी ज़िलों की तुलना में तब यहाँ सर्वाधिक, 88,296 भूमिहीन कृषि मज़दूर थे। ये मज़दूर निम्न जाति के (ज़्यादातर चमार जाति के) थे, लिहाजा ज़मींदारों व अन्य ऊँची जातियों के यहाँ मज़दूरी कर पेट पालने को बाध्य थे। इनमें से 78.6 प्रतिशत खेती पर निर्भर थे।[4] इन भूमिहीन कृषि मज़दूरों की मज़दूरी 1873 से नहीं बढ़ी थी और चार रुपए प्रतिमाह थी।[5] ऐसे समय में जब पूरे ज़िले में अकाल के कारण लोग भूखों मर रहे थे, ज़मींदारों और तालुक़ेदारों के अन्न भंडारों के प्रति आक्रोश पैदा करने का ज़रूरी काम कुछ विद्रोही किसान नेताओं ने किया। फ़ैज़ाबाद के एक किसान देवनारायण ने हल चलाने वालों से अनुरोध किया कि वे पुराने दर पर ज़मींदारों का हल चलाना बन्द करें। उचित मज़दूरी मिलने पर ही हल चलाएँ। देवनारायण के आवाज़ उठाने का परिणाम यह हुआ कि किराये पर खेती करने वाले किसानों ने विद्रोह कर दिया। फ़ैज़ाबाद में सबसे पहले अकबरपुर और टांडा तहसीलों में किसान विद्रोह शुरू हुआ। 12 जनवरी,

1. द वेस्टर्न टाइम्स, बुधवार, 26 जनवरी, 1921
2. गजेटियर ऑफ इंडिया, फ़ैज़ाबाद, उत्तर प्रदेश, 1960, पृष्ठ 74
3. प्रतापगढ़ गजेटियर, पृष्ठ 66
4. गजेटियर ऑफ इंडिया, फ़ैज़ाबाद, उत्तर प्रदेश, 1960, पृष्ठ 211
5. एम.एच. सिद्दीकी, वही, पृष्ठ 166

1921 को दनकारा गाँव के ज़मींदार को लूट लिया गया। उस समय गांधी के असहयोग आन्दोलन की शुरुआत हो चुकी थी। इसलिए किसानों ने अपना विद्रोह 'गांधी राज' के नाम पर किया।[1]

अमेरिकी अख़बार **'द डेली वेस्टर्न'** ने बुधवार शाम, 2 फरवरी, 1921 को समाचार छापा कि फ़ैज़ाबाद के लगभग 10 हज़ार किसान विद्रोहियों को रोकने के लिए लखनऊ से सेना भेजी गई है।

फ़ैज़ाबाद का किसान विद्रोह, मूलतः भूमिहीन, निम्न और अस्पृश्य जातियों का विद्रोह था। यह विद्रोह ब्राह्मण ज़मींदारों के विरुद्ध था। इसका नेतृत्व कुछ पढ़े-लिखे क्रान्तिकारी नायकों, यथा—देवनारायण पांडेय, केदारनाथ और सूरज प्रसाद उर्फ़ छोटा रामचन्द्र के हाथों में था। इन्होंने अपने जुझारू चरित्र के कारण निम्न जातियों को किसान सभा से जोड़ने में सफलता पाई थी। इन्होंने अपनी विद्रोही नीतियों के लिए गांधी के नाम एवं असहयोग आन्दोलन का सहारा भी लिया था। सूरज प्रसाद उर्फ़ छोटा रामचन्द्र ने तो फ़ैज़ाबाद के तमाम क्षेत्रों में कुछ समय के लिए समानान्तर सरकार का गठन कर लिया था। उसने तालुक़ेदारों और ज़मींदारों की नींद उड़ा दी थी। भू-स्वामियों ने अपने हितैषी कांग्रेसियों एवं सरकार से सम्पर्क साधा और जल्द इन किसान नायकों को ठिकाने लगाने की गुहार लगाई। छोटा रामचन्द्र एवं देवनारायण में सम्बन्ध ठीक नहीं थे। देवनारायण, छोटा रामचन्द्र को ढोंगी कहता था। कांग्रेसियों के लिए ये दोनों स्वीकार्य नहीं थे। यद्यपि देवनारायण और केदारनाथ, कांग्रेस के क़रीब थे मगर छोटा रामचन्द्र कभी किसी कांग्रेसी नेता के साथ मंच पर नहीं दिखा। गौहन्ना सभा में जहाँ शहरी कांग्रेसी मंच पर विराजमान थे, देवनारायण और छोटा रामचन्द्र, दोनों के लिए जगह न थी।

फ़ैज़ाबाद का किसान आन्दोलन कुछ हद तक बोल्शेविक सिद्धान्त पर आधारित था। इसमें शामिल भूमिहीन मज़दूर बेहद भूखे थे। यही कारण था कि उन्होंने ज़्यादातर अन्न के भंडारों को ही लूटा था। खेद का विषय यह है कि भूखे, अस्पृश्य समाज के विद्रोह का 'लुटेरों का गैंग' के रूप में उल्लेख किया गया और ब्रिटिश सरकार और भू-स्वामियों की मिली-भगत से फ़ैज़ाबाद के निम्न जातीय किसान विद्रोह को हमेशा-हमेशा के लिए कुचलने के लिए सभी घिनौने हथकंडे अपनाए गए। कुलीनतावादी कांग्रेसियों ने बाबा रामचन्द्र और फ़ैज़ाबाद के तालुक़ेदारों की मदद से यथासमय हस्तक्षेप कर, यहाँ के आन्दोलन को देवनारायण और सूरज प्रसाद उर्फ़ छोटा रामचन्द्र जैसे क्रान्तिकारियों की छाया से मुक्त कराकर, स्वराज के भुलावे में भटकाने और अपने पाले में खींच कर नष्ट कर देने का प्रयास किया।

---

1. एम.एच. सिद्दीकी, वही, पृष्ठ 66

मज़दूर/किसान नेता देवनारायण और बसखारी विद्रोह

फ़ैज़ाबाद और सुल्तानपुर ज़िले में अवध किसान सभा को फैलाने का काम विद्रोही स्वभाव के देवनारायण पांडेय और केदारनाथ ने किया था। इन दोनों और कुछ अन्य लोगों ने मिलकर सितम्बर 1920 में फ़ैज़ाबाद ज़िले के दर्शननगर में एक किसान सभा का गठन किया और दिसम्बर में उसको 'अवध किसान सभा' से जोड़ दिया। देवनारायण पहले मालवीय गुट की संयुक्त प्रान्त किसान सभा से जुड़ा था और कृष्णकान्त मालवीय और इन्द्रनारायण द्विवेदी के रंगरूटों में से एक था। वह दिल्ली के कांग्रेस अधिवेशन में इन्द्रनारायण के साथ किसान प्रतिनिधि के रूप में भाग ले चुका था। नवम्बर 1920 तक वह कृष्णकान्त मालवीय के साथ जौनपुर के उपद्रव की जाँच में था। दिसम्बर 1920 में वह अवध किसान सभा का सचिव बन गया था। इंटेलीजेंस ब्यूरो की रिपोर्ट के अनुसार उसका जन्म 1894 के आसपास फ़ैज़ाबाद ज़िले से सटे, आजमगढ़ ज़िले में हुआ था। वह पढ़ा-लिखा था तथा देशभक्तिपूर्ण साहित्य, जैसे कि 'भारत आरती', 'वीर बालक अभिमन्यु' का लेखक भी था। देवनारायण के 'अवध किसान सभा' से जुड़ने के बाद ही 20-21 दिसम्बर, 1920 को 'अवध किसान कांग्रेस' का आयोजन फ़ैज़ाबाद ज़िले के अयोध्या में सरयू के तट पर हुआ।[1]

देवनारायण ने सबसे ज़्यादा पीरपुर के अबू जफ़र और मीर तवाक्कुल हुसैन के राज में अपने समर्थक जुटाए थे। अबू जफ़र बड़ा ही क्रूर ज़मींदार के रूप में उभरा था और उसने अपनी रियाया पर बहुत जुल्म ढाये थे। बसखारी थाने के घेराव में सबसे ज़्यादा इसी स्टेट के किसानों ने भाग लिया था। अबू जफ़र ने किसानों से जबदस्ती अफीम की खेती कराई थी। पीरपुर से किसानों के पलायन का यही मुख्य कारण था। अफीम की खेती में मुख्य रूप से निम्न जाति के किसान लगे थे जिनमें ज़्यादातर मुराऊ (कोइरी) थे।[2]

1920-21 के आसपास देवनारायण, भूखे किसानों, मज़दूरों का ऐसा विद्रोही नेता बन कर उभरा कि बड़े-बड़े तालुक़ेदार और ज़मींदार उससे ख़ौफ़ खाने लगे थे। कमिश्नर फ़ैज़ाबाद ने अपने 28 जनवरी, 1921 के पत्र में मुख्य सचिव को लिखा था कि कांग्रेसी नेता हिंसा का सहारा लेने वाले केदारनाथ और देवनारायण को नियंत्रित करने के पक्ष में हैं, क्योंकि वे दोनों निम्न जातियों के सहयोग से लूटपाट कर रहे हैं।[3]

---

1. एम.एच सिद्दीकी, वही, पृष्ठ 145, 146
2. हेलेय का 24 जनवरी, 1921 का पत्र, राज्यपाल बटलर को, फाइल नं. 50-3/1921, सामान्य, राजकीय अभिलेखागार, लखनऊ; ज़िला गजेटियर, फ़ैज़ाबाद, पृष्ठ 23, 25, 26, 27
3. फाइल नं. 50/1921, सामान्य, राजकीय अभिलेखागार, लखनऊ

भूख सहन करने की एक सीमा होती है। 12-13 जनवरी, 1921 को भूमिहीन मज़दूरों की भारी भीड़ ने ज़मींदारों, बनियों, सुनारों और बड़े किसानों को लूटना शुरू किया। अनाज के गोदाम लूट लिये गए। ऊँची जातियों की महिलाओं को अपमानित किया गया। दबे-कुचले समाज की महिलाओं ने उत्पीड़क और ऊँची जातियों की महिलाओं के साथ बदसलूकी की।[1]

फ़ैज़ाबाद किसान विद्रोह के समय किसानों ने रेलवे का उपयोग बिना टिकट यात्रा कर किया। कर्नल डब्ल्यू.डी. वाघर्न, एम.एल.ए. द्वारा प्राप्त, सर जार्ज बर्न्स, मेम्बर ऑफ विक्टोरियाज कौंसिल, दिल्ली के 14 जनवरी, 1921 के अर्द्धशासकीय पत्र से ज्ञात होता है कि उन्हें मि. हार्वे, (अवध और रूहेलखंड रेलवे के एजेंट) का एक गोपनीय पत्र प्राप्त हुआ था जिससे उन्हें ज्ञात हुआ कि फ़ैज़ाबाद में किसान उपद्रव शुरू हो गया है जो बाहरी जान पड़ता है। 200 आदमी, (जिसे टेलीग्राम में 2,000 लिखा है), 9 अप से बिना टिकट यात्रा कर रहे थे। वे उतरकर पटरी पर बैठ गए। कमिश्नर, डिप्टी कमिश्नर और पुलिस बल ने उन्हें किसी तरह हटाया मगर इस झमेले में ट्रेन साढ़े चार घंटा विलम्ब हो गई। कर्नल वाघर्न के अनुसार इस बवाल का सम्बन्ध रायबरेली से था।[2]

20 जनवरी, 1921 को अपने टेलीग्राम संख्या 122-एफ, लखनऊ, द्वारा मुख्य सचिव, संयुक्त प्रान्त ने सचिव भारत सरकार, गृह विभाग को सूचित किया कि 13 और 14 जनवरी को फ़ैज़ाबाद ज़िले की टांडा तहसील के बसखारी और जहाँगीरगंज थाना क्षेत्र में तीन से चार बड़े गैंग ने, जिनमें 500 से 700 किसान थे, चाहोरा, रामनगर और बसखारी के बीच के 15 गाँवों को लूट लिया।[3]

लन्दन के अख़बारों में भी इस विद्रोह की गूँज सुनाई पड़ी। '**द यार्कशायर पोस्ट**' अख़बार ने 'भारत में किसान अशान्ति, अवध में ताज़ा विद्रोह, भीड़ द्वारा 15 गाँवों को लूटा गया' शीर्षक दिया।...अख़बार ने बताया कि 'ये गाँव, फ़ैज़ाबाद की पूर्वी सीमा और आजमगढ़ की सीमा के पास, चाहोरा, रामनगर और बसखारी के बीच पड़ते हैं। एक गैंग ने पश्चिम में मोहम्मदपुर में धावा बोला, लेकिन गाँव वालों द्वारा ही खदेड़ दिया गया। धावा सिर्फ़ ज़मींदारों के ख़िलाफ़ ही नहीं अपितु स्कूल मास्टरों के ख़िलाफ़ भी था। विद्रोही, दरवाज़े और मील के पत्थर तक उखाड़ ले गए। रामनगर बाज़ार में कई लोग गम्भीर रूप से घायल हो गए। हालाँकि इसके अलावा और कहीं से गम्भीर रूप से किसी के घायल होने की सूचना नहीं मिली। 14 जनवरी

---

1. पोर्टर टू हेलेय, 19 जनवरी, 1921, फाइल नं. 50-3/1921, सामान्य, राजकीय अभिलेखागार, लखनऊ
2. होम/पोलिटिकल-बी/1921, नोट्स संख्या 195-216ए। राष्ट्रीय अभिलेखागार, नई दिल्ली, पृष्ठ 14
3. वही

को डिप्टी कमिश्नर सशस्त्र पुलिस बल के साथ पहुँचे तब यह गैंग भागा। उसके बाद कहीं से किसी घटना की सूचना नहीं मिली।' अख़बार इस तथ्य को भी बताता है कि गैंग के लोग स्थानीय थे। 'उनमें से कुछ को पहचान लिया गया है और गिरफ़्तारियाँ हुई हैं। स्थानीय लोगों ने जंगलों में उपद्रवियों के होने की सम्भावना के कारण तलाशी के समय, प्रशासन को सहयोग दिया। स्थिति नियंत्रण में है।'[1] उपरोक्त समाचार के विश्लेषण से इस तथ्य को जाना जा सकता है कि किसानों के तीन या चार बड़े गैंग भिन्न-भिन्न किसान नेताओं के नियंत्रण में ज़मींदारों के घरों पर हमला कर रहे थे। अगर वे लुटेरे होते तो घरों के दरवाज़े कदापि न निकालते। ज़्यादातर स्कूल मास्टर कुलीन तबके के थे और ज़मींदारों के क़रीबी थे। लिहाजा एकाध बार स्कूल मास्टरों के ख़िलाफ़ भी विद्रोही किसानों में ग़ुस्सा दिखाई पड़ा।

फ़ैज़ाबाद में 12 से 14 जनवरी के बीच 37 गाँवों और बाज़ारों में किसान विद्रोह देखने को मिला जिसमें 347 लोग गिरफ़्तार किए गए।[2] एक जगह इस विद्रोह में 20 लाख रुपए की क्षति का अनुमान लगाया गया है।[3] मगर यह सही अनुमान नहीं है। मुख्य सचिव, सं.प्रां. के 2 फरवरी, 1921 की प्रेस विज्ञप्ति से स्पष्ट है कि यह क्षति महज दो लाख की थी।

फ़ैज़ाबाद का जनप्रिय किसान नेता देवनारायण, तालुक़ेदारों, ज़मींदारों और ब्रिटिश सत्ता के लिए ख़तरनाक साबित हुआ। उसके साथ केदारनाथ और त्रिभुवन दत्त भी थे। 12 जनवरी से 14 जनवरी, 1921 तक इन्होंने तमाम ज़मींदारों को लूटा। 14 जनवरी को इन तीनों ने बसखारी में सभा की और भाषण दिया।[4] देवनारायण जनवरी, 1921 के प्रथम सप्ताह में सुल्तानपुर और फ़ैज़ाबाद, दोनों ज़िलों की सीमा पर सक्रिय था। देवनारायण और रघुनन्दन साधु को देशद्रोह के एक मामले में 6 जनवरी, 1921 को सुनवाई के लिए लाया गया तो उसके साथ लगभग 1,000 लोगों की भीड़ कोर्ट पहुँच गई। देवनारायण की वजह से मजिस्ट्रेट को हटना पड़ा। उसके बाद उसने कोर्ट की मेज़ पर खड़े होकर भाषण दिया। शान्ति-भंग करने के आरोप में उसे अन्तरिम रूप से सुल्तानपुर में एक हफ़्ते के लिए जेल भेज दिया गया। उसे गणपति सहाय वकील की टमटम में बैठाकर नायक की भाँति जेल ले जाया गया। गणपति सहाय ने अपनी वाहन उन सभी के लिए उपलब्ध कराने की घोषणा कर रखी थी, जो देश का दुख उठाएँगे। देवनारायण के साथ रघुनन्दन साधु भी

1. द यार्कशायर पोस्ट, शनिवार, 22 जनवरी, 1921 और होम/पोलिटिकल-बी/1921, नोट्स संख्या 195-216ए, राष्ट्रीय अभिलेखागार, नई दिल्ली, पृष्ठ 7, 14
2. यूनाइटेड प्रॉविंसेज ऑफ आगरा एंड अवध एडमिनिस्ट्रेटिव रिपोर्ट, 1920-21, इलाहाबाद, 1922, पृष्ठ XXII
3. डॉ. महेन्द्र प्रताप, वही, पृष्ठ 62
4. फाइल नं. 50/3/1921, सामान्य विभाग, उ.प्र. शासकीय अभिलेखागार, लखनऊ

टमटम पर बैठा था। साधु ने टमटम पर बैठे-बैठे कई बार घोषणा की कि सम्राट का राज समाप्त हो गया है और गांधी जी का राज्य क़ायम हो चुका है। दरअसल, देवनारायण पर इंस्पेक्टर ऑफ स्कूल को रसद के प्रश्न पर अपमानित करने का आरोप था। 6 जनवरी का दृश्य देखकर सुनवाई के दौरान मजिस्ट्रेट ने टिप्पणी की थी कि सुनवाई के दौरान ज़िले की शान्ति व्यवस्था बनाए रखने के लिए ज़रूरी है कि कम से कम एक बटालियन पैदल सेना और दो सौ सशस्त्र पुलिस बल तैनात किए जाएँ।' बाद में उस मुक़दमे को सुरक्षा की दृष्टि से लखनऊ स्थानान्तरित कर दिया गया था।[1] भू-स्वामियों और उनके परिवारों द्वारा ग़रीबों पर ढाये गए ज़ुल्म की प्रतिक्रिया में, दबे-कुचले समाज ने देवनारायण के नेतृत्व में ज़मींदारों के विरुद्ध विद्रोह करना शुरू किया। देवनारायण ने 1920 से ही विद्रोह का बिगुल बजा दिया था। यही कारण था कि उस पर देशद्रोह का मुक़दमा कायम हुआ था।

कमिश्नर फ़ैज़ाबाद ने राज्यपाल हरकोर्ट बटलर को लिखे 24 जनवरी, 1921 के पत्र में स्पष्ट किया था कि वह स्वयं जनवरी 23 को बसखारी गए थे और कई छोटे ज़मींदारों से बातचीत की थी और पाया था कि बसखारी का किसान उपद्रव एकदम भिन्न प्रवृत्ति का था। वहाँ केवल एक खालसा तालुक़ेदार के अन्न के गोदाम को देवनारायण के नेतृत्व में किसानों ने लूटा था जबकि बाक़ी सभी घटनाएँ ब्राह्मणों और ठाकुर भू-स्वामियों के विरुद्ध हुईं। देवनारायण ने ठाकुरों और ब्राह्मणों की ज़मींदारियों में किसान सभा का गठन किया। निम्न मज़दूरी पर काम करने से मज़दूरों को रोका और उचित मज़दूरी लेने को कहा। ब्राह्मण और ठाकुर ज़मींदारों ने कमिश्नर को बताया था कि मज़दूरों के काम न करने से वे अपने खेतों से हरा मटर स्वयं तोड़ रहे हैं। देवनारायण के समर्थकों के समूह में मुख्यतः चमार, लुनिया, अहीर सहित अन्य दलित और पिछड़ी जातियाँ शामिल थीं। यह मुख्यतः उचित मज़दूरी के सवाल पर विकसित मज़दूर विद्रोह था।[2]

फ़ैज़ाबाद-अकबरपुर-आजमगढ़ मार्ग पर, फ़ैज़ाबाद से 77 किलोमीटर दूर पड़ने वाला बसखारी बाजार, इतिहास में किसान विद्रोह के लिए जाना जाता है। बसखारी किसान विद्रोह को समझने के लिए सरकारी पक्ष को जान लेना ज़रूरी होगा। जी.बी.लम्बर्ट, मुख्य सचिव, संयुक्त प्रान्त की जो प्रेस विज्ञप्ति, सचिव, भारत सरकार को 2 फरवरी, 1921 को भेजी गई थी, उससे बसखारी विद्रोह पर काफी प्रकाश पड़ता है। विज्ञप्ति इस प्रकार है—

---

1. द लीडर, 15 जनवरी, 1921, द इंडिपेंडेंट, 23 फरवरी, 1921; कपिल कुमार, पीजेंट इन रिवोल्ट, वही, 143
2. फाइल नं. 50/3/1921, सामान्य शाखा, उ.प्र. शासकीय अभिलेखागार, लखनऊ और होम/ पोलिटिकल-बी/1921, नोट्स संख्या 195-216ए, राष्ट्रीय अभिलेखागार, नई दिल्ली, पृष्ठ 18

''हाल के उपद्रव से प्रभावित क्षेत्र, .फ़ैज़ाबाद ज़िले का पूर्वी भाग है जो बसखारी और जहाँगीरगंज थाना क्षेत्रों के अन्तर्गत पड़ता है। प्रभावित गाँवों के पड़ोसी अधिकांश छोटे ज़मींदार हैं या मालिकों (तालुक़ेदारों) के अधीन काम करने वाले हैं। किसान सभा आन्दोलन, इस क्षेत्र में हाल ही में सक्रिय हुआ है। इसके प्रमुख अनुयायियों में मुख्यत: छोटे किरायेदार किसान हैं या निम्न जातियों के मज़दूर हैं जो ब्राह्मण जाति के ज़मींदारों के यहाँ मज़दूरी के काम पर लगाए जाते हैं। 12 जनवरी, 1921 को निम्न जाति के मज़दूर किसानों की एक बैठक आयोजित की गई जिसमें बंकारा के ज़मींदार पर आक्रमण करने का अनुरोध किया गया। इस अनुरोध को तुरन्त कार्यरूप में परिणत किया गया और ज़मींदारों के घर लूटे गए। इस पहली लूट की योजना के सफल हो जाने के साथ ही साथ कोई प्रतिरोध या हस्तक्षेप न होने के कारण, उत्साहित होकर, आगे के दिनों में गैंग बनाए गए। जिन्होंने इकट्ठा होकर अन्धाधुन्ध लूट शुरू कर दी। इन गैंग में मुख्यत: चमार, लुनिया और अहीर थे। मुहम्मदपुर में गाँववालों ने बाहर निकलकर हमलावरों को पीटा परन्तु अन्य कहीं प्रतिरोध नहीं हुआ। लुटेरों का गिरोह संख्या में बढ़ता जा रहा था। 13 जनवरी को दिन भर और 14 जनवरी को दोपहर बाद तक लूट जारी रही। प्रशासन द्वारा 30 गाँवों और एक बाज़ार का निरीक्षण किया गया है। पड़ोस में अत्यन्त गम्भीर स्थिति बनी हुई है। भारी संख्या में लोग (ज़मींदार), समूह में बसखारी थाने पर पुलिस मदद के लिए आए। 13 जनवरी को उप निरीक्षक (बसख़ारी) ने प्रशासन को सन्देश भेजकर मदद की माँग की। 14 जनवरी को डिप्टी कमिश्नर और पुलिस अधीक्षक, कुछ सशस्त्र पुलिस बल के साथ पहुँचे। उन्होंने लूट में संलिप्त कुछ लोगों को गिरफ़्तार भी किया। वे दोनों रामनगर बाज़ार भी पहुँचे। उनके पहुँचने के कुछ ही समय पूर्व बाज़ार को लूट लिया गया था। उन्होंने पाया कि पुलिस के पहुँचने की सूचना मिलते ही गैंग तितर-बितर हो गया था। उस समय जिन कुछ लोगों के पास लूट का सामान पाया गया, उन्हें गिरफ़्तार कर लिया गया। 15 जनवरी को अधिक संख्या में पुलिस बल पहुँच गया और लूटे हुए गाँवों का भ्रमण शुरू किया गया। कहीं-कहीं पर केवल अनाज के भंडार लूटे गए थे जबकि बहुतों के घरों का सम्पूर्ण सामान लूट लिया गया था। कुछ मामले ऐसे मिले, जिनमें औरतों के गहने और कपड़े उतरवा लिये गए थे। एक लूटी गई बैलगाड़ी बरामद कर ली गई, जिसे कुछ दूर फेंक दिया गया था। बहुत-सा माल जो लूट कर ले जाया गया था, छिपा दिया गया था या जला दिया गया था या कुएँ में फेंक दिया गया था। कुल लूटे गए माल की कीमत दो लाख से ज़्यादा होगी।

पहले दिन आन्दोलन मुख्यत: उन ज़मींदारों के विरुद्ध था, जिनसे व्यक्तिगत दुश्मनी थी, लेकिन बाद में आन्दोलन का उद्देश्य लूटना हो गया। लूट से प्रभावित

लोग मुख्यत: छोटे ज़मींदार, बनिया, सुनार, पटवारी और बड़े किसान थे। इसलिए यह ज़रूरी है कि उन ग़रीब ज़मींदारों को कुछ मदद दी जाए, जिनके अन्न भंडार लूट लिये गए हैं और जब तक उनकी फसल तैयार नहीं हो जाती, सरकार को इसके लिए एक कोष तैयार करना होगा।

गैंग में मुख्यत: निम्न जातियों के लोग थे। उन्हें (उनके नेताओं द्वारा) समझाया गया था कि वे ज़मींदार के आदमियों के कहने पर पुरानी दर पर मज़दूरी न करें। आन्दोलन के कारण उनको (निम्न जाति के किसानों को) अभावों का सामना भी करना पड़ रहा है। इस आन्दोलन में कई गैंग सक्रिय हैं। इनका संख्या बल 1,000 से 5,000 तक है। सफलता प्राप्त करने के लिए भीड़ अपना आकार बढ़ाती जा रही है। लूट में औरतों को भी शामिल किया जा रहा है। केवल डिप्टी कमिश्नर, पुलिस अधीक्षक और एक छोटी पुलिस टुकड़ी के तुरन्त पहुँचने की वजह से इस भीड़ को फैलने से रोका जा सका। बाद के दिनों में, जाँच के दौरान तमाम शिकायतें प्राप्त हुईं। डकैती गैंग के सदस्यों को पहचानने में परेशानी नहीं हुई, क्योंकि वे स्थानीय थे और शिकायतकर्ता (ज़मींदार) उन्हें व्यक्तिगत रूप से जानते थे। कुछ तो उनके गाँव के ही थे। कुल 346 आन्दोलनकारियों को गिरफ़्तार किया गया। पहले लोगों का व्यवहार, प्रशासन के प्रति मित्रवत् रहा। गाँव वालों ने उन जंगलों को छाना, जहाँ डकैतों के छिपे होने की सम्भावना थी। किसान सभा के लोगों (नेताओं) के पहुँचने के बाद धमकी देने का काम शुरू हुआ और जाँच कार्य कर रहे अधिकारियों के कार्यों में परेशानी पैदा की गई। 19 जनवरी को इन लोगों में से दो पर (केदारनाथ और देवनारायण पर), हमला किया गया। उन्हें उन छोटे ज़मींदारों (जैसे अलोपी नामक ब्राह्मण ज़मींदार) द्वारा पीटा गया, जिनकी औरतों के कपड़े निम्न जाति के मज़दूरों द्वारा फाड़ दिए गए थे। उनमें से एक ने (देवनारायण ने) उसके बाद, बाज़ार में सभा को सम्बोधित किया और बताया कि उसे पुलिस की शह पर पीटा गया है। उसके द्वारा किसानों को अगले दिन बसरवारी में इकट्ठा होने को कहा गया। दूसरे किसानों ने थाना चलकर तब तक धरना देने का इरादा व्यक्त किया, जब तक कि पुलिस माफ़ी नहीं माँग लेती। पुलिस के प्रति धमकी भरी भाषा का प्रयोग किया गया। डिप्टी कमिश्नर ने अगले दिन की सभा पर प्रतिबन्ध लगा दिया लेकिन सन्देह था कि कम समय की सूचना के कारण प्रतिबन्ध की ख़बर सभी को शायद ही मालूम हो सके।

20 जनवरी की सुबह बसखारी में भीड़ आनी शुरू हो गई। पहले आई थोड़ी-सी भीड़ को तितर-बितर कर दिया गया, लेकिन बाद में भीड़ बड़ी संख्या में आ गई। जैसे ही सूचना मिली कि भारी भीड़ अकबरपुर की ओर से आ रही है तो कम पुलिस बल द्वारा भारी भीड़ को हटाना या स्थिति से निपटना असम्भव

लगा। संयोगवश भीड़ ने अच्छा व्यवहार किया और वैसा कोई व्यवहार नहीं किया जैसा कि उसे बुलाया गया था। लेकिन भीड़ बिना अपने नेताओं के कहे जाने को तैयार न हुई। स्थिति को देखते हुए डिप्टी कमिश्नर ने एक लिखित आश्वासन दिया कि ग़ैर-क़ानूनी मारपीट की जाँच कराई जाएगी और जाँच परिणाम आगामी 27 जनवरी को अकबरपुर की सभा में घोषित किया जाएगा। भीड़ का व्यवहार जैसा इकट्ठा होते समय था, वैसा बाद में चरम उपाय से तितर-बितर करते समय नहीं रहा।

जाँच हुई और साक्ष्य जुटाए गए। ऐसा कुछ नहीं पाया गया जिससे यह सिद्ध हो कि इस मारपीट में (देवनारायण को पीटने में) पुलिस का शह या हाथ था। उकसाने के कारण, ज़मींदार (आलोपी ब्राह्मण) ग़ुस्सा हो गया था और उसी कारण मारा-पीटा।

27 जनवरी को भारी पुलिस बल तैनात होने के कारण (गौहन्ना, अकबरपुर की) सभा शान्तिपूर्वक सम्पन्न हो गई।'[1]

उक्त सरकारी रिपोर्ट से साफ़ है कि जिन्हें गैंग कहा जा रहा है, वे ग़रीब मज़दूर और किसानों के समूह थे। वे भूखे थे, स्थानीय थे और देवनारायण के नेतृत्व में अपने हक़ की लड़ाई लड़ने को जमा हुए थे। ज़मींदार उन्हें पहचानते थे। ऐसे में वे लूट के उद्देश्य से आन्दोलन नहीं कर रहे थे। ज़मींदारों के अन्न भंडारों में उन्हीं के श्रम से पैदा अन्न रखा था। उनकी बेदख़ली का अन्न था। लगान के रूप में वसूला गया अन्न था। वे जो पैदा करते थे, लगान के रूप में चुका देते थे। लेकिन जब इनके पास ख़ुद खाने के लिए कुछ नहीं रहा, तभी उन्होंने विद्रोह का मार्ग अपनाया था। निम्न जाति का होने के कारण उन्हें प्रताड़ित किया जाता था। ज़मींदारों की महिलाओं के जुल्मों से तंग आकर निम्न जाति की महिलाओं ने उनके साथ बदसलूकी की थी, मगर जैसा कि गौहन्ना, अकबरपुर सभा में आए ग़रीब किसानों के व्यवहार की जानकारी मिलती है, उससे सिद्ध होता है कि वे लोग दंगाई नहीं थे। दूसरी ओर कांग्रेसी नेता किसानों को धमकाने और विद्रोह को लुटेरों का कृत्य बताने में लगे थे। इसके बावजूद गौहन्ना सभा में आए किसान, वक्ताओं और कांग्रेसियों द्वारा तैयार प्रस्ताव को सुनने को तैयार नहीं थे। कई बार भाषण रोके गए। शान्ति बनाए रखने के लिए गीत गवाये गए। भीड़ का अनियंत्रित होना और शोर मचाना इस बात का प्रमाण था कि उन्हें वक्ताओं की बातों से कुछ लेना-देना नहीं था। तालुक़ेदारों ने धमका कर किसी तरह प्रस्ताव को निर्विरोध स्वीकार करना बता दिया था।

बसखारी और जहाँगीरगंज क्षेत्र में हुए किसान विद्रोह के सम्बन्ध में पुलिस ने अपने दमन को न्यायोचित दिखाने के लिए यह सिद्ध करने की कोशिश की कि

1. होम/पोलिटिकल-बी/1921, नोट्स संख्या 195-216ए, राष्ट्रीय अभिलेखागार, नई दिल्ली, पृष्ठ 18, 19

गिरफ़्तार लोग चोर-डकैत थे। पुलिस तथाकथित लुटेरों के पास से लूटी हुई बैलगाड़ी के अलावा और कुछ बरामद नहीं कर पाई थी।[1] जिस बैलगाड़ी को लूटी हुई दिखाया गया वह लूटी ही नहीं गई थी अपितु भीड़ द्वारा ग़ुस्से में दूर ढकेल दी गई थी। पुलिस की कहानी कितनी झूठी थी, यह इसी बात से समझा जा सकता है कि जब लुटेरे ज़मींदारों के गाँव के थे, जाने-पहचाने थे, उन्होंने ज़मींदारों की सम्पत्ति को नुक़सान पहुँचाया था तो उसका विवरण दिया जाना चाहिए था। उसे बरामद किया जाना चाहिए था। अगर उन्होंने दो लाख की सम्पत्ति को नुक़सान पहुँचाया था तो सरकार ने ज़मींदारों की क्षतिपूर्ति के लिए महज 5,000 रुपए ही क्यों स्वीकृत किए, यह भी विचारणीय बिन्दु है। तत्कालीन भू-स्वामियों के झूठे प्रचार, कथनों एवं आरोपों को ब्रिटिश सत्ता स्वीकार कर रही थी और भूखे किसानों को मुआवज़ा देने के बजाय, ज़मींदारों को मुआवज़ा दे रही थी। इसके बावजूद मज़दूर-किसान विद्रोह के कारण बड़े ज़मींदार और भू-स्वामी भयभीत हो गए थे। उन्होंने कहीं भी किसानों का विरोध नहीं किया। शुरू में ज़मींदारों के प्रचार के कारण स्थानीय निवासियों ने किसान आन्दोलनकारियों को डकैत समझा और पुलिस की कार्यवाही में सहयोग दिया परन्तु जैसे ही उन्हें अपने किसान नेताओं से जानकारी मिली, उन्होंने आन्दोलनकारी किसानों का साथ देना शुरू कर दिया।

देवनारायण यद्यपि कांग्रेसियों के साथ रहा था तथापि उसकी कार्य-नीति उनसे अलग थी। वह उग्र स्वभाव का था। पढ़ा-लिखा था। लेखक था। उसकी लोकप्रियता से ब्राह्मण और ठाकुर ज़मींदार भय खाते थे और पुलिस और खुफिया विभाग का गुणगान करते थे, जिनकी वजह से सुरक्षित थे। देवनारायण से ऊँची जातियाँ बहुत नफ़रत करती थीं और उसके समूह को सबसे ख़तरनाक मानती थीं। यह तथ्य कमिश्नर फ़ैज़ाबाद के 24 जनवरी, 1921 के पत्र से स्पष्ट हो जाता है जो राज्यपाल को लिखा गया था। मगर ऐसा नहीं है कि देवनारायण ने केवल जाति देखकर विद्रोह किया था। उस समय फ़ैज़ाबाद की अबूज फर और मीर तवाकुल हुसैन की रियासतों का जुल्म चरम पर था। इन रियासतों के किसान और मज़दूर बुरी तरह से सताए जा रहे थे। इन तालुक़ेदारों के अन्तर्गत ब्राह्मण और ठाकुर जाति के छोटे ज़मींदार थे। यही कारण था कि किसानों और मज़दूरों के मन में इन दोनों रियासतों के विरुद्ध कड़ुवाहट ज़्यादा थी। देवनारायण ने इन रियासतों में किसान सभा का गठन किया। बसखारी की घटना में देवनारायण को मुक्त कराने के लिए भारी संख्या में जो किसान आए थे, वे मुख्यत: इन्हीं दोनों रियासतों के थे। चूँकि किसानों के गाँव आजमगढ़ ज़िले की सीमा से सटे थे, इसलिए आजमगढ़ के किसानों ने भी बसखारी में भाग लिया था। इस प्रकार पूर्वी ज़िलों में जो किसान विद्रोह हुए, वे ज़्यादातर

1. द लीडर, 29 जनवरी, 1921

ब्राह्मण और ठाकुरों के विरुद्ध हुए जो कि छोटे प्रोपराइटर्स थे और उनके यहाँ काम करने वाले अधिकांश मज़दूर निम्न जातियों के थे।[1]

बसखारी घटनाक्रम के सम्बन्ध में ब्रिटेन के अख़बारों से भी कुछ सन्दर्भ ज्ञात होते हैं। 20 जनवरी को देवनारायण ने थाने के सामने धरना दिया और थानेदार से माफ़ी माँगने की माँग की। जैसे ही ज़मींदार और थानेदार द्वारा देवनारायण को मारने पीटने और अपमानित करने की ख़बर आस-पास फैली थी, 7,000 से 10,000 की भीड़ लाठी-डंडे से लैस होकर थाने पर इकट्ठा हो गई थी। इस घटना ने देवनारायण की लोकप्रियता को सिद्ध किया। भारी भीड़ के इकट्ठा होने और किसानों के बसखारी की ओर बढ़ने की जानकारी डिप्टी कमिश्नर को मिली। उसने देवनारायण से समझौता करने का प्रयास किया। समझौते के अनुसार देवनारायण को भीड़ से चले जाने का अनुरोध करना था। उसके बाद इस घटना की जाँच के लिए जाँच कमेटी बनाई जानी थी। देवनारायण ने ऐसा ही किया। उसके कहने पर किसानों की भीड़ छँट गई। उसके बाद यह उपद्रव कई दिनों तक चलता रहा। 24 जनवरी, सोमवार को फ़ैज़ाबाद में ताज़ा उपद्रव हुआ। स्थिति को सँभालने के लिए लखनऊ से एक विशेष ट्रेन से सेना की टुकड़ियाँ और मोटर गाड़ियाँ भेजी गईं। ब्रिटिश अख़बारों का कहना था कि इस उपद्रव में 10,000 लोग शामिल थे, जो हथियारों से लैस होकर पुलिस को अपमानित करने के लिए आते जा रहे थे। **'द वेस्टर्न टाइम्स'**, बुधवार, 26 जनवरी, 1921।

'वेस्टर्न डेली प्रेस', ब्रिस्टल, ने मंगलवार, 25 जनवरी, 1921 को, 'दस हज़ार दंगाई/ सेना घटनास्थल पर पहुँचने की जल्दी में/स्थिति ख़तरनाक' शीर्षक से समाचार प्रकाशित किया था। उसके अनुसार, 24 जनवरी से फ़ैज़ाबाद में किसान विद्रोह की शुरुआत हो गई। जबकि हकीकत यह थी कि फ़ैज़ाबाद में किसान विद्रोह 12 जनवरी से ही प्रारम्भ हो चुका था। फ़ैज़ाबाद-सुल्तानपुर की सीमा पर सक्रिय केदारनाथ, देवनारायण और रघुनन्दन साधु जैसे तीन मुख्य किसान नेताओं को फरवरी, 1921 के पहले सप्ताह में गिरफ़्तार कर लिया गया था। इन किसान नेताओं के भाषण, किसानों के बीच विद्रोह की हवा फैला रहे थे।[2] इन नेताओं की उपस्थिति के कारण सुल्तानपुर का प्रशासन भी डरा हुआ था। इस डर के कारण ही डिप्टी कमिश्नर ने कम से कम एक पूर्ण बटालियन फ़ौज और 200 सशस्त्र पुलिस बल की माँग की थी।[3]

फ़ैज़ाबाद में ही एक **फारूख अहमद** नामक फ़कीर ने भड़काऊ वक्तव्य दिया था कि 15 फरवरी को गांधी जी दिल्ली की गद्दी पर बैठेंगे और आगामी गौहन्ना

1. फाइल नं. 50/3/1921, सामान्य शाखा, उ.प्र. शासकीय अभिलेखागार, लखनऊ
2. पीजेंट इन रिवोल्ट : कपिल कुमार, वही, पृष्ठ 151
3. द इंडिपेंडेंट, 25 फरवरी, 1921

सभा में तीन लाख महिलाएँ बाँटी जाएँगी।[1] देखा जाए तो यह वक्तव्य किसानों की औरतों के साथ, ज़मींदारों द्वारा किए गए दुर्व्यवहार की प्रतिक्रिया जान पड़ता है। इससे यह भी सिद्ध होता है कि 27 जनवरी को आयोजित होने वाली गौहन्ना सभा के बारे में जोर-शोर से प्रचार किया जा चुका था। फ़ैज़ाबाद के निम्नजातियों के तेवर से सरकार भयभीत थी।

अलोपी ब्राह्मण द्वारा मारपीट किए जाने की घटना ने बसखारी में उपद्रव को भड़काया था। जैसा कि ऊपर उल्लेख किया गया है कि 14 जनवरी को देवनारायण, केदारनाथ और त्रिभुवन ने बसखारी में भाषण दिया था। तब अलोपी के दिमाग में उनके प्रति ग़ुस्सा इस सोच के कारण था कि इन्हीं किसान नेताओं की वजह से ज़मींदारों के यहाँ लूटपाट हो रही है और इनकी शह पर ही सवर्ण महिलाओं से निम्न जातियों की महिलाएँ बदसलूकी कर रही हैं। अलोपी ने केदारनाथ और देवनारायण को डंडे से पीटा। थानाध्यक्ष बसखारी के अनुसार केदारनाथ ने भड़काऊ भाषण दिया था—*"पुलिस जो नौकर है और सरकार से रोटी पाती है वह सफ़ेद चेहरों वाले यूरोपियन की शह पर हमें पीटती है। अब इन्हें बाहर जाना होगा। बसखारी में एक भारी भीड़ जमा होगी। या तो हम मरेंगे या पुलिस मरेगी। जो लोग आएँगे उनके खाने की व्यवस्था कीजिए। महात्मा गांधी नहीं आएँगे, लेकिन वह हमारी ताकत देखेंगे। मैं महात्मा गांधी को बुलाना उचित नहीं समझता। या तो हम मरेंगे या पुलिस को उखाड़ फेंकेंगे। ये पुलिस वाले देखेंगे कि इनके साथ कैसा बर्ताव किया जाता है। आप बसखारी में बम गिरते देखेंगे। या तो वह ज़मींदार, जिसने मुझे मारा, अंग्रेजों का दास बना रहेगा या महात्मा देवनारायण का। वह ज़मींदारों की लाठी रोक देगा।"*

थानाध्यक्ष ने डिप्टी कमिश्नर को जानकारी दी कि भाषण देने के बाद केदारनाथ और त्रिभुवन अकबरपुर के लिए निकल गए। इस सूचना के प्राप्त होते ही डिप्टी कमिश्नर ने बसखारी थाना क्षेत्र में सी.पी.सी. की धारा 144 लगा दी और एक स्थान पर चार लोगों का खड़ा होना प्रतिबन्धित कर दिया। तीनों किसान नेताओं को क्षेत्र में भाषण देने, समर्थन जुटाने पर रोक लगा दी। तीनों में से केदारनाथ को व्यक्तिगत नोटिस तामील न हो सकी। नोटिस को प्रकाशित करने का समय न था, इसलिए सामान्य नोटिस ढोल पीटकर अकबरपुर, बसखारी और अन्य जगहों पर दी गई। इसलिए यह सम्भावना बनी रही कि सभी को सूचना न मिल सके और भीड़ जमा हो जाए। केदारनाथ दूसरे ज़िलों से लोगों को जुटाने में लगा था। त्रिभुवन अकबरपुर थाना क्षेत्र में काम कर रहा था। उसके आने-जाने से भीड़ बढ़ जाती थी। अकबरपुर से 15 मील दूर बसखारी में ज़िले की सारी अतिरिक्त फोर्स तैनात थी, जिसमें 22 घुड़सवार पुलिस और 30 सशस्त्र पुलिस बल थे। अकबरपुर ही सबसे नज़दीकी

1. द लीडर, 24 जून, 1921

रेलवे स्टेशन था। 20 जनवरी को जब डिप्टी कमिश्नर और पुलिस अधीक्षक थाना बसखारी गए तो पाया कि देवनारायण थाने के बाहर बैठा था। डिप्टी कमिश्नर ने उससे बात की। उन्होंने कहा कि उसके साथ हुई मारपीट की वह स्वयं जाँच करेंगे। वह बिना शर्त राज़ी हो गया मगर कहा कि वह जहाँ भूख हड़ताल पर बैठा है, बैठा रहेगा। उसके बाद उसने केदारनाथ को एक पत्र लिखा। वैसे इसकी सम्भावना कम थी कि पत्र 24 घंटे में केदारनाथ तक पहुँच जाए, लेकिन डिप्टी कमिश्नर निश्चिन्त थे कि अगर केदारनाथ तक पत्र पहुँच जाए तो 21 और 22 जनवरी को अकबरपुर से आने वाली भीड़ कम हो जाएगी। जो भीड़ मौजूद थी वह देवनारायण को चारों ओर से घेरे हुए थी। नोटिस के मद्देनज़र थानाध्यक्ष भीड़ को इकट्ठा होने से मना कर रहा था। बाज़ार की ओर से समूह में भीड़ थाने की ओर आती जा रही थी। इसी समय अकबरपुर से लाठियों से लैस लोग आ गए। टांडा की ओर से 400 से 500 लोग लाठियों के साथ आ गए। डिप्टी कमिश्नर और पुलिस अधीक्षक ने अकबरपुर मार्ग की भीड़ को लौट जाने को कहा तो वह सड़क पर बैठ गई। इसके बाद वे दोनों थाने पर वापस आए तो देवनारायण ने कहा कि उसके कहने पर ही भीड़ हटेगी। डिप्टी कमिश्नर ने उससे कहा कि जो भीड़ थाने को घेरे हुए है, वह हटेगी तभी वह उससे बात करेंगे। उसके बाद स्वयं देवनारायण थाना गेट से भीड़ हटाने लगा। किसानों की लगभग 300 लाठियाँ थाने में जमा करवा दीं। भीड़ बढ़ती जा रही थी। पुलिस अधीक्षक के मुताबिक 6,000 से 7,000 लोगों की भीड़ जमा हो चुकी थी। भीड़ सड़क पर बैठी हुई थी और उसे अँधेरा होने के पहले हटाया जाना ज़रूरी था। सम्भवत: कुछ भीड़ ऊँचाहार सभा से लौट रही थी। भीड़ हटाने के लिए गोली चलाना आसान था। डिप्टी कमिश्नर के अनुसार देवनारायण असन्तुलित दिमाग का सबसे अच्छा आदमी था। उसमें हँसी और पागलपन दोनों था। संयोग से वह समझौता करने को राज़ी हो गया। डिप्टी कमिश्नर ने कहा कि वह आलोपी द्वारा की गई मारपीट पर 27 जनवरी को अपनी जाँच रिपोर्ट प्रस्तुत कर देंगे। किसान अगर मेरी रिपोर्ट सुनना चाहें तो उस दिन बिना हथियार के आएँ। शान्ति से आएँ। प्रदर्शन न करें। आदेशों का पालन करें। देवनारायण ने कोई आपत्तिजनक बात न करने का वादा किया, इसलिए डिप्टी कमिश्नर ने सभा पर से प्रतिबन्ध उठा लिया। उसके बाद देवनारायण ने किसानों को सम्बोधित किया। उसके कहने के बाद भीड़ तितर-बितर हो गई। देवनारायण 20 जनवरी से थाने पर बैठा था। 21 जनवरी को चमारों ने शिकायत की थी कि देवनारायण को छोड़ने के लिए बसखारी के दूसरे अधिकारयों ने रिश्वत माँगी थी जिसे पुलिस अधीक्षक ने जाँच बाद निराधार पाया। 22 जनवरी को डिप्टी कमिश्नर को सूचना मिली कि त्रिभुवन दत्त और केदारनाथ के साथ जवाहरलाल नेहरू पहुँच रहे हैं। उस दिन एक सभा आयोजित की गई थी, जिसमें त्रिभुवन ने भाषण दिया और माँग की कि तीनों मुख्य किसान नेताओं और रघुनन्दन

साधु पर दायर मुक़दमे की सुनवाई जल्द की जाए। मुख्य सचिव के 1 फरवरी, 1921 के एक्सप्रेस पत्र से, जो भारत सरकार को भेजा गया था, स्पष्ट है कि यह मुक़दमा देवनारायण, केदारनाथ और त्रिभुवन पर सुल्तानपुर और बाराबंकी में भाषण देने और साधु द्वारा सुल्तानपुर पुलिस को बहकाने के आरोप में दायर था। केदारनाथ को नोटिस मिल जाने के कारण उसने भाषण नहीं दिया। 24 जनवरी को डिप्टी कमिश्नर को पता चला कि जनवरी 27 की सभा, गौहन्ना में सुबह 10 बजे से होगी। पहले यह सभा अकबरपुर में ही होनी थी मगर कांग्रेसियों ने उसे गौहन्ना स्थानान्तरित करा दिया। डिप्टी कमिश्नर ने देवनारायण को नोटिस दिया कि वह अपनी रिपोर्ट 27 को अकबरपुर में दोपहर 12 बजे, अपने कैम्प ऑफिस में ही प्रस्तुत करेंगे। टांडा और अकबरपुर तहसील से भारी संख्या में किसान बिना लाठी के कैम्प ऑफिस पहुँचे थे। देवनारायण केवल दो-तीन आदमियों के साथ आया था। उसने घोषणा की कि-अपने आक्रमणकारी (अलोपी) की मृत्यु के कारणों के लिए वह ज़िम्मेदार न होगा। रिपोर्ट सुनने के बाद किसान बेहद निराश थे। वे जय बोलते हुए आए थे मगर जाते समय चुपचाप चले गए। डिप्टी कमिश्नर ने टांडा, बसखारी, जहाँगीरागंज, अकबरपुर और हैदरगंज थाना क्षेत्र में निषेधाज्ञा लागू रहने की घोषणा की।[1]

अकबरपुर के बजाय गौहन्ना में सभा करने तथा जाँच रिपोर्ट अकबरपुर में प्रस्तुत करने का मूल मक़सद यही था कि मंच से देवनारायण को बाहर किया जाए। डिप्टी कमिश्नर अपनी जाँच रिपोर्ट अकबरपुर में सुनाएँ और किसानों की भीड़ गौहन्ना में रहे। इसके लिए इलाहाबादी कांग्रेसियों ने सभा को अपने नियंत्रण में लेने के लिए बहुत परिश्रम किया था। जवाहरलाल नेहरू कई दिनों तक फ़ैज़ाबाद ज़िले में पड़े रहे। दरअसल कांग्रेसी नेता, देवनारायण और सूरज प्रसाद जैसे निम्न जाति समर्थक एवं बोल्शेविक विचारों से प्रभावित किसान नेताओं से भयभीत थे और उनसे किसानों को मुक्त करने में लगे हुए थे। 27 जनवरी की सभा पहले से अकबरपुर में देवनारायण द्वारा बुलाई गई थी मगर नेहरू और फ़ैज़ाबाद के तालुक़ेदारों ने उसे गौहन्ना स्थानान्तरित कर मंच पर क़ब्ज़ा कर लिया था। देवनारायण अकबरपुर में डिप्टी कमिश्नर के कैंप ऑफिस में हताश रह गया था।

गौहन्ना सभा

देवनारायण की लोकप्रियता ने कांग्रेसियों के अन्दर हलचल पैदा कर दी थी। 22 जनवरी को नेहरू फ़ैज़ाबाद पहुँचे। उन्होंने किसान विद्रोह से सम्बन्धित इलाक़ों में दौरा किया। उन्होंने हमेशा की तरह किसानों को धैर्य बनाए रखने और असहयोग

1. फाइल नं. 50/3/1921, सामान्य शाखा, उ.प्र. शासकीय अभिलेखागार, लखनऊ

आन्दोलन में सहयोग देने को कहा। किसानों द्वारा की गई हिंसक घटनाओं की उन्होंने निन्दा की।[1]

27 जनवरी, 1921 को गौहन्ना गाँव में 30,000 से लेकर 40,000 तक किसानों की उपस्थिति में सभा हुई। यह गाँव अकबरपुर थाने के अन्तर्गत पड़ता था। सभा में आए किसान यह जानना चाहते थे कि बसखारी मामले में जाँच कमेटी का क्या निर्णय आया? लेकिन दुर्भाग्य यह था कि यह सभा कांग्रेसियों के नियंत्रण में हुई। पाँच दिनों तक नेहरू ने फ़ैज़ाबाद के अशान्त गाँवों का दौरा भी इसी उद्देश्य से किया था। गौहन्ना सभा की अध्यक्षता नेहरू ने ही की। इस सभा में किसानों द्वारा ज़मींदारों के यहाँ की गई लूट-पाट की घटना की निन्दा की गई। किसानों से कहा गया कि वे असहयोग आन्दोलन में भाग लें। इससे स्वराज आएगा। स्वराज आएगा तो किसानों की सारी समस्याओं का, उनके दुखों का निदान हो जाएगा।[2] गौहन्ना सभा के बारे में सी.आई.डी रिपोर्ट इस प्रकार है—

27 जनवरी, 1921 को किसान सभा का आयोजन गौहन्ना, थाना-अकबरपुर, ज़िला-फ़ैज़ाबाद के मैदान में प्रात: 11.35 से अपराह्न 4.20 तक आयोजित हुआ। प्रारम्भ में लगभग 5,000 की भीड़ जुटी थी मगर अपराह्न 2.30 तक 30,000 से 40,000 की भीड़ जमा हो गई। जो पर्चा वितरित किया गया था और जिन वक्ताओं के नाम उसमें थे, उनमें से पं. दयाशंकर रईस और पं. परमेश्वरी सहाय वकील, .फ़ैज़ाबाद, जो मंच पर उपस्थित थे, के अलावा शहज़ादपुर के विश्वनाथ वैद्य, .फ़ैज़ाबाद के मसूद आलम, केदारनाथ, सरजू पांडेय, लल्लन जी, केदारनाथ की पत्नी राम देवी, शिवराम तिवारी, त्रिभुवन दत्त एवं अन्य सभी ने भाषण दिया। सभा 'वंदे मातरम्' गीत से प्रारम्भ हुई, जिसे एक नौजवान ने गाया। पं. दयाशंकर (.फ़ैज़ाबाद) के प्रस्तावक, बिहारी लाल दूसरे प्रस्तावक और पं. विश्वनाथ वैद्य, शाहज़ादपुर, थाना—अकबरपुर (सभी स्थानीय तालुक़ेदार) के समर्थन से पं. जवाहरलाल नेहरू को सभा का अध्यक्ष चुन लिया गया। इसके बाद जवाहरलाल नेहरू उठे और भाषण देने लगे। उन्होंने सबसे पहले सभा का अध्यक्ष नामित करने के लिए धन्यवाद दिया। फिर कहने लगे कि अवध का किसान अब जाग गया है। वह तब तक चैन से नहीं बैठेगा जब तक कि बेदख़ली आदि से मुक्ति नहीं मिल जाती। वह यह भी जान चुका है कि महात्मा गांधी और और दूसरे नेता एक बड़ा युग प्रारम्भ कर चुके हैं। या तो यह सरकार, जो धर्म की, भारतीय औरतों के जीने और मान की परवाह नहीं करती, ठीक हो जाए या जड़ से उखाड़ दी जाए। प्रत्येक भारतीय का कर्तव्य है कि वह इस युद्ध में भाग ले और स्वराज प्राप्त करे। फिर उन्होंने संक्षेप में एक प्रस्ताव का ज़िक्र किया जो रायबरेली के किसानों के साथ

1. द इंडिपेंडेंट 26 जनवरी, 1921
2. सी.आई.डी. रिपोर्ट आन गुहौना सभा, 28 जनवरी, 1921 फाइल नं. 50/1921, सामान्य, उ.प्र. शासकीय अभिलेखागार, लखनऊ

सहानुभूति दिखाने के लिए तैयार किया गया था। उसके बाद वक्ताओं ने टांडा तहसील में हुए किसान विद्रोह पर दुख व्यक्त किया। उन्होंने कहा कि कुछ लोगों ने (वक्ताओं का इशारा साधु अर्थात् सूरज प्रसाद और फ़कीरों की ओर था जो किसान आन्दोलन का नेतृत्व कर रहे थे) महात्मा गांधी को धोखा दिया और यह कह कर लोगों को लूटपाट के लिए उकसाया कि गांधी जी ने लूटने का आदेश किया है। रंगीन कपड़े पहनने से वे असली साधु नहीं हो जाते और न गांधी के समर्थक। अगर वे बुरी बात सिखाते हैं तो किसानों को विश्वास नहीं करना चाहिए कि वे गांधी के भक्त हैं। क्योंकि गांधी कभी भी ग़ैर-क़ानूनी काम करने की राय नहीं देते। उन्हें अपने पापों के प्रायश्चित के लिए लूटे गए लोगों (तालुक़ेदारों) के प्रति सहानुभूति दर्शानी चाहिए और जो लोग लूटपाट में हिस्सा लिये हैं, उनसे नफ़रत करनी चाहिए। प्रत्येक किसान को शपथ लेनी चाहिए कि वे लूटपाट में भाग नहीं लेंगे। न किसी को मारेंगे न गाली देंगे बल्कि आन्दोलन के उन मुद्दों पर कायम रहेंगे, जिनके लिए उन्होंने आन्दोलन शुरू किया है। भाषण आपत्तिजनक या हिंसात्मक नहीं था।'[1]

दिनांक 27 जनवरी, 1921 — हस्ताक्षर

लखते हुसैन, सी.आई.डी. इंस्पेक्टर

सभा का पहला प्रस्ताव—मसूद आलम, फ़ैज़ाबाद ने भी किसानों के विद्रोह को लुटेरों का कृत्य बताया और कहा कि मुस्लिम नेता डकैती के पक्ष में नहीं हैं। अगर कोई व्यक्ति महात्मा गांधी का नाम लेकर डकैती में शामिल होता है तो वह उनका मित्र नहीं है। उसका मक़सद सिर्फ़ लूटपाट करना है। इससे बेदख़ली और नज़राना जैसी समस्याओं का हल न निकलेगा। केदारनाथ ने इस प्रस्ताव का समर्थन किया और कहा कि महात्मा गांधी या अली बन्धु लूटपाट के सख़्त ख़िलाफ़ हैं। फ़ैज़ाबाद जनपद इससे मुक्त था मगर कुछ बदमाश किसानों को भड़का कर ऐसा करा रहे हैं। 19 जनवरी को वह, देवनारायण पांडेय और त्रिभुवन दत्त के साथ बसखारी यह जाँचने के लिए गए कि कैसे सीधे-साधे किसानों को महात्मा गांधी के नाम पर भड़का कर लूटपाट की गई। उनके इक्का से उतरते ही बनियों ने घेर कर बताया कि उन्हें पुलिस ने लूटा है। उनसे कहा गया कि क्या वे पुलिस वालों के नाम बता सकते हैं? इस पर एक बनिया एक घुड़सवार पुलिस वाले को सामने लाया। घुड़सवार पुलिस वाला और उसके साथियों ने अन्ततोगत्वा कहा कि वे (लूट में शामिल सिपाही) मेरे भाई हैं। वे अपने दफ़ादार या थानेदार से कहेंगे कि वे उन्हें ऐसा न करने के लिए समझाएँ। वे (जाँच करने गए नेता) यह नहीं समझ पा रहे थे कि इन बनियों की लूटपाट करने वाले सिपाहियों की शह पर औरतें और सात साल के एक बच्चे ने लूटपाट की। एक अलोपी ज़मींदार और एक मकरही तालुक़ा का कर्मचारी आपस में राय करके या थानेदार के

1. फाइल नं. 50/1291, सामान्य शाखा, उ.प्र. शासकीय अभिलेखागार, लखनऊ, पृष्ठ 626, 627

प्रश्रय पर जब केदारनाथ बसखारी में भाषण दे रहे थे, तब मुझ पर तीन लाठी और देवनारायण पर दो लाठी मारी। इस पर उन दोनों ने केवल उसकी लाठी पकड़ ली और कहा कि अगर किसानों के दुखों का अन्त न हुआ तो हम मरने को आगे आएँगे और इस बात का ख़्याल न रखेंगे कि मारे जाएँगे। उन लाठियों को पुलिस ने अपने क़ब्ज़े में ले लिया। थानेदार ने उन्हें रिपोर्ट लिखवाने को कहा मगर उन्होंने मना कर दिया और कहा कि हम पुलिस के फायदे के लिए आपस में लड़ने को तैयार नहीं हैं। थानेदार चला गया तो देवनारायण पुलिस थाने के सामने सत्याग्रह पर बैठ गया। हमें प्रस्तावों में कहा गया कि किसानों को लूटपाट की भयावहता को बताना चाहिए।' किसान इतने सीधे थे कि जब पं. नेहरू ने उनसे पूछा कि उनके नाम बताओ जो लोग लूट में शामिल थे, तो किसान स्वयं सामने आए और बोले कि 'हम लूट में शामिल थे।' लूटने वालों के पास कोई हथियार नहीं था। यहाँ तक कि नौ साल का एक बच्चा और औरतों ने इस लूट (विद्रोह) में भाग लिया। उनका मानना था कि पूरे भारत की सम्पत्ति गांधी बाबा की है तो इसलिए वे नहीं कह सकते कि कोई आदमी अपनी सम्पत्ति लूट सकता है। उन्हें समझाया गया कि भविष्य में अगर कोई आदमी किसी की सम्पत्ति लूटने या मारपीट करने की सलाह देता है तो वे उसे गाँव की पंचायत में ले जाएँ। अगर कोई मारता है तो मेरी तरह आचरण करें। जेल बुरी चीज़ नहीं है। अच्छे कार्य के लिए जेल जाने से न डरें, लेकिन बुरे कार्यों के लिए, लूट के अपराध में जेल न जाएँ। कुछ लोगों ने लूटे हुए सामान को वापस किया है, जबकि पुलिस के प्रश्रय पर कुछ किसानों को पीटा गया है। जब नेहरू जी बसखारी गए तो उन्हें भी पुलिस वाले ने भाषण न देने की नोटिस थमा दी। लेकिन वह महात्मा गांधी और अली बन्धुओं के अनुसार ग़ैर-क़ानूनी कार्य करने के लिए नहीं गए थे, अच्छे कार्य के लिए गए थे इसलिए उन्होंने नोटिस की परवाह न की। आज वह यहाँ इस तैयारी के साथ आए हैं कि अगर यहाँ भाषण देने से मना किया जाएगा तो वह अपनी गिरफ़्तारी दे देंगे और उनकी पत्नी किसानों के लिए संघर्ष करेंगी।...सरजू पांडेय ने प्रस्ताव का समर्थन करते हुए कहा कि किसी के कहने पर यह विश्वास न करें कि अमुक आदमी गांधी का सन्देशवाहक है। अच्छे लोग अच्छा सुझाव देते हैं, जैसा कि आज मंच पर बैठने वाले सभी लोग सुझाव दे रहे हैं। उसके बाद अध्यक्ष खड़े हुए और प्रस्ताव के पक्ष में हाथ उठाने को कहा। इस पर भीड़ अनियंत्रित हो गई और शोर मचाने लगी। यह देख त्रिभुवन दत्त खड़े हुए और लोगों को शान्त हो जाने को कहा। कहा कि खुफिया विभाग वाले अपने अधिकारियों को सूचित कर देंगे कि किसान बहुत अनियंत्रित हैं। कुछ समय बाद भीड़ शान्त हो गई और प्रस्ताव निर्विरोध पास हो गया।[1]

दिनांक 27 जनवरी, 1921

हस्ताक्षर

लखते हुसैन, सी.आई.डी.इंस्पेक्टर

---

1. वही, पृष्ठ 627, 629, 631, 633

दूसरा प्रस्ताव—दूसरा प्रस्ताव फ़ैज़ाबाद के लल्लन जी ने रखा जो रायबरेली में मुंशीगंज पुल पर मारे गए उन किसानों के प्रति सहानुभूति प्रकट करने के लिए था जो बेदख़ली के क़ानून के विरोध में मारे गए थे। उन्होंने कहा कि धर्म के लिए बलिदान देने से वे नहीं चूकेंगे, लेकिन ग़लत कार्य न करेंगे। उसके बाद विश्वनाथ शर्मा खड़े हुए और प्रस्ताव का समर्थन करते हुए विषय से भिन्न वक्तव्य दिया। कहा कि हिन्दू-मुसलमानों को अपनी धार्मिक किताबों को पढ़ना चाहिए। अपने देवताओं, भगवानों की जिस तरह आप पूजा करते हैं, उसी प्रकार मंच पर बैठे लोग आपके देवता हैं। फ़ैज़ाबाद के केदारनाथ की पत्नी मुसमात रामदेवी ने प्रस्ताव का समर्थन किया। उन्होंने किसानों से कहा कि महात्मा गांधी की बात मानें और मुझे अपना राजा समझें। बाँदा (Bandan) डीह के शिवराम तिवारी ने दूसरे प्रस्ताव का समर्थन किया और हिन्दू-मुस्लिम एकता की बात की। किसानों से हिंसा छोड़ने, महात्मा गांधी के रास्ते पर चलने को कहा। उन्होंने किसानों से हाथ उठाकर समर्थन देने और स्वराज के लिए ऐसा करना ज़रूरी बताया। फ़ैज़ाबाद के पं. त्रिभुवन दत्त ने प्रस्ताव का समर्थन करते हुए कहा कि पहले अवध में रामराज्य था। यहाँ बेदख़ली न थी। लोगों को रामराज्य के लिए संघर्ष करना चाहिए। किसानों को अच्छे कार्यों के लिए पंजाब और रायबरेली जैसी घटनाओं में मारे जाने के बावजूद धैर्य नहीं खोना चाहिए। उन्हें रायबरेली में भूखे मर रहे किसानों की मदद करनी चाहिए। किसी ब्राह्मण या मौलवी को खिलाने से ज़्यादा पुण्य, रायबरेली में भूखे मर रहे सात साल के बच्चों को खिलाने से मिलेगा।

दिनांक 27 जनवरी, 1921

हस्ताक्षर जगन्नाथ,[1]
सी.आई.डी. इन्स्पेक्टर

तीसरा प्रस्ताव—पं. देवनारायण पांडेय ने एक कमेटी बनाने का प्रस्ताव रखा जो हाल में किसानों द्वारा की गई लूटपाट की घटनाओं की जाँच करे। उन्होंने प्रस्ताव को पढ़ा तो नहीं मगर कहा कि वह बसखारी गए थे और किसानों के घर से जो भी सामान निकल रहा था उसे ज़मींदार लूट का और अपना बता रहे थे। उन्होंने बताया कि पुलिस ने वहाँ दमन किया था और दो-ढाई हज़ार रुपए घूस में वसूले थे। उन्होंने डिप्टी कमिश्नर से शिकायत की मगर कुछ नहीं हुआ। उन्होंने आठ लोगों की समिति का गठन किया जो मौक़े पर जाकर किसानों पर पुलिस द्वारा किए गए दमन को देखेगी। उस कमेटी में, फ़ैज़ाबाद के बाबू लल्लन, मसूद आलम, देवनारायण पांडेय (वह स्वयं), सरजू पांडेय, पं. तारा चन्द, रामकुँवर पांडेय, रामपाल सिंह और त्रिभुवन दत्त शामिल किए गए। सुल्तानपुर के नागेश्वरलाल ने प्रस्ताव का समर्थन किया। इलाहाबाद के पं. देवीदत्त ने प्रस्ताव का समर्थन किया। इस समय तक अपराह्न के 1.30 बज गए थे और भीड़ अनियंत्रित होने लगी थी। काफी शोर

1. वही, पृष्ठ 633, 635, 637

हो रहा था। ऐसे में कोई भाषण नहीं हो सकता था। एक लड़का हारमोनिया बजाने वाले के साथ मंच पर आया और गाना गाने लगा। यद्यपि शोर के कारण गीत साफ़ सुनाई नहीं पड़ रहा था।

दिनांक 27 जनवरी, 1921[1]

हस्ताक्षर

लखते हुसैन,

चौथा प्रस्ताव—यह सभा इस बात से सहमत है कि भारतीयों के समस्त दुखों का समाधान सिर्फ़ और सिर्फ़ स्वराज है। इसलिए किसानों, खेतिहरों और व्यापारियों से शान्तिपूर्वक असहयोग आन्दोलन में भाग लेने की अपील की जाती है। कमालुदीन ज़ाफ़री ने इस प्रस्ताव को रखा और कहा कि महात्मा गांधी के रास्ते पर चलने पर एक साल के अन्दर स्वराज मिल जाएगा। हाफ़िज आलम ने इस प्रस्ताव का समर्थन किया।

दिनांक 27 जनवरी, 1921[2]

हस्ताक्षर

जगन्नाथ

इलाहाबाद के पं. देवीदत्त ने भी चौथे प्रस्ताव का समर्थन किया और कहा कि गांधी का स्वराज आने में अब केवल छह माह रह गया है। इसलिए न्यायालयों, स्कूल-कॉलेजों का बहिष्कार होना चाहिए। पंचायतों का गठन किया जाना चाहिए और विदेशी वस्तुओं का बहिष्कार किया जाना चाहिए। सेवा समितियों का गठन किया जाना चाहिए और एकता बनाए रखनी चाहिए। फूलचन्द ने भी प्रस्ताव का समर्थन किया। टांडा के मोहम्मद नबी ने भी प्रस्ताव का समर्थन किया और कहा कि किसानों के दबाव से जल्द ही क़ानून बनाकर बेदख़ली की प्रक्रिया बन्द कर दी जाएगी।

दिनांक 27 जनवरी, 1921[3]

हस्ताक्षर

लखते हुसैन

पाँचवा प्रस्ताव—पं. गौरीशंकर मिश्र, इलाहाबाद ने पाँचवा प्रस्ताव रखा। उन्होंने प्रस्ताव को पूरा पढ़ा नहीं, केवल उसके आठ बिन्दुओं का ज़िक्र किया जिस को बाबा रामचन्द्र ने किसानों से समर्थन देने को कहा। वे आठ बिन्दु थे—नज़राना न देना, बेग़ार न करना, भूसा, पतोई और गाय का गोबर न देना, बेदख़ल किए गए किसान की ज़मीन, उसके अलावा अन्य किसी द्वारा न लेना। गाँवों में पंचायत व्यवस्था लागू करना, स्वदेशी अपनाना और विदेशी वस्तुओं का बहिष्कार करना, साधुओं के शह पर लूटपाट न करना, किसी नक़ली बाबा रामचन्द्र (यहाँ संकेत सूरज प्रसाद उर्फ़

1. वही, फाइल नं. 50/1291, सामान्य शाखा, उ.प्र. शासकीय अभिलेखागार, लखनऊ, 639, 641
2. वही, पृष्ठ 643, 645
3. वही, पृष्ठ 645, 647

छोटा रामचन्द्र के लिए है) का अनुसरण न करना। इन रास्तों पर चल कर किसान रायबरेली जैसी हिंसक घटना से और प्रतापगढ़ जैसे क़ानूनी विवाद से बच सकते हैं। उन्होंने कहा कि देवनारायण पांडेय ने अलोपी को माफ़ कर दिया है।

दिनांक 27 जनवरी, 1921[1]

हस्ताक्षर

लखते हुसैन

बाबा रामचन्द्र ने पाँचवे प्रस्ताव का समर्थन किया और कहा कि उन्होंने कई सभाओं में कहा है कि किसान समय पर अपना लगान दें और किसी प्रकार का विवाद न करें। नज़राना न दें। उन्होंने कहा कि वह यह नहीं समझ रहे हैं कि किसान अव्यवस्था क्यों फैला रहे हैं? इससे यह परिलक्षित होता है कि वे किसान नहीं हैं। ऐसा कर वे अपने और महात्मा गांधी के नाम को बदनाम कर रहे हैं। एक साधु, जो स्वयं को रामचन्द्र (सूरज प्रसाद उर्फ़ छोटा रामचन्द्र) कहता है, आप से कहता है कि लगान न दें। सरकार निश्चय ही यह सोच रही है कि यही वह बोलने वाला आदमी है जो सब कुछ करा रहा है। आप लोग इस आदमी के बहकावे में न आएँ और लगान दें (किसानों ने लगान देने का वादा किया)। आप लोग कभी भी किसी सभा में लाठी लेकर न जाएँ। उन्होंने आगे कहा कि यह स्थानीय आदमी, उन्हीं के ऊपर गोली चलवा रहा है। यह दोगला आदमी स्वराज प्राप्त करने के रास्ते में अवरोध पैदा कर रहा है। अगर आपका दिमाग बदल दिया जाए तो आप एक दिन में स्वराज प्राप्त कर सकते हैं। उन्होंने अदालतों का बहिष्कार करने, पंचायतों को स्थापित करने और पंचों की राय का अनुसरण करने का सुझाव दिया। ऐसा करने से सरकारी तंत्र निरर्थक हो जाएगा। उन्होंने स्वदेशी को अपनाने और विदेशी वस्तुओं के बहिष्कार की वकालत की। उन्होंने किसानों से रायबरेली में मारे गए किसान परिवारों या घायलों की सहायता के लिए चन्दा देने की अपील की और कहा कि अगर यहाँ न दे पाएँ तो पं. जवाहरलाल नेहरू को इलाहाबाद मनीऑर्डर करें। प्रस्ताव सर्वसम्मति से पास हो गया। कुछ किसानों ने वहीं चन्दा दिया। सायं 4.20 बजे महात्मा गांधी और अली बन्धुओं की जय के नारे के साथ सभा समाप्त हो गई। अनेक बार भीड़ अनियंत्रित और उग्र हुई। कई बार अध्यक्ष को भाषण रोकने पड़े और भीड़ को शान्त रहने का अनुरोध करना पड़ा।[2]

दिनांक 28 जनवरी, 1921

हस्ताक्षर

लखते हुसैन, इंस्पेक्टर, सी.आई.डी. यू.पी.

और

जगन्नाथ, इंस्पेक्टर, सी.आई.डी. यू.पी.

---

1. वही, पृष्ठ 647, 649, 651
2. फाइल नं. 50/1291, सामान्य शाखा, उ.प्र. शासकीय अभिलेखागार, लखनऊ, पृष्ठ 651, 653

बाबा रामचन्द्र के उपरोक्त वक्तव्य की सावधानी से छान-बीन करें तो साफ़ हो जाता है कि सूरज प्रसाद वास्तव में क्रान्तिकारी स्वभाव का था। बेशक वह कभी फ़ैज़ाबाद में साधु के भेष में भिक्षाटन कर पेट पालता था मगर इससे उसके क्रान्तिकारी व्यक्तित्व पर धब्बा नहीं लगता। इससे से तो यही सिद्ध होता था कि वह भूमिहीन ग़रीब था। वह सीधे-सीधे लगान न देने, बेदख़ल किए गए किसानों को उनकी ज़मीनों पर पुनः क़ाबिज़ कराने जैसा क्रान्तिकारी काम कर रहा था। बाबा रामचन्द्र द्वारा उसे दोगला कहना और किसानों को कांग्रेसियों की झोली में डाल देने जैसा कृत्य, उन्हें सूरज प्रसाद जैसा क्रान्तिकारी नहीं बनाता। गौहन्ना सभा में आए किसानों का अनेक बार अनियंत्रित होना दर्शा रहा था कि वे वक्ताओं की बातों से इत्तेफ़ाक नहीं रख रहे थे। बाबा रामचन्द्र एवं अन्य कांग्रेसियों को देवनारायण, केदारनाथ या त्रिभुवन दत्त उतने बुरे नहीं लगते थे जितना सूरज प्रसाद उर्फ़ छोटा रामचन्द्र।

गौहन्ना सभा के बाद क्षेत्र में बेहद तनाव था। मुख्य सचिव, संयुक्त प्रान्त की प्रेस विज्ञप्ति में कहा गया है, 29 जनवरी, 1921 को दो पुलिस वाले बसखारी गए थे। वे यह ख़बर लेने गए थे कि बसखारी में अब किसान सभा कब होने वाली है? किसानों ने उन दोनों पुलिसवालों के साथ धक्का-मुक्की की। दरअसल, किसानों के मन में गौहन्ना सभा में कांग्रेसियों का आचरण देख बेहद ग़ुस्सा था कि किस तरह कांग्रेसियों की वजह से बसखारी घटना को एकदम किनारे कर दिया गया। देवनारायण के साथ किए गए समझौते के अनुसार जाँच रिपोर्ट के बारे में कुछ नहीं हुआ। उनके अन्दर इन बातों को लेकर निराशा भी थी। इसी ग़ुस्से में उन्होंने बसखारी पहुँचे सिपाहियों से धक्का-मुक्की की थी। डिप्टी कमिश्नर को बसखारी घटना की जानकारी मिली तो वह तुरन्त घटनास्थल पर पहुँचे और 13 किसानों को गिरफ़्तार कर लिया गया। मामले की जाँच के बाद उन्होंने पाया कि घाव हल्के हैं। किसान सभा के दस्तावेज़, उद्देश्यों और भाषण से सम्बन्धित काग़ज़ात ज़ब्त कर लिये गए। ज़ब्त दस्तावेज़ यह बताते हैं कि किसान असहयोग आन्दोलन से भिन्न, उग्र आन्दोलन चलाने के पक्ष में थे। ज़ब्त पर्चे ज़्यादातर गांधी को सम्बोधित किसानी दुखों के सम्बन्ध में प्रत्यावेदन थे। ज़ब्त दस्तावेज़ों से पता चलता है कि किसान समानान्तर सरकार गठन की पूरी रूपरेखा तैयार कर चुके थे। उन्होंने डिप्टी कमिश्नर, कप्तान, दारोग़ा आदि पदों की सूची तैयार कर ली थी जिन पर किसानों की नियुक्तियाँ होनी थीं।[1]

28 जनवरी, 1921 को कमिश्नर फ़ैज़ाबाद ने मुख्य सचिव को पत्र लिख कर गौहन्ना सभा के बारे में निम्नलिखित जानकारी दी थी—

---

1. होम/पोलिटिकल-बी/1921, नोट्स संख्या 195-216ए, राष्ट्रीय अभिलेखागार, नई दिल्ली, पृष्ठ 18, 19, द पायनियर, 4 फरवरी, 1921

आदरणीय लम्बर्ट, मैंने आपको दो तार भेजे थे जिनमें अकबरपुर की (गौहन्ना) सभा के बारे में कुछ बताया था। तार धीमे प्राप्त हो रहे हैं, क्योंकि हम पूरी तरह से रेलवे पर निर्भर हैं। इसलिए प्रायः ज़्यादा देरी होती है। मैंने पहले तार में कहा था कि सभा बहुत बड़ी नहीं है, लेकिन पूरे दिन चारों ओर से लोग आते रहे और अन्त में लगभग 40,000 की भीड़ हो गई। सभा अकबरपुर में नहीं हुई बल्कि यहाँ से तीन-चार मील दूर, गौहन्ना में हुई। पुलिस मुख्यतः अकबरपुर के आस-पास तैनात थी इसलिए अगर वहाँ (गौहन्ना सभा में) कोई समस्या पैदा हुई होती तो मुश्किल होती। पीटर्स ने देवनारायण के बारे में बताया था कि उसने 12 जनवरी को धमकी दी थी कि अकबरपुर में भारी भीड़ के साथ अपनी उपस्थिति दर्ज कराएगा। इससे यह सोचा गया था कि जैसा उसने धमकी दी थी, भारी भीड़ के साथ उपस्थित होगा। अगर वह अकबरपुर में भारी भीड़ के साथ आता तो परेशानी बढ़ती। वस्तुस्थिति यह थी कि वह बिना भीड़ के आया। वह उत्तेजित भी नहीं था बल्कि उसने कहा कि जब से उसे अलोपी द्वारा पीटा गया है, उसने न तो खाना खाया और न पानी पिया है। उसने तय कर लिया है कि अब वह अलोपी के जीवन के लिए बहुत समय तक ज़िम्मेदार नहीं होगा। (अलोपी की सुरक्षा के लिए उसके गाँव में गार्ड भेजे गए हैं।) गौहन्ना सभा को जवाहरलाल नेहरू, केदारनाथ और गौरीशंकर ने सम्बोधित किया। उन दो नेताओं की उपस्थिति (जवाहरलाल नेहरू और गौरीशंकर) स्पष्ट तौर पर दर्शाती है कि किसी प्रकार की हिंसा की कोशिश नहीं हुई। भाषण भी संयमित रहा। लोगों को हिंसा और लूट-पाट से दूर रहने को कहा गया। अँधेरा होने के पहले लोग चले गए और कोई विवाद नहीं हुआ। रात्रि शान्ति से गुज़री। भीड़ सड़क मार्ग से आई थी और स्थानीय थी। ट्रेनें ज़्यादा से ज़्यादा खाली थीं। जैसा कि मैंने ऊपर सम्भावित ख़तरे के बारे में बताया है कि देवनारायण अगर भारी भीड़ के साथ अकबरपुर में आएगा तो सम्भवतः वह स्थान निश्चय ही लूट लिया जाएगा।...लेकिन एक बात साफ़ है कि नेता (जवाहरलाल नेहरू, गौरीशंकर मिश्र आदि कांग्रेसी नेता) और केदारनाथ (फ़ैज़ाबाद के ज़गींदार) के अनुयायी, देवनारायण की हिंसा से डरे हुए हैं। वे उसे नियंत्रित कराना चाहते हैं और उसे दबाने के उद्देश्य से ही वे (गौहन्ना सभा में) आए थे। साथ ही साथ वे हाल में बदमाशों (किसानों) द्वारा की गई लूटपाट के कारण स्वयं पर लग रहे आरापों से बचने का प्रयास कर रहे हैं लेकिन इस बात पर अब सन्देह है कि निम्न जातियों के इस सरगर्मी के प्रयासों (आन्दोलनों) का वे नेतृत्व करेंगे।'...—हेलेय।[1]

उपरोक्त पत्र से स्पष्ट है कि देवनारायण को असफल करने में कांग्रेसी नेताओं की चतुराई थी। उन्होंने सभा को अकबरपुर से गौहन्ना स्थानान्तरित कर स्थानीय तालुक़ेदारों

1. फाइल नं. 50/1291, सामान्य शाखा, उ.प्र. शासकीय अभिलेखागार, लखनऊ, पृष्ठ 603

की मदद से किसान आन्दोलन पर अपना क़ब्ज़ा जमा लिया और निम्न जातियों के इस किसान आन्दोलन के बागी तेवर को हमेशा-हमेशा के लिए निस्तेज कर दिया। देवनारायण उसी हताशा में बिना खाये-पिये अकबरपुर में देखा गया था। सूरज प्रसाद उर्फ़ छोटा रामचन्द्र की लोकप्रियता स्वयं उसे पकड़ने गए सर्किल इंस्पेक्टर के अनुमान से समझा जा सकता है। देवनारायण और छोटा रामचन्द्र जैसे निम्न जातीय समर्थक किसान नेताओं को, हिंसा से दूर रहने और तालुक़ेदारों के विरुद्ध आन्दोलन न चलाने की जवाहरलाल नेहरू जैसे कांग्रेसी नेताओं की सीख, स्पष्ट करने को काफी है कि फ़ैज़ाबाद किसान आन्दोलन को कुचलने में अंग्रेजों से कहीं ज़्यादा कांग्रेसियों की भूमिका रही थी। प्रशासन ने स्वयं स्पष्ट किया कि अब आगे इलाहाबादी कांग्रेसी निम्न जातियों के किसानों के विद्रोह का नेतृत्व नहीं करेंगे। वे गौहन्ना में देवनारायण को दबाने के लिए ही आए थे।

सूरज प्रसाद उर्फ़ छोटा रामचन्द्र

अवध किसान विद्रोह के कुछ ऐसे क्रान्तिकारी नायक हुए हैं, जिन पर इतिहासकारों ने बहुत कम पन्ने ख़र्च किए हैं जबकि अभिजातवर्गीय नायकों को ज़रूरत से ज़्यादा महत्त्व दिया गया है। फ़ैज़ाबाद, बाराबंकी और सुल्तानपुर जनपद में सक्रिय सूरज प्रसाद उर्फ़ छोटा रामचन्द्र की लोकप्रियता, उस व्यक्ति विशेष को गिरफ़्तार करने के लिए तालुक़ेदारों और ब्रिटिश सरकार की बेचैनी से समझी जा सकती है। बेदख़ल किए गए किसानों को उनकी उन्हीं ज़मीनों पर पुनः क़ब्ज़ा दिलाने का काम, किसान आन्दोलन मे अन्यत्र नहीं मिलता। छोटा रामचन्द्र, बेदख़ल ज़मीन को 'रामचन्द्र की ज़मीन' कहता और पुनः उन्हीं किसानों को दे देता, जिन्हें बेदख़ल कर दिया गया होता। यह क्रान्तिकारी स्वभाव, सूरज प्रसाद को महान् बनाता है। मदारी पासी से पूर्व, उसी ने दलित जातियों को गोलबन्द करने में सबसे ज़्यादा सफलता पाई।[1]

छोटा रामचन्द्र की जाति के सम्बन्ध में जो जानकारी है उसके आधार पर कहा जा सकता है कि वह कायस्थ था। संयुक्त प्रान्त की सी.आई.डी. रिपोर्ट का उल्लेख श्रीराम सिंह ने अपनी पुस्तक 'रायबरेली : किसान आन्दोलन की यज्ञभूमि' में किया है। वैसे उन्होंने ग़लती से इस रिपोर्ट को बाबा रामचन्द्र से सम्बन्धित मान लिया है। अगर उन्होंने गम्भीरता से विचार किया होता तो यह त्रुटि न होती क्योंकि सी.आई.डी रिपोर्ट में सूरज प्रसाद उर्फ़ सूरज नारायण की उम्र पैंतीस वर्ष बताई गई है जबकि बाबा रामचन्द्र फीजी जाते समय ही 42 साल के थे। 1916 में वापस लौटने के समय वह 53 साल के हो चुके थे। सी.आई.डी. रिपोर्ट 1921 की है। निस्सदेह यह रिपोर्ट सूरज प्रसाद के लिए है। उसके पिता का नाम कबीर लाल कायस्थ, गाँव नारायणपुर, थाना कोतवाली, सुल्तानपुर दिया

1. श्रीराम सिंह, वही, पृष्ठ 26

हुआ है, जबकि बाबा महाराष्ट्र के रहने वाले ब्राह्मण थे। सूरज प्रसाद उर्फ़ छोटा रामचन्द्र को उर्दू का सामान्य ज्ञान था। उसने अध्यापन कार्य किया था। तहसील सुल्तानपुर में चपरासी भी रह चुका था। बिवावाँ में सहायता प्राप्त स्कूल में वह शिक्षक रहा। उसके बाद 'आगरा लुनैटिक असायलम' (Agra Lunatic Asylum) नामक कम्पनी में गेटकीपर रहा। उसके बाद कलकत्ता चला गया और किसी कम्पनी में नौकर रहा। अन्त में सुल्तानपुर के जंगबहादुर नामक व्यक्ति के यहाँ निजी अध्यापक रहा। तीन साल पहले, यानी 1917-1918 में गौरीशंकर नामक नागा साधु के सम्पर्क में आया। उसके बाद उसने कहना शुरू किया कि नागा साधु ने उसे क्षत्रिय बनाकर उसका नाम रामचन्द्र रख दिया है। उसने लंगोट पहनना और तिलक लगाना शुरू किया तथा गृह त्याग कर फ़कीर-सा जीवन बिताने लगा। 1918 तक वह किसानों की स्थानीय समस्याओं के बारे में जानकारी बटोरता रहा। 1920 में उसने स्वदेशी वस्तुओं के उपयोग के बारे में भाषण देना शुरू किया। इससे लगता है कि उस पर गांधी के आन्दोलन का प्रभाव पड़ चुका था। धीरे-धीरे उसका प्रभाव बढ़ता गया। उसने जल्द ही लठैतों का गिरोह बना लिया। तालुक़ेदारों से भिड़ने के लिए यह ज़रूरी भी था। उसने स्वयं दंड लगाना और जुर्माना वसूलना शुरू किया। किसानों में झंडे बाँटे। इससे यह लगता है कि वह रूस में हुए तत्कालीन बोल्शेविक क्रान्ति से प्रभावित हो चुका था। वह समानान्तर सरकार बनाने की दिशा में आगे बढ़ा और जो भी उसके आदेशों की अवहेलना करता, पंचायत में दंडित होता। वह उनसे जुर्माना वसूलता। उसने इस प्रकार भारी धन इकट्ठा कर लिया। सम्भव है यह उसके प्रति कुप्रचार भी हो। कुछ लोगों का कहना है कि वह 1,500 रुपए एकत्रित कर चुका था। वह कहता कि पैसों को गोशाला में दान करेगा मगर उसने अपने अनुयायियों के खाने-पीने में ख़र्च किया। शुरू में खपराडीह (प्रतापगढ़) स्टेट ने उसे धमकाया और कहा कि अगर वह उनके राज्य में आया तो मारा जाएगा। इस पर रामचन्द्र ने पुलिस से शिकायत की। इससे तालुक़ेदार केसरी प्रसाद सिंह की हिम्मत टूट गई और छोटा रामचन्द्र ने गाँवों में सभाएँ की। केसरी प्रसाद सिंह ने कमिश्नर फ़ैज़ाबाद को सूरज प्रसाद को गिरफ़्तार करने के लिए टेलीग्राम भेजा था। खपराडीह के बहुत से किसान उसके गिरोह में शामिल हो गए। बाद में उसने कहना शुरू किया कि गाँवों में पुलिस न आए। एक दिन गश्त पर गए पुलिस के एक सिपाही को उसने पकड़वा लिया। पूरे दिन बैठाए रखा और छोड़ते समय हिदायत दी कि अगले दो दिनों में दो थानों पर अधिकार कर लिया जाएगा। उसके गिरोह से ज़मींदार आतंकित थे। कोई शिकायत करने की हिम्मत नहीं जुटा पा रहा था। उसने निम्न जातियों के हज़ारों लोगों को अपने साथ कर लिया था। वह कहता कि ज़मींदारों को लगान न दिया जाए, ऐसा गांधी जी का कहना है। उसकी सभा में हज़ारों किसान शामिल होते गए। देवनारायण उसे पसन्द नहीं करता था और उसे धूर्त (Imposture) कहता मगर उसकी गिरफ़्तारी (29 जनवरी, 1921) तक उसका प्रभाव सर्वाधिक रहा।[1]

1. श्रीराम सिंह, वही, पृष्ठ 26

ब्रिटिश अभिलेखों में उसे ढोंगी या फ़र्ज़ी (pretender) रामचन्द्र भी कहा गया है जबकि बाबा रामचन्द्र ने गौहन्ना सभा में उसे दोगला कहा था। एक ब्रिटिश अभिलेख में बताया गया है कि किसानों को गोलबन्द करने में नज़राना, बेदख़ली जैसे ज्वलन्त मुद्दों के साथ-साथ, धार्मिक और राजनैतिक विचारों ने भी कारगर भूमिका निभाई। फ़र्ज़ी रामचन्द्र किसानों को इसलिए प्रभावित कर लेता था, क्योंकि वह अपने को पवित्र आदमी बताता था। सिर पर गेरुवा पगड़ी बाँधता था। लोग इससे प्रभावित हो जाते थे।[1]

फ़ैज़ाबाद की अशान्ति और किसान विद्रोह का नेतृत्व छोटा रामचन्द्र कर रहा था। इसका एक महत्त्वपूर्ण प्रमाण अभिलेखों में मौजूद हैं। छोटा रामचन्द्र की गिरफ़्तारी के बाद हेलेय, कमिश्नर फ़ैज़ाबाद, पीटर, पुलिस अधीक्षक और स्कॉट, डी.आई.जी. ने इस मसले पर 1 फरवरी,1921 को आपस में विचार किया और तीनों ने अपनी 7 बिन्दुओं की रिपोर्ट सरकार को भेजी।

1. ऐसा विश्वास किया जा रहा है कि फ़ैज़ाबाद में किसान अशान्ति, जितना समझा जा रहा है, उससे कहीं ज़्यादा क्षेत्रों में फैली हुई है।
2. बहुत कम समय में इसके नेता बहुत ज़्यादा भीड़ इकट्ठा कर लेते हैं। ये भीड़ को थाने और पुलिस पर आक्रमण करने का निर्देश देते हैं। किसान पूरी तरह नेताओं के नियंत्रण में होते हैं। वे इतनी संख्या में होते हैं कि ज़िले की पुलिस उनका मुक़ाबला नहीं कर सकती। इसके लिए भारी फोर्स चाहिए।
3. यह विद्रोह पूरी तरह से किसानी समस्या से कारण है और ढोंगी रामचन्द्र धार्मिक चोला धारण कर, गांधी का नाम लेकर नेतृत्व करता रहा है। यद्यपि उसका कृत्य गांधी के प्रतापगढ़ में दिए असहयोग के विचार से एकदम उलटा है। वह लगान न देने की बात करता है। वह कहता है, खेत उसका जो जोते-बोये। इसमें दो राय नहीं कि इसने निम्न जातियों और भूमिहीन मज़दूरों में, जो हमेशा भूखे रहते हैं, अपना आधार बना लिया था। वह प्रचारित कर रहा था कि गांधी के कारण स्वराज के रूप में सुनहरा युग आने वाला है। विदेश में (रूस की बोल्शेविक क्रान्ति की ओर संकेत है) भयंकर भावना बनी हुई है। गांधी के असहयोग के सिद्धान्त में भीड़ का कोई जोश नहीं था। भीड़ के सभी सदस्यों में अधिकांश क्रान्तिकारी आन्दोलनों की तुलना में कहीं ज़्यादा जोश दिख रहा है। अर्थात् भू-स्वामियों के प्रति नफ़रत, उनकी सभी सम्पतियों को लूट लेने की भावना मौजूदा विद्रोह में दिखाई दे रही है (There is constantly a fierce spirit abroad and the crowds no longer show

1. फाइल नं. 50/1921, सामान्य शाखा, उ.प्र. शासकीय अभिलेखागार, लखनऊ, पृष्ठ 551

the spirit inculcated by Gandhi himself of non-resistance to authority. The spirit is much more than common in most revolutionary movements, viz. of unrest, discontent with existing conditions which break our in plunder of all property hatred of propertied classes)। इस भीड़ में सेना में रह चुके लोग हैं, शातिर बदमाश हैं, वे किसान हैं जिन्हें बेदख़ल कर बर्बाद किया गया है। ये 'सीताराम' की आवाज़ सुन जमा हो जाते हैं और हिंसा को तैयार रहते हैं।

4. यूरोपियन लोगों के विरुद्ध भी नफ़रत फैलाई जा रही है। पुलिस को सेवा करने से अपमानित किया जा रहा है।
5. यह बढ़ती अशान्ति ज़मींदारों से होकर निश्चय ही सरकार तक जाएगी क्योंकि लोग ज़मीन पर अधिकार चाहते हैं।
6. असहयोग आन्दोलनकारी यद्यपि हिंसा, कर न देने आदि का विरोध कर रहे हैं, लेकिन उनके किसान आन्दोलन में शामिल होने से विद्रोह और भड़क रहा है। जवाहरलाल नेहरू कर देने को कह रहे हैं मगर साधु (छोटा रामचन्द्र), तालुक़ेदारों को बुराइयों की जड़ बताते हुए कुछ भी न देने को कह रहा है।
7. भीड़ में कुछ तलवारें देखी गई हैं। अफ़वाह है कि इनके उत्पादन के लिए कहा गया है। अगर ऐसा होता है तो कुछ नहीं किया जा सकता। थाने उनकी दया पर होंगे। ऐसा हम कुछ दिनों की गतिविधियों को देखकर कह रहे हैं। पीटर और स्कॉट की राय है कि सरकार को निश्चय ही रेंट एक्ट में बदलाव कर किसानों की तकलीफ़ों को दूर करना चाहिए। हम देख रहे हैं कि इतने व्यापक क्षेत्र में सभा पर प्रतिबन्ध लगा पाना सम्भव नहीं है। किसान नेता किसी निश्चित कारण पर एक लाख तक की भीड़ जमा कर सकते हैं और तब निश्चय ही युद्ध का रण तैयार हो जाएगा या हार सम्भव है। ऐसे में थानों को और मज़बूत करने और रेंट एक्ट में बदलाव करने की सबसे ज़्यादा ज़रूरत है। ढोंगी रामचन्द, भूमिहीन मज़दूरों को बताने में सफल रहा कि विद्रोह से वे ज़मीन के मालिक बन जाएँगे। 29 जनवरी, 1921 को गिरफ़्तार छोटा रामचन्द्र को किसानों की पीड़ा का आभास था और उसने बेदख़ल किसानों को उनकी ज़मीनों पर क़ब्ज़ा दिलाया था। इसलिए मेरा भी मानना है कि भूमिहीनों को ज़मीन का स्वामी बनाया जाना चाहिए। और अन्त में यह कहना चाहूँगा कि तलवार लेकर चलने और बनाने पर कुछ रोक होनी चाहिए। वर्तमान क़ानून, भीड़ द्वारा पुलिस को ललकारने से रोकने में नाकाफ़ी है।[1]

1. वही, पृष्ठ 551, 553, 555, 557, 559, 561, 563

2 फरवरी 1921 को एल.सी.पोर्टर, फाइनेंस मेम्बर, एक्जेक्यूटिव कौंसिल, सं.प्रा. ने कमिश्नर फ़ैज़ाबाद को उसका जवाब दिया और कहा कि, 'तुम्हारे विचारों से मैंने राज्यपाल महोदय को अवगत करा दिया है। हम तुम्हें हर सम्भव मदद देंगे। वैसे तुम्हें कोई व्यावहारिक सुझाव देना चाहिए था। तुम्हारे पास 600 पैदल सैनिकों और 100 घुड़सवार सैनिकों का बल है। फिर भी तुम बताओ कि तुम्हारी आवश्यकता कितनी है? रेंट एक्ट में बदलाव और बेदख़ली नियंत्रण का मामला जल्द ही कौंसिल में लाया जाएगा। हम फ़ैज़ाबाद में सेना का मार्च कराने जा रहे हैं। तुम उसके सम्भावित मार्गों का निर्धारण कर बताओ।'[1] इसके बाद फ़ैज़ाबाद ज़िले के दक्षिणी क्षेत्रों के थानों में पुलिस बल बढ़ा दिए गए थे।[2]

कमिश्नर फ़ैज़ाबाद द्वारा मार्ग निर्धारित कर देने के बाद आन्दोलनरत किसानों को डराने के लिए सबसे पहले फ़ैज़ाबाद से सेना का रूट मार्च निकालने का निर्णय लिया गया। मुख्य सचिव, सं.प्रा. द्वारा सचिव भारत सरकार को 6 फरवरी, 1922 को पत्र लिखा गया कि फ़ैज़ाबाद में रूट मार्च के लिए दो कम्पनी ब्रिटिश इन्फेन्ट्री, एक भारतीय कावलरी स्क्वाड्रन और वन सेक्शन ऑफ बैटरी (तोपखाना इकाई) भेजी जा रही है जिन्हें 12 दिन फ़ैज़ाबाद ज़िले में और सात दिन सुल्तानपुर ज़िले में, किसान विद्रोह प्रभावित गाँवों में मार्च करना था। डिप्टी कमिश्नर के 4 मार्च के पत्र से स्पष्ट है कि 22 फरवरी तक रूट मार्च फ़ैज़ाबाद ज़िले में होता रहा। 23 फरवरी को मार्च सुल्तानपुर की पूर्वी सीमा पर पहुँचा। उसे 24 को दोश्तपुर से कादीपुर, 25 को कादीपुर विश्राम, 26 को कादीपुर से डेरा, 27 को डेरा से बरौंसा और 28 फरवरी को बरौंसा से सुल्तानपुर शहर पहुँचाया गया। रूट मार्च के दौरान सेना उन्हीं गाँवों में रुकती थी जहाँ के किसानों ने विद्रोह का झंडा बुलन्द किया था। विद्रोही गाँव वालों से सेना के लिए रसद, गुड़ और दूध वसूला जाता। यही ब्रिटिश क़ानून था। न देने वालों को प्रताड़ित किया जाता तथा जगह–जगह किसान नेताओं को गिरफ़्तार कर दंडित किया जाता था। फ़ैज़ाबाद में सेना के रूट मार्च के दौरान ही 4 फरवरी, 1921 को केदारनाथ और देवनारायण को गिरफ़्तार किया गया। 6 फरवरी को रघुनन्दन साधु को गिरफ़्तार किया गया। भारी सेना की वजह से इन गिरफ़्तारियों के समय कोई विरोध प्रदर्शन न हो सका। इसी बीच लगातार दरबार लगाए गए। 1914–15 के पदकधारी और सेना से मुक्त किए गए पेंशनधारी सैनिकों को सरकार के प्रति भक्ति दर्शाने को कहा गया। पर्चे बाँटे गए। फ़ैज़ाबाद में 22 फरवरी से एक दिन पूर्व दोस्तपुर से छह मील दूर, ताजुदीनपुर गाँव में सेना पहुँची थी। यह वही गाँव था जिसने कुछ सप्ताह पूर्व अपने को स्वराज घोषित कर लिया था। वहाँ के चार रिंग लीडरों को गिरफ़्तार कर लिया गया। डिप्टी कमिश्नर ने ख़ुद

1. वही, पृष्ठ 565, 567
2. वही, पृष्ठ 267

23, 24 और 25 फरवरी को कादीपुर में मुक़दमा चलाकर इन्हें दंडित किया। लमुहा गाँव से सेना ने गुड़ और दूध वसूला था साथ ही साथ एक बनिया की शिकायत पर तीन किसान नेताओं को गिरफ़्तार कर लिया था। किसान आन्दोलन के विद्रोही गाँव बरौंसा से 27 फरवरी को सेना ने रसद ली। अन्त में 28 फरवरी को सुल्तानपुर के चौक पर पहुँचकर बैंडबाजे के साथ सेना ने आनन्द मनाया।[1]

सेना के रूट मार्च और भयंकर दमन के बाद भी फ़ैज़ाबाद का किसान आन्दोलन मरा नहीं था। फ़ैज़ाबाद कमिश्नर द्वारा मुख्य सचिव को भेजे 2 अप्रैल 1921 की रिपोर्ट से स्पष्ट है कि कमिश्नर ने यह रिपोर्ट मि. इबोत्सन और मि. विवियन से चर्चा करने के बाद भेजी थी और बताया था कि सेना से निकाले गए अधिकारी और सैनिक, जिन्हें पेंशन भी नहीं मिल रही है, बहुत बड़े ख़तरे हैं। किसान नेता रात में घूम कर बैठक कर रहे हैं जिससे गुप्तचरों को पता नहीं चल पा रहा। रायबरेली के एक मुख्य तालुक़ेदार राजा सर रामपाल सिंह ने कमिश्नर को 2 अप्रैल की सुबह बताया था कि उनके ज़िले में यह बात फैलाई जा रही है कि जो लोग विद्रोह में शामिल न होंगे, उन्हें नए रेंट एक्ट से कोई लाभ नहीं दिया जाएगा। ऐसा लगता है कि फ़ैज़ाबाद से ही किसान विद्रोह का संचालन किया जा रहा है। इस पूरे आन्दोलन के पीछे एक बड़ी साजिश नज़र आ रही है और सी.आई.डी. कुछ भी करने की स्थिति में नहीं है।[2]

इस प्रकार यह आसानी से समझा जा सकता है कि छोटा रामचन्द्र किस हद तक विद्रोही स्वभाव का था। उसने निम्न जातियों के बल पर फ़ैज़ाबाद, सुल्तानपुर और प्रतापगढ़ के कुछ गाँवों में समानान्तर सरकार का गठन कर लिया था। वैसे तो सी.आई.डी. रिपोर्ट की भाषा, दोषारोपण और सरकार के हितों की दृष्टि से की गई है मगर तथ्य ये सिद्ध करने को पर्याप्त हैं कि छोटा रामचन्द्र सर्वाधिक जनप्रिय एवं क्रान्तिकारी किसान नेता बनकर उभरा था। इसलिए सूरज प्रसाद के क्रान्तिकारी क़दमों की जब भी समीक्षा की जाएगी, अवध किसान आन्दोलन में उसका स्थान सबसे ऊपर होगा।

सूरज प्रसाद 1918 से फ़ैज़ाबाद और सुल्तानपुर जनपदों में सक्रिय था। उसने अक्टूबर 1920 से तालुक़ेदारों और ब्रिटिश सरकार के ख़िलाफ़ सीधी लड़ाई छेड़ दी थी। उसने एक सीमित क्षेत्र, मुख्यत: खपरडीह राज के लिए स्वयं को शासक घोषित कर दिया था। उसने वहाँ का ज़मींदारी अधिकार समाप्त कर दिया था। उसके स्वायत्तशासी क्षेत्र में पुलिस का प्रवेश वर्जित था। उसके वर्जित क्षेत्र में एक समय एक पुलिस वाला गश्ती में निकल गया था तो उसने उसे बन्दी बना लिया था। उसने अपने क्षेत्र में ज़मींदारों के समस्त अधिकारों का खात्मा कर दिया था। वह अपने

1. फाइल नं. 50/3/1921, पृष्ठ 267, 271, 273, 275, 277, 279, 281
2. वही, पृष्ठ 287, 289

क्षेत्र में सरकारी सेवकों और क़ैदियों से दंड वसूलता था। चूँकि निम्न जाति के लोग उसकी मीटिंगों में शामिल होते थे इसलिए कहा जा सकता है कि वह ग़रीबों का हितैषी था। उसका आतंक इतना था कि ज़मींदार थरथर काँपते थे। फ़ैज़ाबाद के तालुक़ेदार केसरी प्रसाद सिंह ने एक बार कमिश्नर फ़ैज़ाबाद को एक भावनात्मक टेलीग्राम भेजकर सूरज प्रसाद को गिरफ़्तार करने की माँग की। कांग्रेसी असहयोग आन्दोलनकारी सूरज प्रसाद की गतिविधियों से भयभीत थे। यद्यपि किसान विद्रोह में अंग्रेजों के ख़िलाफ़ सख़्त रुख न अपनाने वाला देवनारायण उसे धूर्त कहता था।[1]

अब यह विचार का बिन्दु है कि देवनारायण, छोटा रामचन्द्र को धूर्त या कपटी क्यों कह रहा था ? ऐसा कोई उदाहरण नहीं मिलता जहाँ दोनों ने मिलकर आन्दोलन किया हो। हाँ, दोनों का वर्गाधार निम्न जातियों के बीच था। छोटा रामचन्द्र ने जहाँ समानान्तर सत्ता के निर्माण का जोखिम उठा लिया था वहीं देवनारायण ने, एक छोटे ज़मींदार, अलोपी ब्राह्मण से मार खाने के कारण स्वयं को अपमानित महसूस करने को लेकर ही बसखारी में आन्दोलन किया था। उसने अपने विद्रोही नेतृत्व को कुल मिलाकर कांग्रेसी राजनीति के अन्तर्गत ही विकसित किया था, जबकि सूरज प्रसाद उर्फ़ छोटा रामचन्द्र कभी भी कांग्रेसी नेताओं के साथ खड़ा नहीं हुआ था। ब्रिटिश सरकार और भू-स्वामी ज़्यादातर छोटा रामचन्द्र से ही ख़ौफ़ खाते थे। गौहन्ना सभा में जब बाबा रामचन्द्र ने छोटा रामचन्द्र को दोगला कहा था तब बिल्कुल साफ़ हो गया था कि सूरज प्रसाद की लोकप्रियता और कार्यनीति से तत्कालीन किसान नेता डरे हुए थे। यह उनके अन्दर के अन्तर्विरोध को उजागर करता है।

सरकार ने रामचन्द्र से सौदेबाजी की पूरी कोशिश की थी मगर उसे सफलता न मिली थी। मुख्य सचिव को 13 जनवरी को भेजे अपने नोट में फाइनेंस मेम्बर ने कहा था कि हम रामचन्द्र से निपटने में सफलता की सम्भावना के बारे में कुछ भी कह पाने की स्थिति में नहीं हैं (we are not in a position to judge whether there is any prospect of success in dealing with Ramchandra)। रामचन्द्र के बारे में फ़ैज़ाबाद के कमिश्नर ने 15 जनवरी, 1921 को मुख्य सचिव को भेजे पत्र में रामचन्द्र को बहु व्यक्तित्व वाला आदमी बताया था। लिखा था कि आजकल छोटे लोग उसके नाम का हर कहीं उपयोग कर रहे हैं। नेल्सन द्वारा 5 जनवरी को सूचित किया गया कि वह बहराइच में है। ग्रांट ने सूचित किया कि वह उसी समय बाराबंकी में था और पीटर्स ने सूचित किया कि उस दिन वह फ़ैज़ाबाद में था।[2] यहाँ यह स्पष्ट करना है कि सूरज प्रसाद को फ़ैज़ाबाद के सरकारी अभिलेखों में ज़्यादातर फ़र्ज़ी (pretender)

---

1. फ़ैज़ाबाद कमिश्नर हेलेय द्वारा मुख्य सचिव लम्बर्ट को, 1 फरवरी, 1921, को भेजी सूचना, फाइल नं. 50/1921/सामान्य/उ.प्र. शासकोय अभिलेखागार, लखनऊ और सोशल साइंटिस्ट, वाल्ययूम 12, नं 137 (अक्टूबर 1984), पृष्ठ 79
2. फाइल नं. 50/1921, सामान्य शाखा उ.प्र. शासकीय अभिलेखागार, लखनऊ

रामचन्द्र या छोटा रामचन्द्र ही कहा गया है। इससे कई बार स्वयं तत्कालीन अधिकारियों को एवं इतिहासकारों को यह भ्रम हुआ है कि वह बाबा रामचन्द्र के लिए ही सन्दर्भित है।

नाम की समानता के कारण 29 जनवरी, 1921 को छोटा रामचन्द्र की गिरफ़्तारी और 10 फरवरी, 1921 को बाबा रामचन्द्र की काशी विद्यापीठ के उद्घाटन समारोह के बाद बनारस में हुई गिरफ़्तारी के सम्बन्ध में कुछ इतिहासकारों में भ्रम भी रहा है। बनारस में बाबा की गिरफ़्तारी अब्दुल कलाम आज़ाद, गांधी और अली बन्धुओं की उपस्थिति में हुई थी, इसलिए सन्देह की गुंजाइश नहीं है। भ्रमवश ही डब्ल्यू. क्रावले ने अपनी किताब 'किसान सभा एंड अगरेरियन रिवोल्ट इन द यूनाइटेड प्रॉविंसेज' में 29 जनवरी को छोटा रामचन्द्र की गिरफ़्तारी को बाबा रामचन्द्र की गिरफ़्तारी बताया है।[1]

ज़मींदारों के दबाव के फलस्वरूप सूरज प्रसाद और 17 अन्य किसान नेताओं को 29 जनवरी, 1921 को गिरफ़्तार कर लिया गया था। उन्हें बन्दी बनाकर विशेष ट्रेन से फ़ैज़ाबाद भेजा गया। सूरज प्रसाद की गिरफ़्तारी की ख़बर आग की तरह इलाक़े में फैल गई। सूरज प्रसाद को मुक्त कराने के लिए देखते ही देखते गोसाईंगंज रेलवे स्टेशन के पास हज़ारों की संख्या में किसान जमा हो गए। इसमें कई चौकीदार और भूतपूर्व चौकीदार भी शामिल थे। चूँकि ज़्यादातर चौकीदार निम्नवर्ग के लोग थे इसलिए यह बात समझी जा सकती है कि सूरज प्रसाद की निम्न जातियों पर पकड़ कैसी थी? गोसाईंगंज रेलवे स्टेशन पर भारी भीड़ थी। पुलिस और किसानों के बीच झड़प हुई। पुलिस ने गोली चलाई तब जाकर भीड़ छँटी।[2] सूरज प्रसाद उर्फ़ छोटा रामचन्द्र की गिरफ़्तारी की प्रतिक्रिया में 1 फरवरी, 1921 मंगलवार को फ़ैज़ाबाद में फिर किसान उपद्रव हुए। पुलिस को गोली चलानी पड़ी जिसमें कई किसान घायल हुए।[3]

छोटा रामचन्द्र की गिरफ़्तारी और गोसाईंगंज रेलवे स्टेशन की घटना

गोसाईंगंज रेलवे स्टेशन (रेलवे स्टेशन पर गोसाईंगंज लिखा हुआ है) की घटना को जितना महत्त्व मिलना चाहिए, नहीं मिला है। यह स्टेशन गोसाईंगंज क़स्बे से सटा, पूरब में स्थित है जो फ़ैज़ाबाद-अकबरपुर मार्ग पर पड़ता है। फ़ैज़ाबाद से इसकी दूरी 38 किलोमटर है। यहाँ किसान, मज़दूर और सेना के बीच हुए भीषण संघर्ष का प्रतिशोध यह रहा कि इस स्टेशन को सदा के लिए उपेक्षित छोड़ दिया गया। 29 जनवरी, 1921 के बाद अंग्रेजी सत्ता काल तक यहाँ कोई नया कार्य नहीं हुआ। 29 जनवरी, 1921 को ज़िला कलेक्टर फ़ैज़ाबाद ने लिखा—'*पुलिस अधीक्षक की वजह से आज सुबह एक व्यक्ति, जिसका नाम रामचन्द्र है, गिरफ़्तार कर लिया गया और फ़ैज़ाबाद जेल भेज दिया गया। मैं और मि. स्कॉट ओ'कनॉर*

1. एम.एच. सिद्दीकी, वही, पृष्ठ 169, 181
2. उ.प्र. लेजिस्लेटिव कौंसिल पेपर्स., 1921 वाल्यूम-I पृष्ठ 136
3. द वेस्टर्न टाइम्स, बृहस्पतिवार, 3 फरवरी, 1921

(Scott Ocnor) डी.आई.जी. पुलिस अपराह्न 2.30 की ट्रेन से अकबरपुर से .फ़ैज़ाबाद के लिए चले। चलने के पहले मि. बेकर, अपर पुलिस अधीक्षक का दो टेलीग्राम मिला जो गोसाईंगंज से भेजा गया था। टेलीग्राम में किसानों की भीड़ द्वारा ट्रेन रोकने का ज़िक्र था। हमने 50 अतिरिक्त पुलिस बल ट्रेन में बैठा लिया। हमारी ट्रेन को गोसाईगंज रेलवे स्टेशन के आउटर पर ही रोक दिया गया। मैं और मि. स्कॉट ओ'कनॉर बाहर निकले और मि. वारेन, पुलिस अधीक्षक, रेलवे से मिले। एक मालगाड़ी को रेलवे स्टेशन पर रोका गया था। भीड़ प्लेटफॉर्म पर और बाहर जमा थी। मैं और मि. स्कॉट प्लेटफॉर्म पर चलने लगे तो हमारे सामने से भीड़ छँट गई मगर जल्द ही भारी भीड़ ट्रेन के सामने जमा हो गई। मैं और मि. स्कॉट भीड़ के पास गए और चेतावनी दी कि हट जाएँ नहीं तो गोली चलाने के अलावा और कोई विकल्प न होगा। जब हम भीड़ को समझा रहे थे तो कंकड़ फेंकना प्रारम्भ हो गया जो मेरे और स्कॉट के ऊपर फेंके गए थे। घुड़सवार आगे आए और भीड़ को पटरियों से खदेड़ा। तब भीड़ पटरी के उत्तर में गुज़रती सड़क की ओर चली गई। घुड़सवार बटों से भीड़ को रेलवे पटरी के दक्षिण में खदेड़ने लगे। इस प्रक्रिया में द.फ़ादार त्रिभुवन सिंह का घोड़ा गिर पड़ा और भीड़ ने उन पर लाठियों से प्रहार कर दिया। हमने तुरन्त त्रिभुवन को इलाज के लिए .फ़ैज़ाबाद भेज दिया। इस समय रेलवे की तार बांउड्री के अन्दर की भीड़ छँट चुकी थी। लेकिन पर्याप्त भीड़ .फ़ैज़ाबाद की ओर जाने वाली पटरी पर जमा थी। इस भीड़ ने .फ़ैज़ाबाद की ओर जाने वाली ट्रेन को फिर रोक लिया। फिर गोली चलाने की धमकी देनी पड़ी। वहाँ भी हम पर पत्थर बरसाए गए। वहाँ कुल 17 राउंड गोली चलाई गई तब भीड़ गुसाईंगंज की ओर जाने वाली सड़क पर चली गई। एक घायल आदमी को उठाया गया और इलाज के लिए अकबरपुर लाया गया। फ़िदा हुसैन, इंस्पेक्टर के आदेश पर रेलवे स्टेशन पर 16 राउंड बकशॉट हवा में दागे गए ताकि भीड़ दूर रहे। गोली चलने के समय भी पत्थरबाजी की जा रही थी। हमें बताया गया कि एक आदमी जो पहली ब्राह्मण रेजीमेंट का था और अपनी वर्दी पर युद्ध मेडल लगा रखा था, भीड़ का नेतृत्व कर रहा था। एक बंगाली, जो साधु भेष में था, समय-समय पर भीड़ में देखा जाता था। मि. बेकर ने बताया कि गोली चलने के बाद उन्होंने, उसे कहते सुना कि 'अभी मौक़ा नहीं है।' जब भीड़ तितर-बितर हो गई तो हम स्टेशन पर लौट आए। एक इंस्पेक्टर, दो हेड कांस्टेबल, बीस कांस्टेबल स्टेशन की सुरक्षा में तैनात किए। भीड़ का अनुमान कठिन था मगर, 5,000 लोगों से कम की भीड़ न होगी।[1]

छोटा रामचन्द्र को गिरफ़्तार करने का काम गोसाईंगंज से नौ मील दूर एक गाँव में रिचड्‌र्स द्वारा किया गया था। रामचन्द्र की गिरफ़्तारी सरकार के लिए कितनी महत्त्वपूर्ण थी इसका पता इस तथ्य से लगता है कि 70 घुड़सवार सैनिकों को लेकर

1. फाइल नं. 50/1921/सामान्य/उ.प्र. शासकीय अभिलेखागार, लखनऊ, पृष्ठ 575

रिचर्ड्स सुबह चार बजे गोसाईंगंज से रवाना हुए थे और पाँच बजे सुबह रामचन्द्र तक पहुँचे थे। भारी पुलिस बल के कारण ही गाँव में कोई विरोध न हुआ। उसे सीधे गोसाईंगंज स्टेशन लाया गया जहाँ कमिश्नर ने विशेष ट्रेन की व्यवस्था कर रखी थी। इस प्रकार बिना किसी ख़ास प्रतिरोध के उसे फ़ैज़ाबाद जेल में ले जाकर डाल दिया गया था। लेकिन किसानों तक उसकी गिरफ़्तारी की बात पहुँची तो उन्होंने दोपहर बाद की तीन बजे वाली ट्रेन को इसलिए घेर लिया था क्योंकि उन्हें पता था कि इसी ट्रेन से रामचन्द्र को फ़ैज़ाबाद ले जाया जाएगा। गोसाईंगंज रेलवे स्टेशन पर 33 राउंड बकशॉट दागे गए थे जिनमें से 16 राउंड हवा में चलाए गए थे। जब रामचन्द्र को फ़ैज़ाबाद जेल लाया गया तो क़ैदियों ने बहुत समस्या पैदा की। वे भूख हड़ताल पर बैठ गए। दूसरे क़ैदियों को भड़काया। सरकार के अनुसार सबसे अच्छा सहयोग ज़िला ट्रैफिक सुपरिंटेंडेंट मि. ख़ान का रहा। उनके सहयोग के बिना पुलिस, छोटा रामचन्द्र को गिरफ़्तार नहीं कर सकती थी।[1] तथ्य स्पष्ट करते हैं कि सूरज प्रसाद को गिरफ़्तार करते समय कोई निश्चित आरोप नहीं लगाया जा सका था। जब सर्किल इंस्पेक्टर, उसके क्षेत्र में किसानों से सूरज प्रसाद के विरुद्ध अभियोग जुटाने गया तो उसे असफलता हाथ लगी। लोगों पर उसकी ज़बरदस्त पकड़ थी। उसके गिरफ़्तार हो जाने के बाद भी लोगों को विश्वास था कि वह अपनी 'राजधानी' में लौट आएगा।[2]

कलेक्टर और मि. स्कॉट के गोसाईंगंज पहुँचने के पूर्व का घटनाचक्र, सुपरिंटेंडेंट जी.आर.पी. पुलिस, बी. सेक्शन के अकबरपुर से भेजे 29 जनवरी के पत्र से स्पष्ट हो जाता है जो उन्होंने कलेक्टर, फ़ैज़ाबाद को लिखा था। पत्र में कहा गया था—*'आप के गोसाईंगंज पहुँचने के पूर्व निम्नलिखित घटनाक्रम हुआ। आज सुबह रामचन्द्र गिरफ़्तार कर लिया गया और ट्रेन से गोसाईंगंज रेलवे स्टेशन लाया गया। रामचन्द्र और उसके साथ गिरफ़्तार अन्य लोगों ने गाँवों से गुज़रती ट्रेन से अपनी गिरफ़्तारी एवं यात्रा के बारे में प्रचारित कर दिया। उन्हें सुबह के 11.45 बजे फ़ैज़ाबाद भेज दिया गया। अपराह्न एक बजे के लगभग 200 लोगों की भीड़ रेलवे पटरी पर आकर बैठ गई और शोर मचाने लगी। आधे घंटे में भीड़ बढ़कर 2,000 के लगभग हो गई। लोग आते जा रहे थे। आधा घंटा और गुज़रा तो गोसाईंगंज स्टेशन मास्टर ने मुझे एक नोट भेजा कि मालगाड़ी आने वाली है और भीड़ पटरी पर जमा है। मैंने भीड़ को समझाने की कोशिश की कि ट्रेन आने वाली है, पटरी से हट जाएँ। उस समय भीड़ का व्यवहार कुछ हद तक ज़िम्मेदारी भरा लगा था। कई लोगों ने कहा कि उन्हें रामचन्द्र को देखने फ़ैज़ाबाद जाना है मगर टिकट के पैसे नहीं है। मैंने उन्हें कहा कि बिना टिकट यात्रा न करें अन्यथा पकड़ लिए जाएँगे। दूसरे अन्य लोगों ने*

1. कमिश्नर फ़ैज़ाबाद का 29 जनवरी का पत्र, मुख्य सचिव को, फाइल नं. 50/3/1921/सामान्य/ उ.प्र. शासकीय अभिलेखागार, लखनऊ, पृष्ठ 163
2. कपिल कुमार, पीजेंट इन रिवोल्ट, वही, पृष्ठ 148

अपने ज़मींदार की शिकायतें कीं। मैंने उन्हें समझाया कि आप अपनी शिकायत उचित तरीक़े से कलेक्टर से करें। उसके बाद भीड़ पटरी से हटकर अकबरपुर की ओर (जाने वाले प्लेटफॉर्म) के सिरे पर चली गई और फिर छूटने वाली मालगाड़ी के ठीक सामने पटरी पर बैठ गई। इस समय भीड़ का रुख भड़काऊ हो गया था। अकबरपुर से .फ़ैज़ाबाद की ओर जाने वाली 11 अप का सिंग्नल हो चुका था (इसी ट्रेन से कलेक्टर और मि. स्कॉट आ रहे थे) और वह प्लेटफॉर्म पर आने का इन्तज़ार कर रही थी। पटरी खाली कराने के लिए 25 सशस्त्र पुलिस को उचित जगह पर तैनात किया गया। दो टुकड़ी घुड़सवार पुलिस की एक के पीछे एक कर, पटरी के साथ-साथ भेजी गई तब जाकर भीड़ छँटी, परन्तु चार या पाँच फिर भी डटे रहे। बाद में उन पर घोड़े दौड़ा दिए गए। किसी को चोट नहीं आई और पटरी खाली हुई। अब भीड़ प्लेटफॉर्म के चारों ओर की तार बाउंड्री के बाहर हो गई और बाहर से पत्थर फेंकने लगी। मुझ पर भी पत्थर फेंके गए। तार बाड़े के कारण घुड़सवार पुलिस उन तक नहीं पहुँच सकती थी। पत्थर फेंकने का काम छोटे बच्चे, कुछ बदमाश और किसान नेता कर रहे थे। हम परेशानी में थे। घुड़सवार पुलिस, जो मेरी पुलिस में बहुतायत में हैं, भीड़ की पत्थरबाजी का शिकार हो रही थी। तब 25 सशस्त्र पुलिस को गोली चलाने के लिए लगा दिया गया। इसके बाद ही दूसरी ओर का प्लेटफॉर्म साफ़ हो सका और 11 अप प्लेटफॉर्म पर आई। उसके बाद आप और मि. स्कॉट उतरे। आगे का हाल आप जानते ही हैं। भीड़ के साथ दिखने वाला पहली ब्राह्मण रेजीमेंट का एक सिपाही शायद अब भी सेना में था। वह तीन रिबन मेडल लगाए हुए था, 1914-15 का रिबन, जी.एस. रिबन और सहयोगी दलों का रिबन। यह सिपाही लगातार भीड़ के साथ था, मगर पत्थर नहीं फेंक रहा था।[1]

गोसाईंगंज रेलवे स्टेशन पर मारे गए या घायलों के बारे में सूचना उपलब्ध नहीं होती। केवल एक सूचना यह मिलती है कि अकबरपुर डिस्पेंसरी में 29 जनवरी को सुखारी भर, ग्राम-रोहना पारा, थाना-अहिरौली गोली लगने से घायल होने पर इलाज के लिए आया था। गोसाईंगंज में कई बार गोली चलाई गई थी इसलिए सम्भव है कि वहाँ और भी लोग मारे गए हों या घायल हुए हों।[2] 33 राउंड बकशॉट दागने की सरकारी रिपोर्ट है, जिसमें 16 राउंड हवा में दागना बताया गया है। छोटा रामचन्द्र के अलावा उसके 18 समर्थकों की गिरफ़्तारी का उल्लेख है जो जेल में परेशानी पैदा कर रहे थे।[3]

गोसाईंगंज किसान विद्रोह का कई दृष्टियों से अलग महत्त्व है जिस पर इतिहासकारों ने प्रकाश नहीं डाला है। पहला तो यही कि सूरज प्रसाद उ.र्फ़ छोटा

1. फाइल नं. 50/1921/सामान्य/उ.प्र. शासकीय अभिलेखागार, लखनऊ, पृष्ठ 579
2. वही, पृष्ठ 585
3. हेलेय टू सेक्रेटरी, 29 जनवरी, 1921, फाइल नं. 50/3/1921, सामान्य शाखा, उ.प्र. शासकीय अभिलेखागार, लखनऊ

रामचन्द्र की गिरफ़्तारी के लिए असाधारण पुलिस बल का प्रबन्ध दर्शाता है कि वह सरकार के लिए, साथ ही साथ भू-स्वामियों के लिए अत्यधिक ख़तरनाक हो चुका था। रायबरेली के मुंशीगंज पुल की घटना के समय 10,000 की भीड़ से मुक़ाबले के लिए 70 घुड़सवार पुलिस उपलब्ध न हो पाई थी, जबकि छोटा रामचन्द्र की गिरफ़्तारी के लिए ऐसा करना पड़ा था। दूसरी असाधारण बात यह कि छोटा रामचन्द्र के साथ गोसाईंगंज विद्रोह का नेतृत्व तमाम भारतीय सेना के जवान और कुछ सेवानिवृत्त सैनिक कर रहे थे। 2 फरवरी, 1921 को मुख्य सचिव ने कमिश्नर फ़ैज़ाबाद को लिखे अपने डी.ओ. लेटर नं. 273 द्वारा अवगत कराया था कि राज्यपाल महोदय ने निर्देश दिया है कि विद्रोह में शामिल सैनिकों या पेंशनधारी सैनिकों के नाम ज्ञात कर उनके ख़िलाफ़ कार्यवाही की जाए। साथ ही साथ अवध किसान विद्रोह को दबाने के लिए बाहरी सेना की मदद लिये बिना सफल होने की बात करने वाले राज्यपाल इस तथ्य को नकार देते हैं कि छोटा रामचन्द्र के जेल में जाने और किसानों के फ़ैज़ाबाद कूच करने पर प्रशासन इतना भयभीत था कि बिना मुख्य सचिव की अनुमति के ही उसे सेना बुलानी पड़ी थी।[1]

दिनांक 28 जनवरी, 1921 को कमिश्नर फ़ैज़ाबाद ने मुख्य सचिव को यह पत्र लिखा था—

...ऐसी सूचना भेजने का कारण यह था कि सर्किल इन्स्पेक्टर, जो वारंट के साथ छोटा रामचन्द्र को गिरफ़्तार करने के लिए भेजा गया था, वह उसके साथ तो आया (बिना गिरफ़्तार किए), लेकिन पाया कि उसके समर्थक बहुत हैं और उसको गिरफ़्तार करने पर बहुत प्रभाव पड़ेगा। अतिरिक्त पुलिस बल भेजा जा रहा है, लेकिन कोई पक्की सड़क न होने के कारण फोर्स को भेजने में दिक्कत आ रही है। लगता है कि वह सुल्तानपुर सीमा की ओर खिसक रहा था। इब्बोत्सन ने चेतावनी दी है। पीटर्स से सूचना मिलते ही मैं पूरा विवरण भेजूँगा।...हम ख़ामोशी और चतुराई से घेराबन्दी कर रामचन्द्र (सूरज प्रसाद) को गिरफ़्तार करना चाहते हैं, जो कुछ समय पहले तक फ़ैज़ाबाद में भीख माँगता फिरता था और अब ख़ुद अपना धर्मयुद्ध छेड़ा हुआ है।' —हेलेय।[2]

मुख्य सचिव के डी.ओ. नं. 222, लखनऊ, 30 जनवरी 1921 का पत्र, फ़ैज़ाबाद कमिश्नर को इस प्रकार भेजा गया—

प्रिय हेलेय,

तुम्हारा 29/1 का टेलीग्राम मिला। बात करने के लिए धन्यवाद। तुम्हारा टेलीग्राम, गोसाईंगंज के बारे में बता रहा है कि तुमने छोटा रामचन्द्र को गिरफ़्तार कर लिया

1. फाइल नं. 50/3/1921/सामान्य/उ.प्र. शासकीय अभिलेखागार, लखनऊ, पृष्ठ 253
2. वही, पृष्ठ 603

है। महामहिम घुड़सवार सेना भेजने के ख़िलाफ़ हैं और अब जबकि तुमने रामचन्द्र को गिरफ़्तार कर लिया है, मैं समझता हूँ कि तुम पोर्टर (फाइनेंस मेम्बर, एक्जीक्यूटिव कौंसिल, सं.प्रा.) को नहीं लिखोगे।[1]

सूरज प्रसाद उर्फ़ छोटा रामचन्द्र की लोकप्रियता और ग़रीब किसानों का उससे जुड़ाव, इसी बात से लगता है कि फ़ैज़ाबाद कमिश्नर को बिना सरकार की अनुमति के 30 की रात में जेल सुरक्षा के लिए सेना बुलानी पड़ी थी। कमिश्नर फ़ैज़ाबाद द्वारा मुख्य सचिव को लिखे पत्र से स्थिति की गम्भीरता स्पष्ट होती है और रामचन्द्र की लोकप्रियता भी। 31 जनवरी को कमिश्नर फ़ैज़ाबाद ने लिखा कि *'गोसाईंगंज रेलवे स्टेशन की घटना के बाद विगत रात मैं सेना की मदद लेने को बाध्य हुआ और कर्नल ग्रॉगन (Grogan) से सम्पर्क किया। 29 को रामचन्द्र को गिरफ़्तार कर 15 बजे पहुँचने वाली ट्रेन से फ़ैज़ाबाद लाया गया था। कल रात 9 बजे सूचना मिली कि उसके समर्थक शहर में पहुँच गए हैं और बड़े समूह में जमा हो रहे हैं। कर्नल लैपस्ले (Lapsley) ने सूचित किया कि उनके पास उपलब्ध जेल सुरक्षा कर्मियों में 6 सशस्त्र जवान हैं और वे जेल गेट पर ही तैनात हैं। इसलिए बाहरी दीवारों की सुरक्षा असम्भव है। जेल का मरम्मत कार्य भी हो रहा है और बाहर निर्माण सामग्री पड़ी हुई है। मैंने डी.एस.पी. से पता किया तो ज्ञात हुआ कि लाइंस में कोषागार सुरक्षा कर्मियों के अलावा और कोई सशस्त्र पुलिस उपलब्ध नहीं है। वह जेल की सुरक्षा के लिए केवल सिविल पुलिस भेजने की स्थिति में थे। इसलिए अगर आक्रमण होता तो हम सेना की मदद लेने को बाध्य होते। हमने ग्रॉगन को कहा कि आक्रमण से बचाने के लिए तुरन्त सेना भेजनी होगी। मि. ग्रागन ने 11 वीं राजपूत बटालियन भेज दी जो आज सुबह तक बनी हुई थी और उन्हें पीटर्स द्वारा अकबरपुर से पुलिस बुलाकर कार्यमुक्त किया गया। रात में कुछ नहीं हुआ। यद्यपि लगभग 10.30 बजे रात्रि में मैंने एक किसान नेता को जेल परिसर के बाहर आक्रमण की सम्भावना का पता लगाते पाया। ऐसी परिस्थिति में मैंने सरकार से पूर्व अनुमति लेने के नियम का पालन किए बिना सेना बुलाने का निर्णय लिया। इन गाँव वालों ने पहले ही रामचन्द्र को छुड़ाने के लिए ज़बरदस्त ताकत का प्रयोग किया था। इस भीड़ में ज़्यादातर भूमिहीन किसान हैं या वे किसान हैं जिन्हें बेदख़ल कर दिया गया था परन्तु रामचन्द्र ने गांधी के नाम पर 'रामचन्द्र की ज़मीन' बताकर उन पर (ग़रीब किसानों को) क़ब्ज़ा दे दिया था। इन किसानों को बुरे आचरण वाले पड़ोसियों के कारण मज़बूती मिली हुई है जो कठिन परिश्रम से जीवन गुज़ारते हैं। ये 20 से 25 मील तक पैदल मार्च करते हैं। इनके पास कोई व्यापार नहीं है। यह कहना ज़रूरी है कि जेल पर क़ब्ज़ा कर लेने का परिणाम सबसे ज़्यादा खेदजनक होता और उसे हर कीमत पर बचाना था। फ़ैज़ाबाद ठीक तरह से सड़क मार्ग से नहीं जुड़ा है। शहर, ज़िले के कोने में स्थित है। ऐसे में यह सम्भव नहीं है कि सशस्त्र पुलिस को यहाँ रखकर बाहरी आवश्यकताओं*

1. वही, पृष्ठ 597

को पूरा किया जा सके। इसलिए सशस्त्र पुलिस अकबरपुर में और अन्य जगहों पर है जहाँ से जल्द उपद्रव वाले स्थानों पर भेजी जाती है।'[1]

इस प्रकार सूरज प्रसाद को क़ैद कर फ़ैज़ाबाद का मज़दूर और किसान विद्रोह दबा दिया गया। क्रान्तिकारी दृष्टि से देखें तो अवध के सूरज प्रसाद ने ग़रीब समाज को संगठित कर जिस लड़ाई की शुरुआत की थी, उसकी अगली कड़ी में हरदोई के मदारी पासी ही दिखते हैं। सूरज प्रसाद को गिरफ़्तार करने के बावजूद बटलर ने सुल्तानपुर और फ़ैज़ाबाद जनपदों की सुरक्षा के लिए सेना तैनात की जिससे वहाँ की निम्न जातियाँ, ब्रिटिश ताकत को गम्भीरता से ले सकें। सेना के आने के बाद ज़मींदारों का आत्मविश्वास बढ़ा और उन्हें लगा कि सरकार वास्तव में उनकी रक्षा के लिए है।[2]

ज़मींदारों का आत्मविश्वास बढ़ा तो उन्होंने ग़रीब किसानों के विरुद्ध झूठे मुक़दमे दर्ज कराना शुरू किया। ज़मींदारों की वजह से ग़रीब किसानों पर दमनचक्र चला। भारी पैमाने पर किसानों की गिरफ़्तारियाँ हुईं। अप्रैल 1921 में फ़ैज़ाबाद ज़िला कारागार में 442 क़ैदी किसान आन्दोलन के ही थे। इन क़ैदियों को जेल में इतनी यातनाएँ दी गईं कि तीन नौजवान क़ैदी जेल में ही मर गए थे। इनमें से दो की मृत्यु का कारण न्यूमोनिया तथा एक का पक्षाघात बताया गया।[3]

1922 में अकबरपुर क्षेत्र में **अहमद खलील** नामक किसान नेता के सक्रिय होने का समाचार मिलता है मगर उसके बारे और कोई जानकारी उपलब्ध नहीं है।[4]

गोसाईंगंज रेलवे स्टेशन (केवल पटरियाँ मीटर गेज से ब्राड गेज में तब्दील हुई हैं। भवन अपने मूल रूप में है।), जहाँ किसान संघर्ष की याद में कोई स्मारक नहीं बना।

1. वही, पृष्ठ 593
2. द लीडर, 30 जुलाई, 1921
3. कपिल कुमार, पीजेंट इन रिवोल्ट, वही, पृष्ठ 150
4. एम.एच. सिद्दीकी, वही, पृष्ठ 204

अध्याय-8

सुल्तानपुर का किसान विद्रोह

जिस समय फ़ैज़ाबाद और रायबरेली सुलग रहे थे, सुल्तानपुर शान्त नहीं था। फ़ैज़ाबाद का पड़ोसी ज़िला होने के कारण वहाँ भी 1920 से ही किसान विद्रोह की गूँज सुनाई दे रही थी। सुल्तानपुर में 34 तालुक़ेदार थे। अमेठी का तालुक़ेदार दो लाख से ज़्यादा वार्षिक भू-कर देता था। तीन तालुक़ेदार 50 हज़ार से एक लाख तक भू-कर देते थे। प्रारम्भ में यहाँ के भूमिहीन किसानों ने ज़मीन वाले किसानों के विरुद्ध विद्रोह प्रारम्भ किया। सुल्तानपुर जनपद में 82,959 (50,670 पुरुष और 32,289 महिलाएँ) भूमिहीन कृषि मज़दूर थे। इनमें से चमार जाति के लोग ही किसान विद्रोह के मुख्य समर्थक थे। उन्हें बहुत कम मज़दूरी मिलती थी। केवल 3.85 प्रतिशत चमारों के पास किसान के रूप में ज़मीन थी। सरकार के कथनानुसार ऊँची जाति वाले किसान विद्रोह का विरोध कर रहे थे। ज़मींदार, अपने गाँवों से किसान आन्दोलनकारियों को लठैतों के माध्यम से भगा देते थे।[1]

14 नवम्बर, 1920 को अपराह्न दो बजे, सुल्तानपुर में किसानों की एक बड़ी सभा हुई। पंडित पुरुषोत्तमदास टंडन और पंडित गौरीशंकर मिश्र, प्रयाग से सभा में पधारे। प्रतापगढ़ के पंडित माताबदल पांडेय, रामचन्द्र शर्मा (बाबा रामचन्द्र), ठाकुर जंगबहादुर सिंह वकील भी उपस्थित थे। सभा की अध्यक्षता पंडित गोकुल प्रसाद वकील ने की। कौंसिल का बहिष्कार एवं राजनैतिक दशा पर टंडन जी का प्रभावशाली भाषण हुआ। अन्त में पंडित रामचन्द्र शर्मा ने आपसी मेल पंचायतों को स्थापित करनें और वोट न देने की प्रतिज्ञा कराई। पुरुषोत्तमदास टंडन (वकील) को मंत्री बनाया गया। इस प्रकार किसान सभा कार्यालय, प्रतापगढ़ के सम्भ्रान्तों और वकीलों ने ज़िला सुल्तानपुर किसान सभा का गठन करा दिया।[2]

अयोध्या किसान कांग्रेस के बाद इस क्षेत्र में भी किसान विद्रोह की घटनाएँ तेज

1. कपिल कुमार, पीजेंट इन रिवोल्ट, वही, पृष्ठ 151
2. 'आज', 20 नवम्बर, 1920

हुईं। ये घटनाएँ स्वत:स्फूर्त ढंग से सुल्तानपुर में फैलीं। किसानों ने ज़मींदारों के भवन जलाने शुरू किए। प्रशासन हरकत में आया और 12 जनवरी, 1921 तक स्थिति नियंत्रण में करने का दावा किया गया था।[1] अमेरिकी अख़बार 'एस्कनाबा डेली प्रेस' ने बुधवार, 12 जनवरी, 1921 को 'ब्रिटिश इंडिया रॉयट्स आर बियोंड कंट्रोल' शीर्षक से समाचार देते हुए लिखा था कि 'सुल्तानपुर में किसान विद्रोही घरों को जला रहे हैं। पुलिस शक्तिहीन हो चुकी है। पूरे क्षेत्र में दंगा फैल चुका है। 600 लोगों को गिरफ़्तार किया जा चुका है। लखनऊ से सेना को समन किया गया है।'

सुल्तानपुर के नागेश्वरलाल ने गौहन्ना सभा में कहा था कि बसखारी की तरह ही सुल्तानपुर के कोतवाल, इंस्पेक्टर और सब-इंस्पेक्टर ने हनुमानगंज में दमन किया है। खुफिया विभाग की पुलिस ने चोरी की है और दारोग़ा, महाजनों से 150 से 200 रुपए माँग रहा है। जब लमहुवा (सुल्तानपुर) के बनियों ने बिना बकाया पैसे लिये कोतवाल को रसद देने से मना किया तो इंस्पेक्टर ने बाज़ार को लूट लेने की धमकी दी। तमाम खुफिया विभाग के सिपाहियों ने ही चोरी किये हैं। इसलिए खुफिया विभाग के सिपाहियों को गिरफ़्तार कर लिया जाए। इस पर इलाहाबाद के पं. देवीदत्त ने खुफिया विभाग के सिपाहियों को गिरफ़्तार करने की राय को ग़लत माना।[2]

फ़ैज़ाबाद-सुल्तानपुर की सीमा पर सक्रिय केदारनाथ, देवनारायण और रघुनन्दन साधु जैसे तीन मुख्य किसान नेताओं की गिरफ़्तारी के पूर्व (इन्हें फरवरी, 1921 के पहले सप्ताह में गिरफ़्तार किया गया था) सुल्तानपुर का प्रशासन डरा हुआ था। इन किसान नेताओं के भाषण, किसानों के बीच विद्रोह की हवा फैला रहे थे। इस डर के कारण ही डिप्टी कमिश्नर ने कम से कम एक पूर्ण बटालियन फ़ौज और 200 सशस्त्र पुलिस बल की माँग की थी,[3] जिससे ज़िले में किसान क़ैदियों पर चल रहे मुक़दमों के दौरान शान्ति बनाए रखी जाए। किसान क़ैदियों के मुक़दमों की कार्यवाही के दौरान भारी संख्या में किसान जमा हो जाते थे तथा क़ानून व्यवस्था चरमरा जाती थी। इसलिए सरकार चाहती थी कि किसान क़ैदियों के मामलों को लखनऊ भेज दिया जाए और उनकी सुनवाई लखनऊ में हो। इससे लोगों को आतंकित किया जा सकता था। सुल्तानपुर में फ़ैज़ाबाद से सेना भेजी गई। ज़िला प्रशासन ने दमन की नीति पर काम करना शुरू किया। रवनियाँ गाँव में 20 लोगों को गिरफ़्तार कर लिया गया। ज़मींदारों के लठैतों ने सेना की उपस्थिति में किसानों पर लाठियाँ बरसाईं। पूरे ज़िले में ज़मींदारों और सरकार ने मिलकर किसानों का दमन किया। यहाँ भी कुछ

1. नाटिंघम इवनिंग पोस्ट, बुधवार, 12 जनवरी, 1921
2. फाइल नं. 50/1291, सामान्य शाखा, उ.प्र. शासकीय अभिलेखागार, लखनऊ, 639, 641
3. द इंडिपेंडेंट, 25 फरवरी, 1921

क्षेत्रों में समानान्तर सरकार का गठन किया गया था। कुछ गाँवों पर क्रान्तिकारी किसानों का शासन था। जैसा कि पहले उल्लेख किया जा चुका है कि अवध के अशान्त तीनों ज़िलों में सेना का फ्लैग मार्च निकाला गया। जब फ़ैज़ाबाद से सेना सुल्तानपुर पहुँची तब डिप्टी कमिश्नर ने एक मुख्य किसान नेता को गिरफ़्तार किया। गिरफ़्तार किसान नेताओं को सेना की टुकड़ी के साथ मार्च कराया गया, जिससे किसानों और उनके समर्थकों का हौसला पस्त हो। गाँव वालों को सेना के लिए रसद देने को बाध्य किया गया। गाँव वालों और उनके बच्चों को सेना को सलामी देने के लिए बाध्य किया गया।[1] रसद के अन्तर्गत सेना केवल खाने-पीने के सामान यथा—आटा, घी, दाल, दूध, पान, गोश्त, तम्बाकू, सब्जी, अंडा, फल आदि ही नहीं वसूलती, अपितु तमाम बेगार कराती। टेंट ढोने के लिए ऊँट और बैलगाड़ी, लादने-उतारने के लिए मज़दूर, सेना के पड़ाव डालने वाले स्थान की साफ़-सफ़ाई, घास, लकड़ी, भूसा उपलब्ध कराना और पानी भरना आदि बेगार में शामिल था।[2]

लखनऊ एवं कुछ आसपास के किसान विद्रोह

किसान आन्दोलन ने लखनऊ जनपद में भी प्रवेश किया। सलेमपुर के जोतदारों ने तालुक़ेदारों के ग़ैर-क़ानूनी करों को देने से मना कर दिया। वे ज़मींदारों द्वारा चारागाहों में पशुओं को चराने न देने के कारण आन्दोलित हुए। ज़मींदार के सिपाहियों ने किसानों पर गोलियाँ चलाईं। 9 जुलाई, 1921 को लगभग 200 की संख्या में राजा की सेना के सिपाहियों ने बरेहा गाँव में रात आठ बजे धावा बोल दिया और गाँव को लूट लिया। गाँव वालों से जबरदस्ती नज़राना, बकाया कर और ग़ैर-क़ानूनी करों को वसूला। गोलीबारी में दो किसान मारे गए और 21 घायल हुए।[3] ज़िला कांग्रेस कमेटी लखनऊ के सदस्य इस घटना की जाँच के लिए बरेहा गए। उन्होंने एक बार फिर बरेहा के किसान आन्दोलन को भी अपनी गिरफ़्त में ले लिया। कुल मिलाकर किसानों के बीच तालमेल का अभाव, सरकार का दमन और कांग्रेसियों के कारण यह किसान आन्दोलन भी एक बार फिर शहरी कांग्रेसियों की गिरफ़्त में आ गया। किसान विद्रोह के कारण तालुक़ेदारों की रातों की नींद उड़ चुकी थी। वे कांग्रेस के सहयोग से एक बार फिर खड़े हो गए। बाबा रामचन्द्र ने इस कृत्य को वकीलों, शहरी कांग्रेसी नेताओं और सुराजियों का काम बताया। उन्होंने कहा कि पढ़े-लिखे शहरी नेताओं, सुराजियों का

1. द इंडिपेंडेंट, 25 मार्च, 1921
2. द लीडर, 20 जून, 1921
3. द लीडर, 13 जुलाई, 9121

काम किसानों को अपने हितों के लिए इस्तेमाल करना मात्र है।[1] इलाहाबाद और जौनपुर से भी किसान विद्रोह के समाचार प्राप्त हुए।[2]

गोंडा में किसान विद्रोह

1920–21 में बलरामपुर, गोंडा जनपद की एक तहसील थी। संयुक्त प्रान्त के राज्यपाल हरकोर्ट बटलर के 9 जनवरी, 1921 के पत्र से, जो उन्होंने फ़ैज़ाबाद कमिश्नर हेलेय को लिखा था, से पता चलता है कि बलरामपुर के तहसीलदार को प्रत्यक्ष रूप से वहाँ के भरे बाज़ार में किसानों ने पीटा था।[3]

5 अप्रैल, 1920 को 'अभ्युदय' में शिवप्रसाद मिश्र ने मिर्ज़ापुर के कुछ क्षेत्रों के सूखा पीड़ित किसानों को तुरन्त राहत देने की माँग की, जहाँ ज़मींदार अपना लगान माँग रहे थे। 3 मई, 1920 के 'प्रताप' में प्रकाशित एक पत्र से स्पष्ट है कि हमीरपुर में सूखा पीड़ित लोगों को सरकारी अधिकारियों की बेगार करने को बाध्य किया जा रहा था।[4]

जून 17, 1921 को संयुक्त प्रान्त की सरकार ने भारत सरकार को एक टेलीग्राम भेजा, जिसमें फ़र्रूख़ाबाद में किरायेदार किसानों और ज़मींदारों के बीच संघर्ष का उल्लेख किया गया है। घटना में पाँच लोगों के मारे जाने की सूचना थी। यद्यपि यह मामला व्यक्तिगत दुश्मनी का बताया गया और राजनैतिक दृष्टि से महत्त्वपूर्ण नहीं माना गया।[5]

लन्दन के अख़बार ने इलाहाबाद से प्राप्त किसान विद्रोह की सूचना को इस प्रकार प्रकाशित किया था—जैसा कि पहले किसान अशान्ति के बारे में बताया जा चुका था, 19 जनवरी 1921 को किसान अशान्ति और लूटपाट का व्यापक प्रभाव देखने को मिल रहा है। 65 घर लूटे गए हैं। लगभग 200 लोगों को गिरफ़्तार किया गया है। गाँवों में सशस्त्र पुलिस बल गश्त कर रहा है।[6]

जिला इलाहाबाद में 10–11 मई, 1921 को अवध की किसान समस्या पर चर्चा हुई मगर यह चर्चा असहयोग आन्दोलन में किसानों को लाने के उद्देश्य से

1. कपिल कुमार, पीजेंट इन रिवोल्ट, वही, पृष्ठ 155; एक्सट्रैक्ट ऑफ रामचन्द्राज राइटिंग ड्यूरिंग 1930, वही
2. यूनाइटेड प्रॉविंसेज ऑफ आगरा एंड अवध एडमिनिस्ट्रेटिव रिपोर्ट, 1920–21, इलाहाबाद, 1922, पृष्ठ xxii। गोंडा में किसान विद्रोह
3. फाइल नं. 50/1921, सामान्य शाखा उ.प्र. शासकीय अभिलेखागार, लखनऊ
4. डॉ. महेन्द्र प्रताप, वही, पृष्ठ 56
5. प्रोसीडिंग होम/ पोलिटिकल/टेलीग्राम नं. 1642, फाइल नं. 69–70, जून, 1921)
6. द यार्कशायर पोस्ट, सोमवार, 24 जनवरी, 1921

हुई। मोतीलाल नेहरू के हस्ताक्षरयुक्त पर्चे किसानों में बाँटे गए। प्रतापगढ़ में पर्चे बाँटते कुछ युवक गिरफ़्तार भी हुए।[1]

इलाहाबाद के परगना मंहगाँव के छैल में, 22 मई, 1921 को मुसलमान ज़मींदारों और हिन्दू किसानों के बीच दंगा हुआ। उस समय ज़िले में किसान सभा सक्रिय थी। यद्यपि यह ज़मींदार बनाम किसान सभा का संघर्ष था, लेकिन पुलिस अभिलेखों में इसका हिन्दू-मुस्लिम दंगे के रूप में ज़िक्र किया गया है। एक हिन्दू महिला ने ज़मींदार का मक्का पीसने का निर्देश मानने से साफ़ इनकार कर दिया था। इस पर ज़मींदार ने उस महिला को बेइज़्ज़त किया था। घटना स्थल के पास ही किसान सभा की बैठक चल रही थी। बात वहाँ तक पहुँची तो किसान उत्तेजित हो गए और ज़मींदार के जुल्म का विरोध किया। ज़मींदार के समर्थन में आस-पास के दूसरे ज़मींदार भी आ गए थे। ज़मींदारों की गोली से दो किसान मारे गए थे और कुल 15 घायल हुए, जिनमें से चार की दशा नाजुक थी।[2]

5 जुलाई, 1921 को अलीगढ़ के कलेक्ट्रेट भवन पर तैनात पुलिस पर किसानों का आक्रमण हुआ। बाद में तहसील ट्रेजरी पर आक्रमण किया गया। पुलिस ने गोली चलाई, जिससे कई लोग मारे गए। मेरठ में भी बाज़ार लूटा गया।[3] लन्दन के एक अख़बार से भी जानकारी मिलती है कि जुलाई, 1921 के प्रारम्भ में अलीगढ़ में किसानों की भारी भीड़ ने पुलिस गार्ड और इंस्पेक्टर के घरों पर धावा बोल दिया। भीड़ ने शहर पुलिस कार्यालय, पोस्ट ऑफिस सहित अन्य सरकारी मकान जला दिए। स्थिति को सँभालने के लिए आगरा से विशेष ट्रेन से सेना बुलाई गई। इस विद्रोह में कई लोग मारे गए। यह उपद्रव पूर्णतः राजनैतिक था और न्यायालय में सुनवाई के दौरान घटित हुआ था।[4]

1921 में जब लार्ड रीडिंग बम्बई से प्रस्थान कर रहा था, देश की स्थिति अत्यन्त गम्भीर थी। मोपला विद्रोह और अकाली समस्या चरम पर थी और ब्रिटिश अख़बार चालाकी से उसका कारण 'किसान समस्या' के बजाय 'नस्लीय भावना' बता रहे थे। कलकत्ता में हिन्दू-मुस्लिम दंगा भड़का हुआ था, मगर सरकार का मुख्य फोकस संयुक्त प्रान्त में था जहाँ किसान विद्रोह हिंसक स्वरूप अख़्तियार कर चुका था। रीडिंग ने सब कुछ देखते हुए भी वस्तुस्थिति पर पर्दा डालने का प्रयास किया था। इंग्लैंड पहुँच कर उसने कहा—'आल इज वेल इन इंडिया'।[5]

1. डॉ. महेन्द्र प्रताप, वही, पृष्ठ 65
2. फाइल नं. 336, पार्ट ए, होम डिपार्टमेंट, पुलिस शाखा, राष्ट्रीय अभिलेखागार, नई दिल्ली
3. यूनाइटेड प्रॉविंसेज ऑफ आगरा एंड अवध एडमिनिस्ट्रेटिव रिपोर्ट, 1920-21, इलाहाबाद, 1922, पृष्ठ xxii
4. नादर्न डेली मेल, बृहस्पतिवार, 7 जुलाई, 1921
5. द वेस्टर्न टाइम्स, शनिवार, 27 अगस्त, 1921

इसके बाद पूरे अवध में सरकारी दमन का दौर चला। एक बार जब शहरी कांग्रेसियों द्वारा गँवई किसान आन्दोलन की धार को कुन्द कर अपने बाहुपाश में जकड़ लिया गया तब सरकार के लिए किसान आन्दोलनकारियों को समाप्त करने का मौक़ा मिल गया। जून, 1921 में पूरे संयुक्त प्रान्त और आगरा, मध्य प्रान्त, ओडिसा, हैदराबाद और मध्य भारत में अच्छी बारिश हुई। वायसराय ने सचिव भारत राज्य को इस सम्बन्ध में सूचना भेज दी थी जो उन्हें 24 जून को प्राप्त हो गई थी। जाहिर है अच्छी बारिश होने के कारण खेतिहर किसान खेतीबारी में व्यस्त हो गए और कुछ समय के लिए आन्दोलन थम-सा गया।[1] हरकोर्ट बटलर ने स्वयं को एक ओर किसानों का हितैषी दिखाने का प्रयास किया तो दूसरी ओर उनका ज़बरदस्त दमन कराया। संयुक्त प्रान्त के मुख्य सचिव ने तालुक़ेदारों के संगठनों को सम्बोधित किया। उन्होंने 'अवध रेंट एक्ट' के तहत एक विशेष अध्यादेश लाने का प्रस्ताव रखा जिससे बेदख़ली की कार्यवाही को निलम्बित किया जा सकता था।[2] तालुक़ेदारों को यह पसन्द न आया। उनका संगठन चाहता था कि विद्रोहियों को दंडित किया जाए न कि उन्हें सुविधा दी जाए। अवध रेंट एक्ट के सम्बन्ध में सरकार को कई प्रकार के संशोधनों के सम्बन्ध में प्रस्ताव मिले थे। इन संशोधनों को 'द ब्रिटिश इंडिया एसोसिएशन' को भेजा गया। तैयार ड्राफ्ट का उद्देश्य ज़मीन अधिभोग के अधिकार को आगे बढ़ाने से बचाने का था और वंशानुगत अधिकार के सिद्धान्त से अवध को किनारा करना था।

अवध के किसान आन्दोलनों को कुचल देने के बावजूद उनका दूरगामी प्रभाव पड़ा था। किसान आन्दोलन के कारण ही रेंट एक्ट 1886 में बदलाव के लिए लेजिस्लेटिव कौंसिल में 22 जनवरी, 1921 में संशोधित बिल प्रस्तुत किया गया। यह बिल काफी समय से लम्बित पड़ा था। 1910 में भी तालुक़ेदारों की वजह से इसे छोड़ दिया गया था। कमिश्नर फ़ैज़ाबाद ने 1920 में किसानों की तकलीफ़ों को कम करने और किसान विद्रोह पर नियंत्रण के लिए जोरदार तरीक़े से रेंट एक्ट में जल्द बदलाव का सुझाव दिया था। अवध रेंट (अमेंडमेंट) एक्ट नं. IV/1921 का तालुक़दारों ने पहले तो विरोध किया लेकिन बाद में उनके परम मित्र राज्यपाल हरकोर्ट बटलर ने जब समझाया कि इससे उनके हितों पर कोई ख़ास फ़र्क नहीं पड़ने वाला है तो वे मान गए।[3] मालवीय गुट ने इस बिल को किसान विरोधी बताते हुए विरोध किया था। लिबरल गुट के आक्रमक रुख के कारण कई जगह किसानों ने असहयोग आन्दोलन के लिए दिए अपने चन्दे को कांग्रेस से वापस करने की माँग की। मनौरी, इलाहाबाद में 22 जून की बैठक में यह देखने को मिला। बाध्य होकर

1. द यार्कशायर पोस्ट, मंगलवार, 28 जून, 1921
2. फाइल नं. 47/1921 रेवेन्यू, उ.प्र. शासकीय अभिलेखागार, लखनऊ
3. सुशील श्रीवास्तव, वही, पृष्ठ 98, 99, 101

असहयोग आन्दोलनकारी सभा से उठकर चले गए।[1] इसके बाद असहयोग आन्दोलनकारी लिबरल गुट की बैठकों में बाधा डालने लगे। 5, 7 और 21 सितम्बर को असहयोग आन्दोलनकारियों ने क्रमशः सीतापुर, सिधौली और लखनऊ में लिबरल लीग की किसान सभा पर क़ब्ज़ा करने की कोशिश की।[2] इस बिल के बारे में 'अभ्युदय' ने 30 जुलाई, 1921 को लिखा—'नौ छेद पेंदा गहब ऊपर गला नदारद, मुफ़लिस को गर्मियों में झज्झर मिला तो ऐसा।' तमाम विरोधों के बावजूद अवध रेंट (अमेंडमेंट) एक्ट नं. IV/1921, 4 अगस्त, 1921 को कौंसिल के सम्मुख एक बार फिर प्रस्तुत किया गया और उसे सर्वसम्मति से पास कर दिया गया। जो बिल पास हुआ था उसको लेकर जगह-जगह लिबरल एसोसिएशन द्वारा विरोध प्रस्ताव पास किए गए। मिसरिख तहसील, सीतापुर में 5 सितम्बर, 1921 को सभा हुई और बिल को किसान विरोधी बताया गया। इसी सन्दर्भ में ठाकुरप्रसाद वर्मा (सचिव, किसान सभा, लखनऊ) की अध्यक्षता में सीतापुर में 3 सितम्बर को सभा हुई। गोरखनाथ मिश्र ने सितम्बर के तीसरे सप्ताह में अपने चुनाव क्षेत्र, लखनऊ में दो सभाएँ कीं। 19-20 सितम्बर को अकबरपुर, गोसाईंगंज और फ़ैज़ाबाद में सभा हुई जिसे परमेश्वरनाथ सप्रू, वी.एस. तिवारी, कृष्णप्रसाद कौल, सर्वेंट ऑफ इंडिया सोसायटी ने भाषण दिए और असहयोग आन्दोलन की निन्दा की।[3] 5 अक्टूबर को सलोन में लिबरल लीग ने किसानों की बैठक की।[4] कांग्रेस कार्यकर्ताओं को अवध के ज़मींदारों का समर्थन प्राप्त था, इसलिए उन्हें डर था कि लिबरल गुट कहीं किसानों को ज़मीन पर पैतृक अधिकार दिलाने की कोशिश कर सकता है।[5] महराजगंज में 11 अक्टूबर को 2,000 किसानों की सभा बाबू किस्मत राय और कृष्णप्रसाद कौल द्वारा सम्बोधित की गई।[6] 19 अक्टूबर को लगभग 30 गाँवों के किसानों की एक सभा शोरा, रायबरेली तहसील में हुई, जिसमें कुंजरू और उनके समर्थकों के पक्ष में प्रस्ताव पास किए गए और बिल के लिए गठित चयन समिति की बैठक का बायकॉट किया गया। 20 अक्टूबर को फ़ुर्सतगंज बाज़ार में बाबू किस्मत राय ने एक और सभा की।[7]

उधर सरकार ने बिल की समीक्षा के लिए सलेक्ट कमेटी का गठन कर दिया था, जिसमें शाहिद हुसैन, अबू जफर, जगन्नाथबख्श सिंह, मशाल सिंह, अहमद सैद ख़ान (सभी तालुक़ेदार) शामिल थे। किसानों के पक्ष में बोलने वालों में

1. द लीडर, 24 जून, 1921
2. द लीडर, 7 सितम्बर, 24, 1921
3. द लीडर, 8 सितम्बर, 12 और 23, 1921
4. द लीडर, 7 अक्टूबर, 1921
5. एम.एच. सिद्दीकी, वही, पृष्ठ 194
6. द लीडर, 15 अक्टूबर, 1921
7. द लीडर, 22 अक्टूबर, 1921

गोकरन नाथ मिश्र, बाबू सीताराम, राधाकान्त मालवीय, राय सीताराम, एच.एन. कुंजरू थे। सरकारी सदस्य थे—सी.मोस किंग एच.आर.सी. हेलेय, जे.सी. फॉउनथार्प और लूडोविक पोर्टर।[1] सेलेक्ट कमेटी की पहली बैठक नैनीताल में अक्टूबर के प्रथम सप्ताह में हुई। जिसमें ज़मीन पर किसानों के पैतृक अधिकार देने पर मतभेद उभरा। तालुक़ेदार इसे देने के पक्ष में न थे, लिहाजा शेष पाँच ग़ैर-सरकारी सदस्यों ने वॉकआउट किया।[2] 28 अक्टूबर को एक बार फिर बिल कैंसिल में लाया गया जहाँ 'सीर' ज़मीन को लेकर तीखी बहस हुई। भू-स्वामियों के प्रतिनिधि ने बहस करते हुए कहा कि यह उनका अधिकार होना चाहिए कि अपने लिए खेती करने के वास्ते किसानों से ज़मीन वापस ले लें। यह बिल भू-स्वामियों के सदस्यों की वजह से 15 के बहुमत से पास हो गया था।[3] लिबरल लीग से मतभेद के कारण 24 अक्टूबर को ज़मींदारों के सम्मेलन में गांधी को समर्थन देने का प्रस्ताव दिया गया। चरखा और स्वदेशी को आगे बढ़ाने की बात कही गई और किसानों को ज़मीन पर पैतृक अधिकार देने का विरोध किया गया।[4] इस पर कुंजरू ने टिप्पणी की, कि ज़मींदारों के चरखा सम्बन्धी प्रस्ताव को प्रेमियों के झगड़े से बेहतर नहीं कहा जा सकता।[5]

पाठक समझ सकते हैं कि गांधी जी के चरखे और स्वदेशी का उपयोग भू-स्वामी, किसान हितों के विरोध में कर रहे थे। इस प्रकार अवध रेंट (अमेंडमेंट) एक्ट नं. IV/1921 पर 28 नवम्बर, 1921 को राज्यपाल के हस्ताक्षर हुए और 11 फरवरी 1922 से वह लागू हुआ।[6] अवध रेंट एक्ट 1921 पास होने के बावजूद स्थितियाँ यथावत् थीं, लेकिन किसानों को कुछ सहूलियतें दी गई थीं। कांग्रेसी नेतृत्व अशान्त किसानों को प्रोत्साहित नहीं करना चाहती थी। वह तो किसानों को तोड़ देना चाहती थी।[7] बेदख़ली के मामले रुके नहीं थे फिर भी उनमें अप्रत्याशित कमी ज़रूर आई थी। किसान विद्रोह का एक और प्रभाव यह पड़ा कि सरकार और तालुक़ेदार ने समझ लिया कि मनमाने तरीक़े से बेदख़ली पर अब किसान चुप नहीं रहने वाले। यही कारण था कि जिन जनपदों में हिंसक किसान विद्रोह हुए थे वहाँ-वहाँ बेदख़ली के मामलों में अप्रत्याशित कमी आई। 1920-21 में लखनऊ में जहाँ 1,975 मामले बेदख़ल किए गए थे वहीं 1921-22 में घटकर 821 रह गए। इसी तरह उन्नाव में, 4,247 से घटकर 1,555, रायबरेली में 2,284 से घटकर 1,071,

---

1. लेजिस्लेटिव कौंसिल प्रोसिडिंग III, पृष्ठ 599
2. द लीडर, 10 अक्टूबर, 1921; लेजिस्लेटिव कौंसिल प्रोसिडिंग IV, पृष्ठ 59
3. द एबर्दीन डेली जनरल, सोमवार, 31 अक्टूबर, 1921
4. द लीडर 26 अक्टूबर, 1921
5. लेजिस्लेटिव कौंसिल प्रोसिडिंग IV, पृष्ठ 104
6. सुशील श्रीवास्तव, वही, पृष्ठ 98, 99, 101, 192, 193
7. कपिल कुमार, पीजेंट इन रिवोल्ट, वही, पृष्ठ 189-190

सीतापुर में 2,141 से घटकर 464, हरदोई में 5,203 से घटकर 615, खीरी में 900 से घटकर 53, फ़ैज़ाबाद में 2,274 से घटकर 283, सुल्तानपुर में 264 से घटकर 13 और बाराबंकी में 2,868 से घटकर 1,242 मामले रह गए। लेकिन जिन जनपदों में कम विद्रोह हुए या हिंसक विद्रोह नहीं हुए वहाँ बेदख़ली के मामले बढ़ गए। प्रतापगढ़ ऐसा ही जनपद था, जहाँ 1920-21 में 613 मामले बेदख़ल के थे जो 1921-22 में बढ़कर 718 हो गए। इसी प्रकार बहराइच में 1920-21 में बेदख़ल के 562 मामलों की तुलना में 1921-22 में 676 मामले प्रकाश में आए।[1] पूरे अवध में 1919-20 में 38,870 मामले बेदख़ल के थे जो घटकर 1920-21 में 27, 498 हो गए। 1921-22 में 8,083 मामलों में बेदख़ल किया गया। 1919-20 या 1920-21 के आधे के बराबर भी बेदख़ल के मामले 1928-29 तक देखने को नहीं मिलते।[2]

प्रतापगढ़, रायबरेली, सुल्तानपुर और फ़ैज़ाबाद में किसान विद्रोह जुलाई 1921 तक समाप्त हो गया था और सरकार ने विद्रोहात्मक बैठक रोकथाम अधिनियम, 1911 की धारा 2(1) (प्रिवेंसन ऑफ सेडीटियस मीटिंग्स एक्ट, 1911), जो उपरोक्त चार ज़िलों में पुलिस विभाग के नोटिफिकेशन संख्या 633/VIII-329 द्वारा दिनांक 28 मार्च, 1921 से लागू किया गया था, को नोटिफिकेशन संख्या 1759/VIII-329 द्वारा 5 अगस्त, 1921 को वापस ले लिया गया।[3] दिसम्बर 1921 तक सरकार की बेचैनी कम नहीं हुई थी। हमें संयुक्त प्रान्त के तत्कालीन गवर्नर स्पेंसर हरकोर्ट बटलर की बेचैनी पर ध्यान देना चाहिए जो प्रान्तीय एसेम्बली के सदस्यों और सरकार के पिट्ठुओं को सम्बोधित करते हुए लखनऊ के एक दरबार में शनिवार 17 दिसम्बर, 1921 को दिए गए उनके भाषण में साफ़ नज़र आती है :

'सज्जनो! कुछ महीने पहले मेरी सरकार पर दमन का आरोप लगाया गया (संकेत मुंशीगंज गोलीकांड की ओर था)। मैंने इस सम्बन्ध में पूरे पुख़्ता सुबूत देखे और पाया कि जानबूझ कर उकसाने वालों के साथ सरकार ने पूरे संयम के साथ काम लिया और क़ानून व्यवस्था बनाए रखने में कामयाब रही। मेरठ कमिश्नर द्वारा सरकार को सूचना मिली कि ज़िला कांग्रेस द्वारा गढ़मुक्तेश्वर में क़ानून का खुला उल्लंघन किया गया। कपड़े की दुकानों पर असहयोग आन्दोलन के कार्यकर्ताओं द्वारा धरना दिया गया। फ़ैज़ाबाद कमिश्नर के अनुसार बाराबंकी ज़िले में हालात खराब हैं। डिप्टी कमिश्नर का बिना विरोध के कहीं बोलना सम्भव नहीं हो पा रहा है और सरकार के हिमायती लोग डरे हुए हैं। एक राजनीतिक कट्टरवादी नेता ने अपने भाषण में भीड़ से पूछा कि आप लोग डिप्टी कमिश्नर की हत्या करने को

1. सुशील श्रीवास्तव, वही, पृष्ठ 100
2. वही, पृष्ठ 106
3. होम डिपार्टमेंट, पोलिटिकल ब्रांच/1921 फाइल नं. 208, राष्ट्रीय अभिलेखागार, नई दिल्ली

तैयार हैं? लोगों ने एक स्वर में उत्तर दिया—हाँ, हम तैयार हैं। यह घटना फ़ैज़ाबाद के टांडा उपमंडल की है। गोंडा में स्वयंसेवकों की नियमित सेना का गठन हो चुका है। कानपुर और इटावा में आपराधिक गतिविधियों को हवा दी जा रही है। बलिया में कहा गया कि मरने और मारने के लिए तैयार हो जाओ। अलीगढ़, सहारनपुर और गोरखपुर से भी इसी प्रकार की चिन्ताजनक ख़बरें मिल रही हैं।

विगत तीन-चार दिनों में मिलीं सभी सूचनाओं से यह बात साफ़ हो गई है कि सरकार परेशानी में है। यह स्पष्ट है कि हम व्यापक क्षेत्रों में फैल चुकी गम्भीर परेशानी की चरम स्थिति में हैं। इसलिए सरकार ने तय किया कि वह क्रिमिनल लॉ (एमंडमेंट) एक्ट 1908, पार्ट-2 को पूरे प्रान्त में तुरन्त लागू करेगी। मंडलायुक्तों और ज़िलाधिकारियों को क़ानून व्यवस्था बनाए रखने और स्वामिभक्त और सज्जन लोगों (भू-स्वामियों) की सुरक्षा के लिए ज़रूरी क़दम उठाने के निर्देश दे दिए गए हैं। 70 स्वतंत्र अख़बारों के मालिकों को जिन पर शक था, गिरफ़्तार कर लिया गया है, जो अंडर ट्रायल हैं। जितनी रिपोर्ट मिली है, वह बताती है कि कार्यवाही करने के नतीजे बेहतर रहे हैं और इस सख़्त कार्यवाही से निष्ठावान नागरिकों के दिलो-दिमाग में आत्मबल और सुकून जगा है। फ़ैज़ाबाद के कमिश्नर कहते हैं कि सरकार की नीति बहुत अच्छी और स्वागत योग्य है। मेरठ के कमिश्नर कहते हैं कि इस कार्यवाही से निष्ठावान लोगों को सुकून मिला और पुलिस बेहतर फॉर्म में है। गोरखपुर कमिश्नर ने कहा है कि इसमें सन्देह नहीं कि नरमपन्थी पार्टी (कांग्रेस) ने कुछ अपवादों को छोड़कर, इन गिरफ़्तारियों का स्वागत किया है अपितु वह अत्यन्त प्रसन्न भी है। लखनऊ कमिश्नर कहते हैं कि इस कार्यवाही ने हिन्दू समाज और किसानों को शान्त किया है। अलीगढ़ कमिश्नर कहते हैं कि अभी चीज़ें हाथ में हैं और मज़बूती से विरोधियों से निपटा जाएगा। स्थिति अब भी नाजुक बनी हुई है, लेकिन मैं सोचता हूँ कि अभी वह नियंत्रण में है।

ऐसी स्थिति को महानुभावों समझिए! ख़िलाफ़त और कांग्रेस आन्दोलन ने क्या किया? सत्याग्रह आन्दोलन, जिसे महात्मा गांधी स्वयं बड़ी ग़लती मानते हैं, असफल रहा है। स्कूल-कॉलेजों का बहिष्कार छात्रों ने ही विफल कर दिया। न्यायालयों का बहिष्कार भी विफल रहा और दफ़्तरों के बहिष्कार को भी लोगों ने अनसुना कर दिया। फ़ौज और सिपाहियों को भी सरकार के ख़िलाफ़ विद्रोही नहीं बना पाए। वे लोग हर विफलता के साथ जातीय नफ़रत का बीज बो रहे हैं। नतीजा उनके ख़िलाफ़ जा रहा है। उनके हाथ बेगुनाहों के ख़ून से सने हुए हैं। घर उजड़ रहे हैं और बेबस महिलाओं की संख्या बढ़ रही है। यह अहिंसा के प्रस्ताव द्वारा स्वशासन स्थापित करने का अन्त है।

जब सरकार इन अराजक तत्वों से सख़्ती से पेश आई तब काम बना। आलोचकों की एक जमात ऐसी है जो अनुभवहीन है, जिसे सरकार चलाने का अनुभव नहीं

है, उसे लगता था कि क़ानून व्यवस्था अपने आप स्थापित हो जाएगी। मगर नहीं, क़ानून व्यवस्था, सख़्ती से ही स्थापित की जा सकती है। अगर सरकार सख़्ती से नहीं निपटती तो जैसा आपने दक्षिण अवध में हिंसा और आगजनी देखी, वैसी यहाँ भी होती। सरकार अराजकता को बर्दाश्त नहीं करेगी और क़ानून तोड़नेवालों के साथ सख़्ती होगी। बेगुनाहों पर होने वाले ज़ुल्मों को रोकेगी। प्रगतिशील और उदार नीतियाँ लागू करेगी। सभी दिक्कतों को दूर करेगी। लोगों को शिक्षित करेगी। वे भारत के दुश्मन हैं जो अराजकता फैला रहे हैं। दार्शनिक बुर्के का कहना है कि जब खराब लोग एकजुट हों तो अच्छे लोगों को भी संगठित होना चाहिए। इन्हीं उद्देश्यों के लिए 'अमन सभा' का गठन किया गया है। अभी यह अभियान बहुत पुराना नहीं है, लेकिन सात मिलियन (70 लाख) पर्चे बाँटे गए। डेढ़ मिलियन (15 लाख) सदस्य बने और उनसे ढाई लाख रुपए का सदस्यता शुल्क मिला। सस्ते कपड़े, जूते और अनाज की व्यवस्था की गई। पुस्तकालय भी बनवाए गए। अयोध्या के झूला मेले में 'अमन सभा' के लोगों ने तीर्थ यात्रियों की कई प्रकार से मदद की। एक अच्छी शुरुआत हो चुकी है। इनमें से बहुतों को, जो यहाँ उपस्थित हैं, सरकार ने इनाम दिया। आप के अच्छे कामों की तारीफ़ करता हूँ लेकिन आगे और प्रयास जारी रखने की ज़रूरत है। मैं आज से पीछे देखता हूँ और तारीफ़ करता हूँ अपने फ़ौजियों की जो भारत के लिए तथा सम्राट के लिए विभिन्न क्षेत्रों में बहादुरी से लड़े और अपना ख़ून बहाया। मैं विस्तृत संयुक्त प्रान्त के अमीर और बौद्धिक लोगों को नेतृत्वकारी भूमिका में देखना चाहता हूँ। भारत का ख़ून और धन, दोनों युद्ध में बहा है। अब भारत के धन, दिमाग की खुशहाली और शान्ति के लिए रक्तपात रोकने की ज़रूरत है। मैं आप महानुभावों से कहना चाहूँगा कि आप लोग अब से स्थानीय अधिकारियों की मदद करें जो भारी ज़िम्मेदारी उठा रहे हैं। संयुक्त प्रान्त का हृदय अभी भी अनर्थकारी क्रान्ति (बोल्शेविक क्रान्ति) के सिद्धान्त से अछूता है। लोग अपना जीवन सम्मानजनक तरीक़े से जीना चाहते हैं। अन्त में मेरा यह सन्देश है कि आप अपने घर वापस जाएँ और लोगों को बताएँ कि सरकार आपको सुरक्षा और ख़ुशहाली देगी।'[1]

इस प्रकार हम देखते हैं कि अवध किसान विद्रोह सामन्ती दमन का परिणाम था जिसे औपनिवेशिक सत्ता का संरक्षण प्राप्त था। औपनिवेशिक सत्ता में तालुक़ेदारों को आर्थिक और राजनैतिक अधिकार प्राप्त थे। ब्रिटिश साम्राज्यवाद के साथ उनके अधिकार कई गुना बढ़ा दिए गए थे।[2] तालुक़ेदार, ब्रिटिश सत्ता को स्थायित्व देने की

1. होम डिपार्टमेंट, पुलिस सेक्शन, फाइल नं. 667/25/02/1922, राष्ट्रीय अभिलेखागार, नई दिल्ली
2. द पायनियर, 17 फरवरी, 1968

महत्त्वपूर्ण भूमिका में थे। इसलिए ग़रीब किसानों, भूमिहीन मज़दूरों को निचोड़ दिया गया था। जब भी किसान आवाज़ उठाते, ज़मींदार अपने संगठनों के माध्यम से उसे दबा देते। द ब्रिटिश इंडिया एसोसियशन ऑफ अवध, किसान आन्दोलन की हर गतिविधियों को कुतरने का कार्य करती रही। ज़मींदारों को तमाम सुविधाएँ दी जा रही थीं। मुख्य सचिव ने मि. केय, आई.जी. पुलिस, संयुक्त प्रान्त को अपने अर्द्धशासकीय पत्र संख्या 715, 29 मार्च, 1922 द्वारा कुछ चुने हुए ज़मींदारों के लिए 2,000 एस.बी. शॉट गन ख़रीदने के आदेश किए थे।[1]

---

1. फाइल संख्या 380/1922, सप्लाई ऑफ आर्म्स टू लैंडओनर्स, उ.प्र. शासकीय अभिलेखागार, लखनऊ

अध्याय-9

एका आन्दोलन और मदारी पासी : हरदोई का किसान विद्रोह

हम देख चुके हैं कि अवध के जोतदारों (किसानों) के उग्रवादी आन्दोलन ने काश्तकारी के ज्वलन्त सवालों को सबके सामने रख दिया था। सरकार बाध्य होकर अवध रेंट एक्ट में परिवर्तन को तैयार हुई थी। यहाँ तक कि अवध के किसानों को शान्त करने के लिए कांग्रेसियों के माध्यम से सरकार विद्रोही किसानों को लगातार समझाने में जुटी थी कि वह अवध रेंट एक्ट में जल्द बदलाव करने जा रही है। शुरू में सरकार ने दबाव महसूस किया और जल्दबाजी दिखाई मगर जैसे ही उसे लगा कि किसान विद्रोह को उसने नियंत्रित कर लिया है तो उसने रेंट एक्ट को पास करने में देरी की। अवध रेंट एक्ट 1921, 4 अगस्त 1921 को कौंसिल में पेश किया गया था। चूँकि यह एक्ट, रेंट एक्ट 1886 का संशोधन था, इसलिए इसे अवध रेंट एक्ट (एमेंडमेंट) 1921 कहा गया। इसका उद्देश्य स्थायी किसानों को कुछ और अधिकार देना था। कौंसिल से पास होने के बाद इस एक्ट पर 28 नवम्बर, 1921 को राज्यपाल के हस्ताक्षर हुए। इस समय तक किसान विद्रोह दबा दिया गया था। किसानों का कोई प्रतिनिधि भी कौंसिल में न था। उनकी उम्मीद केवल कांग्रेस से थी जिसके सर्वोच्च नेता गांधी जी ने फ़ैज़ाबाद में अपनी नीति स्पष्ट करते हुए कहा था कि 'यदि ज़मींदार आप को यातना देते हैं तो उन्हें सहन करें। हम उन्हें परेशानी में नहीं डालना चाहते।' कहने को अवध रेंट एक्ट, 1921 ने किसानों को ज़मीन पर आजीवन एवं उनके वारिसों को पाँच साल एवं आगे, जब तक वे ज़मीन का दुरुपयोग न करें या लगान बन्द न करें, का अधिकार दे दिया था, मगर लीज समाप्ति पर केवल 6.25 प्रतिशत कर वृद्धि के पूर्व क़ानून को समाप्त कर भू-स्वामियों की मर्जी पर छोड़ दिया गया था। नज़राना और उप करों पर कोई नियंत्रण न लगाया गया था। कर जमा की रसीद न देने को दंडनीय अपराध नहीं माना गया था।[1]

1. सोशल साइंटिस्ट, वाल्यूम 12, सं. 137, (अक्टूबर, 1984), पृष्ठ 80, डिजिटल साउथ एशिया लाइब्रेरी; सुमित सरकार, वही, पृष्ठ 192-193

नेहरू ने भी अपनी किताब में लिखा है कि अवध रेंट एक्ट (एमेंडमेंट) 1921 द्वारा कहने को आजीवन स्वामित्व दिया गया था, मगर वास्तव में किसानों को कोई लाभ नहीं हुआ था।[1]

अवध रेंट एक्ट (एमेंडमेंट) 1921 कौंसिल में लम्बी बहस के बाद पास हुआ था। बहस में हिस्सा लेने वाले ज़मींदार ही थे। ऐसे में उनके द्वारा पास रेंट एक्ट केवल सुरक्षित किसानों को ही स्वामित्व की सुरक्षा प्रदान कर रहा था। शिकमी (निर्भर) किसानों को इससे कोई फ़ायदा न हुआ। 'सर लैंड' को समाप्त नहीं किया गया। किरायेदारी अवधि (लीज अवधि) की समाप्ति के बाद, समझौते के आधार पर किराया बढ़ाया जा सकता था, लेकिन इसकी अधिकतम सीमा तय नहीं थी। भू-स्वामियों को यह अधिकार दे दिया गया था कि डिप्टी कमिश्नर की अनुमति से वे लीज पर दी गई ज़मीन पर ख़ुद खेती कर सकते थे। यानी इस बहाने वे बेदख़ल करने को स्वतंत्र थे। इस प्रकार हम देखते हैं कि संशोधित क़ानून ने किसानों को जितना दिया नहीं, उससे कहीं अधिक ले लिया था। ऐसे समय में जब दक्षिणी अवध प्रान्त का उग्र किसान आन्दोलन, सरकार और ज़मींदारों के क्रूर दमन के कारण 1921 के मध्य में दबा दिया गया था तथा असहयोग आन्दोलनकारियों द्वारा निगल लिया गया था, ठीक उसी समय, एक नया उग्र किसान आन्दोलन हरदोई ज़िले के उत्तरी और अवध के पश्चिमी ज़िलों में 1921 के अन्त में और 1922 के प्रारम्भ में सामने आया। हरदोई, लखनऊ, बाराबंकी, सीतापुर, बहराइच और खीरी में फैले इस आन्दोलन को मलिहाबाद (लखनऊ) के ख़्वाजा अहमद और हरदोई के मदारी पासी ने जन्म दिया था। ख़्वाजा अहमद ख़िलाफ़त से जुड़े थे। द इंडियन मिरर, 28 फरवरी, 1922 के अनुसार मलिहाबाद के ख़िलाफ़त से जुड़े लोगों ने मदारी पासी के सहयोग से एका आन्दोलन की शुरुआत की थी इसके बावजूद यह आन्दोलन ज़्यादातर हिस्सों में स्वत:स्फूर्त ढंग से फैला।[2]

कहा जाता है कि उस समय बाबा रामचन्द्र लखनऊ जेल में बन्द थे और मलिहाबाद के पठानों ने जेल पर धावा बोलने और बाबा रामचन्द्र को छुड़ाने की योजना बनाई थी मगर इसके पहले कि वे कुछ कर पाते, सरकार ने बाबा रामचन्द्र को बरेली जेल में स्थानान्तरित कर दिया था।[3]

सरदार भगत सिंह के साथी, हरदोई के शिव वर्मा जी ने बताया था कि जिस तरह 1857 के विद्रोह में चपाती चलती थी उसी प्रकार एका आन्दोलन में सुपारी

---

1. जवाहरलाल नेहरू, एन आटोबॉयग्राफी, पेंगुइन बुक्स, 2004, पृष्ठ 67, 68
2. सोशल साइंटिस्ट, वाल्यूम 12, सं. 137, (अक्टूबर 1984), पृष्ठ 80, डिजिटल साउथ एशिया लाइब्रेरी; सुमित सरकार, वही, पृष्ठ 192-193; कपिल कुमार, पीजेंट इन रिवोल्ट, वही, पृष्ठ 191
3. सोशल साइंटिस्ट, वाल्यूम 12, सं. 137, (अक्टूबर 1984), पृष्ठ 80, डिजिटल साउथ एशिया लाइब्रेरी

चलती थी। जिस गाँव में एका की सभा होती, उसके आसपास के गाँवों में एक-एक सुपारी भेजी जाती थी। इसका मतलब गाँव के किसानों को सामूहिक निमंत्रण होता था। हज़ारों की संख्या में किसान आते थे। मदारी पासी सभी सुनने वालों को एका या एकता के बारे में बताते। मदारी पासी के भाषण का भावार्थ होता—''किसान भाइयो! ज़मीन हमारी, मेहनत हमारी, पैदावार हमारी लेकिन ले जाता है कोई और। हम सब मिलकर यह शपथ लें कि आगे से यह अत्याचार नहीं सहेंगे। किसी को लगान न देंगे। अगर एक किसान जेल जाता है तो बाक़ी गाँव उसके घर-परिवार की और खेत की देखभाल करेगा। अगर किसी एक किसान की सम्पत्ति या ज़मीन नीलाम हो जाती है तो कोई दूसरा किसान उसे नहीं ख़रीदेगा।''[1]

बाबा रामचन्द्र की ही तरह मदारी पासी ने धार्मिक प्रतीकों का इस्तेमाल किया था। वह किसानों को सत्यनारायण-कथा या मिलाद या दोनों के लिए आमंत्रित करते। मंडप में एक ओर कुरान शरीफ़ और दूसरी ओर गीता रखी जाती थी। हिन्दू और मुसलमान अपने-अपने ग्रन्थों पर हाथ रखकर शपथ लेते कि हम एक रहेंगे। एक साथ लड़ेंगे और सारे अत्याचार एक साथ सहेंगे। उनसे प्रति व्यक्ति दो पैसा चन्दा लेते जिनमें से कुछ कथा आयोजन पर ख़र्च होता और बाक़ी किसानों के मुक़दमे लड़ने में कोर्ट केस में। कथा के अन्त में एका के लिए प्रतिज्ञा की जाती जिसमें कहा जाता कि बेदख़ल खेतों पर कोई किसान खेती नहीं करेगा। बिना रसीद लिये कर (लगान) न देगा। अतिरिक्त कर न देगा। बेगार न करेगा। तालाबों से सिंचाई के लिए या चारागाहों पर जानवर चराने के लिए कुछ नहीं देगा और न अपमान बर्दाश्त करेगा।[2]

ब्रिटिश अख़बार 'द ग्लासगो हेराल्ड', 10 मार्च, 1922 और 'द डेली मेल', 10 मार्च 1922 में छपा समाचार—**'एका का विकास'** स्थिति की गम्भीरता बयान करता है।

हरदोई का एका आन्दोलन निस्सन्देह ख़तरनाक है, लेकिन एक पल के लिए यह उतना चिन्ताजनक नहीं माना जा सकता। इस अपील की नवीनता, अशिक्षित जनता की कल्पना है। मदारी पासी उसके नेताओं में से एक है जो चार आना प्रति की दर से टिकट बेच रहा है। माना यह जा रहा है कि यह धारक (टिकट धारक) को स्वराज मिलने पर भूमि का अधिकार प्रदान करेगा। इस आन्दोलन को करने के लिए कुछ ब्राह्मणों द्वारा धार्मिक स्वरूप प्रदान किया गया है और व्यवहार में गंगा-जल लेकर एकता कायम रखने का संकल्प लिया गया है। कई उदाहरण देखे गए हैं जब लोगों ने एका की शपथ लेने से इनकार किया, लेकिन उन्हें शपथ लेने के लिए मजबूर

1. प्रमोद कुमार, सरदार भगत सिंह के सहयोगी शिव वर्मा, राष्ट्रीय पुस्तक न्यास, भारत, नई दिल्ली, 2015, पृष्ठ 14
2. सोशल साइंटिस्ट, वाल्यूम 12, सं. 137, (अक्टूबर 1984), पृष्ठ 80, डिजिटल साउथ एशिया लाइब्रेरी, प्रमोद कुमार, वही, पृष्ठ 14

DEVELOPMENTS OF "AIKA"

From "The Glasgow Herald" and "The Daily Telegraph" Correspondent

Allahabad, Wednesday.—The "Aika" movement at Hardoi is undoubtedly dangerous, but for the moment it is not regarded as critical. The novelty of it appeals to the imagination of the uneducated masses. Madari Pasi, one of the leaders, has been selling tickets at four annas apiece, which are supposed to entitle holders to the possession of lands when "Swaraj" comes into force. A religious turn has been given to the movement by the adherence to it of a number of Brahmins, and by the practice of administering the oath of "Aika" with the aid of Ganges water. Numerous instances have occurred of people who refused to take the "Aika" oath being coerced into submission. In some villages the "Aikawalas" have set up "Panchayets," and in one village where the political atmosphere is rather surcharged they have appointed their own Commissioner, deputy Commissioner, superintendent of police, and city "Kotwal." Non-Co-operators are reported to be somewhat alarmed at the growth of this new movement, which is getting beyond their control. The landlords are apprehensive that the object of the "Aikawalas" is to oust them from their estates. They think that the movement points unmistakably towards revolution and anarchy. Over 1000 unlicensed firearms are believed to be in the district, and if the "Aikawalas" came into possession of these serious trouble might result.

किया गया। कुछ गाँवों में एका वालों ने पंचायतों का गठन कर लिया है और एक गाँव में, जहाँ राजनैतिक वातावरण एक हद तक उत्तेजित है, उन्होंने अपना कमिश्नर, डिप्टी कमिश्नर, पुलिस अधीक्षक और शहर कोतवाल का गठन कर लिया है। असहयोग आन्दोलनकारियों के भी कुछ हद तक इस नए आन्दोलन के विकास पर चिन्तित होने की सूचना है जो उनके नियंत्रण से बाहर हो रहा है। ज़मींदार आशंकित हैं कि नए 'एका वालों' का उद्‌देश्य उन्हें उनकी रियासत से बेदख़ल करना है। वे सोच रहे हैं कि यह आन्दोलन निश्चय ही क्रान्ति और अराजकता की ओर बढ़ रहा है। विश्वास किया जा रहा है कि ज़िले में जो एक हज़ार से ज़्यादा ग़ैर-लाइसेंसी हथियार हैं वे अगर एका वालों के क़ब्ज़े में आ गए तो गम्भीर परिणाम हो सकते हैं।

एका आन्दोलन और चौरी चौरा विद्रोह में एक समानता मुझे आन्दोलन की शुरुआत करने वाले नेताओं द्वारा टिकट बेचने की नीति में दिखाई देती है। टिकट दर में अन्तर है। चौरी चौरा का एक नायक, लाल मुहम्मद जहाँ 4 पैसे लेकर एक टिकट बेचता था वहीं मदारी पासी चार आने का। दोनों जगहों पर टिकट बिक्री का मक़सद एक था, टिकट धारक को स्वराज मिलने पर भूमि का अधिकार प्रदान करने का वचन देना।[1] इस प्रकार हम कह सकते हैं कि टिकट बिक्री की नीति अवध क्षेत्र के बाहर, पूर्वांचल के अन्य ज़िलों में भी फैली थी।

बीसवीं सदी के प्रारम्भ तक हरदोई का संडीला क्षेत्र अपेक्षाकृत समृद्ध था। यह पूरा इलाक़ा बुनकरों की बस्ती के रूप में मशहूर था। 1909 में यहाँ की जनसंख्या 1,000 के लगभग थी। यहाँ गाढ़ा और गाजी जैसा गोटा कपड़ा बुना जाता था। इस कपड़े की स्थानीय बाज़ार में ज़बरदस्त माँग थी। ब्रिटिश सरकार द्वारा पावरलूम की स्थापना के बाद से बुनकर बेकार हो गए। इन्हें मजबूर होकर पेट पालने के लिए खेतिहर मज़दूर बनना पड़ा या दूसरे कारोबार की ओर जाना पड़ा। कुछ ने गाजी बनाने का काम छोड़कर पलंगपोश, मेज़पोश, चेक क्लाथ बनाना शुरू किया परन्तु अपनी पुरानी तकनीक के कारण सफल न हो सके। संयुक्त प्रान्त की सरकार ने संडीला में बुनाई का एक स्कूल खोला था। इस स्कूल को डिस्ट्रिक्ट बोर्ड, हरदोई और म्युनिसिपल बोर्ड, संडीला द्वारा सहायता मिलती थी[2] लेकिन पावरलूम के प्रभाव से बुनकरों को खेतिहर मज़दूर बनने से नहीं रोका जा सका। हरदोई के इसी संडीला क्षेत्र में मदारी पासी ने किसान आन्दोलन को क्रान्तिकारी स्वरूप प्रदान किया था। उसने दो हज़ार से ज़्यादा किसानों की भारी भीड़ को संगठित किया था जो लाठी, भाला, तीर-धनुष और तलवार से लैस रहती थी। यह भीड़ किसानों को धमका कर आन्दोलन में शामिल होने की शपथ दिलाती। उसके आन्दोलन में हर वर्ग की भागीदारी थी। उसकी क्रान्तिकारिता को देखते हुए और मार्ग से भटकाने के लिए ही कुछ ब्राह्मणों

1. सुभाषचन्द्र कुशवाहा, वही, पृष्ठ 98, 100
2. सप्लीमेंट टू द मानचेस्टर कूरिअर, शुक्रवार, 13 अगस्त, 1909

The Scotsman, Midlothian, Scotland. March 11, 1922, Page 7 & 9.

ANTI-LANDLORD MOVEMENT IN INDIA.

VILLAGERS TERRORISED BY MOBS.

[" Times " Telegram, per the Press Association—Copyright.]

Lucknow, Thursday.—Considerable concern is being caused here by a movement known as the Aika or Eka movement, which seems to be spreading rapidly in parts of the United Provinces Essentially it is an agrarian movement, a protest by tenants against the exactions of landlords, but nowadays all movements tend to become anti-Government and revolutionary. So in this case under the influence of Non-Co-operators, the development of an anti-landlord movement into a campaign to pay no land revenue to the Government has been easy. Attempts are being made to supersede the ordinary machinery of Government by establishing village tribunals to try all cases recourse to the proper Courts of Law being forbidden. The chief leader of the new movement is one Madari Pasi, a man of low caste, formerly a village watchman, now calling himself Rája, who is going about terrorising the villages at the head of mobs of 2000 and upwards, armed with lathis (loaded staves), spears, bows, and arrows. These mobs compel all males to sign an oath of allegiance and join the movement under pain of having their crops and buildings destroyed and so forth.

So far no bloodshed is reported, but Madari and his colleagues seem to be undisputed masters of a large area, of which the chief centres are Hardoi, Sandila, and Bara Banki, all in the United Provinces. Conditions there are now chaotic. One attempt to arrest Madari failed, but it is evident that the other leaders must be dealt with and the movement suppressed, for already there are rumours of a similar movement in neighbouring Provinces.

THE AIKA MOVEMENT IN OUDH.

DANGEROUS DEVELOPMENT FEARED.

["MORNING POST" AND "THE SCOTSMAN" CORRESPONDENT.]

CALCUTTA, March 9.—There is growing fear lest the *Aika*, or unity movement, among the Oudh peasantry may develop into jacquerie against Zemindar landlords, while retaining its original revolutionary and anti-Government character.

The leader of this curious movement is one Madari, a member of the inferior caste of Pasis, or hereditary village watchmen of Oudh. Ex-watchman and ex-convict, he was associated originally with Non-Co-operators and Khalifatists of the Lucknow district, but has removed the centre of his operations to the Hardoi district, where, in the old days of the Oudh kingdom, bitter resistance was always offered to the forces of order.

From his "capital" in Hardoi, Madari is sending out his call to arms in a manner compared to the fiery cross of the old Highland days, and many hundreds are reported to be flocking to his cause.

The districts most affected are at present few, but no secret is made of the authorities' fear that it may engulf not merely Oudh, but much of the Agra province.

Ostensibly the *Aika* movement demands the redress of cultivators' legitimate grievances, and in that sense is a successor of the less serious *Kisan* movement of a year back. Actually, however, these grievances are being exploited in political interest, as is proved by the fact that the *Aika* oath provides that landholders shall be dissuaded and prevented from paying land revenue to the Government, which almost everywhere in India is the lawful owner of fee simple. Zemindars who continue to pay land revenue to the Government are being subjected to every kind of vile indignity and persecution.

By general consent the *Aika* movement is inspired by Moslem methods of downright violence rather than by Hindu procedure by boycott. Nevertheless the vast majority of Oudh landlords (and those who stand to lose most) are Hindus. "A curious feature is the reverence being paid by high caste Brahmins to the low caste Madari, a fact which may be traceable to his pretensions to reincarnate Madarshah, the famous "Wandering Jew" of the second century. Those best knowing the disturbed districts demand a speedy preventive exhibition, if not employment of cavalry and modern arms, before the Aika movement gets out of hand with disastrous results.

ने उसको धार्मिक स्वरूप प्रदान करने की कोशिश की थी। उन्होंने चतुराई से निम्न जाति के मदारी पासी को द्वितीय सदी के यहूदियों के पूज्य, मदार शाह का पुनर्जन्म बताया।[1] एडनबर्ग से प्रकाशित अख़बार 'द स्कॉट्समैन' ने शनिवार, 11 मार्च, 1922 को पृष्ठ 7 और 9 पर दो समाचार प्रकाशित किए थे। उन समाचारों के अनुसार, मदारी पासी शुरू में गाँव की चौकीदारी करने का खानदानी काम करता था। वह पूर्व अपराधी था। संयुक्त प्रान्त के ज़िलों में तेजी से फैलता उसका आन्दोलन, शुरू में ज़मींदारों के विरुद्ध था मगर भू-कर न देने के कारण सरकार के विरुद्ध हो गया। उसने गाँवों में समानान्तर सत्ता कायम की और सरकार के सामान्य प्रशासन को निष्प्रभावी बनाने का प्रयास किया। प्रारम्भ में वह लखनऊ ज़िले के ख़िलाफ़त और असहयोग आन्दोलन से जुड़ा था, मगर बाद में उसने अपने आन्दोलन का केन्द्र बदल कर हरदोई जनपद कर लिया। हरदोई जनपद पहले से ही अशान्त था। हरदोई को केन्द्र बनाकर उसने एक बड़े भू-भाग पर क़ब्ज़ा कर स्वयं को राजा घोषित कर लिया। उसके आन्दोलन के केन्द्र हरदोई, संडीला और बाराबंकी थे। उसने संयुक्त प्रान्त में स्थिति को नाजुक बना दिया था। 11 मार्च, 1922 के पूर्व उसे एक बार गिरफ़्तार करने का असफल प्रयास किया गया था।

हरदोई ज़िले में 1911-12 में लगान देने वाली और अनाज उपजाने वाली कुल ज़मीन का रक़बा 78,200 एकड़ था जो घटकर 1920-21 में 76,900 एकड़ रह गया था।[2] रक़बे में कमी, संडीला क्षेत्र में अफीम की खेती को बढ़ावा देने के कारण भी आई, क्योंकि 'होमवर्ड मेल', लन्दन के 18 अगस्त, 1913 के समाचार से ज्ञात होता है कि इस क्षेत्र में अफीम एजेंट की नियुक्ति की गई थी।

ज़िले के कुल भू-स्वामित्व का 23.85 प्रतिशत हिस्सा तालुक़ेदारी व्यवस्था एवं 76.15 प्रतिशत ज़मींदारी व्यवस्था के अन्तर्गत था। ज़िले के लिए वर्ष 1918-19 बेहद विपत्तिदायक रहा। एक तो मानसून के दगा दे जाने के कारण खरीफ और रबी की फसलें मारी गईं, दूसरी, चारों ओर इन्फ्लूएंजा की बीमारी फैलने से बहुत ज़्यादा मौतें हुईं। यही कारण था कि वर्ष 1911 की तुलना में एक दशक बाद वर्ष 1921 में ज़िले की कुल आबादी में 3.29 प्रतिशत की कमी आ गई थी।[3]

इसी बीच दिसम्बर, 1921 में प्रिंस ऑफ वेल्स, लखनऊ आए। शनिवार, 10 दिसम्बर, 1921 को उन्होंने रेसकोर्स लखनऊ में गैरीसन सेना, चौथी कॉवलरी और 19वीं इन्फैंट्री ब्रिगेड का मुआयना किया। रेलवे कुलियों और ताँगा वालों ने प्रिंस के

1. द स्काट्समैन, शनिवार, 11 मार्च, 1922; कपिल कुमार, पीजेंट इन रिवोल्ट, वही, पृष्ठ 199
2. एम.एच सिद्दीकी, वही, पृष्ठ 82
3. गजेटियर ऑफ इंडिया, उत्तर प्रदेश, ज़िला हरदोई, 1988, पृष्ठ 59, 60, 104; कपिल कुमार, पीजेंट इन रिवोल्ट, वही, पृष्ठ 195

बायकॉट में हिस्सा लिया था और पूरी तरह से हड़ताल कर रखी थी, मगर तालुक़ेदारों की गाड़ियों में उनके लोगों को भर-भर कर लाया गया था ताकि परेड ग्राउंड में भीड़ दिख सके। प्रिंस लखनऊ के किंग जॉर्ज मेडिकल कॉलेज और लखनऊ विश्वविद्यालय देखने गए। शनिवार को वह बारादरी में तालुक़ेदारों से मिले। वहाँ उनका स्वागत राजा रामपाल सिंह ने किया। रविवार की शाम वह इलाहाबाद के लिए निकल गए थे।[1] जिस समय वे तालुक़ेदारों से मिल रहे थे, संयुक्त प्रान्त में किसान विद्रोह जारी था, मगर किसानों के दुख-दर्दों के बारे में उन्होंने कुछ नहीं कहा। ऐसे समय में हरदोई में मदारी पासी के नेतृत्व में जन्मा एका आन्दोलन, रायबरेली, फ़ैज़ाबाद और सुल्तानपुर ज़िलों के किसान विद्रोह की तुलना में ज़्यादा विद्रोही तेवर वाला था। लन्दन के एक अख़बार ने लिखा था कि 'यह आन्दोलन हरदोई, बाराबंकी, सीतापुर और शाहजहाँपुर में फैला था। इस आन्दोलन के तेवर को देख कर प्रशासन में डर समा चुका था कि जल्द यह पूरे संयुक्त प्रान्त में फैल जाएगा। ज़मींदारों का साफ़ कहना था कि वे इस संगठन की आतंकी गतिविधियों से डरे हुए हैं। एका आन्दोलन का मुख्य हथियार सामाजिक बहिष्कार था (The chief weapon of the Aika is social ostracism)। ज़मींदारों और टैनेन्ट्स के बीच सम्बन्ध खराब करने के अलावा इस आन्दोलन के आन्दोलनकारी, सरकार के विरुद्ध घृणास्पद भाषण दे रहे थे और उनमें से ज़्यादा अविवेकी खुलेआम हिंसा की वकालत कर रहे थे। (Besides disturbing the good relations between landlords and tenants, the organisers of this agitation deliver speeches of virulent hatred against the Government and the more impetuous among them openly advocate violence)[2]

'द स्कॉट्समैन' (शनिवार, 11 मार्च 1922) के अनुसार एक वर्ष पूर्व के अवध किसान विद्रोह की तुलना में एका आन्दोलन ज़्यादा गम्भीर था। वह मुस्लिमों की तरह हिंसक तरीक़े अपनाता न कि हिन्दुओं की तरह धरना देने तक सीमित था। यह था ब्रिटिश अख़बारों में छाया मदारी पासी के एका आन्दोलन का ख़ौफ़, जो इस आन्दोलन की एकता को भंग करने के लिए हिन्दू-मुस्लिम तरीक़ों की व्याख्या गढ़ रहे थे।

कुछ प्रकाशकों ने तथ्यों के बजाय, श्रद्धाभाव के कारण अनावश्यक तथ्यहीन बातों का उल्लेख कर दिया है। सम्यक् प्रकाशन, दिल्ली ने 2014 में एक पुस्तिका प्रकाशित की है, जिसका नाम है—'ऐतिहासिक एका आन्दोलन के प्रवर्तक महानायक मदारी पासी'। इस पुस्तिका के लेखक नन्दकिशोर सिद्धार्थ हैं। इस पुस्तिका में लिखा गया है कि एका आन्दोलन अवध के सभी ज़िलों में फैला हुआ था। 'द स्कॉट्समैन' (शनिवार, 11 मार्च, 1922) के अनुसार संयुक्त प्रान्त के अलावा

1. द एबर्डीन डेली जरनल, सोमवार, 12 दिसम्बर, 1921
2. वेस्टर्न टाइम्स, 9 मार्च, 1922

पड़ोसी प्रान्तों में भी 'एका आन्दोलन' के फैलने की अफ़वाह थी। सम्भव है 'एका आन्दोलन' की गूँज दूर तक सुनाई दी हो, मगर हमारे सामने इस बात के प्रमाण हैं कि 'एका आन्दोलन' अवध के केवल पाँच या छह जनपदों में ही सक्रिय रहा था यद्यपि उसके मुख्य केन्द्र हरदोई, सीतापुर और बाराबंकी थे।

1921 के प्रारम्भ में हरदोई ज़िले में किसान सभा आन्दोलन अर्थात् एका (एकता) आन्दोलन की शुरुआत हुई[1], लेकिन उसकी गतिविधियाँ 1921 के अन्त से दिखनी प्रारम्भ हुईं। 17 दिसम्बर, 1921 को रघुवीर कलवार नामक आन्दोलनकारी की गिरफ़्तारी हुई, जिसे ब्रिटिश सरकार कुख्यात मानती थी। 19 दिसम्बर को उसे जेल की सज़ा हुई। जेल में उसने भूख हड़ताल प्रारम्भ कर दी। इस भूख हड़ताल में असहयोग आन्दोलनकारी राजनैतिक बन्दियों ने, जो मुख्यत: कांग्रेसी ही थे, भाग नहीं लिया। न्यायालय में सुनवाई के दौरान रघुवीर साफ़-साफ़ कहा भी था कि उसी ने भूख हड़ताल की। 20 दिसम्बर को क़ैदियों ने खाना तो लिया मगर सभी ने काम करने से मना कर दिया। 21 दिसम्बर को आकस्मिक अपराधियों ने काम किया लेकिन अभ्यस्त अपराधियों ने काम नहीं किया। इसी तिथि को जेल लॉकअप में परीक्षण के दौरान, जब क़ैदियों की गवाहों द्वारा पहचान कराई जा रही थी, डिप्टी मजिस्ट्रेट से क़ैदियों ने मार-पीट की। जेलर ने बड़ी मुश्किल से स्थिति सँभाली। 22 दिसम्बर को सुपरिटेंडेंट ने सूचित किया कि स्थिति गम्भीर बनी हुई है। सभी क़ैदियों और अपवादस्वरूप सफ़ाईकर्मियों तथा खाना पकाने वालों ने भी काम करने से मना कर दिया। जेलर, जेल की अशान्त स्थिति को नियंत्रित करने से भयभीत हो गए थे। ऐसी स्थिति में डिप्टी कमिश्नर पर्याप्त सुरक्षा बलों के साथ, हथियार और डंडे लेकर स्वयं स्थिति सँभालने के लिए जेल गए। क़ैदियों को मार-पीट कर शान्त किया गया। पाँच क़ैदी नेताओं को डिप्टी कमिश्नर के सामने कोड़ों से पीटा गया। डिप्टी कमिश्नर सुबह सात बजे पहुँच गए थे और साढ़े आठ बजे तक क़ैदियों की पिटाई होती रही। किसी भी राजनैतिक बन्दी (कांग्रेसियों)को कोड़े नहीं मारे गए। कोड़ों की मार से कई क़ैदी मर गए, लेकिन सरकार ने इसे अफ़वाह माना।[2]

मलेहरा से एका आन्दोलन की शुरुआत

गाँव मलेहरा, थाना व तहसील संडीला, ज़िला हरदोई के बेरुआ तालुक़ा के अन्तर्गत आता था। यह एक प्राचीन गाँव था। कहा जाता है कि इसको 1857 के पूर्व मलहर सिंह ने बसाया था। 1921 में यहाँ की तालुक़ेदारिनी रानी साहिबा दलेल कुँवर, उन्हीं की उत्तराधिकारी थीं। पहले यहाँ ठाकुर, ब्राह्मण और कलवार जातियाँ बसीं। बाद

1. गजेटियर ऑफ इंडिया, उत्तर प्रदेश, जिला हरदोई, 1976, पृष्ठ 55
2. होम डिपार्टमेंट, पोलिटिकल ब्रांच/1922, फाइल नं. 667, राष्ट्रीय अभिलेखागार, नई दिल्ली

में मुराऊ, चमार और अन्य जातियों की बहुलता हो गई। 1921 में इस गाँव में सबसे ज़्यादा चमार जाति के 36 परिवार थे। दूसरे नम्बर पर मुराऊ जाति के 30 परिवार थे। आरख 27 परिवार के साथ तीसरे नम्बर पर थे। इसके बाद पासियों के 15, गड़रियों के 13, धोबियों के 11, ब्राह्मण और बनियों के 10-10 और कलवारों के नौ घर थे। ठाकुर केवल दो घर थे। गाँव की निम्न जातियाँ क़र्ज़ में डूबी थीं। तत्कालीन समय में कोऑपरेटिव सेंट्रल बैंक का इन पर 2,532 रुपए और आठ आना क़र्ज़ था। व्यापारी और स्थानीय महाजनों का क़र्ज़ अलग था। ज़मीन पट्टे की अनिश्चितता और तालुक़ेदार के जुल्मों के बढ़ते जाने के कारण यहाँ के किसानों ने विद्रोह कर दिया। मलेहरा एक बड़ा गाँव था, जिसमें 30 जातियों के 200 परिवार रहते थे। 1921 में इसकी जनसंख्या 1,466 थी। इनमें निम्न जातियों के लगभग 1,200 लोगों ने मदारी पासी के नेतृत्व में 10 अन्य पड़ोसी गाँवों के किसानों के साथ मिलकर तालुक़ेदार के विरुद्ध बग़ावत कर दी। उन्होंने तालुक़ेदार और पटवारी के घरों पर आक्रमण किए। उनकी माँग थी कि ज़मीन की पट्टा अवधि को आजीवन समय के लिए किया जाए। यद्यपि इस विद्रोह को तालुक़ेदार के सैनिकों ने कुचल दिया तथापि रानी ने किसानों को पट्टा अवधि की सुरक्षा का वचन दिया।[1]

अन्य श्रोतों से इस आन्दोलन के बारे में निम्नलिखित जानकारी मिलती है—एका आन्दोलन की क्रान्तिकारी शुरुआत 28 दिसम्बर, 1921 को मलेहरा गाँव से ही हुई। गाँव के ज़िलेदार के घर को किसानों ने घेर लिया। यह घेराव अवैध कर वसूली को लेकर था। घेराव में 500 के आसपास किसानों ने भाग लिया था। इस घेराव को स्टेट की सेना ने कुचल दिया। संडीला में भी वहाँ के एक मज़बूत ज़मींदार के विरुद्ध बग़ावत हुई। ज़मींदारों की नींद उड़ चुकी थी। सरकार मदारी पासी की लोकप्रियता को देख, हाथ डालने में संकोच कर रही थी। डिप्टी कमिश्नर हरदोई ने सूचना दी कि ज़मींदार तुरन्त किसान नेताओं के विरुद्ध कार्यवाही का दबाव बना रहे हैं। डिप्टी कमिश्नर के अनुसार यहाँ मदारी पासी ही सबसे प्रभावी किसान नेता है। उसने अपना मुख्यालय मोहनगंज में बना रखा था और उसका नाम बदलकर मोहनखेर रख लिया था।[2] उसने प्रति व्यक्ति चार आना लगान निर्धारित कर दिया था। देखा जाए तो मदारी पासी का कार्य करने का तरीक़ा ठीक सुल्तानपुर और फ़ैज़ाबाद में सक्रिय रहा सूरज प्रसाद उर्फ़ छोटा रामचन्द्र की तरह था जो किसान सभा आन्दोलन के दौरान फ़ैज़ाबाद और सुल्तानपुर ज़िलों के कुछ भागों में समानान्तर शासन चला रहा था। मदारी पासी अपनी सभाओं में भाषण देता था। उसने केसरावल

---

1. फिल्ड एंड फार्मर्स इन अवध, एडीटेड बॉय राधाकमल मुखर्जी, यूनिवर्सिटी ऑफ लखनऊ: स्टडीज इन इकोनामिक्स एंड सोशियोलॉजी, 1929, लॉन्गमन्स ग्रीन एंड कं.लि. कलकत्ता, 1929, पृष्ठ 1, 2, 4, 5, 6, 21, 26, 129
2. द पायनियर, 9 मार्च, 1922, कपिल कुमार, पीजेंट इन रिवोल्ट, वही, पृष्ठ 199

और भरावन गाँवों में भाषण दिया था। किसान उत्तेजित हुए और एक दिन जब भरावन स्टेट के कर्मचारी लगान वसूल करने आए तो उन्हें खदेड़ दिया गया।[1]

एका आन्दोलन के अन्तर्गत आए दिन सरकारी दफ़्तरों और कचहरी में प्रदर्शन होने लगे। हरदोई में भी किसानों की गिरफ़्तारी का दौर प्रारम्भ हो गया। ज़मींदारों की निजी पुलिस भी किसानों की धर-पकड़ कर रही थी। हरदोई में 3 जनवरी, 1922 को पहले 26 स्वयंसेवकों ने कचहरी परिसर में मार्च निकाला, लेकिन वे गिरफ़्तार कर लिए गए। फिर 200 से 500 के लगभग किसानों की भीड़ ने कचहरी प्रांगण की ओर नारेबाजी करते हुए मार्च किया। किसान जेल में बन्द अपने साथियों को छुड़ाने के प्रयास में मार्च कर रहे थे। यह प्रयास रायबरेली के किसान आन्दोलन की ही तरह था। प्रशासन ने पुलिस बुला ली और कुल 51 किसानों को गिरफ़्तार कर लिया। गिरफ़्तारी के बावजूद 4 जनवरी को फिर किसानों ने जेल की ओर मार्च किया। प्रशासन पहले से मुस्तैद था। 14 किसानों को गिरफ़्तार कर लिया गया। इस पर काफी बवाल मचा। किसानों की भारी भीड़ ने कचहरी और जेल के बाहर उपद्रव मचाया था। इस घटना के बाद हरदोई में बाहर से पुलिस बलों को बुलाकर तैनात किया गया था।[2]

ज़मींदारों की ओर से लगातार लगान वसूलने का प्रयास किया जा रहा था। अतरौली गाँव में लगान वसूली की कोशिश का 18 जनवरी, 1922 को किसानों ने विरोध किया। फरवरी 1922 तक पूरे संडीला तहसील में, हरदोई तहसील के आधे भाग में और बिलग्राम तहसील के कुछ हिस्सों में एका आन्दोलन फैल गया। यह आन्दोलन दिन-प्रतिदिन फैलता जा रहा था। प्रति सदस्य चार आना सदस्यता शुल्क वसूला जाता और इसी से ज़मींदारों द्वारा बेदख़ली के लिए दायर मुक़दमे को लड़े जाते। किसान एकताबद्ध रहने, किसान भाइयों के विरुद्ध मुक़दमा न करने, अपराध से बचने, पंचायतों के माध्यम से विवादों को हल करने और अवैध करों को न देने की शपथ लेते। इस अवधि में संयुक्त प्रान्त के कई ज़िलों में कर न देने की सूचना मिलने लगी थी।[3]

मदारी पासी ने शुरू में किसानों को गोलबन्द करने के लिए परम्परागत तरीक़ों को ही अपनाया। उसने इसके लिए धार्मिक किताबों, यथा—गीता और कुरान और धार्मिक कथाओं का प्रयोग किया। उसका एका आन्दोलन, प्रशासन और ज़मींदारों के लिए चुनौती बन चुका था। उसने तीन दिन में 21 सभाएँ की,

1. पुलिस एब्सट्रैक्ट ऑफ इंटेलीजेंस, 14 जनवरी, 1922, सी.आई.डी. रिकार्ड, लखनऊ; कपिल कुमार, पीजेंट इन रिवोल्ट, वही, पृष्ठ 199
2. होम डिपार्टमेंट, पोलिटिकल ब्रांच/1922, फाइल नं. 667, राष्ट्रीय अभिलेखागार, नई दिल्ली, गजेटियर ऑफ इंडिया, उत्तर प्रदेश, ज़िला हरदोई, 1988, पृष्ठ 56
3. गजेटियर ऑफ इंडिया, उत्तर प्रदेश, ज़िला हरदोई, 1988, पृष्ठ 55; कपिल कुमार, पीजेंट इन रिवोल्ट, वही, पृष्ठ 199

जिनमें 150 से लेकर 2,000 तक किसानों ने भाग लिया। कई मामलों में कुछ भू-स्वामियों ने सभा शुरू होने के पहले ही अपने द्वारा किए गए दमन के लिए माफ़ी माँग ली। प्रतिदिन कहीं न कहीं एका वालों का विरोध प्रदर्शन होता था जिससे जनपद के भू-स्वामी डरे हुए थे।[1]

एका आन्दोलन की ये सभाएँ फरवरी, 1922 में हुई थीं न कि 1921 में, जैसा कि सम्यक् प्रकाशन से प्रकाशित पुस्तिका 'ऐतिहासिक एका आन्दोलन के प्रवर्तक महानायक मदारी पासी' में लिखा हुआ है।[2] इस बीच हरदोई के पुलिस अधीक्षक को जान से मारने का असफल प्रयास किया गया था।[3] 10 जनवरी, 1922 को पुलिस अधीक्षक हरदोई मि. बेकर, डिप्टी कमिश्नर के साथ खाना खाकर 10 बजे रात में लौट रहे थे। मोटरसाइकिल से दो लोग सड़क पर बोलते चल रहे थे तभी उनमें से एक ने पिस्टल से गोली चला दी। गोली पुलिस अधीक्षक के पैर में लगी, लेकिन गम्भीर नहीं थी। पुलिस अधीक्षक ने पलट कर अपने पिस्टल से दो राउंड गोली चलाई जिससे आक्रमणकारी भाग गए। इस आक्रमण का उद्‌देश्य राजनैतिक बताया गया।[4]

एका आन्दोलन ने जल्द ही क्रान्तिकारी रूप अख़्तियार कर लिया। किसानों के क्रान्तिकारी तेवर देख भू-स्वामियों की हिफ़ाज़त के लिए एक बार फिर शहरी कांग्रेसी सक्रिय हुए। 14 फरवरी को किशनलाल नेहरू अतरौली गए और गांधीवादी तरीक़े से किसानों और ज़मींदारों में एका स्थापित करने का प्रयास किया। उन्होंने किसान आन्दोलन में ज़मींदारों को शामिल करने का प्रयास किया जिससे विरोध कम हो सके। कांग्रेसियों के इस प्रयास को मदारी पासी ने सफल नहीं होने दिया। उसने असहयोगियों की राय मानने से मना कर दिया। वह जानता था कि असहयोग आन्दोलनकारियों के सम्बन्ध ज़मींदारों से थे। दरअसल किसान इस स्थिति में आ चुके थे कि अपने आन्दोलन का नेतृत्व ख़ुद कर सकें।[5]

फरवरी 1922 में 30 और गाँवों को संगठित कर लिया गया था। संडीला में कोई भी नाई सब-डिवीजनल मजिस्ट्रेट तक की सेवा करने को तैयार न था। यहाँ भी किसानों ने समानान्तर सत्ता का गठन करना शुरू किया। उन्होंने अपने अधिकारी स्वयं नियुक्त कर लिये। कांग्रेसियों ने एका आन्दोलन को रोकने का हर प्रयास किया, मगर तेजी से फैलते एका आन्दोलन को रोकने में विफल रहे। हरदोई कॉन्सट्यूशनल लीग, जो

1. द पायनियर, 9 मार्च, 1922; गजेटियर ऑफ इंडिया, उत्तर प्रदेश, ज़िला हरदोई, 1988, पृष्ठ 55
2. ऐतिहासिक 'एका आन्दोलन' के प्रवर्तक महानायक मदारी पासी, नन्दकिशोर सिद्धार्थ, 2014, नई दिल्ली, पृष्ठ 45
3. होम डिपार्टमेंट, पोलिटिकल, फाइल नं. 667/1922, राष्ट्रीय अभिलेखागार, नई दिल्ली
4. द यार्कशायर पोस्ट, सोमवार 16 जनवरी, 1922
5. द पायनियर, 10 मार्च, 1922; कपिल कुमार, पीजेंट इन रिवोल्ट, वही, पृष्ठ 200

ज़मींदारों और वकीलों का एक संगठन था, ने 22 फरवरी 1922 को एका आन्दोलन से उत्पन्न स्थिति पर विचार किया था। इन लोगों ने एका आन्दोलन की उत्पत्ति को बुरे आचरण और ग़ैर-ज़िम्मेदार लोगों का कृत्य बताया था। ज़मींदारों और वकीलों को साथ लेकर तब ब्रिटिश सरकार जगह-जगह 'अमन सभाएँ' करा रही थीं। इन सभाओं का उद्देश्य क्रान्तिकारी गतिविधियों में जनता को भाग लेने से रोकना था तथा ब्रिटिश सरकार को सहयोग देना था। ज़मींदारों ने हरदोई ज़िला जैसे अशान्त राज्य में 'अमन सभा' के लिए काम करने में अपनी असमर्थता जताई।[1] इससे यह सिद्ध होता है कि मदारी पासी द्वारा शुरू किया गया एका आन्दोलन इतना प्रभावी था कि ज़मींदारों का वहाँ वश नहीं चलता था। हरदोई के ज़मींदार एक बार फिर 25 फरवरी, 1921 को संडीला में इकट्ठा हुए। उन्होंने बुरे आचरण वालों अर्थात् एका वालों से सुरक्षा देने की माँग सरकार से की। उन्होंने स्वयं की सुरक्षा के लिए सिविल गार्ड बनाने का निर्णय लिया।[2] उसके बाद ज़मींदारों के नेता 'राजा' की उपाधि धारण कर रहने लगे। वे कहीं आते-जाते तो भारी संख्या में अपने सुरक्षा गार्ड लेकर चलते जो भाले और तीर-धनुष से लैस होते थे।[3] ज़मींदारों के इस तरह आक्रामक हो जाने और सरकारी संरक्षण के कारण ग़रीब किसानों पर जुल्म बढ़ा। 'प्रताप' अख़बार में छपा—गोलियों की बौछारों के बीच असहाय किसानों के अन्दर यह विश्वास घर करने लगा कि स्वयं की सुरक्षा के लिए संगठित होना बहुत बड़ा अपराध है। जबकि तालुक़ेदारों के तालुक़ेदार 'बटलर', प्रदेश में शान्ति स्थापित करना चाहते हैं और उनके विश्वासपात्र तालुक़ेदारों में से कोई भी ग़रीब किसानों के पक्ष में नहीं है।

मदारी पासी को गिरफ़्तार करने के लिए क्षेत्रीय ज़मींदार शंकरबख्श सिंह, गंगाबख्श सिंह और शीतलाबख्श सिंह ने तत्कालीन डिप्टी कलेक्टर से शिकायत की। डिप्टी कलेक्टर घुड़सवार सैनिकों के साथ आया और मदारी पासी से मिलने भरावन के राजा माधो सिंह के हाथी पर सवार होकर गया। वह अकेले में मदारी पासी से मिलना चाहता था और उसे समझाना चाहता था। मदारी पासी ने डिप्टी कलेक्टर की बात न मानी और वहाँ से चले जाने को कहा। बाद में डिप्टी कलेक्टर घुड़सवार सैनिकों के साथ मदारी पासी को पकड़ने गया, लेकिन वह हाथ नहीं आया। डिप्टी कलेक्टर ने नाराज़ होकर उसका घर उजड़वा दिया। उसके परिवार वालों को मारा-पीटा। मदारी की 40 भैंसों को शंकरबख्श सिंह को दे दिया। 25 फरवरी, 1922 को गिरफ़्तारी से बच निकलने वाले मदारी पासी को सारे प्रयास के बावजूद प्रशासन गिरफ़्तार न कर सका। गिरफ़्तारी के लिए व्यापक बन्दोबस्त किया गया था। लेकिन सूचना बाहर आ जाने के कारण मदारी अपने रहने के स्थान से

1. द लीडर, 4 मार्च, 1922
2. द पायनियर 11 मार्च, 1922
3. कपिल कुमार, पीजेंट इन रिवोल्ट, वही, पृष्ठ 202; द इंग्लिश मैन 28 फरवरी, 1922

निकल गया था। मदारी को गिरफ़्तार करने के लिए 1,000 रुपए का इनाम घोषित किया गया। कुछ चुने हुए क़ाबिल पुलिस वालों को हरदोई और आसपास के ज़िलों में, जहाँ मदारी पासी के छिपे होने का अन्देशा था, तैनात किया गया। **'द स्टेटमैन'** के अनुसार, सेना के 2,000 जवानों को 10 डिवीजनों में बाँट कर 50 फोर्ड वैन के साथ ऑपरेशन शुरू किया गया मगर मदारी पासी हाथ न आया। खीज कर 'हरदोई ज़मींदार संगठन' के नेता ठाकुर मशाल सिंह ने 2 मार्च, 1922 को मदारी पासी के गिरफ़्तार न करने का प्रकरण लेजिस्लेटिव कौंसिल में उठाया। गृह मंत्री ने मशाल सिंह के सवाल का जवाब देते हुए आश्वस्त किया कि मदारी पासी को जल्द गिरफ़्तार कर लिया जाएगा। इन सब के बावजूद, पुलिस के अथक प्रयास के बाद भी मदारी पासी हाथ नहीं आए तो यह उनकी जन-लोकप्रियता का प्रमाण है। सुप्रसिद्ध क्रान्तिकारी शिव वर्मा ने एक साम्यवादी शिवकुमार मिश्र को यह बताया था कि मदारी पासी ने स्वयं को भूमिगत कर लिया था। उन्हें हिन्दुस्तान सोशलिस्ट रिपब्लिकन आर्मी में शामिल किया गया था। उनके अनुसार 1922 के बाद जब एका आन्दोलन लगभग समाप्त हो गया था, एक दिन अकस्मात् मदारी पासी उनसे हरदोई में मिले और शिव वर्मा को एक घर में ले गए। उस घर में चार-पाँच बन्दूक़ों के अतिरिक्त काँता, भाला आदि सँभाल कर रखे गए थे। शिव वर्मा से मदारी पासी ने कहा कि,'मेरी समझ में नहीं आ रहा कि अब इन हथियारों का क्या करूँ? अब ये हथियार तुम्हारी पार्टी के लिए हैं। तुम मुझे भी अपनी पार्टी में शामिल कर लो। उसके बाद ही उन्हें पार्टी में ले लिया गया था। मगर उसके बाद फिर शिव वर्मा की मदारी पासी से मुलाकात न हो सकी। सम्भवत: वह सन् 1928 तक भगत सिंह की हिन्दुस्तान सोशलिस्ट रिपब्लिकन आर्मी में सक्रिय रहकर विद्रोही बने रहे।[1]

मदारी की अनुपस्थिति में हरदोई के किसान आन्दोलन की बागडोर देव पासी के हाथ में आ गई। देव पासी को अधिकारी 'मदारी का नक़लची' (An imitator of Madari) कहा करते।[2] बाद में कुछ पटवारी और चौकीदार भी इस आन्दोलन से जुड़ गए। यह आन्दोलन जोतदारों के दमन के मामलों को देखने लगा। हरदोई ज़िले के उदयपुर गाँव में किसान आन्दोलन के दौरान पुलिस ने 9 मार्च, 1922 को दो किसानों की गोली मारकर हत्या कर दी। एक उप-निरीक्षक, एक पुलिस कांस्टेबल और दो चौकीदार सूरज डूबने के बाद इस गाँव में पहुँचे। वे वहाँ एका आन्दोलन से जुड़े लोगों के बारे में पता लगाने लगे। एकाएक एक झोपड़ी में आग लग गई

---

1. कपिल कुमार, पीजेंट इन रिवोल्ट, वही, पृष्ठ 204; द स्टेटमैन, 10 मार्च, 1922; रामप्रकाश सरोज, क्रान्तिवीर मदारी पासी एवं एका आन्दोलन, प्रकाशक-सुशीला सरोज, भूतपूर्व मंत्री, उ.प्र., 18 राजभवन कालोनी, लखनऊ, पृष्ठ 56, 57; प्रमोद कुमार, वही, पृष्ठ 16
2. द पायनियर 11 मार्च, 1922

और 100 की संख्या में पासी किसान चिल्लाते हुए निकले—'इन्हें मार दो' और पुलिस वालों पर टूट पड़े। ये किसान लाठियों से लैस थे। पुलिस ने छह राउंड गोली चलाई। 10 मार्च की सुबह पुलिस ने दो लाशें बरामद दिखाईं जो रिंग लीडरों की थीं। डिप्टी कमिश्नर का कहना था कि यह पुलिस दल को जलाकर मारने का प्रयास था, उन्होंने गोली चलाने को उचित माना।[1] यह मामला न्यायालय में महज खानापूर्ति के लिए चला। एक विशेष मजिस्ट्रेट ने सैकड़ों किसानों के ऊपर लगाए गए अभियोग की सुनवाई महज पाँच मिनट में पूरी कर ली। इंटेलीजेंस रिकार्ड स्वीकार करता है कि 8 अप्रैल, 1922 को 59 लोगों को सज़ा सुना दी गई। इसी घटना को ब्रिटिश अख़बार ने 'घातक किसान दंगा' शीर्षक से इस प्रकार छापा था :

"लखनऊ, शनिवार, 11 मार्च को संयुक्त प्रान्त के हरदोई ज़िले से किसान दंगे से जुड़ा हत्या का पहला मामला आज सुबह प्रकाश में आया। यह पता चला है कि पुलिस का एक दल जिसमें दो भारतीय उप-निरीक्षक, एक कांस्टेबल, दो ग्रामीण चौकीदार, एक साथ एक स्थानीय ज़मींदार के यहाँ जाँच पर गए थे। ज़मींदार के विरुद्ध कथित तौर पर ज़ुल्म करने की शिकायत प्राप्त हुई थी। पुलिस दल जाँच में व्यस्त था कि 100 की संख्या में लाठियों से लैस किसानों की भीड़ ने उन पर आक्रमण कर दिया। उन्होंने ज़मींदार के घर में आग लगा दी। इसके बाद पुलिस ने गोली चलाई, जिससे दो लोग मारे गए और अन्य घायल हुए। उसके बाद दंगाई भाग गए। एक उपनिरीक्षक भी घायल हुआ।'[2]

इसके बाद पूरे क्षेत्र में व्यापक दमन चला। घुड़सवार फ़ौज की टुकड़ी हरदोई में तैनात कर दी गई। न्यायिक प्रक्रिया का यह हाल था कि गिरफ़्तार किए किसानों के मामलों की सुनवाई केवल पाँच मिनट में पूरी कर ली जाती थी और सज़ा सुना दी जाती थी।[3] 100-200 लोगों पर एक साथ मुक़दमा किया जाता था। पूछा जाता कि तुमने एका में हिस्सा लिया? किसान कहते—'हाँ'। फिर पूछा जाता कि छोड़े जाने पर तुम फिर एका में हिस्सा लोगे? किसान कहते—'हाँ'। इसी बात पर किसानों को तीन-चार साल की सज़ा सुना कर मुक़दमा समाप्त कर दिया जाता। पढ़े-लिखे ज़मींदार और पटवारी ही कांग्रेसी कार्यकर्ता थे और किसानों के दुश्मन भी। वे एका आन्दोलन के विरोधी थे। इसलिए कांग्रेसियों ने एका आन्दोलन के प्रति सहानुभूति नहीं दिखाई। किसानों पर दमनचक्र के साथ ही एक बार फिर शहरी कांग्रेसी सक्रिय हो गए थे। वे एका आन्दोलन के विरोध की नीति का अनुसरण कर रहे थे।[4]

---

1. द लीडर 16 मार्च, 1922
2. द वेस्टर्न मार्निंग एंड मरकरी, 13 मार्च, 1922
3. रामप्रकाश सरोज, वही, पृष्ठ 62
4. सुशील श्रीवास्तव, वही, पृष्ठ 269; प्रमोद कुमार, वही, पृष्ठ 14, 15

13 मार्च, 1922 को मोतीलाल नेहरू हरदोई ज़िले में पधारे और अवध किसान कान्फ्रेंस की अध्यक्षता की, जिसमें लगभग 2,500 लोग उपस्थित थे। उन्होंने हरदोई के किसानों पर नाराज़गी दिखाई और एका आन्दोलन की निन्दा की। स्वराज प्राप्ति के लिए सभी गतिविधियों को रोकने पर जोर दिया। उन्होंने कहा कि ज़मींदारों और किसानों की एकता से स्वराज मिलेगा। स्वराज आने पर ही किसानों की समस्याएँ दूर होंगी। उन्होंने आगामी म्युनिसिपल और डिस्ट्रिक्ट बोर्ड चुनाव में कांग्रेस और ख़िलाफ़त को वोट देने को कहा। सभी वक्तओं ने एका आन्दोलन की निन्दा की। यह कांग्रेसियों की बुनियादी नीति थी। कांग्रेसी सदा जन-आन्दोलन को स्वराज के रास्ते की बाधा बताते थे और अपनी गुप्त नीति के कारण ही वे जन-आन्दोलनों से भयभीत रहते थे। एक बार फिर शहरी कांग्रेसियों ने किसान आन्दोलन को शान्त करने में सारी ताकत झोंक दी। 15 मार्च, 1922 को जवाहरलाल नेहरू ने हरदोई में लगभग 2,000 की भीड़ को सम्बोधित किया। उन्होंने गांधी की गिरफ़्तारी और जेल में डालने की निन्दा की (उन्हें 10 मार्च, 1922 को अहमदाबाद में गिरफ़्तार किया गया था) और हड़ताल करने की अपील की। विरोध में 18 मार्च, 1922 को पूरे ज़िले में हड़ताल रखी गई।[1]

मदारी पासी के जीवन के बारे में

मदारी पासी के जीवन इतिहास को खंगालने का इतिहासकारों द्वारा ख़ास काम नहीं किया गया है। कुछ दलित विद्वानों ने प्रयास किया भी है तो बिना तथ्यों को जुटाए, सुनी-सुनाई बातों को ही दर्ज करने का काम किया है। सारे तथ्यों को खंगालने के बाद जो तथ्य सही जान पड़ते हैं, उन्हें ही यहाँ दिया जा रहा है।

मदारी पासी, पुत्र श्री मोहन पासी, ग्राम-मोहनखेड़ा, मजरा-इटौंजा, तहसील-संडीला, ज़िला-हरदोई के रहने वाले थे। अनुमान किया जाता है कि मदारी पासी का जन्म सन् 1860 के आसपास हुआ था। मदारी पासी अपने पिता के पहले पुत्र थे। तीन वर्ष बाद उनके छोटे भाई का जन्म हुआ, जिसका नाम लक्ष्मण पासी था। बड़े होकर मदारी पासी अखाड़े में जाने लगे और जमकर पहलवानी की। तीर-धनुष चलाना सीखा।[2]

मदारी का विवाह ग्राम-जमींखेड़ा, थाना-माल, तहसील-मलिहाबाद में हुआ था। मदारी के दो पुत्र-ईश्वरदीन और हरि तथा दो पुत्रियाँ थीं। उन्होंने अपनी पुत्रियों का विवाह गाँव-नौबस्ता, तहसील-मलिहाबाद में कर दिया था। जब एका आन्दोलन का दमन करने के लिए मदारी पासी को पुलिस गिरफ़्तार करने में लगी थी और वह

1. गजेटियर ऑफ इंडिया, उत्तर प्रदेश, ज़िला हरदोई, 1988, पृष्ठ 56; कपिल कुमार, पीजेंट इन रिवोल्ट, वही, पृष्ठ 201
2. रामप्रकाश सरोज, वही, 23, 25, 74; नन्दकिशोर सिद्धार्थ, वही, पृष्ठ 24, 25

भूमिगत हो गए थे तब उनके घर को तहस–नहस कर दिया गया। उनके दोनों बेटे, अपनी बहन के गाँव–नौबस्ता चले गए थे और फिर कभी अपनी जन्मभूमि–मोहनखेड़ा वापस नहीं आए। ईश्वरदीन तो नौबस्ता में ही रह गए मगर हरि, बहन के यहाँ से पहाड़पुर जाकर बस गए। उनके परिवार के वंशज आज भी पहाड़पुर में रहते हैं।[1]

लक्ष्मण अविवाहित रहे और अल्पायु में बीमारी के कारण उनका देहान्त हो गया था। पुत्र शोक के कारण उनके पिता मोहन का भी बाद में देहान्त हो गया।[2]

'क्रान्तिवीर मदारी पासी एवं एका आन्दोलन', लेखक–रामप्रकाश सरोज, प्रकाशक–सुशीला सरोज, भूतपूर्व मंत्री, उ.प्र., 18 राजभवन कॉलोनी, लखनऊ में इस तथ्य का ज़िक्र है कि मदारी पासी एक ज़मींदार की मुख़बिरी पर एक गड़रिया के घर से रात में गिरफ़्तार कर लिये गए थे। उन्हें हरदोई की जेल में रखा गया था। मुक़दमा चला और पाँच माह की सज़ा हुई। मदारी पासी से हरदोई जेल में सरदार भगत सिंह की मुलाकात हुई (अब तक के उपलब्ध साक्ष्यों से भगत सिंह के हरदोई आने या हरदोई जेल में कैद होने के तथ्य की पुष्टि नहीं होती। भगत सिंह केवल लाहौर और दिल्ली जेल में कैद रहे हैं)। वह स्थानीय ज़मींदार शंकरबख्श सिंह के गाँव नारायणपुर भी गए और उन्हें हिदायत दे आए कि जेल से छूटने के बाद मदारी को कोई दिक्कत नहीं आनी चाहिए। इस किताब में यह भी ज़िक्र है कि जेल से रिहा होकर मदारी पासी ने अपना गाँव छोड़ दिया। भगत सिंह के मदारी पासी से मिलने जैसे प्रसंग को लिखते समय इस सामान्य तथ्य पर ग़ौर कर लेना चाहिए था कि 1922 के आसपास भगत सिंह की उम्र मात्र 15 वर्ष की थी। वह इंटर के छात्र थे। छात्र राजनीति के अलावा अभी वह राजनैतिक आन्दोलनों में सक्रिय नहीं हुए थे। सम्यक् प्रकाशन से छपी पुस्तिका में कहा गया है कि पाँच माह की जेल के बाद मदारी पासी 1928 में जेल से बाहर आए। यानी मदारी पासी महज पाँच माह पूर्व ही गिरफ़्तार हुए होंगे। ऐसे में मार्च 1922 के बाद से 1927 तक मदारी पासी के आन्दोलन की कोई जानकारी नहीं मिलती। इस किताब में यह भी ज़िक्र है कि मोहनखेड़ा के पास के पहाड़पुर गाँव को खुनखुनजी ज्वैलर, चौक, लखनऊ ने ख़रीद लिया था। मदारी पासी खुनखुनजी के पास पहाड़पुर गाँव में बसने के लिए ज़मीन माँगने गए मगर उन्हें सफलता न मिली। खुनखुनजी ने उन्हें शंकरबख्श सिंह के पास ही भेज दिया जिन्होंने पहाड़पुर गाँव के पास अटरिया डीहा में थोड़ी–सी ज़मीन दे दी जहाँ वे कुटी बना कर घर–परिवार से दूर अकेले रहने लगे। वहाँ उन्होंने इमली का एक पेड़ लगाया जो आज भी है। मदारी पासी की मृत्यु लगभग 70 वर्ष की आयु में 1930 के आस–पास हुई थी।[3] सुमित सरकार ने भी उल्लेख किया है

1. रामप्रकाश सरोज, वही, पृष्ठ 23, 25
2. नन्दकिशोर सिद्धार्थ, वही, पृष्ठ 29
3. रामप्रकाश सरोज, वही, पृष्ठ 62, 64, 66, 67, 69

कि जून 1922 में मदारी पासी गिरफ़्तार हो गए थे।[1] इन तथ्यों की पुष्टि किसी भी अन्य स्रोत से नहीं होती है। ब्रिटिश रिकॉर्ड और तत्कालीन अख़बारों की रिपोर्ट यही बताती है कि वे कभी गिरफ़्तार नहीं हुए। अगर वह गिरफ़्तार हुए होते और उन पर मुक़दमा चला होता तो उसका रिकॉर्ड उपलब्ध होता।

रामप्रकाश सरोज की पुस्तक से यह भी जानकारी मिलती है कि मदारी पासी के एका आन्दोलन में अहीर, गड़रिया, तेली, पासी, चमार, मुराऊ, आरख और गद्दी जैसी उपेक्षित जातियाँ भाग ले रही थीं। एक बार उन्हें गिरफ़्तार करने के लिए पुलिस ने उनके पड़ाव पर छापा मारा, मगर वह पड़ाव से 10 किलोमीटर दूर सर्वा और कल्यानपुर के घने जंगलों में आन्दोलनकारियों के साथ निकल गए। मदारी पासी के सहयोगियों में हुलासी राम गड़रिया तथा प्रभुदयाल थे। क्रान्तिकारियों का भोजन उनके छिपे स्थान तक पहुँचाने में परशुराम पाल की दादी कमलादेवी सहयोग करती थीं। प्रभुदयाल अपनी पढ़ाई छोड़कर मदारी पासी के एका आन्दोलन से जुड़े थे, मगर वह गुपचुप तरीक़े से ही मदारी पासी का साथ देते थे। उन्हें भय था कि 'बीसरदार' (मुख़्तार) ज़मींदार तक सूचना न दे दे। एक दिन बीसरदार ने ज़मींदार को सूचित कर दिया। बात थाने तक गई और थानेदार मुर्तजा हुसैन ने गोकरन सिपाही को, जो जाति का गड़रिया ही था, गतिविधियों की जानकारी हेतु गाँव भेजा। प्रभुदयाल ने सिपाही की पिटाई कर दी। बाद में थानाध्यक्ष ने प्रभुदयाल को गिरफ़्तार किया।[2]

एका आन्दोलन एवं मदारी पासी के दो सहयोगियों–सोहराब और इशरबदी का भी नाम आता है, लेकिन इनके बारे में बहुत जानकारी उपलब्ध नहीं हो पाती।[3] मदारी पासी के एका आन्दोलन से हरदोई के प्रसिद्ध क्रान्तिकारी शिव वर्मा के जुड़े होने का उल्लेख शिव वर्मा की किताब 'मौत के इंतज़ार में', शहीद स्मारक प्रकाशन, पुराना क़िला, लखनऊ, के पीछे के मुख्य पृष्ठ पर किया गया है। शिव वर्मा भगत सिंह के साथी थे। जैसा कि अन्तिम दिनों में मदारी पासी के भगत सिंह की पार्टी 'हिन्दुस्तान सोशलिस्ट रिपब्लिकन एसोसियशन' में शामिल होने का सन्दर्भ मिलता है तो वह शिव वर्मा के सहयोग से सम्भव हुआ था।

लोकसभा में 5 मार्च, 2013 को सांसद अशोक कुमार रावत ने सवाल उठाते हुए सामाजिक क्रान्ति के अमर सेनानी मदारी पासी का स्मारक बनाने की जोरदार माँग करते हुए कहा कि—

"सामाजिक क्रान्ति के अमर सेनानी जननायक मदारी पासी सामन्त, ज़मींदार या साधनसम्पन्न व्यक्ति नहीं थे। वह दलित वर्ग के पासी समाज के एक साधारण

---

1. सुमित सरकार, वही, पृष्ठ 193
2. रामप्रकाश सरोज, वही, पृष्ठ 59, 60, 61
3. सेलेक्टेड सबाल्टर्न स्टडीज, रंजीत गुहा एंड गायत्री चक्रवर्ती स्पीवक, पृष्ठ 280, न्यूयार्क ऑक्सफोर्ड, ऑक्सफोर्ड यूनिवर्सिटी प्रेस, 1988

किसान के पुत्र थे। उन्होंने मनुवादी असमानतापूर्ण वर्ण व्यवस्था को सहते हुए अवध के सम्पूर्ण किसानों और मज़दूरों की अस्मिता की समस्या के समाधान हेतु एका आन्दोलन का नेतृत्व किया और समाज को सही दिशा देकर मानव-जीवन में सत्य और अहिंसा का प्रचार-प्रसार किया। उस दौरान दलित समाज ब्राह्मणी समाजिक व्यवस्था के कारण उत्पीड़न, शोषण, असमानता, विषमता, अन्याय और अत्याचार सहने को विवश था। अत: मेरा केन्द्र सरकार से अनुरोध है कि वह मदारी पासी, जिन्होंने दलित और शोषित समाज में साहस, स्वाभिमान, स्वावलम्बन, सह-अस्तित्व की सुरक्षा के प्रति ललक और जागरूकता पैदा की और साधारण जनता में भाईचारा, देशभक्ति, कर्तव्यनिष्ठा और मानव कल्याणकारी भावना को बढ़ाने का साहसपूर्ण कार्य किया, उनकी स्मृति में उ.प्र. राज्य के ज़िला हरदोई, तहसील संडीला के गाँव पहाड़पुर अटरिया में उनका भव्य स्मारक बनाकर निकटवर्ती क्षेत्र का केन्द्रीय स्तर पर तीव्र विकास किए जाने हेतु आवश्यक क़दम उठाए।''

लखनऊ के रहने वाले उपन्यासकार कामतानाथ ने अपने उपन्यास 'कालकथा' में भी मदारी पासी का उल्लेख किया है। यद्यपि उपन्यास की बातों को तथ्यात्मक नहीं माना जा सकता, तथापि उसमें जो बातें आई हैं, संक्षेप में उनका ज़िक्र भी ज़रूरी है। कामतानाथ जैसे वरिष्ठ कथाकार ने अपने उपन्यास में पात्रों को गढ़ते समय ऐतिहासिक तथ्यों को पूरी तरह नज़रअन्दाज़ नहीं किया होगा। इस उपन्यास में उन्नाव के चन्दनपुर गाँव के क़ानूनगो मुंशी रामप्रसाद हैं। गाजी खेड़ा के तालुक़ेदार अब्दुल गनी हैं। मदारी पासी चन्दनपुर गाँव के पास ही एक दलित बस्ती दुर्जन खेड़ा में जनचेतना पैदा करते हैं। वह नीची कही जाने वाली जातियों में ऐसी चेतना पैदा करते हैं कि बड़े-बड़े रसूख वाले भी उनसे बेगार लेने या उनकी औरतों से अभद्रता करने में सहमने लगते हैं। दुर्जन खेड़ा में मुंशी जी के बेटे की ससुराल है। उनके बेटे के साले तेजशंकर कांग्रेसी नेता हैं। वहाँ की एक टिकुली नामक साहसी महिला का साथ मिलता है मदारी पासी को और उसी के कारण मदारी पासी दलित बस्ती में अपनी सभा कर पाते हैं वरना अब्दुल गनी जैसे तालुक़ेदार तो उस बस्ती को नष्ट करने पर तुले थे। इस प्रकार उपन्यास की दृष्टि में उन्नाव, लखनऊ, हरदोई और सीतापुर में मदारी पासी की लोकप्रियता गांधी की तर्ज़ पर अलौकिक किस्म की बन गई थी। मसलन, उनके बारे में भी मिथ गढ़ लिया गया था कि वह हनुमान की तरह उड़ कर कहीं भी चले जाते हैं। गांधी जी के साथ उनका चरखा जाता था तो मदारी पासी के साथ उनकी चारपाई। अछूत जातियाँ कहतीं 'उईं हमार पंचन के गांधी आँय'।

मदारी पासी के सम्बन्ध में डॉ. अशोक शुक्ल, जो हरदोई में सिटी मजिस्ट्रेट के पद पर तैनात रहे हैं, ने अपने एक आलेख में लिखा है कि 'जनपद सीतापुर के स्वतंत्रता-संग्राम सेनानी स्व. पं. मथुराप्रसाद मिश्र वैद्य जी जो कांग्रेसी नेता तथा उनके नाना थे, ने बताया था कि आज़ादी के आन्दोलन के दौरान एक बार उनके

गाँव कोदिकापुर में गांधी जी के आने की बहुत चर्चा थी। उन्होंने डाकघर, रामगढ़ से जानकारी ली तो पता चला कि गांधी जी का कोई कार्यक्रम नहीं है। दो दिनों के बाद स्थानीय साप्ताहिक बाज़ार स्थल, मोहकमगंज में दलित समुदाय का एक सम्मेलन हुआ, जिसमें ज़मींदारों को लगान न देने और अस्पृश्यता के विरुद्ध आवाज़ उठाने हेतु काफी संख्या में लोग इकट्ठा हुए थे। इस सम्मेलन में मदारी पासी ने आकर दलितों को रोटी और मांस की शपथ दिलाई। सम्भवतः इसी प्रसंग से प्रेरणा लेकर कामतानाथ जी ने अपने उपन्यास 'कालकथा' में दलितों के गांधी के रूप में मदारी पासी को चित्रित किया है। मदारी पासी के किसी गाँव में जाने के पहले उनके लोग उस गाँव में जाते और इन निम्न जातियों को एक पोटली छुआकर कसम दिलाते कि वे एक रहेंगे। इस पोटली में ज्वार की एक रोटी और एक टुकड़ा मांस का होता। इसमें रोटी का मतलब होता—"ईका मतलब है कि हमार पंचन की लड़ाई रोटी की है या समझ लेव कि पेट की अउर मांस का मतलब कि इस लड़ाई में अपने सरीर का मांस तक देंय पड़ सकत है।"

मदारी पासी के बारे में कथाओं और सुनी-सुनाई बातों का उल्लेख ज़्यादा देखने को मिलता है। मैंने यहाँ उतनी ही बातों का ज़िक्र किया है, जो तथ्यात्मक रूप से सत्य लगीं। मदारी पासी यद्यपि आन्दोलन को सफल बनाने के लिए गीता और कुरान का इस्तेमाल जनता को जोड़ने के लिए करते थे, तथापि अवध के तमाम किसान नेताओं की तरह उन्होंने साधु वेष धारण नहीं किया। उन्होंने सफेद कपड़ों का ही इस्तेमाल किया था। भगत सिंह तक उनकी यात्रा, कांग्रेस से दूरी और क्रान्तिकारी वैचारिक विचारधारा से निकटता, उन्हें महान किसान नेता बनाती है।

बहराइच में एका आन्दोलन

30 जनवरी, 1921 को बहराइच में बाबू बसन्त राय भंडारी, वकील ने कुछ अन्य के साथ मिलकर एक सभा की। सभा का रुख ग़ैर-असहयोग आन्दोलन जैसा था। इस सभा में 8,000 किसानों ने भाग लिया था।[1] बहराइच ज़िले में बड़े-बड़े स्टेट थे। हरदोई की तरह यहाँ भी अनाज कर वसूला जाता था। एका आन्दोलन के अन्तर्गत बहराइच में कुछ किसान गतिविधियाँ देखी गई थीं, मगर हरदोई-बाराबंकी की तरह बहराइच में किसान विद्रोही तेवर नहीं देखने को मिलता। जनवरी 1922 में बहराइच में किसान आन्दोलन की फिर गूँज सुनाई दी। एक समाचार सरकार को मिला कि किसानों के दल, गाँव-गाँव घूम कर अनाज कर देने से मना कर रहे थे। हरदोई से भिन्न, बहराइच में, अनाज करों को ठेकेदारों द्वारा वसूला जाता था। इससे भू-स्वामी को तो एक निश्चित अनाज कर मिल जाता था, मगर फसल खराब होने पर ठेकेदार

1. द लीडर,13 फरवरी, 1921

प्रभावित होते थे। इसलिए यहाँ किसानों का ग़ुस्सा, भू-स्वामियों के बजाय ठेकेदारों की ओर मुड़ गया था।[1] बहराइच में यह सामान्य विश्वास था कि गांधी लगान कम करा देंगे। भारी संख्या में किसान गाँव-गाँव में घूमकर अनाज के रूप में दिया जाने वाला कर/लगान समाप्त करने की माँग करने लगे। 12 जनवरी को एक गाँव में किसानों ने लगान वसूलने वाले ज़मींदार के दो ठेकेदारों को पीट दिया और उनके द्वारा लगान के रूप में वसूला गया अनाज उठा ले गए।[2] किरायेदार किसानों ने अपने शोषण को नियंत्रित करने के लिए लोकप्रिय उपायों का सहारा लिया। बहराइच में अनाज उठा ले जाने की घटना को गम्भीर मानते हुए ज़मींदार और अधिकारियों द्वारा बटलर को सूचित किया गया। लगान को अनाज के रूप में बदलने वाले तैनात अधिकारियों का कहना था कि बटलर ही अनाज को नक़द रूप में बदलने के विरुद्ध थे।[3] बहराइच में ज़मींदारों की ओर से किरायेदार किसानों से 500 रुपए का बांड और दो सिक्योरिटी भरने को कहा गया था। एक किसान मुहम्मद बख़्श ने किसानों से कहा कि वे अपनी फसल काट लें। ज़मींदारों को बटाई से लगान वसूलने से रोकें। मुहम्मद बख़्श की बात सुन बहुत से किसानों ने अपनी फसल काट ली।

सीतापुर का एका आन्दोलन

सीतापुर के किसान भी एका आन्दोलन में शामिल हुए थे। कुँवरपुर पुलिस स्टेशन के अन्तर्गत कुछ गाँव वालों ने सिधौली में ज़मींदार विरोधी आन्दोलन शुरू किया।[4] मोहसोई पुलिस स्टेशन क्षेत्र के 14 गाँवों के लोगों ने ज़मींदारों को कर देने से मना कर दिया। इंटेलीजेंस रिपोर्ट कहती है कि हरदोई का एका आन्दोलन ही सीतापुर किसान उपद्रव के लिए ज़िम्मेदार है।

1 अप्रैल, 1922 को महमूदाबाद के राजा के मुक़द्दम(खास), शिव प्रसाद ब्राह्मण की रामआसरे कुर्मी किसान ने इलाहीपुर में हत्या कर दी। शिव प्रसाद ने रामआसरे को लगान न देने के कारण बुरा आचरण वाला घोषित कर रखा था। राम आसरे ने अपने नाम के साथ 'बुरा आचरण वाला' लगाने का विरोध किया। इसी बात पर शिव प्रसाद से वाद-विवाद होने लगा। बात बढ़ी तो रामआसरे ने लाठी से वार कर दिया। फिर बाँके(दराँती) से शिव प्रसाद को घायल कर दिया। 12 घंटे बाद शिव प्रसाद की मृत्यु हो गई। रामआसरे को गिरफ़्तार कर लिया गया। मुक़दमा चला और सेशन जज ने उसे फाँसी की सज़ा सुनाई, मगर बाद में हाई कोर्ट में अपील

1. एम.एच सिद्दीकी, वही, पृष्ठ 196, 199
2. द लीडर, 14 जनवरी, 1922
3. द लीडर, 1 फरवरी 1922
4. कपिल कुमार, पीजेंट इन रिवोल्ट, पृष्ठ 207

के बाद वह छह साल की सज़ा में बदल गई।[1] ये कुछ व्यक्तिगत प्रयास से चलाए गए किसान विद्रोह थे जहाँ किसानों ने ज़मींदारों के ज़ुल्म से आजिज़ आकर समानान्तर सरकारें गठित कीं। अपने डिप्टी कमिश्नर, जज और अन्य अधिकारी नियुक्त किए। सीतापुर के महोली गाँव में एक भू-स्वामी की फसल नष्ट कर दी गई। स्थिति सँभालने के लिए सीतापुर में भी सेना भेजी गई। अन्त में कोर्ट ऑफ वाड्र्स ने ज़िले में आतंक फैलाकर किसानों का दमन किया।[2] अप्रैल, 1922 में सीतापुर में किसान विद्रोह की स्थिति गम्भीर हो गई थी। उस समय एका आन्दोलन गाँवों में मज़बूत हुआ था। किसानों ने भू-स्वामियों के घरों पर आक्रमण तेज कर दिए। ज़मींदारों ने सरकार से मदद की गुहार लगाई। राजा महमूदाबाद ने, जो ब्रिटिश इंडिया एसोसिएशन, अवध के अध्यक्ष थे, ने बटलर को लिखा, असहयोग आन्दोलन से ज़्यादा किसान सभा द्वारा कर न देने की धमकी दी गई है। महमूदाबाद और शहरों की सम्पत्तियों की सुरक्षा के लिए मैंने 100 गोरखा सैनिकों को नियुक्त कर लिया है। इन सैनिकों को ज़िला प्रशासन अपनी इच्छानुसार जहाँ चाहे वहाँ इस्तेमाल कर सकता है। मैं उनके लिए 100 ब्रीच लोडिंग गन और रायफ़ल तथा पर्याप्त कारतूस ख़रीदना चाहता हूँ। सरकार भू-स्वामियों को उनकी इच्छानुसार सहयोग करे और कुछ भू-स्वामियों को पुलिस को सहयोग करने के लिए सूचीबद्ध करे जिससे वे स्थिति से निपट सकें।[3]

रायबरेली, फ़ैज़ाबाद, प्रतापगढ़ और हरदोई की तरह यहाँ भी शहरी कांग्रेसियों की गतिविधियाँ बढ़ीं। संयुक्त प्रान्त कांग्रेस कमेटी ने जवाहरलाल नेहरू और मोहनलाल सक्सेना को सीतापुर की स्थिति के बारे में रिपोर्ट देने के लिए नियुक्त किया। जवाहरलाल नेहरू, मोहनलाल सक्सेना, प्रान्तीय कांग्रेस कमेटी की ओर से सीतापुर गए। नौ गाँवों का दौरा कर उन्होंने कोर्ट ऑफ वाड्र्स के कर्मचारियों द्वारा ढाये जा रहे ज़ुल्म और दमन को देखा। उन्होंने 27 अप्रैल, 1922 को अपनी रिपोर्ट प्रस्तुत की। उनके अनुसार कुछ पुलिस वाले, कुछ गुंडे और कुछ बुरे आचरण वालों द्वारा किसानों पर ढाये जाने वाले ज़ुल्म के बारे में अवगत कराया।[4]

सीतापुर के चौथाई भाग का प्रशासन कोर्ट ऑफ वाड्र्स द्वारा चलाया जा रहा था। उनका विशेष मैनेजर डूने (Dunne) बहुत ज़ालिम व्यक्ति था। उसने कौड़हिया गाँव के लोगों को धमकाया। उसके हमलावरों ने घरों को लूटा। ताला तोड़ा।

1. द पायनियर, 25 मई, 1922
2. ए रिपोर्ट ऑफ जे.एल. नेहरू 27 अप्रैल, 1922, फाइल नं. 5/1922 ए.आई.सी.सी. पेपर्स
3. सुशील श्रीवास्तव वही, पृष्ठ 269, 270
4. ए रिपोर्ट ऑफ जे.एल. नेहरू 27 अप्रैल, 1922, फाइल नं. 5/1922 ए.आई.सी.सी. पेपर्स, तीन मूर्ति, नई दिल्ली, रिपोर्ट ऑफ द एडमिनिस्ट्रेशन ऑफ द यूनाइटेड प्रॉविंसेज ऑफ आगरा एंड अवध 1932-33; सुशील श्रीवास्तव, वही, पृष्ठ 270

जिन्होंने विरोध किया उन्हें तालाब में फेंक कर डुबो दिया गया। एक दूसरे गाँव को भी लूट लिया गया। लोगों को मारा-पीटा गया। दंडस्वरूप पैसे वसूले गए। औरतों की इज़्ज़त लूटी गई। नेहरू रिपोर्ट में भी इस ज़ुल्म की बानगी मिलती है। उसमें कहा गया है कि सैन्य शासन में भी इतना अत्याचार नहीं देखा जाता? आश्चर्य का विषय तो यह है कि उस कांग्रेसी जाँच रिपोर्ट में जहाँ कोर्ट ऑफ वाड्र्स के प्रशासन के अत्याचारों का खुल कर वर्णन है वहीं राजा महमूदाबाद या अन्य तालुक़ेदारों, ज़मींदारों या उनके आदमियों द्वारा ढाये गए ज़ुल्मों के बारे में स्पष्ट तौर पर कुछ नहीं कहा गया जबकि सीतापुर के तीन चौथाई भाग का प्रशासन तो ज़मींदारों और तालुक़ेदारों के हाथों में था। ज़मींदारों और तालुक़ेदारों के ज़ुल्म को इस कमेटी ने अपनी रिपोर्ट में इसलिए शामिल नहीं किया था, क्योंकि ज़िला कांग्रेस कमेटी सीतापुर के अधिकांश पदाधिकारी ज़मींदार ही थे। किसानों ने नेहरू की रिपोर्ट को सन्देह से देखा। अख़बारों की रिपोर्ट बताती है कि स्थानीय किसानों ने जवाहरलाल नेहरू को चेतावनी दी कि वे उनके हस्तक्षेप को बर्दाश्त नहीं करेंगे।[1]

किसानों द्वारा हिंसक विद्रोह करने के कारण कांग्रेस ने स्वयं को यहाँ भी अलग रखा, लेकिन सुदूर गाँवों में ख़िलाफ़त कार्यकर्ताओं ने किसानों का साथ दिया। मार्च 1922 के बाद देखा जा सकता है कि जिन ज़िलों में ख़िलाफ़त कार्यकर्ता ज़्यादा सक्रिय थे वहाँ, एका आन्दोलन तेज रहा। यही कारण था कि सरकार ने ख़िलाफ़त कार्यकर्ताओं को अलग करने के लिए हिन्दू-मुस्लिम विवाद पैदा करने का प्रयास किया। जून 1922 में कुछ एका आन्दोलन के नेताओं की गिरफ़्तारी के साथ ही इस आन्दोलन की धार कम होने लगी थी। ख़िलाफ़त आन्दोलन के सितम्बर 1922 से कमजोर होते ही एका आन्दोलन भी परिदृश्य से ओझल हो गया।[2] सरकार ने भी सीतापुर में किसी भी प्रकार के ज़ुल्म या आतंकी घटना होने की बात को नकारा था। वैसे तो एका आन्दोलन का प्रभाव आसपास के कई ज़िलों में देखा गया, लेकिन हरदोई और सीतापुर में वह ज़्यादा सक्रिय रहा।

बाराबंकी में एका आन्दोलन

डिप्टी कमिश्नर बाराबंकी ने अपने यहाँ मार्च 1922 के दूसरे सप्ताह में एका आन्दोलन के सक्रिय होने की बात को नकारा था। उन्होंने ज़मींदारों और तालुक़ेदारों से अनुरोध किया था कि वे राजस्व वसूली में सहयोग दें।[3] बाराबंकी में किसानों के अन्दर फैले ग़ुस्से को डिप्टी कमिश्नर ने अपनी रिपोर्ट में छिपा लिया था।

1. द पायनियर, 25 मई, 1922; सुशील श्रीवास्तव, वही, पृष्ठ 270
2. सुशील श्रीवास्तव, वही, पृष्ठ 270
3. द लीडर 16 मार्च, 1922

कर वसूली से उपजे ग़ुस्से के चलते किसानों ने कोठी के ज़मींदार के एक चपरासी की हत्या कर दी थी। बाराबंकी का किसान नेता इशरबदी को मदारी का लेफ्टिनेंट कहा जाता था। उसे पुलिस ने इसी बीच गिरफ़्तार कर लिया। उसकी जगह बाराबंकी के बाबा ग़रीबदास पासी ने ली और 26 मार्च 1922 को उसने कोठी (बाराबंकी) में एक सभा की। यह सभा मदारी पासी के एका सभा की ही तरह थी। उसने क्षेत्र में एका का प्रचार किया। 8 अप्रैल 1922 को ग़रीबदास पासी साधु हो गया और जल्द ही उस पर ज़मींदार द्वारा हमला कराया गया।[1] 1922 के प्रारम्भ में पूरे बाराबंकी में क़ानून व्यवस्था चरमरा गई थी। किसानों के झुंड हाथों में भाला, तलवार और कभी-कभी बन्दूक़ें लेकर चलते थे।

प्रतापगढ़ अभी भी सुलग रहा था। जनवरी 1922 में ज़मींदारों के जो कार्यकर्ता लगान वसूल रहे थे, किसानों द्वारा पीटे गए। इसी प्रकार फ़ैज़ाबाद में फरवरी 1922 में किसानों का एक समूह फिर पंचायत के रूप में संगठित हुआ और एका का प्रचार करने लगा। एक बार फिर स्थानीय नेता किसान समस्याओं के विरुद्ध आवाज़ उठाने लगे। **नवरंग सिंह** नामक किसान जो टांडा तहसील के मुजाहिदपुर गाँव का रहने वाला था, ने आवाज़ बुलन्द की। 13 फरवरी, 1922 को गाँव पृथ्वीपुर के **गया सिंह** ने भी इसी प्रकार विद्रोह की आवाज़ बुलन्द की। टांडा के **नूर मुहम्मद** और कथेहरी के **महादेव ब्राह्मण** के नाम भी उल्लेखनीय हैं जिन्होंने किसान एकता के लिए प्रयास किया। गाँव बहरामपुर के **महावीर प्रसाद** ने नज़राना और बेगार के विरुद्ध आवाज़ बुलन्द की। मार्च 1922 में उन्नाव भी एका आन्दोलन से प्रभावित हुआ। औरास गाँव के **अम्बिका प्रसाद** ने एका आन्दोलन को सक्रिय करने का प्रयास किया। वहाँ स्थानीय कांग्रेसी ज़्यादा प्रभावी थे और उन्होंने अम्बिका प्रसाद के प्रयास को विफल कर दिया।[2]

कहा जाता है कि 1922 में एका आन्दोलन से प्रभावित होकर फ़ैज़ाबाद के अकबरपुर क्षेत्र में ख़लील अहमद ने और गाँव जशवर्गी, बछरावाँ में सलोन (रायबरेली) के पटवारी, बिसेश्वर दयाल ने एक बार फिर किसान सभा में जान फूँकने का प्रयास किया। अवध से बाहर ग़ाज़ीपुर ज़िले में धनपुर के खरन गाँव में एका आन्दोलन से प्रभावित होकर किसान सभा को सक्रिय करने की सूचना मिलती है। **'द लीडर'** के 2 मार्च, 1922 के समाचार-पत्र से यह पता चलता है कि ग़ाज़ीपुर में ही बीघा, हरकरनपुर और बिजौरा गाँव के तीन सौ अहीरों ने जबरदस्ती ज़मींदार की 10 बीघा में लगी रबी की फसल को काट लिया था।[3]

1. एम.एच. सिद्दीकी पृष्ठ 204
2. द लीडर, 4 मार्च, 1922
3. एम.एच. सिद्दीकी, पृष्ठ 204, 206

एका आन्दोलन से प्रभावित होकर 2 फरवरी, 1922 को बदायूँ के उझैनी में म्युनिसिपल प्रशासन को बन्धक बनाने का प्रयास किया गया। 5 फरवरी को बरेली के टाउनहॉल में म्युनिसिपल ऑफिस को घेर लिया गया और भीषण उपद्रव हुआ। तिलहर, शाहजहाँपुर में भी उसी दिन म्युनिसिपल ऑफिस को घेरा गया। 9 फरवरी को ख़लीलाबाद में स्वयंसेवकों की भारी भीड़ को हटाने के लिए बल प्रयोग करना पड़ा। शाहजहाँपुर और बरेली की घटना चौरी चौरा विद्रोह के ठीक एक दिन बाद की है। लगभग 5,000 की भीड़ ने दोनों स्थानों पर उपद्रव किया। पुलिस ने गोली चलाई। सरकारी आँकड़ों के अनुसार केवल बरेली में दो लोग मारे गए थे और पाँच घायल हुए थे। लोगों ने ईंट-पत्थरों से जवाब दिया था जिससे ज़िलाधिकारी और पुलिस अधीक्षक भी घायल हुए। 8 फरवरी को गांधी जी ने कार्यसमिति के सदस्यों को गोपनीय पत्र लिखते हुए बरेली और शाहजहाँपुर के टाउनहॉल को घेरने की घटना को हिला कर रख देने वाला बताया। गांधी जी ने वहाँ मारे गए किसानों के प्रति एक शब्द भी कहना उचित नहीं समझा।[1]

एका आन्दोलन 1922 के मध्य में लगभग सिमट-सा गया। इसके कई कारण थे। एक तो एका आन्दोलन ग़रीब किसानों का आन्दोलन था और इसका नेतृत्व ज़्यादातर ग़रीब पासी समाज के लोगों के पास रहा। वे सशक्त ज़मींदारों से लोहा ले रहे थे, जबकि ज़मींदारों को सरकारी संरक्षण प्राप्त था। पुलिस ज़मींदारों को हर प्रकार से बचाने में आगे रही। किसान आन्दोलन की उग्रता और असहयोग आन्दोलन के कारण इस इलाक़े में भारी पुलिस बल तैनात था, जिसने एका आन्दोलन के नेताओं और कार्यकर्ताओं को गिरफ़्तार किया। कांग्रेसियों ने एका आन्दोलन को समाप्त करने के लिए सरकार और ज़मींदारों को भरपूर सहयोग दिया। बटलर ने किसानों के दुख-दर्दों पर चुप्पी साधे रखी। 1922 के अन्त में मोतीलाल नेहरू ने कहा—"हम गाँवों में जाकर गाँव वालों को संगठित करना चाहते हैं, मगर सरकार ऐसा करने नहीं दे रही। इसलिए हमें कौंसिल में प्रवेश करने का ही प्रयास करना चाहिए।"[2]

इस आन्दोलन के सिमटते ही कांग्रेसियों में रक्त का संचार तेज हो गया। उनका आत्मविश्वास बढ़ गया। अब वे बेदख़ली, लगान वसूली की शिकायतों को नज़रअन्दाज़ करने लगे। 10 जून, 1922 को लखनऊ में कांग्रेसियों की एक बैठक में, बेदख़ली की शिकायत की गई तो कांग्रेसियों ने उसका मज़ाक़ उड़ाया।[3] कांग्रेस कतई नहीं चाहती थी कि ग़रीब किसान स्वयं अपने नेतृत्व में ज़मींदारों के विरुद्ध आन्दोलन करें। वह आन्दोलन के कुप्रचार में लगी रहती। एका आन्दोलन, पूर्व के

1. सुभाषचन्द्र कुशवाहा, वही, पृष्ठ 39, 178, 206
2. द पायनियर, 17 मई, 1922
3. द लीडर, 24 जून, 1922

किसान आन्दोलनों की तुलना में काफी विकसित और किसानों की सभी समस्याओं को शामिल किए हुए था। यह ज़मींदारों के साथ-साथ सरकार के विरुद्ध भी था। दमन और सहयोग के अभाव में मदारी पासी सहित एका आन्दोलन के ज़्यादातर नेता भूमिगत हो गए या गिरफ़्तार कर लिए गए। उनके द्वारा जगाया गया विद्रोह किसी नतीजे पर पहुँचे बिना समाप्त हो गया।[1]

मई के प्रारम्भ में लन्दन के अख़बारों में छपी ख़बर के अनुसार जनवरी-फरवरी 1922 में देश के विभिन्न स्थानों पर हुए किसान विद्रोहों के चलते जो सेना तैनात की गई थी, स्थिति में सुधार होने के कारण कहीं-कहीं से हटा ली गई। मालाबार के विद्रोह को दबा दिया गया था। सीरोही, उदयपुर और दांता के भील-विद्रोह को कुचल दिया गया था। यह मेवाड़ भील कार्प्स और जोधपुर लांसर की वजह से कुचला जा सका, मगर सेना की छोटी टुकड़ियाँ मुजफ़्फ़रपुर, हरदोई और शाहजहाँपुर में बनी हुई थीं।[2] इससे स्पष्ट है कि हरदोई और पड़ोसी शाहजहाँपुर में स्थिति शान्त नहीं हुई थी।

---

1. कपिल कुमार, पीजेंट इन रिवोल्ट, वही, पृष्ठ 212; फॉउनथार्प (Faunthorpe) ने इस आन्दोलन की तुलना पानी के तालाब में पैदा किए गए विक्षोभ से की है जो जल्द ही चारों ओर फैल गया, लेकिन जल्द ही शान्त भी हो गया, फॉउनथार्प रिपोर्ट ऑन एका मूवमेंट, यूनाइटेड प्रोविंस गजेटियर, 13 मई, 1922, पृष्ठ 279
2. द यार्कशायर पोस्ट, बृहस्पतिवार, 4 मई, 1922

अध्याय-10

महात्मा गांधी की भूमिका

जिस समय अवध क्षेत्र किसान विद्रोह से धधक रहा था, उसी समय गांधी को 'महात्मा', 'फ़कीर', 'देवता' और 'चमत्कारिक पुरुष' के रूप में स्थापित करने की होड़ लगी हुई थी। इस कार्य को अवध के स्थानीय समाचार-पत्र और देश के अभिजात वर्ग कर रहे थे। 'अवध भाषी' समाचार-पत्र ने 19 अप्रैल, 1921 को चार चमत्कार प्रकाशित किए थे :

1. लखनऊ के एक अन्धे वृद्ध ने गांधी पर श्रद्धा दिखाई तो उसकी आँखों की रोशनी वापस आ गई।
2. एक सिपाही जब एक असहयोग आन्दोलनकारी को गिरफ़्तार कर ले जा रहा था, आसमान से उसके सिर पर पत्थर गिरा और वह घायल हो गया।
3. एक आर्यसमाजी स्त्री, जो असहयोग आन्दोलनकारी हो गई थी, उसका पति उसकी इच्छा के विरुद्ध विदेशी कपड़ा लाया तो उसके बाद वह जो कुछ भी खाना चाहता, गन्दा हो जाता, और
4. लखनऊ का एक रईस मुसलमान, गांधी के उपदेशों के विरुद्ध नाच-गाना कराना चाहता था तो उसके महल में आग लग गई।[1]

ऐसी चमत्कारिक बातें अशिक्षित जनता पर प्रभाव डालती रही हैं। भारतीय धर्मभीरु समाज में चमत्कारों को नमस्कार करने की परम्परा रही है। इस सूत्र का उपयोग, अक़सर बाबा, सन्त या सत्ता पर निरंकुश शासन चलाने वाले करते रहे हैं। गांधी जी को परम मानव बनाने के लिए चमत्कारिक हथकंडे अपनाने के पीछे यही नीति कार्य कर रही थी।

गांधी के हाथों में कांग्रेस की बागडोर थी मगर किसानों की किसी भी समस्या का हल, कांग्रेसी आन्दोलन के पास नहीं दिख रहा था। यहाँ तक कि ज़्यादातर जुल्म ढाने वाले ज़मींदार कांग्रेस समर्थक थे। ऐसे में अहिंसा की अवधारणा को स्थापित किए जाने के बावजूद, लोगों ने हर कहीं 'महात्मा गांधी की जय' के नारे के साथ,

1. कपिल कुमार, पीजेंट इन रिवोल्ट, वही, पृष्ठ 162

जन आक्रोश की सीमा और सरोकारों का मूल्यांकन करते हुए, अपने तौर-तरीक़ों द्वारा विरोध जारी रखा। उस समय विरोध की सघनता कितनी थी, इसे जानने के लिए हमारे पास ग़ैर-सरकारी और सरकारी, दोनों साक्ष्य हैं। 22 जनवरी, 1921 को विधान परिषद्, लखनऊ की प्रथम बैठक में स्वयं राज्यपाल हरकोर्ट बटलर ने रायबरेली और फ़ैज़ाबाद में फैले किसान विद्रोहों का उल्लेख करते हुए मत व्यक्त किया था कि ये विद्रोह राजनैतिक कारणों से अधिक, आर्थिक और सामाजिक कारणों से उपजे हैं।[1]

महात्मा गांधी ज़ी ने देश के गाँवों में भ्रमण प्रारम्भ करने के पूर्व 1916 में कहा था कि हमें किसान ही मुक्ति दिला सकते हैं। वकीलों, डॉक्टरों या धनी ज़मींदारों के बूते की बात नहीं है। मगर 1922 में बारदोली कांग्रेस कमेटी की बैठक में उन्होंने ज़मींदारों को आश्वस्त किया कि कांग्रेस की मंशा उनके क़ानूनी अधिकारों पर चोट करने की कतई नहीं है। किसानों द्वारा लगान न देना, देशहित के लिए घातक है। उन्होंने असहयोग आन्दोलन के दौरान ज़मींदारों, तालुक़ेदारों के विरुद्ध चले किसानों के विद्रोह की निन्दा की। चौरी चौरा विद्रोह सहित तमाम उदाहरण हमारे सामने हैं जहाँ, 'किसानों की हिंसा के ख़िलाफ़ गांधी ख़ूब चीखते-चिल्लाते थे, मगर भूस्वामियों की हिंसा, जो लम्बे समय से किसानों के विरुद्ध जारी थी, के बारे में एक शब्द भी कहने की ज़रूरत नहीं समझते थे। वह लगान न देना भी हिंसा मानते थे।'[2]

18 मई, 1921 के 'यंग इंडिया' में गांधी ने किसानों से सरकार के साथ असहयोग करने की बात तो कही थी मगर ज़मींदारों को लगान देते रहने की सलाह दी थी। उन्होंने ज़मींदारों और किसानों के बीच के सारे समझौतों को निभाते रहने की नसीहत भी दी थी।[3]

गांधी ने अपने अहिंसा के सिद्धान्त का इस्तेमाल सदा हाशिये के समाज की क्रान्तिकारी चेतना को नियंत्रित करने के लिए किया। यहाँ पर हमें स्वामी सहजानन्द सरस्वती याद आते हैं जो गांधी के अहिंसात्मक आन्दोलन का मूल समझाते हैं। वह कहते हैं, 'बेशक कांग्रेस ने अपना आकार-प्रकार अकसर बदला है।...गांधी जी के नेतृत्व में इसमें जो भी परिवर्तन हुए, वे अपेक्षाकृत पुराने ढर्रे के ही थे, जो इसके (कांग्रेस के) स्वाभाविक विकास और परम्परा के अनुकूल ही थे। यहाँ तक कि गांधी जी की अहिंसा भी उसकी (कांग्रेस की) प्राचीन परम्परा के अनुसार ही थी। वैधानिक आन्दोलन तो अहिंसात्मक ही होता है। उसे बदलकर अहिंसात्मक सीधी लड़ाई के रूप में ला देना कोई यकायक क्रान्ति न होकर विकासात्मक क्रान्ति ही है,

1. एडीटेड बॉय प्रतिमा अस्थाना एंड एस.जेड.एच. जाफ़री, ट्रांसफॉरमेशन इन इंडियन हिस्ट्री, अनामिका पब्लिशर्स, दिल्ली, पृष्ठ 440
2. कपिल कुमार, पीजेंट्स इन रिवोल्ट, वही, पृष्ठ 245, 246, 250, 251
3. यंग इंडिया, 18 मई, 1921

जिसने कांग्रेस के राष्ट्रीय संस्थात्मक रूप और स्वभाव को नहीं बदला, लेकिन यदि गांधी जी उसे हिंसात्मक फ़ौजी संस्था बना देते तो यह बात कांग्रेस की प्रत्यक्ष जन-समूह की संस्था के रूप में होने वाली सत्ता और उसकी रक्षा के लिए भयंकर क्रान्तिकारी सिद्ध हो जाती। कांग्रेस की उत्पत्ति, इतिहास, परम्परा और विकास के विपरीत यह बात जा पड़ती। धार्मिक भाषा में यह स्वधर्म न होकर परधर्म हो जाता, जिसके चलते वह ख़त्म हो जाती।'[1]

मार्टिन लेविस ने लिखा है कि 'गांधी एक चतुर राजनीतिज्ञ थे जिन्होंने भारतीय जनमानस को अपने इशारे पर चलाने में सफलता पाई।'[2] भारतीय जनमानस में महात्मा गांधी एक चमत्कारिक धार्मिक नायक के रूप में प्रचारित किए गए थे, इसलिए वह भले ही अवध किसान आन्दोलन का कहीं भी समर्थन करते न दिखे हों, परन्तु ग़रीब और अशिक्षित जनता में यही विश्वास था कि गांधी राज्य में उनके दुखों का अन्त हो जाएगा। हर विद्रोह के मौक़े पर गांधी के आने की झूठी ख़बरें प्रचारित की जाती थीं। हर कहीं किसान विश्वास कर रहे थे कि गांधी ज़मींदारी दमन को ख़त्म कर देंगे। अवध के भूमिहीन खेतिहर मज़दूरों को यह विश्वास था कि गांधी उन्हें ज़मीन का स्वामी बना देंगे। (वायसराय रीडिंग का 13 अक्टूबर, 1921 का पत्र, राज्य सचिव को)।[3]

जनवरी 1921 में इलाहाबाद ज़िले के किसान आन्दोलन के बारे में एक सी.आई.डी. रिपोर्ट में कहा गया है कि दूरस्थ गाँवों में भी गांधी के नाम के टिकटों की बिक्री चकित कर देने वाली थी। कोई भी यह जानने को इच्छुक नहीं था कि वह कौन हैं, क्या हैं बल्कि लोगों के बीच यह स्वीकार्य तथ्य था कि वह क्या कहते हैं और क्या आदेश देते हैं? जो भी आदेश देते हैं, उसे हर हाल में करना है। वह महात्मा, साधु, पंडित, या ब्राह्मण, यहाँ तक कि देवता हैं। उनके नाम से प्रतापगढ़ में बेदख़ली कम हुई, ऐसा लोगों में विश्वास था। जबकि हकीकत यह थी कि प्रतापगढ़ की बेदख़ली किसान आन्दोलन की वजह से रुकी थी। गांधी या कांग्रेसियों का दूर-दूर तक कोई योगदान न था। देखा जाए तो ऐतिहासिक दृष्टि से अशिक्षित जनता के बीच गांधी जैसे धार्मिक व्यक्ति के लिए नेतृत्व करना उपयुक्त और आसान था। 1920 के प्रारम्भ में ऐसे व्यक्ति ही स्थानीय नेतृत्व कर रहे थे जैसे कि स्वामी विश्वानन्द, स्वामी दर्शनानन्द (बंगाल और बिहार में), स्वामी विद्यानन्दन (उत्तरी बिहार में), बाबा रामचन्द्र, स्वामी कुमरानन्दन (राजस्थान में), आनन्द स्वामी (महाराष्ट्र में),

---

1. स्वामी सहजानन्द सरस्वती, किसान आन्दोलन की वैचारिक पृष्ठभूमि, पृष्ठ 495, ग्रन्थ शिल्पी, दिल्ली
2. मार्टिन लेविस, गांधी : मेकर ऑफ माडर्न इंडिया, बोस्टन : डी.सी. हेल्थ एंड कं., 1965, पृष्ठ vii
3. सुमित सरकार, वही, पृष्ठ 157

अलूरी सीताराम, रामपा आदिवासी (आध्र में)।[1] स्वयं सूरज प्रसाद उर्फ़ छोटा रामचन्द्र या अंग्रेजी दस्तावेज़ों के अनुसार तथाकथित ढोंगी (Pretended) रामचन्द्र भी केसरिया पगड़ी बाँधने लगा था।[2]

गांधी ने हमेशा अवध के किसान आन्दोलन के सीधे सम्पर्क में आने से ख़ुद को बचाया जबकि वे इस बीच इसी क्षेत्र के दौरे पर रहे।[3] जिस समय संयुक्त प्रान्त में किसानों का विद्रोह जारी था, महात्मा गांधी, अली बन्धुओं के साथ दौरे पर थे। उन्होंने अक्टूबर, 1920 में मुरादाबाद, अलीगढ़, कानपुर, लखनऊ और बरेली का दौरा किया था। 20 नवम्बर को झाँसी, 23 नवम्बर को अलीगढ़, आगरा और 24 नवम्बर को दिल्ली से काशी के लिए चल दिए। 25 नवम्बर, 1920 को गांधी जी मुगलसराय में थे। वहाँ से वह प्रतापगढ़ आए और पुन: बनारस लौट गए। 25 नवम्बर को प्रतापगढ़ में बाबा रामचन्द्र 10,000 किसानों के साथ उनकी सभा में शामिल हुए। वहाँ उन्होंने किसान विद्रोह के बारे में केवल इतना ही कहा कि "मुझे बताया गया है कि तालुक़ेदारों, ज़मींदारों और किसानों के बीच विवाद चल रहा है। मेरे भाई जवाहरलाल नेहरू इस प्रसंग में आपकी सहायता कर रहे हैं। मैं उन्हें बधाई देना चाहूँगा कि वह आपसे सहयोग कर रहे हैं और आपको बधाई दूँगा कि उनके सहयोग से आप अपने लक्ष्य की उपलब्धि में सफल होंगे।' उन्होंने ग़ैर-क़ानूनी करों के लिए किसानों को बाध्य न किए जाने का ज़मींदारों को सुझाव दिया था। कुल मिलाकर गांधी का भाषण उपदेशात्मक था। वह 25 से 27 नवम्बर तक मदनमोहन मालवीय के साथ रहे और 26 नवम्बर को काशी के टाउनहॉल में भाषण दिया। 28 नवम्बर को इलाहाबाद आए। गांधी जी दिसम्बर, 1920 में एक बार फिर काशी आए।[4]

1920 में पूरे प्रान्त में भयंकर अकाल की स्थिति पैदा हो चुकी थी।[5] मगर गांधी जी ने किसान समस्याओं के कारणों पर बोलना उचित न समझा था।[6] 1921 में एक बार फिर अली बन्धुओं के साथ संयुक्त प्रान्त के दौरे पर आए। 8 फरवरी को गोरखपुर, 9-10 फरवरी को काशी, फ़ैज़ाबाद और लखनऊ होते हुए दिल्ली वापस चले गए।[7] तब तक पूरे अवध में किसानों के तमाम हिंसक विद्रोह हो चुके थे। सैकड़ों किसान

---

1. सुमित सरकार, वही, पृष्ठ 157,158
2. फाइन नं. 50/3/1921, कमिश्नर फ़ैज़ाबाद का तार संख्या 232, दिनांक जनवरी 31, 1921 को मुख्य सचिव को भेजा गया था। उ.प्र. शासकीय अभिलेखागार, लखनऊ
3. फाइल नं. 1/ फरवरी, 1921, होम डिपार्टमेंट, पोलिटिकल ब्रांच, राष्ट्रीय अभिलेखागार, नई दिल्ली
4. सुभाषचन्द्र कुशवाहा, वही, पृष्ठ 66, 67; फाइल नं. 50/1921 उ.प्र. शासकीय अभिलेखागार लखनऊ; श्रीराम सिंह, वही, पृष्ठ 30, 31
5. 'आज', 2 दिसम्बर, 1920
6. 'आज', 27 नवम्बर, 1920
7. 'आज', 24 नवम्बर, 8 दिसम्बर, 1920; सुभाषचन्द्र कुशवाहा, वही, पृष्ठ 66, 67

मारे जा चुके थे। फ़ैज़ाबाद में 10 फरवरी, 1921 को गांधी जी ने एक सभा में किसानों को सलाह दी कि 'यदि ज़मींदार आपको यातना देते हैं तो उन्हें सहन करें। हम नहीं चाहते कि ज़मींदारों के विरुद्ध संघर्ष किया जाए। ज़मींदार भी दास ही हैं और मैं नहीं चाहता कि उन्हें परेशानी हो। अगर आप मर्दाना लोग हैं, कायर नहीं हैं तो आपको केदारनाथ को मुक्त कराने के लिए संघर्ष नहीं करना चाहिए बल्कि जेल जाकर सरकार को बताना चाहिए कि हम सरकार के साथ हैं।'[1] गांधी जी का यह वक्तव्य तब आया था जब अवध के तमाम ज़िलों में ज़मींदारों ने किसानों को भूखों मरने को बाध्य किया था, तमाम जगहों पर पुलिस के सहयोग से गोलियाँ चलवाई थीं जिसमें सैकड़ों किसान मारे जा चुके थे। किसानों के क्रान्तिकारी नेता छोटा रामचन्द्र और विद्रोही नेता केदारनाथ गिरफ़्तार किए जा चुके थे। इन सन्दर्भों में भी गांधी जी ने कुछ बोलना उचित न समझा। चम्पारण के किसान विद्रोह में गांधी इसलिए सक्रिय दिखे कि वहाँ के ज़मींदार गोरे थे। गोरे ज़मींदारों के विरुद्ध नील की खेती करने वाले किसानों के शोषण के ख़िलाफ़ तो गांधी बोल सकते थे लेकिन देशी ज़मींदारों के ख़िलाफ़ वह कतई बोलना नहीं चाहते थे। चौरी चौरा किसान आन्दोलन के कृत्य की निन्दा गांधी जी ने 'गुंडों का कृत्य' कह कर की थी।[2] इसलिए किसान व्रिदोह की ज़मीन रायबरेली में पहली बार 17 अक्टूबर, 1925 को गांधी जी ने पधारने का कष्ट किया था, जब किसान विद्रोह पूरी तरह कुचल दिया गया था।[3]

गांधी जी 'स्वराज' प्राप्ति के लिए भू-स्वामियों के हितों की हिफ़ाज़त ज़रूरी मानते थे। उनके स्वराज में किसान हितों की बात महज दया और धर्म के सहारे की जाती। वह केवल भू-स्वामियों से अपेक्षा करते थे कि वे किसानों का दमन छोड़ देंगे। गांधी की ज़मींदारों के प्रति यही नीति आगे भी क़ायम रही। 11-12 फरवरी, 1922 को बारदोली में गांधी जी की उपस्थिति में या यों कहें कि उन्हीं के द्वारा कांग्रेस कार्यसमिति की बैठक में जिन प्रस्तावों का अनुमोदन किया गया था उनमें से एक था—'कार्यसमिति, ज़मींदारों को आश्वस्त करती है कि कांग्रेस उनके क़ानूनी अधिकारों पर किसी प्रकार से आक्रमण करने की इच्छा नहीं रखती है और यहाँ तक कि जहाँ किसानों की शिकायतें हैं, वहाँ भी कार्यसमिति यही चाहेगी कि यह आपसी समझदारी और पंचनिर्णय से दूर कर लिया जाए।'[4] सामन्ती व्यवस्था में आपसी समझदारी और पंचनिर्णय, ज़मींदारों का पक्षपोषण करने का तरीक़ा मात्र

---

1. गांधीज स्पीचेज एट बनारस, फ़ैज़ाबाद एंड लखनऊ, फाइल नं 87, होम पोलिटिकल, 1921, राष्ट्रीय अभिलेखगार, नई दिल्ली
2. सुभाषचन्द्र कुशवाहा, वही, पृष्ठ 219
3. मदनमोहन मिश्र, वही, पृष्ठ 158
4. द कलेक्टेड वर्क्स ऑफ महात्मा गांधी, वाल्यूम XXII (दिसम्बर 1921-मार्च 1922), पृष्ठ 386, 387

था। आगे चलकर कानपुर अधिवेशन (1925) में भी किसानों और ज़मींदारों के बीच आपसी सौहार्द बनाए रखने की बात की गई।[1]

एक बार बाराबंकी के ज़मींदार और ख़िलाफ़त के नेता मौलवी अब्दुल बारी ने लखनऊ से, मुजम्मल अली, ख़िलाफ़त कमेटी बॉम्बे को 13 जनवरी, 1921 को तार भेजा और राय माँगी कि क्या रायबरेली में किसानों के समर्थन में बाबा रामचन्द्र को जाने से रोके रखना चाहिए या स्वयं को इस पचड़े से अलग रखना चाहिए। तब बाबा रामचन्द्र, बाराबंकी होते हुए लखनऊ लाए गए थे और अब्दुल बारी के क़ब्ज़े में थे। उन्होंने आगे लिखा कि अगर रामचन्द्र रायबरेली जाते हैं तो किसानों के हौसले बुलन्द होंगे और अगर उन्हें रोक दिया जाता है तो किसान उपद्रवी नहीं होंगे। बारी ने लिखा था कि भले ही किसान सभा की गतिविधियों पर उनका नियंत्रण न हो मगर उसके नेताओं से उम्मीद है कि वे मेरे अनुरोध को मान लेंगे। इस तार के उत्तर में 14 जनवरी को शौक़त अली ने बॉम्बे से तार दिया कि महात्मा जी को अहमदाबाद सूचित किया जा रहा है। शायद उन्होंने निर्देश जारी कर दिया है कि बाबा रामचन्द्र निश्चित ही अहिंसा के सिद्धान्तों के अनुसार, जैसा ज़रूरी होगा, किसानों को शान्त रखेंगे।[2] इससे स्वतः स्पष्ट हो जाता है कि गांधी जी का किसान विद्रोह के प्रति क्या नज़रिया था और बाबा रामचन्द्र के करिश्माई व्यक्तित्व के माध्यम से कांग्रेस, किसान आन्दोलन को किस प्रकार नियंत्रित रखना चाहती थी। गांधी जी की रामचन्द्र बाबा से अहिंसा और स्वदेशी के प्रचार तक ही अपेक्षाएँ थीं। उन अपेक्षाओं पर जब तक बाबा खरे उतरते रहे, तभी तक वह कांग्रेस के लिए स्वीकार्य रहे। जब बाबा ने विद्रोही भाषा का इस्तेमाल प्रारम्भ किया, कांग्रेस की आँखों में खटकने लगे।

10 फरवरी, 1921 को जब बाबा काशी विद्यापीठ के उद्घाटन के मौक़े पर गांधी, अब्दुल कलाम आज़ाद और अली बन्धुओं की उपस्थिति में गिरफ़्तार कर लिए गए तब भी गांधी और दूसरे कांग्रेसियों की भूमिका पर सवाल उठे थे। संयुक्त प्रान्त किसान सभा के सचिव, कपिलदेव मालवीय ने भी बाबा की गिरफ़्तारी अपनी आँखों देखी थी। इस घटना के 20 साल बाद बाबा ने अपनी गिरफ़्तारी के सम्बन्ध में गांधी पर तो नहीं मगर नेहरू और कुछ अन्य कांग्रेसियों पर सन्देह व्यक्त किया था और कांग्रेसियों को धोखेबाज़ कहा था। गांधी ने बाबा की गिरफ़्तारी के बाद कहा था—'उद्घाटन समारोह...एक यज्ञ में बदल गया, क्योंकि जिसने किसानों की भलाई के लिए काम किया, गिरफ़्तार कर लिया गया।'[3] बाबा की गिरफ़्तारी से किसी

1. मदनमोहन मिश्र, वही, पृष्ठ 160
2. फाइल नं 50/3/1921, उ.प्र. शासकीय अभिलेखागार, लखनऊ
3. रामचन्द्र पेपर्स एमएमएस XI, वही, पृष्ठ 41; द इंडिपेंडेंट 13 फरवरी, 1921; एस.एच. सिद्दीकी, वही, पृष्ठ 181, 182, 183

को परेशान होने की ज़रूरत नहीं, यह एक 'पूज्य घटना' है।"[1] उसी दिन फ़ैज़ाबाद पहुँचकर गांधी ने किसानों से कहा कि वह सबसे ज़्यादा नाखुश तब होंगे जब किसान जेल जाकर उन्हें मुक्त करने को सरकार से कहेंगे।[2] जिस तरह से बाबा रामचन्द्र की गिरफ़्तारी हुई थी, उसका श्रेय ज़िलाधिकारी बाराबंकी ने पुलिस को नहीं दिया था और कहा था कि—"जिस तरह से दूसरे गांधी को गिरफ़्तार किया गया है, उस हिकमत अमली के लिए ज़िले की पुलिस को श्रेय नहीं दिया जा सकता।" गिरफ़्तारी वारंट के साथ उन्होंने निर्देश दिए थे कि वह सभी सम्भव तरीक़े अपनाए जाएँ जिससे गिरफ़्तारी के बाद विरोध प्रदर्शन न हो सके।[3] स्पष्ट है कि ज़िलाधिकारी बाराबंकी का कथन इस बात की पुष्टि करता है कि बाबा रामचन्द्र की गिरफ़्तारी, गांधी सहित प्रमुख कांग्रेसियों की सहमति से ही सम्भव हो पाई थी। पुलिस ने गिरफ़्तारी का जो समय चुना था वह इस बात को ध्यान मे रख कर किया था कि अन्यत्र और बिना गांधी या नेहरू की रज़ामन्दी के ऐसा करने पर भीषण बवाल सम्भव था। अन्यथा 27 जनवरी को इंटेलीजेंस की मौजूदगी में बाबा रामचन्द्र को गौहन्ना सभा में गिरफ़्तार किया जा सकता था। बाबा रामचन्द्र, काशी विद्यापीठ उद्घाटन समारोह में जाने के पूर्व कुछ दिनों से नेहरू के साथ आनन्द भवन में ही थे।[4]

अवध रेंट एक्ट 1921 के बाद भी किसानों की दशा में कोई परिवर्तन न हुआ था। असहयोग आन्दोलन के अन्तर्गत किसानों के समाहित हो जाने और उसे कुचलने के लिए सरकार ने एक-एक कर सभी नेताओं को गिरफ़्तार करना शुरू किया। जवाहरलाल नेहरू, पुरुषोत्तमदास टंडन, कपिलदेव मालवीय, और अन्य कांग्रेसी 7 दिसम्बर, 1921 को इलाहाबाद में गिरफ़्तार कर लिये गए थे।[5] कांग्रेस के अधिकांश नेताओं को गिरफ़्तार कर लिए जाने के बाद गांधी जी ने अहमदाबाद में आयोजित कांग्रेस अधिवेशन (दिसम्बर, 1921) में जो मन-माफ़िक फ़ैसले लिये और उसके बाद 4 फरवरी, 1922 के चौरी चौरा कांड के बाद असहयोग आन्दोलन को एकाएक रोक लेने का जो फ़ैसला किया, उसके कारण सदा-सदा के लिए ख़िलाफ़त नेताओं से दूरियाँ बन गईं।

विद्यालंकार ने अपनी पुस्तक में, पृथ्वीसिंह की पुस्तक 'हमारा राजस्थान' से एक घटना का ज़िक्र इस प्रकार किया है—"1920-21 में विजय सिंह पथिक द्वारा वर्धा से निकलने वाले 'राजस्थान केसरी' में वहाँ के ज़मींदारों-तालुक़ेदारों के

1. फाइल नं. 87, होम पोलिटिकल डिपाजिट, 1921, राष्ट्रीय अभिलेखागार, नई दिल्ली
2. एम.एच. सिद्दीकी, वही, पृष्ठ 184
3. वही, पृष्ठ 183
4. वही, पृष्ठ 182, 183
5. वही, पृष्ठ 195

ख़िलाफ़ लिखने और मज़दूरों का पक्ष लेने पर गांधीवादियों ने विरोध किया था, जिसके कारण पथिक, महात्मा गांधी से मतभेद प्रकट कर राजस्थान से अजमेर वापस आ गए थे और गांधी को सावधान कर आए थे कि इन बड़े लोगों के बूते पर आप जो यह आन्दोलन खड़ा करना चाहते हैं उसमें एक दिन आपको अवश्य धोखा खाना पड़ेगा।''[1] उपरोक्त दोनों उदाहरण कांग्रेस के वर्गचरित्र को स्पष्ट करने को काफी हैं। कांग्रेस मूलतः ज़मींदारों-तालुक़ेदारों की पार्टी थी। यहाँ तक कि बाद में गांधी जी ने कभी भी ज़मींदारों के विरुद्ध न तो कोई आन्दोलन चलाया और न कभी ज़मींदारों के हितों के प्रतिकूल सोचा।

किसान आन्दोलनों के जनक स्वामी सहजानन्द सरस्वती, 5 दिसम्बर, 1920 को पटना में गांधी जी से मिलने के बाद, प्रभावित हो, कांग्रेसी आन्दोलन में सक्रिय हुए थे। लेकिन 1934 की एक घटना के बाद दुखी हो, अलग भी हो गए। यहाँ उस घटना का उल्लेख किया जाना भी ज़रूरी होगा। 1934 के भयानक भूकम्प में किसान तबाह और बरबाद हो गए थे। लोटा-थाली बेचने, क़र्ज़ लेने को मजबूर थे। ऊपर से ज़मींदारों के लठैत कर देने के लिए प्रताड़ित कर रहे थे। उनके अमले राहत और सरकारी क़र्ज़ तक छीन लेते थे। स्वामी जी गाँव-गाँव सभा कर इन अत्याचारों के विरुद्ध किसानों को गोलबन्द कर रहे थे। उन्हीं दिनों पटना में कैंप कर रहे गांधी से सहजानन्द सरस्वती मिले और ज़मींदारों के अत्याचारों के विरुद्ध संघर्ष में सहयोग देने को कहा, जिससे किसानों पर पड़ रही दोहरी मार से बचाया जा सके। गांधी जी ने स्वामी जी की बात सुन, साफ़ मना कर दिया। बोले, 'ज़मींदारों के अधिकांश मैंनेजर कांग्रेस के कार्यकर्ता हैं। वह कांग्रेस के स्तम्भों के विरुद्ध संघर्ष नहीं कर सकते। ज़मींदार किसानों की तकलीफ़ें और शिकायतें दूर कर देंगे, आन्दोलन की कोई ज़रूरत नहीं।' गांधी जी ने स्वामी जी को दरभंगा राज से मिलकर किसानों के लिए ज़रूरी अन्न का बन्दोबस्त करने को कहा। गांधी जी की बात सुन सहजानन्द आगबबूला हो गए और तत्काल वहाँ से यह कहकर चल दिए कि किसानों का सबसे बड़ा शोषक तो दरभंगा राज ही है। मैं उससे भीख माँगने कभी नहीं जाऊँगा। इसके बाद ही स्वामी जी का गांधी जी से पूरी तरह मोहभंग हो गया।[2]

1936 तक आते-आते भी गांधी, ज़मींदारों के विरुद्ध किसी संघर्ष के हिमायती नहीं हुए थे। वह स्वयं ज़मींदारों से अपेक्षा करते थे कि वे बदल जाएँगे। 5 दिसम्बर, 1936 के 'हरिजन' में वह ज़मींदारों के विनाश की बात नहीं सोचते...। कहते हैं— किसान संगठित हो जाए तो ज़मींदारी की बुराइयाँ स्वयं ही समाप्त हो जाएँगी। गांधी ने अपने अहिंसा का उपयोग सदा मालिक-मज़दूर और ज़मींदार-किसान संघर्ष को

---

1. जयचन्द्र विद्यालंकार, वही, पृष्ठ 59; हमारा राजस्थान, पृथ्वी सिंह
2. स्वामी सहजानन्द सरस्वती, क्रान्ति और संयुक्त मोर्चा, ग्रन्थ शिल्पी, दिल्ली, पृष्ठ 14; कथादेश का मई, 2012 का अंक

बचाने में किया। वह ज़मींदारों के हक़ को, चाहे वह लिखित हो या परम्परा से चला आ रहा हो, छीनने के पक्ष में नहीं थे।[1]

यशपाल के शब्दों में—'किसानों का स्वयं भूखे और कंगाल रहकर भी उन पर लाद दिए गए रिवाजों के अनुसार अपनी मेहनत का फल मालिक श्रेणी (वर्ग) को सौंपते जाना ही गांधी जी के विचार में श्रेणी मैत्री का आदर्श था। गांधी जी के वक्तव्य में न्यायपूर्ण कारण और श्रेणी संघर्ष शब्द एक विशेष भावना और उद्देश्य के प्रतीक हैं। गांधी के विचार में मालिक वर्ग की सम्पत्ति छीन लेने का एक ही न्यायपूर्ण कारण हो सकता है कि मालिक स्वयं क़र्ज़ के कारण, उसे गवाँ दे जबकि वर्ग संघर्ष का अर्थ था, साधनहीनों का अपनी हीनता और गुलामी से मुक्ति के लिए संघर्ष करना। गांधी ऐसा वर्ग संघर्ष कभी नहीं चाहते थे। क्योंकि ऐसा विचार, सामन्ती वर्णाश्रमी धर्म व्यवस्था के विरुद्ध था, जिसके घोर पक्षधर गांधी थे।[2]

गांधी ने अवध के अलावा अन्य स्थानों के किसान विद्रोह का भी कभी समर्थन नहीं किया। मोपिला विद्रोह, जिसमें 70 क़ैदियों की मृत्यु मालगाड़ी के डिब्बे में ठूँसने से हुई थी और अन्य 3,266 मोपिला मारे गए थे, गांधी ने कोई सहानुभूति नहीं दर्शायी अपितु उस किसान विद्रोह को भी साम्प्रदायिक नज़रिये से देखा और विद्रोह को मोपिलाओं का पागलपन कहा।[3]

19 मार्च, 1925 को 'यंग इंडिया' में गांधी जी ने 'अवध के किसान' शीर्षक से लिखा था—"मैं उम्मीद करता हूँ कि डॉ. मणिलाल किसानों के गाँवों में चरखे का प्रचार करवाने में सफल होंगे और किसानों की आर्थिक अवस्था का अध्ययन करेंगे।" महाराष्ट्र के कई गाँवों के विषय में डॉ. मणिलाल ने कई वर्ष पूर्व अध्ययन किया था। मगर अवध किसान आन्दोलन के सुषुप्ता अवस्था में चले जाने पर गांधी जी का यह लेख किसानों की बुनियादी समस्याओं का उल्लेख नहीं करता।[4]

1. डॉ. महेन्द्र प्रताप, वही, पृष्ठ 25
2. यशपाल, गांधीवाद की शव परीक्षा, पृष्ठ 115, 116
3. डॉ. महेन्द्र प्रताप, वही, पृष्ठ 49
4. बाबा रामचन्द्र पेपर्स, I इन्सटालमेंट, III स्पीचेज एंड राइटिंग, फाइल नं. 2ए, वही, पृष्ठ 25

अध्याय-11

और अन्त में...
बाबा रामचन्द्र और किसान विद्रोह का अवसान

संयुक्त प्रान्त में 1920-22 में उभरे किसान विद्रोह का राष्ट्रीय स्वतंत्रता आन्दोलन की अगुवाई करने वालों द्वारा आखेट किया जा चुका था। चौरी चौरा की घटना के बाद महात्मा गांधी ने असहयोग आन्दोलन स्थगित कर दिया था। यद्यपि असहयोग आन्दोलन ने किसान विद्रोह को निगलने की पूरी कोशिश की थी तब भी तब तक दोनों अलग-अलग घटनाएँ थीं। यही कारण था कि असहयोग आन्दोलन के स्थगित होने के बावजूद स्वत:स्फूर्त ढंग से छोटे-मोटे किसान विद्रोह जारी रहे, भले ही सूरज प्रसाद या मदारी पासी जैसे विद्रोही किसान नेता फिर उभर नहीं पाए। 31 जुलाई, 1924 को हाउस ऑफ लार्ड्स में भारत में बढ़ रही क्रान्तिकारी गतिविधियों और अशान्ति पर चिन्ता व्यक्त की गई।[1]

बाबा रामचन्द्र 1923 के प्रारम्भ में दो साल के सश्रम कारावास एवं 2,000 रुपए दंड के बाद रिहा कर दिए गए थे। अवध के अशान्त ज़िलों में सेना के मार्च ने किसानों को भयभीत कर घरों में क़ैद रहने को मजबूर कर दिया था। तालुक़ेदारों के लठैतों और ब्रिटिश पुलिस ने ख़ौफ़ का वातावरण बना दिया था। यही कारण था कि बाबा की रिहाई के बाद उत्साह का वातावरण नहीं देखा गया। बाबा अकेले पड़ गए थे। यद्यपि उनका कांग्रेस प्रेम बरकरार था। अप्रैल 1923 में जानकारी मिली कि उन्होंने इलाहाबाद में 18 मार्च, 1923 को एक किसान सभा को सम्बोधित किया था। 1924 में इलाहाबाद के करछना के गाँव पनासा में उन्होंने किसान संगठन खड़ा करने का प्रयास किया, मगर ये प्रयास बहुत कारगर न हुए।[2]

अप्रैल 1924 में बाबा रामचन्द्र पर किसान सभा फंड के ग़बन का आरोप लगा। दारागंज की एक बैठक में रामचन्द्र ने अपनी सफ़ाई देकर स्थिति स्पष्ट करने की

1. द कूरिअर, शुक्रवार, 1 अगस्त, 1924
2. एम.एच. सिद्दीकी, वही, पृष्ठ 195, कपिल कुमार, पीजेंट बिट्रेड, वही, पृष्ठ 48

कोशिश की। 1925 में अकबरपुर, फ़ैज़ाबाद और प्रतापगढ़ में एक बार फिर 3,000 के लगभग किसान, अवध रेंट एक्ट (एमेंडमेंट) 1921 के अप्रभावी होने के कारण विरोध के लिए इकट्ठा हुए। 23 नवम्बर, 1925 को 'प्रताप' ने बाबा रामचन्द्र का एक पत्र प्रकाशित किया, जिसमें बाबा ने सोवियत रूस को छोड़कर पूरी दुनिया में किसानों की दुर्दशा के बारे में लिखा था। उन्होंने एक अन्य सन्दर्भ में लेनिन को 'किसानों का प्रिय नेता' बताया। यह वही समय था जब भारत में कम्युनिस्ट पार्टी का गठन हो चुका था और उसका प्रभाव बाबा पर देखा जा रहा था। बाबा को शायद कांग्रेस के बजाय कम्युनिस्टों की ओर देखने की आवश्यकता महसूस हुई। परन्तु तब तक बाबा की स्थिति प्रभावी नहीं रह गई थी। छोटा रामचन्द्र और मदारी पासी जैसे नेताओं की अनुपस्थिति के कारण, छुटपुट प्रयासों के बावजूद कांग्रेस नियंत्रित किसान आन्दोलन लम्बे समय तक सुषुप्ता अवस्था में चला गया था।[1]

1929 की महामन्दी के बाद एक बार फिर बाबा रामचन्द्र ने स्वयं को किसानों से जोड़ने की कोशिश की और 'सविनय अवज्ञा आन्दोलन' के अन्तर्गत सक्रियता दिखाई, मगर 1930-32 का लगानबन्दी आन्दोलन पूरी तरह कांग्रेसी आन्दोलन था जहाँ दिखाने को कुछ ग़रीब किसान और मज़दूर भले थे, पर आन्दोलन पूरी तरह से ज़मींदारों, बड़े किसानों के नेतृत्व में शुरू किया गया था। इसलिए उस किसान आन्दोलन का कोई क्रान्तिकारी स्वरूप न था। गांधी जी ने इस बीच गाँवों में कार्यकर्ताओं को भेजने और आधार बनाने की नसीहत दी। नेहरू 1927-28 में रूस से लौटे तो स्वयं को किसान समस्याओं के प्रति ज़्यादा गम्भीर दिखाने का प्रयास किया, मगर उनके पिता मोतीलाल नेहरू सदा भू-स्वामियों के पक्षधर बने रहे। 1929 की विश्वव्यापी महामन्दी से एक बार फिर किसानों को उद्वेलित किया जा सकता था, मगर अहिंसा के बन्धन में पूरी तरह नियंत्रित किसानों को सविनय अवज्ञा आन्दोलन को सफल बनाने में इस्तेमाल किया गया। गांधी जी के सुझाव पर कांग्रेस ने किसान आन्दोलनों को पूरी तरह अपने नियंत्रण में रखकर नए ढंग से अगुवाई की।[2] 1930 में निराश होकर बाबा रामचन्द्र ने कांग्रेसियों को धोखेबाज़ कहा था।[3]

1922 के बाद किसान मुद्दे पर कांग्रेस ने बड़ा घालमेल पैदा किया। ऊपर से वह किसान हितैषी दिखने का प्रयास करती रही और अन्दर से भूस्वामियों को किसी भी दशा में नाराज़ न करने की नीति का अनुसरण भी करती रही। 24 दिसम्बर, 1922 को विलियम मॉरिस ने संयुक्त प्रान्त का गवर्नर बनते ही यह सन्देश देना चाहा कि क़ानून सभी के लिए एक समान होना चाहिए। वह बटलर की तरह भू-स्वामियों के पक्षधर न थे। उन्होंने अवध टेनेन्सी एक्ट में बदलाव की ज़रूरत बताई। इससे

1. एम.एच. सिद्दीकी, वही, पृष्ठ 195; कपिल कुमार, पीजेंट बिट्रेड, वही, पृष्ठ 48
2. डी.एन. धनगरे, वही, पृष्ठ 119-120
3. सुमित सरकार, वही, पृष्ठ 192

भू-स्वामियों को लगा कि सरकार उनके हितों को नुक़सान पहुँचाएगी। झट उन्होंने राष्ट्रीय आन्दोलन की अगुवाई करने वाली पार्टी को और मज़बूती से पकड़ना ज़रूरी समझा, जिससे कौंसिल में अपने हितों को सुरक्षित रख सकें और सरकारी नीतियों की आलोचना कर सकें। 1923 में सी.आर. दास, मोतीलाल नेहरू और वी.बी.पटेल ने कांग्रेस के अन्दर ही एक नई पार्टी 'स्वराज पार्टी' का गठन किया। यह असहयोग आन्दोलन का परिणाम था, जिसमें स्वराजिस्ट चुनाव लड़कर कौंसिल में जाने को बेचैन दिखे। वे गाँवों की कुछ सीटों पर जीते भी मगर किसान मुद्दों को कभी नहीं उठाया। वे भूस्वामियों से ही जुड़े रहे। ज़मींदारों ने 'ज़मींदार पार्टी' का गठन किया और कौंसिल में देहात क्षेत्र की 77 में से 58 सीटों पर क़ब्ज़ा जमाया। 1924 और 1926 के बीच साम्प्रदायिक दंगों के कारण ज़मींदारों की एकता भंग हुई। स्वराज पार्टी और ज़मींदार पार्टी ने आगरा टेनेन्सी एक्ट संशोधन मुद्दे पर 1924 में हाथ मिला लिया। स्वराजिस्टों ने भूस्वामियों को यह भय दिखा दिया कि बिना उनके समर्थन के आगरा टेनेन्सी एक्ट के संशोधन उनके हितों के विरुद्ध जाएँगे। दूसरी ओर किसानों के हितैषी के रूप में स्वराजिस्टों ने ख़ुद को स्थापित करने का प्रयास किया। 27 अप्रैल, 1924 को इलाहाबाद में पुरुषोत्तमदास टंडन की अध्यक्षता में सभी पार्टियों की सभा हुई। सं.प्रा. किसान संघ बनाने और उसका अधिवेशन 7-8 जून 1924 को करने का निर्णय हुआ।[1] कुल मिलाकर अब किसान विद्रोह को 1920-22 की तरह फिर न उभरने देने और कौंसिल में अपनी मज़बूत स्थिति बनाए रखना ही कांग्रेसियों की नीति रह गई। भू-स्वामियों ने भी अपने हितों की हिफ़ाज़त के लिए कौंसिलों का उपयोग ज़रूरी समझा और यह नीति आज़ादी के बाद भी संसद और विधानसभाओं तक चलती चली आई है।[2]

कुछ छिटफुट पहल के अलावा 1922 के बाद छह-सात वर्षों तक किसान विद्रोह की कोई बड़ी घटना नहीं देखी जाती। 'प्रताप' ने फ़तेहपुर ज़िले के खागा तहसील के एक गाँव में बेगार के सवाल पर ज़मींदार किसान संघर्ष का एक संक्षिप्त समाचार 5 सितम्बर, 1926 को छापा था।[3] 26 नवम्बर, 1929 को किसान संगठन, रायबरेली ने एक प्रत्यावेदन राज्यपाल को भेजा था और माँग की थी कि पशुपालन के लिए गाँव की कुल ज़मीन का 15 प्रतिशत, चारागाह के रूप में छोड़ने के लिए कुमाऊँ टेनेन्सी रूल, सं.प्रा. गजट, 8 जुलाई, 1916 की तरह क़ानून बना दिया जाए। मगर राज्यपाल को यह माँग पुरानी और बेकार लगी थी।[4] 26 फरवरी, 1929 को जवाहरलाल नेहरू रायबरेली आए और हरचन्दपुर, महराजगंज और

1. सुशील कुमार, वही, पृष्ठ 271, 272, 273, 274, 366
2. सुशील कुमार, वही, पृष्ठ 367
3. डॉ. महेन्द्र प्रताप, वही, पृष्ठ 72
4. फाइल नं. 403/1929, एग्रीकल्चर, पृष्ठ 1, 11, 12, उ.प्र. शासकीय अभिलेखागार, लखनऊ

बछरावाँ में किसान सभाओं को सम्बोधित किया और कांग्रेस की नीतियों के बारे में बताया।[1]

1930 के सविनय अवज्ञा आन्दोलन के पश्चात् किसान आन्दोलन कुछ सक्रिय हुआ। उस समय विश्वव्यापी मन्दी से कृषि उत्पादित वस्तुओं के मूल्य में भारी गिरावट आई जो किसानों के लिए हानिकारक साबित हुई। जवाहरलाल नेहरू 1930 में उ.प्र. कांग्रेस के अध्यक्ष थे। इसी समय कांग्रेस कमेटी ने एक प्रस्ताव पास कर ज़मींदारों से लगान और किसानों को बेदख़ल करने के अधिकारों में कमी करने का आग्रह किया गया।[2] यह केवल आग्रह था, जिसे ज़मींदारों ने अनसुना कर दिया था।

1930 के लगानबन्दी आन्दोलन के सम्बन्ध में कांग्रेस स्पष्ट नहीं थी। प्रयाग में प्रदेश कांग्रेस कमेटी बैठक में निर्णय हुआ कि कांग्रेस लगान बन्दी और करबन्दी आन्दोलन चलाएगी परन्तु इसके लिए कार्यसमिति कोई प्रदेशव्यापी कार्यक्रम देने में अक्षम साबित हुई। जवाहरलाल नेहरू ने अपनी आत्मकथा में लिखा, ''हम लोगों ने करबन्दी आन्दोलन चलाने का निश्चय किया और यह ज़िलों पर छोड़ दिया कि कौन ज़िला इसको प्रारम्भ करेगा। कार्यसमिति ने अपनी ओर से उसे प्रान्त के किसी भाग में लागू न करने का निर्णय लिया और किसानों तथा ज़मींदारों के वर्गीय सवालों से बचने को कहा।''[3]

परिणाम यह हुआ कि किसान सभा की स्वतंत्र भूमिका को समाप्त देख, भू-स्वामियों का उत्पीड़न एक बार फिर बढ़ गया। मैनपुरी के कलेक्टर ने बताया कि 1930-31 में बेदख़ल के 902 मामले पाए गए जबकि 1928-29 में 229 और 1929-30 में 364 मामले पाए गए थे। फतेहगढ़ के ज़िलाधिकारी ने अवगत कराया कि 1930-31 में बेदख़ल के कुल 862 मामले पाए गए, जबकि 1928-29 में 775 और 1929-30 में 736 मामले पाए गए थे। कानपुर कलेक्टर के अनुसार 1930-31 में 2002 बेदख़ल के मामले पाए गए, जबकि 1928-29 में 831 और 1929-30 में 883 मामले पाए गए थे।[4]

कुल मिलाकर अब किसान मुद्‌दों से सबने आँख चुराना प्रारम्भ कर दिया था। 28 मई 1932 को 'प्रताप' ने विदहा, फ़ैज़ाबाद के सात किसानों का एक पत्र प्रकाशित किया, जिसमें उन्होंने ज़मींदारों के अत्याचार, लगान न देने पर मारने-पीटने और लगान देने पर रसीद न देने का आरोप लगाया था। सम्भवत: ये किसान सवर्ण वर्ग के या ऐसी पिछड़ी जातियों के रहे होंगे जो ग़रीब होते हुए भी अस्पृश्यता के आधार पर

1. मदनमोहन मिश्र, वही, पृष्ठ 164
2. डॉ. महेन्द्र प्रताप, वही, पृष्ठ 26
3. वही, पृष्ठ 72, 73
4. रेवेन्यू डिपार्टमेंट, एक्स्ट्रैक्ट ऑफ कान्फीडेंशियल, डी.ओ. नं. 249, दिनांक 18 अप्रैल, 1931

दलितों से नफ़रत करते थे। अन्यथा उस पत्र में वे यह शिकयत न करते कि ज़मींदार उनके दरवाज़े पर चमारों को खड़ा कर देते हैं जिससे उनका आना-जाना रुक जाता है।

1936 में उत्तर प्रदेश कांग्रेस कमेटी ने 15 मार्च को दो प्रस्ताव पास किए थे। एक यह कि प्रदेशव्यापी किसान आन्दोलन संगठित करने तथा दूसरा किसानों के लिए न्यूनतम कार्यक्रम तैयार करने का था। मेरठ में कांग्रेस सोशलिस्ट पार्टी का राष्ट्रीय सम्मेलन जनवरी 1936 में हो चुका था और 15 जनवरी को निर्णय लिया गया था कि जयप्रकाश नारायण तथा प्रो. एन. जी. रंगा के संयोजन में अप्रैल 1936 में कांग्रेस के लखनऊ राष्ट्रीय अधिवेशन के समय ही 11 अप्रैल को अखिल भारतीय किसान कांग्रेस का अधिवेशन होगा। इस प्रकार स्वामी सहजानन्द के सभापतित्व में 11 अप्रैल को अखिल भारतीय किसान सभा का गठन किया गया। इस अधिवेशन में स्वामी सहजानन्द सरस्वती, एन.जी.रंगा, इन्दुलाल याज्ञिक, मोहनलाल गौतम, के.एम. अशरफ़, सोहन सिंह जोश, अहमद दीन, कमल सरकार, सुधीन प्रामाणिक, जयप्रकाश नारायण तथा डॉ. राममनोहर लोहिया आदि ने भाग लिया था।[1]

इस प्रकार अयोध्या किसान कांग्रेस से प्रारम्भ हुई किसान कांग्रेस की यात्रा का अन्त लखनऊ के अखिल भारतीय किसान सभा में हो चुका था। मगर अन्तर यह आया था कि अब किसान विद्रोह एक प्रतीकात्मक आन्दोलन के रूप में कांग्रेसी कार्यनीति का अंग बन चुका था।

अवध किसान विद्रोह को कांग्रेस में समेटने के कई कारण थे। एक तो अवध से इलाहाबाद सटा हुआ था और भारतीय राष्ट्रीय कांग्रेस का गढ़ आनन्द भवन था। दूसरा रामचन्द्र का धार्मिक व्यक्तित्व, उन्हें गांधी के क़रीब रखता था। बाबा रामचन्द्र की पत्रावलियों में उनके 'स्पीच एंड राइटिंग' को देखें तो हम पाते हैं कि सनातनी धर्म पर बाबा रामचन्द्र एवं गांधी की सोच समान है। दोनों वर्णाश्रमी व्यवस्था के पक्षधर हैं। कुर्मी महिला जग्गी से शादी कर लेने के बाद भी बाबा ने दलित उत्थान के लिए कोई सक्रिय आन्दोलन नहीं किया। उज्जैन में गंगा नाम की महिला से सम्बन्ध बनाने के बाद फीजी में उन्होंने एक दलित महिला से शादी की थी। बाबा का पूरा जीवन विविध रूपों में प्रकट होता है। महाराष्ट्र के ब्राह्मण परिवार से निकल कर रोज़ी-रोटी के लिए गिरमिटिया मज़दूर बन फीजी जाते हैं। बाबा स्वयं स्वीकार करते हैं कि फीजी में भारतीय कुलियों से अमानवीय कार्य लिए जाते हैं। उन्हें गोरी मेमों के मूत्र और पाखाना तक उठाना पड़ता है। गोरी मेमों का उल्लेख तो बाबा करते हैं, लेकिन गोरे साहबों का उल्लेख नहीं करते। जाहिर है कि उन दोनों के मल-मूत्र साफ़ करने ही पड़ते होंगे। बाबा यह भी स्वीकार करते हैं कि ब्राह्मणों को कुली के रूप में फीजी ले जाने को ब्रिटिश इच्छुक नहीं रहते। कारण साफ़ है कि वर्गाधार के कारण भारत की उच्च्च जातियों को, निम्न जातियों

1. डॉ. महेन्द्र प्रताप, वही, पृष्ठ 85

के साथ काम करने में झिझक और शर्मिन्दगी होती होगी। रामचन्द्र ने स्वयं खेती करने का काम नहीं किया था। भारत में वर्णाश्रमी व्यवस्था में उन्हें शारीरिक श्रम करने की आवश्यकता न थी। रामकथा के पाठ से ही उन्होंने काफी पैसा बना लिया था। फीजी में रसोइये के काम में भी मन न लगा। बाद में उन्हें पानी पिलाने के काम में लगाया गया। से सारी बातें बाबा द्वारा बताई गई हैं। सम्भव है उन्हें भी ऐसे काम करने पड़े हों जो निम्न जातियों को करने पड़ते थे, परन्तु बाबा ने उन्हें छिपा लिया हो। जाहिर है अमानवीय कार्यों और वहाँ उपजे आन्दोलन के कारण गिरफ़्तारी से बचने के लिए बाबा वापस लौट आए थे।

बाबा रामचन्द्र का अवध के किसानों पर जो प्रभाव पैदा किया गया वह धार्मिक आभामंडल से युक्त था। 1920-22 में ग़रीब किसानों की क्रान्तिकारी पहल के दमन के बाद बाबा के नेतृत्व में किसानों ने कभी भी कोई विद्रोही रुख नहीं अपनाया। तहसील पट्टी, प्रतापगढ़ का देवीदीन कुर्मी उन्हें पत्र लिख कर हिरण्यकश्यप के अत्याचार से प्रह्लाद को बचाने वाले, बालि की हत्या कर सुग्रीव का कष्ट मिटाने वाले भगवान रामचन्द्र के समान बताता है और अपील करता है कि उसकी पुश्तैनी 40 बीघा ज़मीन जो तालुक़ेदार, पटवारी और महाजन ने मिलकर हड़प ली है, उनसे रक्षा करें। मगर बाबा कुछ करने की स्थिति में नहीं थे। मुट्ठीगंज, इलाहाबाद के बाबू संगमलाल अग्रवाल के पत्र से स्पष्ट है कि 7-8 जून, 1924 को प्रयाग में प्रान्तीय किसान कान्फ्रेंस में बाबा बुलाने पर भी नहीं गए। एक पत्र में गौरीशंकर ने भी बाबा से लापता रहने की शिकायत की थी।[1]

बाबा को एक ओर कांग्रेसियों ने इस्तेमाल कर किनारे लगा दिया था, तो दूसरी ओर वह बिना किसी वैचारिक ऊर्जा के अपने बूते कोई क्रान्तिकारी पहल करने की स्थिति में नहीं थे। वह मात्र समय-समय पर पत्र प्रत्यावेदन देते रहने की स्थिति में थे। उन्होंने 1940 तक के अपने भेजे प्रत्यावेदनों का ज़िक्र करते हुए सेठ दामोदर जी को एक बार पत्र लिख कर तमाम सुझाव दे डाले थे।[2] बाबा रामचन्द्र को बहुत बाद में समझ में आया था कि शहरी कांग्रेसी नेताओं के भरोसे किसानों की आवाज़ नहीं उठाई जा सकती। उन्होंने कहा, 'अब हमें अपने स्वाभिमान, जीवन, ज़मीन और घर के लिए बलिदान देना चाहिए। ये धनी और सम्मानित शहरी नेता हमारे सहयोग से मज़बूत होंगे और आपस में लड़ेंगे। हमें 15-20 साल लगेंगे अपनी वास्तविक समस्याओं से पार पाने में।'[3] इसके बावजूद बाबा कांग्रेसी आन्दोलन से कभी ख़ुद को अलग भी नहीं कर पाए। कांग्रेसी आन्दोलन में भाग लेने के कारण वह 1930, 1941 और 1942 में जेल गए।[4]

1. बाबा रामचन्द्र पेपर्स, I इन्स्टालमेंट, वही
2. वही
3. वही
4. कपिल कुमार, पीजेंट बिट्रेड, वही, पृष्ठ 48

बाबा चन्दा वसूली पर ज़्यादा ध्यान देते थे। अयोध्या किसान कांग्रेस में माताबदल कोइरी के जुटाये 6,000 रुपए के दुरुपयोग करने की बात स्वयं बाबा ने स्वीकारी थी। बाबा के आने-जाने का ख़र्च, मकान किराया आदि किसानों के चन्दे से होता था। 1920 से 1940 तक के किसानों के चन्दे का हिसाब-किताब लम्बे समय बाद तैयार किया गया है। इसमें मुक़दमे लड़ने, सभा में आने-जाने का ख़र्च भी शामिल दर्शाया गया है। उन्होंने सराय मधई, तहसील पट्टी के पोस्ट ऑफिस में खाता खोल कर चन्दा की रक़म जमा करने की बात सोची थी और पोस्टमास्टर को 9 जनवरी, 1933 को पत्र भी लिखा था, जिसमें यह ख़ास उल्लेख किया था कि पैसा केवल मेरे दस्तख़त से ही निकलेगा।[1]

बाबा रामचन्द्र का सम्बन्ध तालुक़ेदारों से मित्रवत् बना रहा। हरीपुर स्टेट के तालुक़ेदार विश्वनाथ सिंह राय के पत्र से स्पष्ट है कि वह बाबा की देखरेख करने का भाव रखते थे। दवा भेजते थे। उन्हें बुलाने के लिए इक्का भेजते थे। बाबा के 5-10-1937 के पत्र से जान पड़ता है कि उन्हें वीरापुर के कोट (कोठी) से निकालने की सम्भावना पर बाबा उक्त तालुक़ेदार से पूछते हैं कि मैं बाल-बच्चों को कहाँ रखूँ।[2] बाबा रामचन्द्र द्वारा कुर्मी जाति की महिला जग्गी से शादी कर लेने के कारण कुछ स्थानीय यादव नाराज़ रहने लगे थे। एक बार बाबा दौरे पर गए थे तो रामपाल अहीर, (कुंडा, दाऊदपुर तकिया) ने 19 मई, 1939 को घर फूँकने की धमकी दी और उनकी पत्नी को मारने की कोशिश की थी। लौटने पर बाबा ने 22 मई को एफ.आई.आर. दर्ज करने की अर्जी थानेदार, तहसील पट्टी को दी थी।[3] लगता है कि बाबा निराश हो चले थे, इसलिए पत्रों और पर्चों में अपना नाम कभी 'किसान कलंकी' तो कभी 'किसान सेवक', रखा करते। उनके द्वारा आयोजित किसान सभाओं में कभी भी कोई क्रान्तिकारी पहल लेने की बात नहीं कही जाती थी। बाबा ज़मींदारों के प्रभाव से मुक्त नहीं हो पाए। वह केवल अनुनय-विनय जैसे अस्त्र का इस्तेमाल करते रहे। हम कह सकते हैं कि बाबा की छवि, गांधी की चमत्कारी छवि की तरह ही प्रारम्भ में उभरती है, लेकिन धीरे-धीरे उसमें ह्रास होता है। जीवन के अन्तिम दिनों में बाबा को निराश और उदास देखा गया था। उन्हें यह कहते सुना गया कि 'अगर वह कांग्रेस के 'एस मैन' बने रहते तो बड़े बँगले में आराम की ज़िन्दगी गुज़ार रहे होते।' इस प्रकार देश की आज़ादी और गांधी जी की हत्या के बाद 1950 में बाबा रामचन्द्र हमसे विदा ले चुके थे।[4]

1. बाबा रामचन्द्र पेपर्स, I इन्स्टालमेंट, फाइल नं. 12, वही
2. वही
3. वही फाइल नं. 14
4. कपिल कुमार, पीजेंट बिट्रेड, पृष्ठ 49

जिस प्रकार स्वाधीनता आन्दोलन की क्रान्तिकारी धारा को गांधी कुन्द करते हैं उसी प्रकार किसानों के बीच प्रतापगढ़, जौनपुर, सुल्तानपुर, फ़ैज़ाबाद, रायबरेली, बाराबंकी और उन्नाव में चमत्कारिक छवि स्थापित कर चुके बाबा रामचन्द्र का इस्तेमाल करते हुए इलाहाबादी कांग्रेसी 1920-22 में उभरे ज़बरदस्त किसान आन्दोलन की धार कुन्द करते हैं। वे बाबा के सहारे किसान विद्रोह को कांग्रेस के पाले में खींच लाते हैं। बाबा किसी वैचारिक चेतना से लैस नहीं हैं। वह बार-बार नेहरू और गांधी की ओर ताकते हैं। नेहरू अवध में लगातार दौरे पर आते हैं। किसान समस्याओं पर हस्तक्षेप करते हैं मगर गांधी आप-पास से निकल जाते हैं। फ़ैज़ाबाद या प्रतापगढ़ का उनका एकदिवसीय दौरा भी किसान मुद्दों से इतर रहता है। वह 1920-21 के ज़बरदस्त किसान विद्रोह के उभार को देखते हुए भी किसानों के साथ खड़े नहीं होते हैं।

अन्त में हम देखते हैं कि संयुक्त प्रान्त के 1921-22 के किसान विद्रोह के बाद भगत सिंह और उनके साथियों की वैचारिकी और वामपन्थी विचारधारा के कारण स्वाधीनता आन्दोलन का क्रान्तिकारी पक्ष निखर कर सामने आता है। किसान मुद्दों पर फिर बात सुनाई देने लगती है, मगर यहाँ भी शहरी अभिजातवर्गीय कांग्रेसी नीति राह का रोड़ा बनती है।

परिशिष्ट–1

प्रतापगढ़ ज़िले में कन्या-विक्रय के मामले

लड़कियों की उम्र	जिसके द्वार बेचा गया	ख़रीदने वाले पति की उम्र	जितने रुपए में बेचा गया
5	भाई द्वारा	40	300
12	पिता द्वारा	60	300
7	,,	50	200
12	,,	30	300
5	,,	40	300
7	,,	40	200
10	,,	40	400
10	,,	40	500

मेहता ने लिखा है कि एक ग़रीब गयादीन दुबे ने रोते हुए बताया कि दो साल पहले, मुफ़रीद ज़मींदार ने बकाया वसूली का क़ानूनी नोटिस दिया। उसने अपना मवेशी बेच कर रक़म चुकाया। उसके बावजूद वह ज़मींदार उसे ज़मीन से बेदख़ल करने की धमकी देने लगा और 500 रुपए की माँग की। गयादीन के पास कुछ भी बचा नहीं था। उसने अपनी 10 साल की बेटी, को 40 साल के आदमी के हाथ 500 रुपए में बेच दिया। ब्राह्मण की बेटी होने के नाते उसे 500 रुपए मिले अन्यथा निम्न जातियों की बेटियाँ मात्र 200 से 300 रुपए में बेच दी जाती थीं।

सन्दर्भ—मेहता रिपोर्ट, पृष्ठ 10–11, फाइल नं. 753/1920, रेवेन्यू, उ.प्र. शासकीय अभिलेखागार, लखनऊ

परिशिष्ट-2

लड़ाई चन्दा

तालुक़ेदार	ज़िला	माँग
1. मीर तवाकुल हुसैन	फ़ैज़ाबाद	किसानों से 45,000 रुपए, व्यक्तिगत 15,000 रुपए, सेना में भर्ती/मज़दूरों सहित
2. लाल गणेश प्रसाद	उन्नाव	209 जवानों की भर्ती, स्वेच्छा से वार फंड में सहयोग
3. महबूब हुसैन ख़ान	फ़ैज़ाबाद	140 जवानों की भर्ती
4. भगवती प्रसाद सिंह	बलरामपुर	2.5 लाख रुपए, मज़दूर, लड़ाई के लिए जवान, दो एम्बुलेंस
5. राजा प्रतापबहादुर सिंह	प्रतापगढ़	7000 रुपए, एवं भारी संख्या में मज़दूर
6. राजा रुकमंगल सिंह	कटरी, हरदोई	स्वेच्छा से सहयोग एवं जवानों की भर्ती
7. राजा उदित नारायण सिंह	रामनगर, बाराबंकी	''
8. मो. मेंहदी अली ख़ान	हुसैनपुर, सुल्तानपुर	जवानों की भर्ती
9. राजा प्रताप बहादुर सिंह	कुड़वार, सुल्तानपुर	''
10. मो. तसाद्दुक रसूल ख़ान	जहाँगीराबाद, बाराबंकी	जवानों की भर्ती, स्वेच्छा से चन्दा, मोटरकार, एम्बुलेंस
11. राजा सैयद अबू ज़फ़र	पीरपुर, फ़ैज़ाबाद	जवानों की भर्ती, स्वेच्छा से चन्दा
12. रानी सूरत कुँवरि	खारीगढ़, खीरी	''
13. राजा अहमद अली ख़ान	सलेमपुर, लखनऊ	1000 रुपए वार्षिक युद्ध अवधि तक
14. राजा बलरामपुर	बलरामपुर	500 रुपए मासिक, युद्ध अवधि तक

सन्दर्भ—पीजेंट इन रिवोल्ट, कपिल कुमार, पृष्ठ 54 से 56

परिशिष्ट-3

बाबा रामचन्द्र की पांडुलिपि के पृष्ठ 22, 23 और 24 पर उनकी हस्तलिपि में दर्ज प्रतिज्ञाएँ

1. हम किसान सच बोलब, झूठ न बोलब और अपने दुख के बात सच-सच कहब।
2. केतनों दुख होय मार-पीट कबहुँ न करब। न तो केहू के गारी देब और न केहू पर हाथ छोड़ब।
3. गाँव-गाँव किसान सभा बनाउब। सभा में जाब। केहू के रोके सभा मैं जाइब वह न करब।
4. आपस में झगड़ा न करब, सुमति रखब। हर गाँव या दुई-दुई, चार-चार गाँव मिल के पंचाइत बनाउब और जब कबौ कुछ झगरा-तकरार होई, वोही में तय कय लेब।
5. अपने गाँव में अगर कौनों किसान खाये-पीये के दुख या और कौनों तरह के दुख में होई ओकर मदद हम करब। सब किसान के दुख-सुख आपन समझब।
6. हथियावन, घोड़ावन, मोटरावन, मुड़ावन, नचावन, लठियावन वगैरह ग़ैर-क़ानूनी टिक्स न देब। बेगार बिना पूरी मजूरी के न करब। उपरि, पतोई, भूसा और रस बाज़ार भाव पर बेचब। रुपया लेब तबै देब।
7. खेत के लगान ठीक वक़्त पर भुगतान करब, लगान की रसीद ज़रूर लेब और अगर रसीद न मिली तो डाक से लगान भेजब। आपन गाँव भर मिल के ठकुरे इहाँ जायके लगान देब।
8. खेत चाहे निकरि जाय लेकिन 'नज़राना' न देब।
9. बेदख़ली के क़ानून मंसूख करावे बरे हम सभा ज़रूर करब और जब तक मंसूख न होय हम दम न लेब।
10. बेदख़ल खेत के, जौने किसान के खेत रहा वह के छोड़ि कै दूसर कौनों किसान खेत न लेई और अगर कौनों दूसर किसान लेइ ओके सभा से हटा

दिया जाई। ओकर छूवा पानी न पिअब। ओकर सलाम-बन्दगी बन्द कय देब। ओसे कौनों तरह के लस्तगा न रखब।

11. तालुक़ेदार से बेदख़ल खेत जोते बदे माँगब। अगर न दीहैं तो भूखन मरब लेकिन जबरदस्ती कबौ न करब। हमारि सुधि न लीहैं तो उनसे भी लस्तगा न रखब।
12. अगर हमार ठाकुर परती में हमार गोरू न चरे दीहैं, हम न चराइब, हमार गोरू मर जइहैं लेकिन क़ानून के ख़िलाफ़ न करब।
13. रुई बोउब, घर-घर में चरखा रखब। सूत कातब और अपने तहसील में जुलाहा भाई से कपड़ा बुनवाय लेब।
14. अपने लड़िकन के पढ़ाउब। कपड़ा बिनैके सिखाउब, ईश्वर में विस्वास रखब। भिन्नही और साँझ ईश्वर से आपन दुख मिटावे बरे हाथ जोड़ब। साहस, धीरज और निडर लाई के आपन दुख दूर होये बदे कोशिश करब। किसान भाई व बहीन! ऊपर के बात सच्चै मन से करौ ईश्वर बहुत जलदीयै तुहार दुख कटिहैं।

रामचन्द्र शर्मा। तोहार सेवक। गौरीशंकर मिश्र

बाबा रामचन्द्र पेपर्स, I इन्सटालमेंट, III स्पीचेज एंड राइटिंग, फाइल नं. 2ए, नेहरू स्मारक संग्रहालय एवं पुस्तकालय, तीनमूर्ति भवन, नई दिल्ली।

परिशिष्ट–4

अवध किसान सभा, प्रतापगढ़ की नियमावली

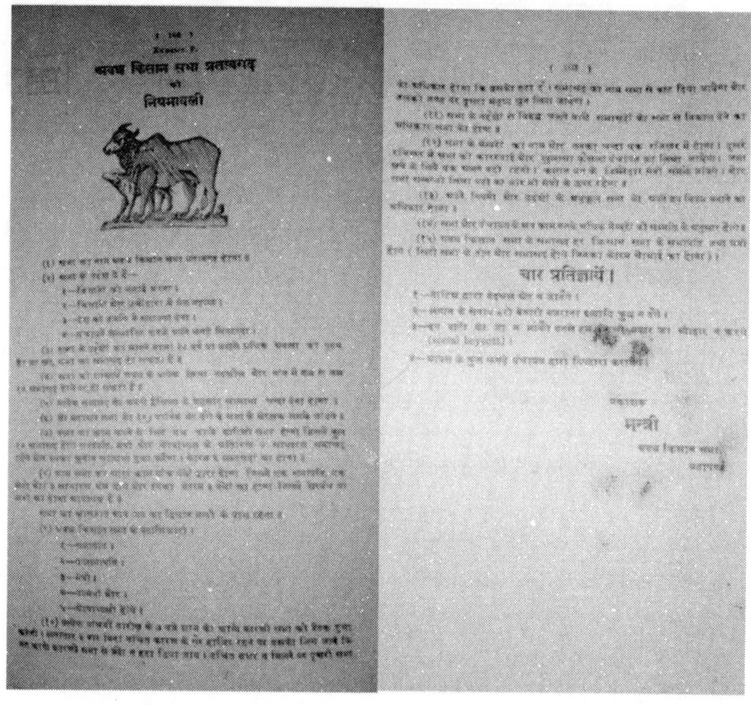
अवध किसान सभा प्रतापगढ़
की
नियमावली

चार प्रतिज्ञायें।

मन्त्री

संदर्भ : फाइल नं 753, रेवेन्यू डिपार्टमेंट, वी.एन. मेहता रिपोर्ट, उ.प्र. शासकीय अभिलेखागार, लखनऊ

परिशिष्ट–5

दैनिक 'प्रताप' केस में प्रताप की ओर से गवाहों की सूची
(मुक़दमा मिसिल नं 1 नत्थी 5 पृष्ठ 346 के आधार पर)

1.	भैरो सिंह पुत्र ठाकुरबख्श सिंह	ठाकुर	बेलागुसीसी
2.	बिन्दा सिंह पुत्र बेनीमाधव सिंह	ठाकुर	सरायदामू
3.	ओरी पुत्र मातादीन मुराऊ	मुराऊ	फ़िज़ा का पुरवा, भांव।
4.	बदल पुत्र इन्दी	तमोली	पूरे तमोली, उतरपारा
5.	कलुवा पुत्र बिन्दई	पासी	जिजौली
6.	रामअधीन पुत्र गोकुल	मुराई	फ़िज़ा का पुरवा, भांव
7.	दशरथ पुत्र दुर्गा	बनिया	महेशगंज, खोजनपुर
8.	शिवनारायण पुत्र सन्तदीन	...	धूता
9.	बसन्ता पुत्र अंगने	चमार	बेलागुसीसी
10.	जदुनाथ पुत्र हरपाल सिंह	ठाकुर	बेतौरा
11.	खरगू पुत्र अधीन	लोध	साई
12.	मुसमात जनकिया पुत्री शीतल	पासी	कांटीहार
13.	शीतल पुत्र चोखन	...	कितूनी
14.	सरजू पुत्र शिवदयाल	ब्राह्मण	साई
15.	बेनीमाधव सिंह पुत्र सुखनन्दन सिंह	ठाकुर	टिकरा गाचीपुर
16.	बाबूराम पुत्र ठाकुरदीन	ब्राह्मण	चन्दई चरुहार
17.	बेनी पुत्र काली	पासी	भांव
18.	बेनी माधव सिंह पुत्र फ़ौजदार सिंह	ठाकुर	पूरेबनिया नवाबगंज
19.	सुखदेव प्रसाद पुत्र विश्वनाथ	ब्राह्मण	टिकरा गाचीपुर
20.	रामस्वरूप पुत्र जानकी प्रसाद	ब्राह्मण	चन्दई चरुहार
21.	रामपाल सिंह पुत्र गौरीशंकर	ठाकुर	कितूली
22.	हरिदत्त पुत्र कालिका	ब्राह्मण	हैवतहा
23.	महावीर सिंह पुत्र बिन्दा सिंह	ठाकुर	उतरपारा

24.	गजाधर पुत्र बच्चू	...	पूरे फ़िज़ां, भांव
25.	परसादी पुत्र भग्गा	भुजवा	बेला गुसीसी
26.	रामपाल पुत्र बेनी माधव	ब्राह्मण	उतरपारा
27.	कुँवर बहादुर पुत्र मुंशी गुलजारी लाल	कायस्थ	खाली सहाट
28.	शिवनारायण सिंह पुत्र कप्तान ठाकुर सिंह	ठाकुर	पूरेबक साहब का पुरवा
29.	देवी प्रसाद वकील पुत्र मुंशी मोहनलाल	कायस्थ	रायबरेली शहर
30.	मीर वाजिद अली शाह पुत्र मीर वहीद अली शाह	मुसलमान	रायबरेली शहर
31.	चित्रगुप्त प्रसाद पुत्र शिवनारायण	ठाकुर	रायबरेली शहर
32.	गिरधारीलाल अग्रवाल पुत्र शिवप्रसाद अग्रवाल	बनिया	रायबरेली शहर
33.	किस्मत राय पुत्र परमेश्वर प्रसाद	कायस्थ	रायबरेली शहर
34.	मि.ए.सी.डैनियल पुत्र ए. डैनियल	ईसाई	रायबरेली शहर
35.	जदुनाथ पुत्र गजाधर प्रसाद	ब्राह्मण	रायबरेली शहर
36.	महावीर प्रसाद चोपड़ा पुत्र राम दयाल	बनिया	रायबरेली शहर
37.	कन्धई लाल पुत्र हनुमानप्रसाद अग्रवाल	बनिया	रायबरेली शहर
38.	अब्दुल वहीद पुत्र अब्दुल रहीम	मुसलमान	रायबरेली शहर
39.	महावीर प्रसाद पुत्र शंकरदयाल	कायस्थ	रायबरेली शहर
40.	सतगुरु प्रसाद सिन्हा, वकील	कायस्थ	रायबरेली शहर
41.	रामप्यारे पुत्र भगवानदास	बनिया	रायबरेली शहर
41.	शिवअधार पुत्र देवकली	ब्राह्मण	रायबरेली शहर
43.	केदारनाथ पुत्र शिवराखन तिवारी वकील	ब्राह्मण	रायबरेली शहर
44.	जे.एस.बनर्जी पुत्र भोलानाथ बनर्जी	बनिया	बनारस
45.	हरप्रसाद गोयल पुत्र रघुनाथ प्रसाद	बनिया	कानपुर
46.	मंगल सिंह पुत्र भैरो सिंह	ठाकुर	गौरा
47.	जगन्नाथ पुत्र शंकर मुराऊ	मुराऊ	अज्ञात
48.	मार्तण्ड वैद्य पुत्र ईश्वरदत्त	ब्राह्मण	रायबरेली शहर
49.	कृष्णाराम मेहता पुत्र मुकुन्दराम	बनिया	सम्पादक लीडर, इलाहाबाद
50.	सी.एस.रंगा अय्यर	...	संयुक्त सम्पादक इंडिपेंडेंट, इलाहाबाद
51.	जवाहरलाल नेहरू पुत्र मोतीलाल नेहरू	ब्राह्मण	इलाहाबाद
52.	अवन्तिका प्रसाद पुत्र शिवरतन	ब्राह्मण	रायबरेली शहर
53.	माताप्रसाद मिश्र पुत्र शिवप्रसाद मिश्र	ब्राह्मण	रायबरेली शहर
54.	रामेश्वरनाथ पुत्र विश्वेसरनाथ जुत्सी	...	सहायक सम्पादक लीडर, इलाहाबाद

55.	गौरीशंकर मिश्र पुत्र प्रयाग दत्त, वकील	ब्राह्मण	इलाहाबाद
56.	कुंजबिहारी पुत्र मक्कूलाल बजाज	बनिया	इलाहाबाद
57.	वेदनारायण पुत्र गंगाप्रसाद वाजपेयी	ब्राह्मण	कानपुर
58.	देवीदत्त पुत्र लक्ष्मण प्रसाद दुबे	ब्राह्मण	खागा, फ़तेहपुर
59.	जगन्नाथप्रसाद शुक्ल पुत्र गंगाधर नेहरू	ब्राह्मण	लखनऊ
60.	मोतीलाल नेहरू पुत्र गंगाधर नेहरू	ब्राह्मण	इलाहाबाद
61.	रामशंकर अवस्थी पुत्र प्यारेलाल अवस्थी	ब्राह्मण	सम्पादक 'वर्तमान', कानपुर
62.	सहदेव त्रिपाठी पुत्र माताशरण त्रिपाठी	ब्राह्मण	सहायक सम्पादक 'आज' बनारस
63.	मदनमोहन मालवीय पुत्र ब्रजनाथ, वकील	ब्राह्मण	इलाहाबाद
64.	विश्वम्भरदयाल त्रिपाठी पुत्र गयाप्रसाद त्रिपाठी	ब्राह्मण	बांगरमऊ, उन्नाव
65.	सैयद अनवाल हसन पुत्र अब्दुल हसन	मुसलमान	रायबरेली

परिशिष्ट–6

गोलीकांड का गवाह मुंशीगंज पुल और सई नदी की वर्तमान स्थिति

परिशिष्ट–7

मुंशीगंज गोलीकांड में मारे गए लोगों के स्मारक पर दर्ज सूची

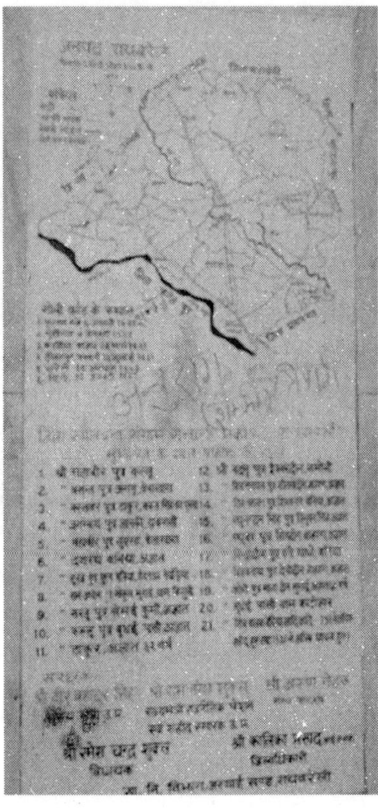

1. महावीर पुत्र कल्लू
2. बसन्त पुत्र अँगनू, बेलाखारा
3. बख्तावर पुत्र ठाकुर, बरुत सिंह का पुरवा
4. जगन्नाथ पुत्र जानकी, झकरासी
5. महावीर पुत्र सुक्खा, बेलाखारा
6. दशरथ बनिया, अज्ञात
7. सूरज पुत्र पूरन बनिया, हेवतहा नेवदिया
8. रामअधीन पुत्र गोकुल मुराऊ, कितूली, पूरेकब्जा का पुरवा
9. सरजू पुत्र सेमई, कुर्मी
10. कल्लू पुत्र बुधई पासी
11. ठाकुर, 32 वर्ष
12. बदलू पुत्र ईश्वरदीन तमोली
13. शिवनारायण पुत्र शीतलदीन, ब्राह्मण
14. शिवनारायण पुत्र शिवकरन, बनिया
15. रघुनन्दन सिंह पुत्र त्रिभुवन
16. रघुवर पुत्र शिवदीन, ब्राह्मण
17. बिन्दादीन पुत्र बेनीमाधो, बनिया
18. विश्वनाथ पुत्र देवीदीन, ब्राह्मण
19. ओरी पुत्र मातादीन, मुराऊ
20. बुधई पासी, कांटीहार
21. शिवबालक बेड़ियां

इस प्रकार कुल 750 से ज़्यादा लोग मारे गए थे और 1500 से अधिक घायल हुए थे।

मुंशीगंज स्मारक पर मृतकों की सूची के क्रमांक 6 पर दशरथ बनिया का नाम दर्ज है और पता अज्ञात लिखा है। दशरथ बनिया ने दैनिक 'प्रताप' केस में गवाही दी थी। गवाहों की सूची में उनका नाम क्रमांक 7 पर दर्ज है और पिता का नाम दुर्गा बनिया, महेशगंज, खोजनपुर लिखा हुआ है। इस प्रकार शहीदों की सूची में दशरथ बनिया का नाम आना अनुचित है। स्मारक पर मृतकों का नाम लिखते समय ऐतिहासिक तथ्यों से छेड़छाड़ की गई है जैसे कि स्मारक पर दर्ज मृतक सूची में महावीर पुत्र कल्लू अहीर का नाम है जबकि यह नाम घायलों की सूची में भी है। जगन्नाथ पुत्र जानकी ब्राह्मण और झकरासी, मुंशीगंज गोलीकांड में घायल होकर सरकारी अस्पताल में भर्ती हुए थे और 23 जनवरी, 1921 को प्रात: 10 बजे वह अस्पताल से मुक्त किए गए थे। बख़्तावर पुत्र ठाकुर, बरुत सिंह का पुरवा, भी घायल अवस्था में सरकारी अस्पताल में भर्ती थे और 28 जनवरी, 1921 की शाम 4 बजे मुक्त हुए थे। क्रमांक 17 पर बिन्दादीन पुत्र बेनीमाधो बनिया का नाम दर्ज है जबकि बिन्दा सिंह पुत्र बेनी माधव सिंह, सरायदामू ने 'दैनिक प्रताप' केस में गवाही दी थी। इन दोनों नामों में थोड़ा अन्तर होने के बावजूद दोनों एक ही व्यक्ति हैं। बिन्दादीन को सरकारी अस्पताल में भर्ती कराया गया था। 15 जनवरी, 1921 को उनके शरीर से एक गोली निकाली गई थी। ओरी पुत्र मातादीन मुराऊ का नाम भी स्मारक पर दर्ज मृतकों की सूची में है जबकि यह नाम 'दैनिक प्रताप' केस के गवाहों में भी है। इन्हें भी सरकारी अस्पताल में भर्ती कराया गया था। स्मारक पर दर्ज नामों में एक नाम कल्लू पुत्र बुधई पासी का भी है जबकि कलुवा पुत्र बिन्दई पासी, जिजौली, ने भी दैनिक प्रताप मामले में गवाही दी थी। ये दोनों नाम भी एक ही व्यक्ति के हैं। कल्लू पुत्र बुधई पासी घायल अवस्था में सरकारी अस्पताल में भर्ती हुए थे और 21 जनवरी, 1921 को अस्पताल से मुक्त हुए थे। ठाकुर, 32 वर्ष घायल अवस्था में सरकारी अस्पताल में भर्ती हुए थे और 12 जनवरी, 1921 को मुक्त हुए। शिवनारायण पुत्र शीतलदीन ब्राह्मण घायल अवस्था में सरकारी अस्पताल में भर्ती रहे। 22 जनवरी, 1921 को वह अस्पताल छोड़कर चले गए। मृतक सूची में दर्ज बदलू पुत्र ईश्वरदीन तमोली और 'दैनिक प्रताप' केस के गवाहों में बदल पुत्र इन्दी तमोली, पूरे तमोली, उतरपारा, एक ही व्यक्ति हैं। इन्हें भी घायल अवस्था में सरकारी अस्पताल में भर्ती कराया गया था।

यहाँ यह भी स्पष्ट करना है कि रायबरेली स्वतंत्रता सेनानी इतिहास प्रकाशन समिति द्वारा प्रकाशित पुस्तक 'भूला जनपद : बिखरा इतिहास' के पृष्ठ 141 पर मारे गए कुछ लोगों का नाम-बदल (बेला मेला), शिवबालक (खुरहटी), पंचम पासी, सुक्खी, दुक्खी (दोनों सगे भाई), नान्हू नाई, बलद पुत्र ईश्वरदीन तमोली, सुरजू पुत्र पूरन (जगतपुर), रामअधीन (कितूली), बुधई (काँटीहार), बख़्तावर और विश्वनाथ, लिखा हुआ है। इस प्रकार स्मारक पर लिखे नामों में बदल (बेला मेला), शिवबालक (खुरहटी), पंचम पासी और सुक्खी, दुक्खी (दोनों सगे भाई) नाम नहीं हैं।

परिशिष्ट-8

मुंशीगंज गोलीकांड में घायलों की सरकारी सूची

1. महावीर पुत्र कल्लू, अहीर, उम्र 28, हथेली पर तीन चोटें।
2. बसन्त पुत्र अंगनू, चमार, उम्र 16, बेलाखारा, 1 चोट। 26 जनवरी, 1921 को अस्पताल से मुक्त।
3. बख्तावर पुत्र ठाकुर, उम्र 35, बखतावर सिंह का पुरवा, 3 चोटें। 28 जनवरी को अस्पताल से मुक्त।
4. जगन्नाथ पुत्र जानकी, ब्राह्मण, उम्र 48, झकरासी, 3 चोटें। 23 जनवरी को अस्पताल से मुक्त।
5. महावीर पुत्र सुक्खा धरकार, उम्र 35, 1 चोट। 26 जनवरी को अस्पताल से मुक्त।
6. दशरथ बनिया, तीन चोटें गर्दन और पीछे। 14 जनवरी को अस्पताल से मुक्त।
7. रामअधीन पुत्र गोकुल मुराई 1 चोट।
8. सरजू पुत्र खेमई, कुर्मी, 6 चोटें। 22 जनवरी को अस्पताल से मुक्त।
9. कल्लू पुत्र बुधई, पासी, 6 चोटें। 21 जनवरी को अस्पताल से मुक्त।
10. ठाकुर, पीठ पर गोली की चोट। उम्र 32, 12 जनवरी को अस्पताल से मुक्त।
11. बदलू पुत्र ईश्वरदीन तमोली उम्र 50, 3 चोटें। दाहिनी आँख फूटी। कनपटी पर गोली। स्वेच्छा से अस्पताल से मुक्त।
12. शिवनारायण पुत्र शीतलादीन, ब्राह्मण, उम्र 45, 5 चोटें। 22 जनवरी को अस्पताल से मुक्त।
13. शिवनारायण पुत्र शिवकरन, बनिया, उम्र 30, 4 चोटें। 22 जनवरी को अस्पताल से मुक्त।
14. रघुनन्दन पुत्र त्रिभुवन सिंह, उम्र 60
15. रघुबर पुत्र शिवदीन ब्राह्मण, उम्र 45, 3 चोटें।
16. बिन्दादीन पुत्र बेनी माधव उम्र 28, पीछे की ओर 3 चोटें। 15 जनवरी को एक गोली निकाली गई।

17. विश्वास पुत्र देवीदीन, उम्र 80, 9 गोलियों की चोटें।
18. ओरी पुत्र मातादीन, मुराऊ, उम्र 60

प्राप्त दस्तावेज़ों के अनुसार उस समय ज़िला अस्पताल में 54 व्यक्तियों के भर्ती होने की सूचना उपलब्ध थी। अस्पताल की अधूरी सूचनाएँ इस बात को दर्शा रही थीं कि किसानों के प्रति सरकार का रवैया सहानुभूतिपूर्वक नहीं था।

परिशिष्ट-9

मुंशीगंज गोलीकांड में मृतकों की सरकारी सूची

1. सरजू पुत्र पूरन, बनिया, नौहनिया, थाना जगतपुर
2. अज्ञात
3. अज्ञात, उम्र 35
4. रामधीन मुराई, कितूली, पूरे क़ब्ज़ा का पुरवा
5. बुधई, पासी, काँटीहार।
6. शिवबालक, बेड़िया। रायबरेली कांग्रेस के लेखक अंजनी कुमार ने बताया है कि इन्हें वीरपाल सिंह ने ही अपनी पिस्तौल से मारा था।

चयनित सन्दर्भ-ग्रन्थ

1. डी.एन. धनगरे, पीजेंट मुवमेंट्स इन इंडिया 1920-1950, ऑक्सफोर्ड यूनिवर्सिटी प्रेस, 1983, नई दिल्ली
2. पेशोटन नासवरवानजी ड्राइवर, प्रॉब्लम्स ऑफ ज़मींदारी एंड लैंड टेन्योर इन इंडिया, न्यू बुक कम्पनी, बॉम्बे, 1949
3. डॉ. महेन्द्र प्रताप, उत्तर प्रदेश में किसान आन्दोलन, वाणी प्रकाशन, दिल्ली, 1988
4. फ़िरोज़ हाई सरवार, ए कम्परेटिव स्टडी ऑफ ज़मींदारी, रैयतवाड़ी एंड महलवारी लैंड रेवेन्यू सेटलमेंट, आई.ओ.एस.आर. जरनल ऑफ ह्यूमैनिटीज एंड सोशल साइंस, आईएसएसएन : 2279-0837, आईएसबीएन : 2279-0845, वॉल्यूम 2, इश्यू 4 (सितम्बर-अक्टूबर, 2012)
5. जयचन्द्र विद्यालंकार, इतिहास प्रवेश, ग्यारहवाँ प्रकरण, सरस्वती प्रकाशन मन्दिर, इलाहाबाद, 1996
6. थामस आर. मेटकॉफ, लैंड लॉर्ड्स एंड द ब्रिटिश राज : नार्दन इंडिया इन द नाइनटीन्थ सेंचुरी, कैलिफोर्निया यूनिवर्सिटी ऑफ कैलिफोर्निया, 1979
7. लीनी बेनेट, द ओरिजिन ऑफ द पीजेन्ट एजीटेशन इन अवध : द अवेकनिंग ऑफ द पीजेन्ट्स, ए थिसिस इन द डिपार्टमेंट ऑफ हिस्ट्री, कानकार्डियल यूनिवर्सिटी, मॉट्रियल, क्यूबेक, कनाडा
8. एम.एस.जैन, आधुनिक भारत का इतिहास, वाइली इस्टर्न लिमिटेड, दिल्ली
9. अतीस दासगुप्ता, द फ़कीर एंड संन्यासीज रिबेलियन, सोशल साइंटिस्ट, वाल्यूम 10, नं. 1 (जनवरी 1982)
10. धर्म कुमार (सम्पादक), कैम्ब्रिज इकोनामिक हिस्ट्री ऑफ इंडिया, वाल्यूम 2 (1751-1970), 1983, पृष्ठ 126, कैम्ब्रिज यूनिवर्सिटी प्रेस
11. फेमिली फ्यूड्स, एलीन हंट बॉटिंग, स्टेट यूनिवर्सिटी ऑफ न्यूयॉर्क प्रेस, 2006
12. वी.के. अग्निहोत्री (सम्पादक), इंडियन हिस्ट्री, एलायड पब्लिशर्स, नई दिल्ली, 2010

13. आर.के.क्षीरसागर, दलित मूवमेंट्स इन इंडिया एंड इट्स लीडर, एम.डी. पब्लिकेशन, नई दिल्ली, 1994
15. एस.एन. सेन, हिस्ट्री माडर्न इंडिया, न्यू एज इंटरनेशनल पब्लिशर, 2006
16. एम. नईम कुरैशी, पान-इस्लाम इन ब्रिटिश इंडिया पोलिटिक्स : ए स्टडी ऑफ द ख़िलाफ़त मूवमेंट, 1818-1924, ब्रील, 1999
17. सुमित सरकार, माडर्न इंडिया 1885-1947, पीयर्सन
18. चार्ल्स जेम्स कोनेल, आवर लैंड रेवेन्यू पॉलिसी इन नार्दन इंडिया, बंगाल सिविल सर्विस, थाकर स्पींक एंड कं. कलकत्ता, 1876
19. रीयल स्टोरी ऑफ द तालुकदार्स एंड टेनेन्ट्स राइट ऑफ आकूपेंसी इन अवध बाय एच.आर. लन्दन, स्मिथ, एल्डर एंड कं, 65, कार्नहिल, 1865
20. सुन्दरलाल, भारत में अँगरेज़ी राज, द्वितीय खंड, 2000, प्रकाशन विभाग, नई दिल्ली
21. अवध पॉलिसी, सर हरकोर्ट बटलर, इलाहाबाद, 1896।
22. रुद्रांशु मुखर्जी, द रीबेलियन इन अवध, 1857-58, ए स्टडी इन पापुलर रेसिस्टेंस, सेंट एडमंड हॉफ, थेसिस, ऑक्सफोर्ड यूनिवर्सिटी, 1980
23. एस.एच. फ्रेमनटल, रायबरेली सेटलमेंट रिपोर्ट 1897
24. सेंडर्स, प्रतापगढ़ सेटलमेंट रिपोर्ट, पृष्ठ 61
25. रजनी पामदत्त, भारतः वर्तमान और भावी, पीपुल्स पब्लिसिंग हाउस, दिल्ली, 2007
26. केशव देव सहारिया, ब्रिटिश भारत का आर्थिक इतिहास, श्री काशी ज्ञानमंडल कार्यालय, संवत् 1979 (1922)
27. रामाज्ञा शशिधर, किसान आन्दोलन की साहित्यिक ज़मीन, अन्तिका प्रकाशन, ग़ाज़ियाबाद, 2012
28. मुरलीमनोहर प्रसाद सिंह, आधुनिक हिन्दी-साहित्य विवाद और विवेचना, स्वराज प्रकाशन, दिल्ली, 2000
29. सिरिक मोड़क, आज़ादी किस कीमत पर, किताब महल, इलाहाबाद, 1945
30. सुखवीर चन्द्रा, पीजेंट एंड वर्कर्स मूवमेंट्स इन इंडिया, 1905-22
32. सखाराम गणेश देउस्कर, देश की बात, नेशनल बुक ट्रस्ट, नई दिल्ली, 2006
32. कपिल कुमार, पीजेंट इन रिवोल्ट, मनोहर पब्लिकेशंस, दिल्ली, 1991
33. एम.एच. सिद्दीकी, अगरेरियन अनरेस्ट इन नार्थ इंडिया, विकास पब्लिशिंग हाउस प्रा.लि., नई दिल्ली, 1978
34. एच.डी. मालवीय, लैंड रिफार्म्स इन इंडिया, ऑल इंडिया कांग्रेस कमेटी, 1954, नई दिल्ली
35. घनश्याम शाह, सोशल मूवमेंट इन इंडिया, सेज पब्लिकेशन्स, दिल्ली, 2013

36. एडिटेड बॉय डी.ए.लो., कांग्रेस एंड द राज, फैक्ट्स ऑफ द इंडियन स्ट्रगल 1917-47, सेकेंड एडिसन, ऑक्सफोर्ड यूनिवर्सिटी प्रेस, 2004
37. सुशील श्रीवास्तव, कन्फ्लीक्ट इन एन अगरेरियन सोसायटी : अवध 1922-1939, रिनायसेन्स पब्लिशिंग हाऊस, नई दिल्ली, 1995
38. कपिल कुमार, पीजेंट बिट्रेड, मनोहर पब्लिशर, दिल्ली, 2011
39. प्रवीण कुमार झा, प्रकाशक-पीयर्सन एजूकेशन इंडिया, 2012
40. डब्लू.एफ. क्रावले, किसान सभा एंड एगरेरिसन रिवोल्ट इन द यूनाइटेड प्रॉविंसेज 1920-21, माडर्न एशियन स्टडीज, वाल्यूम-5, नं. 2 (1971)
41. रंजीत गुहा एंड गायत्री चक्रवर्ती स्पीवक, सेलेक्टेड सबाल्टर्न स्टडीज, न्यूयॉर्क ऑक्सफोर्ड, ऑक्सफोर्ड यूनिवर्सिटी प्रेस, 1988
42. वीर भारत तलवार, किसान राष्ट्रीय आन्दोलन और प्रेमचन्द : 1918-22, नार्दन बुक सेंटर, नई दिल्ली, 1990
50. श्रीराम सिंह, रायबरेली किसान आन्दोलन की यज्ञ-भूमि, वीरेन्द्र प्रकाशन, सत्यनगर, रायबरेली, 1985
51. मदनमोहन मिश्र, भूला जनपद : बिखरा इतिहास, रायबरेली स्वतंत्रता सेनानी इतिहास प्रकाशन समिति, 1984
51. सूचना विभाग, स्वतंत्रता संग्राम के सैनिक, ज़िला रायबरेली, उत्तर प्रदेश, प्रेम प्रेस, आगरा, 1969
52. सर थियोडोर पिगॉट, आउट्लॉज आई हैव नोन एंड अदर रेमिनिसेंसेस ऑफ एन इंडियन जज, विलियम ब्लैकवुड एंड संस लि. एडनवर्ग एंड लन्दन, 1930।
53. एन.जी. राना, किसान स्पीक, किसान पब्लिकेशन
54. यूनाइटेड प्रॉविन्सेज ऑफ आगरा एंड अवध एडमिनिस्ट्रेटिव रिपोर्ट, 1920-21, इलाहाबाद, 1922
55. सुभाष चन्द्र कुशवाहा, चौरी चौरा विद्रोह और स्वाधीनता आन्दोलन, पेंगुइन बुक्स, 2014
56. जवाहरलाल नेहरू, एन आटोबॉयग्राफी, पेंगुइन बुक्स, 2004
57. एडीटेड बॉय राधाकमल मुखर्जी, फिल्ड एंड फार्मर्स इन अवध, यूनिवर्सिटी ऑफ लखनऊ : स्ट्डीज इन इकोनामिक्स एंड सोशियॉलाजी, 1929, लॉन्गमन्स ग्रीन एंड कं.लि. कलकत्ता, 1929
58. नन्दकिशोर सिद्धार्थ, ऐतिहासिक 'एका आन्दोलन' के प्रवर्तक महानायक मदारी पासी, 2014, नई दिल्ली
59. रामप्रकाश सरोज, क्रान्तिवीर मदारी पासी एवं एका आन्दोलन, प्रकाशक सुशीला सरोज, भूतपूर्व मंत्री, उ.प्र., 18 राजभवन कॉलोनी, लखनऊ

60. एडीटेड बॉय प्रतिमा अस्थाना एंड एस.जेड.एच.जाफरी, ट्रांसफारमेशन इन इंडियन हिस्ट्री, अनामिका पब्लिशर्स, दिल्ली
61. स्वामी सहजानन्द सरस्वती, किसान आन्दोलन की वैचारिक पृष्ठभूमि, ग्रन्थ शिल्पी, दिल्ली
62. मार्टिन लेविस, गांधी : मेकर ऑफ माडर्न इंडिया, बोस्टन : डी.सी.हेल्थ एंड कं.
63. यशपाल, गांधीवाद की शव–परीक्षा
64. द कलेक्टेड वर्क्स ऑफ महात्मा गांधी, वाल्यूम XXII (दिसम्बर 1921–मार्च 1922)
65. प्रमोद कुमार, सरदार भगत सिंह के सहयोगी शिव वर्मा, राष्ट्रीय पुस्तक न्यास, भारत, नई दिल्ली, 2015
66. अनुज कुमार सिन्हा, झारखंड आन्दोलन का दस्तावेज़, 2013, प्रभात प्रकाशन, दिल्ली
67. संजय कृष्ण, झारखंड के पर्व, त्योहार, मेले और पर्यटन स्थल, 2013, प्रभात प्रकाशन, दिल्ली

देशी-विदेशी पत्र-पत्रिकाएँ

- आज
- प्रताप, कानपुर
- अभ्युदय
- वर्तमान
- द लीडर
- द पायनियर
- द इंडिपेंडेंट
- द स्टेटमैन
- द वेस्टर्न मार्निंग न्यूज़ एंड मरकरी
- द यार्कशायर पोस्ट
- द यार्कशायर इवनिंग पोस्ट
- द कूरिअर
- द वेस्टर्न टाइम्स
- द वेस्टर्न गजेट
- द लंकाशायर डेली पोस्ट
- द जापान एडवरटाइजिंग, टोकियो
- द डेली टेलीग्राफ़, ब्लूफिल्ड
- द नाटिंघम इवनिंग पोस्ट
- द पीपुल्स जरनल
- द स्काट्समैन
- वेस्टर्न डेली प्रेस, ब्रिस्टल
- नादर्न डेली मेल
- द एबर्दीन डेली जनरल
- सप्लीमेंट टू द मानचेस्टर कूरिअर
- द ग्लासगो हेराल्ड
- द डेली मेल
- द एस्कनाबा डेली प्रेस
- न्यू कैसल न्यूज
- ब्रांडन डेली सन
- द डेली न्यूज़, माउंट प्लीजेंट
- द हेलना इंडिपेंडेंट
- होमवर्ड मेल
- कथादेश
- भाषा त्रैमासिक
- माधुरी

अनुक्रमणिका

❂❂❂